2015

国际农产品贸易统计年鉴

INTERNATIONAL AGRICULTURAL TRADE STATISTICAL YEARBOOK

农业部农产品贸易办公室
农业部农业贸易促进中心　编

中国农业出版社

《国际农产品贸易统计年鉴 2015》
编 辑 委 员 会

编者说明

一、《国际农产品贸易统计年鉴》是一本反映中国及世界重点国家（地区）农产品贸易的统计资料工具书。

二、本书共分四篇。第一篇主要反映世界农产品进出口总体情况，第二篇反映谷物、棉花等主要农产品进出口前15位国家（地区）情况，第三篇分别从产品、贸易伙伴、地区角度反映中国农产品进出口情况，第四篇主要反映与中国贸易关系较为密切的重点国家（地区）农产品贸易情况。

三、世界贸易数据采自世界贸易组织（WTO）统计数据库，中国农产品贸易数据来自中国海关统计数据库，各国农产品贸易数据采自联合国商品贸易统计数据库（UNCOMTRADE）。

四、本书采集、收录了2004—2014年间贸易历史数据。重点对32类产品、38个国家（地区）的数据进行了加工整理。

五、世界贸易统计口径直接采用世界贸易组织统计标准，中国农产品贸易统计口径依照农业部与海关总署共同确定的统计范围和分类标准，各国（地区）农产品贸易统计口径参照中国统计范围和分类标准整理。各数据库统计方式存在差异，数据来源将在注释中标明，以供参考。中国农产品贸易统计基于2 417个HS八位编码的原始数据。

六、所有数据随世界贸易组织统计数据库、联合国商品贸易统计数据库、中国海关统计数据库及其产品分类的调整而更新。

七、符号使用说明：表中空白处表示该项统计指标数据不足本表最小单位数、数据不详或无该项数据。

目　录

一、综合篇

二、产品篇

主要进口产品

三、中国篇

主要进出口产品

主要贸易伙伴

四、国际市场篇

一、综合篇

简 要 说 明

一、本篇资料的主要内容

本篇资料综合反映世界农产品在世界商品贸易中的地位，以及世界农产品进、出口大国的进出口排序。

二、本篇资料的数据来源

世界农产品在世界商品贸易中地位的数据采自世界贸易组织统计数据库。世界农产品贸易额前15位国家（地区）根据世界贸易组织统计数据库原始数据加工所得，世界农产品出口额前15位国家（地区）和世界农产品进口额前15位国家（地区）数据均摘自世界贸易组织《2015年国际贸易统计年鉴》。中国商品贸易数据来源于中国商务部发布的数据，中国农产品贸易数据来源于中国海关统计数据库。全球农产品贸易结构及大类农产品贸易数据来源于联合国商品贸易统计数据库。

三、本篇资料的数据采集时间

采集时间为2015年10月。

世界农产品贸易综述

一、10 年来全球农产品贸易总体情况①

过去 10 年，全球农产品贸易快速增长，出口额由 2004 年的 7 841.7 亿美元增至 2014 年的 17 654.1 亿美元，年均增长 8.5%（图 1）。世界农产品出口额占世界商品出口总额的比重保持在 7.8%～9.4%之间，2014 年为 9.3%。

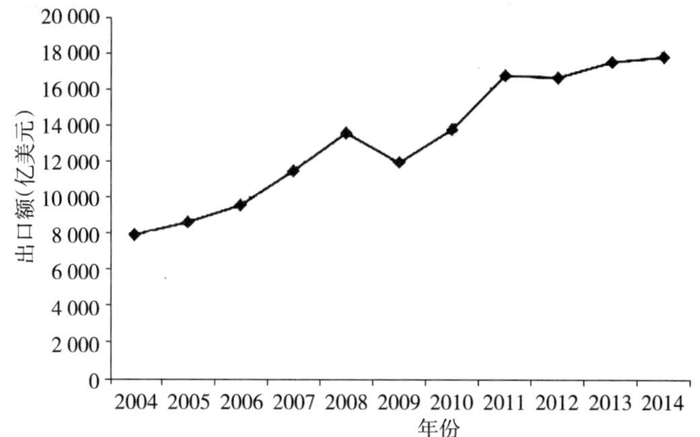

图 1　2004—2014 年全球农产品出口额变化情况

2005—2014 年，除 2009 年大幅下降、2012 年略有下降外，其余年份全球农产品出口额保持增长态势，其中 2007 年和 2011 年出口额同比增速均超过 20%，近两年增速趋缓，增长乏力(图 2)。

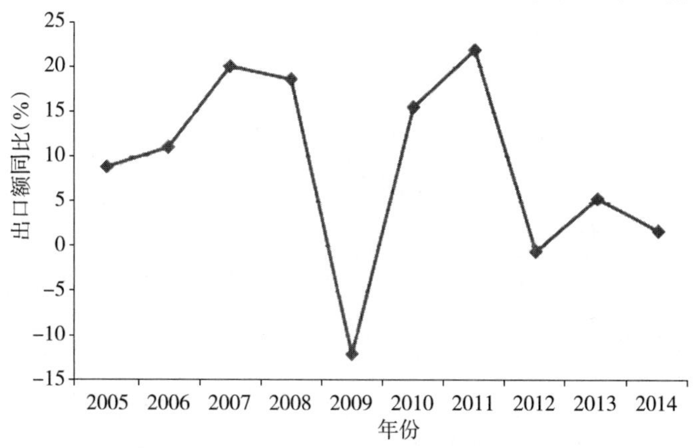

图 2　2005—2014 年全球农产品出口额同比变化情况

① 本部分数据来自世界贸易组织统计数据库。

二、2014 年全球农产品贸易情况

（一）全球农产品贸易结构①

2014 年，全球大类农产品中贸易额靠前的是畜产品和饮品，出口额分别为 2 993.7 亿美元和 1 938.8 亿美元，占同期全球农产品出口总额的比重分别为 19.8%和 12.8%（图 3）。

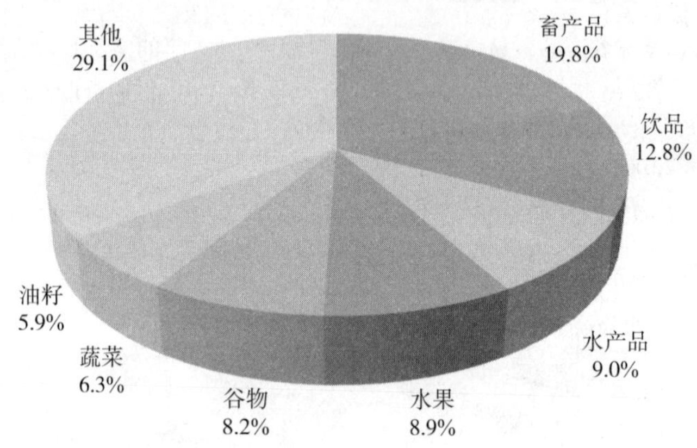

图 3 2014 年全球农产品出口结构

2014 年，除畜产品出口略有增长外，其余产品出口下降，其中棉花、食糖降幅较大，均在两成左右（表 1）。

表 1 2005—2014 年全球主要农产品出口额同比变化情况

单位：%

	2005 年	2006 年	2007 年	2008 年	2009 年	2010 年	2011 年	2012 年	2013 年	2014 年
农产品	8.9	10.5	20.3	21.0	−10.9	13.5	21.9	1.2	5.4	−1.3
食用植物油	2.9	20.4	38.8	46.4	−26.1	21.7	36.1	−1.3	−8.9	−4.1
食用油籽	3.2	5.7	39.2	52.9	−9.9	17.6	20.8	15.2	7.1	−0.6
畜产品	11.1	7.0	18.7	19.0	−13.5	14.5	20.5	0.1	9.1	2.3
棉花	−10.0	8.4	7.9	4.6	−21.9	73.8	43.9	−6.3	−9.4	−22.5
饮品	11.7	13.6	19.0	14.8	−8.1	12.0	22.0	−0.1	1.0	−1.0
水果	12.2	11.0	19.6	13.9	−7.9	10.0	16.6	0.5	8.9	−0.3
蔬菜	7.6	13.7	18.3	10.4	−3.5	12.9	11.4	−6.2	13.7	−2.2
食糖	30.6	31.0	−6.3	6.8	11.9	38.3	24.9	−6.1	−7.8	−18.0
水产品	10.2	11.0	8.7	8.8	−5.5	14.9	18.0	−0.2	7.8	−2.5
谷物	0.7	11.2	45.7	43.3	−25.9	7.4	39.0	2.6	2.2	−5.0

① 本部分内容根据联合国商品贸易统计数据库数据整理。

（二）主要进出口国家（地区）①

2014 年，全球前五大农产品出口国（地区）分别为美国、欧盟②、巴西、中国和加拿大，出口额分别为 1 822.4 亿美元、1 777.8 亿美元、878.9 亿美元、744.7 亿美元和 681.1 亿美元，占全球农产品出口额的比重分别为 10.3%、10.1%、5.0%、4.2%和 3.9%。其中除巴西和加拿大出口份额下调，美国、欧盟和中国均有所提高（图 4）。

2014 年，全球前五大农产品进口国（地区）依次为欧盟、中国、美国、日本和俄罗斯，进口额分别为 1 828.3 亿美元、1 700.8 亿美元、1 568.9 亿美元、818.7 亿美元和 412.2 亿美元，占全球农产品进口额的比重分别为 9.8%、9.1%、8.4%、4.4%和 2.2%。其中欧盟、中国、美国份额均有所提高，但日本和俄罗斯份额有所下降（图 5）。

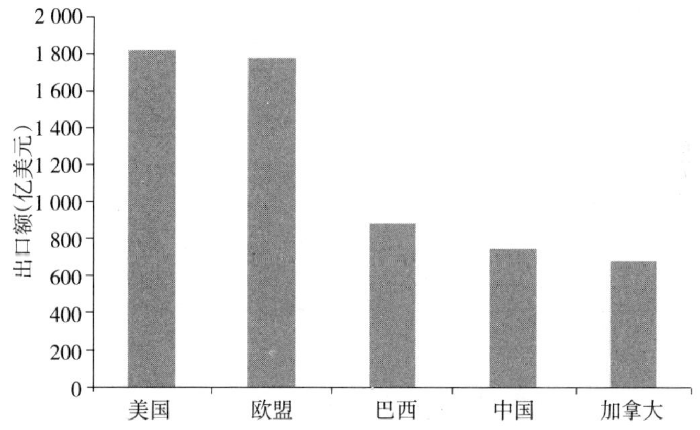

图 4 2014 年全球前五大农产品出口国（地区）

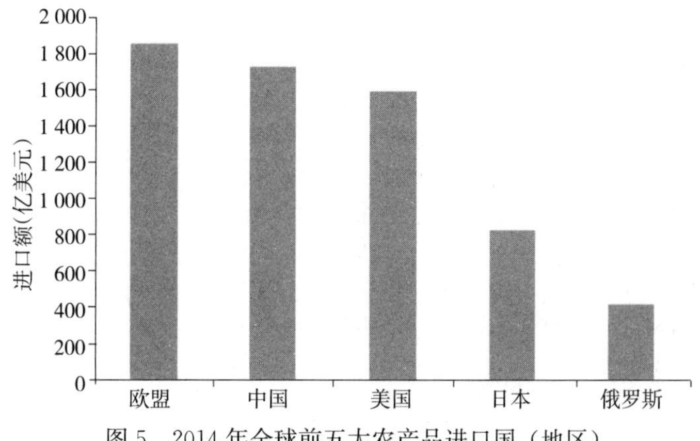

图 5 2014 年全球前五大农产品进口国（地区）

① 本部分内容根据世界贸易组织统计数据库整理，与中国海关统计数据库、联合国商品贸易统计数据库的统计存在差异。

② 欧盟数据为欧盟 28 国对外贸易额。

1-1 世界农产品在世界商品贸易中的地位

单位：亿美元，%

年份	世界商品出口额	世界商品进口额	世界农产品出口额	世界农产品进口额	世界农产品出口额占世界商品出口总额的比重	世界农产品进口额占世界商品进口总额的比重
2004	92 230.0	95 740.0	7 841.7	8 366.5	8.5	8.7
2005	105 090.0	108 700.0	8 530.3	8 994.0	8.1	8.3
2006	121 310.0	124 610.0	9 464.0	9 821.3	7.8	7.9
2007	140 230.0	143 300.0	11 352.7	11 808.7	8.1	8.2
2008	161 600.0	165 720.0	13 457.1	14 156.1	8.3	8.5
2009	125 550.0	127 820.0	11 822.3	12 223.9	9.4	9.6
2010	153 010.0	155 110.0	13 648.5	13 954.1	8.9	9.0
2011	183 380.0	185 030.0	16 625.8	17 005.3	9.1	9.2
2012	184 960.0	187 130.0	16 512.9	16 662.9	8.9	8.9
2013	189 540.0	190 260.0	17 372.1	18 447.6	9.2	9.7
2014	190 020.0	190 910.0	17 654.1	18 730.7	9.3	9.8

注：根据世界贸易组织统计数据库原始数据加工整理。

1-2 中国农产品在中国商品贸易中的地位

单位：亿美元，%

年份	中国商品出口额	中国商品进口额	中国农产品出口额	中国农产品进口额	中国农产品出口额占中国商品出口总额的比重	中国农产品进口额占中国商品进口总额的比重
2004	5 933.7	5 614.2	233.6	280.9	3.9	5.0
2005	7 620.0	6 601.2	275.5	287.9	3.6	4.4
2006	9 690.8	7 916.1	313.8	321.7	3.2	4.1
2007	12 180.0	9 558.0	369.9	412.0	3.0	4.3
2008	14 285.0	11 331.0	404.7	587.7	2.8	5.2
2009	12 017.0	10 056.0	395.4	527.0	3.3	5.2
2010	15 779.3	13 948.3	493.7	725.5	3.1	5.2
2011	18 986.0	17 434.7	607.2	948.7	3.2	5.4
2012	20 489.3	18 178.2	632.5	1 124.8	3.1	6.2
2013	22 100.2	19 502.9	678.3	1 188.7	3.1	6.1
2014	23 427.5	19 602.9	719.6	1 225.4	3.1	6.3

注：商品进出口额来源于中国海关总署发布的数据，农产品进出口额来源于中国海关统计数据库。

1-3 世界农产品贸易额前 15 位国家（地区）

（2014 年）

单位：亿美元，%

国家（地区）	农产品进出口额	在世界农产品进出口总额中所占比重
欧盟 28 国	13 458.9	37.0
欧盟 28 国对外贸易	3 606.1	9.9
美国	3 391.2	9.3
中国	2 445.6	6.7
加拿大	1 082.4	3.0
巴西	1 014.2	2.8
日本	924.6	2.5
俄罗斯	720.9	2.0
印度	707.8	1.9
印度尼西亚	663.1	1.8
墨西哥	564.2	1.6
泰国	559.9	1.5
澳大利亚	542.6	1.5
马来西亚	502.9	1.4
韩国	469.2	1.3
越南	437.8	1.2
小计	**27 485.1**	**75.5**

注：根据世界贸易组织统计数据库原始数据整理所得。

1-4 世界农产品出口额前 15 位国家（地区）

（2014 年）

单位：亿美元，%

国家（地区）	2014 年出口额	在世界农产品出口总额中所占比重			
		1980 年	1990 年	2000 年	2014 年
欧盟 28 国	6 704.2			41.9	38.0
欧盟 28 国对外出口	1 777.8			10.0	10.1
美国	1 822.4	17.0	14.3	13.0	10.3
巴西	878.9	3.4	2.4	2.8	5.0
中国	744.7	1.5	2.4	3.0	4.2
加拿大	681.1	5.0	5.4	6.3	3.9
印度尼西亚	440.9	1.6	1.0	1.4	2.5
印度	434.7	1.0	0.8	1.1	2.5
泰国	397.4	1.2	1.9	2.2	2.3
澳大利亚	386.3	3.3	2.9	3.0	2.2
阿根廷	378.9	1.9	1.8	2.2	2.1
俄罗斯	308.8			1.4	1.7
马来西亚	301.3	2.0	1.8	1.5	1.7
新西兰	289.9	1.3	1.4	1.4	1.6
越南	265.5			0.7	1.5
墨西哥	263.9	0.8	0.8	1.7	1.5
小计	**14 298.6**			**83.5**	**81.0**

注：根据世界贸易组织统计数据库原始数据整理所得。

1-5 世界农产品进口额前15位国家（地区）

（2014年）

单位：亿美元，%

国家（地区）	2014年进口额	在世界农产品进口总额中所占比重			
		1980年	1990年	2000年	2014年
欧盟28国	6 754.7			42.7	36.1
欧盟28国自外进口	1 828.3			13.2	9.8
中国	1 700.8	2.1	1.8	3.3	9.1
美国	1 568.9	8.7	9.0	11.6	8.4
日本	818.7	9.6	11.5	10.4	4.4
俄罗斯	412.2			1.3	2.2
加拿大	401.3	1.8	2.0	2.6	2.1
韩国	350.0	1.5	2.2	2.2	1.9
墨西哥	300.3	1.2	1.2	1.8	1.6
中国香港	291.9				
印度	273.1	0.5	0.4	0.7	1.5
沙特阿拉伯	248.2	1.5	0.8	0.9	1.3
印度尼西亚	222.2	0.6	0.5	1.0	1.2
马来西亚	201.6	0.5	0.5	0.8	1.1
土耳其	180.6	0.1	0.6	0.7	1.0
阿拉伯联合酋长国	178.5	0.3	0.4	0.5	1.0
小计	**13 809.7**			**81.5**	**73.7**

注：根据世界贸易组织统计数据库原始数据整理所得。

二、产品篇

简 要 说 明

一、本篇资料的主要内容

本篇资料主要从产品角度，全面反映了世界农产品贸易的主要情况。

二、本篇资料的统计口径

本篇资料依照中国农业部与海关总署商定的统计范围和分类标准进行统计。

三、本篇资料的统计范围

本篇资料选择九大类主要农产品，统计涵盖世界农产品进、出口主要国家（地区）。

四、本篇资料的数据来源

本篇资料是采集联合国商品贸易统计数据库的原始数据加工整理而得。

五、本篇资料的数据采集时间

采集时间为 2015 年 10 月。

主要出口产品

2-1 世界谷物出口量前15位国家（地区）

（2014年）

单位：吨，%

序号	国家（地区）	出口量	同比增长
1	美国	87 337 566.8	35.9
2	乌克兰	32 926 349.1	20.1
3	法国	32 746 505.2	−2.7
4	俄罗斯	30 399 170.8	57.8
5	加拿大	30 321 661.1	19.7
6	澳大利亚	25 462 685.3	2.9
7	阿根廷	22 526 899.4	−22.0
8	巴西	22 051 111.0	−23.7
9	印度	19 804 205.1	−7.8
10	德国	14 147 250.7	3.1
11	泰国	11 922 653.1	62.0
12	罗马尼亚	10 147 915.1	10.0
13	哈萨克斯坦	6 870 589.1	−4.6
14	波兰	5 602 099.3	31.3
15	保加利亚	5 551 006.1	−14.5
	小计	**357 817 667.3**	

2-2 世界棉花出口量前15位国家（地区）

（2014年）

单位：吨，%

序号	国家（地区）	出口量	同比增长
1	美　国	2 241 462.3	−22.5
2	印　度	1 644 105.2	−35.6
3	澳大利亚	900 661.1	−23.3
4	巴　西	767 323.2	31.5
5	布基纳法索	308 525.3	12.5
6	希　腊	241 983.9	−8.3
7	贝　宁	184 332.5	16.7
8	科特迪瓦	183 974.0	22.7
9	巴基斯坦	166 899.0	−20.3
10	土耳其	140 239.7	−6.0
11	阿根廷	96 004.3	144.8
12	喀麦隆	90 853.9	
13	坦桑尼亚	85 723.9	−0.8
14	西班牙	78 454.0	47.0
15	哈萨克斯坦	50 774.4	−38.2
	小　计	**7 181 316.7**	

2-3 世界食用油籽出口量前15位国家（地区）

（2014年）

单位：吨，%

序号	国家（地区）	出口量	同比增长
1	美　　国	53 213 190.2	23.8
2	巴　　西	45 835 811.1	6.9
3	加 拿 大	14 152 558.7	27.3
4	阿 根 廷	8 079 403.5	−4.9
5	巴 拉 圭	4 914 914.2	−4.4
6	乌 克 兰	3 845 053.4	−2.7
7	乌 拉 圭	3 181 333.4	−9.8
8	澳大利亚	2 904 131.3	−33.1
9	荷　　兰	2 374 630.7	−10.2
10	罗马尼亚	2 360 717.1	21.7
11	法　　国	1 883 872.5	4.2
12	印　　度	1 499 459.7	35.0
13	保加利亚	1 348 445.4	−11.6
14	匈 牙 利	1 123 279.8	24.5
15	比 利 时	1 042 594.9	−8.8
	小　　计	**147 759 395.8**	

2-4 世界食用植物油出口量前15位国家（地区）

（2014年）

单位：吨，%

序号	国家（地区）	出口量	同比增长
1	印度尼西亚	22 892 531.8	11.2
2	马来西亚	15 429 381.2	−0.4
3	乌克兰	4 577 248.0	36.6
4	阿根廷	4 547 664.3	−5.4
5	荷兰	2 704 534.0	−11.1
6	加拿大	2 491 072.0	2.8
7	俄罗斯	2 378 909.4	28.4
8	西班牙	1 902 505.8	17.7
9	德国	1 801 528.2	−9.5
10	美国	1 658 260.7	−1.7
11	巴西	1 452 635.0	−4.8
12	土耳其	720 352.7	48.7
13	法国	703 068.8	−2.1
14	巴拉圭	649 169.2	18.0
15	匈牙利	590 694.1	−2.7
	小计	**64 499 555.1**	

2-5 世界食糖出口量前15位国家（地区）

（2014年）

单位：吨，%

序号	国家（地区）	出口量	同比增长
1	巴西	24 126 670.8	−11.1
2	泰国	6 293 590.0	5.0
3	印度	2 437 863.7	26.9
4	危地马拉	2 117 752.2	9.7
5	法国	1 998 696.2	8.8
6	墨西哥	1 837 989.7	−29.8
7	德国	1 087 554.5	24.8
8	南非	913 391.2	7.3
9	哥伦比亚	797 598.6	28.6
10	巴基斯坦	679 635.0	−34.6
11	比利时	553 430.4	−3.2
12	阿尔及利亚	476 486.5	0.4
13	荷兰	464 235.1	36.8
14	波兰	456 086.9	−10.0
15	尼加拉瓜	455 266.6	17.3
	小计	**44 696 247.4**	

2-6 世界畜产品出口额前15位国家（地区）

（2014年）

单位：万美元，%

序号	国家（地区）	出口额	同比增长
1	美国	3 134 000.2	5.8
2	德国	2 797 954.5	0.2
3	荷兰	2 607 166.1	0.4
4	新西兰	1 939 762.8	12.5
5	巴西	1 893 034.5	4.9
6	澳大利亚	1 811 419.1	14.2
7	法国	1 749 026.9	0.3
8	丹麦	1 098 971.2	−8.2
9	比利时	1 052 647.5	−6.1
10	加拿大	977 440.8	11.9
11	西班牙	929 267.6	4.9
12	波兰	913 198.5	3.6
13	爱尔兰	773 408.3	4.3
14	意大利	748 217.8	2.9
15	中国	684 122.3	4.9
	小计	**23 109 638.1**	

2-7 世界蔬菜出口额前15位国家（地区）

（2014年）

单位：万美元，%

序号	国家（地区）	出口额	同比增长
1	中　国	1 400 579.4	8.4
2	荷　兰	1 302 305.1	1.1
3	西班牙	872 563.8	2.0
4	美　国	753 405.6	3.6
5	墨西哥	578 565.8	−1.3
6	比利时	521 068.3	−6.0
7	意大利	486 819.0	0.8
8	法　国	416 636.3	−6.3
9	德　国	296 442.1	−6.3
10	加拿大	275 370.4	−1.2
11	印　度	209 590.5	7.5
12	波　兰	196 800.5	−2.2
13	土耳其	170 673.9	4.5
14	秘　鲁	129 608.9	5.0
15	埃　及	127 724.5	5.6
	小　计	**7 738 154.2**	

2-8 世界水果出口额前 15 位国家（地区）

（2014 年）

单位：万美元，%

序号	国家（地区）	出口额	同比增长
1	美　国	1 403 565.2	−0.4
2	西班牙	1 055 242.9	−1.0
3	荷　兰	1 011 594.1	2.8
4	中　国	778 061.6	−0.3
5	智　利	628 438.4	4.2
6	德　国	618 889.2	2.7
7	意大利	567 593.6	−0.4
8	比利时	534 883.1	−6.7
9	墨西哥	482 864.0	13.5
10	法　国	461 824.4	5.1
11	泰　国	402 129.7	12.0
12	土耳其	372 772.1	4.7
13	南　非	329 587.3	5.2
14	巴　西	324 526.6	−9.8
15	波　兰	307 322.6	−6.0
	小　计	**9 279 294.8**	

2-9 世界水产品出口额前15位国家（地区）

（2014年）

单位：万美元，%

序号	国家（地区）	出口额	同比增长
1	中　　国	2 215 480.0	7.0
2	挪　　威	1 110 468.4	6.8
3	泰　　国	687 333.6	−6.1
4	智　　利	672 794.2	12.1
5	美　　国	659 452.2	3.1
6	印　　度	568 712.0	7.5
7	加 拿 大	465 851.4	3.3
8	印度尼西亚	453 712.5	11.5
9	厄瓜多尔	430 190.0	18.0
10	荷　　兰	419 432.1	10.1
11	西 班 牙	406 786.1	2.8
12	丹　　麦	397 519.4	1.4
13	瑞　　典	389 069.4	8.1
14	德　　国	328 162.2	7.6
15	俄 罗 斯	302 428.1	1.0
	小　　计	**9 507 391.5**	

2-10 世界饮品出口额前15位国家（地区）

（2014年）

单位：万美元，%

序号	国家（地区）	出口额	同比增长
1	法　　国	2 153 905.4	−0.5
2	德　　国	1 651 441.0	6.9
3	英　　国	1 293 715.2	0.7
4	意 大 利	1 274 224.2	2.8
5	荷　　兰	1 244 545.4	10.9
6	美　　国	1 120 664.2	8.6
7	比 利 时	821 236.8	2.6
8	巴　　西	818 766.4	6.2
9	西 班 牙	629 079.5	0.4
10	瑞　　士	544 016.4	1.9
11	墨 西 哥	530 182.7	5.8
12	科特迪瓦	484 185.9	42.7
13	中　　国	384 637.0	15.3
14	新 加 坡	380 866.8	2.0
15	波　　兰	317 555.1	7.4
	小　　计	**13 649 022.0**	

主要进口产品

2-11 世界谷物进口量前15位国家（地区）

（2014年）

单位：吨,%

序号	国家（地区）	进口量	同比增长
1	日本	23 782 726.2	−3.4
2	中国	19 515 946.9	33.8
3	墨西哥	16 432 670.0	17.3
4	韩国	14 554 557.5	2.7
5	意大利	13 479 082.7	22.3
6	荷兰	13 469 075.8	8.3
7	阿尔及利亚	12 438 199.8	22.2
8	西班牙	12 321 089.6	21.7
9	印度尼西亚	11 771 619.2	10.6
10	德国	10 589 684.4	19.8
11	美国	8 535 715.1	−18.8
12	比利时	8 199 877.4	−5.1
13	莫桑比克	7 996 910.1	14.9
14	土耳其	7 962 808.6	28.2
15	巴西	7 880 777.0	−17.5
	小计	**188 930 740.3**	

2-12 世界棉花进口量前 15 位国家（地区）

（2014 年）

单位：吨，%

序号	国家（地区）	进口量	同比增长
1	中　　国	2 668 708.0	−40.7
2	土 耳 其	920 769.3	5.0
3	印度尼西亚	705 563.9	4.7
4	泰　　国	335 659.5	−6.1
5	韩　　国	268 410.3	−9.2
6	巴基斯坦	241 004.0	−36.2
7	印　　度	232 756.5	29.9
8	墨 西 哥	223 606.9	−8.9
9	德　　国	96 190.1	−8.0
10	日　　本	92 922.5	−18.2
11	俄 罗 斯	82 232.6	3.2
12	意 大 利	81 252.6	−3.9
13	埃　　及	76 436.5	−98.4
14	马来西亚	69 411.2	−40.8
15	秘　　鲁	59 579.0	3.2
	小　　计	**6 154 502.8**	

2-13 世界食用油籽进口量前15位国家（地区）

（2014年）

单位：吨，%

序号	国家（地区）	进口量	同比增长
1	中　　国	77 542 015.2	14.3
2	德　　国	9 163 148.3	−0.3
3	荷　　兰	6 364 429.0	−0.4
4	日　　本	5 646 514.1	0.7
5	墨 西 哥	5 618 182.0	6.0
6	西 班 牙	4 146 580.1	5.4
7	比 利 时	3 796 449.8	21.5
8	美　　国	3 673 617.3	46.3
9	土 耳 其	3 303 564.7	52.2
10	印度尼西亚	2 242 825.7	7.1
11	法　　国	2 225 303.8	−1.7
12	俄 罗 斯	2 214 061.7	68.8
13	泰　　国	1 987 925.9	12.3
14	意 大 利	1 878 746.7	−2.6
15	韩　　国	1 651 710.4	8.7
	小　　计	**131 455 074.6**	

2-14 世界食用植物油进口量前 15 位国家（地区）

（2014 年）

单位：吨，%

序号	国家（地区）	进口量	同比增长
1	印　　度	11 950 594.9	12.3
2	中　　国	7 873 182.3	−14.6
3	荷　　兰	3 861 858.0	−15.0
4	美　　国	3 282 722.9	4.2
5	意 大 利	3 095 003.8	31.4
6	巴基斯坦	2 480 970.5	7.5
7	德　　国	2 039 297.2	−4.2
8	西 班 牙	1 836 171.4	21.5
9	土 耳 其	1 456 321.3	14.8
10	比 利 时	1 392 162.0	−9.7
11	英　　国	1 057 948.5	−1.8
12	埃　　及	1 037 317.8	−21.2
13	法　　国	961 725.9	−16.9
14	韩　　国	856 261.2	17.8
15	墨 西 哥	795 479.2	0.3
	小　　计	**43 977 016.8**	

2-15 世界食糖进口量前15位国家（地区）

（2014年）

单位：吨，%

序号	国家（地区）	进口量	同比增长
1	中　　国	3 485 795.9	－23.3
2	美　　国	3 061 083.7	4.9
3	印度尼西亚	2 965 801.3	－11.3
4	马来西亚	2 138 983.3	16.6
5	阿尔及利亚	1 901 173.2	6.2
6	韩　　国	1 888 097.8	0.5
7	意 大 利	1 605 804.1	5.8
8	西 班 牙	1 385 455.5	5.3
9	印　　度	1 377 666.3	64.7
10	日　　本	1 342 172.9	－4.3
11	加 拿 大	1 252 363.9	11.5
12	英　　国	1 251 571.3	5.4
13	俄 罗 斯	1 007 419.1	64.6
14	德　　国	646 781.2	4.3
15	比 利 时	629 266.7	－4.6
	小　　计	**25 939 436.3**	

2-16 世界畜产品进口额前15位国家（地区）

（2014年）

单位：万美元，%

序号	国家（地区）	进口额	同比增长
1	德　　国	2 155 762.8	1.0
2	中　　国	2 060 516.4	5.6
3	美　　国	1 690 011.8	28.5
4	意 大 利	1 624 338.0	−0.5
5	日　　本	1 563 226.8	5.7
6	英　　国	1 555 058.5	5.7
7	荷　　兰	1 267 947.5	−2.3
8	法　　国	1 263 011.4	1.9
9	中国香港	1 211 387.1	8.3
10	俄 罗 斯	1 015 642.2	−16.4
11	比 利 时	827 502.8	−4.2
12	墨 西 哥	791 832.6	10.8
13	韩　　国	552 163.3	18.0
14	西 班 牙	546 672.0	2.0
15	加 拿 大	495 406.0	7.7
	小　　计	**18 620 479.2**	

2-17 世界蔬菜进口额前15位国家（地区）

（2014年）

单位：万美元，%

序号	国家（地区）	进口额	同比增长
1	美国	1 391 934.0	2.9
2	德国	945 579.4	−0.6
3	英国	687 178.9	0.9
4	法国	622 073.9	2.0
5	日本	500 358.3	−3.4
6	荷兰	469 356.5	−1.7
7	加拿大	415 797.0	3.5
8	俄罗斯	400 627.5	2.7
9	比利时	284 497.5	−11.1
10	意大利	275 087.1	−0.3
11	西班牙	223 247.5	2.0
12	瑞典	128 090.3	4.9
13	韩国	122 902.6	−0.7
14	波兰	122 387.4	5.4
15	奥地利	112 857.3	1.9
	小计	**6 701 975.0**	

2-18 世界水果进口额前 15 位国家（地区）

（2014 年）

单位：万美元，%

序号	国家（地区）	进口额	同比增长
1	美国	1 863 123.2	7.6
2	德国	1 156 443.0	−1.7
3	英国	898 012.3	4.8
4	荷兰	868 351.5	1.6
5	法国	753 700.4	−2.1
6	俄罗斯	683 476.6	−12.5
7	加拿大	644 402.3	0.2
8	中国	618 390.4	21.2
9	比利时	581 020.6	−1.2
10	日本	481 960.6	−4.9
11	意大利	337 649.8	2.4
12	中国香港	296 020.7	24.5
13	西班牙	290 884.1	2.0
14	韩国	245 055.6	11.8
15	波兰	225 699.9	−1.0
	小计	**9 944 190.9**	

2-19 世界水产品进口额前15位国家（地区）

（2014年）

单位：万美元，%

序号	国家（地区）	进口额	同比增长
1	美　国	2 295 834.3	11.2
2	日　本	1 620 992.2	−0.5
3	中　国	921 266.1	6.3
4	西班牙	708 287.6	8.0
5	法　国	697 451.1	0.8
6	德　国	648 048.4	8.3
7	意大利	629 981.1	5.6
8	英　国	493 734.4	4.8
9	瑞　典	479 565.2	6.4
10	韩　国	444 974.9	17.0
11	中国香港	404 877.2	−2.9
12	荷　兰	351 402.3	7.9
13	加拿大	322 578.4	5.0
14	俄罗斯	303 227.4	−9.1
15	丹　麦	295 739.0	8.3
	小　计	**10 617 959.7**	

2-20 世界饮品进口额前 15 位国家（地区）

（2014 年）

单位：万美元，%

序号	国家（地区）	进口额	同比增长
1	美　国	3 313 686.2	3.1
2	德　国	1 775 674.5	6.2
3	英　国	1 340 199.7	3.9
4	法　国	1 073 500.9	6.0
5	荷　兰	980 589.0	10.7
6	加拿大	837 582.5	3.7
7	比利时	707 510.6	4.3
8	日　本	642 578.5	−0.4
9	俄罗斯	611 602.3	−5.0
10	意大利	500 859.4	2.2
11	西班牙	463 987.4	1.9
12	中　国	427 180.2	4.7
13	新加坡	357 405.0	−0.5
14	瑞　士	346 742.5	3.6
15	澳大利亚	329 701.6	3.1
	小　计	**13 708 800.3**	

三、中国篇

简 要 说 明

一、本篇资料的主要内容

本篇资料分别从产品、市场、地区三个角度，全面反映了中国农产品贸易的主要情况。

二、本篇资料的统计口径

本篇资料依照中国农业部与海关总署共同商定的统计范围和分类标准进行统计。

三、本篇资料的数据来源

本篇资料是采集中国海关统计数据库的原始数据加工整理而得。

四、本篇资料的数据采集时间

采集时间为 2015 年 8 月。

中国农产品贸易综述[①]

一、10 年来中国农产品贸易总体情况

2004—2014 年，中国农产品贸易快速发展，贸易额由 514.5 亿美元增长到 1 945.0 亿美元，年均增长 14.2%。其中，进口额从 280.9 亿美元增长到 1 225.4 亿美元，年均增长 15.9%；出口额从 233.6 亿美元增长到 719.6 亿美元，年均增长 11.9%。

随着加入 WTO 后中国参与全球市场资源配置程度的不断加深和国内农产品需求的快速增长，农产品贸易自 2004 年起由顺差转为逆差，且逆差不断拉大，从 2004 年的 47.3 亿美元增长到 2014 年的 505.8 亿美元（图 1）。

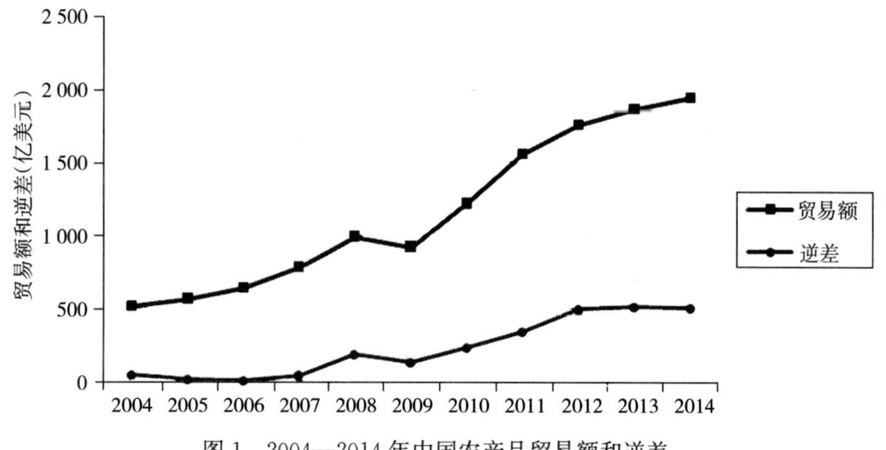

图 1　2004—2014 年中国农产品贸易额和逆差

二、2014 年中国农产品贸易情况

2014 年中国农产品贸易额创历史新高，达 1 945.0 亿美元，同比增长 4.2%。其中，进口 1 225.4 亿美元，同比增长 3.1%；出口 719.6 美元，同比增长 6.1%；逆差 505.8 亿美元，同比下降 0.9%（图 2、图 3）。据联合国商品贸易统计数据库不完全统计，2014 年中国农产品贸易额居世界第 3 位，仅次于美国（3 101.4 亿美元）和德国（1 949.0 亿美元），占 2014 年世界农产品贸易额的 6.6%，其中进口额居世界第 2 位，出口额居世界第 6 位（表 1）。

① 本综述中引用的中国农产品贸易年度数据均来自中国海关统计数据库中的当年 1～12 月累计数据。

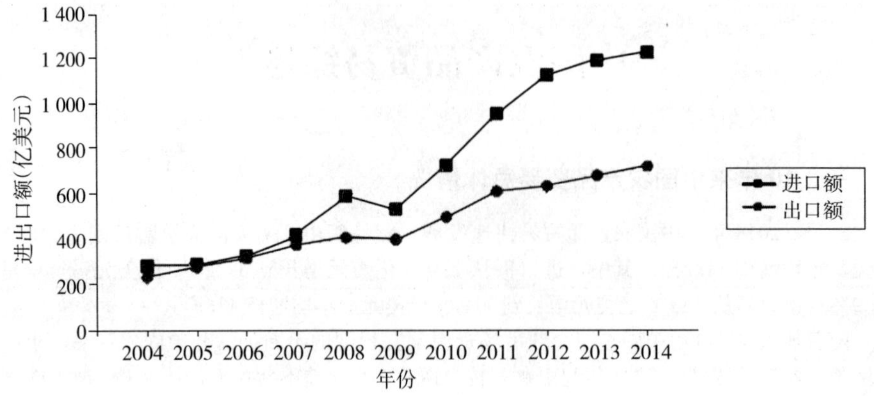

图 2 2004—2014 年中国农产品进出口额变化

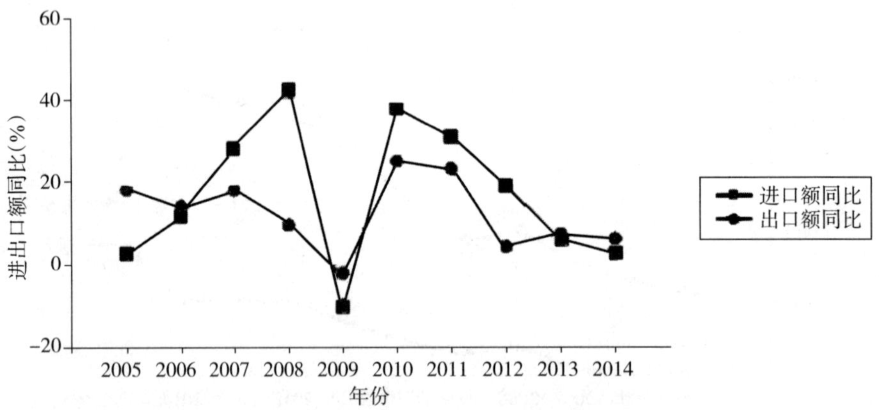

图 3 2005—2014 年中国农产品进出口额同比变化

表 1 2014 年全球前十大农产品贸易国及进出口国

单位：亿美元，%

全球前十大农产品贸易国				前十大农产品出口国			前十大农产品进口国		
排名	国家	贸易额	占比	国家	出口额	占比	国家	进口额	占比
1	美国	3 101.4	10.5	美国	1 654.7	10.9	美国	1 446.8	10.1
2	德国	1 949.0	6.6	荷兰	1 059.0	7.0	中国	1 219.5	8.5
3	中国	1 939.0	6.6	德国	915.9	6.1	德国	1 033.0	7.2
4	荷兰	1 732.5	5.9	巴西	827.1	5.5	日本	746.3	5.2
5	法国	1 426.0	4.8	法国	772.4	5.1	英国	709.6	5.0
6	英国	1 052.1	3.6	中国	719.5	4.8	荷兰	673.5	4.7

（续）

全球前十大农产品贸易国				前十大农产品出口国			前十大农产品进口国		
排名	国家	贸易额	占比	国家	出口额	占比	国家	进口额	占比
7	意大利	1 018.9	3.5	加拿大	518.2	3.4	法国	653.6	4.6
8	巴西	951.3	3.2	西班牙	516.4	3.4	意大利	559.2	3.9
9	西班牙	914.1	3.1	比利时	474.7	3.1	比利时	436.7	3.1
10	比利时	911.4	3.1	意大利	459.7	3.0	俄罗斯	406.1	2.8

注：数据于 2015 年 11 月采自联合国商品贸易统计数据库。

（一）2014 年中国农产品贸易特点

1. 谷物、油籽、棉花、食糖、奶粉等大宗农产品进口大幅增长或保持高位。随着 2011 年大米由净出口转为净进口，中国粮棉油糖等大宗农产品呈现全面净进口（图 4）。2014 年，谷物净进口 1 875 万吨，同比增长四成，尤其是作为玉米替代品的高粱、大麦、玉米酒糟（DDGs）进口增势迅猛，同比分别增长 4.4 倍和 1.3 倍和 35%。大豆进口继续增加，进口 7 140 万吨，同比增长 13%，油菜籽进口 508 万吨，同比增长四成。奶粉进口 105 万吨，同比增长二成。棉花、食糖进口有所下降，但仍保持较高水平，分别进口 348.6 万吨和 266.9 万吨。

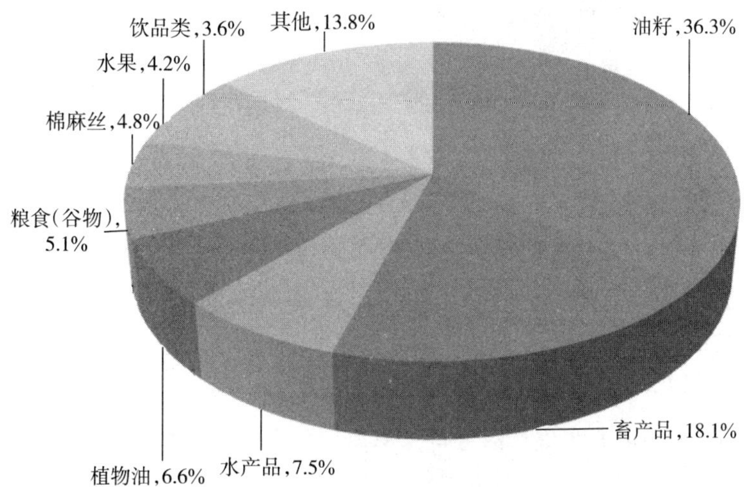

图 4　2014 年中国农产品进口结构

2. 农产品进口价差驱动型特征显著。2014 年，我国农产品进口额继续保持增长，达 1 225.4亿美元，再创新高。从进口增速看，2011 年以来持续回落，2014 年降至 3.1%，同比回落 2.6 个百分点。进口增速低于出口增速，2014 年低于出口增速 3.0 个百分点，贸易逆差略有下降。

大宗农产品大量进口的动力主要来自国内外价差。2014 年，全球谷物等大宗农产品供给充裕，价格下行，国内外价差扩大，企业进口动力较强。大米、小麦、玉米进口到岸价与国内批发市场价的价差每千克分别为 1.26 元、0.94 元和 0.74 元，玉米配额外进口税后价一度低于国内市场价。大麦、高粱进口到岸价比国内玉米价每千克低 0.89 元和 0.87 元。牛肉和羊肉进口到岸价每千克比国内低 29 元和 38 元，奶粉进口到岸价折原奶每千克比国内低 0.52 元。

3. 优势出口产品整体增长较快，水果出口顺差下降五成。2014 年中国水产品、蔬菜、水果出口额分别达到 217.0 亿美元、125.0 亿美元、61.8 亿美元，其中水产品和蔬菜同比分别增长 7.1%和 7.9%，水果同比下降 2.3%（图 5）。水产品传统出口市场除日本（出口 38.0 亿美元，同比下降 2.8%）外其余均保持增长，对美国出口 33.9 亿美元，同比增长 6.2%；对东盟出口 27.1 亿美元，同比增长 14.2%。蔬菜出口较为平稳，对东盟出口 34.5 亿美元，同比增长 13.1%；对欧盟出口 12.0 亿美元，同比增长 4.6%。水果出口顺差降至 10.6 亿美元，同比下降 51.0%，其中对美国出口 8.4 亿美元，同比下降 19.2%；对日本出口 6.2 亿美元，同比下降 10.5%。

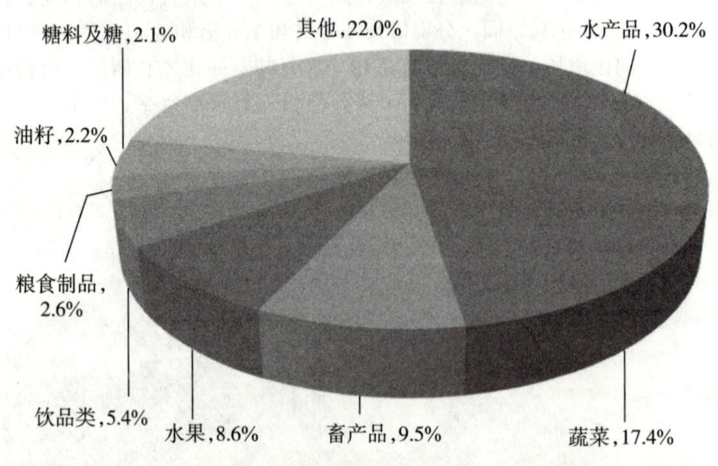

图 5　2014 年中国农产品出口结构

（二）2014 年中国农产品贸易伙伴

2014 年，中国前五大农产品进口来源地分别为美国（287.8 亿美元，同比增长 7.9%）、巴西（215.9 亿美元，同比下降 4.1%）、东盟（164.6 亿美元，同比增长 8.4%）、欧盟（110.0 亿美元，同比增长 7.0%）、澳大利亚（81.6 亿美元，同比下降 5.0%）。2014 年，中国自上述前五大进口来源地进口的农产品总额为 859.9 亿美元，占同期进口总额的 70.2%。就具体产品来说，90.8%的谷物、95.6%的奶粉、96.1%的猪肉、97.1%的羊肉进口来自美国、东盟、欧盟、新西兰、澳大利亚、加拿大等国家和地区。

2014 年，中国前五大农产品出口市场分别为东盟（135.8 亿美元，同比增长 13.8 %）、日本（111.4 亿美元，同比下降 1.0%）、中国香港（87.4 亿美元，同比增长 11.3%）、欧盟（85.1亿美元，同比增长4.6%）、美国（75.3亿美元，同比增长1.8%），上述前五大出口市场农产品出口额合计为495.0亿美元，占同期出口总额的68.8%。

（三）2014年分产品贸易情况

1. 谷物。2014年，谷物共进口1 951.6万吨，同比增长33.8%；出口76.9万吨，同比下降23.1% 。谷物净进口1 874.7万吨，同比增长38.0%（图6）。谷物进口结构发生较大变化，小麦、玉米进口大幅下降，大米进口增速平稳，高粱、大麦等饲料粮进口增势迅猛。从具体产品看，小麦进口主要是为了品种调剂，由于2014年国产小麦品质高，进口需求下降，进口量300.4万吨，同比下降45.7%。玉米内外价差扩大，价差一度超过配额外关税65.0%的幅度，但由于实施了转基因管理以及进口与库存配比销售等调控措施，进口量同比下降，进口259.9万吨，同比下降20.4%。大米进口仍保持增长，进口257.9万吨，同比增长13.6%。饲料粮进口高速增长，其中高粱进口577.6万吨，同比增加4.4倍；大麦进口541.3万吨，同比增长1.3倍；玉米酒糟（DDGs）进口541.3万吨，同比增长35.3%。

图6 2004—2014年中国谷物产品净进口

2. 棉花。2013/2014年度中国棉花期末库存超过1 200万吨，库存消费比达到158.0%，占全球棉花库存的一半还多。在巨大的去库存压力下，棉花进口仍然保持高位。2014年，棉花进口266.9万吨，同比下降40.7%；进口额51.6亿美元，同比下降40.9%（图7）。进口棉滑准税完税价与国产棉价差平均为2 072.0元/吨，企业保持较强进口动力，导致库存积压；国内外价格联动增强，国际价格走低进一步打压国内价格。作为棉花替代产品的棉纱进口201万吨，同比下降4.2%。棉花棉纱简单累计进口467.9万吨，保持较高水平。

3. 食糖。2014年，在食糖库存积压严重的情况下，进口348.6万吨，同比下降23.3%，进口额14.9亿美元，同比下降27.8%（图8）。尽管进口量有所下降，但仍保持高位，导致国内库存进一步增加。国内外价差是造成食糖进口、库存增加的主要原因。2014年12月加勒比海进口原糖到岸配额内税后精炼价3 997.0元/吨，比上年低5.4%，导致广西柳州食糖现货价跌至4 406.0元/吨，远低于成本价，天花板效应更加显著。在进口

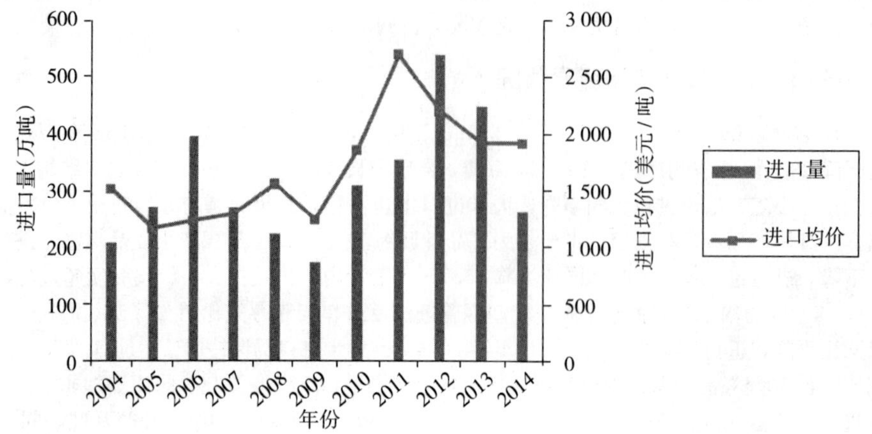

图 7　2004—2014 年中国棉花进口量价

的打压下，国内糖价不断下跌，国内制糖企业和蔗农均遭受重创。广西甘蔗收购价在上年连续下调 25.0 元、35.0 元的基础上，2014 年每吨再次下调 40.0 元，蔗农收入大幅减少。

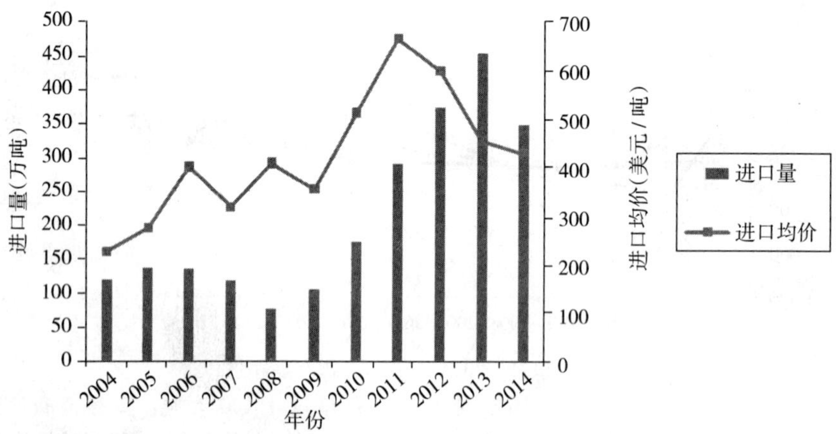

图 8　2004—2014 年中国食糖进口量价

4. 食用油籽。食用油籽进口继续增长，增速较 2013 年有所增加。2014 年，进口 7 751.8万吨，同比增长 14.3%，进口额 445.1 亿美元，同比增长 7.5%，贸易逆差 430.8 亿美元，同比增长 8.2%。其中，大豆进口 7 139.9 万吨，同比增长 12.7%（图 9）；油菜籽进口 508.1 万吨，同比增长 38.7%。

5. 食用植物油、饼粕。2014 年，食用植物油进口 787.3 万吨，同比下降 14.6%（图 10），进口额 70.5 亿美元，同比下降 21.2%；贸易逆差 68.4 亿美元，同比下降 21.7%。其中，棕榈油进口 532.4 万吨，同比下降 11.0%；豆油进口 113.5 万吨，同比下降 1.9%；菜籽油进口 81.0 万吨，同比下降 47.0%。

2014 年，饼粕进口 92.8 万吨，同比增长 3.4%；出口 227.7 万吨，同比增长 66.2%。

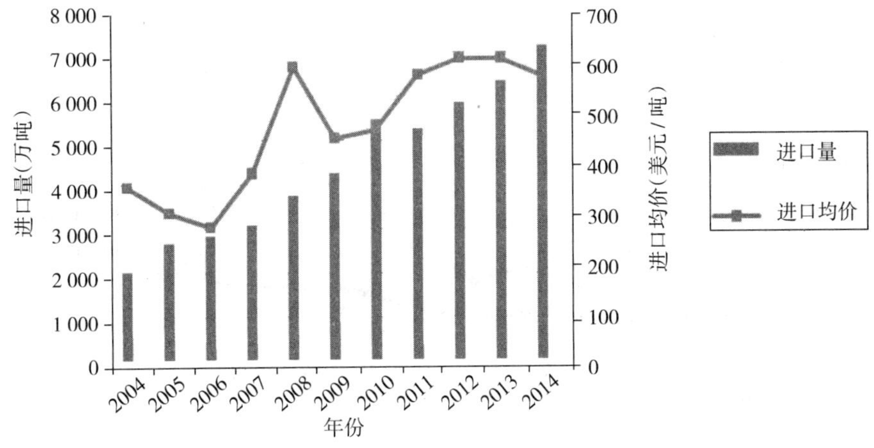

图 9　2004—2014 年中国大豆进口量价

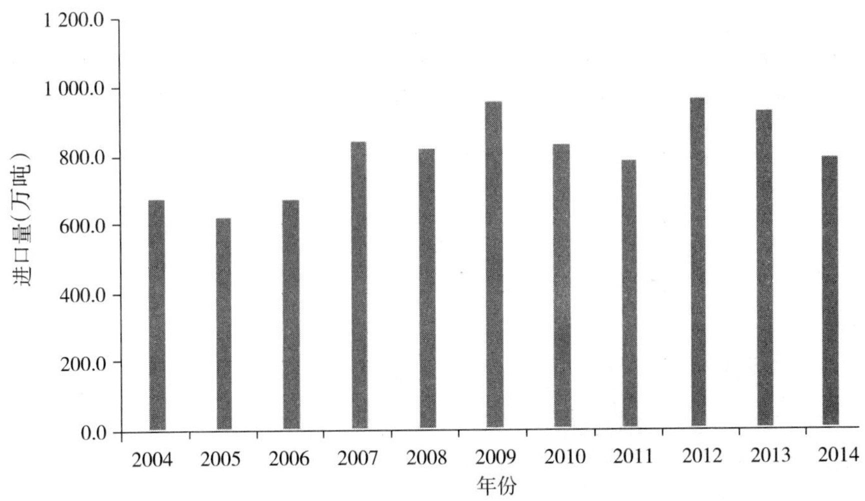

图 10　2004—2014 年中国食用植物油进口量

6. 畜产品。2014 年，畜产品进口额 221.7 亿美元，同比增长 13.6%；出口额 68.4 亿美元，同比增长 5.0%；贸易逆差 153.3 亿美元，同比扩大 18.0%（图 11）。因国内供给有所增加，2014 年猪肉进口 56.4 万吨，同比下降 3.3%；猪杂碎进口 82.0 万吨，同比持平。牛羊肉进口上半年增势强劲，下半年因国内市场变化，进口减少，全年与上年基本持平。牛肉进口 29.8 万吨，同比增长 1.3%；羊肉进口 28.3 万吨，同比增长 9.3%。奶粉进口持续大幅增加，进口 105.4 万吨，同比增长 22.0%；鲜奶进口 32 万吨，同比增长 73.5%；总体看，乳制品进口大幅增加对国内产业发展带来较大压力。

7. 蔬菜。2014 年，蔬菜出口 125.0 亿美元，同比增长 7.9%，增速同比回落 8.3 个百分点；进口 5.1 亿美元，同比增长 21.7%；贸易顺差 119.9 亿美元，同比增长 7.3%。

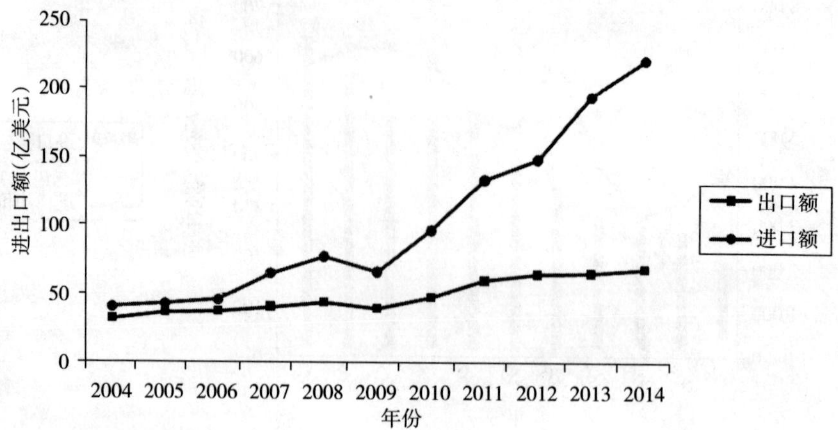

图 11 2004—2014 年中国畜产品进出口额

8. 水果。2014 年，水果出口 61.8 亿美元，同比下降 2.3%；进口 51.2 亿美元，同比增长 23.1%；贸易顺差 10.6 亿美元，同比下降 51.0%。

9. 水产品。2014 年，水产品出口 217.0 亿美元，同比增长 7.1%；进口 91.9 亿美元，同比增长 6.3%；贸易顺差 125.1 亿美元，同比增长 7.6%。

主要进出口产品

3-1 中国主要农产品出口额（一）

单位：万美元

项 目	2004年	2005年	2006年	2007年	2008年	2009年
农产品	2 336 455.5	2 754 897.6	3 138 405.5	3 698 718.9	4 047 097.5	3 954 354.2
谷物	84 257.8	153 211.5	117 289.5	220 890.6	78 390.0	73 944.4
小麦产品	18 960.2	12 297.3	25 830.5	69 140.5	10 789.6	9 826.6
玉米产品	32 571.0	110 753.4	42 170.7	87 532.5	7 942.3	3 170.8
稻谷产品	23 946.1	23 233.7	41 727.4	48 787.3	48 326.4	52 506.2
棉花	1 756.5	942.5	2 622.8	3 800.8	4 427.8	1 988.6
食用油籽	83 378.6	96 087.0	87 793.3	108 743.6	141 864.1	113 100.1
大豆	15 262.4	17 812.8	15 390.9	20 679.2	36 615.3	24 497.8
花生	56 712.5	60 569.4	57 639.5	70 152.6	77 493.7	66 267.3
油菜籽	8.4	5.6	7.0	27.3	21.1	56.4
食用植物油	6 511.7	17 646.7	27 230.1	17 214.8	40 750.1	15 644.9
豆油	1 330.3	4 009.5	7 215.0	5 735.0	18 497.0	7 587.2
菜籽油	408.3	2 097.6	9 048.3	1 650.7	1 128.1	1 328.1
棕榈油	22.4	65.1	45.7	60.2	172.0	56.0
食糖	2 582.2	11 076.9	6 080.3	4 835.1	2 845.9	3 365.2
蔬菜	380 914.0	450 149.8	545 479.0	625 293.0	648 389.6	682 978.7
水果	164 822.0	203 529.3	247 711.3	375 018.3	423 176.0	383 597.3
畜产品	318 934.0	360 231.7	372 481.0	404 591.1	439 110.2	391 190.8
猪肉	45 958.0	40 612.1	40 087.9	28 374.8	27 564.5	26 272.1
牛肉	3 033.0	4 150.3	6 415.8	7 931.8	9 550.4	6 120.5
羊肉	4 180.9	5 672.5	6 675.6	5 412.0	5 038.3	4 176.1
家禽	64 963.1	91 433.3	93 219.4	105 922.6	98 620.2	102 205.0
蛋产品	6 724.4	7 510.3	7 574.4	9 154.9	13 033.5	12 071.3
乳品	5 627.9	8 177.1	9 416.3	24 225.9	30 170.3	5 689.0
动物生皮	120.3	229.2	346.8	172.6	196.0	338.5
动物生毛皮	774.8	902.1	1 524.0	2 238.3	273.2	49.5
羊毛	4 691.7	6 589.7	6 746.8	7 532.8	5 320.6	3 825.3
水产品	695 154.2	790 328.5	935 996.5	975 346.7	1 067 432.1	1 079 543.2
饮品	130 685.0	137 754.1	186 013.1	169 151.2	188 082.7	181 592.2
酒	26 090.3	29 435.7	71 373.1	39 754.0	44 824.2	38 547.8
茶	45 186.4	50 104.7	57 445.7	63 822.4	71 591.8	73 981.4
咖啡	4 237.5	4 850.1	7 193.9	7 772.1	10 353.8	11 448.0

中国主要农产品出口额（二）

单位：万美元

项 目	2010年	2011年	2012年	2013年	2014年
农产品	4 937 340.4	6 072 106.5	6 325 298.9	6 782 500.7	7 196 017.9
谷物	69 331.8	81 168.6	62 991.4	69 652.0	59 980.7
小麦产品	11 771.9	16 092.2	15 016.0	15 041.3	10 973.3
玉米产品	3 334.8	4 658.1	10 117.1	3 318.6	769.1
稻谷产品	41 867.9	42 698.1	27 226.7	41 674.1	37 839.7
棉花	1 057.3	8 168.0	4 222.6	1 670.6	3 088.2
食用油籽	117 771.5	144 040.5	170 355.4	157 035.6	142 955.0
大豆	12 550.8	16 660.0	28 035.7	20 233.1	19 961.8
花生	77 487.3	94 766.0	105 139.2	92 410.0	80 547.2
油菜籽	7.3	36.9	40.2	12.4	15.3
食用植物油	12 928.9	21 423.0	18 866.6	19 781.9	20 537.2
豆油	6 508.1	7 433.3	10 375.7	12 805.4	13 130.8
菜籽油	520.6	556.0	1 108.3	1 039.5	945.1
棕榈油	166.9	160.8	131.7	206.2	152.0
食糖	6 385.7	5 127.8	4 348.6	4 180.0	3 785.7
蔬菜	994 718.2	1 171 510.5	997 273.3	1 158 492.4	1 249 519.4
水果	435 727.7	552 108.3	618 340.2	632 370.6	617 866.2
畜产品	474 805.6	599 122.7	643 704.0	652 140.0	684 456.1
猪肉	33 201.3	32 610.2	29 503.8	32 539.2	42 268.9
牛肉	10 908.6	11 959.3	8 060.1	4 431.6	5 927.5
羊肉	6 897.7	5 304.6	4 251.0	3 134.9	4 344.2
家禽	133 770.2	174 699.1	187 379.8	184 106.5	184 839.6
蛋产品	14 214.7	17 343.9	17 713.0	17 645.9	19 198.3
乳品	4 394.2	7 966.2	8 235.8	5 701.7	8 202.8
动物生皮	368.8	776.1	889.8	1 160.2	1 453.6
动物生毛皮	158.4	202.6	272.0	215.5	191.0
羊毛	6 905.7	11 280.3	8 663.6	8 514.9	8 951.9
水产品	1 382 765.7	1 779 230.5	1 898 311.3	2 026 325.7	2 169 842.4
饮品	216 714.3	273 636.6	312 477.2	333 793.2	384 774.3
酒	52 668.7	57 262.7	72 854.7	62 085.1	87 743.6
茶	82 523.4	101 756.8	112 100.3	134 117.9	137 864.7
咖啡	13 422.8	22 076.3	28 424.6	26 926.9	34 196.6

3-2 中国主要农产品进口额（一）

单位：万美元

项 目	2004年	2005年	2006年	2007年	2008年	2009年
农产品	2 808 766.8	2 878 710.4	3 216 744.5	4 119 736.2	5 876 976.7	5 269 855.2
谷物	223 184.8	140 932.6	84 056.8	53 609.9	73 236.8	89 848.9
小麦产品	164 964.7	77 287.0	11 931.3	2 871.1	1 480.0	21 116.9
玉米产品	101.5	147.7	1 206.4	691.2	1 307.6	2 134.1
稻谷产品	25 464.1	19 944.6	29 368.1	22 804.3	20 840.7	21 557.8
棉花	324 212.7	324 650.5	497 505.6	358 104.5	356 469.0	221 136.8
食用油籽	719 896.2	799 485.7	793 697.4	1 203 370.9	2 286 714.4	2 067 581.0
大豆	697 945.9	777 912.5	748 896.8	1 147 223.2	2 181 408.9	1 878 743.7
花生	117.2	54.5	427.3	211.8	1 252.5	535.4
油菜籽	13 441.7	8 409.5	20 797.3	35 172.8	75 419.6	139 123.7
食用植物油	367 091.4	281 721.7	315 836.2	624 644.1	898 869.5	666 648.7
豆油	154 898.3	90 776.9	79 979.3	214 639.1	333 382.4	184 245.9
菜籽油	21 784.2	10 420.6	2 828.8	30 509.7	35 526.9	37 725.2
棕榈油	186 814.7	178 216.0	227 571.1	368 295.3	521 389.7	421 941.0
食糖	27 557.7	38 327.2	54 867.2	37 959.9	31 850.1	37 839.9
蔬菜	13 603.0	12 850.3	14 742.9	16 682.9	18 851.1	18 058.0
水果	59 037.8	66 511.7	77 034.6	96 916.4	120 690.5	165 107.0
畜产品	403 821.0	423 314.9	455 696.3	647 092.9	772 713.9	659 858.5
猪肉	5 440.1	2 878.8	2 129.8	12 316.7	52 347.5	13 631.3
牛肉	1 001.3	876.9	845.0	1 416.4	1 804.7	4 404.6
羊肉	4 259.1	5 471.2	5 017.3	7 843.7	10 591.1	13 927.1
家禽	16 827.4	35 991.9	48 623.8	97 634.8	113 223.0	102 695.5
蛋产品	7.1	4.0	119.1	13.9	117.0	59.3
乳品	44 436.3	45 877.1	55 820.4	74 401.3	86 165.0	102 799.2
动物生皮	124 756.6	132 391.9	143 845.0	162 062.4	184 704.6	144 060.5
动物生毛皮	14 445.4	15 940.3	16 654.2	20 125.5	21 972.8	26 065.9
羊毛	107 980.0	121 375.1	126 229.4	179 313.8	169 831.4	146 590.1
水产品	324 076.1	412 103.3	430 078.7	472 075.2	540 588.5	526 447.9
饮品	42 370.9	62 358.3	82 349.2	115 397.5	155 966.1	146 993.2
酒	24 984.7	38 921.4	55 331.9	81 537.4	108 223.7	105 235.0
茶	687.0	920.6	1 124.8	1 878.2	2 653.3	2 442.8
咖啡	2 011.2	2 733.1	4 329.6	5 794.2	8 244.0	6 898.0

中国主要农产品进口额（二）

单位：万美元

项　目	2010年	2011年	2012年	2013年	2014年
农产品	7 255 380.8	9 487 192.0	11 247 929.9	11 886 737.4	12 253 845.2
谷物	152 805.8	204 439.2	478 781.8	510 346.4	622 120.4
小麦产品	31 583.7	42 368.9	110 862.8	188 055.3	97 858.0
玉米产品	36 794.7	57 841.6	168 926.7	93 749.6	72 966.7
稻谷产品	27 135.9	40 763.8	115 316.3	108 302.4	125 426.2
棉花	584 657.5	967 859.6	1 199 954.4	871 882.5	515 620.1
食用油籽	2 652 824.4	3 147 755.8	3 774 974.3	4 139 880.6	4 450 725.9
大豆	2 508 095.4	2 983 434.6	3 498 872.2	3 798 510.4	4 027 222.1
花生	2 177.5	7 517.9	3 628.9	2 678.5	3 872.5
油菜籽	77 781.5	80 189.8	195 873.2	242 419.2	280 197.8
食用植物油	715 863.4	900 751.1	1 080 384.3	894 340.8	704 935.5
豆油	120 326.9	132 446.2	227 674.7	127 538.7	109 219.2
菜籽油	92 112.9	66 465.9	151 666.6	190 872.1	81 793.7
棕榈油	471 059.7	663 399.2	650 238.3	490 364.6	438 355.5
食糖	90 578.3	194 340.0	224 382.2	206 883.5	149 425.9
蔬菜	27 917.2	32 566.1	41 487.8	42 231.2	51 410.3
水果	203 007.0	310 815.3	376 178.7	415 736.4	511 801.0
畜产品	965 554.7	1 339 842.0	1 490 165.2	1 950 962.6	2 216 664.7
猪肉	20 863.7	84 742.5	98 116.3	110 508.9	104 914.4
牛肉	8 429.6	9 488.4	25 461.8	126 931.2	128 978.5
羊肉	15 656.4	27 423.4	42 151.4	95 422.1	113 274.7
家禽	99 888.0	91 969.0	100 388.9	106 699.1	92 144.8
蛋产品	132.9	120.4	66.8	57.4	79.3
乳品	196 952.4	262 019.5	321 306.3	518 835.6	797 891.2
动物生皮	203 270.6	278 359.2	301 380.2	356 783.7	343 200.8
动物生毛皮	38 256.9	47 832.2	63 761.3	81 779.2	83 942.5
羊毛	196 292.3	285 944.5	263 734.6	276 131.0	242 705.7
水产品	653 624.6	801 671.7	799 827.9	863 795.0	918 583.8
饮品	224 075.3	340 131.2	403 394.0	408 188.1	447 641.6
酒	156 984.6	246 731.6	297 437.3	286 942.8	287 639.8
茶	5 722.6	6 648.1	7 733.9	8 267.8	9 990.4
咖啡	9 996.4	17 320.5	23 005.6	22 565.4	35 106.9

3-3 中国主要农产品出口量（一）

单位：吨

项　目	2004 年	2005 年	2006 年	2007 年	2008 年	2009 年
农产品	28 194 953.4	36 107 744.6	33 983 375.2	40 279 094.8	33 779 275.3	33 923 488.1
谷物	4 795 073.3	10 174 864.6	6 098 837.6	9 911 677.8	1 861 067.1	1 370 961.6
小麦产品	1 089 321.4	604 659.9	1 509 733.6	3 072 683.4	309 836.3	245 027.2
玉米产品	2 323 568.0	8 642 047.5	3 099 197.2	4 918 492.2	273 418.7	129 583.9
稻谷产品	909 015.0	685 839.7	1 253 040.9	1 343 485.2	971 625.8	786 198.9
棉花	11 941.4	8 400.1	16 261.0	24 588.5	23 839.7	9 949.2
食用油籽	1 172 792.1	1 366 545.2	1 224 340.4	1 289 687.9	1 191 999.2	1 094 932.1
大豆	348 647.6	413 434.0	394 749.7	474 623.2	484 383.2	356 295.0
花生	689 407.4	774 272.7	661 188.2	637 523.0	513 609.5	565 655.8
油菜籽	269.0	147.1	144.0	849.4	55.1	221.0
食用植物油	66 049.7	228 139.2	400 318.0	167 625.8	249 328.3	115 594.9
豆油	19 442.1	63 034.4	117 708.5	65 717.3	133 988.4	69 245.5
菜籽油	5 455.2	30 636.6	144 763.4	21 692.5	7 103.9	9 134.9
棕榈油	20.1	1 203.3	757.8	601.2	1 129.7	473.0
食糖	85 191.4	358 290.3	154 389.5	110 529.0	62 402.5	63 886.2
蔬菜	5 978 270.8	6 755 828.8	7 292 916.3	8 143 035.5	8 162 455.3	7 989 671.5
水果						
畜产品						
猪肉	291 261.2	250 512.8	268 882.8	133 566.6	82 203.1	87 393.8
牛肉	15 594.6	19 105.4	27 448.1	28 337.1	22 729.0	13 395.3
羊肉	24 029.7	30 046.9	33 352.1	22 158.6	14 584.6	9 531.8
家禽						
蛋产品						
乳品	60 131.3	69 823.5	74 860.1	134 565.8	120 632.9	36 779.7
动物生皮	158.0	327.3	505.2	716.7	1 389.3	3 899.5
动物生毛皮	291.2	255.7	373.8	479.7	92.0	27.3
羊毛	31 955.6	33 368.4	31 293.3	28 128.1	15 086.5	10 808.6
水产品						
饮品						
酒						
茶	284 293.2	291 117.9	304 329.3	295 420.4	303 879.3	308 920.8
咖啡	29 448.4	25 658.5	34 604.6	37 024.4	41 551.9	50 649.3

中国主要农产品出口量（二）

单位：吨

项　目	2010 年	2011 年	2012 年	2013 年	2014 年
农产品	32 870 933.4	33 835 418.7	34 349 251.7	34 578 740.6	35 214 260.8
谷物	1 243 305.7	1 214 847.6	1 016 140.9	1 000 561.6	769 429.1
小麦产品	277 224.9	328 207.8	285 899.2	278 388.7	189 632.8
玉米产品	127 319.8	136 083.0	257 300.3	77 640.3	20 035.7
稻谷产品	622 337.6	515 667.5	279 213.8	478 472.5	419 205.0
棉花	7 368.6	27 914.4	23 202.9	8 076.2	14 305.7
食用油籽	877 255.0	911 655.9	1 006 178.0	869 655.7	871 879.2
大豆	172 962.0	214 146.1	321 135.9	209 254.3	207 378.2
花生	516 243.6	487 585.4	450 944.6	424 878.9	442 036.1
油菜籽	109.6	185.8	335.5	162.3	101.9
食用植物油	95 687.0	124 277.3	100 984.8	116 781.4	135 463.3
豆油	59 296.6	51 113.6	65 384.8	89 612.2	99 535.1
菜籽油	3 804.0	3 275.0	6 630.8	6 209.0	6 608.0
棕榈油	1 548.0	1 284.2	871.1	2 005.7	1 343.9
食糖	94 348.4	59 388.7	47 144.2	47 771.2	46 215.9
蔬菜	8 399 235.4	9 695 009.6	9 310 339.8	9 612 077.9	9 760 010.9
水果					
畜产品					
猪肉	110 126.4	80 690.5	66 243.1	73 394.8	91 516.3
牛肉	22 147.4	21 979.1	12 200.3	5 874.2	6 494.0
羊肉	13 481.0	8 118.0	5 043.4	3 214.5	4 433.7
家禽					
蛋产品					
乳品	33 760.8	43 324.9	44 896.1	36 051.6	40 529.8
动物生皮	4 346.7	6 663.3	7 723.2	9 028.5	14 423.1
动物生毛皮	115.8	142.0	194.0	136.2	101.6
羊毛	18 394.9	21 487.7	16 025.7	15 612.1	17 556.6
水产品					
饮品					
酒					
茶	308 848.5	329 518.5	323 262.9	335 387.1	312 832.2
咖啡	51 494.5	58 048.8	84 071.1	101 186.9	104 490.7

3-4 中国主要农产品进口量（一）

单位：吨

项 目	2004年	2005年	2006年	2007年	2008年	2009年
农产品	54 757 750.7	58 766 585.1	63 725 632.6	64 373 856.5	69 474 523.4	85 937 507.1
谷物	9 753 474.7	6 271 987.1	3 594 975.2	1 557 475.2	1 540 510.3	3 150 987.5
小麦产品	7 258 480.0	3 538 501.7	612 774.0	100 517.4	43 060.0	904 125.2
玉米产品	2 485.6	4 017.3	65 358.4	35 429.4	50 024.2	84 479.7
稻谷产品	766 255.8	521 731.9	729 915.3	487 487.0	329 697.6	356 810.4
棉花	2 114 132.7	2 745 491.9	3 980 047.7	2 741 164.6	2 263 716.3	1 758 926.2
食用油籽	20 768 289.0	27 042 335.8	29 316 979.1	31 914 727.0	39 004 912.5	46 331 475.7
大豆	20 229 939.6	26 590 648.5	28 269 968.3	30 821 448.6	37 435 601.9	42 551 686.7
花生	1 775.1	700.8	5 457.4	3 664.1	10 370.6	3 483.4
油菜籽	424 014.4	296 235.9	737 996.8	833 104.7	1 302 572.8	3 285 852.1
食用植物油	6 764 315.4	6 213 230.4	6 715 351.6	8 396 627.8	8 171 139.7	9 502 489.8
豆油	2 516 508.0	1 694 326.7	1 542 635.2	2 822 908.5	2 585 669.7	2 391 222.3
菜籽油	352 933.1	177 558.1	43 995.0	374 776.1	269 792.2	467 526.2
棕榈油	3 856 570.4	4 330 140.0	5 081 920.7	5 095 127.6	5 282 319.9	6 441 283.9
食糖	1 214 344.3	1 389 671.3	1 365 406.5	1 193 358.3	779 887.0	1 064 481.8
蔬菜	115 322.9	106 848.7	124 071.4	107 148.9	114 094.5	97 176.7
水果						
畜产品	2 466 403.4	2 595 290.5	2 992 644.5	3 564 700.2	4 199 067.4	4 162 559.8
猪肉	70 484.3	31 046.3	23 843.4	85 705.2	373 342.7	134 972.0
牛肉	3 437.2	1 142.9	1 160.9	3 639.3	4 231.3	14 158.4
羊肉	33 034.9	41 365.6	36 818.4	46 589.1	55 452.2	66 466.4
家禽						
蛋产品						
乳品	347 183.5	320 034.8	347 826.2	298 580.7	350 691.1	596 999.2
动物生皮	828 207.6	899 127.5	957 050.9	996 399.0	1 092 806.0	1 279 627.4
动物生毛皮	21 643.3	29 146.5	32 553.3	31 386.2	32 980.5	32 757.0
羊毛	222 882.9	248 891.7	278 007.3	311 324.7	285 402.5	307 886.0
水产品						
饮品						
酒						
茶	2 508.2	3 090.2	3 784.6	5 984.3	6 230.5	4 713.8
咖啡	15 357.2	17 418.5	20 161.7	21 721.3	24 792.6	24 877.3

中国主要农产品进口量（二）

单位：吨

项　目	2010 年	2011 年	2012 年	2013 年	2014 年
农产品	105 598 540.2	104 176 188.2	128 004 090.0	138 070 807.5	153 387 625.8
谷物	5 708 381.8	5 446 757.9	13 983 013.1	14 584 794.3	19 515 619.3
小麦产品	1 230 665.9	1 258 053.3	3 700 977.1	5 535 461.8	3 004 443.3
玉米产品	1 573 201.6	1 753 601.3	5 208 007.0	3 265 944.8	2 599 142.4
稻谷产品	388 160.9	597 770.0	2 368 557.7	2 271 040.0	2 578 982.0
棉花	3 127 751.3	3 566 366.1	5 413 046.6	4 500 485.3	2 668 960.1
食用油籽	57 046 007.7	54 818 275.3	62 279 986.8	67 835 019.9	77 518 391.9
大豆	54 797 293.7	52 639 678.3	58 384 754.8	63 375 383.3	71 399 012.2
花生	16 159.3	57 674.0	25 342.9	21 498.2	32 121.2
油菜籽	1 599 847.8	1 262 265.1	2 929 591.9	3 662 410.2	5 081 037.2
食用植物油	8 261 662.2	7 797 763.7	9 599 368.9	9 221 301.1	7 873 475.5
豆油	1 340 908.7	1 143 191.9	1 826 113.9	1 157 586.3	1 135 476.2
菜籽油	985 324.3	550 903.7	1 175 817.9	1 526 833.0	809 955.5
棕榈油	5 696 105.2	5 912 232.1	6 341 162.5	5 979 071.0	5 323 890.8
食糖	1 766 147.2	2 919 436.5	3 747 166.0	4 545 940.6	3 485 795.9
蔬菜	150 045.9	167 318.6	222 121.9	208 368.6	221 957.4
水果					
畜产品					
猪肉	201 091.4	467 659.8	522 340.8	583 513.9	564 263.4
牛肉	23 702.0	20 089.3	61 386.4	294 223.1	297 949.4
羊肉	56 967.8	82 700.0	123 938.5	258 723.2	282 881.8
家禽					
蛋产品					
乳品	745 293.5	906 063.5	1 145 578.2	1 592 196.3	1 935 593.0
动物生皮	1 230 537.6	1 218 168.2	1 274 507.2	1 399 640.0	1 291 099.0
动物生毛皮	34 769.4	31 635.8	35 320.0	35 595.5	31 192.4
羊毛	317 956.7	322 146.5	309 474.7	349 538.2	332 444.0
水产品					
饮品					
酒					
茶	13 531.5	14 872.0	19 500.8	20 729.9	23 695.9
咖啡	35 157.5	49 416.2	68 138.3	62 888.0	87 963.2

主要贸易伙伴

3-5 中国对主要国家（地区）农产品出口额（一）

单位：万美元

国家（地区）	2004年	2005年	2006年	2007年	2008年	2009年
合计	2 336 455.5	2 754 897.6	3 138 405.5	3 698 718.9	4 047 097.5	3 954 354.2
亚洲	1 595 961.3	1 815 453.9	1 931 859.3	2 231 942.0	2 275 770.2	2 349 783.3
日本	740 500.6	794 237.1	823 271.9	837 217.1	769 728.9	769 150.5
马来西亚	53 087.1	69 385.3	84 628.6	105 438.1	118 846.8	122 811.4
印度尼西亚	45 078.0	42 202.5	61 705.2	90 728.2	84 076.6	105 077.6
中国香港	271 806.4	276 780.6	278 930.3	322 913.6	362 744.9	372 190.0
韩国	213 004.7	285 627.0	290 165.5	361 177.7	317 319.2	283 217.4
泰国	24 847.3	30 699.9	36 734.6	52 147.3	73 536.5	85 818.7
印度	21 895.1	23 285.7	24 396.9	37 892.9	43 593.4	51 087.3
越南	24 042.5	30 691.8	35 245.6	47 295.8	71 370.1	94 606.1
土耳其	3 825.4	5 721.8	5 339.9	9 452.8	14 532.0	10 175.9
欧洲	341 525.0	453 743.7	558 365.3	705 967.7	832 001.3	728 782.9
欧盟	267 839.2	356 181.6	446 445.4	551 147.1	644 563.2	578 438.3
法国	16 644.3	21 083.2	28 652.7	35 977.2	46 221.0	40 010.9
德国	68 351.6	93 957.7	111 296.6	137 974.7	164 269.1	149 706.6
荷兰	41 494.8	54 207.8	77 316.4	99 293.2	99 719.4	92 392.2
西班牙	22 488.6	37 866.2	45 337.4	56 278.4	58 502.7	55 881.5
英国	31 289.0	39 283.3	51 337.6	58 313.8	71 165.8	65 629.1
意大利	23 921.7	28 915.6	35 338.1	42 141.3	50 165.3	41 607.3
俄罗斯	59 718.2	73 459.3	88 977.2	123 051.1	144 423.0	120 066.8
北美洲	287 909.1	353 420.7	456 435.6	527 204.8	615 962.7	571 388.6
美国	237 406.1	293 364.8	382 744.8	440 513.4	510 628.3	470 413.7
加拿大	30 796.4	38 416.3	45 395.5	55 849.4	65 836.2	66 364.1
墨西哥	19 653.9	21 579.4	28 251.3	30 828.9	39 481.3	34 606.1
南美洲	40 612.0	52 816.1	82 354.9	90 303.9	131 708.6	109 530.6
巴西	3 820.6	7 222.0	8 878.5	11 952.1	26 783.3	22 047.3
阿根廷	632.1	934.3	1 357.0	2 379.7	2 620.7	2 454.3
智利	906.1	1 376.5	2 030.3	4 151.5	6 726.7	5 679.0
秘鲁	416.7	566.0	1 004.0	2 006.6	2 954.4	3 274.9
大洋洲	30 088.8	34 434.0	48 139.9	60 304.8	75 774.5	70 773.8
澳大利亚	24 362.4	28 077.8	36 629.5	45 252.4	58 177.8	57 034.7
新西兰	3 548.4	4 718.7	6 329.6	8 291.6	9 725.8	8 189.7
非洲	60 013.2	66 608.7	89 501.8	113 824.6	155 361.4	158 701.2
南非	8 036.0	10 352.4	14 189.5	20 080.4	22 178.2	26 523.7
埃及	11 061.3	5 828.6	6 282.7	7 686.1	14 861.9	14 522.9
津巴布韦	35.6	65.6	3.0	10.3	350.3	19.4
尼日利亚	2 078.1	3 387.1	5 383.6	6 711.9	17 209.7	20 816.5
阿尔及利亚	6 690.8	7 960.5	8 395.1	11 369.2	13 624.3	13 436.4
肯尼亚	381.5	516.0	588.0	737.1	863.5	1 399.3

中国对主要国家（地区）农产品出口额（二）

单位：万美元

国家（地区）	2010 年	2011 年	2012 年	2013 年	2014 年
合计	4 937 340.4	6 072 106.5	6 325 298.9	6 782 500.7	7 196 017.9
亚洲	2 955 886.7	3 670 030.7	3 914 384.9	4 211 107.1	4 564 853.0
日本	915 499.8	1 101 314.2	1 200 075.8	1 125 327.5	1 114 267.9
马来西亚	167 834.7	212 243.6	216 682.9	264 951.5	278 674.6
印度尼西亚	177 943.9	215 330.7	188 281.6	174 578.0	197 956.0
中国香港	450 633.6	591 628.0	668 414.1	784 609.7	873 608.8
韩国	353 208.6	418 036.0	415 939.6	439 479.3	486 991.0
泰国	118 847.9	174 303.5	204 953.5	258 957.5	285 951.4
印度	54 085.5	56 832.4	61 132.0	62 884.8	65 072.4
越南	135 111.5	208 008.8	194 740.0	234 422.8	299 188.4
土耳其	16 628.9	16 955.2	18 138.1	17 736.1	19 054.0
欧洲	886 378.6	1 062 161.0	1 008 123.3	1 079 939.0	1 129 998.3
欧盟	690 479.6	815 778.7	761 609.1	813 960.3	851 487.1
法国	43 897.4	56 548.2	52 812.7	55 570.0	56 625.3
德国	175 239.8	199 482.2	192 672.1	196 785.8	207 716.7
荷兰	109 772.9	126 257.6	119 504.2	127 724.6	136 941.7
西班牙	74 592.7	91 892.4	73 223.8	83 181.6	86 358.4
英国	81 526.4	95 743.6	96 035.1	107 226.6	110 566.4
意大利	48 285.6	62 769.9	51 228.6	59 870.8	60 927.6
俄罗斯	155 111.9	196 433.4	196 121.3	213 254.2	233 577.3
北美洲	707 701.6	830 747.2	877 983.8	900 052.8	918 319.3
美国	581 682.7	675 717.0	725 137.4	739 963.3	753 369.9
加拿大	80 673.6	92 241.1	101 505.4	97 281.9	102 331.2
墨西哥	45 297.5	62 746.2	51 286.4	62 698.7	62 517.4
南美洲	165 631.1	214 312.3	211 156.0	245 931.4	226 976.6
巴西	52 113.0	64 760.0	70 042.0	87 887.5	67 211.0
阿根廷	3 993.3	5 044.2	4 581.5	4 379.5	4 460.7
智利	8 793.0	16 357.4	15 004.8	19 339.6	23 718.7
秘鲁	4 138.7	5 679.9	6 041.3	6 041.2	6 331.0
大洋洲	86 808.9	113 029.1	115 492.6	126 087.2	132 580.3
澳大利亚	68 762.9	90 546.6	90 510.8	100 873.1	102 514.4
新西兰	10 626.8	13 382.4	14 485.8	14 391.3	16 218.0
非洲	180 231.0	244 572.5	249 444.7	282 081.8	285 807.7
南非	27 690.5	34 303.5	37 734.9	34 875.9	33 943.5
埃及	16 974.0	24 577.3	25 724.1	28 113.4	23 051.0
津巴布韦	85.4	902.8	181.8	198.5	783.4
尼日利亚	19 367.3	34 672.1	36 705.7	38 566.8	36 180.8
阿尔及利亚	14 405.9	17 276.0	16 401.8	19 251.6	16 651.4
肯尼亚	1 728.6	3 372.4	2 188.0	2 929.0	3 727.0

3-6 中国自主要国家（地区）农产品进口额（一）

单位：万美元

国家（地区）	2004年	2005年	2006年	2007年	2008年	2009年
合计	2 808 766.8	2 878 710.4	3 216 744.5	4 119 736.2	5 876 976.7	5 269 855.2
亚洲	556 588.4	572 053.2	801 445.1	1 021 132.7	1 269 763.4	1 151 636.2
日本	30 156.2	36 432.2	41 708.6	39 993.8	40 126.8	46 369.8
马来西亚	143 800.9	134 054.3	171 653.6	301 795.5	413 659.0	306 899.8
印度尼西亚	87 764.3	92 190.9	125 206.2	181 223.5	267 461.6	228 095.1
中国香港	3 346.0	4 726.6	6 144.4	8 463.3	8 293.4	8 920.9
韩国	20 076.1	25 275.1	23 282.4	30 269.6	33 486.8	31 305.5
泰国	98 181.3	98 603.4	129 606.8	136 560.1	120 480.7	179 888.2
印度	27 230.1	39 849.4	116 199.0	129 821.6	161 297.6	95 251.2
越南	19 859.2	21 497.3	37 292.4	47 222.2	49 453.5	74 980.6
土耳其	3 017.7	2 279.6	2 532.9	3 943.5	4 853.5	3 963.3
欧洲	258 182.7	339 061.1	368 321.0	451 243.1	534 469.8	508 387.8
欧盟	154 060.0	201 272.1	214 080.3	281 046.8	372 757.4	341 651.4
法国	39 391.2	67 682.0	68 089.5	112 342.2	143 877.5	123 087.0
德国	10 957.0	13 686.9	15 370.7	20 790.6	25 502.9	21 985.5
荷兰	21 370.4	26 170.5	29 439.6	32 370.4	52 102.7	50 375.4
西班牙	6 546.2	8 105.5	11 062.2	11 073.4	14 005.8	19 378.8
英国	15 990.1	22 119.1	21 532.7	22 729.7	22 312.6	23 727.9
意大利	4 155.6	5 475.0	8 177.7	11 549.7	15 204.4	18 000.5
俄罗斯	85 192.6	115 137.7	128 972.6	144 298.5	132 504.3	128 753.0
北美洲	919 296.5	796 921.6	850 399.1	1 049 278.0	1 632 275.4	1 680 171.9
美国	769 375.8	672 378.3	759 636.8	913 286.0	1 442 136.8	1 403 287.0
加拿大	144 083.7	114 642.2	80 489.3	124 473.8	176 314.9	265 214.0
墨西哥	3 779.9	6 967.3	7 269.0	7 722.8	10 193.0	7 249.4
南美洲	662 636.9	757 556.7	774 086.5	1 161 604.8	1 954 595.4	1 429 088.5
巴西	285 709.1	302 702.5	382 437.5	484 525.3	880 502.1	845 156.1
阿根廷	270 279.8	299 304.6	240 914.2	518 137.1	840 520.4	348 536.2
智利	23 405.9	35 307.4	35 420.6	45 386.6	61 302.9	80 280.5
秘鲁	53 570.4	74 709.7	63 036.9	61 343.9	100 377.2	80 738.0
大洋洲	323 039.9	312 129.0	308 600.4	349 741.3	397 422.2	386 930.2
澳大利亚	243 706.1	240 642.7	232 520.7	261 330.5	293 432.1	249 228.6
新西兰	78 621.8	70 604.6	73 363.3	83 223.9	102 114.6	135 024.5
非洲	92 724.4	107 907.4	121 155.9	94 382.3	98 634.5	120 888.6
南非	2 196.2	5 611.8	7 456.5	14 724.3	20 061.0	25 141.7
埃及	2 716.3	3 735.9	3 839.2	3 876.5	3 308.8	2 812.2
津巴布韦	13 528.5	14 411.7	10 939.6	10 566.7	13 008.4	9 876.7
尼日利亚	703.2	445.9	999.8	746.5	484.8	990.8
阿尔及利亚	1.7	3.7	0.1		5.3	
肯尼亚	1 354.2	1 111.2	1 109.1	1 199.7	1 474.3	1 740.2

中国自主要国家（地区）农产品进口额（二）

单位：万美元

国家（地区）	2010 年	2011 年	2012 年	2013 年	2014 年
合计	7 255 380.8	9 487 192.0	11 247 929.9	11 886 737.4	12 253 845.2
亚洲	1 662 476.2	2 181 839.4	2 462 862.0	2 271 790.7	2 343 120.5
日本	60 760.2	37 122.9	43 271.6	47 251.1	57 833.3
马来西亚	352 205.9	526 220.5	448 840.4	396 373.5	348 802.9
印度尼西亚	294 801.3	416 193.3	470 060.6	354 569.7	405 596.3
中国香港	11 202.8	13 560.5	15 099.9	15 120.4	24 394.3
韩国	42 123.0	63 698.1	61 713.9	72 720.9	76 292.1
泰国	248 762.0	298 254.4	395 746.7	436 419.3	508 655.8
印度	257 287.4	376 089.5	417 206.8	337 091.0	240 655.9
越南	76 571.5	131 976.6	222 361.3	204 716.2	229 364.8
土耳其	5 550.9	9 748.5	10 004.9	11 309.1	12 667.8
欧洲	689 401.3	949 137.6	1 075 283.0	1 311 096.8	1 424 275.7
欧盟	494 057.1	706 443.0	842 616.0	1 028 187.0	1 100 477.9
法国	164 566.0	252 695.6	282 598.0	297 757.0	309 318.9
德国	37 770.9	58 762.2	94 760.6	140 612.5	139 038.5
荷兰	66 833.2	84 116.4	107 086.3	144 366.2	145 536.9
西班牙	34 036.8	62 561.5	68 475.7	77 475.9	81 507.6
英国	31 441.3	47 917.7	48 680.8	58 460.4	64 471.7
意大利	28 897.4	40 567.9	42 954.2	51 982.1	54 898.5
俄罗斯	138 727.3	169 298.8	155 411.6	156 981.0	155 031.2
北美洲	2 180 180.2	2 677 282.5	3 445 605.3	3 275 966.3	3 463 901.2
美国	1 863 945.2	2 332 273.8	2 878 900.2	2 667 657.3	2 877 702.0
加拿大	300 345.9	314 473.5	535 652.4	577 240.1	558 138.3
墨西哥	10 488.6	25 750.2	25 297.7	23 856.1	21 608.4
南美洲	1 957 596.6	2 524 637.3	2 875 294.0	3 310 899.6	3 218 150.4
巴西	1 073 457.1	1 561 257.5	1 870 037.4	2 251 975.3	2 159 125.4
阿根廷	570 399.8	544 188.4	509 652.1	499 080.1	452 121.1
智利	82 469.1	112 196.1	139 577.3	155 227.4	168 890.6
秘鲁	112 057.8	133 410.8	125 740.6	113 794.1	128 763.3
大洋洲	615 776.1	947 145.4	1 127 763.6	1 430 334.9	1 502 836.0
澳大利亚	393 025.5	644 535.9	740 746.7	859 657.6	816 412.9
新西兰	220 747.3	298 377.0	381 519.6	560 570.4	679 532.6
非洲	160 313.6	232 890.3	286 413.2	310 459.1	322 938.1
南非	35 286.8	41 778.0	46 733.1	54 453.2	61 501.6
埃及	6 576.5	10 202.4	5 920.4	4 046.7	2 880.8
津巴布韦	13 026.8	35 182.9	43 620.4	55 493.4	60 314.8
尼日利亚	1 091.6	2 412.2	1 738.2	908.8	1 078.3
阿尔及利亚	9.9	19.3	69.0	37.5	12.1
肯尼亚	1 547.7	1 819.9	1 706.2	1 729.8	1 617.3

3-7 中国谷物进口量前15位国家（地区）

（2014年）

单位：吨，万美元，%

序号	国家（地区）	进口量	同比增长	进口额	同比增长
1	美国	7 311 588.7	2.9	209 631.2	−4.9
2	澳大利亚	5 758 047.1	78.3	172 917.9	56.0
3	东盟	2 619 292.1	32.9	123 083.9	29.8
4	乌克兰	1 099 271.8	793.2	29 644.2	815.9
5	加拿大	970 723.3	−22.0	32 135.5	−31.9
6	欧盟	963 517.4	282.1	26 972.1	209.7
7	巴基斯坦	407 766.1	−2.2	15 896.8	−7.8
8	哈萨克斯坦	251 920.7	177.1	7 078.6	173.7
9	阿根廷	80 633.7	−37.8	2 723.9	−35.7
10	俄罗斯	43 649.5	274.7	1 249.1	183.3
11	印度	5 419.7	30.3	149.2	5.8
12	韩国	1 550.8	1.8	134.1	3.7
13	中国台湾	866.3	87.0	186.1	60.2
14	日本	436.9	151.3	70.6	111.0
15	秘鲁	276.1	−9.0	58.9	−6.2
	小计	**19 514 960.2**		**621 932.2**	

3-8 中国棉花进口量前15位国家（地区）

（2014年）

单位：吨，万美元，%

序号	国家（地区）	进口量	同比增长	进口额	同比增长
1	印　度	909 288.9	−31.1	158 479.6	−31.8
2	美　国	561 522.6	−52.3	126 489.9	−48.3
3	澳大利亚	495 613.3	−37.8	107 999.2	−38.6
4	乌兹别克斯坦	171 818.2	−38.3	33 217.2	−39.3
5	巴　西	155 325.2	−3.3	28 069.2	−14.1
6	布基纳法索	57 146.0	−39.5	11 599.7	−37.9
7	贝　宁	38 679.7	−13.1	7 547.0	−10.7
8	东　盟	31 601.6	−44.7	3 412.3	−46.0
9	土耳其	29 890.1	−26.8	1 981.5	−30.3
10	喀麦隆	29 837.5	−54.6	6 070.1	−54.0
11	土库曼斯坦	25 803.0	128.8	1 581.7	75.8
12	墨西哥	22 692.2	−53.2	4 127.7	−54.5
13	巴基斯坦	16 702.9	−55.4	1 949.2	−61.0
14	科特迪瓦	16 577.9	−49.7	3 328.3	−47.4
15	津巴布韦	12 851.3	−58.8	2 293.2	−60.6
	小　计	**2 575 350.4**		**498 145.7**	

3-9 中国食用油籽进口量前15位国家（地区）

（2014年）

单位：吨，万美元，%

序号	国家（地区）	进口量	同比增长	进口额	同比增长
1	巴　　西	32 005 373.8	0.6	1 874 307.0	−2.0
2	美　　国	30 046 895.3	35.1	1 635 300.1	22.8
3	阿 根 廷	6 008 652.9	−1.9	336 775.0	−8.0
4	加 拿 大	5 631 858.3	48.2	311 327.8	26.8
5	乌 拉 圭	2 442 233.6	6.2	136 685.9	−1.8
6	澳大利亚	603 311.3	−39.3	32 437.1	−47.8
7	埃塞俄比亚	174 844.8	24.9	39 811.6	55.8
8	坦桑尼亚	84 062.2	3.4	16 280.0	5.2
9	哈萨克斯坦	77 323.0	751.9	3 072.8	1 050.2
10	俄 罗 斯	75 293.6	10.6	2 474.7	−2.1
11	莫桑比克	48 549.9	95.2	9 268.1	96.1
12	多　　哥	48 165.9	12.2	10 098.3	45.6
13	苏　　丹	47 945.9	−29.3	10 127.4	−11.5
14	蒙　　古	38 043.1	97.2	1 331.5	97.2
15	印　　度	35 123.1	385.5	5 196.0	413.2
	小　　计	**77 367 676.8**		**4 424 493.3**	

3-10 中国食用植物油进口量前15位国家（地区）

（2014年）

单位：吨，万美元，%

序号	国家（地区）	进口量	同比增长	进口额	同比增长
1	东盟	5 324 471.0	−10.2	438 463.6	−9.9
2	加拿大	578 977.5	−37.5	59 122.6	−49.3
3	阿根廷	530 450.5	−22.7	52 072.4	−33.6
4	巴西	481 246.4	5.8	46 236.2	−8.7
5	乌克兰	460 105.9	14.3	45 086.3	−6.1
6	美国	189 050.8	74.6	18 759.7	41.8
7	阿拉伯联合酋长国	117 420.4	−42.8	11 373.0	−54.0
8	欧盟	106 760.1	−74.5	21 680.4	−66.9
9	澳大利亚	23 428.4	26.1	2 691.8	−6.4
10	印度	21 084.7	−59.3	3 120.6	−24.6
11	塞内加尔	9 557.7	846.2	1 208.9	512.4
12	俄罗斯	8 784.6	39.2	852.0	13.5
13	哈萨克斯坦	7 437.0	20 494.1	655.5	10 396.1
14	土耳其	7 369.5	159.1	1 664.1	154.0
15	尼加拉瓜	1 963.1		247.2	
	小计	**7 868 107.7**		**703 234.4**	

3-11 中国食糖进口量前15位国家（地区）

（2014年）

单位：吨，万美元，%

序号	国家（地区）	进口量	同比增长	进口额	同比增长
1	巴西	2 101 233.4	−36.2	86 175.2	−39.9
2	东盟	547 816.7	299.6	21 611.4	213.9
3	古巴	427 500.0	−1.8	20 994.5	−6.6
4	韩国	193 357.4	−14.4	11 276.9	−17.4
5	澳大利亚	163 538.2	63.2	6 945.0	57.2
6	危地马拉	45 140.0	−86.8	1 881.5	−87.8
7	印度	3 952.2	−44.0	186.3	−40.8
8	巴基斯坦	780.0	−58.9	40.2	−54.4
9	美国	703.3	−37.7	54.0	−30.4
10	毛里求斯	605.9	16.4	52.8	10.7
11	欧盟	251.3	−69.4	77.9	−34.1
12	哥伦比亚	239.7	352.3	14.7	367.7
13	中国台湾	173.0	80.8	21.6	74.1
14	中国香港	125.0		6.9	
15	哥斯达黎加	100.0		4.4	
	小计	**3 485 516.3**		**149 343.4**	

3-12 中国畜产品进口额前 15 位国家（地区）

（2014 年）

单位：万美元，%

序号	国家（地区）	进口额	同比增长
1	新西兰	600 977.1	29.3
2	欧盟	523 345.5	31.6
3	澳大利亚	420 357.1	−3.5
4	美国	333 738.3	−6.5
5	乌拉圭	75 258.7	17.3
6	加拿大	63 083.8	−13.3
7	巴西	55 413.3	11.0
8	南非	30 643.2	−6.4
9	阿根廷	30 616.6	22.1
10	东盟	19 438.1	335.7
11	智利	15 794.7	21.9
12	蒙古	11 162.4	5.6
13	韩国	10 078.5	190.4
14	瑞士	4 299.0	502.5
15	哥斯达黎加	3 724.4	72.6
	小计	**2 197 930.9**	

3-13 中国蔬菜进口额前15位国家（地区）

（2014年）

单位：万美元，%

序号	国家（地区）	进口额	同比增长
1	美国	20 093.6	4.2
2	东盟	8 507.0	51.2
3	欧盟	7 192.2	54.1
4	日本	4 391.0	12.0
5	加拿大	3 204.4	123.7
6	印度	1 381.1	30.9
7	智利	1 082.7	22.6
8	韩国	1 018.7	7.8
9	新西兰	703.9	−15.2
10	以色列	565.8	−12.2
11	秘鲁	563.5	63.4
12	澳大利亚	542.7	50.6
13	中国台湾	532.9	25.9
14	朝鲜	214.8	10.8
15	巴西	132.3	669.6
	小计	**50 126.5**	

3-14 中国水果进口额前 15 位国家（地区）

（2014 年）

单位：万美元，%

序号	国家（地区）	进口额	同比增长
1	东盟	265 684.0	13.9
2	智利	78 918.7	24.3
3	美国	34 092.9	0.9
4	秘鲁	20 555.3	105.0
5	厄瓜多尔	18 728.3	742.5
6	南非	17 716.1	73.4
7	欧盟	17 331.3	26.4
8	新西兰	15 605.0	39.2
9	巴西	9 212.8	−6.2
10	澳大利亚	7 553.1	45.9
11	中国台湾	6 286.3	21.9
12	墨西哥	3 488.3	52.2
13	以色列	3 276.7	−34.2
14	加拿大	3 022.1	29.6
15	哥斯达黎加	1 893.2	34.0
	小计	**503 363.8**	

3-15 中国水产品进口额前15位国家（地区）

（2014年）

单位：万美元，%

序号	国家（地区）	进口额	同比增长
1	俄罗斯	140 394.8	－5.6
2	美国	137 887.5	6.7
3	东盟	107 966.6	12.8
4	秘鲁	104 514.7	2.7
5	挪威	53 955.5	24.8
6	智利	53 284.0	－8.4
7	加拿大	46 649.0	15.0
8	新西兰	38 552.4	11.7
9	欧盟	32 785.5	31.4
10	日本	26 931.9	14.7
11	厄瓜多尔	18 240.3	38.0
12	韩国	17 220.5	－16.9
13	中国台湾	16 830.1	21.3
14	朝鲜	14 534.0	22.2
15	印度	11 607.3	－26.7
	小计	**821 354.0**	

3-16 中国畜产品出口额前 15 位国家（地区）

（2014 年）

单位：万美元，%

序号	国家（地区）	出口额	同比增长
1	中国香港	193 273.4	8.5
2	日本	164 934.0	−3.6
3	欧盟	112 577.9	6.8
4	东盟	55 289.3	16.9
5	美国	34 432.4	2.9
6	中国台湾	25 751.9	−30.8
7	韩国	21 185.9	12.3
8	中国澳门	13 496.5	7.3
9	吉尔吉斯斯坦	12 258.9	53.6
10	巴西	7 246.2	5.6
11	南非	4 976.9	5.5
12	朝鲜	4 951.1	52.7
13	孟加拉国	3 289.1	83.6
14	俄罗斯	3 176.4	301.0
15	加拿大	2 700.4	84.0
	小计	**659 540.4**	

3-17 中国蔬菜出口额前15位国家（地区）

（2014年）

单位：万美元，%

序号	国家（地区）	出口额	同比增长
1	东盟	345 449.1	13.1
2	日本	228 619.8	−2.8
3	欧盟	120 185.7	4.6
4	中国香港	95 899.8	26.1
5	韩国	87 654.3	4.8
6	美国	82 008.3	8.3
7	俄罗斯	57 923.5	27.5
8	阿拉伯联合酋长国	18 411.2	25.0
9	巴西	17 210.0	−19.1
10	尼日利亚	15 557.2	−1.7
11	加拿大	14 262.5	6.6
12	沙特阿拉伯	11 977.7	17.2
13	加纳	10 619.3	16.2
14	中国台湾	10 016.3	−8.1
15	澳大利亚	9 475.4	−2.5
	小计	**1 125 270.0**	

3-18 中国水果出口额前 15 位国家（地区）

（2014 年）

单位：万美元，%

序号	国家（地区）	出口额	同比增长
1	东盟	235 256.6	2.7
2	美国	83 636.1	−19.2
3	日本	61 659.3	−10.5
4	俄罗斯	49 383.7	5.4
5	欧盟	43 008.7	−14.7
6	中国香港	29 429.9	85.1
7	哈萨克斯坦	14 172.7	−6.0
8	加拿大	12 822.0	−13.8
9	印度	11 448.4	−7.6
10	孟加拉国	10 624.1	19.5
11	澳大利亚	9 553.1	0.3
12	韩国	8 833.8	4.0
13	阿拉伯联合酋长国	5 066.2	−17.5
14	南非	4 089.0	−28.2
15	吉尔吉斯斯坦	3 540.6	19.3
	小计	**582 524.1**	

3-19 中国水产品出口额前15位国家（地区）

（2014年）

单位：万美元，%

序号	国家（地区）	出口额	同比增长
1	日本	379 967.3	−2.8
2	美国	339 270.9	6.2
3	东盟	271 460.4	14.2
4	中国香港	252 160.4	5.9
5	欧盟	236 588.6	3.8
6	韩国	168 883.7	19.9
7	中国台湾	156 435.6	24.8
8	俄罗斯	67 165.6	0.1
9	加拿大	42 063.4	8.8
10	墨西哥	37 956.9	−8.2
11	澳大利亚	32 554.7	7.4
12	巴西	26 689.7	7.0
13	以色列	9 659.5	−13.0
14	智利	9 623.0	42.9
15	斯里兰卡	8 791.1	35.4
	小计	**2 039 270.8**	

主要进出口地区

3-20 中国农产品出口额前15位地区

(2014年)

单位：万美元,%

序号	地区	出口额	同比增长
1	山东	1 683 309.9	4.7
2	广东	923 287.0	6.2
3	福建	846 361.8	7.7
4	浙江	526 012.9	0.9
5	辽宁	507 599.7	6.6
6	江苏	339 762.9	14.9
7	云南	303 567.3	20.7
8	河北	194 919.4	9.6
9	湖北	189 673.9	2.1
10	河南	166 230.3	9.3
11	上海	155 589.7	13.4
12	广西	152 413.6	18.4
13	吉林	143 249.1	−1.8
14	黑龙江	138 493.0	−13.7
15	安徽	128 135.7	6.6
	小计	**6 398 606.1**	

3-21 中国农产品进口额前15位地区

（2014年）

单位：万美元，%

序号	地区	进口额	同比增长
1	广　东	2 268 598.7	11.1
2	山　东	2 132 573.0	8.0
3	江　苏	1 775 748.1	−3.8
4	上　海	1 013 349.5	1.3
5	天　津	884 955.8	−2.4
6	辽　宁	827 448.3	14.7
7	福　建	577 279.8	2.7
8	广　西	547 265.3	−1.1
9	浙　江	524 276.9	−4.4
10	北　京	397 570.0	−5.0
11	河　北	387 229.2	2.1
12	河　南	144 975.2	−17.4
13	吉　林	106 287.4	−5.6
14	云　南	106 161.9	−6.8
15	安　徽	81 285.2	−5.1
	小　计	**11 775 004.1**	

3-22 中国各地区农产品出口额（一）

单位：万美元

	2004年	2005年	2006年	2007年	2008年	2009年
全国合计	2 336 455.5	2 754 897.6	3 138 405.5	3 698 718.9	4 047 097.5	3 954 354.2
北　京	38 670.6	42 067.5	43 248.7	49 376.8	45 802.2	44 102.0
天　津	45 224.3	48 581.0	55 893.4	59 823.6	74 034.9	71 438.0
河　北	75 531.1	86 972.5	94 799.8	109 275.5	112 329.7	115 866.6
山　西	5 662.5	7 507.8	11 781.5	24 651.1	21 683.0	14 194.0
内蒙古	19 849.5	32 529.8	29 859.2	42 913.8	33 460.7	32 979.8
辽　宁	184 183.5	223 922.2	238 666.5	301 758.6	313 578.2	290 698.3
吉　林	62 230.0	109 760.7	99 193.8	121 316.5	126 651.5	113 955.3
黑龙江	62 526.6	82 175.0	99 650.9	137 186.7	153 965.7	116 264.9
上　海	70 704.7	78 529.2	93 807.5	105 156.8	107 517.9	95 991.3
江　苏	91 075.9	108 678.1	139 882.0	172 924.1	199 362.4	195 817.9
浙　江	228 130.0	249 469.8	268 902.8	300 928.9	343 768.5	313 172.4
安　徽	24 017.2	33 634.6	41 161.4	50 292.2	50 253.5	53 170.2
福　建	186 167.1	200 585.9	233 559.8	264 832.8	294 800.1	327 115.8
江　西	14 312.6	15 480.3	24 839.7	24 856.1	33 464.9	35 040.3
山　东	591 943.7	723 593.6	855 171.5	990 451.0	1 034 982.6	1 018 012.6
河　南	35 631.8	40 711.0	48 809.4	52 909.4	53 912.5	56 156.4
湖　北	28 450.2	32 880.8	41 988.4	49 912.9	65 552.1	71 514.3
湖　南	23 435.5	27 310.7	30 975.9	35 279.6	42 455.7	42 308.5
广　东	340 481.2	358 184.9	391 137.0	410 042.0	456 008.5	482 176.9
广　西	22 271.7	25 817.0	32 037.8	38 281.3	62 960.1	63 258.8
海　南	12 788.5	15 802.9	26 939.4	35 433.5	46 360.7	40 222.6
重　庆	11 642.1	13 402.8	13 565.0	14 689.9	17 965.7	16 931.6
四　川	43 610.5	45 552.8	51 585.4	58 558.0	65 614.6	54 980.2
贵　州	7 212.9	7 193.3	6 816.5	8 130.6	11 185.2	15 021.0
云　南	45 410.1	51 436.3	57 631.3	70 134.0	85 121.9	102 359.1
西　藏	2 951.8	3 312.7	4 435.7	5 723.3	3 201.4	3 770.3
陕　西	20 245.1	28 734.8	37 591.9	69 378.2	68 735.9	54 097.7
甘　肃	12 659.8	17 807.3	18 271.8	26 399.0	35 833.8	32 432.3
青　海	507.1	768.9	915.5	969.1	954.8	1 297.6
宁　夏	1 171.2	1 827.1	2 722.2	4 265.0	4 388.7	4 021.6
新　疆	27 756.6	40 666.7	42 563.6	62 868.9	81 190.1	75 985.9

中国各地区农产品出口额（二）

单位：万美元

	2010年	2011年	2012年	2013年	2014年
全国合计	4 937 340.4	6 072 106.5	6 325 298.9	6 782 500.7	7 196 017.9
北　京	47 990.9	55 687.1	58 536.1	51 868.9	49 638.0
天　津	81 959.4	94 797.4	88 867.6	91 166.1	96 262.8
河　北	137 641.2	170 857.0	171 020.0	177 894.9	194 919.4
山　西	16 133.1	18 468.2	20 189.7	20 925.5	17 777.6
内蒙古	48 344.2	58 090.2	64 099.0	63 168.7	65 868.6
辽　宁	339 881.9	424 376.4	455 452.7	475 987.1	507 599.7
吉　林	124 314.7	136 618.7	147 109.8	145 816.0	143 249.1
黑龙江	123 217.1	138 078.4	138 776.5	160 557.2	138 493.0
上　海	114 452.8	125 758.9	131 954.0	137 237.6	155 589.7
江　苏	250 057.5	280 589.9	296 993.2	295 823.7	339 762.9
浙　江	376 250.8	469 358.8	484 991.1	521 203.3	526 012.9
安　徽	68 860.9	88 577.9	99 989.4	120 250.5	128 135.7
福　建	468 273.4	655 170.4	723 816.8	785 888.9	846 361.8
江　西	42 095.4	56 026.2	63 837.9	71 944.2	79 225.9
山　东	1 339 180.3	1 618 753.3	1 591 784.7	1 607 136.7	1 683 309.9
河　南	81 031.8	112 508.7	111 620.5	152 124.3	166 230.3
湖　北	106 508.2	144 262.4	117 877.1	185 695.6	189 673.9
湖　南	57 156.0	63 675.1	70 002.5	86 984.2	108 656.0
广　东	570 296.8	698 330.5	754 386.5	869 676.7	923 287.0
广　西	76 902.4	88 075.7	112 662.1	128 720.8	152 413.6
海　南	45 430.6	54 034.7	56 129.1	55 967.5	59 026.0
重　庆	18 269.6	21 988.9	24 413.5	25 105.1	23 408.5
四　川	67 044.5	81 265.4	79 890.5	62 129.8	61 293.2
贵　州	17 519.4	21 909.3	27 747.8	25 179.1	27 778.0
云　南	135 280.7	186 513.4	218 172.2	251 577.5	303 567.3
西　藏	5 867.6	4 301.7	4 172.3	4 366.3	3 239.2
陕　西	58 224.3	67 688.9	75 900.5	76 678.7	62 470.2
甘　肃	35 902.2	39 727.2	44 755.6	37 499.5	41 212.9
青　海	1 607.3	2 336.8	1 985.2	2 990.1	4 698.8
宁　夏	7 446.7	9 785.9	9 686.7	9 612.4	13 696.3
新　疆	74 198.7	84 492.7	78 478.4	81 323.8	83 159.7

3-23 中国各地区农产品进口额（一）

单位：万美元

	2004年	2005年	2006年	2007年	2008年	2009年
全国合计	2 808 766.8	2 878 710.4	3 216 744.5	4 119 736.2	5 876 976.7	5 269 855.2
北　京	270 209.2	218 596.1	182 982.6	183 676.8	182 604.9	157 857.2
天　津	107 730.0	135 198.5	156 276.0	226 188.3	398 749.8	334 883.7
河　北	90 341.6	99 933.7	119 682.1	145 937.1	252 631.1	193 623.7
山　西	3 135.0	4 001.0	1 199.4	782.3	648.7	5 965.0
内蒙古	10 758.5	6 505.5	4 829.2	4 489.1	5 475.5	9 087.4
辽　宁	165 413.1	174 536.3	163 258.2	184 507.6	295 682.0	292 583.2
吉　林	14 084.4	8 188.5	17 235.1	20 863.4	20 938.4	36 812.5
黑龙江	15 983.5	13 713.2	12 004.9	13 899.4	17 233.7	15 830.0
上　海	169 052.4	197 935.5	245 235.7	321 832.2	379 093.8	373 087.6
江　苏	434 740.3	449 978.2	526 115.5	786 622.3	1 084 372.8	967 781.6
浙　江	171 756.6	174 613.4	199 916.5	251 142.9	322 047.9	237 752.5
安　徽	12 618.5	17 157.5	16 051.2	21 413.2	21 556.6	26 817.3
福　建	116 194.4	142 576.7	145 215.9	178 152.6	269 089.2	246 858.4
江　西	1 650.3	2 601.3	3 415.2	3 613.2	3 254.0	2 361.4
山　东	507 123.1	565 632.6	641 422.8	713 964.5	1 048 491.1	875 487.3
河　南	53 891.5	46 354.5	46 472.7	59 548.0	100 943.2	75 641.6
湖　北	15 134.3	12 455.6	15 512.9	15 611.4	18 242.8	13 904.1
湖　南	8 347.6	11 272.0	12 197.2	11 536.9	21 186.0	29 282.2
广　东	509 553.2	457 340.9	542 821.8	763 227.0	1 099 768.0	1 021 482.9
广　西	71 331.9	77 297.9	95 068.4	128 417.5	207 233.3	218 195.0
海　南	7 447.6	5 213.7	5 805.7	5 807.9	7 312.5	8 189.2
重　庆	4 678.5	12 651.4	9 167.5	18 567.3	35 358.5	27 820.6
四　川	17 502.0	12 542.0	11 853.2	17 925.7	22 439.4	22 261.3
贵　州	850.6	1 315.3	1 294.1	1 656.5	2 201.0	1 633.7
云　南	7 077.2	11 763.5	15 935.8	18 927.4	36 610.8	49 944.2
西　藏	323.1	702.2	229.3	99.0	52.6	57.9
陕　西	7 543.4	6 925.8	8 165.2	9 965.6	11 712.9	12 535.6
甘　肃	329.4	927.7	677.2	693.4	1 005.8	1 200.7
青　海	515.6	54.2	85.6	97.8	22.7	34.9
宁　夏	1 377.7	1 069.0	447.6	182.7	1 092.4	234.0
新　疆	12 072.3	9 656.8	16 170.1	10 387.2	9 925.2	10 648.4

中国各地区农产品进口额（二）

单位：万美元

	2010年	2011年	2012年	2013年	2014年
全国合计	7 255 380.8	9 487 192.0	11 247 929.9	11 886 737.4	12 253 845.2
北　京	224 737.0	336 788.4	402 209.7	418 357.0	397 570.0
天　津	453 818.4	608 869.7	831 553.2	906 426.1	884 955.8
河　北	250 120.9	311 087.7	330 074.1	379 110.4	387 229.2
山　西	10 674.7	16 550.1	6 596.3	13 229.0	30 876.3
内蒙古	18 856.2	25 417.8	25 356.6	51 385.4	59 319.3
辽　宁	445 624.4	527 468.4	611 289.3	721 109.2	827 448.3
吉　林	52 057.2	62 323.5	98 343.7	112 596.1	106 287.4
黑龙江	22 146.0	31 251.2	41 618.6	54 611.0	67 493.0
上　海	518 127.2	765 885.0	863 675.1	1 000 470.6	1 013 349.5
江　苏	1 240 918.6	1 533 497.2	1 918 254.4	1 845 464.7	1 775 748.1
浙　江	369 074.2	483 126.3	527 383.5	548 391.9	524 276.9
安　徽	34 844.4	55 913.5	76 608.9	85 682.6	81 285.2
福　建	329 861.1	428 250.5	513 406.9	562 180.0	577 279.8
江　西	7 099.4	18 222.4	15 890.7	18 658.6	20 101.3
山　东	1 277 317.8	1 816 450.1	1 935 331.0	1 974 240.0	2 132 573.0
河　南	113 273.3	157 751.5	155 693.8	175 494.2	144 975.2
湖　北	31 251.1	64 483.2	75 617.6	65 671.8	49 988.6
湖　南	28 909.6	40 636.2	53 606.6	60 040.4	67 193.7
广　东	1 344 974.4	1 587 411.8	1 924 800.4	2 042 509.4	2 268 598.7
广　西	252 742.2	336 176.7	522 198.7	553 314.8	547 265.3
海　南	10 261.9	20 040.1	23 532.3	20 982.0	26 400.5
重　庆	27 906.6	43 546.0	57 821.3	41 841.4	38 727.1
四　川	33 016.3	43 994.6	41 789.3	38 744.5	35 559.6
贵　州	2 038.9	3 620.5	4 148.7	2 608.1	3 782.9
云　南	97 591.5	104 248.9	120 616.5	113 897.2	106 161.9
西　藏	46.4	25.3	1 591.1	628.2	828.4
陕　西	17 496.4	17 169.2	18 353.2	27 024.8	16 803.9
甘　肃	2 151.6	1 323.1	6 409.8	5 097.4	15 364.3
青　海	203.1	360.9	1 735.4	2 461.2	693.8
宁　夏	280.1	208.5	3 849.2	7 903.6	5 991.6
新　疆	37 959.9	45 093.7	38 573.7	36 599.7	39 716.8

四、国际市场篇

简 要 说 明

一、本篇资料的主要内容

本篇资料主要反映与中国贸易关系较为密切的重点国家（地区）的农产品贸易情况。

二、本篇资料的统计口径

各国（地区）农产品贸易统计口径参照中国的统计范围和分类标准进行整理。

三、本篇资料的统计范围

本篇资料反映了 37 个国家（地区）主要大类农产品的进、出口额和进、出口量变化情况。

四、本篇资料的数据来源

本篇资料是采集联合国商品贸易统计数据库的原始数据加工整理而得。

五、本篇资料的数据采集时间

采集时间为 2015 年 10 月。

六、特别说明

欧盟进出口数据是指欧盟对外贸易数据，不含其成员间贸易。

4-1 日本主要农产品贸易情况

4-1-1 日本农产品贸易综述

一、10年来日本农产品贸易总体情况

2004—2014年，日本农产品贸易额由599.7亿美元增至803.4亿美元，年均增长3.0%。其中，出口额由33.9亿美元增至57.1亿美元，年均增长5.3%；进口额由565.8亿美元增至746.3亿美元，年均增长2.8%；贸易逆差由531.9亿美元增至689.2亿美元，年均增长2.6%（图1）。

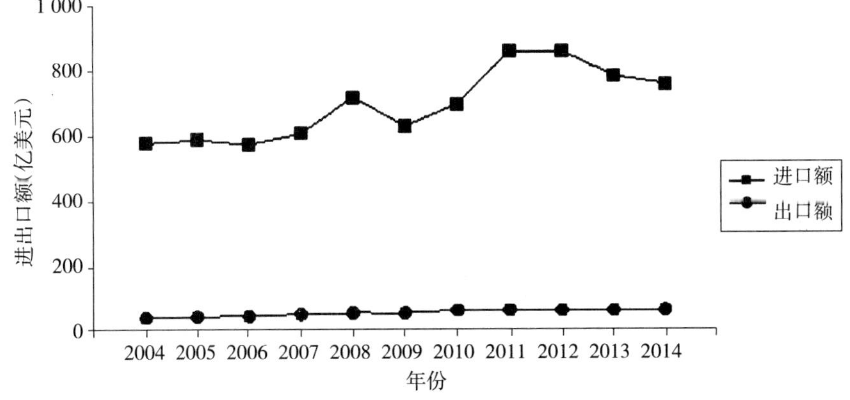

图1 2004—2014年日本农产品进出口额变化

2005年以来，除2009年进出口额同比下降以及2006年、2013年和2014年进口额同比下降外，其余年份均保持正增长。其中，2010年出口增速最快，达17.3%，2011年进口增幅最大，达23.4%。2011年以来出口增速较低，2013、2014年进口连续两年下降。2014年进口额同比下降3.3%，降幅收窄；出口额同比增长1.9%，略好于上年（图2）。总体

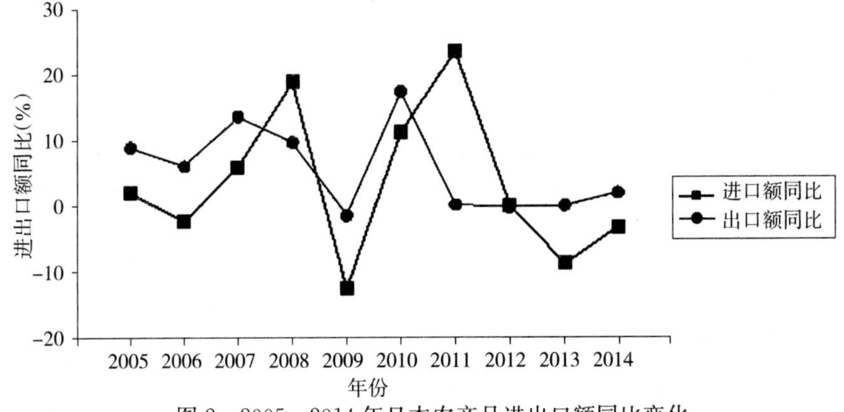

图2 2005—2014年日本农产品进出口额同比变化

看，出口额年度同比变化波动幅度小于进口额。

二、2014 年日本农产品贸易情况

2014 年日本农产品贸易额为 803.4 亿美元，同比下降 3.0%，在全球各大农产品贸易国中排名第 12 位。其中出口额为 57.1 亿美元，同比增长 1.9%，全球排名第 46 位；进口额为 746.3 亿美元，同比下降 3.3%，全球排名第 4 位。

（一）进出口产品结构

2014 年，日本进口农产品有水产品、畜产品、谷物等，进口额分别为 162.1 亿美元、156.3 亿美元和 69.8 亿美元，占其农产品进口额的比重分别为 21.7%、20.9%和 9.3%。此外，日本还进口饮品和蔬菜等，2014 年进口额分别为 64.3 亿美元和 50.0 亿美元，分别占其农产品进口额的 8.6%和 6.7%（图 3）。

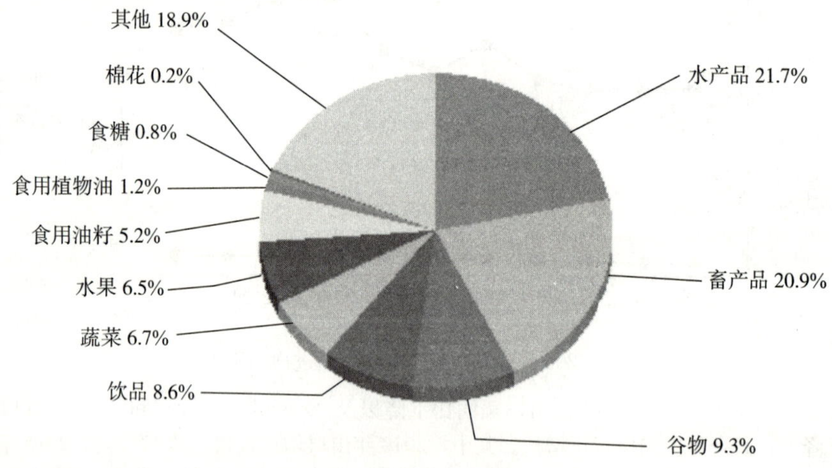

图 3　2014 年日本农产品进口结构

2014 年，日本进口同比增长较快的农产品主要是畜产品，增幅为 5.7%。其他产品进口均下降，其中棉花和食糖进口额同比下降幅度均超过 10%，谷物进口减少近两成（表 1）。

表 1　2005—2014 年日本主要农产品进口额同比变化情况

单位：%

	2005 年	2006 年	2007 年	2008 年	2009 年	2010 年	2011 年	2012 年	2013 年	2014 年
农产品	1.9	−2.4	5.9	18.7	−12.6	11.1	23.4	0.0	−8.8	−3.3
谷物	−8.7	0.4	40.5	55.1	−36.1	5.7	38.9	−9.7	−1.8	−18.9
棉花	−18.4	−10.7	0.5	16.7	−50.4	42.0	99.1	−41.4	−6.8	−11.4

（续）

	2005年	2006年	2007年	2008年	2009年	2010年	2011年	2012年	2013年	2014年
食用油籽	−15.7	−5.5	26.1	51.1	−31.2	12.9	12.3	3.2	2.1	−8.4
食用植物油	6.2	−0.2	22.6	48.3	−27.0	12.4	30.2	−4.1	−4.7	−7.0
食糖	25.4	33.7	−10.5	7.9	7.0	38.1	66.1	−26.3	−21.9	−11.5
蔬菜	3.6	1.6	−1.4	−1.7	−0.6	17.7	17.4	8.1	−4.9	−3.4
水果	5.6	−3.0	6.6	7.7	−3.3	4.4	19.0	4.7	−8.0	−4.9
畜产品	6.0	−11.4	5.5	16.8	−10.6	15.4	21.6	0.0	−9.3	5.7
水产品	−0.2	−2.7	−5.0	8.6	−8.4	12.5	16.8	3.2	−14.5	−0.5
饮品	6.5	8.9	5.7	6.3	−8.2	12.5	25.6	−1.7	−5.0	−0.4

2014年，日本农产品中出口额靠前的是水产品、饮品和水果，出口额分别为23.5亿美元、6.6亿美元和4.8亿美元，占其农产品出口额的比重分别为41.2%、11.6%和8.5%。此外，日本还出口畜产品、蔬菜、谷物和食用植物油等，出口额分别为3.2亿美元、1.8亿美元、1.0亿美元和0.5亿美元，分别占其农产品出口额的5.5%、3.1%、1.7%和0.9%（图4）。

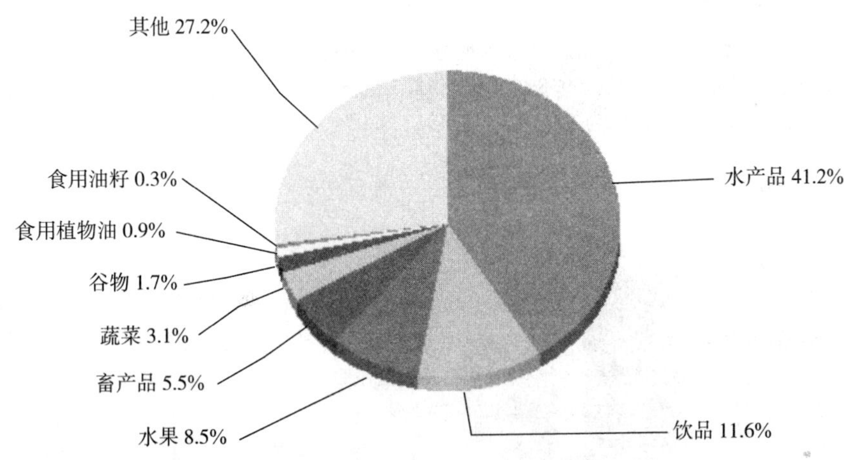

图4　2014年日本农产品出口结构

2014年，日本出口额同比增长较快的农产品是食用植物油、饮品和食用油籽，增幅分别为13.5%、12.8%和11.7%。蔬菜、水果和谷物的增幅在5.1%～7.3%之间。其他农产品出口额同比下降，棉花出口降幅最大，超过20%。畜产品、食糖和水产品分别下降3.5%、1.1%和2.9%（表2）。

表 2 2005—2014 年日本主要农产品出口额同比变化情况

单位：%

	2005 年	2006 年	2007 年	2008 年	2009 年	2010 年	2011 年	2012 年	2013 年	2014 年
农产品	8.8	6.0	13.5	9.6	−1.5	17.3	0.1	−0.3	0.0	1.9
谷物	−11.0	−2.0	−3.4	32.4	−27.3	30.5	−1.3	15.1	−16.8	5.1
棉花	−30.7	−2.7	−0.7	−12.4	29.3	37.4	63.6	7.1	−58.7	−20.7
食用油籽	5.9	15.4	55.3	−15.6	−5.0	9.7	−2.8	17.1	−9.2	11.7
食用植物油	8.6	26.8	−10.3	28.8	23.8	5.6	−2.5	7.1	0.5	13.5
食糖	10.0	−0.3	114.8	−50.9	5.4	12.4	10.1	3.0	−22.8	−1.1
蔬菜	0.2	8.3	5.0	11.4	−3.4	9.9	4.0	−8.8	0.4	7.3
水果	14.0	−0.5	16.5	13.5	3.9	11.7	3.8	−9.8	2.1	6.9
畜产品	23.4	1.5	27.5	43.4	−9.4	16.5	4.8	7.8	4.3	3.5
水产品	15.1	9.9	15.1	−0.3	−6.6	19.2	−2.2	−0.9	6.9	−2.9
饮品	13.5	9.3	14.5	31.3	0.8	22.0	7.1	6.5	−3.9	12.8

（二）主要贸易伙伴

2014 年日本前五大农产品进口来源地分别为美国、中国、澳大利亚、泰国和加拿大，进口额分别为 166.6 亿美元、99.8 亿美元、43.6 亿美元、42.9 亿美元和 42.3 亿美元，占其农产品进口额的比重分别为 22.6%、13.5%、5.9%、5.8%和 5.7%（图 5）。

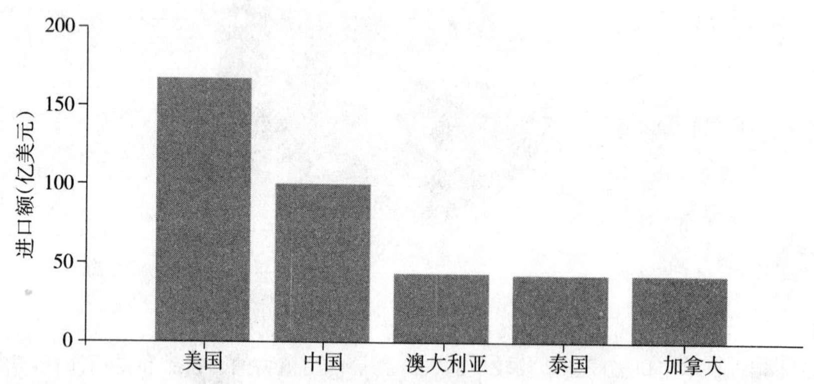

图 5 2014 年日本前五大农产品进口来源地

2014 年日本前五大农产品出口市场分别为中国香港、美国、中国、韩国和泰国，出口额分别为 12.6 亿美元、8.9 亿美元、5.3 亿美元、3.6 亿美元和 3.3 亿美元，占其农产品出口额的比重分别为 25.7%、18.2%、10.8%、7.4%和 6.7%（图 6）。

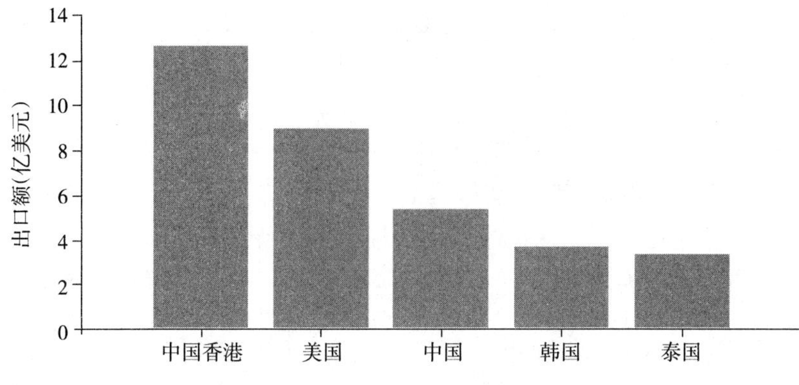

图6 2014年日本前五大农产品出口市场

4-1-2 日本主要农产品出口额（一）

单位：万美元

项 目	2004 年	2005 年	2006 年	2007 年	2008 年	2009 年
农产品	339 242.1	369 116.1	391 379.1	444 146.3	486 585.8	479 106.6
谷物	9 095.3	8 096.4	7 933.1	7 665.5	10 146.3	7 377.6
小麦产品	7 726.8	7 292.7	6 785.8	6 575.6	8 036.9	5 838.0
玉米产品	24.9	142.9	68.5	17.5	26.6	8.6
稻谷产品	1 332.2	650.6	1 067.1	1 065.1	2 069.6	1 514.6
棉花	390.7	270.7	263.4	261.6	229.3	296.5
食用油籽	972.0	1 029.7	1 188.8	1 846.4	1 557.7	1 480.4
大豆	123.2	52.7	26.0	493.6	39.4	71.8
花生	49.7	38.5	85.3	101.7	106.5	85.6
油菜籽			0.6		29.1	
食用植物油	2 167.9	2 353.8	2 985.5	2 677.4	3 448.0	4 269.2
豆油	47.9	39.6	31.5	37.2	53.7	53.3
菜籽油	39.0	54.5	78.2	67.8	109.2	395.5
棕榈油	33.7	83.6	27.1	52.5	105.0	73.6
食糖	165.4	181.9	181.3	389.4	191.3	201.5
蔬菜	12 931.0	12 950.8	14 031.3	14 738.8	16 421.1	15 858.4
水果	27 240.6	31 048.0	30 886.6	35 992.4	40 864.7	42 447.6
畜产品	10 740.1	13 254.7	13 448.5	17 147.0	24 594.2	22 271.8
猪肉	9.5	39.7	65.5	112.9	199.1	150.2
牛肉	496.4	423.2	559.4	1 738.1	3 909.4	4 044.3
羊肉						
家禽	309.1	295.5	292.5	798.8	1 051.9	1 249.2
蛋产品	147.9	157.1	124.8	136.9	200.7	276.7
乳品	596.9	802.0	1 107.6	1 856.2	1 986.4	4 248.0
动物生皮	7 029.0	8 668.3	8 144.0	8 119.5	11 928.7	8 547.0
动物生毛皮	12.0	13.1	4.5	2.5	1.5	1.2
羊毛	22.8	18.2	21.4	7.1	20.5	32.6
水产品	144 569.3	166 431.7	182 972.5	210 564.2	209 974.4	196 030.0
饮品	23 441.8	26 616.6	29 085.4	33 302.7	43 725.6	44 095.9
酒	9 822.0	11 363.6	12 216.2	13 552.5	16 348.9	17 203.7
茶	2 273.6	3 036.0	3 479.2	3 658.5	4 502.4	5 259.7
咖啡	1 869.1	1 637.8	1 619.9	2 526.4	5 160.2	3 998.7

日本主要农产品出口额（二）

单位：万美元

项　目	2010 年	2011 年	2012 年	2013 年	2014 年
农产品	561 775.4	562 560.2	560 640.4	560 656.7	571 070.1
谷物	9 630.4	9 507.6	10 943.9	9 102.6	9 566.4
小麦产品	6 692.8	7 273.0	7 359.4	7 198.0	7 041.4
玉米产品	11.1	9.4	6.1	10.1	5.7
稻谷产品	2 906.4	2 211.6	3 569.5	1 885.9	2 498.5
棉花	407.3	666.4	713.7	294.8	233.7
食用油籽	1 623.4	1 577.9	1 847.4	1 677.2	1 872.6
大豆	44.9	18.0	70.4	59.8	60.6
花生	95.3	90.7	79.4	78.0	89.6
油菜籽		74.0	101.7	6.7	3.9
食用植物油	4 508.7	4 396.6	4 709.9	4 732.7	5 370.6
豆油	271.3	66.3	77.5	79.0	75.0
菜籽油	306.6	250.6	292.1	296.8	251.2
棕榈油	88.3	98.4	66.5	78.2	45.3
食糖	226.5	249.4	256.9	198.3	196.1
蔬菜	17 424.4	18 123.8	16 523.5	16 586.8	17 796.6
水果	47 401.8	49 193.8	44 353.9	45 264.2	48 402.9
畜产品	25 938.1	27 171.3	29 301.6	30 551.1	31 629.4
猪肉	221.0	236.1	245.7	262.5	485.7
牛肉	3 880.3	4 346.8	6 343.6	5 913.2	7 726.0
羊肉					
家禽	1 686.8	831.1	1 311.0	1 414.0	1 664.1
蛋产品	333.1	143.4	249.7	334.4	442.5
乳品	4 324.2	1 855.8	1 229.1	1 321.0	1 734.6
动物生皮	9 292.6	14 086.6	15 080.0	15 781.6	13 625.9
动物生毛皮		0.9	1.0		0.9
羊毛	29.4	72.7	57.1	42.1	8.3
水产品	233 763.4	228 613.0	226 481.4	242 185.5	235 173.8
饮品	53 777.3	57 571.8	61 314.0	58 930.3	66 473.9
酒	20 967.9	24 492.4	26 086.8	25 883.8	27 965.3
茶	6 487.0	7 391.4	7 202.6	7 762.9	8 332.1
咖啡	4 735.8	4 574.2	3 842.5	4 401.2	4 915.9

4-1-3 日本主要农产品进口额（一）

单位：万美元

项 目	2004年	2005年	2006年	2007年	2008年	2009年
农产品	5 657 591.1	5 762 711.2	5 622 374.5	5 953 647.3	7 065 541.0	6 173 458.7
谷物	517 991.9	472 790.0	474 663.7	666 914.1	1 034 560.1	660 626.7
小麦产品	127 926.8	122 942.2	128 195.1	163 674.0	327 962.0	145 006.1
玉米产品	294 012.0	258 584.3	258 975.8	384 712.2	558 143.0	377 319.4
稻谷产品	34 478.3	32 199.2	30 361.8	37 040.5	41 675.9	63 024.3
棉花	29 629.6	24 176.2	21 594.3	21 701.7	25 331.0	12 570.5
食用油籽	304 836.1	257 081.0	242 844.5	306 307.6	462 936.5	318 705.4
大豆	177 975.5	142 307.8	128 234.4	166 359.0	236 401.5	175 054.9
花生	12 335.8	11 526.0	12 232.1	12 099.3	16 191.6	14 041.1
油菜籽	84 393.3	72 283.4	71 699.4	95 731.0	156 983.9	94 600.9
食用植物油	52 255.0	55 495.3	55 365.0	67 897.1	100 664.1	73 457.2
豆油	2 945.6	4 976.0	5 250.0	4 431.3	8 261.5	4 785.6
菜籽油	3 852.5	4 606.3	1 377.2	1 789.8	3 915.1	1 899.8
棕榈油	24 779.9	22 175.9	24 568.8	38 911.3	61 286.9	42 131.1
食糖	29 422.2	36 891.9	49 329.4	44 153.7	47 654.0	50 992.5
蔬菜	359 699.2	372 525.3	378 378.6	373 080.7	366 706.4	364 386.4
水果	371 781.9	392 735.0	381 092.5	406 084.6	437 295.7	422 952.0
畜产品	1 122 383.5	1 190 265.1	1 054 977.6	1 112 994.7	1 300 218.4	1 162 150.0
猪肉	472 307.5	436 891.3	329 867.4	343 495.9	416 374.9	394 875.5
牛肉	182 965.7	200 551.6	194 205.9	204 823.6	214 250.7	199 602.7
羊肉	13 221.9	15 635.3	14 932.7	10 910.5	11 718.2	12 050.8
家禽	176 360.5	225 028.4	209 718.0	212 035.7	295 031.9	252 849.2
蛋产品	5 833.8	8 861.7	5 564.3	4 947.2	7 213.9	6 003.8
乳品	86 438.3	91 533.0	90 106.1	114 235.8	133 927.7	100 469.5
动物生皮	18 538.1	14 564.0	15 528.1	16 535.0	12 959.5	9 690.1
动物生毛皮	898.4	819.9	1 188.3	848.1	564.3	466.4
羊毛	7 874.9	6 850.4	6 468.6	7 639.0	6 450.4	3 376.1
水产品	1 530 467.6	1 527 167.4	1 485 524.3	1 411 673.4	1 533 307.9	1 404 903.6
饮品	408 690.2	435 395.4	474 196.0	501 009.0	532 534.4	489 004.0
酒	200 577.3	197 564.8	215 841.4	222 499.9	232 134.9	207 725.0
茶	23 552.2	21 040.5	20 161.9	20 643.7	21 067.4	19 694.3
咖啡	76 846.4	106 905.6	113 500.4	119 283.1	140 027.1	127 981.4

日本主要农产品进口额（二）

单位：万美元

项　目	2010年	2011年	2012年	2013年	2014年
农产品	6 860 541.0	8 467 463.5	8 467 171.7	7 718 859.2	7 463 291.7
谷物	698 485.7	970 379.6	876 441.1	860 476.9	697 673.6
小麦产品	166 972.6	271 245.7	215 871.2	228 147.6	197 415.8
玉米产品	395 951.9	535 820.1	512 976.3	475 344.4	386 089.7
稻谷产品	51 881.6	58 608.5	46 995.9	49 390.7	44 045.0
棉花	17 851.1	35 539.0	20 821.6	19 397.8	17 191.7
食用油籽	359 875.8	404 238.7	417 291.7	426 044.5	390 140.1
大豆	183 423.2	181 264.7	181 092.3	188 427.3	183 296.6
花生	17 118.2	20 684.5	22 474.0	19 695.8	17 315.4
油菜籽	116 400.0	154 120.9	165 836.1	168 238.6	128 352.8
食用植物油	82 576.4	107 496.3	103 127.8	98 246.8	91 348.8
豆油	2 604.5	3 345.6	3 899.3	5 620.3	1 453.9
菜籽油	1 345.6	5 113.8	3 997.8	3 113.5	1 683.7
棕榈油	51 426.4	72 823.0	65 165.8	53 777.8	52 976.7
食糖	70 398.5	116 959.2	86 175.9	67 312.6	59 564.4
蔬菜	429 012.6	503 844.5	544 818.7	518 138.4	500 358.3
水果	441 697.4	525 674.3	550 440.6	506 552.8	481 960.6
畜产品	1 341 255.8	1 631 273.4	1 630 605.1	1 479 042.7	1 563 226.8
猪肉	451 057.9	522 473.7	512 244.2	399 582.9	431 461.2
牛肉	228 814.3	264 440.6	276 005.7	272 908.8	289 221.8
羊肉	12 936.1	16 217.6	12 789.4	12 446.5	16 101.8
家禽	299 329.1	411 241.0	388 260.3	363 606.5	369 045.5
蛋产品	6 339.7	8 857.2	7 521.4	7 788.7	7 092.6
乳品	116 506.0	144 644.7	146 381.5	141 687.8	159 497.7
动物生皮	12 248.4	12 884.2	15 643.2	13 808.2	13 995.9
动物生毛皮	493.8	986.4	656.4	821.8	864.6
羊毛	4 957.9	7 932.5	7 564.0	5 081.0	4 651.4
水产品	1 581 021.9	1 846 370.1	1 905 087.7	1 629 687.6	1 620 992.2
饮品	550 267.4	691 072.5	679 488.3	645 193.6	642 578.5
酒	233 865.1	281 553.8	312 075.3	297 667.0	304 218.4
茶	22 824.0	24 624.2	24 402.3	23 940.0	23 545.9
咖啡	152 822.2	220 121.2	186 382.3	176 491.6	161 719.5

4-1-4 日本主要农产品出口量（一）

单位：吨

项 目	2004年	2005年	2006年	2007年	2008年	2009年
农产品						
谷物	354 787.6	308 572.0	317 588.1	275 312.5	228 484.3	203 265.4
小麦产品	305 580.1	289 921.4	290 033.0	255 437.3	187 117.4	185 410.0
玉米产品	63.8	5 627.7	3 518.6	408.7	71.8	138.9
稻谷产品	49 095.1	12 897.0	23 618.0	19 375.3	41 161.1	17 663.1
棉花	5 753.3	4 404.8	3 484.7	3 698.8	2 709.3	1 993.7
食用油籽	1 754.3	2 242.3	2 743.8	16 246.5	3 044.8	2 314.2
大豆	200.3	116.5	330.1	11 656.6	100.2	89.2
花生	160.5	158.1	271.7	227.8	157.4	145.3
油菜籽			21.3		4.1	
食用植物油	6 002.1	7 649.7	13 812.8	8 312.6	7 067.2	13 740.4
豆油	154.5	199.8	164.7	197.1	202.1	116.0
菜籽油	154.4	336.0	487.9	396.7	343.2	2 791.5
棕榈油	146.9	1 119.2	140.2	437.3	569.9	435.6
食糖	1 959.7	1 912.9	1 490.0	9 427.1	1 200.3	1 337.1
蔬菜	15 904.6	19 455.4	22 428.2	24 464.6	22 039.9	17 062.1
水果						
畜产品						
猪肉	7.8	32.3	65.4	99.5	290.7	100.4
牛肉	80.4	71.6	115.0	285.1	581.8	565.3
羊肉						
家禽						
蛋产品						
乳品	2 159.5	2 425.3	3 110.0	4 363.5	2 829.2	5 020.6
动物生皮	71 691.8	73 683.2	73 681.7	72 886.4	74 984.8	88 693.6
动物生毛皮						
羊毛	52.7	85.3	61.5	24.4	58.0	92.0
水产品						
饮品						
酒						
茶	2 426.0	3 253.9	2 704.6	2 898.4	2 877.0	3 191.9
咖啡	2 325.4	1 982.9	1 548.2	2 477.5	4 612.9	3 560.6

日本主要农产品出口量（二）

单位：吨

项　目	2010 年	2011 年	2012 年	2013 年	2014 年
农产品					
谷物	235 270.9	217 283.0	242 666.6	188 103.9	194 150.2
小麦产品	196 183.0	191 480.0	192 598.0	168 205.0	166 332.9
玉米产品	65.4	69.9	31.0	51.6	37.1
稻谷产品	38 898.0	25 691.0	50 019.1	19 809.8	27 717.8
棉花	2 359.2	2 575.7	2 443.2	1 175.4	872.5
食用油籽	2 753.0	2 189.0	1 999.6	2 287.9	2 549.8
大豆	159.9	18.7	99.5	105.6	114.1
花生	166.7	146.0	60.9	100.2	133.3
油菜籽		8.2	65.1	107.9	70.2
食用植物油	11 142.3	7 713.4	10 547.6	9 283.7	12 624.6
豆油	2 967.0	143.3	150.1	202.5	251.9
菜籽油	1 034.4	589.5	1 327.2	1 553.7	825.5
棕榈油	357.4	544.4	473.2	734.7	192.1
食糖	1 226.5	1 854.4	1 221.2	1 251.5	1 202.5
蔬菜	14 758.0	13 705.7	12 483.9	16 129.2	17 964.9
水果					
畜产品					
猪肉	153.1	165.7	168.4	247.3	429.5
牛肉	541.0	570.4	863.4	909.1	1 251.3
羊肉					
家禽					
蛋产品					
乳品	4 959.2	2 642.3	2 685.7	3 218.0	4 101.5
动物生皮	83 079.1	81 036.0	82 642.1	84 738.2	77 618.0
动物生毛皮					
羊毛	50.5	139.2	129.4	112.3	17.7
水产品					
饮品					
酒					
茶	3 499.0	3 523.3	3 277.7	3 878.8	4 453.9
咖啡	4 354.6	2 785.9	2 437.1	3 220.4	3 705.7

4-1-5 日本主要农产品进口量（一）

单位：吨

项　目	2004 年	2005 年	2006 年	2007 年	2008 年	2009 年
农产品						
谷物	25 984 435.3	26 234 701.1	26 029 738.8	25 588 613.6	25 497 513.4	25 039 998.5
小麦产品	5 491 697.7	5 474 303.5	5 339 027.8	5 277 204.9	5 782 599.7	4 704 561.5
玉米产品	16 488 501.9	16 665 263.7	16 893 088.3	16 635 960.0	16 465 616.0	16 299 280.1
稻谷产品	663 999.8	789 149.5	608 156.7	644 705.7	598 425.7	672 063.9
棉花	193 271.8	194 260.1	164 042.4	160 411.0	162 522.9	88 198.7
食用油籽	7 193 812.1	6 977 598.4	6 822 827.5	6 774 890.3	6 470 689.9	5 830 887.9
大豆	4 407 422.0	4 182 572.1	4 042 396.8	4 160 950.7	3 711 131.5	3 390 148.0
花生	103 207.3	101 316.9	105 916.3	91 539.0	81 760.7	84 000.4
油菜籽	2 312 627.0	2 304 208.4	2 292 622.6	2 154 086.1	2 312 543.6	2 072 408.6
食用植物油	633 465.7	691 734.8	661 685.4	676 494.9	702 549.1	676 268.4
豆油	28 269.3	51 643.1	59 673.6	42 250.4	50 781.1	35 596.8
菜籽油	48 477.1	63 226.8	17 074.7	17 852.5	22 084.6	14 310.2
棕榈油	465 982.7	478 979.4	498 924.8	532 209.0	546 444.1	551 416.0
食糖	1 406 156.0	1 352 931.1	1 314 737.0	1 527 807.7	1 401 572.0	1 299 692.5
蔬菜	2 927 777.2	3 103 552.1	2 969 250.3	2 692 942.0	2 407 609.3	2 308 680.8
水果						
畜产品						
猪肉	863 800.8	873 114.7	725 006.5	760 572.3	817 690.9	702 938.2
牛肉	431 817.9	459 918.9	460 618.1	473 652.2	458 024.4	481 135.7
羊肉	28 512.1	32 204.1	32 846.6	22 626.3	23 745.1	23 824.8
家禽						
蛋产品						
乳品	314 312.3	308 666.0	300 750.4	336 667.0	292 095.1	276 550.4
动物生皮	64 666.3	49 211.1	49 057.9	47 685.9	34 880.0	28 001.3
动物生毛皮						
羊毛	19 032.4	17 652.4	16 650.9	16 473.1	12 786.9	8 554.6
水产品						
饮品						
酒						
茶	59 574.8	54 060.7	50 527.8	49 822.9	45 592.5	42 731.4
咖啡	424 919.0	439 242.2	447 017.4	414 880.6	410 667.7	413 309.3

日本主要农产品进口量（二）

单位：吨

项　目	2010年	2011年	2012年	2013年	2014年
农产品					
谷物	25 630 917.7	25 209 378.7	24 597 575.4	24 611 873.2	23 782 726.2
小麦产品	5 477 519.2	6 216 481.1	5 973 092.6	6 202 606.6	5 762 228.8
玉米产品	16 193 263.7	15 288 821.1	14 899 123.9	14 404 872.9	15 037 141.3
稻谷产品	665 896.0	743 075.8	632 007.7	696 395.4	671 420.5
棉花	106 587.7	116 209.8	104 529.3	113 546.9	92 922.5
食用油籽	6 220 157.9	5 570 969.3	5 545 672.4	5 605 154.7	5 646 514.1
大豆	3 455 674.6	2 830 907.4	2 727 474.0	2 762 167.3	2 827 746.0
花生	93 487.6	94 014.4	84 326.4	81 696.5	81 909.1
油菜籽	2 344 304.0	2 318 994.0	2 408 423.0	2 461 047.6	2 411 348.0
食用植物油	682 904.1	719 474.0	717 934.8	743 708.3	717 414.9
豆油	18 314.4	19 819.6	23 568.2	39 494.6	9 326.8
菜籽油	9 047.7	32 190.5	25 207.3	20 369.6	12 875.2
棕榈油	569 443.7	587 699.5	577 047.3	591 165.1	598 503.7
食糖	1 220 093.7	1 535 772.6	1 435 884.1	1 402 881.5	1 342 172.9
蔬菜	2 626 672.2	2 858 906.3	3 007 705.0	2 848 033.5	2 807 163.9
水果					
畜产品					
猪肉	753 026.9	793 095.6	778 803.7	738 450.4	829 382.1
牛肉	499 530.9	517 231.3	514 185.5	534 254.1	518 708.3
羊肉	19 103.3	19 863.0	17 141.7	18 449.5	20 735.4
家禽					
蛋产品					
乳品	293 261.8	317 950.9	337 111.4	330 408.4	342 692.5
动物生皮	27 373.8	24 166.5	29 577.6	25 162.0	24 900.3
动物生毛皮					
羊毛	9 758.1	10 102.2	9 837.1	8 277.9	7 562.7
水产品					
饮品					
酒					
茶	45 762.8	44 826.8	41 590.6	39 874.1	36 886.1
咖啡	432 141.7	439 003.7	404 429.9	484 702.0	439 308.2

4-1-6 日本农产品出口额前 15 位国家（地区）
（2014 年）

单位：万美元，%

序号	国家（地区）	出口额	同比增长
1	中国香港	125 839.7	−1.1
2	美国	89 156.7	5.3
3	中国	52 997.7	9.1
4	韩国	36 412.1	−1.1
5	泰国	32 798.4	−6.2
6	越南	27 186.4	−8.1
7	新加坡	17 090.2	5.0
8	澳大利亚	8 820.6	7.6
9	加拿大	7 335.1	9.9
10	英国	7 152.9	16.0
11	荷兰	6 473.3	20.2
12	马来西亚	6 201.4	0.7
13	德国	5 954.1	−17.8
14	法国	5 526.9	−4.5
15	阿拉伯联合酋长国	5 512.6	33.9
	总计	**434 458.0**	

4-1-7 日本农产品进口额前15位国家（地区）
（2014年）

单位：万美元，%

序号	国家（地区）	进口额	同比增长
1	美国	1 666 159.5	5.1
2	中国	998 495.3	−2.1
3	澳大利亚	436 392.4	−7.0
4	泰国	429 346.9	−4.1
5	加拿大	423 455.0	−8.9
6	巴西	310 279.0	−27.0
7	韩国	213 511.6	0.9
8	荷兰	206 265.2	−21.3
9	法国	199 108.4	2.0
10	智利	195 480.5	9.7
11	新西兰	157 553.1	2.5
12	越南	147 737.7	8.2
13	印度尼西亚	144 882.4	1.7
14	菲律宾	133 413.7	−1.0
15	俄罗斯	118 605.7	−5.0
	总计	**5 780 686.4**	

4-2 印度主要农产品贸易情况

4-2-1 印度农产品贸易综述

一、10年来印度农产品贸易总体情况

2004—2014年，印度农产品贸易额由138.4亿美元增至650.3亿美元，年均增长16.7%。其中，出口额由87.7亿美元增至430.4亿美元，年均增长17.2%；进口额由50.7亿美元增至219.9亿美元，年均增长15.8%；贸易顺差由37.0亿美元增至210.5亿美元，年均增长19.0%（图1）。

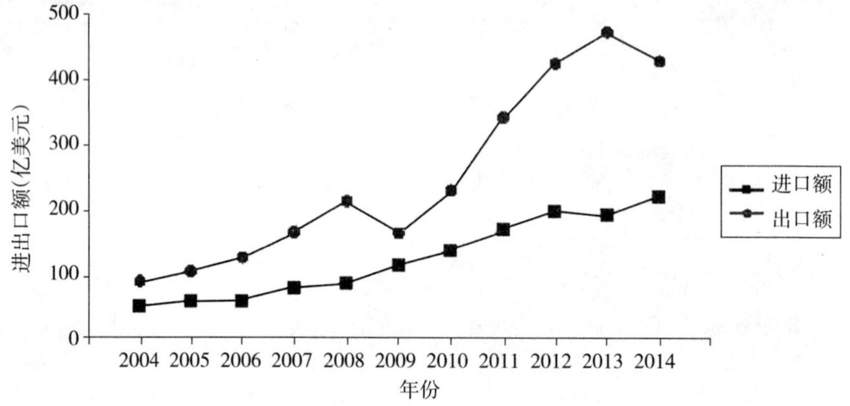

图1　2004—2014年印度农产品进出口额变化

2005年以来，除2009年和2014年出口额同比下降及2013年进口额同比下降外，其余年份均保持正增长。其中，2011年出口增速最快，达49.2%，2007年进口增幅最大，达34.2%。2012年以来，出口额增速呈下降趋势，2014年同比下降9.5%。除2013年外，进口额总体保持较高增速，2014年同比增长15.0%（图2）。

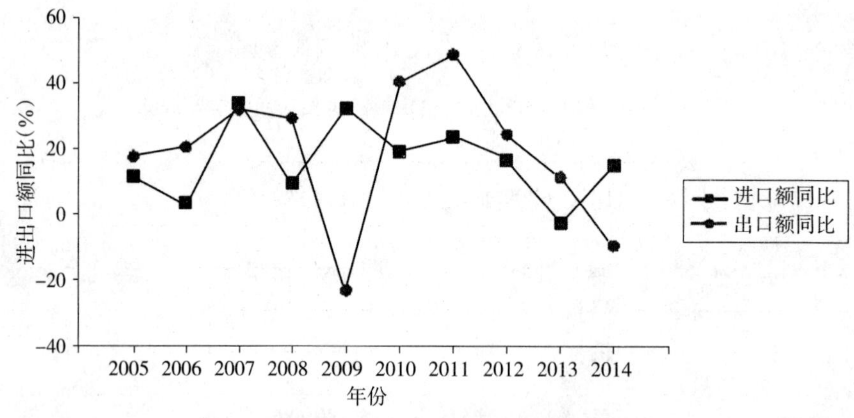

图2　2005—2014年印度农产品进出口额同比

二、2014 年印度农产品贸易情况

2014 年印度农产品贸易额为 650.3 亿美元，同比下降 2.4%，在全球各大农产品贸易国中排名第 13 位。其中出口额为 430.4 亿美元，同比下降 9.5%，全球排名第 11 位；进口额为 219.9 亿美元，同比增长 15.0%，全球排名第 14 位。

（一）进出口产品结构

2014 年，印度进口农产品以食用植物油、水产品和饮品为主，进口额分别为 103.6 亿美元、10.3 亿美元和 9.7 亿美元，占其农产品进口额的比重分别为 47.1%、4.7%和 4.4%。此外，印度还进口水果和畜产品等，2014 年进口额分别为 7.4 亿美元和 5.5 亿美元，分别占其农产品进口额的 3.4%和 2.5%（图 3）。

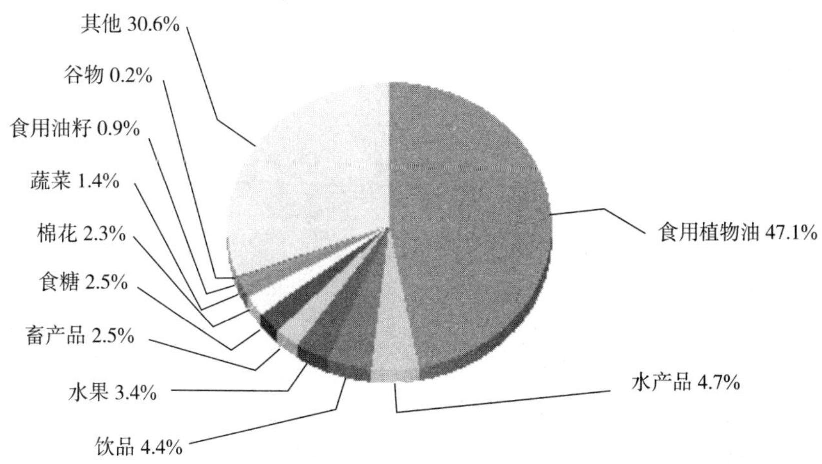

图 3 2014 年印度农产品进口结构

2014 年，印度大部分产品的进口额有所增加，同比增长较快的农产品主要是食糖、蔬菜和饮品，增幅分别为 46.0%、39.0%和 34.0%。此外，水产品、棉花、畜产品和食用植物油的增幅在 9.0%～26.6%之间。水果和谷物进口额同比增长 8.1%和 0.4%（表 1）。

表 1 2005—2014 年印度主要农产品进口额同比变化情况

单位：%

	2005 年	2006 年	2007 年	2008 年	2009 年	2010 年	2011 年	2012 年	2013 年	2014 年
农产品	11.5	3.3	34.2	9.4	32.7	19.5	23.9	16.7	−2.7	15.0
谷物	75.9	5 970.1	312.3	−78.4	−92.6	520.5	−75.0	28.2	3.7	0.4
棉花	−25.3	−2.3	20.5	120.3	−56.1	−9.6	9.0	156.2	−14.9	25.9
食用油籽	27.6	45.2	78.8	50.7	11.0	−22.0	4.9	7.0	203.6	−1.6
食用植物油	−9.0	−1.9	9.6	26.1	64.2	31.4	44.0	20.2	−11.7	9.0

（续）

	2005年	2006年	2007年	2008年	2009年	2010年	2011年	2012年	2013年	2014年
食糖	45.7	−99.5	−47.5	5 017.1	2 900.4	12.3	−95.3	778.9	−7.2	46.0
蔬菜	32.2	2.7	26.4	20.6	3.2	17.1	18.9	19.0	−3.2	39.0
水果	24.7	32.7	34.0	19.8	15.5	33.3	28.8	−4.7	28.8	8.1
畜产品	10.9	8.4	18.8	4.8	−13.1	73.6	12.3	−16.7	−15.5	13.3
水产品	24.5	−1.1	0.4	27.2	10.1	18.5	58.6	2.6	189.7	26.6
饮品	53.7	−43.1	30.9	57.8	24.2	−0.3	30.3	19.5	0.5	34.0

2014年，印度农产品中出口额靠前的是谷物、水产品和畜产品，出口额分别为102.3亿美元、56.9亿美元和56.6亿美元，占其农产品出口额的比重分别为23.8%、13.2%和13.1%。此外，印度还出口棉花、蔬菜、饮品和食用油籽等，出口额分别为29.1亿美元、21.0亿美元、20.3亿美元和18.8亿美元，分别占其农产品出口额的6.8%、4.9%、4.7%和4.4%（图4）。

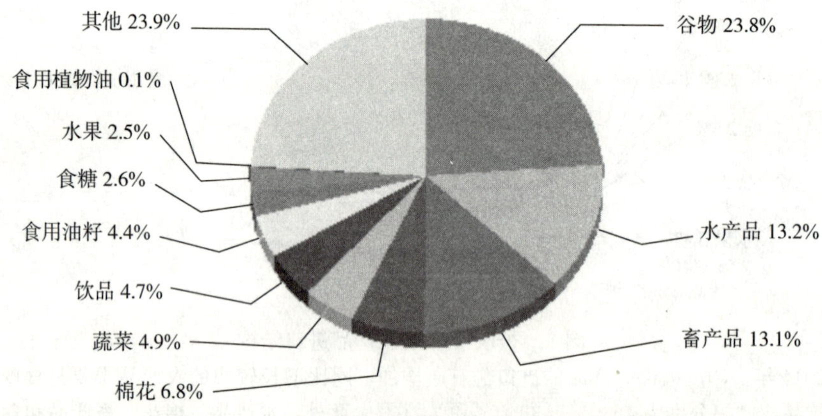

图4 2014年印度农产品出口结构

2014年，印度出口额同比增长较快的农产品是食用植物油、食用油籽和食糖，增幅分别为55.5%、29.5%和15.5%。水产品、蔬菜、水果和畜产品的增幅在0.3%～7.5%之间。其他农产品出口额同比下降，其中棉花、谷物和饮品分别下降37.8%、7.4%和9.1%（表2）。

表2 2005—2014年印度主要农产品出口额同比变化情况

单位：%

	2005年	2006年	2007年	2008年	2009年	2010年	2011年	2012年	2013年	2014年
农产品	17.6	20.6	32.1	29.4	−23.3	40.8	49.2	24.6	11.5	−9.5
谷物	2.4	−17.0	74.4	40.7	−23.5	−1.9	83.6	62.7	25.0	−7.4

（续）

	2005年	2006年	2007年	2008年	2009年	2010年	2011年	2012年	2013年	2014年
棉花	59.4	194.2	66.8	0.2	−37.8	195.7	13.9	7.8	24.0	−37.8
食用油籽	−19.3	22.6	58.5	33.7	−33.1	65.6	79.4	−5.3	−6.3	29.5
食用植物油	−55.8	39.7	34.1	4.1	−67.2	−13.4	245.2	36.3	−53.3	55.5
食糖	−25.7	1 495.7	56.3	50.5	−97.8	2 520.1	123.1	4.6	−51.7	15.5
蔬菜	13.2	41.1	38.4	8.0	10.1	13.3	24.6	−5.5	13.9	7.5
水果	30.6	22.0	18.5	33.9	2.5	12.5	16.4	12.3	21.1	3.5
畜产品	48.9	7.6	22.8	45.1	−16.4	44.9	44.0	18.2	59.7	0.3
水产品	27.5	4.2	5.2	−9.4	1.8	50.8	38.1	0.5	53.0	7.5
饮品	20.8	18.1	1.6	32.4	−11.1	29.9	44.4	−4.4	10.6	−9.1

（二）主要贸易伙伴

2014年印度前五大农产品进口来源地分别为印度尼西亚、马来西亚、阿根廷、乌克兰和美国，进口额分别为43.6亿美元、26.8亿美元、15.9亿美元、15.6亿美元和11.3亿美元，占其农产品进口额的比重分别为19.8%、12.2%、7.3%、7.1%和5.1%（图5）。

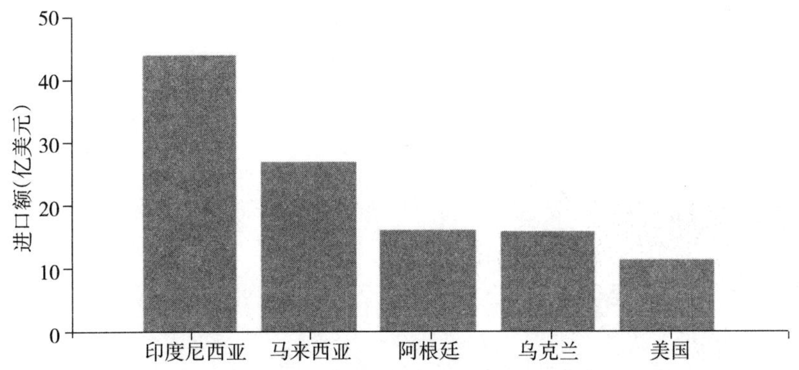

图5 2014年印度前五大农产品进口来源地

2014年印度前五大农产品出口市场分别为美国、越南、沙特阿拉伯、中国和孟加拉国，出口额分别为49.0亿美元、46.4亿美元、22.7亿美元、22.6亿美元和21.4亿美元，占其农产品出口额的比重分别为11.5%、10.9%、5.3%、5.3%和5.0%（图6）。

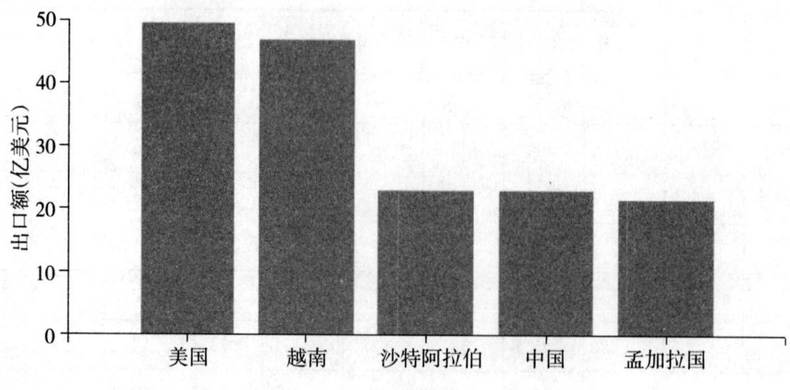

图 6 2014 年印度前五大农产品出口市场

4-2-2 印度主要农产品出口额（一）

单位：万美元

项目	2004年	2005年	2006年	2007年	2008年	2009年
农产品	876 892.9	1 031 056.0	1 243 745.6	1 642 506.7	2 125 408.8	1 629 962.1
谷物	189 135.2	193 682.1	160 674.9	280 219.9	394 232.0	301 572.4
小麦产品	49 514.8	18 968.9	2 025.5	1 400.8	534.6	1 241.7
玉米产品	19 187.8	7 503.0	10 545.5	32 148.6	93 300.2	53 718.9
稻谷产品	118 391.7	164 092.1	146 129.1	236 160.3	285 835.4	240 968.6
棉花	21 265.1	33 887.9	99 706.7	166 330.2	166 690.2	103 676.6
食用油籽	39 245.1	31 680.0	38 828.4	61 523.7	82 241.6	55 011.2
大豆	6 119.4	759.1	528.2	1 014.7	2 107.1	3 132.3
花生	13 599.3	11 683.8	18 088.2	24 313.7	28 528.4	21 054.2
油菜籽	356.5	74.1	0.6	4.3	79.0	28.5
食用植物油	5 655.3	2 498.7	3 490.7	4 680.1	4 870.1	1 597.7
豆油	601.8	789.7	1 345.6	850.5	1 032.5	146.4
菜籽油	222.7	136.1	198.5	250.6	146.8	362.0
棕榈油	113.2	34.8	192.0	85.4	30.1	0.6
食糖	5 244.6	3 898.2	62 204.8	97 196.5	146 253.5	3 273.9
蔬菜	48 686.2	55 074.8	77 855.7	107 828.7	116 413.1	128 106.8
水果	22 255.7	29 063.0	35 442.9	42 016.4	56 239.4	57 669.9
畜产品	59 978.0	89 278.5	96 082.7	118 028.2	171 214.3	143 125.0
猪肉	24.9	31.1	58.7	60.7	288.6	16.7
牛肉	39 539.2	55 900.1	67 440.8	80 667.1	110 714.1	98 407.2
羊肉	1 884.4	1 720.3	1 538.3	2 748.6	6 547.3	18 250.8
家禽	653.0	554.2	464.7	484.4	539.2	774.6
蛋产品	6 024.8	7 577.0	5 638.9	10 132.3	10 992.5	6 979.6
乳品	5 053.4	14 716.2	10 915.4	15 587.8	26 999.5	8 895.1
动物生皮	318.4	949.6	1 590.7	2 807.4	5 565.1	1 812.0
动物生毛皮	0.7	5.5	2.3	4.4	15.3	0.4
羊毛	127.0	165.6	88.1	70.8	89.8	196.0
水产品	127 991.3	163 227.0	170 092.0	178 972.7	162 081.8	165 058.8
饮品	65 959.0	79 704.2	94 149.9	95 661.9	126 628.5	112 556.7
酒	2 608.1	4 518.5	5 871.8	7 208.3	10 793.0	11 492.6
茶	40 083.1	40 581.2	44 245.5	45 630.2	58 972.5	58 159.2
咖啡	22 311.9	33 576.3	42 680.3	41 495.5	54 426.6	40 447.1

印度主要农产品出口额（二）

单位：万美元

项　目	2010 年	2011 年	2012 年	2013 年	2014 年
农产品	2 294 276.3	3 423 275.5	4 263 910.0	4 753 755.6	4 304 323.0
谷物	295 990.3	543 364.8	883 965.4	1 104 951.3	1 023 305.5
小麦产品	1 711.3	17 835.4	142 970.8	140 822.1	124 764.3
玉米产品	53 972.5	109 835.6	114 642.3	128 427.9	86 259.2
稻谷产品	230 812.2	408 695.5	614 225.1	817 788.0	791 455.3
棉花	306 581.6	349 272.5	376 679.0	467 202.3	290 661.8
食用油籽	91 089.6	163 446.4	154 829.4	145 003.1	187 848.3
大豆	1 109.1	2 497.6	4 338.0	19 759.2	26 331.8
花生	40 273.2	95 288.9	90 464.0	49 337.0	69 023.3
油菜籽	6.2	41.0	17.8	15.7	29.3
食用植物油	1 384.3	4 778.7	6 514.1	3 043.8	4 733.3
豆油	92.4	1 402.7	122.4	94.8	66.4
菜籽油	178.3	355.2	323.6	547.9	448.0
棕榈油	24.9	167.1	26.9	9.9	15.0
食糖	85 778.8	191 367.7	200 193.1	96 602.9	111 612.5
蔬菜	145 032.4	180 582.7	170 539.5	194 957.2	209 590.5
水果	64 882.9	75 538.4	84 838.1	102 737.2	106 347.6
畜产品	207 413.4	298 624.7	352 883.5	563 667.3	565 545.6
猪肉	69.8	26.7	26.9	8.7	15.8
牛肉	169 650.2	259 301.7	299 585.9	448 655.3	480 018.3
羊肉	6 034.8	5 391.2	5 947.6	12 099.5	13 164.3
家禽	1 295.8	2 202.4	1 134.4	1 461.1	1 558.6
蛋产品	6 664.9	7 054.9	8 948.5	7 925.0	9 313.4
乳品	11 533.3	7 544.6	15 732.1	57 536.0	31 155.8
动物生皮	471.1	416.9	172.9	433.2	305.8
动物生毛皮	0.1	11.7	10.5	1.4	1.9
羊毛	348.9	1 019.9	757.7	755.0	876.0
水产品	248 989.3	343 931.8	345 622.6	528 803.2	568 712.0
饮品	146 219.9	211 190.5	201 801.9	223 100.5	202 827.7
酒	16 046.3	26 682.8	34 352.9	42 554.5	36 389.4
茶	72 003.6	90 020.1	72 210.2	85 883.2	69 380.2
咖啡	54 740.9	90 764.4	88 845.1	85 108.0	83 116.4

4-2-3 印度主要农产品进口额（一）

单位：万美元

项　目	2004年	2005年	2006年	2007年	2008年	2009年
农产品	507 032.3	565 407.9	583 814.6	783 484.7	857 404.3	1 137 599.1
谷物	296.3	521.2	31 634.9	130 434.8	28 164.2	2 071.9
小麦产品	161.7	133.0	30 763.5	129 619.8	26 679.9	362.3
玉米产品	54.2	94.7	125.8	283.7	522.4	802.8
稻谷产品	13.3	6.0	30.5	33.4	35.9	30.7
棉花	22 000.6	16 438.9	16 061.6	19 356.7	42 643.4	18 713.9
食用油籽	1 343.9	1 714.8	2 490.4	4 452.6	6 709.7	7 450.3
大豆	5.1	2.3	6.6	4.8	5.7	5.2
花生	0.4	0.8	1.6	3.5	3.3	3.4
油菜籽						
食用植物油	233 859.5	212 862.2	208 768.1	228 750.2	288 406.8	473 461.7
豆油	56 955.7	82 218.9	82 106.9	70 508.2	34 077.2	69 199.4
菜籽油	1.3	4.4	4.3	4.9	5.3	3 737.9
棕榈油	171 292.5	128 781.8	118 600.3	148 428.6	243 753.1	350 333.5
食糖	15 228.8	22 187.0	108.4	56.9	2 911.2	87 346.4
蔬菜	6 639.4	8 795.0	9 014.4	11 413.5	13 776.1	14 198.3
水果	10 609.0	13 232.4	17 557.9	23 520.1	28 184.8	32 555.6
畜产品	27 060.4	30 000.2	32 523.3	38 642.1	40 501.9	35 192.2
猪肉	4.4	14.5	18.1	19.7	54.6	69.5
牛肉		11.0	1.9	2.0		
羊肉	1.6	7.1	16.9	9.1	5.9	25.1
家禽	15.1	70.9	272.1	243.2	387.9	515.3
蛋产品	42.6	127.6	69.7	65.4	39.0	47.5
乳品	1 306.9	764.8	2 167.1	1 363.5	1 517.6	6 339.7
动物生皮	4 519.3	6 346.5	6 074.1	8 137.9	9 778.6	7 597.9
动物生毛皮	9.9	21.1	31.1	96.0	159.6	99.6
羊毛	19 585.8	21 064.2	22 303.2	27 005.6	26 576.7	18 431.3
水产品	8 384.5	10 439.2	10 320.8	10 361.9	13 177.2	14 513.3
饮品	20 632.6	31 718.4	18 060.4	23 646.2	37 323.3	46 343.8
酒	12 750.5	19 931.2	7 297.0	9 166.5	17 157.4	24 656.9
茶	3 170.7	2 440.4	2 917.9	3 014.0	4 201.8	5 338.0
咖啡	993.5	4 150.2	2 240.4	3 495.2	6 081.3	5 525.2

印度主要农产品进口额（二）

单位：万美元

项　目	2010 年	2011 年	2012 年	2013 年	2014 年
农产品	1 359 113.7	1 683 859.6	1 965 560.0	1 912 373.5	2 199 367.6
谷物	12 855.4	3 210.4	4 114.1	4 267.7	4 283.1
小麦产品	10 200.9	88.6	223.2	625.6	850.7
玉米产品	1 240.6	752.5	387.4	1 354.8	766.8
稻谷产品	33.9	144.4	94.9	147.0	198.4
棉花	16 910.6	18 437.8	47 229.1	40 210.3	50 642.5
食用油籽	5 807.7	6 093.1	6 520.5	19 798.7	19 477.1
大豆	0.8	10.5	67.4	63.3	252.8
花生	33.5	60.0	14.3	121.5	209.8
油菜籽	6.9		1.6	13.1	
食用植物油	622 006.7	895 421.8	1 075 986.3	950 379.7	1 035 954.7
豆油	111 479.0	120 626.1	137 964.5	119 307.2	198 513.4
菜籽油	980.0	1 627.0	13 285.2	4 359.4	23 722.2
棕榈油	449 403.9	673 986.4	789 637.4	696 677.6	655 138.3
食糖	98 129.0	4 571.4	40 176.0	37 269.1	54 397.7
蔬菜	16 673.8	19 648.3	22 986.5	22 866.5	31 782.4
水果	43 402.9	55 909.4	53 262.3	68 611.3	74 171.7
畜产品	61 077.1	68 583.8	57 103.3	48 227.9	54 649.2
猪肉	93.9	115.0	146.3	95.6	130.0
牛肉					
羊肉	17.8	6.7	21.5	82.8	135.8
家禽	306.0	225.6	203.9	355.5	405.2
蛋产品	72.9	124.5	93.9	80.0	113.2
乳品	18 377.8	17 739.3	10 123.9	3 460.9	4 711.8
动物生皮	9 036.2	9 110.1	7 969.7	7 895.2	8 836.9
动物生毛皮	166.0	229.2	179.9	171.6	147.5
羊毛	30 236.9	37 898.4	34 520.1	32 434.4	35 625.4
水产品	17 194.8	27 263.8	27 960.0	80 995.1	102 527.2
饮品	46 202.2	60 201.3	71 941.9	72 298.5	96 855.6
酒	19 049.4	22 434.9	26 856.4	29 973.8	37 199.3
茶	4 954.2	4 662.3	4 723.1	4 485.6	5 073.5
咖啡	6 213.3	9 787.2	12 884.9	12 914.6	14 765.5

4-2-4 印度主要农产品出口量（一）

单位：吨

项　目	2004年	2005年	2006年	2007年	2008年	2009年
农产品						
谷物	8 261 506.7	6 737 984.1	5 277 777.4	8 209 963.3	8 353 009.2	5 094 941.6
小麦产品	3 242 257.5	1 087 057.5	88 645.5	36 637.1	13 966.6	29 394.1
玉米产品	1 314 758.3	437 500.7	637 964.9	1 525 690.8	4 225 747.0	2 706 688.0
稻谷产品	3 582 807.9	5 066 897.9	4 463 644.9	6 261 714.5	3 569 921.1	2 174 843.3
棉花	195 383.3	339 313.3	896 436.0	1 266 998.6	1 224 799.3	781 569.8
食用油籽	666 562.6	454 956.3	552 351.1	644 441.9	699 477.0	572 998.7
大豆	228 845.2	23 097.4	12 644.4	22 935.0	42 330.9	68 030.7
花生	182 783.6	192 435.7	279 170.2	263 929.0	298 574.6	244 598.0
油菜籽	27 040.6	5 524.4	25.4	7.0	2 749.9	541.8
食用植物油	51 868.9	27 114.2	40 484.5	36 027.8	33 593.1	11 022.0
豆油	4 499.8	11 180.8	17 396.1	9 163.9	9 250.1	2 001.1
菜籽油	2 060.0	1 123.9	1 756.1	1 655.0	1 152.8	3 344.0
棕榈油	1 784.0	683.2	4 396.3	994.9	211.6	5.4
食糖	201 225.2	107 892.0	1 368 078.5	3 326 511.0	5 022 139.8	78 115.6
蔬菜	1 441 724.9	1 578 900.9	2 202 265.9	1 849 333.3	2 675 008.8	2 908 125.9
水果						
畜产品						
猪肉	320.8	249.9	437.7	265.6	972.1	71.7
牛肉	350 593.4	439 192.8	485 556.8	482 233.5	479 848.4	434 605.1
羊肉	9 410.0	6 823.6	6 580.5	7 384.7	19 033.2	66 729.1
家禽						
蛋产品						
乳品	23 966.0	76 009.2	54 451.6	55 156.0	83 352.9	36 466.8
动物生皮	1 017.9	3 622.7	5 738.2	7 002.5	9 246.0	3 304.2
动物生毛皮						
羊毛	309.8	386.0	220.7	128.3	206.0	937.9
水产品						
饮品						
酒						
茶	177 691.5	177 385.8	184 070.3	184 806.6	205 294.7	202 820.7
咖啡	170 519.0	178 412.2	213 390.1	170 912.9	183 734.7	153 566.1

印度主要农产品出口量（二）

单位：吨

项　目	2010 年	2011 年	2012 年	2013 年	2014 年
农产品					
谷物	4 587 892.2	9 827 444.9	20 090 740.9	21 479 039.2	19 804 205.1
小麦产品	47 939.5	568 985.4	4 796 083.5	4 671 003.0	4 296 595.6
玉米产品	1 855 621.2	3 990 617.9	4 306 359.7	4 812 790.7	3 631 184.0
稻谷产品	2 520 871.1	5 043 463.9	10 602 212.9	11 399 616.8	11 173 731.6
棉花	2 307 383.7	1 954 340.8	2 063 868.5	2 553 410.9	1 644 105.2
食用油籽	801 347.7	1 322 609.1	1 117 525.8	1 110 404.4	1 499 459.7
大豆	22 837.5	40 714.6	61 724.0	271 369.6	353 668.7
花生	470 755.6	769 590.7	661 054.5	445 046.3	671 756.5
油菜籽	162.1	1 394.0	213.1	199.0	526.3
食用植物油	7 102.3	31 091.2	30 321.6	14 896.0	27 747.3
豆油	810.1	10 434.0	545.4	486.2	399.3
菜籽油	1 658.7	2 222.2	2 092.7	2 680.7	2 948.1
棕榈油	275.9	2 302.9	267.4	47.3	159.8
食糖	1 764 482.4	2 719 020.4	3 492 526.7	1 921 494.1	2 437 863.7
蔬菜	1 797 989.0	2 621 914.6	2 940 018.0	2 816 361.0	3 032 846.4
水果					
畜产品					
猪肉	275.6	92.1	116.4	70.1	67.0
牛肉	493 925.7	945 934.5	1 035 082.1	1 558 683.9	1 487 086.5
羊肉	14 418.7	10 743.5	11 996.5	21 431.3	22 807.1
家禽					
蛋产品					
乳品	46 117.0	26 388.7	55 232.1	170 626.7	96 418.0
动物生皮	1 813.3	2 197.1	452.8	1 791.0	1 932.3
动物生毛皮					
羊毛	1 384.3	2 499.3	2 116.3	1 994.4	2 440.9
水产品					
饮品					
酒					
茶	222 426.5	326 919.9	230 181.2	261 723.1	218 399.7
咖啡	155 901.3	268 532.6	257 686.4	266 579.8	237 202.5

4-2-5 印度主要农产品进口量（一）

单位：吨

项目	2004年	2005年	2006年	2007年	2008年	2009年
农产品						
谷物	11 339.1	17 923.3	1 426 464.7	5 095 953.9	747 898.7	45 205.3
小麦产品	6 926.9	3 681.8	1 396 414.4	5 081 440.3	722 525.0	10 505.9
玉米产品	1 223.9	2 100.8	2 741.2	6 019.3	7 042.2	12 412.9
稻谷产品	99.8	63.9	539.2	309.4	239.5	164.4
棉花	158 635.0	123 233.6	87 339.8	118 766.6	226 582.7	143 082.0
食用油籽	22 874.3	37 544.1	48 444.0	67 409.4	64 416.1	79 864.6
大豆	28.9	8.6	40.4	39.3	56.9	63.8
花生	2.2	3.2	20.6	29.3	27.2	240.6
油菜籽						
食用植物油	4 297 494.8	4 568 928.9	4 305 214.7	4 468 284.9	5 794 964.3	7 600 964.1
豆油	914 486.6	1 509 932.0	1 498 937.9	1 196 209.0	580 022.5	979 884.4
菜籽油	24.0	124.0	41.2	44.6	40.6	44 092.3
棕榈油	3 297 645.7	3 037 157.1	2 681 993.2	3 144 532.5	5 138 625.3	5 979 042.1
食糖	685 702.3	855 114.3	1 866.4	509.2	71 210.9	2 085 710.4
蔬菜	79 011.7	85 084.8	70 219.5	91 407.2	93 976.6	95 118.7
水果						
畜产品						
猪肉	6.9	19.8	23.6	32.2	86.9	145.8
牛肉		84.0	2.0	2.0		
羊肉	4.6	16.5	17.6	16.5	16.2	37.5
家禽						
蛋产品						
乳品	7 834.3	3 343.8	11 676.2	4 291.9	4 316.3	31 210.4
动物生皮	13 188.3	17 675.1	19 334.1	22 837.6	29 668.4	30 925.2
动物生毛皮						
羊毛	93 020.4	95 270.2	100 960.2	96 534.2	78 898.5	61 058.2
水产品						
饮品						
酒						
茶	29 876.2	18 677.6	25 994.3	18 873.3	23 436.6	31 751.2
咖啡	15 456.2	43 338.7	18 151.5	22 073.5	30 329.8	34 709.7

印度主要农产品进口量（二）

单位：吨

项　目	2010 年	2011 年	2012 年	2013 年	2014 年
农产品					
谷物	382 451.1	50 659.4	73 429.1	58 800.3	77 248.8
小麦产品	333 226.7	1 456.7	3 674.5	12 362.1	21 427.2
玉米产品	20 484.6	13 586.1	4 602.9	13 397.5	8 443.2
稻谷产品	221.5	1 198.1	680.9	1 411.8	1 917.8
棉花	82 072.4	53 510.1	233 596.8	179 183.4	232 756.5
食用油籽	62 621.1	66 218.4	71 385.2	143 173.9	128 617.7
大豆	4.6	121.1	855.1	646.4	3 966.1
花生	1 067.6	1 454.9	63.1	499.7	560.8
油菜籽	102.2		75.1	19.8	
食用植物油	7 304 209.5	7 645 706.4	9 936 101.3	10 640 614.0	11 950 594.9
豆油	1 251 210.6	939 375.5	1 093 539.1	1 107 891.1	2 106 205.8
菜籽油	9 987.0	11 995.3	102 398.0	39 063.1	252 287.3
棕榈油	5 436 190.2	5 973 262.2	7 653 356.3	8 389 672.3	7 932 540.3
食糖	1 787 970.6	75 399.4	749 019.0	836 226.0	1 377 666.3
蔬菜	92 203.3	89 647.1	105 506.6	98 833.3	92 162.7
水果					
畜产品					
猪肉	175.7	204.8	219.0	139.6	195.5
牛肉					
羊肉	30.4	7.9	23.7	59.0	84.9
家禽					
蛋产品					
乳品	57 003.0	50 798.3	28 292.6	8 784.1	12 330.7
动物生皮	33 793.5	26 551.4	20 005.7	21 980.1	21 859.8
动物生毛皮					
羊毛	96 197.0	79 928.8	75 652.1	90 129.3	97 405.6
水产品					
饮品					
酒					
茶	25 188.3	22 303.0	21 392.0	19 855.4	23 317.7
咖啡	41 558.1	51 281.1	61 537.7	63 698.6	73 415.3

4-2-6 印度农产品出口额前15位国家（地区）
（2014年）

单位：万美元，%

序号	国家（地区）	出口额	同比增长
1	美国	489 864.6	－2.9
2	越南	464 350.8	11.9
3	沙特阿拉伯	227 478.8	10.1
4	中国	225 824.5	－45.0
5	孟加拉国	213 871.9	2.6
6	伊朗	209 634.6	－42.1
7	阿拉伯联合酋长国	205 876.8	－15.6
8	马来西亚	107 965.6	－17.5
9	印度尼西亚	95 155.6	－19.4
10	巴基斯坦	92 742.4	0.4
11	英国	86 639.7	10.0
12	泰国	85 142.8	－24.6
13	日本	84 714.4	－21.1
14	荷兰	75 482.0	－4.3
15	埃及	71 097.9	17.8
	总计	**2 735 842.5**	

4-2-7 印度农产品进口额前 15 位国家（地区）
（2014 年）

单位：万美元,%

序号	国家（地区）	进口额	同比增长
1	印度尼西亚	435 865.1	－18.3
2	马来西亚	267 738.8	35.6
3	阿根廷	159 408.3	68.0
4	乌克兰	155 947.5	26.9
5	美国	112 618.0	6.5
6	加拿大	102 107.7	37.7
7	巴西	96 603.4	66.3
8	缅甸	82 483.3	31.8
9	中国香港	59 287.2	346.4
10	中国	59 277.6	1.3
11	澳大利亚	58 825.1	－16.4
12	阿拉伯联合酋长国	45 054.4	－18.7
13	科特迪瓦	43 161.6	75.3
14	坦桑尼亚	35 932.6	8.6
15	越南	29 368.5	47.0
	总计	**1 743 679.2**	

4-3 泰国主要农产品贸易情况

4-3-1 泰国农产品贸易综述

一、10 年来泰国农产品贸易总体情况

2004—2014 年，泰国农产品贸易额由 183.7 亿美元增至 475.7 亿美元，年均增长 10.0%。其中，出口额由 131.6 亿美元增至 333.6 亿美元，年均增长 9.8%；进口额由 52.2 亿美元增至 142.1 亿美元，年均增长 10.5%；贸易顺差由 79.4 亿美元增至 191.5 亿美元，年均增长 9.2%（图 1）。

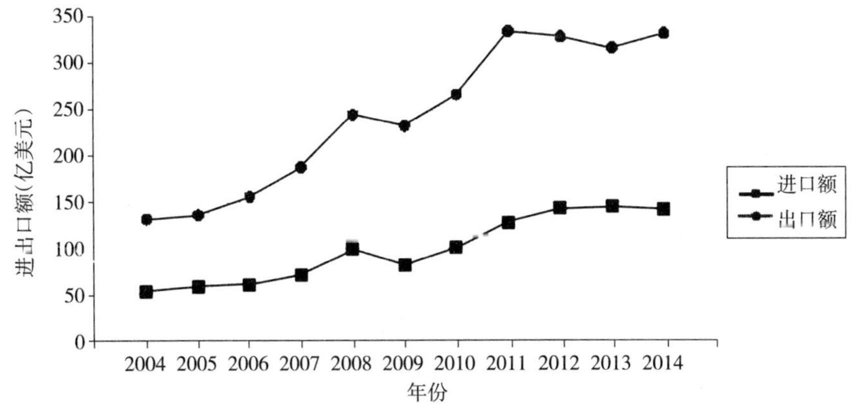

图 1　2004—2014 年泰国农产品进出口额变化

2005 年以来，除 2009 年进出口额同比下降，2012 年和 2013 年出口额同比下降以及 2014 年进口额同比下降外，其余年份均保持正增长。其中，2008 年出口增速最快，达 30.4%，2008 年进口增幅最大，达 40.1%。2014 年进口额同比下降 1.8%，较上年下降 2.8 个百分点；出口额同比增长 5.0%，较上年提高 8.8 个百分点（图 2）。

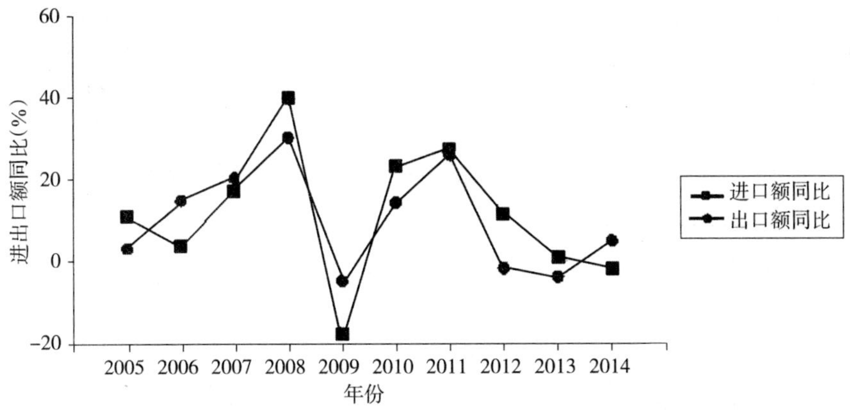

图 2　2005—2014 年泰国农产品进出口额同比变化

二、2014 年泰国农产品贸易情况

2014 年泰国农产品贸易额为 475.7 亿美元，同比增长 2.9%，在全球各大农产品贸易国中排名第 18 位。其中出口额为 333.6 亿美元，同比增长 5.0%，全球排名第 16 位；进口额为 142.1 亿美元，同比下降 1.8%，全球排名第 24 位。

（一）进出口产品结构

2014 年，泰国进口农产品以水产品、畜产品和水果为主，进口额分别为 28.7 亿美元、16.5 亿美元和 12.2 亿美元，占其农产品进口额的比重分别为 20.2%、11.6%和 8.6%。此外，泰国还进口食用油籽和饮品等，2014 年进口额分别为 11.7 亿美元和 8.5 亿美元，分别占其农产品进口额的 8.2%和 6.0%（图 3）。

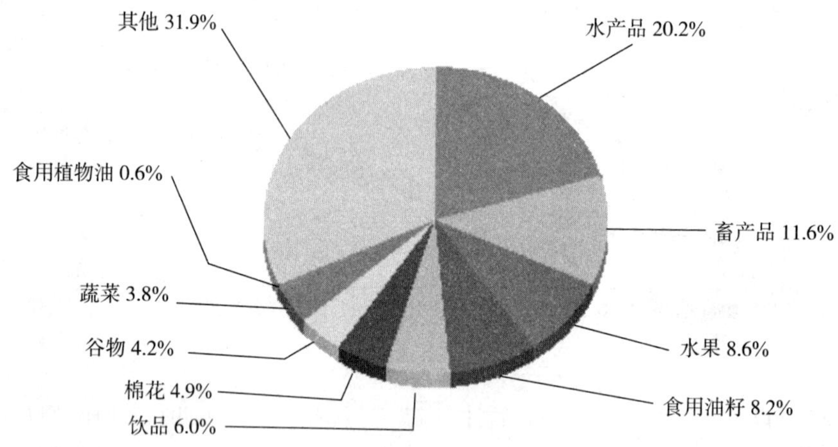

图 3　2014 年泰国农产品进口结构

2014 年，泰国进口同比增长较快的农产品主要是食糖、食用植物油和畜产品，增幅分别为 68.0%、50.3%和 20.0%。此外，饮品、食用油籽和蔬菜的增幅在 0.1%～5.5%之间。棉花、水产品、水果和谷物进口额同比下降 8.1%、12.6%、19.3%和 21.8%（表 1）。

表 1　2005—2014 年泰国主要农产品进口额同比变化情况

单位：%

	2005 年	2006 年	2007 年	2008 年	2009 年	2010 年	2011 年	2012 年	2013 年	2014 年
农产品	11.2	3.6	17.4	40.1	−17.8	23.5	27.6	11.7	1.0	−1.8
谷物	20.0	−3.0	26.0	38.2	−7.7	32.4	14.6	48.7	−23.2	−21.8
棉花	10.6	−7.4	−5.3	34.1	−32.7	51.1	52.8	−27.1	−9.3	−8.1

（续）

	2005 年	2006 年	2007 年	2008 年	2009 年	2010 年	2011 年	2012 年	2013 年	2014 年
食用油籽	−1.1	−18.9	47.2	71.5	−27.2	21.1	34.6	14.7	−17.4	3.2
食用植物油	−31.0	−26.1	−16.4	222.2	−65.3	21.2	305.2	−29.1	−38.9	50.3
食糖	5 840.1	225.9	−98.4	1 979.6	−58.5	1 268.1	8.2	−85.2	−72.8	68.0
蔬菜	10.4	25.2	25.8	23.4	8.4	20.4	26.2	5.3	15.3	0.1
水果	18.6	23.5	27.6	25.6	−2.0	17.9	34.6	23.2	27.6	−19.3
畜产品	5.3	0.0	29.3	15.1	−34.1	54.2	27.2	0.5	7.9	20.0
水产品	15.9	7.4	10.5	40.8	−18.6	9.1	27.9	14.1	2.1	−12.6
饮品	9.3	12.1	7.1	36.0	−14.3	30.8	35.5	12.1	1.8	5.5

2014 年，泰国农产品中出口额靠前的是水产品、谷物和水果，出口额分别为 68.7 亿美元、58.8 亿美元和 40.2 亿美元，占其农产品出口额的比重分别为 20.6%、17.6%和 12.1%。此外，泰国还出口畜产品、食糖、饮品和蔬菜等，出口额分别为 33.6 亿美元、27.4 亿美元、17.1 亿美元和 12.5 亿美元，分别占其农产品出口额的 10.1%、8.2%、5.1%和 3.8%（图 4）。

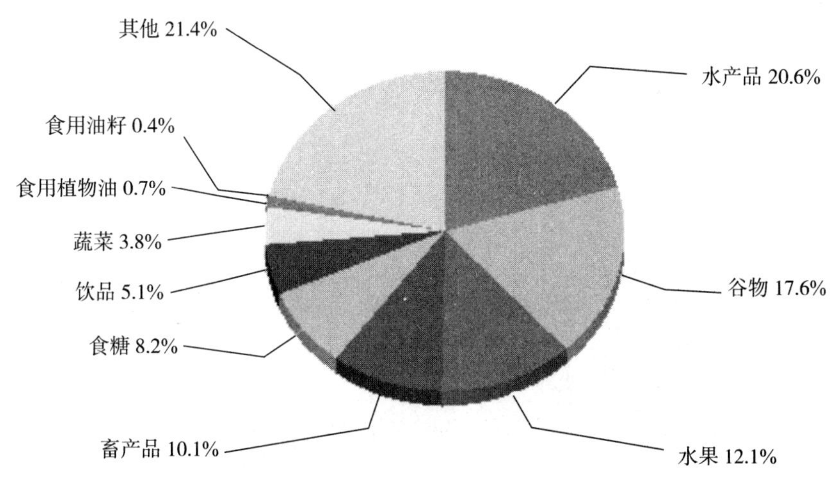

图 4　2014 年泰国农产品出口结构

2014 年，泰国出口额同比增长较快的农产品是谷物、蔬菜和食用油籽，增幅分别为 23.0%、14.7%和 12.3%。水果、饮品和畜产品的增幅在 7.4%～12.0%之间。其他农产品出口额同比下降，其中食糖、水产品和棉花分别下降 4.3%、6.1%和 29.7%，食用植物油出口减半（表 2）。

表 2　2005—2014 年泰国主要农产品出口额同比变化情况

单位:%

	2005 年	2006 年	2007 年	2008 年	2009 年	2010 年	2011 年	2012 年	2013 年	2014 年
农产品	3.2	15.0	20.5	30.4	−4.8	14.4	26.0	−1.8	−3.8	5.0
谷物	−16.6	12.6	34.8	75.5	−16.1	3.9	21.7	−28.5	−2.2	23.0
棉花	−11.8	−9.5	4.1	−32.2	83.4	17.5	66.4	−52.1	66.7	−29.7
食用油籽	−44.7	46.5	−24.3	7.2	16.8	9.6	28.7	7.6	19.8	12.3
食用植物油	−40.3	71.7	128.1	75.0	−73.6	46.1	226.7	−15.8	30.7	−52.8
食糖	−12.8	4.5	71.4	13.7	26.0	19.4	68.9	8.7	−27.6	−4.3
蔬菜	7.8	16.5	7.4	9.3	−3.0	12.2	16.6	−9.7	9.6	14.7
水果	18.6	12.2	9.3	18.7	0.8	12.3	36.3	−0.2	1.5	12.0
畜产品	26.2	10.0	22.4	47.4	−4.8	10.6	20.8	11.2	3.5	7.4
水产品	10.4	17.2	8.3	14.7	−4.4	14.9	14.7	−1.3	−12.2	−6.1
饮品	18.4	14.8	22.8	35.7	11.5	31.4	34.7	30.6	2.8	9.8

(二) 主要贸易伙伴

2014 年泰国前五大农产品进口来源地分别为美国、中国、巴西、澳大利亚和印度尼西亚，进口额分别为 20.0 亿美元、15.4 亿美元、15.2 亿美元、8.5 亿美元和 6.5 亿美元，占其农产品进口额的比重分别为 14.4%、11.1%、10.9%、6.1%和 4.7%（图 5）。

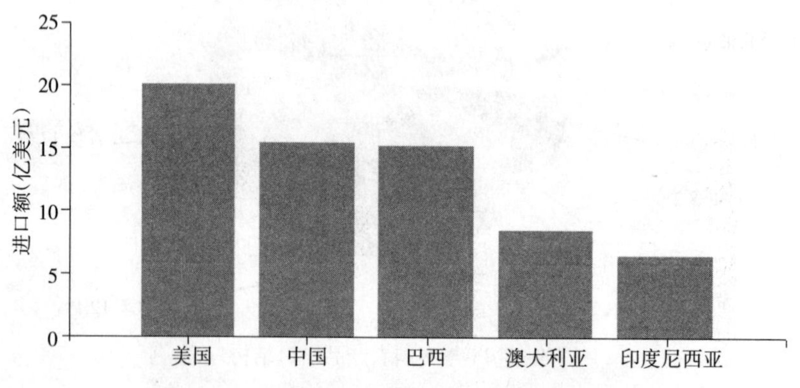

图 5　2014 年泰国前五大农产品进口来源地

2014 年泰国前五大农产品出口市场分别为日本、中国、美国、印度尼西亚和马来西亚，出口额分别为 44.2 亿美元、40.7 亿美元、34.9 亿美元、12.2 亿美元和 11.7 亿美元，占其农产品出口额的比重分别为 13.5%、12.4%、10.7%、3.7%和 3.6%（图 6）。

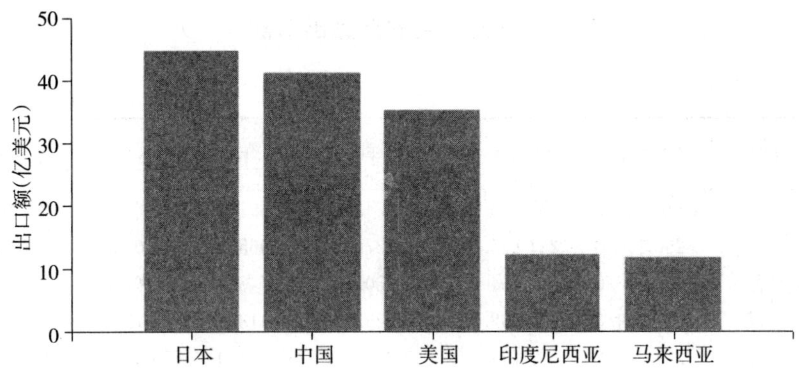

图 6　2014 年泰国前五大农产品出口市场

4-3-2 泰国主要农产品出口额（一）

单位：万美元

项　目	2004年	2005年	2006年	2007年	2008年	2009年
农产品	1 315 508.5	1 357 243.4	1 560 434.0	1 879 591.0	2 450 624.1	2 332 061.5
谷物	290 144.8	241 865.5	272 307.9	366 965.2	644 073.8	540 315.7
小麦产品	376.0	404.8	450.6	746.0	877.2	804.3
玉米产品	14 604.3	2 792.9	6 929.1	10 413.6	21 728.3	24 374.6
稻谷产品	274 324.2	237 728.6	263 974.6	353 964.0	619 636.5	513 717.7
棉花	661.0	583.0	527.4	549.3	372.5	683.2
食用油籽	8 347.9	4 617.7	6 764.7	5 118.9	5 489.8	6 412.8
大豆	69.2	96.1	109.8	167.7	115.7	132.0
花生	402.3	452.2	566.1	1 083.0	1 624.6	1 297.6
油菜籽			0.1		2.3	3.8
食用植物油	8 842.1	5 279.9	9 065.2	20 682.1	36 198.9	9 546.3
豆油	1 246.7	681.3	307.3	417.9	684.3	331.3
菜籽油	9.0	15.0	12.0	10.5	15.0	10.6
棕榈油	7 511.9	4 503.0	8 667.5	19 860.6	35 083.0	8 884.0
食糖	80 617.4	70 299.7	73 446.9	125 890.8	143 170.5	180 340.3
蔬菜	59 012.8	63 593.5	73 687.1	78 904.6	86 336.1	84 136.4
水果	133 091.1	157 885.6	177 143.0	193 697.5	229 916.1	231 647.6
畜产品	85 461.5	107 885.6	118 666.3	145 277.5	214 139.0	203 852.4
猪肉	897.2	1 100.7	635.2	662.0	1 015.3	413.8
牛肉	5.1	0.5	30.4	25.0	2.0	135.5
羊肉	0.5		0.9			
家禽	67 403.4	86 902.7	98 234.8	119 625.1	178 542.4	163 869.2
蛋产品	594.4	953.3	1 303.0	2 841.2	3 526.8	3 465.8
乳品	11 801.7	12 622.0	10 917.8	13 062.2	13 527.8	12 763.7
动物生皮	290.3	402.2	474.3	721.1	763.5	391.7
动物生毛皮		0.1		1.9	0.6	0.2
羊毛	190.3	173.2	131.0	107.4	86.2	58.8
水产品	416 873.4	460 100.4	539 207.8	583 929.0	669 691.3	640 001.0
饮品	25 868.0	30 621.5	35 160.0	43 170.0	58 592.7	65 314.8
酒	7 908.6	8 982.1	9 658.4	13 285.5	20 667.5	18 260.4
茶	360.1	521.6	536.5	870.3	1 215.5	1 432.4
咖啡	3 369.8	5 108.2	7 674.3	7 229.2	8 406.0	11 434.8

泰国主要农产品出口额（二）

单位：万美元

项　目	2010年	2011年	2012年	2013年	2014年
农产品	2 668 528.1	3 361 744.5	3 301 547.2	3 177 008.6	3 336 109.2
谷物	561 557.0	683 360.0	488 670.9	477 995.2	587 902.1
小麦产品	884.1	1 002.0	1 155.8	1 236.4	1 309.4
玉米产品	14 197.0	16 921.2	9 394.9	19 833.8	28 083.0
稻谷产品	545 029.7	664 030.9	476 879.2	455 278.7	556 775.6
棉花	803.0	1 335.8	640.2	1 067.4	750.3
食用油籽	7 028.3	9 043.5	9 730.3	11 660.7	13 092.9
大豆	155.0	186.4	172.3	249.7	742.1
花生	1 547.3	1 702.0	1 943.6	2 171.5	2 373.9
油菜籽	1.8	1.4		0.2	0.2
食用植物油	13 947.1	45 568.1	38 383.1	50 172.6	23 693.4
豆油	2 097.8	5 088.7	7 353.4	6 389.8	3 226.4
菜籽油	16.3	12.4	15.7	9.7	7.7
棕榈油	11 400.0	39 853.1	30 623.1	43 374.4	20 108.0
食糖	215 239.4	363 514.9	395 264.3	285 992.8	273 808.6
蔬菜	94 393.8	109 889.1	99 613.3	109 160.1	125 166.2
水果	260 219.4	354 551.3	353 926.5	359 060.5	402 129.7
畜产品	225 440.6	272 275.3	302 665.7	313 217.4	336 358.6
猪肉	253.0	464.1	422.6	744.0	487.2
牛肉	347.0	3 145.0	5 583.0	2 079.2	3 668.4
羊肉	0.1	0.2	1.9	3.8	9.8
家禽	182 952.4	216 959.2	232 760.7	237 467.8	249 219.4
蛋产品	2 111.9	1 695.4	2 935.8	3 881.5	3 523.0
乳品	13 980.8	17 690.5	15 430.4	18 338.6	18 371.5
动物生皮	513.3	757.0	855.5	1 277.0	1 742.1
动物生毛皮	0.2	0.1	0.2	0.2	
羊毛	139.4	299.7	247.2	68.2	158.5
水产品	735 631.5	843 564.4	832 927.4	731 700.7	687 333.6
饮品	85 849.8	115 620.5	151 027.0	155 283.2	170 539.0
酒	22 196.2	34 197.3	54 959.4	45 636.7	44 037.3
茶	1 628.9	2 837.0	3 321.1	3 991.5	4 001.2
咖啡	14 696.8	16 074.5	18 774.0	19 150.2	21 480.9

4-3-3 泰国主要农产品进口额（一）

单位：万美元

项 目	2004年	2005年	2006年	2007年	2008年	2009年
农产品	521 537.5	580 115.1	601 116.3	705 549.4	988 617.6	812 562.6
谷物	23 681.0	28 419.5	27 561.6	34 726.8	47 982.7	44 302.2
小麦产品	21 790.7	26 434.6	25 048.0	31 717.2	40 601.9	36 078.7
玉米产品	1 067.8	981.7	1 816.7	2 131.5	5 364.0	4 423.0
稻谷产品	65.9	103.1	106.5	224.1	1 084.6	2 828.1
棉花	56 193.8	62 131.0	57 504.6	54 459.6	73 034.1	49 140.3
食用油籽	49 676.0	49 121.6	39 816.1	58 628.8	100 554.1	73 165.9
大豆	47 232.9	46 447.4	37 651.2	56 030.3	96 979.4	69 354.5
花生	1 144.9	1 317.4	1 175.3	1 388.1	2 147.9	1 784.1
油菜籽				0.7	0.5	
食用植物油	5 514.0	3 807.3	2 813.1	2 351.2	7 575.2	2 625.1
豆油	1.1	1.3	76.2	59.7	140.7	2.5
菜籽油	87.2	97.6	30.0	49.8	87.0	40.2
棕榈油	3 931.6	886.4	95.9	119.0	3 254.0	85.2
食糖	2.2	132.0	430.1	7.0	146.0	60.6
蔬菜	12 083.6	13 326.6	16 516.7	20 582.2	24 804.5	27 453.9
水果	26 282.3	31 163.9	38 474.8	49 080.8	61 652.4	60 396.5
畜产品	62 383.6	65 719.7	65 739.3	85 007.6	97 831.1	64 495.8
猪肉	0.1			11.6		0.4
牛肉	320.4	362.6	669.5	907.9	1 209.9	1 248.7
羊肉	96.9	128.7	163.4	268.6	413.8	407.6
家禽	2 145.1	2 176.8	1 689.5	1 669.0	1 953.9	2 227.7
蛋产品	190.9	351.9	346.3	515.9	399.2	275.5
乳品	30 324.3	33 933.0	34 360.1	46 703.1	53 781.7	28 119.3
动物生皮	16 312.4	15 516.4	14 483.4	20 058.8	20 827.5	11 886.5
动物生毛皮	1.4		0.3	0.5		
羊毛	6 424.0	5 451.0	3 795.7	3 356.8	2 684.3	1 671.0
水产品	127 972.5	148 351.3	159 291.9	175 980.7	247 829.8	201 819.9
饮品	26 058.3	28 478.0	31 931.5	34 187.4	46 495.0	39 837.9
酒	15 443.9	17 687.1	19 848.3	19 856.4	25 242.9	20 741.9
茶	926.6	686.5	737.1	922.8	1 231.9	1 496.6
咖啡	1 791.1	2 380.9	3 084.5	3 923.9	7 184.2	4 504.3

泰国主要农产品进口额（二）

单位：万美元

项　目	2010年	2011年	2012年	2013年	2014年
农产品	1 003 872.2	1 281 315.1	1 431 824.4	1 446 800.5	1 421 125.0
谷物	58 676.9	67 263.4	99 994.0	76 749.5	59 980.8
小麦产品	51 453.9	61 273.2	93 852.2	69 646.4	55 269.3
玉米产品	5 750.6	3 569.6	4 031.5	4 444.5	2 104.9
稻谷产品	615.6	977.3	1 277.5	1 483.5	838.8
棉花	74 273.6	113 471.4	82 711.6	75 043.1	68 954.0
食用油籽	88 625.9	119 312.6	136 899.7	113 099.5	116 710.7
大豆	81 205.8	112 771.8	128 309.0	101 916.4	107 797.4
花生	4 995.4	3 941.6	5 786.4	7 968.9	5 331.0
油菜籽					2.2
食用植物油	3 181.8	12 892.7	9 142.2	5 585.8	8 396.1
豆油	6.0	113.6	9.9	244.5	871.9
菜籽油	57.1	149.8	93.3	128.0	125.9
棕榈油	128.7	8 433.8	4 406.5	14.7	2 055.4
食糖	829.1	896.7	132.7	36.1	60.7
蔬菜	33 171.9	41 385.1	46 828.7	54 005.5	54 062.9
水果	71 228.7	95 871.0	118 097.4	150 731.3	121 684.6
畜产品	99 458.2	126 508.3	127 180.7	137 205.5	164 618.7
猪肉	3.4	54.7	123.3	86.9	59.9
牛肉	2 053.5	5 345.1	8 481.8	5 229.4	8 025.3
羊肉	637.1	1 196.6	1 015.3	1 112.1	1 205.1
家禽	2 498.6	3 389.7	2 992.4	4 950.2	4 928.4
蛋产品	246.4	426.6	523.9	831.9	1 007.4
乳品	48 414.3	60 210.4	60 279.1	64 400.1	79 737.2
动物生皮	18 227.2	20 787.9	22 325.6	23 755.4	23 795.1
动物生毛皮	0.3	0.9	17.2	0.9	0.6
羊毛	3 614.8	3 668.6	298.4	2 199.2	3 755.9
水产品	220 126.3	281 550.2	321 338.2	327 961.3	286 634.4
饮品	52 120.0	70 634.6	79 205.6	80 636.5	85 059.5
酒	24 706.4	29 921.0	32 730.4	36 750.4	39 456.5
茶	1 824.0	2 453.3	3 106.5	2 636.0	2 948.5
咖啡	7 286.0	16 181.6	16 764.0	17 758.4	19 788.3

4-3-4 泰国主要农产品出口量（一）

单位：吨

项目	2004年	2005年	2006年	2007年	2008年	2009年
农产品						
谷物	11 126 246.1	7 766 537.2	7 880 703.4	9 735 023.0	11 051 223.9	9 876 639.5
小麦产品	9 399.2	8 650.0	8 837.0	13 106.2	9 998.5	9 941.2
玉米产品	995 642.3	71 611.3	307 690.1	377 615.5	674 929.8	1 082 796.0
稻谷产品	10 088 672.9	7 656 775.7	7 543 951.8	9 307 197.0	10 329 070.4	8 746 166.0
棉花	7 931.3	7 412.0	8 049.0	7 712.1	4 384.2	7 760.4
食用油籽	382 557.6	47 796.3	233 654.6	71 774.5	24 214.4	27 682.9
大豆	1 302.0	1 225.3	1 312.7	2 715.3	1 295.9	1 330.7
花生	2 859.6	2 364.5	2 266.6	5 021.6	4 735.1	4 181.3
油菜籽		0.1	0.4		3.4	1.9
食用植物油	140 990.2	93 048.6	210 611.5	291 536.4	367 594.1	118 992.0
豆油	19 620.8	11 455.8	5 049.1	4 156.7	4 934.4	3 105.8
菜籽油	119.5	180.0	148.3	118.8	98.4	89.6
棕榈油	120 892.2	81 056.8	205 080.4	283 064.9	360 341.5	113 842.5
食糖	4 587 199.9	3 041 414.3	2 238 700.2	4 408 343.2	5 011 802.6	5 052 570.4
蔬菜	716 824.1	689 040.7	759 884.2	783 780.3	811 526.9	808 218.6
水果						
畜产品						
猪肉	5 101.2	5 847.6	3 298.9	3 894.7	4 106.9	2 647.6
牛肉	18.0	1.3	47.2	39.2	4.0	636.6
羊肉	0.6		1.4	0.8		
家禽						
蛋产品						
乳品	147 122.9	145 297.0	114 270.5	110 210.2	99 530.0	100 275.7
动物生皮	1 138.0	1 146.3	451.5	698.8	793.9	680.6
动物生毛皮						
羊毛	1 186.8	873.0	642.5	565.2	376.4	237.3
水产品						
饮品						
酒						
茶	1 747.2	4 354.6	3 467.3	5 396.9	6 582.0	10 492.5
咖啡	36 909.1	37 405.6	53 345.7	37 098.9	29 201.8	36 670.8

泰国主要农产品出口量（二）

单位：吨

项　目	2010年	2011年	2012年	2013年	2014年
农产品					
谷物	9 589 293.0	11 262 819.7	7 029 229.0	7 360 784.2	11 922 653.1
小麦产品	14 018.3	11 926.1	13 121.2	15 328.4	15 612.7
玉米产品	481 937.5	397 017.3	144 830.7	588 387.2	787 319.7
稻谷产品	9 063 760.0	10 828 517.5	6 859 177.2	6 736 244.7	11 097 568.4
棉花	9 017.1	8 690.4	6 499.4	8 990.0	8 515.9
食用油籽	28 454.6	32 238.8	35 271.4	40 401.8	47 788.0
大豆	953.9	2 629.7	1 951.9	2 045.3	11 626.9
花生	3 792.1	4 104.8	3 824.4	4 255.4	4 478.4
油菜籽	62.3	0.4	0.1	0.4	0.6
食用植物油	143 579.1	423 854.1	354 641.8	606 271.8	252 489.5
豆油	19 899.2	38 364.5	60 396.3	55 525.1	29 084.3
菜籽油	125.1	349.6	341.1	170.7	140.3
棕榈油	121 328.5	381 846.6	292 830.3	549 213.3	221 928.9
食糖	4 500 719.2	6 520 670.5	6 853 123.5	5 994 378.0	6 293 590.0
蔬菜	810 526.8	866 046.4	773 269.0	833 516.5	949 419.4
水果					
畜产品					
猪肉	1 499.9	2 576.7	2 069.8	3 839.7	2 659.7
牛肉	1 428.1	11 415.7	19 823.7	8 231.1	11 069.3
羊肉	0.3	0.2	5.1	22.3	30.4
家禽					
蛋产品					
乳品	95 067.3	104 533.1	97 581.7	117 598.8	131 964.2
动物生皮	1 265.9	1 427.4	1 314.8	1 261.5	1 416.3
动物生毛皮					
羊毛	408.5	393.1	162.0	194.1	424.6
水产品					
饮品					
酒					
茶	10 794.2	15 110.7	27 496.4	29 934.6	24 428.2
咖啡	45 392.0	42 868.7	49 540.1	53 710.3	64 541.1

4-3-5 泰国主要农产品进口量（一）

单位：吨

项 目	2004 年	2005 年	2006 年	2007 年	2008 年	2009 年
农产品						
谷物	1 131 667.7	1 371 898.1	1 314 538.0	1 230 577.4	1 316 759.2	1 645 343.4
小麦产品	1 008 104.0	1 249 535.1	1 126 703.6	1 035 799.2	839 472.0	1 221 787.4
玉米产品	87 044.1	74 241.9	162 684.0	171 077.9	437 762.4	306 862.7
稻谷产品	1 360.3	2 509.2	1 718.7	3 644.0	13 979.7	77 337.1
棉花	370 641.3	514 935.1	428 071.2	402 422.2	452 586.1	356 679.1
食用油籽	1 489 338.3	1 666 142.0	1 439 987.0	1 594 120.0	1 793 898.5	1 604 648.4
大豆	1 438 442.4	1 610 207.8	1 396 819.4	1 542 905.8	1 724 983.5	1 536 024.4
花生	29 806.6	35 135.7	31 291.3	33 528.2	49 372.6	45 883.6
油菜籽		0.3		22.7	50.1	0.1
食用植物油	87 487.3	44 541.7	19 271.0	16 693.2	46 346.5	15 502.3
豆油	3.1	4.4	1 106.5	702.8	822.0	13.2
菜籽油	835.5	1 075.0	233.4	309.8	410.4	163.8
棕榈油	74 763.9	18 929.6	1 313.9	1 407.3	29 684.9	1 291.7
食糖	27.7	4 428.9	14 811.5	81.5	3 285.4	543.8
蔬菜	260 058.3	273 576.9	288 134.1	291 141.2	360 803.5	389 976.9
水果						
畜产品						
猪肉	0.2			59.0		1.1
牛肉	1 220.4	1 250.5	1 949.2	1 894.6	1 863.2	2 099.9
羊肉	588.4	660.7	640.3	665.1	734.9	611.5
家禽						
蛋产品						
乳品	184 121.6	179 724.7	182 281.5	162 638.2	161 949.5	149 520.9
动物生皮	97 482.4	93 941.9	83 163.9	103 321.6	111 540.0	108 305.1
动物生毛皮						
羊毛	10 645.4	9 267.5	6 403.2	4 304.2	3 537.5	2 739.5
水产品						
饮品						
酒						
茶	8 111.5	2 371.4	2 463.8	2 483.9	2 844.2	2 497.1
咖啡	13 071.9	16 583.7	10 543.4	11 350.5	21 920.4	12 846.1

泰国主要农产品进口量（二）

单位：吨

项　目	2010年	2011年	2012年	2013年	2014年
农产品					
谷物	2 328 435.2	1 903 784.7	3 093 942.3	2 208 845.3	1 820 766.3
小麦产品	1 877 074.0	1 641 754.9	2 826 718.5	1 950 044.5	1 724 660.4
玉米产品	421 545.4	208 888.1	214 824.6	199 087.6	48 073.4
稻谷产品	5 565.9	10 913.5	27 249.7	25 474.4	7 583.0
棉花	395 507.7	330 346.7	325 871.5	357 612.2	335 659.5
食用油籽	1 902 195.5	2 075 343.9	2 208 208.7	1 770 934.8	1 987 925.9
大豆	1 820 130.6	1 995 924.8	2 120 811.1	1 679 476.4	1 899 017.1
花生	56 653.4	56 286.5	66 680.3	70 596.0	63 096.9
油菜籽	0.1	0.1	0.3	0.4	39.3
食用植物油	17 230.0	87 147.3	68 509.7	28 137.4	61 969.8
豆油	19.1	666.4	29.6	1 976.5	7 514.7
菜籽油	256.1	643.5	340.3	553.1	725.0
棕榈油	1 098.2	66 305.6	44 194.3	111.1	23 585.9
食糖	12 165.6	13 001.1	606.1	315.1	425.3
蔬菜	455 235.2	532 593.6	570 297.2	647 477.4	634 796.9
水果					
畜产品					
猪肉	21.4	258.6	724.8	559.5	476.6
牛肉	3 965.0	14 616.4	25 164.3	12 638.0	17 865.1
羊肉	750.8	1 047.7	1 010.9	1 160.2	1 352.5
家禽					
蛋产品					
乳品	178 732.0	197 603.2	226 512.1	188 434.8	213 373.8
动物生皮	107 212.5	102 587.1	110 008.7	107 519.3	131 395.5
动物生毛皮					
羊毛	4 284.2	2 923.2	698.0	2 267.0	3 779.5
水产品					
饮品					
酒					
茶	3 218.1	4 315.8	18 177.0	5 856.0	5 569.2
咖啡	22 480.2	45 578.6	43 246.0	48 041.5	60 190.2

4-3-6 泰国农产品出口额前 15 位国家（地区）
（2014 年）

单位：万美元，%

序号	国家（地区）	出口额	同比增长
1	日本	442 482.3	−3.6
2	中国	407 437.5	19.7
3	美国	349 298.3	0.2
4	印度尼西亚	122 042.5	5.1
5	马来西亚	117 085.3	12.9
6	越南	116 627.3	17.4
7	英国	113 162.0	3.4
8	缅甸	103 114.6	15.8
9	澳大利亚	86 920.9	
10	中国香港	86 785.2	15.8
11	柬埔寨	86 552.7	−16.3
12	韩国	74 087.3	2.2
13	菲律宾	69 318.9	20.1
14	荷兰	67 214.5	6.0
15	老挝	66 660.5	10.6
	总计	**2 308 789.7**	

4-3-7 泰国农产品进口额前15位国家（地区）
（2014年）

单位：万美元，%

序号	国家（地区）	进口额	同比增长
1	美国	200 221.0	−2.3
2	中国	154 029.8	5.0
3	巴西	151 704.8	12.2
4	澳大利亚	85 057.4	−6.8
5	印度尼西亚	65 345.5	−0.2
6	阿根廷	59 502.9	−36.2
7	新西兰	55 717.2	29.6
8	越南	48 838.6	34.4
9	马来西亚	47 863.8	1.1
10	印度	46 987.6	−28.1
11	日本	38 803.9	−2.9
12	新加坡	33 270.3	13.1
13	法国	26 834.4	−1.1
14	英国	25 487.3	4.8
15	荷兰	23 441.2	8.3
	总计	**1 063 105.8**	

4-4 印度尼西亚主要农产品贸易情况

4-4-1 印度尼西亚农产品贸易综述

一、10 年来印度尼西亚农产品贸易总体情况

2004—2014 年，印度尼西亚农产品贸易额由 143.1 亿美元增至 541.9 亿美元，年均增长 14.2%。其中，出口额由 89.4 亿美元增至 348.6 亿美元，年均增长 14.6%；进口额由 53.7 亿美元增至 193.3 亿美元，年均增长 13.7%；贸易顺差由 35.7 亿美元增至 155.3 亿美元，年均增长 15.8%（图 1）。

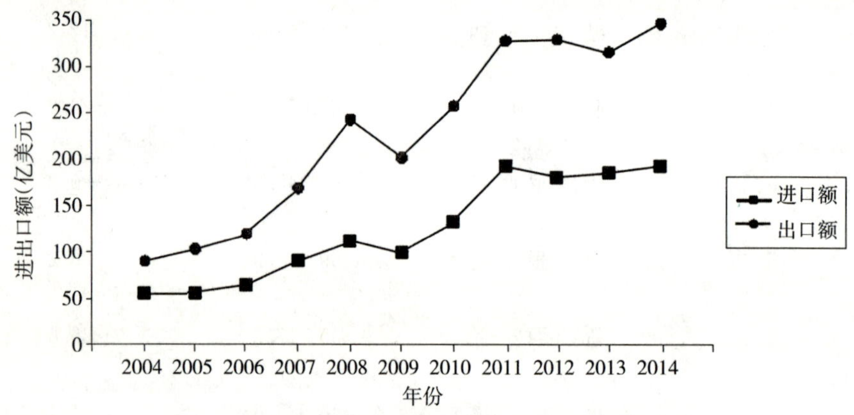

图 1 2004—2014 年印度尼西亚农产品进出口额变化

2005 年以来，除 2009 年进出口额同比下降，2012 年进口额同比下降以及 2013 年出口额同比下降外，其余年份均保持正增长。其中，2008 年出口增速最快，达 44.1%，2011 年进口增幅最大，达 45.2%。2012—2014 年，进出口额同比变化幅度较小。2014 年进口额同比增长 4.0%，较上年提高 1.6 个百分点；出口额同比增长 9.9%，较上年提高 14.2 个百分点（图 2）。

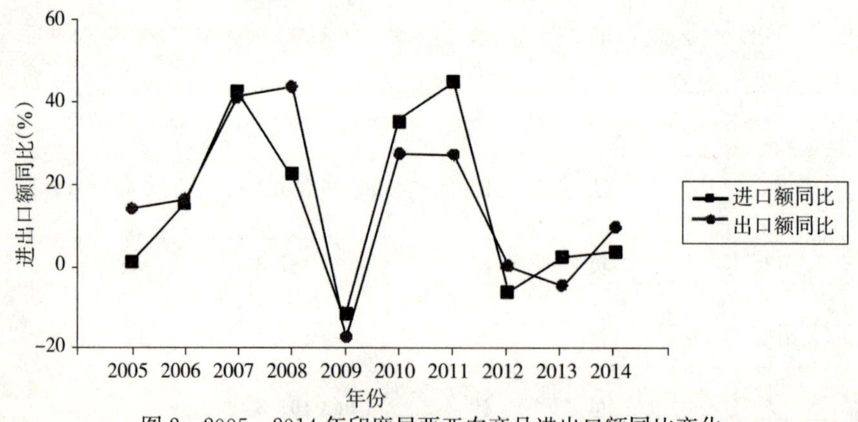

图 2 2005—2014 年印度尼西亚农产品进出口额同比变化

二、2014 年印度尼西亚农产品贸易情况

2014 年印度尼西亚农产品贸易额为 541.9 亿美元，同比增长 7.7%，在全球各大农产品贸易国中排名第 14 位。其中出口额为 348.6 亿美元，同比增长 9.9%，全球排名第 14 位；进口额为 193.3 亿美元，同比增长 4.0%，全球排名第 16 位。

(一) 进出口产品结构

2014 年，印度尼西亚进口农产品以谷物、畜产品和食用油籽为主，进口额分别为 36.9 亿美元、26.7 亿美元和 14.9 亿美元，占其农产品进口额的比重分别为 19.1%、13.8%和 7.7%。此外，印度尼西亚还进口棉花和食糖等，2014 年进口额分别为 14.0 亿美元和 13.3 亿美元，分别占其农产品进口额的 7.3%和 6.9%（图 3）。

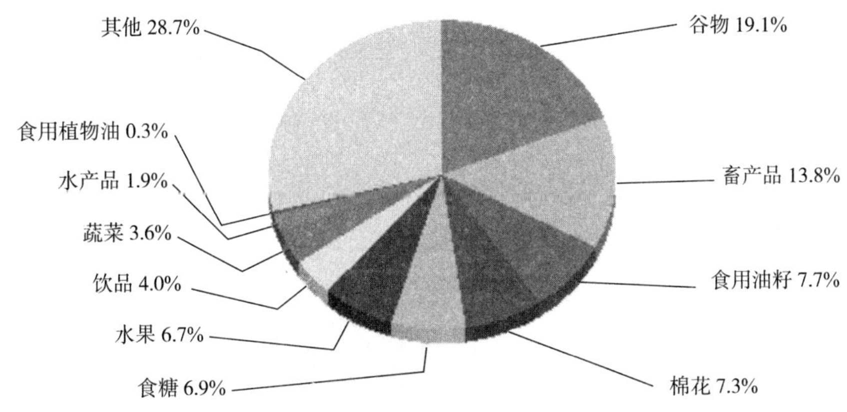

图 3 2014 年印度尼西亚农产品进口结构

2014 年，印度尼西亚进口同比增长较快的农产品主要是饮品、畜产品和蔬菜，增幅分别为 58.6%、27.0%和 7.2%。此外，水果、棉花和食用油籽的增幅在 4.0%～6.4%之间。谷物、水产品、食糖和食用植物油进口额同比下降 0.6%、5.9%、23.2%和 43.6%（表 1）。

表 1 2005—2014 年印度尼西亚主要农产品进口额同比变化情况

单位：%

	2005 年	2006 年	2007 年	2008 年	2009 年	2010 年	2011 年	2012 年	2013 年	2014 年
农产品	1.4	15.6	43.0	22.9	−11.4	35.5	45.2	−6.0	2.4	4.0
谷物	−12.7	35.2	44.7	24.6	−30.0	39.8	107.9	−22.6	−5.2	−0.6
棉花	−15.9	7.4	28.8	51.6	−35.6	46.9	55.3	−25.2	0.8	4.0
食用油籽	−20.8	1.3	50.9	47.6	−0.8	33.6	41.1	−4.3	0.4	1.7
食用植物油	9.5	−2.2	7.7	117.1	−12.3	73.3	2.2	−19.6	87.0	−43.6
食糖	121.9	−2.1	80.3	−64.7	56.5	93.5	56.5	−4.4	4.1	−23.2

（续）

	2005 年	2006 年	2007 年	2008 年	2009 年	2010 年	2011 年	2012 年	2013 年	2014 年
蔬菜	16.1	45.7	23.3	25.6	−3.1	39.2	39.0	−12.7	16.3	7.2
水果	6.6	33.6	26.6	36.5	7.1	16.3	27.7	3.1	−10.6	6.4
畜产品	22.4	11.7	58.0	18.0	−10.6	35.1	1.7	−11.7	24.1	27.0
水产品	−24.5	32.3	−15.2	70.0	13.9	37.3	25.9	−11.5	5.3	−5.9
饮品	4.1	12.0	73.6	7.9	−19.5	28.1	26.2	21.6	−0.5	58.6

2014 年，印度尼西亚农产品中出口额靠前的是食用植物油、水产品和饮品，出口额分别为 174.7 亿美元、45.4 亿美元和 28.9 亿美元，占其农产品出口额的比重分别为 50.1%、13.0%和 8.3%。此外，印度尼西亚还出口水果、蔬菜、畜产品和食用油籽等，出口额分别为 8.4 亿美元、4.7 亿美元、3.2 亿美元和 0.7 亿美元，分别占其农产品出口额的 2.4%、1.4%、0.9%和 0.2%（图 4）。

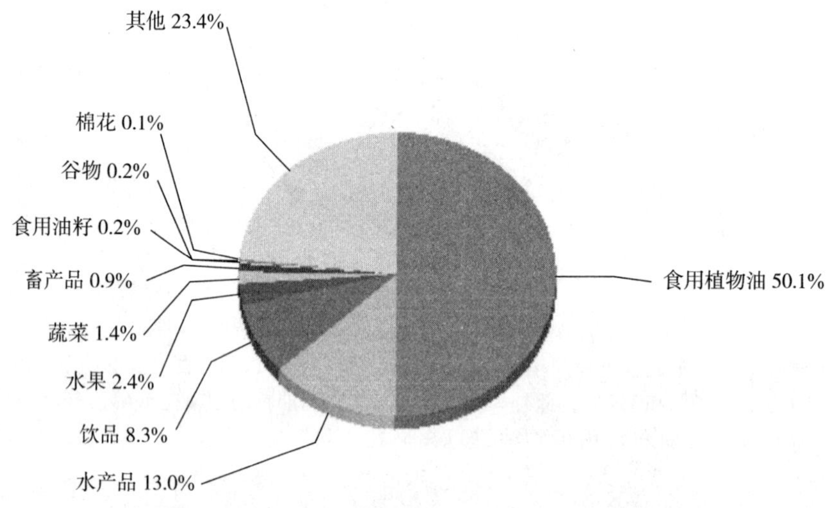

图 4　2014 年印度尼西亚农产品出口结构

2014 年，印度尼西亚出口额同比增长较快的农产品是食用油籽、水果和食糖，增幅分别为 99.5%、42.5% 和 21.7%。水产品、食用植物油、谷物、棉花和蔬菜的增幅在 1.6%～11.5%之间。其他农产品出口额同比下降，其中饮品和畜产品分别下降 1.3%和 5.0%（表 2）。

表 2　2005—2014 年印度尼西亚主要农产品出口额同比变化情况

单位：%

	2005 年	2006 年	2007 年	2008 年	2009 年	2010 年	2011 年	2012 年	2013 年	2014 年
农产品	14.3	16.7	41.7	44.1	−16.9	27.8	27.6	0.5	−4.3	9.9

（续）

	2005年	2006年	2007年	2008年	2009年	2010年	2011年	2012年	2013年	2014年
谷物	45.4	−48.3	84.2	51.7	−46.3	20.7	−26.0	78.8	1.1	7.5
棉花	9.5	−6.7	−0.3	11.0	−19.7	42.8	34.8	−32.9	9.7	1.8
食用油籽	56.4	16.1	−30.5	−41.7	−17.0	105.0	36.7	−10.4	−0.7	99.5
食用植物油	9.0	28.4	63.1	57.2	−16.2	29.9	28.2	2.0	−10.0	10.3
食糖	−68.7	63.1	−40.9	56.1	−2.0	11.7	11.4	25.6	−7.1	21.7
蔬菜	8.6	23.7	32.8	44.3	−19.7	50.0	0.1	14.0	−13.2	1.6
水果	44.0	2.1	−7.8	66.7	−20.9	24.2	49.0	−0.7	−1.3	42.5
畜产品	13.2	−11.2	23.9	87.5	−25.4	22.1	11.5	−12.3	4.5	−5.0
水产品	6.6	9.7	7.3	19.6	−9.1	15.2	23.3	11.5	7.2	11.5
饮品	33.5	22.1	8.0	44.6	−0.6	12.6	3.3	−2.1	0.5	−1.3

（二）主要贸易伙伴

2014年印度尼西亚前五大农产品进口来源地分别为澳大利亚、美国、中国、巴西和泰国，进口额分别为33.1亿美元、31.5亿美元、18.0亿美元、17.7亿美元和14.1亿美元，占其农产品进口额的比重分别为17.2%、16.4%、9.3%、9.2%和7.3%（图5）。

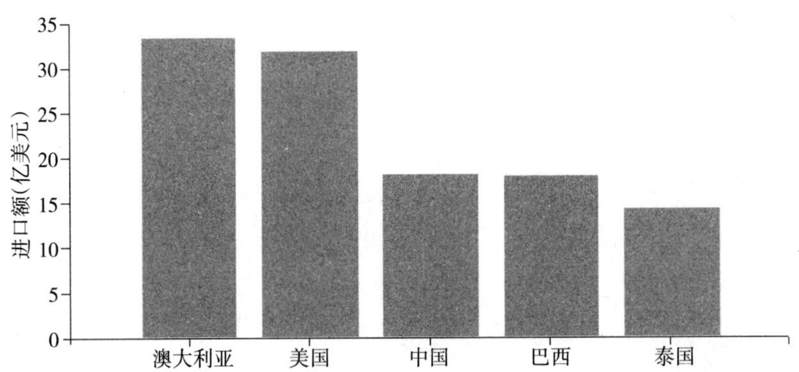

图5　2014年印度尼西亚前五大农产品进口来源地

2014年印度尼西亚前五大农产品出口市场分别为印度、中国、美国、荷兰和马来西亚，出口额分别为40.7亿美元、36.7亿美元、34.9亿美元、19.3亿美元和18.6亿美元，占其农产品出口额的比重分别为11.7%、10.6%、10.1%、5.6%和5.4%（图6）。

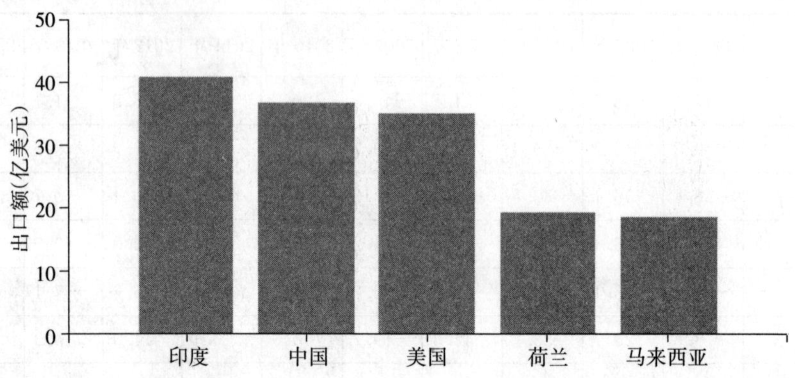

图 6　2014 年印度尼西亚前五大农产品出口市场

4-4-2 印度尼西亚主要农产品出口额（一）

单位：万美元

项　目	2004年	2005年	2006年	2007年	2008年	2009年
农产品	894 190.7	1 021 623.0	1 192 345.7	1 689 978.8	2 435 072.2	2 024 242.1
谷物	2 936.7	4 271.1	2 209.3	4 069.9	6 173.1	3 312.1
小麦产品	1 498.4	2 256.3	1 602.0	2 058.3	3 027.3	1 556.6
玉米产品	940.7	904.9	433.8	1 860.1	2 914.6	1 496.2
稻谷产品	393.4	1 009.1	107.5	83.8	149.4	205.8
棉花	3 505.2	3 839.5	3 583.7	3 574.4	3 968.3	3 186.8
食用油籽	2 286.1	3 574.5	4 148.4	2 883.4	1 679.9	1 395.0
大豆	53.8	49.4	292.7	233.4	142.3	40.3
花生	661.7	663.2	711.1	878.6	1 316.3	982.8
油菜籽	0.4	39.1	2.5	1.5	2.1	1.1
食用植物油	344 822.7	375 830.1	482 468.5	787 107.4	1 237 587.6	1 037 166.7
豆油			0.9	1.6	0.1	0.1
菜籽油	3.3	4.5	4.9	86.5	0.9	
棕榈油	344 177.6	375 628.4	481 764.2	786 863.9	1 237 557.0	1 036 762.1
食糖	192.2	60.2	98.2	58.0	90.5	88.7
蔬菜	12 655.3	12 938.6	15 436.6	21 327.7	28 049.1	22 585.9
水果	18 186.4	26 192.5	26 737.3	24 647.5	41 077.8	32 483.9
畜产品	15 298.0	17 317.5	15 375.2	19 055.4	35 734.1	26 645.0
猪肉	134.6	3.7	20.9	4.5	4.7	41.5
牛肉	10.6	1.6	0.9	2.0	1.1	2.1
羊肉	1.2	3.8			1.9	
家禽	24.2	11.7	5.7	7.0	13.1	2.3
蛋产品	32.4	9.3	9.9	2.7	21.8	5.0
乳品	6 874.9	9 615.7	7 894.8	7 586.6	20 905.1	8 892.6
动物生皮	87.8	55.7	43.0	51.5	11.7	23.0
动物生毛皮	2.1	0.1	0.2	0.1		
羊毛	5.0	13.4	37.1	33.0	20.9	39.8
水产品	175 588.0	187 169.2	205 330.7	220 398.7	263 598.0	239 614.3
饮品	101 087.4	134 958.5	164 808.7	177 911.8	257 329.3	255 708.7
酒	1 787.0	1 477.8	2 231.3	2 037.7	3 369.9	2 395.0
茶	12 045.6	12 328.8	13 475.0	12 754.8	16 288.3	17 448.0
咖啡	30 911.1	52 931.6	61 960.9	68 690.9	107 766.3	91 613.9

印度尼西亚主要农产品出口额（二）

单位：万美元

项　目	2010年	2011年	2012年	2013年	2014年
农产品	2 586 488.5	3 300 057.0	3 317 252.4	3 173 052.5	3 486 185.9
谷物	3 996.9	2 956.0	5 285.7	5 343.6	5 742.8
小麦产品	2 690.6	1 836.2	2 659.2	3 783.8	3 996.5
玉米产品	1 185.3	947.4	1 916.4	1 070.4	1 370.3
稻谷产品	85.5	156.0	280.9	225.8	136.5
棉花	4 550.4	6 133.8	4 113.9	4 511.9	4 594.8
食用油籽	2 859.6	3 907.9	3 503.4	3 479.3	6 941.3
大豆	39.5	50.4	171.3	54.6	2 448.1
花生	1 287.6	1 476.8	1 457.0	1 445.1	1 552.7
油菜籽	7.5	1.2	15.3	11.7	3.2
食用植物油	1 347 087.2	1 726 444.1	1 760 505.2	1 583 940.6	1 746 532.8
豆油	0.1	1.4	0.1	0.1	0.6
菜籽油	0.2	0.1	1.0	10.1	
棕榈油	1 346 896.6	1 726 124.7	1 760 216.8	1 583 885.0	1 746 490.5
食糖	99.1	110.4	138.5	128.7	156.6
蔬菜	33 465.5	31 369.7	53 747.2	46 670.2	47 412.1
水果	40 351.4	60 127.0	59 697.9	58 911.0	83 930.3
畜产品	32 531.6	36 285.8	31 836.4	33 274.1	31 618.1
猪肉	3.4	2.7	1.1	0.1	1.7
牛肉		0.3	0.9	0.4	
羊肉		0.9			
家禽	19.0	13.9	2.4	2.9	0.1
蛋产品	16.2	0.6	1.0	0.3	0.2
乳品	8 895.2	8 360.0	7 598.6	7 535.9	9 223.9
动物生皮	41.8	79.4	27.5	9.4	0.1
动物生毛皮			0.1	0.4	0.6
羊毛	238.4	178.6	127.3	120.5	5.1
水产品	276 153.3	340 430.2	379 474.8	406 807.4	453 712.5
饮品	288 010.6	297 437.5	291 134.8	292 588.1	288 813.0
酒	3 741.6	7 113.8	7 556.3	8 127.9	7 678.3
茶	18 232.5	17 033.6	16 023.3	16 078.2	14 149.5
咖啡	98 156.8	130 349.7	156 681.3	146 835.6	136 021.4

4-4-3 印度尼西亚主要农产品进口额（一）

单位：万美元

项　目	2004年	2005年	2006年	2007年	2008年	2009年
农产品	537 152.7	544 933.5	629 994.8	900 654.6	1 106 859.1	980 519.4
谷物	116 716.3	101 873.5	137 747.7	199 257.2	248 348.8	173 865.8
小麦产品	91 810.9	92 704.9	95 931.8	136 186.3	224 690.3	153 939.8
玉米产品	17 812.3	3 120.4	27 864.7	15 361.2	9 446.5	7 805.0
稻谷产品	6 685.2	5 599.8	13 478.3	47 054.4	12 790.6	11 075.8
棉花	69 007.4	58 060.2	62 353.6	80 296.2	121 711.2	78 397.0
食用油籽	45 680.9	36 168.1	36 650.0	55 289.6	81 629.7	80 962.8
大豆	42 235.2	31 386.1	30 246.7	48 194.3	70 423.2	62 487.9
花生	2 964.8	4 128.5	5 597.9	6 352.8	10 143.5	17 811.1
油菜籽	1.6	23.5	12.1	1.5	4.5	2.2
食用植物油	1 989.7	2 178.6	2 129.9	2 294.8	4 981.8	4 369.5
豆油	1 138.9	1 073.7	969.4	1 561.3	3 018.6	1 720.4
菜籽油	22.7	26.9	19.7	40.3	109.6	151.1
棕榈油	193.8	530.1	655.4	102.4	501.4	1 312.7
食糖	26 544.8	58 912.5	57 685.9	104 019.4	36 688.8	57 415.6
蔬菜	12 953.7	15 055.1	21 953.6	27 054.6	33 867.5	32 847.8
水果	33 878.1	36 127.3	48 269.8	61 122.6	83 435.2	89 319.5
畜产品	61 299.0	75 059.4	83 832.6	132 427.5	156 330.0	139 825.9
猪肉	19.4	31.6	26.8	44.4	29.0	19.6
牛肉	2 711.3	4 285.9	4 721.7	9 036.8	12 579.3	18 955.9
羊肉	201.3	269.7	206.2	240.8	288.6	379.6
家禽	997.2	1 233.4	1 107.3	1 786.4	979.5	506.1
蛋产品	230.6	221.2	315.3	498.3	601.7	723.2
乳品	43 090.7	51 692.1	56 085.9	87 204.1	86 505.0	58 982.7
动物生皮	249.6	162.4	146.8	280.3	1 123.6	687.5
动物生毛皮	6.2	0.2			2.9	26.7
羊毛	150.4	159.5	170.6	207.0	276.1	135.1
水产品	14 873.6	11 223.0	14 846.6	12 583.3	21 390.5	24 358.3
饮品	14 043.8	14 626.4	16 376.6	28 431.1	30 690.5	24 697.8
酒	73.5	70.5	114.9	149.6	349.3	84.5
茶	568.9	767.3	983.9	1 370.5	1 670.4	1 820.9
咖啡	2 429.0	2 528.6	3 588.7	12 271.0	9 287.9	4 861.9

印度尼西亚主要农产品进口额（二）

单位：万美元

项　目	2010 年	2011 年	2012 年	2013 年	2014 年
农产品	1 328 648.0	1 929 549.6	1 813 573.9	1 857 538.0	1 932 512.1
谷物	243 038.7	505 249.9	391 272.5	370 894.1	368 544.6
小麦产品	168 598.8	247 867.6	244 667.0	252 265.3	246 169.3
玉米产品	36 958.5	102 894.1	50 224.7	91 922.8	81 108.4
稻谷产品	36 321.9	151 626.7	94 653.0	24 610.8	38 823.0
棉花	115 134.7	178 822.3	133 776.0	134 870.9	140 204.4
食用油籽	108 158.9	152 646.9	146 125.2	146 773.4	149 295.1
大豆	84 227.4	124 858.5	121 565.7	110 797.1	118 254.9
花生	22 429.0	25 957.5	22 172.5	33 610.1	28 808.9
油菜籽	4.9	5.5	36.7	42.1	55.7
食用植物油	7 572.2	7 742.5	6 225.4	11 638.5	6 561.8
豆油	2 183.3	3 043.8	3 306.4	3 493.3	2 920.0
菜籽油	243.4	431.8	712.9	756.3	805.6
棕榈油	3 780.1	2 499.3	83.1	4 697.9	39.3
食糖	111 123.7	173 947.9	166 227.1	173 065.7	132 893.6
蔬菜	45 731.5	63 668.0	55 698.3	64 795.6	69 446.5
水果	103 842.5	132 643.1	136 761.4	122 290.9	130 166.5
畜产品	188 905.1	192 115.3	169 704.1	210 579.2	267 376.3
猪肉	6.1	65.3	80.8	76.7	133.7
牛肉	28 950.6	23 426.6	13 921.4	21 123.2	34 681.2
羊肉	555.6	655.5	808.3	893.4	1 083.1
家禽	156.6	168.7	128.8	393.8	428.1
蛋产品	701.7	619.0	699.8	966.8	812.9
乳品	92 298.2	114 895.7	110 481.7	131 837.4	135 690.2
动物生皮	1 103.9	760.2	921.4	1 980.5	1 806.1
动物生毛皮	17.5	47.3	9.5	60.2	95.5
羊毛	64.1	40.0	435.7	201.5	176.1
水产品	33 440.3	42 089.0	37 237.3	39 198.8	36 872.4
饮品	31 644.9	39 932.5	48 563.5	48 299.9	76 622.7
酒	869.5	1 247.0	1 196.2	1 201.6	1 340.3
茶	2 795.5	3 376.3	4 258.0	4 181.7	3 817.7
咖啡	5 772.0	12 208.0	18 415.8	13 679.5	14 129.1

4-4-4 印度尼西亚主要农产品出口量（一）

单位：吨

项　目	2004年	2005年	2006年	2007年	2008年	2009年
农产品						
谷物	114 326.4	214 257.7	95 173.8	198 659.0	177 749.2	100 492.7
小麦产品	76 034.0	115 420.7	63 816.4	91 487.6	68 029.6	33 596.6
玉米产品	34 026.4	54 009.7	28 157.8	101 999.4	107 747.2	63 548.5
稻谷产品	3 132.7	43 905.7	2 570.8	4 735.9	1 183.0	2 626.9
棉花	28 841.1	35 836.0	40 780.8	38 002.5	32 141.0	25 947.6
食用油籽	76 186.4	118 769.1	177 305.0	63 653.4	13 015.9	15 109.9
大豆	1 322.2	893.6	1 756.7	1 950.3	1 038.5	510.4
花生	9 609.3	9 184.0	8 483.7	9 260.0	10 165.6	6 919.6
油菜籽	17.0	1 200.0	44.2	0.2	3.2	9.5
食用植物油	8 675 254.2	10 380 029.4	12 117 272.5	11 880 352.8	14 290 812.4	16 835 753.1
豆油		0.2	6.2	7.2	0.7	0.4
菜籽油	42.8	2.0	154.0	1 000.0	5.0	
棕榈油	8 661 646.6	10 376 190.0	12 100 921.0	11 875 418.2	14 290 685.4	16 829 205.7
食糖	9 933.2	1 173.5	1 480.0	479.4	1 692.7	927.2
蔬菜	157 479.8	154 476.1	234 319.0	172 447.5	186 238.2	178 374.4
水果						
畜产品						
猪肉	2 755.8	47.7	97.3	16.4	48.7	746.2
牛肉	17.8	83.5	5.6	43.3	61.5	5.9
羊肉	0.4	1.3		0.6	1.0	
家禽						
蛋产品						
乳品	47 150.1	50 420.0	42 427.0	36 917.2	62 713.3	51 191.9
动物生皮	285.8	140.4	42.1	32.6	24.5	0.8
动物生毛皮						
羊毛	39.1	14.6	29.1	43.7	15.8	548.7
水产品						
饮品						
酒						
茶	105 094.0	105 096.2	95 431.0	83 943.4	97 124.7	93 143.7
咖啡	348 540.7	455 038.5	422 122.4	334 590.3	491 329.7	537 776.5

印度尼西亚主要农产品出口量（二）

单位：吨

项　目	2010年	2011年	2012年	2013年	2014年
农产品					
谷物	113 344.8	45 984.1	91 020.7	86 932.7	128 400.4
小麦产品	68 710.9	31 833.8	46 129.1	68 957.0	79 983.2
玉米产品	43 582.9	12 739.4	35 279.2	8 023.1	38 272.9
稻谷产品	516.9	1 165.4	1 504.1	3 098.4	2 115.6
棉花	29 197.0	21 917.3	22 273.8	28 778.8	36 669.7
食用油籽	157 630.4	376 244.1	180 399.6	189 650.3	319 432.4
大豆	436.9	605.9	2 412.9	1 126.7	41 361.7
花生	7 408.1	7 423.9	6 838.5	6 414.4	6 291.5
油菜籽	50.4	7.7	42.4	34.0	9.6
食用植物油	16 293 642.3	16 438 489.5	18 848 161.5	20 578 055.8	22 892 531.8
豆油	0.3	10.7	0.3	0.2	0.3
菜籽油	0.4			2.4	
棕榈油	16 291 856.2	16 436 202.2	18 845 020.2	20 577 975.9	22 892 386.9
食糖	669.7	836.9	790.0	770.0	1 220.5
蔬菜	169 015.3	138 969.2	230 671.3	215 726.9	204 083.1
水果					
畜产品					
猪肉	56.7	45.0	21.0	0.3	36.8
牛肉		0.3	1.0	1.8	
羊肉		5.6		0.3	
家禽					
蛋产品					
乳品	48 229.9	43 491.5	44 944.8	46 698.0	48 117.8
动物生皮	12.7	18.8	44.9	4.0	0.8
动物生毛皮					
羊毛	2 097.0	1 003.9	1 082.6	1 070.4	216.3
水产品					
饮品					
酒					
茶	88 114.2	76 331.2	70 666.4	72 439.1	68 166.6
咖啡	484 848.7	423 410.5	535 216.7	616 393.3	480 530.3

4-4-5 印度尼西亚主要农产品进口量（一）

单位：吨

项 目	2004年	2005年	2006年	2007年	2008年	2009年
农产品						
谷物	6 215 875.0	5 314 565.1	7 263 140.2	7 341 942.4	5 647 192.6	5 926 154.8
小麦产品	4 851 821.9	4 906 527.2	5 020 063.0	5 197 228.7	5 029 842.0	5 302 144.6
玉米产品	1 090 249.0	186 532.6	1 779 040.7	708 312.0	287 108.3	339 170.0
稻谷产品	257 358.1	204 964.0	446 907.4	1 416 978.0	297 934.6	257 651.6
棉花	458 923.7	464 983.6	474 396.0	595 336.6	732 015.1	575 576.5
食用油籽	1 232 378.2	1 240 433.3	1 333 735.3	1 605 852.3	1 402 764.9	1 524 654.0
大豆	1 132 991.2	1 110 292.4	1 143 785.4	1 419 444.0	1 184 415.7	1 320 741.9
花生	90 786.6	123 604.5	171 242.1	174 330.5	206 242.1	194 681.5
油菜籽	53.7	1 561.4	714.9	45.4	81.3	51.9
食用植物油	25 127.9	31 318.6	30 113.5	23 384.0	37 040.1	44 470.7
豆油	15 636.8	16 562.4	14 966.7	17 530.7	20 871.4	15 366.0
菜籽油	219.1	294.0	243.8	412.5	769.3	1 183.4
棕榈油	4 319.9	10 644.1	11 415.6	1 068.2	8 822.0	21 138.4
食糖	1 130 920.7	1 996 367.7	1 511 001.4	2 972 786.8	1 019 944.4	1 393 226.6
蔬菜	387 409.6	440 016.9	487 099.1	587 052.5	710 417.8	627 802.2
水果						
畜产品						
猪肉	154.1	196.4	248.4	298.0	213.8	162.8
牛肉	11 771.7	19 940.5	24 078.5	39 351.6	45 579.8	67 908.2
羊肉	519.7	829.6	711.8	570.9	698.5	844.6
家禽						
蛋产品						
乳品	235 986.5	243 312.1	272 874.0	297 567.6	250 788.6	269 554.0
动物生皮	2 782.1	2 392.1	3 487.0	5 925.5	11 956.3	10 604.7
动物生毛皮						
羊毛	594.5	546.1	798.3	695.1	787.2	453.2
水产品						
饮品						
酒						
茶	4 007.5	5 569.5	5 494.2	9 498.0	8 014.0	8 177.3
咖啡	7 058.8	5 378.3	9 194.9	53 736.2	14 421.5	17 489.9

印度尼西亚主要农产品进口量（二）

单位：吨

项　目	2010年	2011年	2012年	2013年	2014年
农产品					
谷物	7 839 528.8	12 322 652.5	10 279 457.5	10 643 148.3	11 771 619.2
小麦产品	5 587 092.3	6 290 927.4	6 737 921.2	6 943 986.8	7 630 102.7
玉米产品	1 528 318.3	3 208 195.6	1 693 416.6	3 191 435.8	3 255 062.4
稻谷产品	694 398.1	2 757 979.8	1 812 480.8	472 763.5	844 224.5
棉花	614 258.5	547 420.6	612 147.5	673 795.4	705 563.9
食用油籽	1 992 984.1	2 369 825.0	2 139 927.5	2 094 411.3	2 242 825.7
大豆	1 744 837.9	2 093 430.9	1 923 285.4	1 787 632.4	1 968 233.2
花生	230 106.8	252 088.7	187 029.8	283 838.7	254 775.1
油菜籽	70.4	47.6	937.8	686.5	765.2
食用植物油	74 735.2	53 292.1	36 924.8	108 119.8	43 965.2
豆油	18 972.1	19 720.6	21 978.2	25 443.8	24 320.5
菜籽油	1 616.3	2 339.1	4 283.0	4 529.1	6 004.3
棕榈油	46 720.1	23 344.3	616.3	65 560.6	298.9
食糖	1 785 568.6	2 502 568.7	2 815 940.2	3 344 303.8	2 965 801.3
蔬菜	647 179.4	935 002.8	827 619.0	771 764.6	842 004.9
水果					
畜产品					
猪肉	27.8	134.2	140.0	162.5	267.4
牛肉	90 505.7	65 022.5	33 506.4	45 503.2	74 648.2
羊肉	787.1	994.5	1 175.3	1 359.8	1 930.4
家禽					
蛋产品					
乳品	302 157.7	335 181.9	352 539.5	373 946.2	358 427.4
动物生皮	18 345.1	12 475.4	12 640.3	16 968.3	17 792.3
动物生毛皮					
羊毛	217.1	123.3	212.5	330.0	353.4
水产品					
饮品					
酒					
茶	12 394.2	20 871.4	25 900.3	22 434.8	16 556.4
咖啡	23 550.2	29 239.4	62 533.2	31 684.9	33 811.7

4-4-6 印度尼西亚农产品出口额前15位国家（地区）
（2014年）

单位：万美元，%

序号	国家（地区）	出口额	同比增长
1	印度	406 520.9	−17.5
2	中国	366 780.8	10.2
3	美国	348 656.2	32.8
4	荷兰	192 861.9	−3.5
5	马来西亚	185 788.7	0.4
6	巴基斯坦	153 503.2	60.3
7	新加坡	145 487.5	−0.2
8	意大利	122 555.7	24.1
9	日本	118 267.5	−0.8
10	孟加拉国	91 948.4	34.2
11	埃及	86 644.5	30.4
12	西班牙	79 654.6	30.8
13	菲律宾	78 995.7	39.9
14	越南	65 333.8	3.3
15	俄罗斯	62 755.6	18.0
	总计	**2 505 754.9**	

4-4-7 印度尼西亚农产品进口额前 15 位国家（地区）
（2014 年）

单位：万美元，%

序号	国家（地区）	进口额	同比增长
1	澳大利亚	330 608.4	12.4
2	美国	315 451.3	10.1
3	中国	179 783.2	7.8
4	巴西	176 854.4	9.2
5	泰国	141 402.4	20.0
6	阿根廷	140 331.7	−14.4
7	印度	106 719.7	−17.8
8	新西兰	63 476.9	8.2
9	加拿大	58 989.4	−12.5
10	马来西亚	56 180.6	−13.0
11	越南	29 593.5	41.9
12	新加坡	26 536.1	−13.3
13	法国	24 860.6	40.3
14	科特迪瓦	24 518.0	306.8
15	荷兰	18 600.5	−7.9
	总计	**1 693 906.8**	

4-5 韩国主要农产品贸易情况

4-5-1 韩国农产品贸易综述

一、10 年来韩国农产品贸易总体情况

2004—2014 年，韩国农产品贸易额由 159.9 亿美元增至 370.9 亿美元，年均增长 8.8%。其中，出口额由 33.0 亿美元增至 72.8 亿美元，年均增长 8.2%；进口额由 126.9 亿美元增至 298.1 亿美元，年均增长 8.9%；贸易逆差由 93.9 亿美元增至 225.3 亿美元，年均增长 9.2%（图 1）。

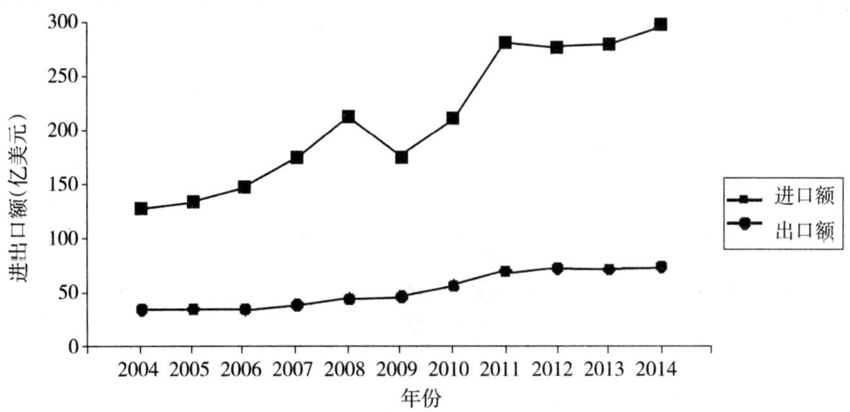

图 1 2004—2014 年韩国农产品进出口额变化

2005 年以来，除 2009 年和 2012 年进口额同比下降以及 2006 年和 2013 年出口额同比下降外，其余年份均保持正增长。其中，2011 年出口增速最快，达 24.7%，2011 年进口增幅最大，达 32.8%。2012—2014 年，进出口年度变化幅度收窄。2014 年进口额同比增长 6.3%，较上年提高 5.0 个百分点；出口额同比增长 3.4%，较上年提高 4.7 个百分点（图 2）。

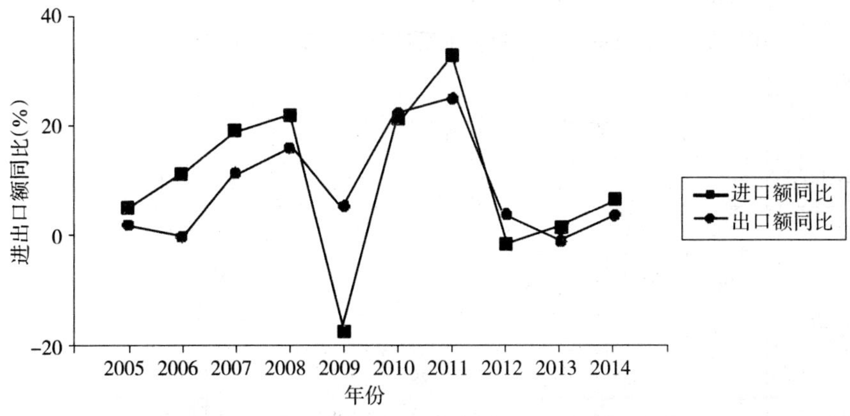

图 2 2005—2014 年韩国农产品进出口额同比变化

二、2014 年韩国农产品贸易情况

2014 年韩国农产品贸易额为 370.9 亿美元，同比增长 5.7%，在全球各大农产品贸易国中排名第 24 位。其中出口额为 72.8 亿美元，同比增长 3.4%，全球排名第 40 位；进口额为 298.1 亿美元，同比增长 6.3%，全球排名第 13 位。

（一）进出口产品结构

2014 年，韩国进口农产品以畜产品、水产品和谷物为主，进口额分别为 55.2 亿美元、44.5 亿美元和 42.3 亿美元，占其农产品进口额的比重分别为 18.5%、14.9%和 14.2%。此外，韩国还进口水果和饮品等，2014 年进口额分别为 24.5 亿美元和 19.2 亿美元，分别占其农产品进口额的 8.2%和 6.4%（图 3）。

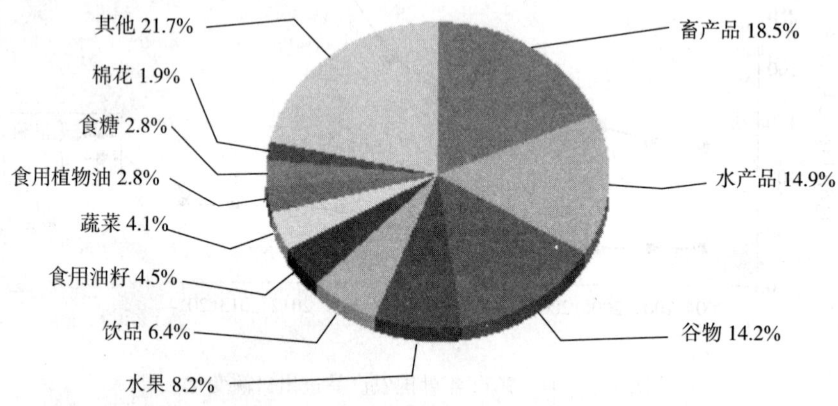

图 3　2014 年韩国农产品进口结构

2014 年，韩国进口同比增长较快的农产品主要是畜产品、水产品和饮品，增幅分别为 18.0%、17.0%和 12.6%。此外，水果、食用植物油和食用油籽的增幅在 8.1%～11.8%之间。棉花和食糖进口额同比下降 7.7%和 8.4%，谷物进口降幅超过一成（表 1）。

表 1　2005—2014 年韩国主要农产品进口额同比变化情况

单位：%

	2005 年	2006 年	2007 年	2008 年	2009 年	2010 年	2011 年	2012 年	2013 年	2014 年
农产品	5.0	10.9	18.8	21.6	−17.8	21.0	32.8	−1.8	1.3	6.3
谷物	−10.9	5.4	37.6	53.0	−33.4	16.0	37.7	−0.5	4.9	−12.9
棉花	−16.7	−16.2	2.2	11.7	−15.1	39.5	110.8	−19.9	−11.4	−7.7
食用油籽	−16.7	−2.1	19.2	70.8	−20.8	1.2	18.0	7.4	11.3	8.1
食用植物油	13.5	−6.3	31.3	50.9	−25.1	22.4	44.3	1.2	−22.2	9.1
食糖	27.1	38.4	−17.6	20.6	13.8	39.4	30.1	−8.8	−12.2	−8.4

（续）

	2005年	2006年	2007年	2008年	2009年	2010年	2011年	2012年	2013年	2014年
蔬菜	0.1	23.9	15.9	1.0	−11.1	44.8	19.3	1.4	1.5	−0.7
水果	8.8	11.8	17.7	3.1	−8.4	29.3	32.4	6.6	6.1	11.8
畜产品	27.4	13.1	14.5	1.3	−18.5	28.9	57.8	−13.7	−1.1	18.0
水产品	5.4	16.0	10.3	−3.3	−8.0	19.1	22.4	−4.7	−2.1	17.0
饮品	17.7	10.3	25.2	11.7	−14.9	26.1	35.6	−3.0	−3.1	12.6

2014年，韩国农产品中出口额靠前的是水产品、饮品和水果，出口额分别为18.6亿美元、10.5亿美元和8.1亿美元，占其农产品出口额的比重分别为25.5%、14.4%和11.2%。此外，韩国还出口蔬菜、畜产品、食糖和谷物等，出口额分别为3.5亿美元、3.3亿美元、1.7亿美元和0.3亿美元，分别占其农产品出口额的4.9%、4.5%、2.4%和0.4%（图4）。

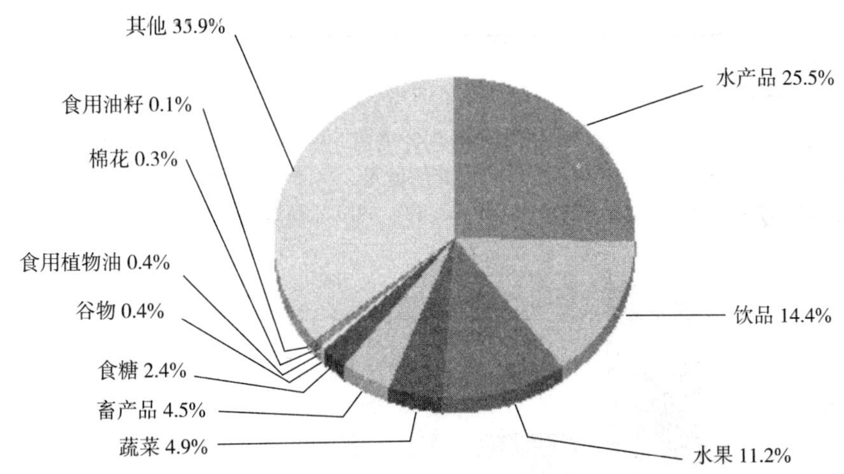

图4　2014年韩国农产品出口结构

2014年，韩国出口额同比增长较快的农产品是水果、谷物和饮品，增幅分别为8.9%、7.0%和6.1%。蔬菜的增幅为2.6%。其他农产品出口额同比下降，其中棉花、畜产品和食糖分别下降11.8%、13.5%和14.8%，食用植物油降幅超过两成（表2）。

表2　2005—2014年韩国主要农产品出口额同比变化情况

单位：%

	2005年	2006年	2007年	2008年	2009年	2010年	2011年	2012年	2013年	2014年
农产品	1.7	−0.5	11.2	15.7	5.1	22.0	24.7	3.6	−1.3	3.4

（续）

	2005年	2006年	2007年	2008年	2009年	2010年	2011年	2012年	2013年	2014年
谷物	0.4	31.0	11.6	44.7	51.1	7.6	13.3	−4.7	−7.8	7.0
棉花	−23.8	−26.0	19.8	15.7	−8.3	15.5	76.0	−17.2	21.2	−11.8
食用油籽	28.7	16.2	−37.6	33.9	5.4	40.8	−15.8	34.3	37.4	−7.6
食用植物油	−25.1	−11.0	95.4	210.8	−52.8	160.2	96.7	12.8	−49.2	−20.1
食糖	26.4	33.3	12.5	−9.4	16.7	62.4	20.2	−9.7	−22.7	−14.8
蔬菜	−3.7	−14.9	12.8	15.1	6.7	11.3	5.4	14.2	−6.3	2.6
水果	18.7	−1.3	16.4	13.7	7.7	32.6	21.7	−0.8	10.1	8.9
畜产品	29.6	−8.8	1.7	−7.0	22.4	36.9	69.0	18.9	57.9	−13.5
水产品	−7.9	−9.2	13.6	17.9	3.4	19.0	27.3	0.8	−11.0	−5.2
饮品	5.4	3.4	9.2	20.4	10.1	26.8	39.4	6.9	−0.9	6.1

（二）主要贸易伙伴

2014 年韩国前五大农产品进口来源地分别为美国、中国、澳大利亚、巴西和越南，进口额分别为 78.9 亿美元、40.2 亿美元、24.9 亿美元、18.2 亿美元和 10.5 亿美元，占其农产品进口额的比重分别为 26.7%、13.6%、8.4%、6.1%和 3.5%（图 5）。

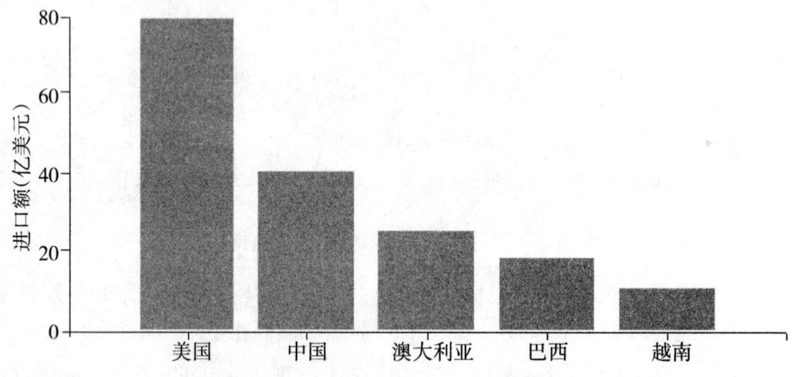

图 5　2014 年韩国前五大农产品进口来源地

2014 年韩国前五大农产品出口市场分别为日本、中国、美国、中国香港和越南，出口额分别为 19.9 亿美元、11.1 亿美元、7.1 亿美元、3.8 亿美元和 3.8 亿美元，占其农产品出口额的比重分别为 28.3%、15.9%、10.2%、5.5%和 5.4%（图 6）。

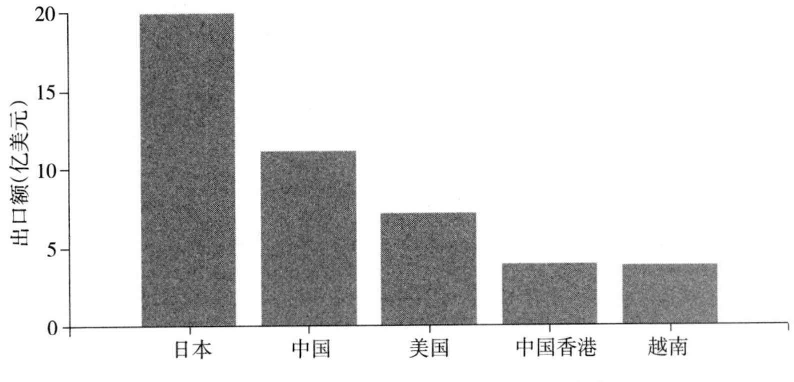

图 6 2014 年韩国前五大农产品出口市场

4-5-2 韩国主要农产品出口额（一）

单位：万美元

项 目	2004年	2005年	2006年	2007年	2008年	2009年
农产品	330 462.2	336 074.2	334 475.0	372 017.2	430 264.4	452 089.9
谷物	845.1	848.6	1 111.9	1 240.5	1 794.8	2 711.1
小麦产品	517.2	621.6	668.8	594.0	1 052.2	1 179.9
玉米产品	15.5	14.3	34.1	36.7	44.8	21.0
稻谷产品	281.9	156.4	351.3	539.4	600.4	1 359.1
棉花	1 732.1	1 319.5	976.9	1 170.0	1 353.3	1 241.1
食用油籽	354.8	456.8	530.8	331.2	443.7	467.5
大豆	13.8	10.1	8.0	4.8	6.6	12.4
花生	1.1	4.2	0.9	8.0	0.2	12.5
油菜籽				0.8		
食用植物油	581.4	435.5	387.6	757.4	2 353.7	1 111.4
豆油	533.4	379.5	334.0	531.8	1 843.8	970.6
菜籽油	0.8	2.1	0.3	0.2	0.2	2.5
棕榈油	19.1	13.2	10.6	14.7	7.5	1.1
食糖	7 434.9	9 400.7	12 529.3	14 094.1	12 776.2	14 915.6
蔬菜	24 158.5	23 266.5	19 801.8	22 329.0	25 711.1	27 424.3
水果	25 356.8	30 090.4	29 689.8	34 573.7	39 309.2	42 353.0
畜产品	6 329.9	8 205.0	7 479.0	7 608.2	7 077.6	8 665.4
猪肉	1 027.8	297.8	1 893.4	2 289.4	1 448.7	639.9
牛肉	0.4	48.4	84.5	6.2	49.2	788.1
羊肉						
家禽	467.8	991.5	893.7	930.1	1 322.4	1 865.4
蛋产品	0.3	9.2	2.4	9.0	19.6	57.1
乳品	704.4	895.8	1 109.0	1 130.4	1 210.8	2 339.5
动物生皮	178.0	208.4	82.2	167.6	190.4	208.0
动物生毛皮	4.7	2.1		5.5	0.3	1.1
羊毛	28.8	53.8	11.9	25.1	40.0	39.4
水产品	124 425.3	114 594.6	104 025.5	118 161.9	139 256.9	144 052.0
饮品	33 488.4	35 284.0	36 469.2	39 840.9	47 977.9	52 845.6
酒	19 868.8	18 308.9	18 653.0	18 677.6	22 929.0	23 971.2
茶	794.4	731.9	737.7	386.5	383.4	561.6
咖啡	3 724.0	5 751.6	6 824.1	9 201.8	11 491.1	13 285.9

韩国主要农产品出口额（二）

单位：万美元

项　目	2010年	2011年	2012年	2013年	2014年
农产品	551 771.2	688 050.9	712 738.5	703 623.5	727 668.8
谷物	2 917.9	3 307.4	3 150.9	2 904.9	3 108.0
小麦产品	1 238.6	1 338.1	1 316.7	1 304.7	1 496.1
玉米产品	23.7	27.8	23.8	14.5	37.3
稻谷产品	1 445.2	1 683.6	1 518.6	1 242.2	1 312.5
棉花	1 433.0	2 522.3	2 088.3	2 530.2	2 232.5
食用油籽	658.1	553.9	743.8	1 022.3	944.3
大豆	33.6	55.9	33.7	201.8	63.6
花生	9.1	7.5	7.9	12.3	6.2
油菜籽				0.9	
食用植物油	2 892.0	5 689.6	6 417.1	3 260.2	2 605.4
豆油	2 327.7	4 746.6	4 420.8	1 900.7	896.3
菜籽油	4.0	11.1	297.4	8.0	11.1
棕榈油	6.1	2.6	1.6	4.1	1.6
食糖	24 222.9	29 123.5	26 290.5	20 315.8	17 309.9
蔬菜	30 514.7	32 169.6	36 746.0	34 435.2	35 334.7
水果	56 160.8	68 343.4	67 808.5	74 648.7	81 315.8
畜产品	11 860.5	20 040.3	23 821.1	37 605.6	32 543.9
猪肉	5.9	14.3	84.7	117.2	63.9
牛肉	734.8	1 337.8	476.5	978.8	1 986.9
羊肉					0.2
家禽	3 196.0	4 208.4	4 142.8	4 377.2	4 019.9
蛋产品	66.8	30.5	66.6	135.5	16.5
乳品	2 299.8	1 847.3	3 203.0	4 166.0	5 258.3
动物生皮	130.2	221.9	202.9	398.1	433.0
动物生毛皮	3.2	2.0	0.7	0.1	0.2
羊毛	25.4	36.9	6.8	1.3	5.0
水产品	171 369.4	218 146.7	219 891.6	195 748.6	185 504.1
饮品	67 026.6	93 454.1	99 871.5	98 955.0	105 040.6
酒	30 879.2	39 594.5	41 376.5	38 466.6	40 258.5
茶	956.4	958.4	1 726.2	1 925.8	1 143.0
咖啡	14 557.2	22 595.3	20 518.3	21 198.1	21 392.1

4-5-3 韩国主要农产品进口额（一）

单位：万美元

项 目	2004年	2005年	2006年	2007年	2008年	2009年
农产品	1 269 186.9	1 332 375.2	1 477 004.8	1 754 691.6	2 134 311.5	1 753 338.0
谷物	221 513.2	197 418.9	208 007.7	286 309.3	438 062.6	291 636.5
小麦产品	66 518.5	67 533.6	66 884.5	85 629.0	131 404.9	98 572.0
玉米产品	143 753.0	121 950.1	127 058.3	183 370.7	282 987.4	164 686.2
稻谷产品	8 239.4	5 139.6	11 848.4	13 655.9	19 493.7	25 349.5
棉花	43 300.3	36 057.1	30 214.3	30 866.6	34 479.6	29 262.9
食用油籽	65 446.0	54 518.0	53 389.1	63 660.9	108 763.8	86 127.5
大豆	48 742.1	40 004.0	33 175.1	42 959.9	81 302.8	60 440.7
花生	2 428.1	2 521.4	3 264.7	3 746.7	4 682.7	4 111.9
油菜籽	1.5	25.7	4.2	3.7	3.5	9.6
食用植物油	34 802.2	39 490.2	37 002.1	48 572.5	73 307.7	54 921.5
豆油	14 642.9	13 936.2	14 268.9	22 414.4	34 495.2	24 733.9
菜籽油	1 267.3	1 402.4	1 420.1	3 337.9	6 891.9	5 530.9
棕榈油	10 974.0	10 177.4	10 266.3	13 480.0	22 458.1	17 805.1
食糖	31 078.2	39 495.8	54 658.3	45 060.9	54 351.1	61 842.9
蔬菜	53 868.0	53 934.2	66 836.7	77 490.8	78 247.6	69 564.1
水果	83 658.7	91 022.5	101 756.4	119 812.8	123 559.7	113 196.9
畜产品	198 025.9	252 211.5	285 274.4	326 664.3	330 919.4	269 780.7
猪肉	33 361.1	59 106.2	74 135.8	86 285.1	82 346.7	67 247.2
牛肉	54 427.0	67 001.9	79 247.1	93 940.0	95 999.3	79 710.5
羊肉	844.1	955.9	1 035.0	1 251.6	1 476.0	1 350.8
家禽	7 865.0	16 057.4	18 250.7	19 191.0	24 155.7	18 874.5
蛋产品	537.2	640.6	589.8	670.4	559.0	405.5
乳品	22 217.3	26 871.8	27 766.3	36 069.9	40 036.5	32 597.4
动物生皮	45 902.2	43 389.0	38 629.0	40 327.9	40 196.0	28 786.0
动物生毛皮	5 343.9	8 305.5	10 083.6	8 605.7	5 794.7	7 051.6
羊毛	4 722.4	4 415.1	3 673.8	3 243.8	3 535.2	4 206.4
水产品	232 795.9	245 280.0	284 620.0	313 972.9	303 607.4	279 445.2
饮品	68 560.8	80 706.4	89 014.7	111 480.2	124 561.6	106 030.1
酒	37 947.2	43 102.8	47 594.7	61 161.0	66 504.8	50 538.0
茶	1 432.1	1 827.0	2 045.6	1 597.0	1 367.6	1 381.3
咖啡	11 343.3	16 493.3	18 778.2	23 091.8	33 135.3	31 087.4

韩国主要农产品进口额（二）

单位：万美元

项　目	2010年	2011年	2012年	2013年	2014年
农产品	2 121 331.6	2 817 605.6	2 767 927.4	2 804 046.7	2 980 813.9
谷物	338 403.4	465 974.8	463 449.3	486 072.0	423 228.7
小麦产品	110 190.3	166 684.7	178 950.5	163 169.5	122 489.3
玉米产品	200 047.0	251 127.8	261 680.5	268 797.8	264 381.2
稻谷产品	24 949.0	43 649.2	16 930.5	48 658.8	30 387.0
棉花	40 809.7	86 016.6	68 885.8	61 066.1	56 385.9
食用油籽	87 201.6	102 881.2	110 538.8	123 013.6	132 946.3
大豆	58 827.9	69 590.3	74 125.3	75 237.1	81 568.7
花生	5 008.4	6 370.2	7 552.5	6 360.1	6 093.1
油菜籽	5.3	13.2	784.2	3 642.1	12.4
食用植物油	67 239.1	97 002.8	98 144.3	76 390.7	83 320.3
豆油	29 036.0	38 329.5	42 398.0	31 465.7	25 641.5
菜籽油	6 876.4	14 462.4	12 341.7	8 268.4	10 029.1
棕榈油	23 654.3	34 758.8	33 547.5	27 227.4	36 327.0
食糖	86 196.7	112 169.3	102 306.6	89 797.7	82 284.0
蔬菜	100 762.5	120 239.0	121 929.1	123 715.1	122 902.6
水果	146 352.7	193 832.0	206 588.2	219 243.9	245 055.6
畜产品	347 716.8	548 685.6	473 350.0	467 948.5	552 163.3
猪肉	66 431.4	143 844.4	113 050.6	82 211.3	115 780.8
牛肉	108 040.3	152 199.9	126 010.6	139 568.5	167 331.5
羊肉	1 864.3	2 726.7	2 797.7	2 746.9	4 294.5
家禽	27 628.6	37 986.9	41 586.0	40 339.8	42 440.1
蛋产品	604.4	808.9	857.1	851.3	899.4
乳品	44 868.5	74 844.7	62 607.5	70 326.7	83 508.3
动物生皮	40 724.1	47 465.8	49 290.2	48 007.4	48 622.8
动物生毛皮	12 261.3	16 486.5	14 833.4	11 254.1	12 476.4
羊毛	5 617.5	7 385.7	6 209.3	7 627.7	7 522.6
水产品	332 881.0	407 347.0	388 300.1	380 187.8	444 974.9
饮品	133 704.8	181 335.1	175 854.7	170 365.3	191 812.8
酒	59 541.9	67 932.8	71 955.3	71 476.5	78 179.7
茶	1 871.3	2 399.0	3 081.8	3 842.1	3 417.5
咖啡	41 598.7	71 740.3	59 739.2	50 239.0	59 412.5

4-5-4　韩国主要农产品出口量（一）

单位：吨

项　目	2004 年	2005 年	2006 年	2007 年	2008 年	2009 年
农产品						
谷物	14 409.9	13 719.0	17 815.3	18 514.4	18 070.2	24 097.7
小麦产品	11 773.1	11 214.4	10 970.5	9 814.7	9 376.1	10 697.0
玉米产品	135.3	132.5	225.2	493.4	420.7	91.5
稻谷产品	2 385.1	2 133.0	6 341.6	7 847.4	7 691.8	12 275.9
棉花	14 755.6	12 632.2	10 363.5	11 895.6	11 578.8	11 505.7
食用油籽	1 410.9	1 254.7	1 582.1	930.0	1 219.8	1 334.8
大豆	685.2	110.4	200.4	22.5	234.3	166.0
花生	18.5	66.1	9.9	79.7	0.2	50.1
油菜籽				1.5		
食用植物油	4 974.0	4 375.9	4 053.6	5 670.6	13 412.1	8 109.7
豆油	4 790.7	4 231.4	3 942.2	4 250.1	10 799.8	7 747.1
菜籽油	0.6	13.7	1.0	0.4	0.3	8.4
棕榈油	60.2	18.9	12.3	38.9	23.5	2.3
食糖	303 618.1	309 223.4	291 015.7	375 654.1	285 174.6	290 796.6
蔬菜	88 192.4	84 773.2	68 163.3	75 333.8	103 442.1	121 298.2
水果						
畜产品						
猪肉	7 090.1	3 735.7	9 701.6	10 128.0	8 249.0	6 821.4
牛肉	144.4	59.2	61.6	85.6	51.7	2 504.2
羊肉						
家禽						
蛋产品						
乳品	7 378.8	7 749.9	8 586.0	7 584.5	6 817.9	12 166.0
动物生皮	1 168.7	1 494.1	827.5	1 812.3	3 416.4	3 315.6
动物生毛皮						
羊毛	60.1	140.1	15.9	50.3	30.3	33.1
水产品						
饮品						
酒						
茶	2 782.3	2 209.1	2 288.9	1 189.4	1 016.0	1 667.8
咖啡	6 330.8	8 878.0	9 605.6	11 818.4	14 119.0	18 108.2

韩国主要农产品出口量（二）

单位：吨

项　目	2010年	2011年	2012年	2013年	2014年
农产品					
谷物	27 066.9	30 099.2	30 342.0	30 605.4	34 306.4
小麦产品	12 678.2	13 768.6	15 504.6	17 553.8	19 118.1
玉米产品	96.3	149.4	127.8	76.7	1 015.9
稻谷产品	13 171.3	14 623.7	13 394.6	11 761.4	13 165.4
棉花	11 771.9	11 762.4	14 828.3	20 685.7	19 686.1
食用油籽	2 369.1	1 464.3	1 911.5	3 667.5	3 057.6
大豆	294.2	310.6	181.8	1 786.0	436.4
花生	64.0	41.9	36.2	56.1	17.3
油菜籽				1.0	
食用植物油	22 661.1	34 005.5	37 685.5	19 070.0	16 597.2
豆油	18 083.3	28 589.8	25 537.5	10 974.3	5 569.5
菜籽油	14.7	56.4	2 013.9	29.8	50.6
棕榈油	11.0	7.6	6.0	15.1	7.5
食糖	371 542.4	360 134.3	359 645.6	339 642.7	306 288.3
蔬菜	117 053.2	102 209.0	105 932.8	102 261.5	147 210.0
水果					
畜产品					
猪肉	70.8	147.1	886.0	1 250.4	736.9
牛肉	1 559.2	2 054.2	716.6	2 733.5	1 924.8
羊肉					0.2
家禽					
蛋产品					
乳品	9 429.2	9 126.5	14 432.0	19 402.5	23 503.1
动物生皮	1 190.2	1 084.0	738.9	1 862.4	2 054.1
动物生毛皮					
羊毛	24.9	30.6	6.4	0.5	7.3
水产品					
饮品					
酒					
茶	1 550.0	1 496.1	2 570.3	2 309.9	1 473.5
咖啡	22 478.0	31 931.4	29 684.6	30 403.4	29 988.0

4-5-5 韩国主要农产品进口量（一）

单位：吨

项　目	2004年	2005年	2006年	2007年	2008年	2009年
农产品						
谷物	12 113 879.6	12 467 054.6	12 571 644.2	12 216 329.3	12 173 246.9	11 563 724.6
小麦产品	3 381 874.6	3 671 707.6	3 558 902.0	3 251 013.3	2 742 797.9	3 877 892.6
玉米产品	8 386 568.1	8 552 097.2	8 686 330.7	8 597 840.2	9 039 014.1	7 352 413.9
稻谷产品	209 325.4	133 492.5	255 043.7	264 752.7	308 694.7	267 282.4
棉花	276 601.1	287 780.2	220 691.0	230 679.1	211 537.1	218 166.1
食用油籽	1 575 171.5	1 610 998.8	1 456 680.1	1 492 153.8	1 592 918.0	1 365 943.5
大豆	1 297 182.7	1 348 403.1	1 147 659.7	1 210 559.2	1 346 879.2	1 105 026.1
花生	34 321.1	33 809.1	33 990.0	32 793.3	31 104.0	33 191.1
油菜籽	5.5	754.4	12.2	13.2	7.6	45.0
食用植物油	504 016.0	569 731.9	558 003.2	579 928.8	571 711.6	629 087.9
豆油	223 326.6	256 118.6	271 115.5	304 599.3	287 167.1	284 461.1
菜籽油	17 855.5	21 645.6	21 606.8	37 710.7	48 300.2	55 155.7
棕榈油	215 637.2	235 239.8	223 646.4	187 563.7	199 992.1	252 996.8
食糖	1 600 812.6	1 623 437.2	1 483 341.2	1 515 291.3	1 645 219.1	1 651 046.5
蔬菜	722 768.3	731 374.5	892 268.0	1 008 820.9	988 493.8	836 069.9
水果						
畜产品						
猪肉	175 283.2	261 377.9	311 237.5	338 686.1	323 598.3	294 934.7
牛肉	160 125.8	178 330.5	212 781.3	219 606.9	210 643.6	224 727.1
羊肉	2 870.2	2 983.6	3 093.3	3 606.8	4 144.2	3 814.0
家禽						
蛋产品						
乳品	115 493.8	123 736.1	130 213.7	133 190.8	110 233.9	126 812.1
动物生皮	189 577.6	186 545.8	164 798.8	155 270.6	157 589.9	181 155.0
动物生毛皮						
羊毛	8 497.1	8 268.3	7 351.6	5 596.1	5 593.5	7 807.7
水产品						
饮品						
酒						
茶	3 494.6	3 676.1	3 346.6	2 256.1	1 395.8	1 164.9
咖啡	87 870.2	91 618.5	91 661.5	90 889.0	108 413.8	105 579.2

韩国主要农产品进口量（二）

单位：吨

项　目	2010 年	2011 年	2012 年	2013 年	2014 年
农产品					
谷物	13 436 115.8	13 146 747.8	14 296 510.2	14 172 151.6	14 554 557.5
小麦产品	4 457 660.2	4 703 654.8	5 685 361.6	4 706 156.4	3 775 185.5
玉米产品	8 560 286.1	7 778 245.5	8 240 625.5	8 740 805.5	10 241 794.6
稻谷产品	345 007.1	572 946.3	245 621.1	621 616.0	410 529.1
棉花	221 130.2	236 323.0	270 542.6	295 491.9	268 410.3
食用油籽	1 518 599.3	1 471 558.8	1 482 026.0	1 519 819.4	1 651 710.4
大豆	1 242 894.9	1 167 100.6	1 149 292.1	1 132 983.9	1 278 652.2
花生	31 728.1	32 045.7	32 808.5	30 954.6	33 466.9
油菜籽	20.5	61.6	10 849.0	51 141.4	37.1
食用植物油	713 533.4	742 780.3	813 369.3	726 877.1	856 261.2
豆油	325 157.1	301 252.5	339 864.2	286 708.6	265 534.6
菜籽油	68 326.1	109 557.1	94 883.6	66 291.7	101 400.6
棕榈油	280 793.7	291 524.9	324 956.4	333 560.4	438 878.0
食糖	1 639 928.0	1 647 071.1	1 770 077.8	1 879 444.7	1 888 097.8
蔬菜	1 057 130.2	1 233 317.9	1 227 914.8	1 257 923.3	1 153 168.5
水果					
畜产品					
猪肉	289 210.1	487 169.2	380 927.3	292 768.5	362 978.4
牛肉	261 158.9	307 612.5	264 375.7	267 578.7	279 705.6
羊肉	4 193.7	4 992.1	5 248.6	5 192.7	7 189.5
家禽					
蛋产品					
乳品	149 629.6	202 276.0	181 044.5	185 447.8	196 313.0
动物生皮	166 522.7	165 527.0	170 076.8	146 863.9	134 448.3
动物生毛皮					
羊毛	7 929.0	8 236.8	7 077.3	8 533.3	8 347.6
水产品					
饮品					
酒					
茶	1 654.9	2 147.7	2 321.1	2 648.9	2 328.7
咖啡	117 160.0	130 345.1	115 056.0	121 341.4	139 446.6

4-5-6 韩国农产品出口额前15位国家（地区）
（2014年）

单位：万美元，%

序号	国家（地区）	出口额	同比增长
1	日本	198 812.9	−1.2
2	中国	111 286.4	−3.1
3	美国	71 499.0	6.2
4	中国香港	38 267.7	6.4
5	越南	38 049.6	1.7
6	阿拉伯联合酋长国	29 966.3	60.6
7	俄罗斯	22 327.3	−1.8
8	泰国	20 825.6	−18.9
9	印度尼西亚	16 095.5	11.2
10	菲律宾	14 133.3	5.4
11	澳大利亚	11 710.5	9.7
12	新加坡	10 460.1	−4.8
13	马来西亚	9 500.1	28.5
14	新西兰	8 865.4	7.9
15	加拿大	8 123.8	11.7
	总计	**609 923.7**	

4-5-7 韩国农产品进口额前15位国家（地区）
（2014年）

单位：万美元，%

序号	国家（地区）	进口额	同比增长
1	美国	788 736.5	32.0
2	中国	401 656.8	2.1
3	澳大利亚	249 290.1	5.3
4	巴西	181 750.8	−32.7
5	越南	104 618.4	29.8
6	俄罗斯	88 761.2	33.8
7	泰国	81 757.2	−1.6
8	印度	69 917.5	−31.8
9	菲律宾	65 147.9	10.7
10	印度尼西亚	62 199.4	37.6
11	德国	59 699.3	36.8
12	加拿大	59 244.7	8.3
13	马来西亚	58 277.8	0.2
14	智利	57 754.5	10.9
15	新西兰	49 605.9	−0.6
	总计	**2 378 418.0**	

4－6 马来西亚主要农产品贸易情况

4－6－1 马来西亚农产品贸易综述

一、10 年来马来西亚农产品贸易总体情况

2004—2014 年，马来西亚农产品贸易额由 158.2 亿美元增至 424.5 亿美元，年均增长 10.4%。其中，出口额由 97.5 亿美元增至 254.1 亿美元，年均增长 10.1%；进口额由 60.7 亿美元增至 170.4 亿美元，年均增长 10.9%；贸易顺差由 36.8 亿美元增至 83.7 亿美元，年均增长 8.6%（图 1）。

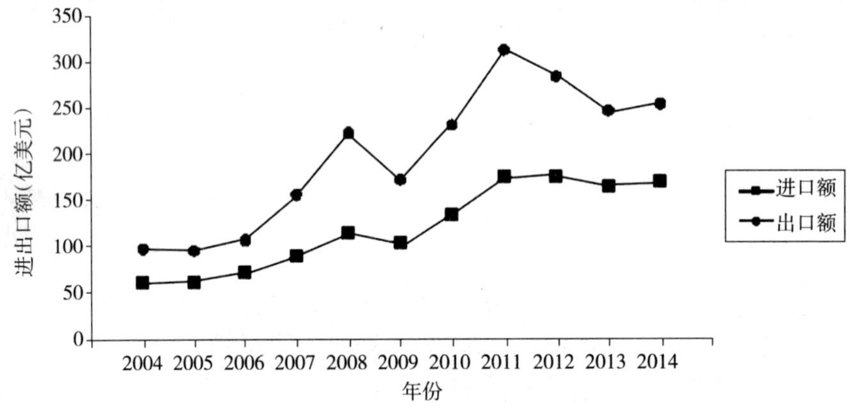

图 1　2004—2014 年马来西亚农产品进出口额变化

2005 年以来，除 2009 年和 2013 年进出口额同比下降以及 2012 年出口额同比下降外，其余年份均保持正增长。其中，2007 年出口增速最快，达 45.8%，2011 年进口增幅最大，达 37.2%。2012—2013 年，进出口变化幅度收窄。2014 年进口额同比增长 3.0%，较上年提高 9.1 个百分点；出口额同比增长 2.8%，较上年提高 15.8 个百分点（图 2）。

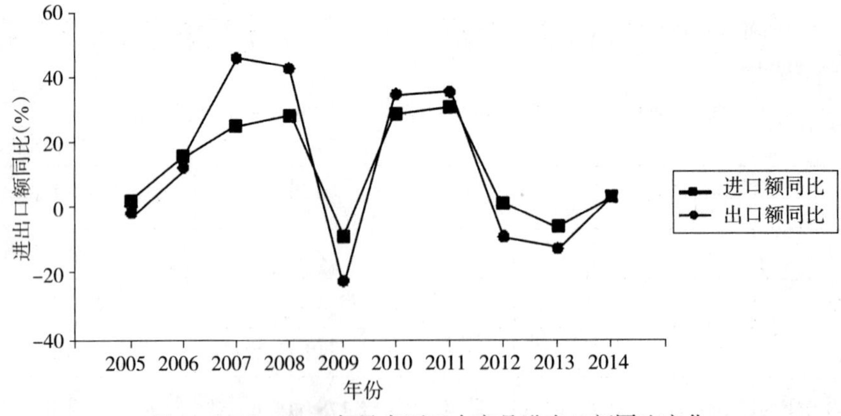

图 2　2005—2014 年马来西亚农产品进出口额同比变化

二、2014 年马来西亚农产品贸易情况

2014 年马来西亚农产品贸易额为 424.5 亿美元，同比增长 2.9%，在全球各大农产品贸易国中排名第 19 位。其中出口额为 254.1 亿美元，同比增长 2.8%，全球排名第 20 位；进口额为 170.4 亿美元，同比增长 3.0%，全球排名第 18 位。

(一) 进出口产品结构

2014 年，马来西亚进口农产品以饮品、畜产品和谷物为主，进口额分别为 24.1 亿美元、23.4 亿美元和 20.5 亿美元，占其农产品进口额的比重分别为 14.2%、13.7%和 12.0%。此外，马来西亚还进口水果和水产品等，2014 年进口额分别为 12.8 亿美元和 11.8 亿美元，分别占其农产品进口额的 7.5%和 6.9%（图 3）。

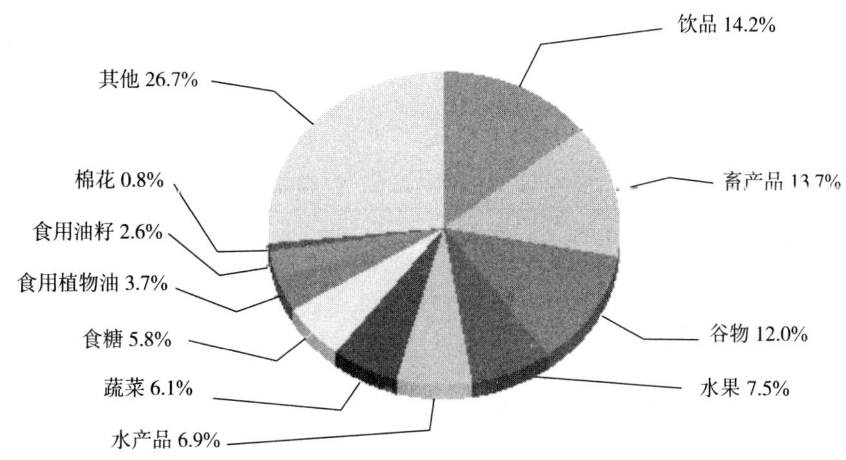

图 3　2014 年马来西亚农产品进口结构

2014 年，马来西亚进口同比增长较快的农产品主要是畜产品、饮品和水产品，增幅分别为 13.4%、8.0%和 6.3%。此外，食糖和水果的增幅分别为 6.2%和 2.3%。谷物、蔬菜、食用油籽和食用植物油进口额同比下降 2.6%、5.0%、6.1%和 22.8%，棉花进口减四成（表 1）。

表 1　2005—2014 年马来西亚主要农产品进口额同比变化情况

单位：%

	2005 年	2006 年	2007 年	2008 年	2009 年	2010 年	2011 年	2012 年	2013 年	2014 年
农产品	2.1	15.5	25.0	27.9	−9.0	28.5	30.7	0.7	−6.1	3.0
谷物	7.4	12.2	35.8	51.6	−24.4	10.2	27.4	−3.6	−1.3	−2.6
棉花	−14.4	−41.8	17.7	66.4	65.9	−18.6	295.4	24.4	−63.2	−40.9
食用油籽	−18.5	−1.9	32.2	25.8	−20.9	31.1	23.6	−2.0	−2.2	−6.1

（续）

	2005 年	2006 年	2007 年	2008 年	2009 年	2010 年	2011 年	2012 年	2013 年	2014 年
食用植物油	−44.7	60.2	1.9	90.3	7.3	43.7	76.1	−12.9	−57.6	−22.8
食糖	14.6	32.2	13.6	−6.8	43.7	33.1	21.7	6.9	−9.7	6.2
蔬菜	7.1	17.6	17.0	−4.6	16.6	33.7	5.5	−3.9	10.7	−5.0
水果	11.7	7.2	24.9	23.4	7.0	32.2	21.0	14.1	12.1	2.3
畜产品	9.3	3.0	38.5	10.9	−24.7	34.2	25.5	6.2	18.1	13.4
水产品	−0.7	9.3	12.2	−7.7	15.4	16.7	25.8	8.0	−0.5	6.3
饮品	8.7	53.8	23.8	38.9	−25.1	30.5	26.6	0.1	2.3	8.0

2014 年，马来西亚农产品中出口额靠前的是食用植物油、饮品和畜产品，出口额分别为 123.3 亿美元、27.8 亿美元和 9.2 亿美元，占其农产品出口额的比重分别为 48.5%、10.9%和 3.6%。此外，马来西亚还出口水果、水产品、蔬菜和食糖等，出口额分别为 8.8 亿美元、8.8 亿美元、3.8 亿美元和 1.4 亿美元，分别占其农产品出口额的 3.5%、3.4%、1.5%和 0.6%（图 4）。

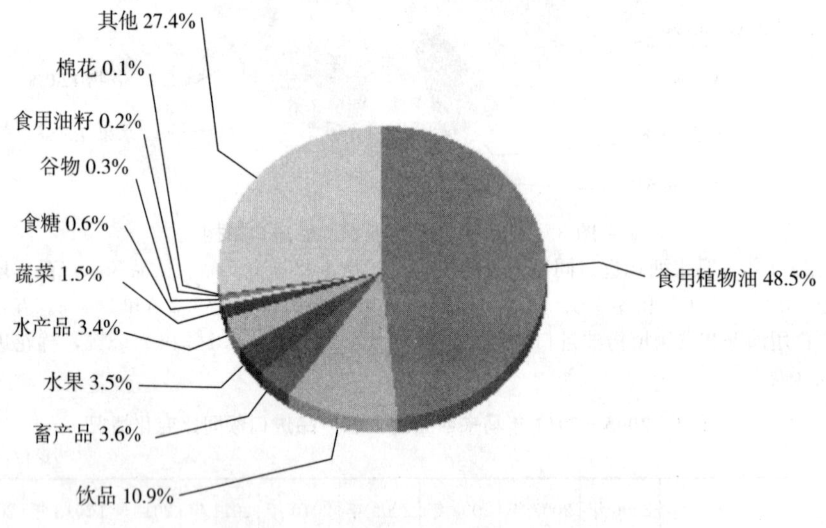

图 4　2014 年马来西亚农产品出口结构

2014 年，马来西亚出口额同比增长较快的农产品是水果、畜产品和饮品，增幅分别为 20.2%、15.4%和 13.7%。食用油籽、水产品、谷物和蔬菜的增幅在 1.5%～11.9%之间。其他农产品出口额同比下降，食用植物油、食糖和棉花分别下降 2.2%、16.8%和 79.2%（表 2）。

表 2 2005—2014 年马来西亚主要农产品出口额同比变化情况

单位：%

	2005 年	2006 年	2007 年	2008 年	2009 年	2010 年	2011 年	2012 年	2013 年	2014 年
农产品	−1.8	12.2	45.8	42.5	−22.8	34.4	35.2	−9.3	−13.0	2.8
谷物	−17.2	24.9	19.0	20.5	−22.9	18.8	32.9	6.0	13.8	7.8
棉花	−9.3	16.1	−5.8	237.7	172.9	38.6	283.8	42.8	−60.7	−79.2
食用油籽	24.3	−10.7	51.1	63.9	−17.7	23.7	11.6	−2.2	6.6	11.9
食用植物油	−9.7	21.2	57.5	53.8	−27.2	33.6	40.7	−11.5	−20.0	−2.2
食糖	1.5	13.1	47.0	−45.7	−0.4	110.0	21.1	−18.6	−0.2	−16.8
蔬菜	7.6	7.1	14.8	16.3	−7.6	24.1	20.3	−3.1	5.2	1.5
水果	6.1	6.3	17.7	23.6	−0.7	28.4	31.3	8.9	11.7	20.2
畜产品	12.2	8.1	47.1	33.3	−25.6	15.7	26.0	5.7	6.0	15.4
水产品	8.4	0.8	17.7	2.8	−16.5	28.0	10.7	−7.8	−5.7	8.4
饮品	13.8	11.9	34.9	24.5	−3.6	39.5	12.9	−3.7	5.9	13.7

（二）主要贸易伙伴

2014 年马来西亚前五大农产品进口来源地分别为印度尼西亚、中国、泰国、阿根廷和澳大利亚，进口额分别为 21.5 亿美元、16.5 亿美元、14.6 亿美元、12.7 亿美元和 12.6 亿美元，占其农产品进口额的比重分别为 12.7%、9.8%、8.6%、7.5%和 7.5%（图 5）。

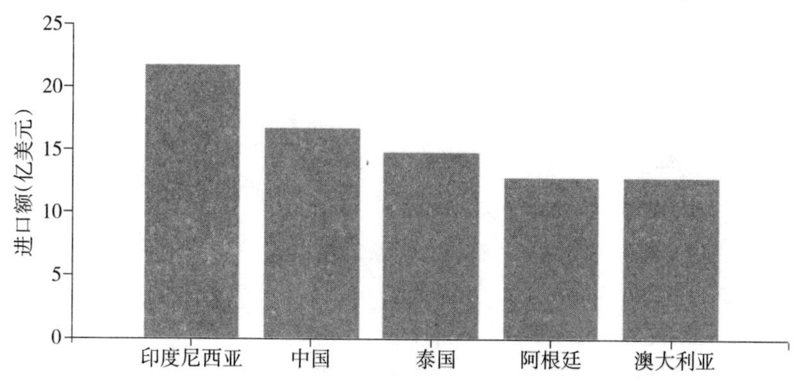

图 5 2014 年马来西亚前五大农产品进口来源地

2014 年马来西亚前五大农产品出口市场分别为中国、新加坡、印度、荷兰和美国，出口额分别为 31.5 亿美元、25.2 亿美元、24.9 亿美元、14.2 亿美元和 14.1 亿美元，占其农产品出口额的比重分别为 12.6%、10.1%、10.0%、5.7%和 5.6%（图 6）。

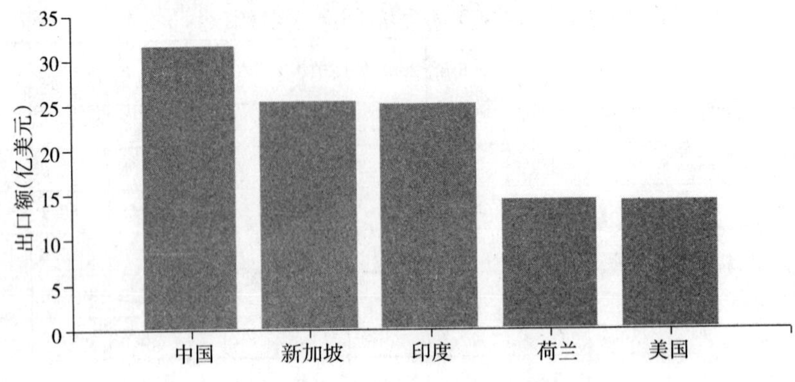

图 6 2014 年马来西亚前五大农产品出口市场

4-6-2 马来西亚主要农产品出口额（一）

单位：万美元

项　目	2004年	2005年	2006年	2007年	2008年	2009年
农产品	974 769.6	957 499.9	1 074 342.6	1 566 149.6	2 232 403.2	1 723 871.3
谷物	3 405.0	2 819.8	3 522.6	4 190.9	5 051.3	3 894.2
小麦产品	1 882.0	1 789.0	1 622.8	2 176.3	3 002.3	2 185.3
玉米产品	221.7	157.0	282.0	164.8	175.2	135.4
稻谷产品	297.3	236.2	263.9	165.5	305.1	238.5
棉花	651.7	591.1	686.5	647.0	2 184.7	5 961.6
食用油籽	1 666.4	2 071.1	1 850.3	2 796.5	4 582.6	3 771.9
大豆	675.8	804.4	877.8	1 599.3	2 028.7	1 811.8
花生	460.1	475.1	409.8	448.5	1 222.7	738.1
油菜籽						
食用植物油	490 447.7	442 870.7	536 817.8	845 529.3	1 300 458.2	946 785.9
豆油	8 723.5	7 185.0	8 377.3	12 521.2	16 609.3	12 068.3
菜籽油	2 159.8	2 058.7	2 255.4	3 201.3	4 141.8	3 185.0
棕榈油	476 000.9	429 450.1	520 326.0	824 812.5	1 274 344.4	926 283.8
食糖	8 945.3	9 079.7	10 273.3	15 098.5	8 202.3	8 171.7
蔬菜	16 932.7	18 282.8	19 642.5	22 657.5	26 528.4	24 495.0
水果	21 929.3	23 276.2	24 732.6	29 116.9	35 983.4	35 718.6
畜产品	27 528.0	30 890.7	33 392.4	49 121.4	65 479.4	48 730.5
猪肉	135.8	136.5	103.3	266.3	275.2	270.4
牛肉	346.0	414.2	361.3	434.5	859.0	962.3
羊肉	1.8	7.8			10.3	3.5
家禽	10 422.3	11 857.1	11 832.1	15 561.2	20 481.6	18 407.5
蛋产品	4 446.8	5 389.9	5 261.2	6 973.3	9 155.5	8 891.9
乳品	9 998.1	10 490.0	12 568.5	23 096.1	31 423.0	15 528.3
动物生皮	708.2	701.7	701.4	723.8	768.7	547.5
动物生毛皮	14.3		0.3			0.4
羊毛	75.3	343.8	97.4	142.2	109.5	47.0
水产品	59 438.0	64 420.8	64 919.0	76 419.6	78 586.6	65 584.5
饮品	73 654.1	83 834.5	93 787.9	126 518.6	157 545.0	151 940.8
酒	13 271.7	16 126.0	20 120.8	28 161.1	27 737.3	27 961.8
茶	1 103.4	884.1	679.0	873.5	1 419.9	1 403.4
咖啡	7 175.8	7 421.4	7 584.0	10 857.4	14 288.7	16 859.3

马来西亚主要农产品出口额（二）

单位：万美元

项　目	2010 年	2011 年	2012 年	2013 年	2014 年
农产品	2 317 329.3	3 133 364.2	2 842 112.1	2 472 218.8	2 541 297.9
谷物	4 625.5	6 145.9	6 515.9	7 415.6	7 990.9
小麦产品	2 299.6	3 566.4	3 527.0	3 728.9	3 952.1
玉米产品	304.3	467.3	823.5	755.4	202.4
稻谷产品	258.9	285.2	347.7	988.0	2 350.9
棉花	8 261.7	31 708.0	45 280.7	17 777.0	3 702.2
食用油籽	4 667.3	5 206.9	5 091.3	5 427.7	6 073.6
大豆	1 674.8	2 232.8	2 034.2	2 041.1	2 681.9
花生	1 463.6	1 121.6	1 100.9	1 107.8	923.6
油菜籽					12.3
食用植物油	1 264 526.7	1 779 629.2	1 575 310.6	1 260 793.5	1 232 923.8
豆油	15 100.0	19 905.5	19 815.4	16 777.3	17 861.9
菜籽油	3 700.4	6 553.5	5 861.1	5 502.0	5 209.2
棕榈油	1 240 540.2	1 744 690.8	1 541 093.8	1 228 894.6	1 199 481.3
食糖	17 158.8	20 781.0	16 906.5	16 880.9	14 052.4
蔬菜	30 366.0	36 459.3	35 521.3	37 482.0	38 036.4
水果	45 856.4	60 211.4	65 545.3	73 183.2	87 987.6
畜产品	56 384.5	71 062.2	75 101.3	79 604.1	91 828.1
猪肉	191.2	83.7	205.6	453.9	390.5
牛肉	1 454.8	1 509.0	1 346.2	1 462.4	2 890.5
羊肉	45.2	19.0	51.9	15.2	2.5
家禽	21 535.3	25 448.2	24 411.7	27 987.0	28 193.7
蛋产品	10 378.6	12 692.6	13 459.0	13 703.4	14 640.9
乳品	15 709.8	24 382.1	29 211.2	28 771.2	38 969.4
动物生皮	738.7	1 029.9	1 530.1	1 529.8	1 217.6
动物生毛皮	1.5	0.7			
羊毛	492.2	139.1	176.1	191.4	386.9
水产品	83 923.9	92 893.6	85 615.2	80 776.8	87 581.9
饮品	211 911.8	239 291.5	230 538.1	244 124.3	277 556.3
酒	37 456.4	41 181.0	38 689.8	48 048.8	47 931.1
茶	1 503.2	1 837.3	2 410.6	3 081.9	3 533.0
咖啡	24 449.8	31 407.4	38 694.9	41 077.5	40 414.0

4-6-3 马来西亚主要农产品进口额（一）

单位：万美元

项 目	2004年	2005年	2006年	2007年	2008年	2009年
农产品	606 923.1	619 464.7	715 482.6	894 665.8	1 144 246.2	1 041 673.4
谷物	84 161.8	90 376.7	101 369.4	137 623.1	208 599.2	157 758.5
小麦产品	29 559.3	31 165.4	28 891.7	38 725.3	51 944.2	38 986.6
玉米产品	37 102.1	38 235.9	41 523.3	63 166.3	71 012.9	59 295.2
稻谷产品	15 474.0	19 192.1	29 600.2	32 556.0	82 506.7	56 714.8
棉花	9 666.2	8 278.3	4 814.4	5 666.1	9 427.7	15 641.4
食用油籽	29 312.2	23 875.4	23 415.2	30 962.0	38 956.1	30 833.7
大豆	24 191.0	17 962.4	16 468.6	23 929.9	32 460.5	24 799.0
花生	2 530.7	2 486.8	2 554.5	2 945.2	3 806.9	3 249.0
油菜籽	76.2		3.2	0.6	1.3	1.8
食用植物油	47 235.0	26 134.3	41 856.3	42 643.5	81 145.9	87 065.7
豆油	5 150.5	3 898.2	4 769.6	5 156.5	7 584.9	6 447.1
菜籽油	2 453.8	2 019.0	1 843.6	3 438.4	4 823.0	3 378.6
棕榈油	35 640.4	15 787.2	28 604.4	29 384.6	63 424.8	70 734.2
食糖	25 986.2	29 785.2	39 379.0	44 752.8	41 697.7	59 925.9
蔬菜	44 103.5	47 280.9	55 747.1	65 248.3	62 138.2	72 619.0
水果	30 838.4	34 446.0	36 939.0	46 150.9	56 939.1	60 908.9
畜产品	75 039.1	82 030.9	84 496.0	117 005.1	129 732.1	97 626.2
猪肉	187.0	370.2	479.6	654.4	713.8	1 052.5
牛肉	16 701.8	18 969.9	18 647.0	21 392.8	25 574.7	28 008.4
羊肉	3 755.5	4 150.0	4 245.8	5 101.0	5 652.6	5 746.0
家禽	4 402.8	4 433.5	3 969.5	7 957.1	9 154.0	7 464.5
蛋产品	234.8	266.6	90.6	129.6	154.3	93.3
乳品	39 361.8	43 677.0	44 376.1	69 714.7	74 530.3	42 224.1
动物生皮	758.7	1 025.3	947.1	984.3	927.3	817.1
动物生毛皮		0.3	2.6	2.7	1.0	176.5
羊毛	1 760.9	2 330.9	3 402.7	3 901.6	3 583.4	1 218.9
水产品	54 319.2	53 947.6	58 962.6	66 168.5	61 049.5	70 466.4
饮品	61 250.8	66 570.2	102 415.6	126 812.7	176 136.4	131 985.7
酒	15 592.0	15 290.2	17 485.4	23 829.9	27 506.9	26 007.0
茶	1 922.9	2 189.1	2 339.5	2 751.0	2 974.2	3 508.0
咖啡	4 687.7	5 298.0	8 416.5	11 486.4	13 921.5	11 394.0

马来西亚主要农产品进口额（二）

单位：万美元

项　目	2010 年	2011 年	2012 年	2013 年	2014 年
农产品	1 338 141.9	1 748 983.8	1 761 916.4	1 654 393.4	1 703 823.8
谷物	173 804.7	221 346.3	213 398.1	210 669.5	205 201.4
小麦产品	39 891.5	55 125.8	47 116.1	44 648.3	48 967.0
玉米产品	79 498.2	100 095.5	100 532.5	109 824.0	101 177.5
稻谷产品	51 690.8	62 782.9	62 675.9	52 810.1	51 556.5
棉花	12 736.7	50 358.7	62 646.5	23 084.7	13 647.5
食用油籽	40 432.4	49 988.3	48 976.8	47 903.7	44 969.5
大豆	32 251.9	38 615.7	38 726.2	37 026.1	34 722.2
花生	4 426.1	6 039.6	4 664.7	4 805.3	4 099.4
油菜籽	2.9	22.0	66.9	852.8	505.7
食用植物油	125 136.7	220 391.0	191 862.2	81 317.4	62 780.7
豆油	7 024.4	13 450.0	9 289.4	10 256.7	10 061.0
菜籽油	3 735.2	5 218.9	3 995.2	6 424.6	4 693.8
棕榈油	108 444.8	193 754.9	170 041.1	55 378.6	38 159.1
食糖	79 759.0	97 035.2	103 719.8	93 643.4	99 495.1
蔬菜	97 205.9	102 409.4	98 607.9	109 839.0	104 376.8
水果	80 527.7	97 447.5	111 235.6	124 650.2	127 510.5
畜产品	131 039.6	164 401.9	174 581.6	206 243.2	233 919.7
猪肉	2 278.8	2 843.1	2 856.7	3 364.3	3 598.8
牛肉	30 958.7	38 909.6	42 677.9	48 753.2	51 836.1
羊肉	10 090.4	9 704.7	9 588.3	11 399.3	15 217.2
家禽	9 684.0	12 727.4	13 299.6	13 117.0	13 872.6
蛋产品	113.8	57.9	81.3	99.9	151.9
乳品	60 144.1	80 138.8	82 559.5	100 169.3	115 561.9
动物生皮	742.0	678.7	601.8	953.4	1 399.5
动物生毛皮	682.2	1 817.9	2 188.6	2 128.0	3 153.4
羊毛	2 081.8	4 334.6	4 889.7	7 007.1	6 654.7
水产品	82 220.4	103 416.0	111 672.1	111 099.5	118 056.5
饮品	172 268.9	218 081.5	218 376.9	223 326.4	241 127.5
酒	32 951.8	51 930.8	59 626.9	66 901.8	60 953.5
茶	4 566.6	4 775.8	5 480.5	6 049.2	7 010.7
咖啡	15 782.3	25 051.6	28 158.4	30 757.7	31 105.8

4-6-4 马来西亚主要农产品出口量（一）

单位：吨

项　目	2004年	2005年	2006年	2007年	2008年	2009年
农产品						
谷物	92 373.5	73 097.7	517 713.2	73 473.0	64 886.6	54 107.3
小麦产品	64 424.4	57 598.8	49 366.4	55 296.6	44 122.2	36 832.0
玉米产品	7 291.8	4 435.6	394 580.1	3 899.8	4 014.5	2 747.5
稻谷产品	10 443.6	4 704.7	18 435.0	2 038.4	3 229.4	2 608.7
棉花	8 563.2	9 204.0	9 297.6	8 554.1	15 834.0	65 565.5
食用油籽	26 965.5	36 408.3	41 078.2	45 966.5	43 913.5	49 295.2
大豆	17 326.7	25 226.8	29 106.4	38 527.2	31 809.2	41 148.3
花生	6 807.1	8 671.1	5 777.5	3 894.5	9 034.6	4 325.9
油菜籽						
食用植物油	10 237 980.2	10 840 384.5	13 608 972.3	11 858 948.5	13 501 869.5	14 109 193.6
豆油	120 758.8	110 014.1	720 837.4	146 568.8	116 711.3	113 388.6
菜籽油	26 410.2	25 470.4	29 226.7	32 622.2	26 237.5	26 391.7
棕榈油	10 047 892.5	10 653 421.0	12 785 984.8	11 628 977.1	13 329 194.2	13 924 402.6
食糖	356 588.5	286 610.8	482 158.6	381 390.1	199 448.2	179 636.3
蔬菜	426 553.4	430 551.8	399 365.7	363 661.5	373 556.7	384 238.5
水果						
畜产品						
猪肉	584.6	553.8	396.6	1 048.9	943.6	3 172.9
牛肉	1 392.3	1 198.3	1 209.3	1 273.7	2 299.8	2 219.0
羊肉	11.1	32.4			50.0	11.3
家禽						
蛋产品						
乳品	44 793.8	41 489.2	53 813.3	75 940.4	92 496.3	66 767.2
动物生皮	4 303.3	4 587.2	4 635.3	4 801.0	4 121.9	4 689.2
动物生毛皮						
羊毛	357.7	717.9	560.7	700.8	548.6	282.6
水产品						
饮品						
酒						
茶	4 044.8	3 827.8	2 955.0	3 050.0	4 310.7	5 539.4
咖啡	38 452.4	36 604.5	27 040.9	28 225.7	36 119.0	49 273.6

马来西亚主要农产品出口量（二）

单位：吨

项　目	2010 年	2011 年	2012 年	2013 年	2014 年
农产品					
谷物	70 283.1	89 822.3	99 152.1	111 180.4	127 276.0
小麦产品	46 167.7	62 840.8	60 399.8	62 089.7	73 381.6
玉米产品	7 465.1	10 256.3	21 562.3	21 576.6	4 103.0
稻谷产品	2 426.8	2 815.5	3 342.6	13 618.9	39 654.5
棉花	53 645.8	119 513.4	243 146.5	103 405.1	23 007.4
食用油籽	49 091.8	48 242.5	41 122.7	35 596.1	53 125.7
大豆	32 984.9	38 002.5	31 834.8	29 250.8	41 572.1
花生	10 125.1	5 972.3	5 300.2	3 307.9	2 557.9
油菜籽					21.5
食用植物油	14 956 627.1	16 018 646.8	15 842 633.5	15 490 514.0	15 429 381.2
豆油	150 394.0	137 192.9	139 294.2	134 991.3	161 700.6
菜籽油	28 623.5	42 856.8	36 417.5	35 889.3	40 316.8
棕榈油	14 732 713.0	15 783 756.1	15 608 661.1	15 244 722.2	15 143 166.0
食糖	266 102.3	279 000.5	256 262.9	299 647.2	267 282.3
蔬菜	392 670.9	319 872.4	300 649.6	327 471.4	296 741.6
水果					
畜产品					
猪肉	1 072.3	345.2	552.6	1 086.5	890.9
牛肉	3 564.5	3 672.1	3 438.7	3 830.2	8 211.6
羊肉	78.6	90.5	72.6	19.7	3.2
家禽					
蛋产品					
乳品	62 541.5	103 498.0	130 209.2	119 893.7	152 181.7
动物生皮	5 454.7	5 747.7	5 707.1	5 591.5	4 037.7
动物生毛皮					
羊毛	924.7	308.2	390.1	449.4	685.0
水产品					
饮品					
酒					
茶	4 681.4	5 378.1	5 851.5	8 644.2	10 156.3
咖啡	69 720.2	61 649.2	73 886.2	76 053.5	82 016.1

4-6-5 马来西亚主要农产品进口量（一）

单位：吨

项　目	2004 年	2005 年	2006 年	2007 年	2008 年	2009 年
农产品						
谷物	4 308 611.5	4 944 632.6	8 113 603.8	5 057 802.2	4 871 515.9	5 045 111.8
小麦产品	1 432 518.2	1 606 001.6	2 970 299.6	1 431 607.8	1 232 013.7	1 159 569.5
玉米产品	2 249 258.2	2 655 403.7	4 096 730.9	2 715 826.9	2 453 391.0	2 705 855.1
稻谷产品	536 224.4	603 882.9	860 340.0	817 144.6	1 112 638.3	1 108 161.2
棉花	58 337.0	57 625.9	34 744.6	41 198.9	59 312.8	129 359.5
食用油籽	815 043.8	710 149.9	591 380.9	757 222.8	630 676.7	586 546.0
大豆	701 030.7	558 432.3	392 299.1	612 456.6	539 819.0	493 109.6
花生	43 960.3	46 564.7	52 115.6	50 028.8	52 785.4	51 451.0
油菜籽	2 196.0		83.4	10.9	28.0	23.0
食用植物油	942 943.8	576 334.7	921 492.4	556 378.0	9 375 175.6	1 274 236.4
豆油	77 673.1	72 242.1	87 711.0	69 460.5	64 836.3	76 813.6
菜籽油	36 355.5	31 640.0	28 466.8	41 191.6	37 348.3	37 132.6
棕榈油	781 116.6	418 280.4	706 740.6	396 634.1	9 235 982.3	1 090 284.1
食糖	1 417 023.8	1 356 840.0	1 491 938.3	1 659 440.0	1 461 727.0	1 567 175.8
蔬菜	1 088 340.8	1 146 152.5	4 001 702.5	1 179 048.9	1 147 807.5	1 297 211.3
水果						
畜产品						
猪肉	1 185.1	1 993.0	2 852.0	2 626.7	2 307.2	4 001.4
牛肉	120 960.7	118 796.3	112 197.3	109 052.5	99 050.5	108 232.8
羊肉	14 261.6	14 777.8	16 086.0	17 805.0	18 006.8	18 553.1
家禽						
蛋产品						
乳品	254 266.2	252 665.1	251 508.5	241 474.9	219 209.8	212 017.4
动物生皮	682.3	911.4	819.6	709.3	631.3	881.6
动物生毛皮						
羊毛	2 520.4	3 803.7	6 117.0	4 854.4	4 221.7	2 150.6
水产品						
饮品						
酒						
茶	14 750.1	15 649.5	15 524.8	16 416.7	14 373.8	17 433.1
咖啡	34 026.4	32 430.3	43 571.4	53 209.3	56 047.7	51 618.7

马来西亚主要农产品进口量（二）

单位：吨

项　目	2010 年	2011 年	2012 年	2013 年	2014 年
农产品					
谷物	5 454 016.3	5 514 444.3	5 598 571.8	5 821 649.9	6 365 442.0
小麦产品	1 316 141.6	1 375 736.3	1 291 261.7	1 165 964.2	1 396 789.2
玉米产品	3 140 984.9	3 041 054.7	3 244 476.6	3 692 206.0	3 957 404.8
稻谷产品	949 244.4	1 051 584.9	1 023 922.6	912 526.7	960 312.0
棉花	74 000.8	150 580.5	286 305.2	117 255.8	69 411.2
食用油籽	796 549.7	758 200.6	747 010.4	696 992.2	670 410.4
大豆	639 345.5	638 725.3	640 593.5	585 952.2	578 290.9
花生	56 696.1	57 861.2	33 376.5	32 225.3	28 795.0
油菜籽	511.2	381.9	948.4	13 257.8	9 815.7
食用植物油	1 507 740.3	1 934 252.8	1 869 943.5	938 644.3	755 398.8
豆油	125 812.5	105 700.0	72 719.0	97 164.3	109 527.1
菜籽油	37 540.8	40 043.4	30 644.5	51 733.9	45 053.2
棕榈油	1 289 260.3	1 729 828.9	1 700 972.9	718 501.9	514 150.8
食糖	1 714 627.1	1 797 420.9	1 780 878.2	1 834 878.1	2 138 983.3
蔬菜	1 323 157.3	1 346 614.5	1 375 074.8	1 415 203.5	1 421 331.4
水果					
畜产品					
猪肉	10 309.5	10 848.3	8 428.7	10 091.5	11 448.7
牛肉	108 907.9	118 715.4	123 662.0	138 161.6	145 718.4
羊肉	22 099.8	18 093.4	20 542.8	25 557.1	31 222.0
家禽					
蛋产品					
乳品	218 798.4	210 839.1	255 539.1	270 400.2	310 036.1
动物生皮	650.8	548.1	438.1	635.0	804.0
动物生毛皮					
羊毛	2 828.7	3 901.8	4 141.5	5 980.7	6 938.8
水产品					
饮品					
酒					
茶	19 891.0	21 094.7	19 903.8	21 497.6	27 081.5
咖啡	73 637.3	89 061.8	95 327.9	111 459.1	103 683.3

4-6-6 马来西亚农产品出口额前15位国家（地区）
（2014年）

单位：万美元，%

序号	国家（地区）	出口额	同比增长
1	中　　国	314 665.0	−14.1
2	新 加 坡	251 913.0	10.0
3	印　　度	248 593.1	37.1
4	荷　　兰	141 868.4	7.3
5	美　　国	140 805.7	6.1
6	日　　本	97 043.7	1.6
7	越　　南	95 727.7	13.2
8	印度尼西亚	81 878.1	−9.1
9	菲 律 宾	81 755.0	50.5
10	泰　　国	71 703.8	1.2
11	巴基斯坦	69 521.0	−39.6
12	澳大利亚	65 501.6	13.1
13	韩　　国	54 291.9	5.5
14	贝　　宁	47 165.1	−4.1
15	伊　　朗	44 083.9	−28.1
	总　　计	**1 806 516.9**	

4-6-7 马来西亚农产品进口额前15位国家（地区）
（2014年）

单位：万美元，%

序号	国家（地区）	进口额	同比增长
1	印度尼西亚	214 576.4	−2.9
2	中国	165 475.6	10.1
3	泰国	146 086.9	14.7
4	阿根廷	126 858.7	−3.2
5	澳大利亚	126 325.1	10.1
6	巴西	117 560.4	−2.7
7	印度	114 254.1	−8.2
8	美国	96 963.5	−6.8
9	新西兰	76 775.6	6.4
10	新加坡	62 709.1	1.6
11	越南	51 944.8	−13.3
12	加纳	33 832.5	146.4
13	荷兰	30 968.2	−12.7
14	法国	30 867.7	13.1
15	科特迪瓦	21 450.0	40.4
	总计	**1 416 648.6**	

4-7 中国香港主要农产品贸易情况

4-7-1 中国香港主要农产品出口额（一）

单位：万美元

项　目	2004年	2005年	2006年	2007年	2008年	2009年
农产品	417 249.6	397 818.7	439 352.4	519 580.1	646 508.4	663 956.5
谷物	1 801.1	1 821.8	1 951.9	2 327.1	3 784.1	3 356.6
小麦产品	745.9	871.2	989.2	1 226.4	1 012.2	916.4
玉米产品	48.2	73.8	76.9	22.9	4.0	7.1
稻谷产品	780.3	668.8	780.0	961.7	2 424.7	1 517.2
棉花	3 941.8	3 722.7	6 261.7	5 396.3	3 297.0	5 310.2
食用油籽	1 500.0	1 364.7	1 501.1	1 688.5	2 842.2	1 986.6
大豆	529.9	489.0	499.0	442.9	382.0	380.9
花生	170.1	173.1	154.8	230.7	283.5	451.9
油菜籽						
食用植物油	5 620.3	4 192.2	3 185.2	4 450.5	5 547.1	4 014.4
豆油	1 373.0	1 263.2	673.8	1 006.0	1 399.9	792.7
菜籽油	1 062.2	1 341.3	911.3	1 117.9	1 863.6	1 370.8
棕榈油	2 282.2	738.9	796.4	1 088.5	769.9	681.2
食糖	1 191.1	1 137.0	1 272.2	1 275.8	1 288.1	1 017.1
蔬菜	6 298.9	6 423.2	10 273.0	7 296.4	7 647.3	8 072.3
水果	25 837.6	31 119.2	28 930.1	37 891.4	47 483.7	69 068.4
畜产品	137 484.9	115 953.0	138 018.7	175 726.1	270 897.0	263 303.9
猪肉	3 285.4	2 676.3	4 082.1	5 479.1	17 765.6	13 313.2
牛肉	1 080.9	864.5	984.0	2 783.2	3 936.5	10 591.2
羊肉	80.6	65.3	133.9	276.1	392.2	1 049.1
家禽	11 878.6	16 697.2	27 371.9	44 166.9	53 461.6	62 366.6
蛋产品	38.2	43.5	36.8	78.1	94.8	113.3
乳品	7 104.5	7 616.6	8 344.8	5 951.2	7 438.3	7 516.1
动物生皮	27 354.4	23 127.3	17 982.2	17 406.1	22 842.7	13 425.0
动物生毛皮	56 855.8	47 286.8	51 565.3	47 086.1	58 264.5	50 847.5
羊毛	641.2	765.5	555.2	377.7	217.3	159.3
水产品	76 406.5	75 307.4	76 654.3	90 488.8	90 738.5	80 745.8
饮品	32 938.9	38 214.7	47 554.2	57 028.6	61 797.9	64 388.3
酒	23 272.3	27 354.7	35 892.4	44 133.2	48 078.9	50 313.6
茶	1 133.7	906.4	977.0	1 118.0	1 467.4	1 194.3
咖啡	498.3	744.4	647.9	775.3	877.5	895.0

中国香港主要农产品出口额（二）

单位：万美元

项　目	2010 年	2011 年	2012 年	2013 年	2014 年
农产品	778 918.5	886 831.0	906 332.3	1 017 949.0	1 099 661.4
谷物	3 244.4	3 159.6	3 587.5	4 777.1	4 987.1
小麦产品	566.6	611.1	794.8	871.7	844.3
玉米产品	6.3	9.9	12.3	16.3	11.3
稻谷产品	1 817.5	1 783.3	2 196.3	3 132.8	2 997.9
棉花	9 909.2	7 181.5	9 117.2	14 268.5	5 772.6
食用油籽	3 117.4	10 573.3	4 492.1	4 359.5	3 707.8
大豆	406.8	379.5	487.4	619.1	624.5
花生	560.3	983.5	977.1	825.5	778.9
油菜籽					
食用植物油	4 028.7	3 833.4	4 566.6	3 856.4	3 309.2
豆油	428.9	388.9	1 020.7	1 215.2	759.3
菜籽油	1 688.0	1 620.7	1 748.7	1 367.3	838.5
棕榈油	81.5	305.3	20.6	41.2	36.3
食糖	1 379.5	1 782.7	1 967.5	1 529.9	1 388.0
蔬菜	9 542.6	10 832.1	9 879.4	12 585.8	14 806.2
水果	71 245.7	94 749.3	104 954.3	100 948.5	132 791.4
畜产品	312 844.3	305 517.5	276 853.0	316 912.8	318 199.1
猪肉	12 836.8	13 344.3	12 309.4	13 592.7	19 252.4
牛肉	8 448.8	9 027.1	10 134.7	16 087.7	14 901.2
羊肉	1 342.3	384.5	431.8	472.1	609.2
家禽	88 497.5	95 681.6	67 513.2	68 984.3	82 941.3
蛋产品	127.4	205.5	290.5	379.6	497.6
乳品	9 721.1	12 632.0	14 633.8	23 603.1	32 423.6
动物生皮	20 521.9	19 833.9	13 501.1	10 288.0	6 832.6
动物生毛皮	67 735.8	73 257.5	88 139.9	115 692.0	72 867.5
羊毛	330.7	2 681.7	275.5	956.8	161.1
水产品	89 773.5	101 541.9	121 803.9	173 923.6	218 623.2
饮品	79 988.7	102 923.2	104 936.1	112 944.0	127 834.1
酒	64 605.9	81 508.5	78 529.9	82 436.4	91 759.1
茶	2 047.4	2 180.8	2 210.1	2 602.9	2 546.4
咖啡	1 103.7	1 776.4	2 143.6	2 214.4	2 865.4

4-7-2 中国香港主要农产品进口额（一）

单位：万美元

项 目	2004年	2005年	2006年	2007年	2008年	2009年
农产品	1 055 135.4	1 061 510.2	1 138 142.4	1 301 159.2	1 613 663.0	1 693 985.1
谷物	25 352.8	25 719.5	26 531.4	30 616.7	40 088.4	42 426.6
小麦产品	6 159.0	6 516.5	6 647.5	7 560.0	9 864.3	9 449.8
玉米产品	1 512.1	1 714.8	1 724.0	1 278.9	962.1	753.9
稻谷产品	16 523.8	16 154.2	16 856.6	20 389.7	27 377.1	29 544.3
棉花	10 566.1	10 867.3	16 836.9	17 651.2	11 950.2	12 736.5
食用油籽	5 062.8	4 995.9	5 006.5	5 706.3	8 241.4	7 014.3
大豆	1 611.6	1 494.9	1 402.1	1 611.7	2 304.9	2 493.0
花生	1 444.7	1 382.0	1 368.7	1 317.5	1 946.4	1 699.0
油菜籽						
食用植物油	25 354.4	18 283.3	16 383.1	28 825.9	40 415.0	15 594.9
豆油	6 486.2	5 051.0	3 884.3	5 314.3	7 111.0	5 261.5
菜籽油	2 187.9	2 521.4	1 903.6	2 674.3	4 089.0	3 371.1
棕榈油	11 764.8	6 015.7	5 779.1	15 183.5	22 138.2	1 424.9
食糖	4 756.2	6 154.1	8 379.8	7 886.5	8 245.4	8 587.8
蔬菜	36 161.5	35 933.5	39 034.7	42 429.7	46 222.0	49 056.5
水果	99 396.5	97 806.1	108 037.8	116 639.6	136 710.9	162 687.0
畜产品	338 242.2	348 660.1	383 938.5	449 029.6	645 642.3	670 919.6
猪肉	29 467.2	27 599.3	27 181.0	35 908.5	63 925.8	53 741.7
牛肉	13 261.4	15 025.4	17 715.4	22 598.6	35 769.4	47 496.9
羊肉	2 443.7	2 757.9	2 990.9	3 416.0	4 002.4	5 487.3
家禽	57 682.6	64 982.2	73 133.8	98 435.2	123 190.4	131 650.2
蛋产品	7 688.3	7 665.5	7 852.0	10 415.7	12 117.1	12 556.9
乳品	28 810.0	31 929.7	35 569.9	39 962.5	50 256.4	57 882.2
动物生皮	31 218.4	24 277.0	20 735.7	22 519.9	30 086.6	18 994.5
动物生毛皮	64 031.7	68 503.8	79 621.4	59 202.5	73 931.2	61 730.5
羊毛	497.7	742.9	628.8	333.1	261.0	171.1
水产品	227 569.3	228 350.7	241 612.8	264 909.6	287 419.8	291 737.5
饮品	98 908.8	106 279.0	103 795.1	125 060.7	146 104.1	175 004.4
酒	37 175.3	40 442.1	45 422.1	58 782.1	78 577.5	92 764.5
茶	3 492.0	3 589.7	4 273.0	4 432.2	4 886.5	5 001.7
咖啡	2 343.3	2 690.4	3 347.7	3 674.3	4 413.5	4 896.4

中国香港主要农产品进口额（二）

单位：万美元

项　目	2010 年	2011 年	2012 年	2013 年	2014 年
农产品	2 030 841.3	2 388 041.5	2 468 947.9	2 752 667.3	2 889 431.7
谷物	45 064.8	49 798.4	48 772.7	51 311.8	49 880.9
小麦产品	9 110.2	11 292.5	12 773.3	12 889.1	12 436.6
玉米产品	1 045.5	1 251.2	853.0	672.8	663.3
稻谷产品	31 939.5	34 302.0	32 438.2	34 855.7	32 879.4
棉花	18 033.7	12 602.2	15 737.3	19 949.1	7 098.0
食用油籽	8 761.2	11 406.1	11 615.3	14 984.7	14 792.5
大豆	2 227.5	2 411.0	2 427.9	3 089.6	2 919.3
花生	2 147.0	3 143.7	3 179.5	3 038.4	3 430.3
油菜籽					1.4
食用植物油	18 965.2	19 665.1	21 616.6	19 108.5	15 609.7
豆油	5 651.1	6 365.8	6 819.3	6 924.1	4 598.5
菜籽油	5 537.3	5 237.0	7 175.9	5 092.2	3 976.3
棕榈油	1 308.6	1 785.8	1 353.4	1 095.9	974.2
食糖	11 445.2	14 941.5	14 189.3	11 861.0	11 102.6
蔬菜	51 629.3	57 725.7	69 465.3	78 233.7	93 359.0
水果	172 554.1	213 727.3	236 357.0	237 735.4	296 020.7
畜产品	798 802.8	954 829.4	927 770.7	1 118 252.2	1 211 387.1
猪肉	54 072.6	74 636.9	72 716.0	67 738.6	69 568.5
牛肉	52 430.4	61 488.7	78 131.3	163 245.2	216 651.1
羊肉	7 937.4	8 701.5	7 552.3	9 063.8	9 806.1
家禽	183 201.7	221 463.6	160 870.9	152 333.8	193 956.7
蛋产品	13 414.8	16 297.4	17 662.4	19 992.3	21 702.6
乳品	73 749.9	98 416.3	131 616.5	157 681.6	194 879.5
动物生皮	30 547.1	32 056.4	18 453.1	17 834.0	8 968.5
动物生毛皮	96 462.4	112 263.9	136 148.6	171 881.8	84 079.2
羊毛	610.8	3 054.6	315.2	990.5	123.6
水产品	343 688.6	397 852.6	404 904.1	416 905.8	404 877.2
饮品	230 471.6	288 886.6	288 852.6	297 805.2	316 787.4
酒	140 108.9	184 075.4	171 491.5	166 430.5	175 920.1
茶	6 381.2	7 203.1	7 717.2	7 947.9	8 791.6
咖啡	6 254.4	8 672.1	9 976.3	9 910.1	10 078.5

4-7-3 中国香港主要农产品出口量（一）

单位：吨

项　目	2004 年	2005 年	2006 年	2007 年	2008 年	2009 年
农产品						
谷物	37 208.1	37 814.8	40 108.2	48 046.5	57 079.7	38 827.6
小麦产品	19 442.1	22 173.2	25 445.8	33 873.3	20 592.9	17 546.1
玉米产品	1 627.1	1 982.4	1 768.7	219.9	75.6	103.9
稻谷产品	14 257.2	10 691.1	12 175.7	13 327.7	34 740.7	17 764.0
棉花	71 446.2	69 481.1	115 456.2	93 182.1	62 198.3	75 994.4
食用油籽	19 894.1	17 612.6	17 669.7	16 855.2	19 232.0	17 106.2
大豆	13 355.9	12 891.3	12 513.6	10 523.5	8 566.7	11 029.1
花生	1 301.6	1 138.1	1 108.9	1 354.5	1 146.6	1 620.3
油菜籽						
食用植物油	92 429.5	64 260.7	45 941.4	50 340.2	41 374.2	42 636.7
豆油	22 615.4	23 121.2	12 130.0	12 699.2	11 397.1	9 429.2
菜籽油	14 525.1	19 800.8	12 908.7	11 663.6	12 725.7	13 845.6
棕榈油	50 265.5	17 916.7	17 457.3	19 569.2	11 637.0	14 214.8
食糖	40 880.9	34 728.2	30 368.1	31 093.4	26 699.6	17 195.5
蔬菜	41 014.7	41 400.9	56 810.0	39 478.7	36 460.2	35 300.9
水果						
畜产品						
猪肉	38 888.9	29 337.6	37 440.9	43 906.5	126 880.1	102 581.7
牛肉	4 567.9	4 200.6	4 615.2	12 919.3	13 752.6	38 674.6
羊肉	291.0	120.5	696.7	983.5	1 647.8	4 937.6
家禽						
蛋产品						
乳品	17 568.6	19 403.2	23 137.6	18 275.9	19 982.5	18 235.5
动物生皮	200 190.2	164 750.3	131 841.9	125 705.4	166 911.9	134 319.8
动物生毛皮						
羊毛	1 468.4	1 807.9	1 391.4	956.3	580.2	558.5
水产品						
饮品						
酒						
茶	3 258.0	2 117.1	2 009.8	2 076.6	2 280.3	1 910.9
咖啡	1 391.5	1 592.3	1 355.5	1 386.2	1 439.8	1 520.8

中国香港主要农产品出口量（二）

单位：吨

项目	2010年	2011年	2012年	2013年	2014年
农产品					
谷物	38 685.4	32 906.4	36 272.5	61 160.2	40 603.4
小麦产品	10 844.4	8 918.1	10 653.0	15 664.8	11 084.0
玉米产品	117.2	150.9	147.6	247.8	101.8
稻谷产品	24 556.9	21 404.1	23 714.5	38 050.3	26 204.4
棉花	105 100.0	58 606.7	77 385.2	88 746.5	42 938.4
食用油籽	18 431.0	40 590.6	22 560.2	18 815.8	16 290.2
大豆	11 608.4	10 819.8	10 669.7	10 349.6	10 389.9
花生	1 782.5	2 500.1	2 307.5	3 353.3	2 124.1
油菜籽					
食用植物油	30 605.2	22 106.3	25 910.4	22 535.3	20 001.3
豆油	4 464.8	3 262.8	7 309.7	9 072.8	6 317.1
菜籽油	15 003.0	10 503.3	13 103.3	9 406.7	7 567.4
棕榈油	1 012.7	2 378.0	176.9	315.3	331.9
食糖	20 479.8	21 592.3	24 977.1	20 847.5	17 765.7
蔬菜	39 731.9	36 560.4	32 556.8	36 973.8	42 529.7
水果					
畜产品					
猪肉	97 581.9	86 364.3	75 719.0	49 375.8	136 736.1
牛肉	35 230.7	53 532.7	48 298.3	33 293.5	59 868.2
羊肉	6 469.3	1 031.1	1 130.3	711.4	1 082.4
家禽					
蛋产品					
乳品	21 325.0	24 292.7	25 363.3	66 937.0	34 147.7
动物生皮	172 051.9	145 360.5	92 359.2	51 147.3	45 171.2
动物生毛皮					
羊毛	934.7	4 346.3	572.6	2 193.8	193.8
水产品					
饮品					
酒					
茶	2 427.0	2 508.1	2 579.6	3 811.2	2 433.7
咖啡	2 111.3	3 108.6	3 014.1	2 212.7	5 338.5

4-7-4 中国香港主要农产品进口量（一）

单位：吨

项　目	2004年	2005年	2006年	2007年	2008年	2009年
农产品						
谷物	623 544.3	646 261.3	651 753.5	633 660.4	600 612.2	588 685.4
小麦产品	178 227.0	182 056.1	185 889.3	196 541.4	189 795.5	177 831.7
玉米产品	82 376.9	97 982.0	106 625.0	54 629.2	31 137.3	30 704.9
稻谷产品	351 639.7	353 124.2	347 512.4	371 602.9	369 471.0	365 032.4
棉花	113 860.6	127 983.0	197 042.1	185 932.9	107 718.7	120 927.2
食用油籽	54 157.1	56 838.0	57 580.3	58 713.6	59 117.8	56 024.8
大豆	36 199.4	36 551.5	36 621.6	37 034.8	34 565.7	35 479.8
花生	10 957.5	10 355.5	11 087.0	9 163.7	10 328.7	9 745.0
油菜籽						
食用植物油	407 310.4	305 568.9	260 403.6	325 547.7	314 389.4	138 067.2
豆油	97 527.0	86 390.5	65 347.0	66 735.9	57 714.6	60 888.0
菜籽油	31 212.8	39 458.3	27 349.0	29 158.0	29 329.4	34 646.2
棕榈油	234 558.5	140 769.6	128 294.5	191 697.8	197 959.3	16 780.9
食糖	177 921.2	191 307.4	195 351.3	202 058.8	198 269.6	178 776.0
蔬菜	751 850.9	677 689.3	672 177.3	776 532.1	786 333.9	792 702.1
水果						
畜产品						
猪肉	211 027.3	168 883.2	178 890.4	198 183.1	299 464.0	260 581.9
牛肉	50 579.5	51 723.0	56 301.6	68 054.9	90 527.2	135 311.2
羊肉	5 968.9	7 134.7	8 830.3	8 742.6	9 541.6	16 960.2
家禽						
蛋产品						
乳品	160 011.0	162 329.5	171 174.1	174 226.2	166 551.5	171 468.4
动物生皮	219 494.4	173 814.4	147 523.9	144 204.0	182 988.6	154 644.5
动物生毛皮						
羊毛	1 093.1	1 716.1	1 272.5	825.4	786.8	585.0
水产品						
饮品						
酒						
茶	12 769.4	12 625.8	14 053.4	13 397.9	13 119.3	13 604.7
咖啡	7 981.8	7 751.9	8 416.4	8 919.7	10 207.1	10 858.8

中国香港主要农产品进口量（二）

单位：吨

项　目	2010 年	2011 年	2012 年	2013 年	2014 年
农产品					
谷物	592 710.6	600 614.9	557 387.0	586 567.7	591 504.2
小麦产品	174 794.3	179 099.0	186 327.5	189 435.5	189 495.1
玉米产品	35 541.7	33 062.2	21 396.8	16 468.7	19 091.3
稻谷产品	365 867.9	374 127.2	338 487.3	369 141.2	367 986.2
棉花	134 347.1	71 375.3	105 576.1	132 037.5	51 273.7
食用油籽	56 048.2	59 689.3	56 168.4	62 432.4	63 487.2
大豆	34 192.2	35 627.0	33 234.3	36 824.1	34 787.5
花生	10 628.7	11 649.1	10 913.8	10 459.0	16 364.1
油菜籽					7.1
食用植物油	159 555.1	129 741.8	143 245.1	134 639.9	120 548.7
豆油	57 789.8	48 822.2	53 619.7	59 463.4	45 945.8
菜籽油	54 139.7	40 378.9	54 200.2	41 764.2	39 043.9
棕榈油	13 715.8	14 386.7	11 972.8	11 940.3	10 727.8
食糖	182 996.4	196 323.2	193 642.5	185 151.9	185 752.7
蔬菜	786 742.6	857 691.9	993 599.5	998 238.7	1 004 802.6
水果					
畜产品					
猪肉	242 704.4	266 001.7	247 303.4	236 625.5	238 339.0
牛肉	128 247.1	129 420.2	173 850.5	328 948.3	409 000.1
羊肉	23 765.2	20 737.2	15 786.7	19 544.5	20 936.1
家禽					
蛋产品					
乳品	184 457.8	203 429.6	229 338.5	241 170.4	263 896.9
动物生皮	181 127.4	176 454.9	113 495.0	107 336.6	49 232.1
动物生毛皮					
羊毛	1 374.9	4 615.5	597.6	2 294.1	192.8
水产品					
饮品					
酒					
茶	13 849.7	13 496.8	13 783.1	13 561.7	14 330.7
咖啡	12 903.7	15 469.4	18 222.6	17 563.5	18 025.4

4-8 越南主要农产品贸易情况

4-8-1 越南主要农产品出口额（一）

单位：万美元

项　目	2004年	2005年	2006年	2007年	2008年	2009年
农产品	561 905.1	675 496.6	796 058.0	985 500.4	1 282 880.9	1 220 152.8
谷物	96 693.2	141 849.3	128 673.8	150 246.8	292 158.2	268 547.3
小麦产品	457.3	722.2	817.8	895.5	1 585.6	1 625.6
玉米产品	1 015.7	142.7	84.7	123.2	639.7	168.3
稻谷产品	95 087.9	140 904.3	127 656.9	149 060.4	289 661.8	266 711.6
棉花	112.5	421.8	335.9	598.0	1 044.1	938.9
食用油籽	5 861.9	5 094.1	7 511.8	8 402.1	6 228.5	4 704.2
大豆	32.4	95.5	25.9	23.7	89.0	49.0
花生	3 966.1	4 527.9	2 325.0	4 159.7	2 640.2	2 722.2
油菜籽						
食用植物油	2 715.8	599.8	706.6	2 477.6	3 402.8	2 448.9
豆油	4.1	20.8	13.3	809.2	270.0	88.9
菜籽油	0.4	6.1		1.4	1.8	4.5
棕榈油	2 409.0	124.5	265.1	691.8	1 488.2	241.7
食糖	52.8	27.0	236.5	470.3	501.1	150.6
蔬菜	22 745.5	24 089.9	28 990.7	38 501.4	45 679.4	50 504.9
水果	11 380.4	17 296.5	17 599.4	22 736.5	33 288.9	31 335.6
畜产品	10 268.2	16 892.8	17 139.8	16 777.3	14 637.6	12 363.4
猪肉	3 487.5	3 074.4	2 080.5	4 236.6	5 304.0	3 854.1
牛肉	1.7		12.6	2.5	0.4	12.5
羊肉				0.2		8.4
家禽	168.3	4.1	4.2	13.2	111.7	52.8
蛋产品	296.9	253.7	280.9	356.8	469.9	528.6
乳品	3 425.2	8 533.7	9 012.3	1 633.5	2 961.6	2 369.2
动物生皮	198.9	2 260.1	2 423.7	6 593.7	834.5	397.6
动物生毛皮			10.5			
羊毛			0.7			
水产品	242 807.4	277 390.8	339 405.3	380 424.1	457 524.3	432 485.9
饮品	76 624.8	88 037.2	137 355.6	211 936.7	235 865.1	203 733.9
酒	1 375.5	1 668.1	1 734.7	3 176.7	3 939.1	5 094.3
茶	9 727.8	10 278.2	11 260.2	13 470.0	14 928.7	18 040.6
咖啡	64 786.1	74 983.8	122 992.1	192 729.4	213 230.9	176 294.9

越南主要农产品出口额（二）

单位：万美元

项　目	2010 年	2011 年	2012 年	2013 年	2014 年
农产品	1 415 731.1	1 881 371.5	2 060 704.5	2 008 633.1	
谷物	328 099.6	371 335.6	375 307.0	300 746.4	
小麦产品	2 895.0	4 869.7	6 497.4	6 779.9	
玉米产品	114.9	313.3	751.0	982.5	
稻谷产品	325 068.1	366 118.1	368 048.0	292 934.2	
棉花	1 762.3	2 501.9	2 127.3	2 402.5	
食用油籽	6 036.0	4 840.3	4 641.4	12 563.4	
大豆	85.3	4.2	9.5	66.0	
花生	2 960.8	1 534.4	1 369.9	2 067.4	
油菜籽					
食用植物油	3 972.9	12 629.7	20 654.5	14 335.1	
豆油	201.0	5 707.5	13 075.5	8 403.7	
菜籽油	2.9	8.0	2.1	1.7	
棕榈油	1 879.5	5 206.8	6 455.7	4 838.6	
食糖	81.2	17 380.3	4 711.7	25 170.3	
蔬菜	61 652.1	98 776.4	103 101.9	117 063.9	
水果	32 716.7	47 937.2	64 806.9	57 100.5	
畜产品	14 418.6	21 649.5	27 581.9	29 091.5	
猪肉	3 235.3	5 110.0	6 001.2	3 956.0	
牛肉	6.1	2.6	2.6	6.7	
羊肉					
家禽	72.2	83.6	208.7	540.0	
蛋产品	548.6	588.3	428.2	380.0	
乳品	3 367.0	6 658.3	12 275.0	11 546.6	
动物生皮	319.5	423.1	307.7	339.4	
动物生毛皮					
羊毛	0.3	0.6	1.5	3.4	
水产品	514 446.3	628 852.5	631 225.9	692 706.0	
饮品	223 215.6	328 249.1	421 428.6	344 036.3	
酒	8 209.2	17 149.2	22 695.8	23 567.0	
茶	20 230.3	20 582.2	22 589.7	23 017.9	
咖啡	189 924.2	284 600.6	367 440.2	288 313.3	

4-8-2 越南主要农产品进口额（一）

单位：万美元

项　目	2004年	2005年	2006年	2007年	2008年	2009年
农产品	221 412.5	267 623.6	314 735.7	443 069.3	626 708.9	618 157.0
谷物	21 781.5	28 623.5	36 545.4	50 898.8	52 908.1	75 009.2
小麦产品	17 278.4	20 930.8	23 502.9	36 728.4	31 849.5	35 399.4
玉米产品	1 835.4	4 449.6	9 582.7	10 495.2	14 907.7	32 714.9
稻谷产品	2 119.8	2 590.9	2 567.1	2 713.6	4 338.3	5 658.2
棉花	19 156.3	17 005.6	22 184.2	26 805.8	46 654.6	39 475.6
食用油籽	622.3	314.7	1 038.1	2 777.5	7 844.6	8 886.9
大豆	130.0	153.6	780.5	2 324.8	7 136.9	7 952.9
花生	78.4	41.5	119.4	121.8	125.6	152.0
油菜籽	3.9	4.5	1.6	6.8	6.9	5.7
食用植物油	20 595.7	16 970.4	22 848.4	43 785.4	59 962.0	45 024.0
豆油	5 287.6	4 204.0	5 785.6	10 299.9	14 257.6	9 511.8
菜籽油	747.6	564.3	35.1	130.3	190.3	230.5
棕榈油	14 470.5	11 909.0	16 717.4	32 840.3	45 023.7	34 653.5
食糖		2 193.0	4 865.4	1 034.6	3 591.0	6 173.7
蔬菜	3 973.0	4 384.7	5 637.4	8 301.8	11 187.4	13 272.1
水果	6 836.6	12 140.9	13 687.3	17 530.9	21 401.7	29 403.5
畜产品	27 223.4	37 613.7	41 980.8	56 708.5	90 159.9	69 526.8
猪肉	10.8	14.8	21.7	12.2	2 226.7	308.9
牛肉	251.1	317.8	549.7	1 151.0	2 848.6	2 045.9
羊肉	64.6	81.7	79.2	164.7	158.5	388.3
家禽	451.3	404.3	1 310.0	5 586.2	13 385.1	7 365.3
蛋产品	74.8	35.6	62.5	72.4	203.3	156.3
乳品	20 117.5	27 889.7	27 283.4	36 442.4	42 306.3	32 687.2
动物生皮	1 861.4	4 802.7	7 776.7	5 462.4	13 442.1	4 583.1
动物生毛皮	78.8		9.1	3.5	123.7	1.3
羊毛	55.0	170.4	5.4	16.6	7.8	12.1
水产品	22 215.4	28 223.4	30 717.3	37 962.3	46 508.8	43 498.9
饮品	3 570.2	3 721.4	4 909.3	7 241.0	12 765.5	15 696.7
酒	1 678.0	2 105.1	2 769.0	3 839.5	6 693.8	8 300.5
茶	360.5	389.7	399.1	410.6	465.1	658.4
咖啡	487.1	362.4	542.8	1 402.5	2 663.2	3 924.1

越南主要农产品进口额（二）

单位：万美元

项　目	2010 年	2011 年	2012 年	2013 年	2014 年
农产品	788 173.1	1 061 023.6	1 089 444.0	1 278 249.0	
谷物	111 698.2	123 558.1	136 036.4	136 948.4	
小麦产品	58 263.3	82 509.3	78 064.0	62 784.7	
玉米产品	45 378.3	32 805.5	50 116.9	67 343.8	
稻谷产品	5 572.6	5 915.4	5 391.2	4 752.3	
棉花	67 353.1	106 146.8	88 107.5	117 000.4	
食用油籽	12 083.7	49 449.5	79 731.6	81 336.7	
大豆	11 266.2	48 105.8	78 308.2	78 805.9	
花生	200.9	444.3	387.6	994.4	
油菜籽	6.1	7.7	8.2	7.7	
食用植物油	63 579.2	82 850.3	65 483.2	60 846.5	
豆油	14 835.8	15 539.8	4 646.7	7 183.8	
菜籽油	348.6	799.0	297.3	389.1	
棕榈油	47 767.7	65 687.5	59 488.4	51 818.6	
食糖	19 394.7	18 257.3	7 256.7	6 904.1	
蔬菜	19 838.0	20 804.4	26 365.7	27 726.0	
水果	31 918.6	37 947.8	40 943.2	59 176.2	
畜产品	92 922.9	112 599.8	114 738.9	146 259.9	
猪肉	169.9	1 474.7	688.4	673.3	
牛肉	2 508.3	3 504.3	4 891.9	5 853.8	
羊肉	459.4	397.8	428.5	685.6	
家禽	7 638.1	10 412.7	8 512.4	9 642.9	
蛋产品	172.5	237.4	190.1	266.0	
乳品	50 064.4	56 969.2	55 064.5	61 135.9	
动物生皮	6 565.6	8 760.9	7 269.7	6 093.0	
动物生毛皮	5.4	43.4	4.6	74.8	
羊毛	27.0			50.2	
水产品	53 718.2	73 499.8	84 112.2	92 097.1	
饮品	13 340.4	17 570.9	18 847.1	21 162.8	
酒	5 071.0	6 755.4	5 513.2	7 029.6	
茶	670.2	801.5	756.4	951.4	
咖啡	3 575.9	5 763.9	7 401.2	6 520.5	

4-8-3 越南主要农产品出口量（一）

单位：吨

项　目	2004年	2005年	2006年	2007年	2008年	2009年
农产品						
谷物	2 153 133.7	3 070 393.5	4 674 136.3	4 607 677.1	4 815 392.1	6 003 193.8
小麦产品	16 627.2	23 105.4	26 436.6	21 832.1	42 568.6	28 630.5
玉米产品	58 935.3	4 878.6	2 293.3	4 908.4	24 749.0	3 813.3
稻谷产品	2 075 145.9	3 041 366.6	4 644 355.5	4 580 687.4	4 746 031.3	5 970 069.1
棉花	856.1	3 324.0	3 793.1	6 870.9	12 167.5	8 264.4
食用油籽	52 780.7	54 608.6	40 705.8	51 821.5	32 693.2	21 829.8
大豆	823.8	2 589.6	781.2	742.3	2 535.1	946.3
花生	37 255.0	43 767.7	20 307.6	42 824.2	23 712.8	17 851.3
油菜籽						
食用植物油	37 888.9	4 440.7	5 545.6	27 992.6	25 166.9	6 834.9
豆油	49.9	253.9	162.0	11 506.0	2 768.6	581.6
菜籽油	4.3	68.5		14.0	14.8	27.1
棕榈油	36 591.9	1 891.6	4 028.8	12 701.2	17 611.9	1 859.3
食糖	1 476.7	802.4	8 336.1	10 590.1	12 571.9	3 844.4
蔬菜	143 632.8	166 971.4	207 451.0	177 494.8	217 619.6	252 164.0
水果						
畜产品						
猪肉	18 780.3	16 586.7	11 047.5	20 474.8	27 579.3	16 044.1
牛肉	6.6		41.1	7.5	0.5	30.9
羊肉				0.4		23.3
家禽						
蛋产品						
乳品	16 779.4	38 592.4	46 280.3	7 675.6	15 005.4	12 253.5
动物生皮	646.8	15 660.2	18 203.2	74 994.3	470.5	56.5
动物生毛皮						
羊毛			3.0			
水产品						
饮品						
酒						
茶	32 794.3	33 417.1	105 798.2	115 948.8	104 991.3	134 556.6
咖啡	438 821.7	504 058.0	982 529.3	1 233 321.2	1 062 740.9	1 186 661.7

越南主要农产品出口量（二）

单位：吨

项　目	2010 年	2011 年	2012 年	2013 年	2014 年
农产品					
谷物	6 980 120.2	7 252 237.0	8 025 436.7	6 754 504.4	
小麦产品	82 016.8	128 309.9	500.1	147 927.4	
玉米产品	2 268.4	4 803.4	7 858.0	7 826.1	
稻谷产品	6 895 557.8	7 118 672.9	8 017 078.6	6 598 162.5	
棉花	15 621.9	20 191.0	20 036.0	22 114.0	
食用油籽	37 791.7	15 680.4	3 715.7	30 193.5	
大豆	1 934.6	90.4	38.8	1 104.1	
花生	30 539.4	10 724.5		10 724.4	
油菜籽					
食用植物油	26 260.3	106 361.0		107 635.5	
豆油	1 741.4	55 513.0		67 786.1	
菜籽油	20.9	64.0		10.8	
棕榈油	19 761.0	46 375.9		36 992.3	
食糖	1 716.0	275 519.1		369 128.4	
蔬菜	259 631.0	318 258.5	116 841.5	329 656.9	
水果					
畜产品					
猪肉	14 610.0	24 436.7		16 640.5	
牛肉	17.5	6.2		11.2	
羊肉					
家禽					
蛋产品					
乳品	17 766.5	25 908.3		42 456.1	
动物生皮	352.6	617.7		300.2	
动物生毛皮					
羊毛	1.4	3.7		15.8	
水产品					
饮品					
酒					
茶	136 964.0	134 573.6	146 898.8	141 168.0	
咖啡	1 223 040.2	1 268 058.9	1 735 544.8	1 317 011.8	

4-8-4 越南主要农产品进口量（一）

单位：吨

项　目	2004年	2005年	2006年	2007年	2008年	2009年
农产品						
谷物	981 236.5	1 317 469.5	1 862 162.1	1 959 892.9	1 403 708.1	2 431 179.6
小麦产品	848 597.6	1 041 808.6	1 285 592.7	1 299 344.9	756 960.9	1 398 689.6
玉米产品	61 585.0	189 135.5	476 125.4	552 698.5	516 103.3	938 694.6
稻谷产品	41 398.2	50 056.6	49 913.1	52 340.9	67 092.7	60 463.1
棉花	122 717.2	109 675.4	183 577.6	211 072.2	299 183.9	305 529.3
食用油籽	7 867.5	5 850.1	24 001.7	67 925.2	182 591.8	136 232.3
大豆	3 668.8	4 292.8	21 535.1	63 572.6	177 401.6	131 295.5
花生	780.8	417.5	1 225.9	2 047.4	1 120.1	977.4
油菜籽	116.5	132.0	48.4	25.2		5.8
食用植物油	361 893.8	299 965.3	362 768.3	805 046.1	722 854.2	240 634.8
豆油	82 592.8	65 504.2	90 136.7	172 226.1	171 323.7	72 052.4
菜籽油	10 719.3	7 959.6	403.1	1 581.8	1 996.2	1 544.0
棕榈油	267 738.2	224 990.8	270 061.5	626 849.3	546 410.4	164 536.2
食糖	0.7	44 986.4	114 692.7	19 746.8	71 725.6	85 512.6
蔬菜	27 818.0	40 194.7	53 285.8	71 897.0	70 174.4	88 518.5
水果						
畜产品						
猪肉	51.9	72.2	103.4	49.5	9 192.0	1 120.9
牛肉	729.2	932.0	1 671.9	3 461.3	8 071.1	4 381.6
羊肉	113.8	147.3	137.3	289.2	288.9	825.7
家禽						
蛋产品						
乳品	80 431.8	123 750.6	121 285.0	165 313.6	134 271.5	93 760.6
动物生皮	6 978.2	25 889.2	45 869.2	32 644.7	65 094.1	26 057.1
动物生毛皮						
羊毛	257.0	805.5	10.8	93.5	9.6	62.5
水产品						
饮品						
酒						
茶	761.1	842.4	910.5	2 976.5	868.0	1 344.2
咖啡	2 463.7	1 093.1	1 658.3	5 505.5	5 661.8	7 419.5

越南主要农产品进口量（二）

单位：吨

项　目	2010 年	2011 年	2012 年	2013 年	2014 年
农产品					
谷物	4 292 249.7	3 770 195.9	4 066 725.8	4 152 720.5	
小麦产品	2 244 080.1	2 452 825.8	2 423 616.0	1 831 737.3	
玉米产品	1 873 088.7	1 145 954.3	1 615 503.1	2 187 771.5	
稻谷产品	69 043.5	78 810.4	27 606.7	67 685.9	
棉花	357 087.0	331 388.2	418 901.7	580 462.2	
食用油籽	221 127.8	1 000 983.6	1 292 949.2	1 314 952.8	
大豆	216 051.3	992 562.0	1 292 949.2	1 302 521.8	
花生	1 687.1	3 363.5		5 030.3	
油菜籽	26.0				
食用植物油	747 514.8	846 434.9		471 460.1	
豆油	168 374.6	161 422.5		57 500.1	
菜籽油	3 072.9	7 258.6		2 715.5	
棕榈油	572 767.7	673 039.3		404 546.8	
食糖	294 931.3	260 514.0		78 447.4	
蔬菜	109 435.3	117 775.8	16 874.1	131 601.8	
水果					
畜产品					
猪肉	702.2	6 157.8		2 383.5	
牛肉	5 987.6	8 132.3		11 661.1	
羊肉	1 055.7	752.0		1 203.2	
家禽					
蛋产品					
乳品	207 341.7	202 990.1		202 836.6	
动物生皮	59 940.6	60 586.3		28 770.5	
动物生毛皮					
羊毛	196.8			58.8	
水产品					
饮品					
酒					
茶	1 340.7	1 616.8	3 916.8	4 388.6	
咖啡	5 162.0	11 302.4	14 008.6	23 412.2	

4-9 哈萨克斯坦主要农产品贸易情况

4-9-1 哈萨克斯坦主要农产品出口额（一）

单位：万美元

项 目	2004年	2005年	2006年	2007年	2008年	2009年
农产品	100 650.4	85 587.2	125 824.4	222 952.6	311 548.2	173 332.2
谷物	53 607.0	38 377.8	74 167.4	163 627.9	248 484.1	125 137.9
小麦产品	48 391.5	36 209.0	69 510.7	150 972.9	230 806.0	120 737.5
玉米产品	210.1	61.7	179.6	51.3	106.8	102.1
稻谷产品	2 023.2	960.5	494.4	1 228.1	1 331.7	357.7
棉花	17 530.5	16 876.6	18 479.6	18 368.6	13 176.2	8 761.4
食用油籽	356.1	310.6	801.6	1 567.1	2 692.3	2 459.6
大豆	113.7	114.0	78.8	159.5	287.9	177.7
花生	4.0	3.6	1.7	0.5		2.2
油菜籽		60.0	612.3	1 148.2	2 020.8	1 338.0
食用植物油	1 081.2	774.8	1 195.4	1 569.2	739.8	2 501.1
豆油	10.9	11.7	94.7	280.2	2.1	32.0
菜籽油	38.2		34.7	14.9	18.5	
棕榈油				0.1		0.6
食糖	4 852.9	5 656.5	4 289.3	1 578.9	971.2	125.7
蔬菜	5 399.2	3 238.2	5 652.9	5 590.8	7 963.3	3 353.9
水果	3 968.5	2 709.6	4 335.9	5 728.6	6 302.0	4 255.6
畜产品	4 155.9	3 910.4	3 026.0	1 948.7	1 840.8	2 092.5
猪肉	33.9	22.2	16.5			8.4
牛肉		19.2	3.9		127.0	8.7
羊肉						5.0
家禽	282.4	222.2	134.3	374.3	276.8	269.1
蛋产品	0.7	1.1		0.5	2.6	
乳品	581.9	1 950.6	1 378.7	869.9	802.8	985.3
动物生皮	1 618.3	899.0	916.2	132.7	142.2	180.9
动物生毛皮	0.7	1.9	0.8	1.3		
羊毛	441.4	250.2	359.7	266.8	314.1	441.6
水产品	3 328.7	5 396.0	5 065.3	8 147.3	8 409.9	8 663.2
饮品	643.3	1 126.2	1 066.3	1 612.3	2 417.7	2 907.5
酒	326.0	315.9	371.0	694.4	592.8	764.5
茶	36.8	66.1	75.1	75.6	218.0	168.0
咖啡	14.9	50.3	25.6	8.8	5.8	88.2

哈萨克斯坦主要农产品出口额（二）

单位：万美元

项　目	2010 年	2011 年	2012 年	2013 年	2014 年
农产品	204 344.9	191 773.0	320 607.0	284 357.6	271 709.2
谷物	153 364.6	131 731.2	230 578.1	189 675.1	170 092.9
小麦产品	144 996.3	116 062.9	220 618.2	181 052.1	152 185.3
玉米产品	143.1	436.0	254.9	144.3	687.8
稻谷产品	2 807.6	3 670.8	1 746.8	2 253.3	2 368.0
棉花	9 323.7	7 334.9	8 856.3	13 432.8	8 092.4
食用油籽	3 124.4	8 880.5	24 146.2	16 530.2	25 589.4
大豆	76.5	217.2	908.5	942.7	1 080.1
花生	2.4	44.4	97.9	39.8	19.8
油菜籽	1 053.6	3 260.7	3 378.9	4 266.7	5 940.0
食用植物油	4 020.3	3 127.7	4 790.9	4 392.0	4 956.6
豆油	107.4	257.2	623.0	608.0	498.7
菜籽油		99.5	132.5	124.6	580.5
棕榈油			7.2		
食糖	998.1	646.0	154.0	998.7	189.2
蔬菜	2 101.0	637.2	1 027.2	898.2	1 130.3
水果	1 333.0	2 914.7	4 220.7	4 021.9	3 368.0
畜产品	1 709.6	2 488.0	2 849.9	4 659.3	7 711.2
猪肉		59.0	29.8	12.4	182.4
牛肉		13.1	0.1	130.4	904.5
羊肉	176.3	251.6	0.3	21.8	11.6
家禽	281.7	292.1	1 138.4	886.0	1 623.3
蛋产品	0.2	3.8	3.0		339.0
乳品	280.7	403.5	548.6	2 059.6	2 685.8
动物生皮	336.6	326.1	397.6	441.7	75.2
动物生毛皮	10.6	8.1	15.2	23.6	16.9
羊毛	341.7	671.6	380.8	452.5	537.5
水产品	9 343.7	8 083.5	7 009.0	8 111.1	8 382.5
饮品	4 206.7	6 836.2	8 534.2	10 407.9	11 232.0
酒	434.4	466.0	703.6	789.5	970.1
茶	148.4	384.2	612.2	719.6	732.4
咖啡	338.0	544.6	856.9	826.7	899.1

4-9-2 哈萨克斯坦主要农产品进口额（一）

单位：万美元

项　目	2004年	2005年	2006年	2007年	2008年	2009年
农产品	93 898.4	131 033.7	172 822.4	234 364.8	301 703.7	247 873.6
谷物	584.6	1 336.6	2 285.8	3 389.4	5 778.9	6 332.6
小麦产品	107.2	129.0	276.5	173.0	774.7	1 428.7
玉米产品	53.4	57.4	73.9	135.0	165.5	297.4
稻谷产品	167.7	334.9	703.7	800.0	1 648.4	2 777.4
棉花	6.3	2 682.2	5 055.8	5 224.9	425.7	48.5
食用油籽	889.0	1 784.5	2 155.8	3 661.0	2 339.0	4 654.2
大豆	223.7	569.2	211.4	1 425.0	23.9	182.7
花生	12.4	77.5	112.8	196.5	184.1	333.3
油菜籽	4.2	158.5	331.5	77.3	138.8	144.7
食用植物油	2 659.5	4 836.7	4 425.6	7 026.5	18 561.4	9 458.1
豆油		0.2	0.2		59.2	0.1
菜籽油	4.6	16.1	23.1	19.7	157.9	52.0
棕榈油	1 052.0	1 398.4	615.1	987.6	2 157.5	956.5
食糖	15 304.6	20 024.4	23 959.8	18 368.3	27 061.2	20 865.7
蔬菜	3 707.9	4 743.7	7 219.5	10 836.3	14 770.5	12 541.4
水果	7 083.1	12 104.6	16 297.6	24 747.3	31 106.7	28 231.3
畜产品	15 573.0	24 165.4	31 960.7	45 080.4	59 712.9	47 790.9
猪肉	81.3	226.9	367.7	493.6	1 005.0	945.5
牛肉	442.9	673.2	1 575.2	2 456.7	1 969.8	1 055.5
羊肉	29.0	45.4	24.9	17.5	49.3	33.4
家禽	4 260.4	6 397.2	8 446.7	9 227.0	9 335.0	8 332.4
蛋产品	563.0	595.5	1 049.8	1 963.8	2 117.8	1 900.7
乳品	8 034.6	13 300.8	16 488.4	24 737.3	36 009.2	27 589.1
动物生皮	658.4	80.0	49.3	25.6	66.4	52.8
动物生毛皮	9.2	5.2	0.5	1.3	1.5	
羊毛	0.4	25.2	26.3	19.6	10.3	6.2
水产品	1 674.1	2 441.6	3 444.3	5 669.4	7 856.6	6 814.3
饮品	20 311.3	24 255.1	33 506.4	51 557.3	57 393.9	45 678.3
酒	5 924.6	8 617.3	12 111.6	20 382.1	20 355.7	12 713.8
茶	4 484.2	4 451.7	5 792.6	7 744.2	9 840.7	9 374.0
咖啡	812.7	970.6	1 470.5	2 138.9	2 331.9	2 473.1

哈萨克斯坦主要农产品进口额（二）

单位：万美元

项　目	2010年	2011年	2012年	2013年	2014年
农产品	235 263.7	402 821.6	427 993.6	460 609.5	435 874.5
谷物	2 119.3	6 766.3	4 965.1	4 090.5	4 308.2
小麦产品	130.4	851.0	547.4	290.2	461.9
玉米产品	192.8	243.4	252.0	290.0	443.1
稻谷产品	997.4	1 574.1	1 978.7	1 812.7	2 296.7
棉花	346.4	417.5	887.3	63.5	121.3
食用油籽	3 318.5	5 422.5	9 808.5	9 942.0	10 159.7
大豆	11.7	46.5	72.2	408.0	217.2
花生	732.9	1 155.5	2 099.4	1 818.4	1 527.0
油菜籽	235.2	111.4	282.8	434.4	597.7
食用植物油	7 567.7	14 350.2	11 405.9	10 983.4	10 290.0
豆油	0.7	8.7	240.9	1.9	42.3
菜籽油	6.8	3.0	6.3	141.5	338.4
棕榈油	694.8	1 262.0	1 886.5	1 268.8	1 679.1
食糖	28 652.0	34 562.5	26 301.7	24 046.9	24 839.1
蔬菜	18 150.6	34 407.8	30 730.8	39 355.8	37 450.4
水果	33 767.7	65 263.8	73 304.4	84 327.4	81 051.5
畜产品	45 220.4	79 979.7	91 168.6	89 767.4	82 154.4
猪肉	1 335.1	1 812.3	2 343.3	1 985.1	1 195.5
牛肉	2 228.5	3 639.0	6 480.4	6 908.2	4 318.6
羊肉	19.1	33.9	174.1	103.3	41.7
家禽	12 115.5	19 278.1	22 670.0	20 208.9	18 350.9
蛋产品	969.7	1 976.8	1 273.2	998.6	822.4
乳品	22 641.7	35 750.9	37 022.9	40 182.1	40 034.1
动物生皮	1.4	22.8	0.7	15.5	14.2
动物生毛皮	0.2	0.1	0.2	0.3	0.4
羊毛	7.9	14.9	42.3	11.8	4.4
水产品	5 811.2	8 973.0	9 171.1	9 185.0	8 678.2
饮品	40 018.1	64 322.7	72 618.0	79 440.4	70 874.0
酒	9 605.5	17 730.4	20 155.1	21 816.9	20 393.5
茶	11 611.3	12 686.2	14 605.6	15 486.6	13 875.6
咖啡	1 941.1	3 261.8	3 925.2	4 078.9	3 597.3

4-9-3 哈萨克斯坦主要农产品出口量（一）

单位：吨

项目	2004年	2005年	2006年	2007年	2008年	2009年
农产品						
谷物	3 465 359.1	2 971 798.4	5 736 688.4	8 339 269.3	7 451 304.1	5 827 550.3
小麦产品	3 118 230.9	2 831 149.0	5 317 277.4	7 632 738.3	6 751 393.2	5 477 055.1
玉米产品	13 804.5	4 265.1	13 392.2	3 068.0	2 373.2	4 575.1
稻谷产品	78 361.9	36 931.5	25 556.1	43 520.3	28 505.3	8 212.8
棉花	159 281.1	180 519.9	201 977.0	179 981.3	99 228.8	79 502.1
食用油籽	15 366.7	10 054.8	36 862.0	50 151.5	56 468.7	75 398.5
大豆	4 140.5	2 915.0	2 339.9	4 497.8	6 842.2	4 568.0
花生	104.8	115.9	45.9	16.9		30.4
油菜籽		3 000.0	30 350.4	34 971.1	43 632.7	42 402.5
食用植物油	14 351.5	9 861.1	17 124.1	18 176.0	4 832.9	24 949.4
豆油	176.9	189.2	1 206.9	3 128.1	26.2	362.7
菜籽油	600.1		702.1	195.0	135.1	0.2
棕榈油				0.5		1.9
食糖	134 900.2	142 677.4	84 554.9	33 595.1	17 226.2	2 338.8
蔬菜	193 681.2	152 129.0	163 232.8	157 628.0	141 006.8	119 449.1
水果						
畜产品						
猪肉	219.0	108.3	75.0			22.0
牛肉		115.8	21.0		399.9	22.0
羊肉						15.9
家禽						
蛋产品						
乳品	6 253.1	16 075.3	7 776.4	6 045.9	3 645.7	4 684.9
动物生皮	28 224.6	18 740.7	14 935.6	3 963.0	4 659.6	6 675.0
动物生毛皮						
羊毛	6 403.7	3 199.8	5 304.6	4 238.0	4 866.2	7 568.6
水产品						
饮品						
酒						
茶	135.3	236.9	340.3	259.4	731.9	427.6
咖啡	40.9	126.4	65.8	61.1	43.9	202.7

哈萨克斯坦主要农产品出口量（二）

单位：吨

项　目	2010 年	2011 年	2012 年	2013 年	2014 年
农产品					
谷物	7 803 659.2	5 401 234.5	10 111 739.4	7 198 279.7	6 870 589.1
小麦产品	7 365 608.8	4 793 386.3	9 704 192.4	6 883 350.2	6 053 120.4
玉米产品	6 482.3	11 014.8	12 475.4	6 944.3	25 869.8
稻谷产品	50 306.8	67 623.5	50 704.7	57 763.4	57 762.0
棉花	66 842.5	32 540.3	56 567.3	82 199.4	50 774.4
食用油籽	81 239.8	174 830.0	448 877.1	337 782.2	575 970.7
大豆	2 461.4	6 449.1	22 320.0	20 416.1	19 940.2
花生	41.7	916.1	1 660.0	1 060.6	727.0
油菜籽	30 654.0	52 167.7	66 371.2	96 054.6	127 557.6
食用植物油	34 597.5	21 076.9	35 924.5	34 049.2	47 552.4
豆油	1 071.8	1 964.8	5 381.8	5 128.1	5 139.2
菜籽油		984.3	1 094.0	2 351.7	6 840.9
棕榈油			86.0		
食糖	13 221.2	6 636.2	2 168.0	14 263.0	2 529.7
蔬菜	122 917.8	29 207.7	74 085.4	38 809.6	52 330.4
水果					
畜产品					
猪肉		260.8	152.5	59.8	1 107.9
牛肉		18.9	0.3	265.7	2 383.4
羊肉	324.5	369.4	0.4	15.5	24.8
家禽					
蛋产品					
乳品	1 579.6	2 970.7	4 672.0	23 800.7	30 063.2
动物生皮	13 306.4	11 184.9	17 841.1	23 101.8	4 230.2
动物生毛皮					
羊毛	5 611.7	9 486.6	4 858.8	5 699.3	5 989.5
水产品					
饮品					
酒					
茶	442.1	763.9	1 382.3	1 527.1	1 509.4
咖啡	558.0	462.3	807.0	954.8	1 107.8

4-9-4 哈萨克斯坦主要农产品进口量（一）

单位：吨

项　目	2004年	2005年	2006年	2007年	2008年	2009年
农产品						
谷物	20 313.8	51 250.8	89 378.8	96 915.0	136 562.7	199 208.1
小麦产品	6 438.4	4 992.7	20 298.6	4 205.1	31 728.9	86 356.0
玉米产品	799.3	1 063.4	960.0	3 012.0	2 372.1	8 916.7
稻谷产品	4 360.6	7 546.9	15 004.5	16 404.5	27 150.6	42 595.4
棉花	52.0	27 275.5	50 523.1	47 460.3	3 252.6	549.7
食用油籽	27 982.5	50 551.7	69 566.8	113 632.6	31 023.0	83 013.6
大豆	3 136.9	16 091.2	6 967.2	47 277.7	518.7	4 160.3
花生	110.4	706.1	1 063.7	1 579.1	1 139.7	2 299.1
油菜籽	42.1	308.0	477.0	246.7	283.5	237.4
食用植物油	44 236.3	72 454.2	64 619.3	64 632.9	120 165.7	104 025.2
豆油		2.8	2.1	0.4	1 181.0	0.3
菜籽油	42.4	176.4	221.5	166.7	960.0	647.3
棕榈油	16 872.0	22 025.4	11 075.2	10 998.3	17 451.9	9 573.6
食糖	538 529.3	593 828.7	467 873.7	468 772.0	548 621.5	361 710.4
蔬菜	89 203.9	85 369.7	146 206.9	179 718.0	215 927.3	241 433.7
水果						
畜产品						
猪肉	229.1	1 614.0	2 907.3	4 261.7	9 074.1	8 175.5
牛肉	4 266.7	5 485.5	13 284.3	18 842.8	11 689.3	6 032.2
羊肉	58.8	171.5	112.5	34.6	276.6	130.8
家禽						
蛋产品						
乳品	76 342.4	112 084.0	130 204.0	147 249.8	177 051.6	174 689.3
动物生皮	7 606.2	940.5	593.6	347.4	1 765.7	1 413.6
动物生毛皮						
羊毛	9.7	430.7	383.3	138.5	64.0	18.7
水产品						
饮品						
酒						
茶	29 719.7	24 174.1	27 839.3	27 666.2	31 501.4	26 657.2
咖啡	2 927.2	4 373.4	5 784.1	7 433.1	6 719.4	7 631.1

哈萨克斯坦主要农产品进口量（二）

单位：吨

项　目	2010 年	2011 年	2012 年	2013 年	2014 年
农产品					
谷物	45 416.7	119 712.7	110 123.7	62 504.8	80 822.6
小麦产品	4 193.2	25 636.3	28 217.1	4 439.9	13 153.5
玉米产品	3 310.5	2 556.6	2 417.2	2 450.8	9 234.7
稻谷产品	18 422.9	19 473.7	32 706.2	25 037.3	32 916.6
棉花	1 381.5	2 344.7	5 627.1	418.2	808.0
食用油籽	21 702.2	24 459.2	115 850.6	115 747.0	57 907.9
大豆	132.4	422.3	969.6	63 306.9	4 268.6
花生	5 678.9	8 075.7	14 747.3	15 990.2	12 965.1
油菜籽	1 705.9	162.4	5 295.0	2 132.3	3 517.9
食用植物油	72 693.1	154 286.6	90 236.9	110 065.5	111 738.4
豆油	4.4	53.1	2 351.9	8.1	670.2
菜籽油	48.3	20.9	43.2	1 065.6	4 641.0
棕榈油	6 600.5	8 613.1	14 329.0	11 115.7	15 626.5
食糖	411 008.1	409 282.3	405 619.8	470 284.8	490 960.5
蔬菜	402 431.9	559 234.7	475 369.4	731 974.6	611 368.4
水果					
畜产品					
猪肉	7 465.9	9 266.5	12 001.6	11 051.6	7 928.0
牛肉	10 403.5	12 666.0	20 637.8	23 426.3	16 830.3
羊肉	61.0	72.1	634.8	757.0	287.2
家禽					
蛋产品					
乳品	125 081.5	163 486.5	181 799.4	171 556.1	176 229.1
动物生皮	34.0	226.7	1.3	54.4	917.8
动物生毛皮					
羊毛	19.4	68.1	227.0	104.2	49.0
水产品					
饮品					
酒					
茶	28 674.0	29 968.3	34 535.6	34 134.9	32 610.3
咖啡	6 194.4	7 121.7	7 540.2	8 003.9	7 647.1

4-10 吉尔吉斯斯坦主要农产品贸易情况

4-10-1 吉尔吉斯斯坦主要农产品出口额（一）

单位：万美元

项　目	2004年	2005年	2006年	2007年	2008年	2009年
农产品	13 254.6	12 991.6	14 668.3	20 084.4	21 816.3	18 276.7
谷物	36.4	18.6	35.3	84.9	145.4	292.8
小麦产品	34.7	17.2	30.1	73.2	80.9	46.6
玉米产品			0.8		0.8	
稻谷产品	1.2	0.6	4.4	6.9	63.7	246.2
棉花	4 282.8	4 140.1	3 637.0	2 930.8	2 377.1	2 155.7
食用油籽	84.4	32.6	24.1	42.4	15.6	53.5
大豆	0.5	5.2	1.0	3.4		
花生		0.7	4.7		4.5	6.4
油菜籽						
食用植物油	4.5	10.4	0.2	13.7	10.2	2.2
豆油						
菜籽油						
棕榈油						
食糖	2 197.7	1 120.2	485.3	286.2	57.6	0.1
蔬菜	704.5	553.3	780.8	1 639.3	2 378.4	1 752.3
水果	227.5	384.3	770.9	2 417.2	4 116.6	3 103.3
畜产品	2 066.5	2 956.1	3 690.4	4 456.2	5 113.0	3 191.5
猪肉	0.7		5.7			
牛肉	20.2	1.0		4.4	4.7	7.6
羊肉	1.8		3.6	1.2	2.8	3.7
家禽	37.1	56.0	51.0	34.0	33.1	34.4
蛋产品		8.3	5.5	11.0	9.1	
乳品	795.9	1 391.3	2 016.8	2 535.2	3 012.7	2 197.0
动物生皮	611.4	867.5	1 087.0	1 150.1	1 248.9	155.1
动物生毛皮	15.2	10.6	5.5	8.5	8.1	2.7
羊毛	131.8	195.1	153.8	178.7	106.3	124.1
水产品	2.5	2.1	2.7	27.2	36.9	41.2
饮品	723.5	823.3	317.8	556.3	715.5	844.1
酒	5.3	6.6	11.3	32.6	58.3	35.2
茶	276.9	108.6	44.4	30.5	30.7	23.8
咖啡		15.0	1.3	13.1	2.2	2.3

吉尔吉斯斯坦主要农产品出口额（二）

单位：万美元

项　目	2010 年	2011 年	2012 年	2013 年	2014 年
农产品	22 547.2	26 172.7	26 578.9	26 847.7	
谷物	167.0	127.5	17.7	34.2	
小麦产品	0.9	19.1	1.2	3.3	
玉米产品	20.1	21.0	0.2	14.0	
稻谷产品	146.0	83.9	16.3	16.9	
棉花	2 779.3	3 101.9	3 387.8	1 987.9	
食用油籽	85.1	31.8	34.1	106.1	
大豆					
花生	0.7	0.4	12.8	1.5	
油菜籽					
食用植物油			1.1	7.3	
豆油				7.2	
菜籽油					
棕榈油					
食糖	19.2	0.9	0.4	1.2	
蔬菜	3 307.0	4 425.8	4 099.8	3 617.3	
水果	3 009.9	3 471.5	5 011.5	4 479.3	
畜产品	4 708.3	4 676.6	4 680.3	4 477.3	
猪肉					
牛肉	6.1	10.2	12.0	9.5	
羊肉	528.4	52.4	4.8	2.6	
家禽	34.6	74.1	79.0	112.3	
蛋产品			1.0		
乳品	3 217.5	2 706.9	2 367.0	1 761.1	
动物生皮	159.0	581.3	642.6	607.9	
动物生毛皮	0.2	1.1		0.1	
羊毛	112.8	89.3	50.4	92.5	
水产品	31.3	55.9	6.9	8.6	
饮品	951.3	1 470.1	873.8	627.5	
酒	87.5	128.8	96.2	82.6	
茶	47.5	107.8	142.1	147.7	
咖啡	8.9	13.9	19.7	23.1	

4-10-2 吉尔吉斯斯坦主要农产品进口额（一）

单位：万美元

项　目	2004年	2005年	2006年	2007年	2008年	2009年
农产品	13 108.9	17 187.2	25 258.7	38 117.2	54 109.6	50 714.5
谷物	1 452.8	2 836.0	4 268.9	9 546.7	14 815.0	11 256.9
小麦产品	1 366.8	2 658.4	3 301.4	8 517.4	13 342.1	8 482.6
玉米产品	26.4	29.3	11.7	49.1	6.0	19.1
稻谷产品	43.4	124.6	895.0	827.9	1 242.1	2 438.5
棉花	0.7	2.5	38.8	28.3	41.6	26.2
食用油籽	5.7	33.9	7.0	21.8	23.6	193.3
大豆	4.6	6.6	4.2	5.3	4.5	18.5
花生	0.3	0.3	0.3		1.0	3.2
油菜籽						
食用植物油	1 036.7	788.4	1 086.9	1 858.6	3 497.6	3 485.7
豆油	54.4	47.9	39.1	10.2	23.0	32.6
菜籽油	1.4		0.2	10.5	23.5	
棕榈油	78.7	104.0	140.4	195.6	295.7	193.9
食糖	1 914.3	2 332.9	4 604.6	3 454.8	3 744.8	4 611.4
蔬菜	262.7	346.6	494.5	758.4	1 059.2	920.1
水果	774.2	1 268.2	1 805.7	2 085.7	2 873.6	3 333.4
畜产品	950.0	1 473.7	2 413.0	4 173.3	6 074.0	6 414.5
猪肉	0.2	60.9	594.4	743.5	714.3	408.4
牛肉	6.7	6.8	33.5	105.0	77.4	9.4
羊肉					1.4	
家禽	444.4	610.9	639.1	1 338.2	2 699.9	3 960.8
蛋产品	11.9	5.5	12.6	32.0	67.5	227.8
乳品	197.3	371.4	802.9	1 541.4	2 008.3	1 552.7
动物生皮	152.0	264.7	130.6	174.6	166.7	113.6
动物生毛皮					0.8	
羊毛	80.5	122.8	120.3	148.0	177.3	28.8
水产品	258.1	269.6	397.1	567.2	724.1	806.4
饮品	3 148.2	3 559.4	4 674.1	7 733.8	11 151.4	10 200.9
酒	1 521.1	1 577.0	1 731.6	2 651.8	3 373.0	2 706.1
茶	273.6	300.2	376.7	356.5	508.8	532.9
咖啡	46.6	54.9	86.2	148.1	204.7	355.3

吉尔吉斯斯坦主要农产品进口额（二）

单位：万美元

项　目	2010年	2011年	2012年	2013年	2014年
农产品	54 887.0	71 461.5	79 305.3	85 573.6	
谷物	8 456.2	12 623.4	13 748.6	15 100.8	
小麦产品	7 016.8	11 265.8	11 881.3	13 393.8	
玉米产品	28.3	118.4	55.0	143.3	
稻谷产品	1 259.9	857.2	1 318.1	1 231.8	
棉花	91.9	26.0	26.8	14.2	
食用油籽	193.7	457.2	504.3	472.1	
大豆	28.6	66.9	142.6	75.2	
花生	7.9	14.7	19.5	17.8	
油菜籽		0.1			
食用植物油	4 732.1	5 707.9	5 897.3	6 598.6	
豆油	197.1	216.3		60.7	
菜籽油		9.9	112.9	53.0	
棕榈油	230.8	334.6	364.3	514.6	
食糖	4 648.6	7 790.5	6 484.6	5 696.3	
蔬菜	722.6	1 211.2	1 161.9	1 309.9	
水果	3 678.6	4 449.7	5 002.7	6 343.5	
畜产品	9 637.8	9 303.6	10 287.2	11 311.5	
猪肉	1 385.1	984.6	1 177.1	593.0	
牛肉	56.7	237.2	431.6	63.3	
羊肉		2.1			
家禽	5 994.2	5 761.2	5 851.9	7 597.2	
蛋产品	294.4	404.3	213.8	214.3	
乳品	1 414.9	1 343.6	1 591.0	1 629.3	
动物生皮	90.6	197.4	436.7	469.6	
动物生毛皮					
羊毛	29.4	22.6	50.5	31.8	
水产品	929.1	1 194.2	1 516.5	1 638.9	
饮品	10 941.1	14 314.6	16 801.7	15 925.2	
酒	2 629.9	3 412.2	3 416.2	3 158.8	
茶	559.8	707.2	1 010.3	983.2	
咖啡	479.3	631.6	794.6	804.5	

4-10-3 吉尔吉斯斯坦主要农产品出口量（一）

单位：吨

项　目	2004年	2005年	2006年	2007年	2008年	2009年
农产品						
谷物	1 516.9	781.4	1 347.7	2 370.1	3 147.0	6 543.2
小麦产品	1 455.7	741.9	1 246.6	2 119.6	1 733.5	1 268.2
玉米产品			17.6	0.7	12.0	
稻谷产品	40.0	10.4	83.5	127.9	1 401.5	5 274.8
棉花	47 595.3	52 360.7	46 523.1	32 992.8	23 743.2	22 091.4
食用油籽	3 163.1	1 286.4	715.4	1 060.0	329.2	1 075.7
大豆	14.0	164.2	31.9	123.6		
花生		13.2	108.2		64.3	104.9
油菜籽						
食用植物油	61.9	122.6	2.8	76.7	168.8	4.6
豆油						
菜籽油						
棕榈油						
食糖	60 962.5	30 997.4	11 112.5	5 829.6	1 335.7	0.4
蔬菜	37 766.3	32 434.7	50 064.6	66 472.4	81 709.3	71 217.2
水果						
畜产品						
猪肉	2.0		63.0			
牛肉	140.1	4.1		13.0	12.8	29.8
羊肉	10.9		13.9	3.1	6.4	7.9
家禽						
蛋产品						
乳品	14 884.3	22 318.3	38 304.8	34 103.2	29 499.9	23 386.3
动物生皮	10 981.2	19 118.3	24 048.5	29 091.9	6 786.1	928.3
动物生毛皮						
羊毛	1 518.1	1 702.6	1 701.4	2 225.6	1 207.8	1 669.0
水产品						
饮品						
酒						
茶	1 004.7	376.5	683.0	410.5	259.8	245.5
咖啡		22.1	18.4	62.6	43.5	18.2

吉尔吉斯斯坦主要农产品出口量（二）

单位：吨

项　目	2010 年	2011 年	2012 年	2013 年	2014 年
农产品					
谷物	5 052.3	2 975.1	278.5	817.3	
小麦产品	68.0	662.0	5.3	95.0	
玉米产品	1 727.9	599.0	0.3	509.1	
稻谷产品	3 256.4	1 520.1	272.1	211.1	
棉花	19 842.9	21 232.1	26 945.1	15 472.1	
食用油籽	1 970.3	600.9	432.9	2 053.5	
大豆					
花生	12.0	2.1	143.4	10.4	
油菜籽					
食用植物油			1.7	50.2	
豆油				50.0	
菜籽油					
棕榈油					
食糖	201.4	7.3	2.5	10.9	
蔬菜	221 373.0	224 250.9	166 984.9	177 080.2	
水果					
畜产品					
猪肉					
牛肉	15.2	17.6	19.9	16.5	
羊肉	1 020.6	105.8	7.5	4.4	
家禽					
蛋产品					
乳品	32 669.3	23 608.1	23 512.1	14 061.0	
动物生皮	7 885.4	29 371.0	25 079.2	27 761.7	
动物生毛皮					
羊毛	1 219.7	2 296.0	820.0	1 349.7	
水产品					
饮品					
酒					
茶	327.3	401.5	474.7	585.3	
咖啡	39.0	52.7	18.0	51.8	

4-10-4 吉尔吉斯斯坦主要农产品进口量（一）

单位：吨

项　目	2004年	2005年	2006年	2007年	2008年	2009年
农产品						
谷物	107 953.9	219 385.2	310 824.6	466 318.4	468 006.9	499 946.8
小麦产品	102 937.1	210 801.2	271 201.3	424 080.9	414 982.7	410 449.3
玉米产品	3 231.0	2 965.1	1 427.5	3 086.1	308.5	992.6
稻谷产品	1 245.7	4 752.8	35 080.1	32 626.2	44 779.9	67 611.8
棉花	43.3	89.6	323.1	684.3	410.8	366.4
食用油籽	243.3	814.2	129.5	830.4	524.3	5 548.8
大豆	213.6	136.2	96.5	300.1	214.0	908.6
花生	4.0	7.7	1.0		3.1	13.2
油菜籽						
食用植物油	13 508.0	11 077.0	14 219.2	19 051.9	24 012.2	33 559.9
豆油	548.5	553.4	329.5	122.7	309.7	204.2
菜籽油	15.5	0.1	0.6	191.8	185.4	
棕榈油	1 987.2	1 703.6	2 278.1	2 373.6	3 294.7	1 816.2
食糖	67 994.0	73 666.8	101 668.3	83 841.5	71 924.4	81 692.5
蔬菜	5 188.4	5 945.7	12 582.2	18 520.6	17 161.7	14 398.3
水果						
畜产品						
猪肉	0.5	867.1	8 429.6	7 929.3	7 116.6	3 147.0
牛肉	46.7	49.0	329.7	1 190.2	685.9	66.9
羊肉					13.7	
家禽						
蛋产品						
乳品	1 679.6	2 631.0	4 565.6	7 607.8	9 163.9	9 385.6
动物生皮	7 705.0	9 325.1	4 667.1	5 077.1	629.8	604.0
动物生毛皮						
羊毛	347.2	657.4	518.9	802.1	455.8	326.8
水产品						
饮品						
酒						
茶	4 015.1	3 930.1	4 169.3	3 880.7	4 268.7	4 109.8
咖啡	463.0	675.0	723.7	747.5	867.7	913.2

吉尔吉斯斯坦主要农产品进口量（二）

单位：吨

项　目	2010 年	2011 年	2012 年	2013 年	2014 年
农产品					
谷物	404 279.5	454 861.5	606 658.0	536 329.0	
小麦产品	375 041.3	426 475.9	553 038.2	501 636.2	
玉米产品	310.0	608.2	1 952.5	3 966.7	
稻谷产品	24 186.0	16 297.5	28 015.9	23 119.5	
棉花	728.7	118.7	472.9	264.7	
食用油籽	2 899.4	6 496.4	11 265.0	13 366.2	
大豆	1 543.0	3 571.5	7 279.2	4 472.2	
花生	26.9	35.7	47.3	58.6	
油菜籽		20.0			
食用植物油	39 799.3	36 737.1	41 932.6	47 809.2	
豆油	1 363.3	1 336.0	0.1	390.7	
菜籽油		98.3	897.8	403.3	
棕榈油	2 116.7	2 293.3	2 472.1	3 806.6	
食糖	61 876.1	86 739.1	85 036.6	82 723.4	
蔬菜	10 106.1	12 854.3	9 481.7	12 439.2	
水果					
畜产品					
猪肉	9 712.7	6 754.6	5 853.5	2 301.1	
牛肉	356.2	1 659.7	2 596.9	228.4	
羊肉		20.0			
家禽					
蛋产品					
乳品	7 944.5	7 607.7	9 672.1	9 574.4	
动物生皮	4 367.2	8 091.1	21 091.0	25 425.1	
动物生毛皮					
羊毛	104.5	178.0	100.8	358.9	
水产品					
饮品					
酒					
茶	3 900.5	4 030.8	5 181.2	4 816.2	
咖啡	1 078.3	1 370.3	906.9	1 242.9	

4-11 沙特阿拉伯主要农产品贸易情况

4-11-1 沙特阿拉伯主要农产品出口额（一）

单位：万美元

项　目	2004年	2005年	2006年	2007年	2008年	2009年
农产品	109 463.6	130 851.7	155 239.3	217 797.0	68 741.6	101 753.3
谷物	630.9	1 117.4	1 465.9	2 162.5		
小麦产品	64.0	59.5	98.7	114.6		
玉米产品	34.7	52.2	202.9	84.5		
稻谷产品	411.3	865.6	1 083.5	1 779.8		
棉花	16.1	10.6	4.7	9.9		
食用油籽	66.0	100.4	85.2	143.9		
大豆	0.4	0.2	1.2			
花生	27.1	52.4	40.0	76.6		
油菜籽		0.2	0.2			
食用植物油	3 741.1	4 970.8	4 562.5	8 396.7	5 029.3	5 508.7
豆油	37.6	13.1	19.0	41.6	710.0	1 066.8
菜籽油	22.1	26.9	9.9	17.9		
棕榈油	111.1	92.4	143.5	622.2		
食糖	6 265.0	5 705.9	13 408.5	26 049.8	14 828.1	11 541.4
蔬菜	18 174.9	22 747.3	23 595.2	30 216.9	11 197.5	15 617.5
水果	16 749.8	19 543.3	22 525.4	29 678.1	11 003.8	14 165.0
畜产品	45 836.8	54 415.2	62 732.0	82 419.9	29 844.5	38 423.8
猪肉						
牛肉	218.5	387.1	693.2	1 261.4		20.0
羊肉	1 220.4	1 352.6	1 592.8	1 317.3	800.8	734.1
家禽	5 253.5	6 288.4	7 506.5	7 641.0	645.6	
蛋产品	1 304.4	1 554.8	3 375.9	3 505.5		
乳品	30 926.7	35 682.4	40 392.5	54 901.9	28 398.2	37 669.8
动物生皮	1 942.1	1 985.6	1 020.9	1 364.1		
动物生毛皮	0.5	10.9	5.0			
羊毛	632.1	828.7	973.7	756.9		
水产品	3 099.8	4 788.8	5 167.5	6 849.8	4 529.1	5 134.0
饮品	10 405.9	12 762.9	14 201.0	21 665.2	3 231.7	6 106.6
酒	27.5	3.4	0.3			
茶	301.8	368.9	567.3	586.2		
咖啡	93.4	173.8	209.7	152.8		

沙特阿拉伯主要农产品出口额（二）

单位：万美元

项　目	2010 年	2011 年	2012 年	2013 年	2014 年
农产品	312 001.8	355 796.1	363 866.3	354 419.9	
谷物	1 847.7	2 266.5	2 330.1	1 942.2	
小麦产品	494.1	428.6	722.2	350.8	
玉米产品	169.4	300.4	195.4	213.9	
稻谷产品	805.6	1 306.2	1 341.5	1 332.3	
棉花		28.2	17.5		
食用油籽	92.1	135.2	243.8	383.0	
大豆					
花生	40.4	46.2	110.4	173.0	
油菜籽					
食用植物油	16 135.8	29 394.5	28 144.2	24 940.0	
豆油	3 229.0	11 263.6	10 903.8	8 506.7	
菜籽油					
棕榈油	1 260.5	3 163.8	4 279.9	3 662.5	
食糖	26 257.9	27 821.3	27 095.2	19 580.2	
蔬菜	40 703.4	47 087.5	47 938.5	45 912.4	
水果	44 497.1	46 350.6	50 681.2	58 002.7	
畜产品	120 499.1	142 258.1	146 512.4	145 742.9	
猪肉					
牛肉	4 200.6	5 087.9	5 132.3	821.2	
羊肉	479.7	1 097.0	613.0	176.6	
家禽	6 658.9	7 693.6	7 771.0	12 219.3	
蛋产品	6 359.4	6 656.7	7 617.2	7 899.7	
乳品	83 536.7	95 580.7	96 960.9	102 855.3	
动物生皮	22.5	41.9	35.3	26.7	
动物生毛皮					
羊毛	569.5	543.9	447.1	591.8	
水产品	12 572.1	7 591.1	6 043.4	3 506.4	
饮品	24 391.4	25 171.1	22 593.2	24 266.0	
酒	16.1	14.9		40.8	
茶	1 354.8	1 346.8	783.6	1 064.6	
咖啡	490.5	692.5	724.2	811.6	

4-11-2 沙特阿拉伯主要农产品进口额（一）

单位：万美元

项　目	2004年	2005年	2006年	2007年	2008年	2009年
农产品	677 334.0	886 444.8	956 680.5	1 203 324.2	1 257 080.2	1 080 422.5
谷物	129 646.3	187 523.0	202 815.0	332 419.3	528 657.5	351 020.1
小麦产品	1 754.5	1 682.2	1 713.4	2 454.8	9 385.7	40 213.7
玉米产品	14 904.5	19 451.1	21 619.8	46 888.2	57 853.0	37 795.6
稻谷产品	54 843.4	58 499.9	54 694.5	64 716.4	164 287.4	147 101.7
棉花	388.8	380.4	538.8	306.3	8.3	25.6
食用油籽	5 200.7	6 562.9	5 872.1	7 936.6	9 688.7	14 074.2
大豆	77.6	69.9	73.9	1 307.1		8 793.2
花生	975.3	1 381.1	1 508.1	1 591.9		
油菜籽	3.0	1.7	8.3	3.5		
食用植物油	22 319.8	30 618.2	34 506.1	45 524.2	41 547.4	38 717.8
豆油	612.5	482.9	653.9	784.2		
菜籽油	152.5	232.6	199.8	217.5		
棕榈油	10 628.1	11 488.0	15 597.4	21 912.2	24 798.3	29 787.0
食糖	3 060.0	24 523.1	41 538.0	39 354.2	50 512.7	51 317.7
蔬菜	39 605.7	42 693.8	48 336.0	60 482.3	30 867.5	43 310.3
水果	78 125.4	101 957.0	108 243.3	123 152.3	88 841.2	90 728.1
畜产品	212 904.2	272 972.4	264 370.2	309 548.4	316 199.4	290 604.8
猪肉						
牛肉	12 000.0	12 484.4	19 002.2	21 554.9	24 715.6	23 159.7
羊肉	15 820.0	16 524.7	15 013.1	17 765.0	16 243.9	16 795.0
家禽	46 579.9	64 838.9	58 468.7	75 780.3	105 476.0	110 168.3
蛋产品	1 555.4	1 570.8	1 598.1	1 935.3		
乳品	83 141.2	98 937.1	102 037.4	125 314.4	118 782.8	87 973.8
动物生皮	60.2	93.6	85.2	56.5		
动物生毛皮	4.8	13.5	0.3	0.7		
羊毛	50.0	23.8	10.6	22.3		
水产品	18 839.0	21 498.7	25 211.7	25 806.7	21 261.4	20 109.0
饮品	40 558.7	50 104.6	56 890.9	64 756.7	44 091.9	49 794.0
酒	145.8	188.4	252.2	275.4		
茶	11 358.5	13 564.8	13 714.3	16 191.0	15 456.7	15 379.4
咖啡	7 830.4	9 939.5	11 010.2	14 440.6	12 029.9	11 498.6

沙特阿拉伯主要农产品进口额（二）

单位：万美元

项　目	2010年	2011年	2012年	2013年	2014年
农产品	1 697 079.2	2 012 054.1	2 181 037.0	2 412 026.0	
谷物	419 933.9	446 771.8	511 178.5	620 575.3	
小麦产品	45 503.2	71 710.5	81 963.8	82 311.0	
玉米产品	47 420.0	61 417.1	63 296.1	68 916.3	
稻谷产品	131 223.0	112 748.1	108 687.4	139 005.9	
棉花	346.5	433.7	420.3	351.2	
食用油籽	27 507.1	47 849.7	50 646.3	52 981.0	
大豆	16 752.7	34 333.5	33 876.8	33 314.7	
花生	2 346.6	3 013.5	3 878.8	3 871.2	
油菜籽	65.2		33.0	19.3	
食用植物油	60 102.3	90 848.6	87 866.1	77 595.0	
豆油	952.9	1 350.1	2 806.0	2 396.0	
菜籽油	350.1	327.3	354.7	509.1	
棕榈油	35 781.7	52 646.8	52 708.7	44 662.6	
食糖	89 912.9	87 340.4	56 513.6	90 400.8	
蔬菜	91 940.5	105 258.7	110 743.3	114 911.9	
水果	183 582.6	210 005.9	239 097.5	246 571.6	
畜产品	409 530.8	515 275.6	536 108.2	583 705.5	
猪肉					
牛肉	36 066.8	40 685.8	47 595.7	47 469.4	
羊肉	26 693.0	26 990.1	25 941.4	24 657.8	
家禽	135 278.2	188 673.5	181 599.2	213 189.3	
蛋产品	1 370.5	1 782.7	3 832.2	6 488.4	
乳品	140 933.4	180 498.8	186 025.3	183 592.4	
动物生皮	14.6		41.7		
动物生毛皮					
羊毛					
水产品	40 116.2	50 548.8	66 645.8	64 673.3	
饮品	93 478.8	111 331.7	135 520.1	137 130.3	
酒	1 323.4	1 602.1	1 951.9	1 916.2	
茶	22 299.7	24 203.8	25 059.9	23 720.1	
咖啡	19 760.2	25 206.4	28 931.3	26 102.8	

4-11-3 沙特阿拉伯主要农产品出口量（一）

单位：吨

项　目	2004年	2005年	2006年	2007年	2008年	2009年
农产品						
谷物	19 844.8	25 618.5	25 793.6	41 723.3		
小麦产品	2 088.7	1 926.9	1 309.7	1 766.0		
玉米产品	547.6	331.1	2 162.3	1 493.3		
稻谷产品	12 424.0	16 529.1	19 127.7	33 611.1		
棉花	126.2	128.6	53.5	263.5		
食用油籽	686.6	944.9	597.8	1 411.5		
大豆	10.0	10.8	24.7			
花生	177.8	515.5	208.2	619.6		
油菜籽		0.7	3.3			
食用植物油	33 118.1	53 341.3	35 238.9	58 992.3	28 896.0	38 165.0
豆油	1 149.3	363.6	600.4	416.0	10 000.0	13 008.0
菜籽油	399.3	672.3	478.7	486.0		
棕榈油	1 752.6	1 279.4	1 444.4	4 990.3		
食糖	234 107.4	184 731.6	237 624.6	375 324.6	302 744.6	260 192.0
蔬菜	358 744.8	520 757.1	515 964.2	611 034.7	170 777.0	314 782.0
水果						
畜产品						
猪肉						
牛肉	1 365.8	2 017.0	2 606.6	4 838.5		51.0
羊肉	2 651.9	3 258.4	7 113.3	4 345.3	1 216.0	1 840.0
家禽						
蛋产品						
乳品	281 132.9	337 411.5	392 229.3	443 241.1	273 748.0	300 820.0
动物生皮	5 590.5	4 058.6	2 426.7	29 720.0		
动物生毛皮						
羊毛	9 398.5	11 793.1	12 953.5	12 025.3		
水产品						
饮品						
酒						
茶	991.2	1 005.4	1 200.3	1 480.2		
咖啡	740.7	970.6	1 262.5	922.2		

沙特阿拉伯主要农产品出口量（二）

单位：吨

项　目	2010年	2011年	2012年	2013年	2014年
农产品					
谷物	48 506.0	39 985.6	35 558.3	26 995.2	
小麦产品	16 337.0	9 368.0	14 400.3	10 111.7	
玉米产品	4 077.0	5 746.0	4 178.0	4 941.4	
稻谷产品	9 184.0	14 587.6	16 681.0	11 772.9	
棉花		263.0	441.0		
食用油籽	610.0	577.1	1 137.1	1 393.9	
大豆					
花生	117.0	205.0	348.0	815.4	
油菜籽					
食用植物油	110 446.0	176 051.4	174 814.5	162 519.8	
豆油	36 220.0	92 382.0	91 573.0	86 309.5	
菜籽油					
棕榈油	9 042.0	14 651.0	22 521.0	16 564.1	
食糖	399 430.1	356 021.1	380 912.1	315 945.5	
蔬菜	1 078 417.6	1 136 142.5	1 118 937.2	872 171.7	
水果					
畜产品					
猪肉					
牛肉	12 021.0	12 490.0	20 380.0	3 614.8	
羊肉	3 514.0	4 918.1	3 325.3	837.5	
家禽					
蛋产品					
乳品	640 798.0	676 319.0	672 875.1	692 909.8	
动物生皮	178.0	310.0	440.3	531.2	
动物生毛皮					
羊毛	10 499.0	8 664.0	7 188.0	10 185.4	
水产品					
饮品					
酒					
茶	2 232.4	2 330.0	1 788.2	1 220.9	
咖啡	3 391.7	3 600.1	2 916.3	2 978.8	

4-11-4 沙特阿拉伯主要农产品进口量（一）

单位：吨

项目	2004年	2005年	2006年	2007年	2008年	2009年
农产品						
谷物	4 862 245.8	8 461 110.3	10 133 217.8	10 134 787.1	11 032 639.0	10 661 955.0
小麦产品	50 859.2	52 752.9	49 812.9	56 250.9	206 661.0	1 358 412.0
玉米产品	793 997.8	1 234 321.6	1 347 820.3	1 835 382.0	1 640 590.0	1 544 640.0
稻谷产品	1 056 915.3	1 117 998.5	1 065 707.4	1 072 943.0	1 618 069.0	1 798 390.0
棉花	3 549.2	4 771.0	4 774.4	3 480.6	79.0	128.0
食用油籽	77 791.5	110 273.3	86 050.8	116 766.5	101 487.0	242 673.0
大豆	1 414.0	1 351.5	1 421.3	27 530.3		192 179.0
花生	9 661.3	12 980.5	12 552.2	13 500.7		
油菜籽	31.0	86.3	186.0	46.6		
食用植物油	287 656.0	392 978.5	489 322.2	486 144.7	290 817.0	378 411.0
豆油	7 835.4	6 923.4	10 486.2	10 429.6		
菜籽油	2 185.2	2 849.5	2 287.0	2 421.4		
棕榈油	172 026.1	219 401.4	286 936.4	280 426.4	201 185.0	316 570.0
食糖	111 495.8	946 902.6	1 030 741.8	1 317 345.8	1 485 960.0	1 140 547.0
蔬菜	909 842.2	990 487.3	1 034 432.7	1 054 678.9	563 534.1	695 719.0
水果						
畜产品						
猪肉						
牛肉	65 879.8	65 713.8	89 103.8	93 587.7	80 018.0	85 267.0
羊肉	55 348.0	62 140.1	54 187.9	60 881.9	51 575.0	49 564.0
家禽						
蛋产品						
乳品	340 035.1	378 853.9	387 657.6	407 923.4	250 871.0	255 542.0
动物生皮	817.6	776.3	757.5	631.0		
动物生毛皮						
羊毛	657.0	128.0	495.5	341.3		
水产品						
饮品						
酒						
茶	24 948.1	28 452.8	25 525.2	29 810.4	23 788.0	20 331.0
咖啡	32 852.8	34 917.7	37 681.2	41 168.6	33 195.0	33 276.0

沙特阿拉伯主要农产品进口量（二）

单位：吨

项　目	2010 年	2011 年	2012 年	2013 年	2014 年
农产品					
谷物	12 231 393.0	11 319 195.0	13 903 148.0	16 288 038.9	
小麦产品	1 726 886.0	2 118 977.0	2 368 418.0	2 281 437.3	
玉米产品	1 931 286.0	1 654 128.0	1 918 996.0	2 113 325.8	
稻谷产品	1 305 804.0	1 127 148.0	1 228 851.0	1 276 385.8	
棉花	2 129.5	2 695.0	1 780.0	1 942.1	
食用油籽	476 740.0	747 246.0	717 369.0	712 501.7	
大豆	370 032.0	614 121.0	564 267.0	557 835.4	
花生	14 883.0	16 877.0	17 351.0	16 997.3	
油菜籽	604.0		274.0	41.9	
食用植物油	542 204.8	614 964.2	642 770.5	655 420.5	
豆油	8 052.0	8 531.0	17 986.0	17 684.6	
菜籽油	2 832.0	2 278.0	2 337.0	2 686.7	
棕榈油	359 810.0	393 343.2	423 029.0	430 467.6	
食糖	1 543 729.0	1 246 433.0	874 866.0	1 680 400.8	
蔬菜	1 322 167.5	1 376 356.3	1 434 862.6	1 282 646.7	
水果					
畜产品					
猪肉					
牛肉	110 136.0	108 290.0	124 352.0	114 147.8	
羊肉	60 869.5	52 629.0	52 778.4	51 272.2	
家禽					
蛋产品					
乳品	412 074.0	489 570.4	517 326.0	478 422.1	
动物生皮	207.0		839.0		
动物生毛皮					
羊毛					
水产品					
饮品					
酒					
茶	32 465.0	34 419.0	34 743.0	35 955.4	
咖啡	51 855.0	51 697.0	61 021.0	60 813.8	

4-12 以色列主要农产品贸易情况

4-12-1 以色列主要农产品出口额（一）

单位：万美元

项 目	2004年	2005年	2006年	2007年	2008年	2009年
农产品	55 031.4	139 076.1	144 988.9	185 489.8	213 076.5	204 080.8
谷物	19.8	46.3	178.0	466.1	1 799.2	1 116.6
小麦产品	6.6	11.3	0.5	10.3	430.1	358.7
玉米产品	2.1		0.1	32.6	462.2	465.4
稻谷产品	2.3	28.8	110.2	134.3	146.8	29.8
棉花	4 085.6	4 279.6	4 278.7	2 843.6	2 845.4	2 576.0
食用油籽	3 438.7	3 174.0	3 389.5	3 795.4	4 904.4	5 579.5
大豆	199.8	25.8	2.7		14.8	0.5
花生	1 442.5	1 665.0	1 644.9	1 957.6	2 356.7	2 488.4
油菜籽					0.4	
食用植物油	90.5	349.8	154.9	217.3	137.7	113.8
豆油	0.9	11.2	1.2	1.3		0.4
菜籽油					0.3	2.8
棕榈油	13.2	0.6	6.8	7.9	1.1	9.7
食糖	113.1	77.5	2.0	1.2	43.5	4.1
蔬菜	10 644.6	44 409.7	50 929.9	73 263.9	71 335.6	69 843.5
水果	9 345.8	38 866.6	39 923.2	52 703.7	65 342.5	64 099.8
畜产品	3 775.1	4 974.2	3 452.9	4 191.2	10 676.7	7 559.5
猪肉			0.4	0.4	15.4	
牛肉			67.3	25.6	9.7	
羊肉			0.3	0.1		
家禽	3 020.2	3 053.0	1 815.2	2 691.2	6 942.7	3 015.8
蛋产品		138.3	82.6	99.6	203.7	131.0
乳品		1 549.1	1 260.8	1 125.7	1 495.3	2 002.2
动物生皮	653.9	115.4	126.8	39.1	514.7	255.7
动物生毛皮	0.2	0.2		0.1		0.5
羊毛	16.0	17.6	12.3	22.7	24.9	12.5
水产品	526.7	1 609.9	1 835.7	2 150.9	2 923.8	3 243.2
饮品	2 420.9	2 979.8	2 681.7	3 655.0	6 282.8	5 028.8
酒	1 474.6	1 462.4	1 507.2	2 150.2	2 681.8	1 905.1
茶	26.4	167.0	206.9	210.2	262.6	208.7
咖啡		113.4	110.8	33.2	1 493.6	1 230.4

以色列主要农产品出口额（二）

单位：万美元

项目	2010年	2011年	2012年	2013年	2014年
农产品	229 943.6	244 318.2	243 374.2	258 820.7	250 885.9
谷物	1 538.7	1 661.4	2 622.9	2 527.3	1 800.5
小麦产品	27.2	32.4	23.8	132.5	93.5
玉米产品	1 109.6	1 592.0	2 544.0	2 173.3	1 195.1
稻谷产品	23.4	19.9	27.5	14.0	15.5
棉花	3 468.0	3 466.8	3 896.1	5 568.0	3 668.1
食用油籽	6 116.1	5 810.2	5 689.4	7 399.5	8 022.5
大豆		1.3		0.5	18.3
花生	2 666.2	2 325.4	2 060.3	2 491.4	2 301.7
油菜籽			1.9		3.1
食用植物油	124.8	157.2	212.3	215.0	205.5
豆油	0.9	6.1	13.4	0.4	0.8
菜籽油	0.8	1.1	0.9	0.6	2.0
棕榈油	4.1	1.5	4.7	0.1	3.4
食糖	289.9	1 370.6	247.3	1 669.9	647.3
蔬菜	76 650.6	81 072.0	74 561.0	79 911.4	77 589.7
水果	76 020.6	87 860.2	92 016.4	98 485.9	96 939.9
畜产品	7 538.5	10 374.6	9 442.3	9 221.4	9 328.9
猪肉					
牛肉	1.2	6.9	0.5	2.0	
羊肉					
家禽	3 545.0	5 485.9	5 248.6	5 039.3	3 442.0
蛋产品	130.2	81.4	189.7	63.0	26.1
乳品	1 256.4	1 651.6	1 766.0	1 587.7	2 265.8
动物生皮	506.2	864.4	858.4	919.0	1 722.6
动物生毛皮		7.0			
羊毛	40.9	32.8	49.2	51.8	60.3
水产品	3 756.8	4 015.1	3 713.3	4 748.3	4 587.9
饮品	6 325.3	6 786.1	7 184.4	7 693.9	7 008.8
酒	2 468.6	2 734.1	2 881.8	3 581.7	4 010.1
茶	314.2	243.2	181.2	299.6	336.1
咖啡	1 240.3	1 671.6	1 765.8	1 773.2	462.8

4-12-2 以色列主要农产品进口额（一）

单位：万美元

项 目	2004年	2005年	2006年	2007年	2008年	2009年
农产品	210 439.4	257 343.5	285 806.0	346 283.2	447 279.5	372 978.5
谷物	59 146.7	47 402.6	53 818.3	74 377.1	103 341.5	73 472.2
小麦产品	23 326.7	21 790.7	22 669.7	33 232.8	55 356.1	38 252.6
玉米产品	21 940.4	16 464.0	19 205.8	26 187.4	28 418.9	18 734.7
稻谷产品	4 286.9	3 734.3	4 746.8	5 992.8	8 690.9	8 086.8
棉花	1 312.2	1 178.6	872.5	997.6	1 184.7	808.0
食用油籽	26 823.5	24 087.7	22 466.6	28 155.1	30 709.5	25 744.3
大豆	20 260.5	17 567.3	15 785.8	20 316.9	18 084.2	16 202.6
花生	983.0	945.6	946.7	878.4	1 468.9	1 192.2
油菜籽	660.1	735.9	1 310.2	1 603.3	2 454.1	1 572.0
食用植物油	3 826.0	4 909.7	5 281.7	7 136.5	10 229.3	10 527.7
豆油	519.5	999.8	572.2	1 061.2	1 066.4	723.9
菜籽油	411.8	873.6	942.3	1 441.2	2 564.2	3 670.2
棕榈油	1 322.2	1 264.7	1 964.5	1 904.8	3 738.2	2 673.8
食糖	12 904.3	14 114.3	21 589.9	21 339.6	24 246.2	24 552.8
蔬菜	7 308.4	10 351.4	11 423.6	15 140.1	21 368.3	16 738.5
水果	24 463.5	27 515.5	29 204.4	34 858.3	42 195.5	35 264.1
畜产品	469.7	22 910.2	33 175.5	33 237.8	49 265.6	41 292.9
猪肉						
牛肉		14 064.0	21 110.9	20 359.5	30 989.9	25 395.4
羊肉		107.3	131.8	201.1	367.0	377.1
家禽		583.3	633.1	1 096.2	1 294.5	1 146.8
蛋产品		325.0	447.7	812.8	839.4	1 004.3
乳品		3 177.5	3 261.6	5 195.7	5 996.0	3 526.0
动物生皮	119.2	111.3	144.9	217.9	227.2	137.7
动物生毛皮	0.2	0.9	0.2			
羊毛			0.6	0.3	2.5	1.2
水产品	5 480.2	17 664.9	17 718.7	20 804.5	26 324.4	23 973.1
饮品	19 258.8	25 527.2	27 345.5	33 337.7	41 626.1	38 676.0
酒	5 841.9	6 188.1	7 148.7	8 636.2	10 147.9	10 439.3
茶	3.6	662.5	554.4	645.5	931.3	826.5
咖啡	1 889.6	6 387.4	7 302.8	8 864.3	11 495.2	9 627.0

以色列主要农产品进口额（二）

单位：万美元

项目	2010 年	2011 年	2012 年	2013 年	2014 年
农产品	446 291.5	547 935.5	536 709.9	556 020.1	576 776.6
谷物	84 695.5	116 166.2	114 044.1	108 076.8	110 624.3
小麦产品	39 593.4	51 095.0	54 733.9	45 857.0	44 732.5
玉米产品	25 805.4	39 095.4	38 404.9	39 896.1	42 016.8
稻谷产品	8 485.3	8 557.1	9 833.2	8 838.5	11 053.4
棉花	646.3	567.4	613.3	285.5	222.1
食用油籽	35 367.5	37 878.1	37 920.5	39 231.3	39 803.3
大豆	22 786.4	22 809.4	22 496.2	20 533.8	19 410.8
花生	983.6	1 239.5	2 144.7	1 858.9	1 691.4
油菜籽	3 447.2	5 023.4	3 998.2	3 397.9	3 165.7
食用植物油	10 235.9	13 208.7	14 142.2	14 568.6	13 728.0
豆油	407.0	577.8	1 198.4	1 475.6	744.0
菜籽油	2 187.2	4 038.7	5 007.3	5 232.0	4 962.1
棕榈油	2 636.9	3 313.6	2 908.0	2 750.4	2 998.5
食糖	24 233.0	32 924.5	30 365.2	24 622.3	22 888.5
蔬菜	17 622.2	20 426.6	19 878.6	21 552.6	22 894.5
水果	40 929.9	46 748.8	37 742.3	38 646.8	43 537.7
畜产品	57 551.2	73 478.0	68 733.6	78 096.3	69 269.1
猪肉		0.2	0.1	1.8	
牛肉	36 126.6	45 354.6	41 868.5	47 735.5	39 721.6
羊肉	635.9	789.8	903.3	321.1	835.7
家禽	1 532.9	2 164.1	2 011.7	2 156.3	2 359.3
蛋产品	1 153.2	1 058.8	1 001.1	1 419.0	2 415.7
乳品	5 684.4	7 049.1	5 674.5	6 137.9	7 601.4
动物生皮	100.7	88.6	126.7	147.9	222.4
动物生毛皮			1.6		
羊毛	2.5	1.4	0.8	0.2	
水产品	31 983.8	39 981.0	39 733.7	46 437.0	49 830.9
饮品	45 327.5	52 915.3	52 101.5	56 908.6	60 859.2
酒	11 879.1	13 156.8	13 046.2	15 619.4	17 417.2
茶	1 008.2	1 000.2	1 119.0	980.1	990.2
咖啡	11 548.0	15 381.4	16 823.9	17 025.0	16 357.5

4-12-3 以色列主要农产品出口量（一）

单位：吨

项 目	2004年	2005年	2006年	2007年	2008年	2009年
农产品						
谷物	428.7	1 231.0	3 819.3	12 496.4	45 036.0	37 270.3
小麦产品	199.1	425.4	16.0	281.3	12 003.5	10 942.6
玉米产品	131.6		2.9	1 538.4	13 506.6	17 618.3
稻谷产品	47.9	677.8	2 560.3	2 549.4	1 045.9	356.0
棉花	23 539.0	30 084.4	30 082.5	13 992.0	22 360.5	12 013.0
食用油籽	31 023.1	42 996.0	49 517.3	29 326.2	17 729.5	21 434.5
大豆	4 538.4	586.0	61.3		373.8	2.3
花生	8 319.3	18 366.1	18 085.6	9 349.2	8 457.2	8 483.0
油菜籽					10.4	
食用植物油	263.0	1 058.0	561.9	391.0	279.3	273.4
豆油	11.0	136.9	14.7	8.9		2.6
菜籽油					0.6	20.0
棕榈油	29.2	9.1	103.3	56.4	5.0	70.6
食糖	849.2	1 242.4	58.4	12.5	1 066.8	87.5
蔬菜	37 591.0	382 276.2	473 975.8	785 602.8	732 487.3	724 963.5
水果						
畜产品						
猪肉			1.9	0.4	8.5	
牛肉			354.8	69.2	15.8	
羊肉			0.5	0.1		
家禽						
蛋产品						
乳品		15 339.2	9 948.3	2 915.3	3 851.5	7 966.1
动物生皮	3 991.5	380.6	414.9	156.5	2 527.4	1 447.5
动物生毛皮						
羊毛	116.7	74.9	57.2	215.6	296.5	51.6
水产品						
饮品						
酒						
茶	47.2	290.8	421.1	474.4	480.3	328.1
咖啡		369.1	456.8	100.4	2 169.4	1 499.4

以色列主要农产品出口量（二）

单位：吨

项　目	2010 年	2011 年	2012 年	2013 年	2014 年
农产品					
谷物	58 244.2	61 621.5	90 403.0	65 902.6	54 014.7
小麦产品	1 196.5	1 098.0	442.5	2 838.3	2 282.5
玉米产品	39 551.2	60 299.9	89 538.7	56 249.9	40 106.5
稻谷产品	236.9	99.4	296.5	159.7	159.7
棉花	14 015.7	10 086.6	20 303.9	18 758.1	10 592.5
食用油籽	28 026.0	22 312.9	20 505.1	23 415.2	14 726.0
大豆		24.2		4.4	232.7
花生	8 003.3	5 310.9	5 121.0	6 346.7	6 288.1
油菜籽			30.8		8.8
食用植物油	398.0	434.6	686.3	442.2	660.9
豆油	1.6	49.7	88.0	2.6	5.6
菜籽油	5.3	8.7	3.9	3.7	14.0
棕榈油	42.4	10.8	19.1	0.8	29.6
食糖	5 233.7	16 878.9	3 607.5	28 139.0	10 315.0
蔬菜	727 212.6	741 715.8	620 893.9	680 941.3	620 189.5
水果					
畜产品					
猪肉					
牛肉	4.0	13.5	1.2	2.0	
羊肉					
家禽					
蛋产品					
乳品	2 963.5	3 138.2	4 225.2	4 107.4	4 507.8
动物生皮	2 692.3	4 402.3	4 704.8	4 591.8	7 436.7
动物生毛皮					
羊毛	433.3	227.6	517.0	444.1	513.2
水产品					
饮品					
酒					
茶	242.4	512.6	303.7	421.5	291.5
咖啡	1 990.2	1 524.6	2 242.6	1 425.9	636.3

4-12-4 以色列主要农产品进口量（一）

单位：吨

项目	2004年	2005年	2006年	2007年	2008年	2009年
农产品						
谷物	3 444 903.6	2 281 263.5	2 593 702.2	2 881 966.7	2 998 839.6	3 436 727.6
小麦产品	1 341 361.7	1 100 714.1	1 143 573.7	1 228 767.0	1 620 631.6	1 825 525.4
玉米产品	1 345 561.0	835 601.1	986 715.7	1 186 668.8	949 744.3	1 004 794.6
稻谷产品	99 204.7	69 937.3	88 805.4	109 291.6	98 174.6	110 285.8
棉花	18 780.7	20 022.2	12 889.1	17 595.2	13 922.9	6 356.4
食用油籽	690 046.1	565 165.7	528 153.5	613 652.6	413 061.2	440 092.5
大豆	608 260.2	501 032.7	450 030.1	516 144.3	320 307.9	352 212.5
花生	5 843.9	5 352.1	5 343.9	6 757.4	8 316.2	7 258.6
油菜籽	19 103.9	21 807.0	38 824.1	38 130.6	37 675.7	38 285.3
食用植物油	45 435.6	55 959.2	61 445.7	71 901.2	75 411.4	100 576.2
豆油	6 125.8	12 228.9	7 104.3	14 513.8	7 821.4	4 971.9
菜籽油	4 502.0	9 764.5	10 538.2	11 388.3	14 854.4	44 614.2
棕榈油	24 268.9	20 237.6	30 059.0	24 563.3	39 715.4	31 804.3
食糖	520 498.7	330 972.5	533 130.6	498 950.2	554 857.5	493 489.2
蔬菜	34 212.0	68 841.5	81 456.5	97 596.0	165 348.9	111 509.3
水果						
畜产品						
猪肉						
牛肉		53 465.2	80 440.3	66 493.5	93 738.0	62 832.5
羊肉		215.8	265.0	413.2	1 036.4	1 148.2
家禽						
蛋产品						
乳品		13 185.1	13 403.4	12 803.6	13 351.5	9 360.2
动物生皮	859.4	470.9	515.7	1 216.1	1 202.8	708.2
动物生毛皮						
羊毛			2.2	1.7	5.7	1.0
水产品						
饮品						
酒						
茶	5.8	1 457.6	1 277.4	1 273.7	1 746.1	1 632.2
咖啡	2 714.3	26 323.8	30 914.3	31 055.6	31 324.6	27 026.0

以色列主要农产品进口量（二）

单位：吨

项　目	2010 年	2011 年	2012 年	2013 年	2014 年
农产品					
谷物	3 500 463.1	3 499 464.8	3 504 845.8	3 469 883.8	3 856 396.5
小麦产品	1 723 590.9	1 575 389.9	1 737 034.3	1 461 486.8	568 014.0
玉米产品	1 153 822.5	1 257 473.4	1 290 671.9	1 400 854.9	1 807 573.6
稻谷产品	96 600.1	92 220.9	130 530.9	196 269.2	1 040 930.4
棉花	2 158.3	2 400.6	1 660.2	906.2	725.2
食用油籽	613 586.2	542 519.3	490 910.5	459 013.8	476 127.1
大豆	485 278.8	423 782.8	364 181.2	332 837.7	342 293.2
花生	5 807.6	6 357.1	8 871.7	8 556.9	7 991.2
油菜籽	71 114.9	55 241.0	61 463.1	54 404.9	61 381.5
食用植物油	73 647.2	76 807.6	148 233.9	106 368.9	104 468.1
豆油	3 280.0	3 437.1	8 604.3	11 308.0	6 902.3
菜籽油	16 370.7	22 658.4	37 593.6	35 890.5	40 539.7
棕榈油	26 810.0	25 232.1	24 046.8	27 472.2	30 686.6
食糖	402 586.0	474 004.2	477 618.0	458 681.5	486 223.5
蔬菜	120 306.5	101 770.3	111 449.2	140 878.1	107 258.2
水果					
畜产品					
猪肉		0.8	0.1	2.9	
牛肉	71 217.0	73 971.5	64 431.1	99 711.2	69 774.8
羊肉	1 618.2	1 728.4	1 733.1	539.4	979.0
家禽					
蛋产品					
乳品	12 958.5	14 122.6	12 840.2	12 225.5	14 133.3
动物生皮	814.8	383.1	1 007.1	1 162.2	1 456.3
动物生毛皮					
羊毛	9.6	0.8	0.2	0.1	
水产品					
饮品					
酒					
茶	1 930.9	2 121.4	2 807.2	2 274.7	1 574.3
咖啡	33 517.2	31 182.7	96 786.3	32 065.1	27 508.5

4-13 土耳其主要农产品贸易情况

4-13-1 土耳其主要农产品出口额（一）

单位：万美元

项 目	2004年	2005年	2006年	2007年	2008年	2009年
农产品	620 725.6	798 682.9	824 886.5	937 715.9	1 108 429.5	1 086 506.8
谷物	23 970.8	57 767.3	51 116.3	56 037.2	76 179.8	89 456.4
小麦产品	21 816.9	50 838.9	40 220.5	48 647.3	70 322.1	72 045.2
玉米产品	1 770.2	2 579.8	4 123.7	2 360.8	4 010.6	9 325.2
稻谷产品	161.3	174.2	291.1	222.4	1 008.9	2 503.4
棉花	13 597.3	10 467.0	14 807.4	17 716.3	18 601.3	12 172.8
食用油籽	42 278.6	62 238.9	51 596.9	58 231.9	61 134.0	51 177.2
大豆	87.8	6.6	5.2	10.6	15.4	21.2
花生	129.0	174.5	197.8	219.6	205.6	302.8
油菜籽			2.7	48.7		
食用植物油	17 142.6	35 654.4	30 481.0	20 254.7	26 623.7	23 588.0
豆油	315.4	227.0	228.7	971.1	874.9	327.9
菜籽油			14.4	291.5	272.0	148.5
棕榈油	42.0	5.3		0.8	9.6	
食糖	3 978.7	466.2	5 835.9	1 639.3	336.3	350.2
蔬菜	76 553.2	85 224.1	92 475.9	124 206.0	145 242.7	145 786.8
水果	138 203.4	163 665.5	188 044.9	229 100.8	261 643.0	269 194.1
畜产品	19 597.4	20 569.6	21 352.6	30 371.4	41 887.3	49 061.7
猪肉	0.2	0.2				
牛肉	18.6	30.4	16.7	96.9	126.9	60.5
羊肉	2.3	19.5	12.8	36.9	15.2	5.0
家禽	6 739.5	7 577.2	6 052.0	7 725.2	12 608.8	19 221.3
蛋产品	1 410.5	1 850.6	1 834.4	6 743.1	11 892.6	12 661.8
乳品	3 535.8	5 453.9	7 803.9	9 923.2	11 466.9	11 871.4
动物生皮	2 830.5	2 268.6	1 685.9	1 554.7	965.8	530.8
动物生毛皮	2.5	1.0	25.7	10.2	9.8	3.5
羊毛	2 377.6	1 931.3	1 831.7	2 783.9	2 637.2	1 229.7
水产品	22 658.7	25 678.3	27 330.3	32 055.3	45 623.7	35 720.3
饮品	35 422.5	40 200.6	42 908.3	55 245.3	60 307.2	56 697.3
酒	5 092.5	7 207.3	7 906.0	8 867.7	10 066.4	9 640.7
茶	689.4	705.3	571.0	763.8	1 137.7	786.7
咖啡	187.0	267.3	447.5	595.9	674.9	668.0

土耳其主要农产品出口额（二）

单位：万美元

项　目	2010 年	2011 年	2012 年	2013 年	2014 年
农产品	1 224 395.5	1 476 984.2	1 553 480.9	1 726 215.0	1 829 431.8
谷物	110 222.2	122 865.5	121 063.7	130 837.8	129 382.9
小麦产品	90 292.6	100 641.1	97 487.0	113 863.1	110 892.5
玉米产品	5 513.2	8 635.8	9 630.8	13 712.9	14 182.3
稻谷产品	5 265.7	8 404.9	7 497.1	814.3	2 202.2
棉花	15 678.3	29 673.1	22 083.3	20 008.7	17 863.9
食用油籽	67 119.1	80 139.7	84 513.6	89 352.3	101 984.8
大豆	13.6	5.5	1 086.1	1 269.0	207.8
花生	454.3	446.5	490.1	678.8	611.2
油菜籽		2.5	231.8	9.3	1.9
食用植物油	20 139.5	45 612.2	55 404.6	86 598.2	92 437.2
豆油	394.8	809.2	461.9	1 312.2	311.9
菜籽油	194.7	448.7	172.2	102.7	165.9
棕榈油	10.7	197.1	244.3	129.1	134.6
食糖	4 516.5	5 817.1	2 543.3	4 437.5	1 092.2
蔬菜	154 045.9	152 325.6	150 248.6	163 296.2	170 673.9
水果	310 409.0	360 252.5	342 716.1	355 917.1	372 772.1
畜产品	60 307.3	99 228.9	121 533.4	144 876.9	160 168.2
猪肉					
牛肉	84.1	63.8	84.5	62.0	44.5
羊肉	3.5	9.7	20.9	21.8	5.3
家禽	24 395.0	43 792.2	59 616.2	68 740.1	75 357.7
蛋产品	15 620.3	28 405.6	35 054.4	40 616.0	40 214.0
乳品	14 147.0	19 477.1	18 903.6	24 331.6	31 179.3
动物生皮	472.8	352.4	287.2	543.2	321.6
动物生毛皮	23.0	1.4	5.4	26.9	38.0
羊毛	2 126.0	3 133.7	3 045.0	4 377.2	5 398.1
水产品	37 017.7	44 860.9	46 654.1	59 978.4	71 961.3
饮品	67 879.6	79 227.6	87 695.4	95 781.5	101 972.3
酒	12 499.5	12 509.1	13 736.2	12 077.5	11 446.3
茶	998.6	1 117.9	1 276.5	1 839.9	2 080.0
咖啡	821.0	1 246.6	2 768.5	3 163.3	3 402.5

4-13-2 土耳其主要农产品进口额（一）

单位：万美元

项 目	2004年	2005年	2006年	2007年	2008年	2009年
农产品	464 775.3	483 848.4	517 934.1	723 266.2	1 024 414.8	768 968.7
谷物	52 081.1	19 035.5	16 832.8	97 459.2	214 031.7	121 301.6
小麦产品	22 188.8	2 506.7	5 273.9	57 051.8	148 402.3	90 359.5
玉米产品	19 053.6	4 755.7	1 273.6	26 961.7	38 201.8	13 571.2
稻谷产品	6 205.1	9 720.3	8 912.6	11 280.7	17 283.8	13 527.2
棉花	84 411.3	91 112.6	97 494.1	128 279.9	100 591.2	100 829.0
食用油籽	47 284.4	63 336.0	53 529.2	91 219.7	132 481.7	88 108.0
大豆	22 686.6	32 854.2	26 483.8	40 968.1	64 797.6	42 944.8
花生	397.6	2 533.5	268.3	2 081.3	2 252.4	514.6
油菜籽	157.8	1 819.7	5 836.4	10 384.9	14 813.2	6 621.5
食用植物油	35 510.7	54 802.9	71 368.7	54 316.8	129 729.5	82 208.3
豆油	4 759.0	10 548.4	12 414.6	3 737.2	2 573.8	1 048.4
菜籽油	199.0	601.1	249.0	41.6	1 537.7	42.3
棕榈油	18 227.6	20 501.4	25 535.0	26 303.9	46 233.7	26 440.8
食糖	78.9	276.2	543.6	399.6	440.8	477.0
蔬菜	7 786.9	9 608.8	11 474.3	15 607.7	20 214.2	17 879.9
水果	23 896.8	32 697.0	38 036.5	46 474.2	47 684.9	40 567.1
畜产品	62 215.2	52 960.7	57 984.3	64 588.7	61 043.2	41 282.4
猪肉			1.5			
牛肉	7.4					
羊肉						
家禽	3 092.7	2 662.6	2 408.2	2 113.4	2 693.7	2 714.2
蛋产品	1 364.2	1 502.4	793.7	1 091.4	995.6	896.0
乳品	5 428.7	6 005.4	6 977.1	9 946.8	11 281.4	10 756.4
动物生皮	39 646.7	29 308.0	33 648.5	32 723.2	23 545.5	12 219.4
动物生毛皮	23.8	16.0	28.5	9.7	74.3	41.4
羊毛	5 836.8	4 811.9	5 184.5	5 814.2	4 531.0	2 290.7
水产品	10 494.6	12 071.5	16 696.3	19 911.2	22 594.5	20 590.1
饮品	33 311.1	31 709.1	36 121.6	44 955.8	54 169.2	55 700.9
酒	3 075.4	3 965.5	5 204.7	6 083.2	7 318.1	9 692.8
茶	663.3	760.2	900.7	990.1	1 382.5	1 522.2
咖啡	5 907.1	7 421.6	9 170.5	11 098.8	13 191.5	10 741.7

土耳其主要农产品进口额（二）

单位：万美元

项　目	2010年	2011年	2012年	2013年	2014年
农产品	989 650.5	1 353 386.5	1 270 940.2	1 356 702.2	1 473 188.8
谷物	107 783.4	195 883.2	155 226.6	203 951.6	237 813.3
小麦产品	65 559.4	162 321.4	112 617.1	128 951.5	154 755.2
玉米产品	12 511.4	13 687.5	24 629.5	47 346.8	34 959.2
稻谷产品	26 462.0	15 260.6	11 147.8	15 063.8	27 750.9
棉花	172 641.9	186 439.1	127 952.9	168 917.6	175 793.7
食用油籽	141 008.0	154 628.4	147 612.2	146 370.1	206 885.6
大豆	74 254.8	68 755.6	68 490.9	64 298.2	111 975.6
花生	1 200.4	2 089.0	2 283.2	1 462.7	2 045.3
油菜籽	15 037.9	7 222.2	9 943.9	7 874.3	21 381.9
食用植物油	65 995.8	114 951.1	147 331.2	147 329.7	172 696.6
豆油	733.9	334.9	109.7	705.3	616.5
菜籽油	75.7	327.0	36.9	15.1	269.1
棕榈油	31 841.2	45 371.8	43 948.0	49 924.0	49 154.0
食糖	491.9	552.4	607.5	939.0	453.6
蔬菜	19 849.1	24 914.0	24 721.5	24 995.5	26 304.9
水果	46 499.1	60 201.1	58 171.9	65 733.8	69 883.5
畜产品	111 777.8	227 058.0	168 583.3	109 153.2	76 538.4
猪肉					
牛肉	24 925.7	51 186.8	9 599.2	2 427.2	525.8
羊肉					
家禽	3 515.5	5 590.4	5 319.7	4 712.7	5 194.6
蛋产品	1 243.5	1 447.9	1 411.1	2 473.0	3 745.9
乳品	11 541.0	9 025.8	10 223.0	13 492.9	15 471.5
动物生皮	22 523.0	40 594.9	40 243.7	37 533.7	23 656.6
动物生毛皮	64.0	309.4	446.0	509.6	564.7
羊毛	3 163.7	3 550.0	3 291.5	3 052.8	3 444.5
水产品	26 100.3	29 987.6	34 417.4	40 836.6	41 317.1
饮品	69 608.7	90 245.8	87 649.9	98 841.6	109 108.0
酒	10 491.7	16 159.3	16 458.8	19 305.1	23 078.1
茶	2 404.0	2 055.3	1 653.1	2 165.0	2 117.1
咖啡	12 629.7	17 939.0	18 106.8	18 923.9	20 726.6

4-13-3 土耳其主要农产品出口量（一）

单位：吨

项　目	2004 年	2005 年	2006 年	2007 年	2008 年	2009 年
农产品						
谷物	865 947.3	2 835 415.9	2 652 514.3	1 616 873.8	1 386 380.4	2 968 739.4
小麦产品	840 674.2	2 395 992.2	2 013 833.0	1 353 315.7	1 318 128.9	2 254 448.7
玉米产品	17 892.4	140 619.5	213 497.1	36 713.4	47 248.6	354 216.6
稻谷产品	1 626.1	2 730.0	6 796.1	2 072.3	10 468.6	27 108.0
棉花	137 594.6	140 253.9	165 381.0	185 399.4	139 124.6	107 675.6
食用油籽	114 430.3	108 429.9	127 228.5	121 619.1	107 704.3	126 262.8
大豆	1 813.6	97.9	90.3	141.3	192.4	209.9
花生	615.5	651.9	828.2	638.0	502.5	983.1
油菜籽	0.2	0.2	10.0	158.0	0.2	
食用植物油	89 083.7	147 055.7	180 392.9	98 951.9	132 907.0	153 534.8
豆油	3 645.6	2 828.9	2 833.9	9 959.1	5 545.7	3 042.9
菜籽油			146.6	2 547.5	2 141.4	1 270.8
棕榈油	550.8	100.5		6.0	54.9	
食糖	133 426.1	8 101.4	125 924.8	38 529.4	5 355.3	5 119.6
蔬菜	1 243 874.1	1 160 007.2	1 228 822.8	1 569 095.7	1 521 586.6	1 596 901.5
水果						
畜产品						
猪肉	0.2	0.1				
牛肉	38.6	33.5	21.6	183.8	266.3	61.4
羊肉	14.1	25.5	15.7	192.3	17.7	5.3
家禽						
蛋产品						
乳品	19 796.0	32 923.6	45 688.8	49 449.5	47 930.7	47 369.6
动物生皮	11 312.9	9 679.1	8 295.5	6 635.0	5 053.9	4 204.0
动物生毛皮						
羊毛	17 593.1	13 616.4	13 478.2	17 037.9	14 573.2	8 886.9
水产品						
饮品						
酒						
茶	5 938.7	5 786.6	2 688.5	3 384.3	3 206.9	2 158.9
咖啡	294.6	367.8	675.1	835.1	1 004.0	947.6

土耳其主要农产品出口量（二）

单位：吨

项　目	2010 年	2011 年	2012 年	2013 年	2014 年
农产品					
谷物	3 932 735.1	2 554 870.0	2 735 451.6	2 974 017.0	2 837 720.0
小麦产品	3 235 166.7	2 190 405.1	2 290 633.8	2 605 850.1	2 519 347.4
玉米产品	90 548.6	143 646.5	166 759.7	313 748.0	253 827.2
稻谷产品	62 512.8	103 095.1	99 587.8	8 868.8	23 053.6
棉花	103 972.0	137 619.7	168 673.7	149 259.1	140 239.7
食用油籽	144 918.9	172 226.6	192 291.5	188 780.5	167 533.1
大豆	138.2	44.9	13 226.9	16 829.9	2 981.2
花生	1 284.6	1 083.0	1 248.1	2 007.2	1 708.7
油菜籽		22.4	2 953.8	37.5	17.1
食用植物油	121 137.0	256 376.2	330 272.4	484 392.6	720 352.7
豆油	3 447.5	5 216.2	3 347.0	9 827.3	2 903.1
菜籽油	1 532.1	2 427.5	955.7	531.0	1 150.6
棕榈油	80.7	1 340.1	1 648.8	938.9	1 004.3
食糖	77 310.6	74 190.6	33 448.0	63 839.6	15 879.7
蔬菜	1 608 990.7	1 581 223.7	1 590 019.2	1 806 518.9	1 758 702.5
水果					
畜产品					
猪肉					
牛肉	66.1	59.1	80.0	59.1	38.5
羊肉	3.1	5.1	13.7	11.3	3.5
家禽					
蛋产品					
乳品	55 947.3	83 349.1	82 920.5	104 647.6	122 568.1
动物生皮	3 749.8	1 829.8	1 637.9	3 342.8	2 232.9
动物生毛皮					
羊毛	13 763.8	13 013.7	12 300.8	16 767.9	18 585.4
水产品					
饮品					
酒					
茶	2 351.3	2 426.4	3 480.9	5 356.7	4 884.4
咖啡	1 032.4	2 110.7	5 806.6	7 029.9	8 124.9

4-13-4 土耳其主要农产品进口量（一）

单位：吨

项 目	2004年	2005年	2006年	2007年	2008年	2009年
农产品						
谷物	2 564 604.3	789 903.8	611 972.9	3 554 667.2	5 379 867.1	4 236 403.3
小麦产品	1 065 478.0	135 716.4	240 130.1	2 147 310.7	3 709 490.0	3 395 744.9
玉米产品	1 050 007.8	218 710.0	30 623.6	1 128 977.1	1 151 467.6	489 122.2
稻谷产品	165 889.0	302 819.5	272 618.3	195 794.1	240 021.7	226 658.1
棉花	596 524.2	781 131.8	761 454.6	955 741.9	618 964.5	760 168.0
食用油籽	1 338 746.4	1 956 507.8	1 751 452.8	2 229 502.5	2 030 837.0	1 702 411.2
大豆	682 036.4	1 154 517.2	1 016 936.3	1 230 935.6	1 239 130.8	973 695.5
花生	4 179.7	31 054.8	1 924.4	14 773.7	15 573.1	3 506.0
油菜籽	5 714.3	55 126.1	184 894.9	245 261.7	216 326.7	157 508.1
食用植物油	603 072.6	984 241.7	1 294 672.6	701 946.0	969 505.6	814 258.3
豆油	75 398.7	191 006.2	218 630.7	50 800.0	20 094.8	10 178.4
菜籽油	3 000.9	8 863.2	3 548.3	458.6	10 359.8	364.3
棕榈油	349 423.3	458 868.2	533 800.2	365 629.1	439 568.5	386 088.8
食糖	660.5	3 938.6	7 445.9	4 188.1	4 342.5	4 343.6
蔬菜	31 966.5	51 413.0	54 918.1	62 921.3	66 198.4	56 018.8
水果						
畜产品						
猪肉			4.0			
牛肉	9.5					
羊肉						
家禽						
蛋产品						
乳品	22 616.9	21 970.6	28 347.1	25 137.3	28 608.9	38 595.7
动物生皮	187 392.3	168 438.9	169 255.0	160 349.8	126 244.9	96 337.4
动物生毛皮						
羊毛	29 661.3	27 283.8	29 460.2	34 201.2	27 498.3	20 316.8
水产品						
饮品						
酒						
茶	3 022.5	3 492.5	4 045.4	3 728.5	4 544.5	5 577.5
咖啡	24 262.3	30 102.9	34 675.8	36 696.1	30 903.6	24 105.8

土耳其主要农产品进口量（二）

单位：吨

项　目	2010 年	2011 年	2012 年	2013 年	2014 年
农产品					
谷物	3 653 268.7	5 589 541.9	4 942 866.2	6 211 674.4	7 962 808.6
小麦产品	2 554 954.0	4 754 844.0	3 719 387.0	4 053 300.5	5 289 617.4
玉米产品	457 649.2	384 615.4	808 977.8	1 549 117.0	1 422 192.2
稻谷产品	535 142.4	349 596.0	263 640.5	283 762.5	493 707.8
棉花	895 507.6	611 940.5	618 293.2	876 652.0	920 769.3
食用油籽	2 839 676.7	2 463 496.6	2 331 289.5	2 170 549.3	3 303 564.7
大豆	1 756 188.5	1 297 833.3	1 195 035.0	1 073 757.0	2 008 268.8
花生	8 279.1	11 194.2	11 036.0	6 932.4	8 550.4
油菜籽	307 076.9	107 264.3	149 562.2	137 010.5	437 007.9
食用植物油	706 200.1	946 208.9	1 211 838.6	1 268 114.2	1 456 321.3
豆油	9 696.8	2 456.4	271.4	5 656.9	4 956.5
菜籽油	650.1	2 209.2	179.9	73.8	2 722.6
棕榈油	409 732.8	429 247.8	436 938.1	592 055.9	595 726.1
食糖	4 213.6	4 677.1	5 513.3	9 043.8	4 593.0
蔬菜	79 237.4	115 425.2	87 608.8	79 841.7	103 667.5
水果					
畜产品					
猪肉					
牛肉	50 657.5	110 731.4	25 436.8	6 140.6	640.0
羊肉					
家禽					
蛋产品					
乳品	30 134.1	19 746.1	23 612.7	29 162.3	35 434.1
动物生皮	117 064.5	126 725.7	121 060.0	103 713.7	88 808.6
动物生毛皮					
羊毛	23 471.2	25 015.3	20 150.7	20 699.3	22 607.4
水产品					
饮品					
酒					
茶	8 957.9	8 380.1	5 590.7	6 492.5	6 319.1
咖啡	27 563.0	27 582.2	31 011.1	36 983.5	44 022.4

4-14　欧盟28国主要农产品贸易情况

4-14-1　欧盟28国主要农产品出口额（一）

单位：万美元

项　目	2004年	2005年	2006年	2007年	2008年	2009年
农产品	7 196 888.6	7 645 390.1	8 563 922.2	9 958 610.7	11 743 966.5	10 284 156.2
谷物	266 642.1	310 470.3	346 696.8	465 248.4	898 568.3	606 137.6
小麦产品	204 040.6	197 575.1	265 815.6	275 849.2	685 651.4	511 568.0
玉米产品	21 782.8	19 975.2	18 797.1	34 273.5	59 362.6	44 901.7
稻谷产品	11 359.7	12 140.6	11 086.8	12 254.7	20 206.0	17 272.7
棉花	37 319.1	33 218.3	41 194.4	24 885.1	36 295.2	42 217.4
食用油籽	35 224.1	45 475.8	49 477.2	71 458.1	89 235.3	62 359.2
大豆	1 477.8	2 821.7	2 798.5	2 226.0	3 200.1	3 755.4
花生	3 354.3	3 755.9	3 872.6	4 193.9	5 756.0	4 119.5
油菜籽	6 752.9	7 879.6	5 167.9	18 854.2	14 581.7	9 590.9
食用植物油	212 607.4	221 801.5	231 539.4	257 064.1	328 485.0	264 562.3
豆油	38 698.6	28 890.5	15 186.3	20 604.0	45 144.5	36 830.1
菜籽油	11 115.4	7 707.2	5 578.3	9 095.1	21 998.2	13 957.9
棕榈油	4 493.7	6 972.0	10 359.1	17 782.0	19 495.8	13 822.0
食糖	94 595.7	165 260.5	231 250.9	70 128.7	65 945.8	80 486.5
蔬菜	418 780.2	435 629.9	500 580.7	611 017.2	711 785.6	646 273.5
水果	552 611.7	611 212.3	731 339.5	893 560.5	955 948.0	885 150.1
畜产品	1 472 174.3	1 466 512.9	1 537 729.8	1 819 607.3	2 272 847.1	1 893 749.4
猪肉	231 346.9	212 865.7	250 568.8	265 136.7	369 664.3	279 950.8
牛肉	39 540.9	33 137.6	33 735.3	24 661.7	42 727.8	30 234.0
羊肉	2 538.4	2 429.6	2 284.1	2 328.7	3 280.0	2 854.4
家禽	146 230.2	148 763.9	135 696.5	171 270.5	231 891.9	222 783.5
蛋产品	19 684.3	21 226.6	22 622.9	26 278.1	33 292.7	33 450.8
乳品	616 091.5	616 214.1	602 958.4	817 740.4	922 793.5	725 081.5
动物生皮	58 798.5	45 561.5	54 350.3	55 261.0	61 407.3	57 008.4
动物生毛皮	80 514.1	88 800.3	123 783.2	89 240.6	121 767.2	104 536.6
羊毛	11 506.4	9 761.2	10 768.4	14 751.6	13 343.8	11 896.6
水产品	317 004.6	337 518.7	364 260.1	419 688.4	481 093.9	427 775.4
饮品	1 992 414.9	2 144 274.2	2 518 491.8	2 955 283.8	3 086 727.1	2 751 104.1
酒	1 461 800.4	1 551 755.9	1 805 845.3	2 101 775.9	2 171 676.4	1 896 903.4
茶	31 602.4	32 778.2	38 987.0	44 061.5	48 877.4	43 789.2
咖啡	87 356.0	119 116.2	126 222.5	154 673.1	165 874.0	159 536.0

欧盟 28 国主要农产品出口额（二）

单位：万美元

项　目	2010 年	2011 年	2012 年	2013 年	2014 年
农产品	11 771 431.6	14 490 818.5	15 030 293.6	16 267 946.8	
谷物	735 676.3	918 698.4	813 267.9	1 194 633.9	
小麦产品	545 694.5	650 412.8	562 594.7	806 453.0	
玉米产品	62 574.9	106 514.2	101 446.4	141 129.7	
稻谷产品	24 032.5	24 348.9	20 038.9	21 541.9	
棉花	55 009.2	44 035.6	64 952.7	57 746.3	
食用油籽	68 687.3	108 099.2	91 198.4	126 535.0	
大豆	1 997.5	4 703.8	8 332.2	4 048.2	
花生	5 958.2	5 855.8	6 711.4	6 957.8	
油菜籽	14 679.3	11 712.3	13 788.0	20 772.7	
食用植物油	303 610.6	399 238.1	458 261.8	490 046.4	
豆油	39 977.0	66 124.0	111 692.6	96 077.9	
菜籽油	17 334.0	38 929.6	33 634.4	69 430.4	
棕榈油	16 629.2	26 876.6	30 894.4	15 063.4	
食糖	133 797.3	105 363.1	128 607.0	85 902.5	
蔬菜	735 526.5	835 462.2	842 890.3	940 004.8	
水果	954 305.5	1 140 098.1	1 196 876.5	1 300 633.7	
畜产品	2 439 402.9	3 137 333.8	3 174 683.6	3 411 684.2	
猪肉	346 122.8	470 017.8	485 337.8	507 245.7	
牛肉	83 346.0	127 892.4	80 850.0	66 259.4	
羊肉	6 403.3	8 182.1	9 702.3	13 684.8	
家禽	256 409.2	314 880.4	323 974.3	335 218.0	
蛋产品	37 399.9	42 098.2	46 689.2	57 573.9	
乳品	945 678.0	1 130 117.5	1 128 337.4	1 240 900.9	
动物生皮	83 302.7	113 936.1	108 604.4	110 888.5	
动物生毛皮	188 838.7	230 872.7	270 474.0	347 493.1	
羊毛	13 918.4	19 514.8	17 152.6	19 707.3	
水产品	483 398.0	576 348.2	613 930.8	644 083.0	
饮品	3 128 834.1	3 863 850.0	4 067 192.8	4 206 407.3	
酒	2 147 045.8	2 664 957.2	2 829 940.4	2 933 759.1	
茶	52 753.5	56 609.9	57 049.5	61 385.8	
咖啡	158 621.5	246 016.2	247 978.7	231 526.8	

4-14-2 欧盟28国主要农产品进口额（一）

单位：万美元

项 目	2004年	2005年	2006年	2007年	2008年	2009年
农产品	9 239 905.1	9 766 757.4	10 650 010.3	12 983 515.7	15 221 076.3	12 935 153.5
谷物	316 112.8	241 330.6	260 784.5	635 682.6	843 957.3	386 298.0
小麦产品	140 387.2	129 803.4	114 759.4	200 528.3	266 426.8	173 735.0
玉米产品	91 274.8	46 188.4	69 817.1	269 100.3	299 901.4	82 722.7
稻谷产品	56 795.3	53 345.1	59 560.7	78 059.4	142 950.9	115 305.0
棉花	105 036.0	75 368.5	67 593.0	69 565.6	62 041.5	38 515.3
食用油籽	636 607.8	600 725.3	584 068.4	770 645.7	1 174 714.1	900 317.9
大豆	437 749.7	381 491.5	365 298.5	523 233.1	753 651.7	554 943.3
花生	53 709.7	57 189.1	53 729.8	64 841.1	94 154.8	71 428.8
油菜籽	6 351.1	2 512.4	20 118.1	23 550.1	133 612.9	113 632.7
食用植物油	301 770.8	342 263.4	489 160.1	579 452.9	844 266.1	602 169.9
豆油	6 927.9	14 651.0	53 229.5	76 303.1	129 892.9	48 047.3
菜籽油	2 355.5	3 861.7	46 117.4	40 243.4	53 688.6	42 511.1
棕榈油	171 187.4	180 587.7	202 639.1	285 106.3	438 948.4	382 836.4
食糖	160 119.5	161 187.1	172 755.6	177 136.7	211 178.5	173 586.4
蔬菜	438 075.6	472 403.2	521 203.0	723 596.9	731 055.8	675 141.0
水果	1 351 827.5	1 440 981.7	1 558 976.2	1 864 086.6	2 062 659.2	1 846 833.6
畜产品	935 205.7	1 004 594.8	1 070 434.4	1 188 571.2	1 272 970.4	1 075 318.7
猪肉	9 179.7	17 958.8	22 197.3	10 267.3	16 925.9	11 818.0
牛肉	138 285.0	156 878.9	189 142.4	215 723.6	189 737.1	168 645.2
羊肉	115 355.7	130 980.0	125 465.1	133 369.5	145 755.1	138 447.0
家禽	196 332.5	231 962.2	219 834.2	250 672.6	335 245.2	307 781.6
蛋产品	7 834.0	8 153.3	6 762.2	8 812.0	6 809.7	8 849.9
乳品	84 777.3	75 497.4	81 413.1	91 327.1	97 560.1	77 946.8
动物生皮	58 775.1	56 918.2	59 639.3	65 380.2	58 082.1	38 210.7
动物生毛皮	13 592.3	13 343.2	20 933.9	19 486.5	20 149.4	10 678.1
羊毛	97 181.1	80 567.2	80 166.2	82 854.8	73 615.3	30 908.9
水产品	1 639 940.9	1 850 683.5	2 152 144.7	2 408 691.6	2 572 865.5	2 303 922.5
饮品	1 281 530.4	1 441 942.7	1 591 129.2	1 967 381.9	2 293 703.5	2 183 743.6
酒	449 295.1	462 106.1	486 220.7	610 490.9	641 625.4	569 038.9
茶	63 096.2	62 760.5	73 225.3	75 790.9	91 385.7	81 070.1
咖啡	373 559.9	494 950.1	585 094.8	713 996.1	873 370.4	784 478.4

欧盟 28 国主要农产品进口额（二）

单位：万美元

项 目	2010 年	2011 年	2012 年	2013 年	2014 年
农产品	13 543 358.7	16 325 796.5	15 538 824.0	16 046 809.6	
谷物	356 359.5	618 048.8	604 649.3	638 440.1	
小麦产品	126 889.6	215 305.6	206 639.5	145 559.3	
玉米产品	104 570.2	228 696.4	254 393.3	340 645.3	
稻谷产品	102 976.7	127 025.4	109 110.2	122 354.6	
棉花	52 672.9	93 596.7	50 782.4	51 654.8	
食用油籽	924 019.4	1 131 065.8	1 211 544.5	1 293 439.6	
大豆	595 477.9	657 552.5	697 399.7	743 127.5	
花生	73 493.0	97 860.3	113 403.7	111 365.0	
油菜籽	88 861.7	181 827.3	217 035.6	229 979.9	
食用植物油	652 592.0	860 261.3	873 777.7	851 671.1	
豆油	65 517.3	94 678.1	44 861.2	34 528.2	
菜籽油	39 014.0	82 926.7	40 918.0	30 695.0	
棕榈油	420 583.5	537 239.2	600 408.8	600 977.7	
食糖	169 876.5	324 858.6	263 851.0	299 455.5	
蔬菜	705 055.3	782 213.3	703 185.4	756 358.6	
水果	1 847 716.0	2 071 641.3	1 948 037.3	2 126 355.0	
畜产品	1 104 159.5	1 317 546.5	1 215 230.1	1 221 894.8	
猪肉	7 453.9	7 795.5	6 819.3	5 045.3	
牛肉	173 098.1	202 350.0	185 081.6	198 975.5	
羊肉	132 189.2	166 683.6	129 384.3	122 605.4	
家禽	298 351.5	366 331.0	349 922.1	324 792.3	
蛋产品	8 786.0	7 869.2	9 493.3	6 321.1	
乳品	76 341.4	87 816.9	86 132.3	86 713.8	
动物生皮	56 162.6	72 139.6	66 448.0	77 896.1	
动物生毛皮	14 057.6	20 375.4	26 440.4	36 337.1	
羊毛	48 144.2	80 812.6	63 555.2	60 505.5	
水产品	2 466 497.0	2 791 861.6	2 618 881.4	2 779 097.1	
饮品	2 334 659.7	2 961 841.8	2 647 598.9	2 476 691.8	
酒	527 352.8	578 001.2	570 174.2	608 753.2	
茶	88 476.5	99 846.7	96 531.1	101 713.7	
咖啡	914 029.1	1 371 709.2	1 231 160.4	1 037 644.2	

4-14-3 欧盟28国主要农产品出口量（一）

单位：吨

项 目	2004年	2005年	2006年	2007年	2008年	2009年
农产品						
谷物	13 342 396.8	19 045 402.6	19 545 976.0	16 130 702.1	25 341 152.7	24 827 671.6
小麦产品	10 464 553.3	12 223 513.1	15 650 143.3	9 980 377.2	19 429 544.4	21 951 121.5
玉米产品	802 267.9	936 307.2	539 079.9	815 612.5	1 408 967.4	1 474 846.3
稻谷产品	199 078.0	205 127.5	157 661.3	144 134.2	167 845.6	161 584.4
棉花	283 228.3	280 901.0	334 652.0	180 100.2	230 356.7	313 450.3
食用油籽	712 919.5	999 073.1	951 774.9	1 096 395.4	770 211.1	1 007 206.8
大豆	34 194.6	84 786.4	78 015.4	42 937.4	45 391.8	72 784.7
花生	15 949.1	18 915.2	20 254.7	18 984.9	22 050.8	16 606.3
油菜籽	214 967.8	252 114.5	96 459.4	387 582.3	112 587.0	154 212.9
食用植物油	1 400 986.3	1 292 711.0	958 142.5	1 099 069.5	1 217 437.5	1 261 261.6
豆油	566 516.2	486 081.2	245 612.3	246 754.5	330 920.7	410 218.8
菜籽油	143 719.0	91 647.0	57 328.7	70 183.0	160 763.2	118 756.9
棕榈油	67 843.8	104 432.1	124 494.5	173 348.1	138 375.6	130 792.8
食糖	3 736 947.9	5 823 015.0	5 719 779.4	1 482 609.8	1 373 460.2	1 501 424.9
蔬菜	3 976 443.3	4 417 168.0	4 493 730.5	4 587 212.3	5 181 744.6	5 031 242.8
水果						
畜产品						
猪肉	890 823.6	755 514.5	870 684.0	874 985.9	1 229 994.6	973 233.5
牛肉	218 982.0	140 291.4	126 978.9	72 243.4	105 716.2	70 859.3
羊肉	3 720.5	3 757.1	3 342.4	4 074.0	4 995.1	5 571.6
家禽						
蛋产品						
乳品	2 577 260.5	2 408 481.2	2 236 204.4	2 370 075.9	2 302 211.9	2 457 050.1
动物生皮	290 321.3	282 942.6	295 718.3	288 328.4	343 267.2	431 542.3
动物生毛皮						
羊毛	64 355.2	55 345.7	60 140.2	79 808.5	63 599.1	77 022.5
水产品						
饮品						
酒						
茶	35 694.9	35 352.4	40 412.3	36 797.2	40 993.9	37 834.5
咖啡	203 138.7	218 004.0	229 274.4	233 212.3	233 859.9	232 363.0

欧盟 28 国主要农产品出口量（二）

单位：吨

项 目	2010 年	2011 年	2012 年	2013 年	2014 年
农产品					
谷物	29 862 278.7	25 657 120.4	23 615 076.0	37 435 667.8	
小麦产品	23 351 686.2	18 675 205.1	17 136 513.3	25 983 658.4	
玉米产品	1 915 524.3	2 431 275.9	2 243 370.5	3 475 812.8	
稻谷产品	320 630.3	266 383.6	220 538.2	233 463.5	
棉花	258 217.1	179 071.0	356 920.1	303 319.9	
食用油籽	794 855.8	1 117 991.2	710 586.0	1 277 478.2	
大豆	32 656.2	77 492.9	116 639.7	51 866.3	
花生	24 944.3	21 730.9	22 056.7	25 088.2	
油菜籽	248 679.1	108 782.6	108 915.2	265 415.3	
食用植物油	1 450 612.5	1 726 660.5	2 315 856.4	2 478 770.3	
豆油	423 931.4	474 334.1	894 934.5	885 841.3	
菜籽油	152 895.8	262 030.6	238 649.4	539 453.9	
棕榈油	151 496.4	199 574.6	245 311.6	139 139.7	
食糖	2 166 455.0	1 368 420.4	1 933 556.5	1 416 882.0	
蔬菜	6 042 949.9	6 343 832.2	6 448 661.1	6 647 416.9	
水果					
畜产品					
猪肉	1 260 420.5	1 548 781.0	1 557 118.1	1 608 591.9	
牛肉	216 084.5	289 604.9	183 453.8	140 176.4	
羊肉	11 704.8	12 951.1	21 173.5	31 486.9	
家禽					
蛋产品					
乳品	2 770 003.1	3 000 494.9	3 304 035.8	3 235 460.3	
动物生皮	405 149.2	402 138.0	402 389.9	378 164.0	
动物生毛皮					
羊毛	84 163.9	79 593.0	81 062.0	93 897.4	
水产品					
饮品					
酒					
茶	40 321.4	39 839.1	37 724.6	38 460.6	
咖啡	236 386.9	285 442.5	301 928.0	295 371.5	

4-14-4 欧盟28国主要农产品进口量（一）

单位：吨

项 目	2004年	2005年	2006年	2007年	2008年	2009年
农产品						
谷物	14 109 415.3	11 487 227.9	11 377 274.0	22 074 954.1	22 550 974.5	10 668 257.8
小麦产品	7 040 568.0	7 122 934.5	5 719 475.1	6 206 532.5	6 873 315.1	6 325 246.9
玉米产品	4 335 921.0	2 578 081.9	3 613 257.5	10 922 352.9	9 760 053.4	2 531 172.2
稻谷产品	1 324 182.0	1 204 458.5	1 333 092.6	1 473 436.9	1 647 213.3	1 494 069.1
棉花	731 692.6	651 425.8	532 480.2	528 337.6	398 438.9	277 254.9
食用油籽	16 521 823.9	16 754 584.8	16 895 627.3	18 053 468.2	18 547 494.3	17 429 633.2
大豆	13 876 417.1	14 505 222.2	14 076 779.8	15 172 503.5	14 430 906.3	12 590 497.8
花生	566 409.4	618 515.8	603 045.1	598 842.6	624 614.1	560 185.3
油菜籽	185 843.7	89 724.1	654 924.1	521 137.2	2 201 417.6	2 787 546.7
食用植物油	4 527 486.6	5 685 264.5	7 502 483.7	7 373 698.5	7 340 030.1	7 715 063.8
豆油	108 876.0	255 670.7	893 032.7	984 521.2	1 099 772.6	535 342.7
菜籽油	33 782.4	58 144.2	636 139.4	491 374.4	402 931.4	463 366.3
棕榈油	3 411 985.8	4 067 884.0	4 275 693.6	4 338 997.0	4 555 436.6	5 508 998.9
食糖	3 115 461.4	3 032 258.3	3 087 874.9	3 027 708.3	3 305 779.3	3 060 633.4
蔬菜	3 993 689.4	4 092 856.1	4 169 963.6	4 937 520.8	4 744 029.3	4 597 299.3
水果						
畜产品						
猪肉	36 840.8	74 845.7	95 756.1	27 045.1	42 883.4	35 835.1
牛肉	311 915.1	369 514.7	376 831.5	305 464.8	188 279.0	229 096.8
羊肉	211 068.0	221 917.9	228 160.6	225 743.2	222 113.4	222 183.2
家禽						
蛋产品						
乳品	311 848.8	267 193.8	300 611.2	301 812.3	260 888.3	278 779.1
动物生皮	215 741.2	196 788.4	195 308.4	174 359.5	142 481.3	140 879.5
动物生毛皮						
羊毛	266 741.9	233 225.2	229 317.5	201 588.5	166 631.5	95 297.3
水产品						
饮品						
酒						
茶	347 187.1	355 286.1	367 014.1	362 847.3	413 606.3	317 746.1
咖啡	2 709 109.2	2 594 068.4	2 750 202.9	2 824 388.0	2 814 339.4	2 782 176.6

欧盟 28 国主要农产品进口量（二）

单位：吨

项　目	2010 年	2011 年	2012 年	2013 年	2014 年
农产品					
谷物	10 144 335.1	15 925 575.7	16 731 144.5	17 134 074.6	
小麦产品	4 353 640.9	6 005 893.9	6 042 276.6	3 942 980.9	
玉米产品	3 890 582.8	7 101 601.4	8 399 854.5	11 135 503.4	
稻谷产品	1 320 381.0	1 625 309.7	1 404 331.3	1 459 559.5	
棉花	303 336.4	322 194.0	259 570.2	295 891.5	
食用油籽	17 288 793.6	16 820 299.7	17 431 815.2	18 756 964.9	
大豆	13 483 257.9	12 126 088.2	12 138 678.8	12 950 148.2	
花生	583 507.4	604 968.5	561 035.7	657 699.6	
油菜籽	1 944 282.8	2 754 388.0	3 531 777.7	3 845 658.3	
食用植物油	7 669 034.8	7 285 296.1	7 772 485.4	8 652 049.2	
豆油	695 203.3	740 015.5	373 475.6	316 717.8	
菜籽油	405 547.6	629 886.0	346 571.7	302 758.2	
棕榈油	5 438 424.9	4 944 100.5	5 707 109.9	6 787 661.6	
食糖	3 104 659.3	4 401 263.4	3 622 039.8	4 123 302.7	
蔬菜	4 555 749.3	4 554 846.4	4 126 696.9	4 288 144.7	
水果					
畜产品					
猪肉	18 626.1	14 922.6	15 445.7	11 104.4	
牛肉	203 424.9	184 525.8	176 378.1	201 248.1	
羊肉	196 125.9	182 242.2	154 488.0	164 210.3	
家禽					
蛋产品					
乳品	217 622.5	236 141.7	258 990.4	237 623.8	
动物生皮	177 114.7	160 036.1	137 239.8	146 324.3	
动物生毛皮					
羊毛	124 140.5	135 203.8	109 427.2	108 717.2	
水产品					
饮品					
酒					
茶	275 613.3	283 541.6	291 414.1	306 976.8	
咖啡	2 835 343.6	2 844 144.2	2 891 353.9	2 910 484.9	

4-15 英国主要农产品贸易情况

4-15-1 英国主要农产品出口额（一）

单位：万美元

项 目	2004年	2005年	2006年	2007年	2008年	2009年
农产品	2 139 591.3	2 132 653.7	2 259 963.6	2 634 630.4	2 793 568.3	2 443 263.9
谷物	67 753.2	66 642.5	62 932.0	83 480.2	122 777.5	92 636.2
小麦产品	42 245.5	41 689.0	40 080.3	53 963.2	85 971.6	58 700.5
玉米产品	1 363.4	1 238.3	1 260.3	881.0	1 140.2	1 108.2
稻谷产品	6 173.6	4 960.2	4 725.6	7 020.1	7 546.8	6 568.7
棉花	415.5	307.2	952.4	1 138.6	841.8	426.6
食用油籽	8 961.7	10 718.8	12 137.5	17 103.3	19 256.4	11 478.4
大豆	416.9	468.8	1 278.8	1 154.1	713.8	916.3
花生	2 103.1	2 328.1	2 305.5	2 541.7	2 349.6	2 043.1
油菜籽	3 358.4	3 540.5	5 949.0	10 435.9	12 756.9	4 854.9
食用植物油	16 230.3	20 052.7	27 673.7	42 651.9	39 459.4	36 486.5
豆油	1 426.5	1 609.1	1 426.1	1 598.3	2 017.0	1 711.0
菜籽油	7 114.3	11 164.6	18 921.8	31 410.3	25 130.2	25 557.3
棕榈油	3 821.7	2 885.1	2 297.1	2 343.9	3 103.1	2 248.1
食糖	30 908.6	32 272.6	42 327.9	44 122.1	49 270.6	40 960.6
蔬菜	57 963.0	57 327.3	64 116.9	75 682.4	80 931.3	73 012.8
水果	94 484.6	91 404.8	104 322.1	118 493.5	118 533.4	110 794.3
畜产品	401 361.0	378 561.4	385 545.1	477 812.9	510 890.1	424 733.4
猪肉	17 207.4	19 102.6	18 782.1	25 669.8	26 778.5	19 168.6
牛肉	3 704.6	4 580.9	19 077.7	25 068.1	39 687.4	40 531.4
羊肉	37 888.3	40 499.0	43 218.9	37 109.0	48 719.0	49 146.4
家禽	68 272.6	71 804.5	62 017.4	82 004.9	82 816.3	72 757.5
蛋产品	5 888.7	4 912.8	4 437.5	5 058.1	7 033.9	7 115.5
乳品	133 041.1	118 460.4	119 562.0	149 327.1	149 743.5	114 156.5
动物生皮	25 588.8	20 022.0	21 612.4	22 959.3	21 212.4	13 992.7
动物生毛皮	638.3	574.8	696.8	615.6	181.0	192.5
羊毛	12 360.4	9 391.3	9 757.8	5 982.8	5 392.1	4 159.1
水产品	175 134.7	183 712.0	187 220.8	215 570.3	205 199.1	177 710.6
饮品	733 028.4	772 340.1	824 846.9	987 035.9	1 028 696.5	932 931.6
酒	595 950.3	623 702.3	659 815.5	799 855.7	820 367.5	746 147.5
茶	26 892.1	24 820.6	29 056.9	31 865.7	33 399.1	29 381.2
咖啡	19 957.3	23 616.2	27 108.2	36 191.6	45 521.8	37 576.6

英国主要农产品出口额（二）

单位：万美元

项　目	2010 年	2011 年	2012 年	2013 年	2014 年
农产品	2 730 316.2	3 236 950.2	3 112 573.4	3 243 978.6	3 425 324.9
谷物	120 539.4	125 538.6	96 833.5	78 412.3	97 398.5
小麦产品	82 238.8	83 353.5	58 754.1	31 119.1	41 498.4
玉米产品	2 668.9	1 702.6	2 733.7	4 330.5	4 710.0
稻谷产品	6 129.2	6 364.2	6 262.4	8 803.2	10 317.4
棉花	188.7	385.0	175.0	254.7	222.6
食用油籽	22 475.9	53 634.2	73 299.6	36 160.8	31 909.3
大豆	827.3	250.2	1 543.4	215.4	4 149.2
花生	2 263.2	2 823.7	3 186.1	3 438.0	3 678.4
油菜籽	14 689.5	44 529.8	62 936.8	26 928.0	18 452.7
食用植物油	37 035.2	33 271.4	32 703.5	36 231.8	36 703.4
豆油	1 730.0	2 214.7	1 968.8	2 370.3	2 364.2
菜籽油	29 700.1	22 529.6	23 741.4	25 307.1	26 855.9
棕榈油	2 079.7	3 835.9	2 896.1	4 759.3	3 632.5
食糖	38 059.5	26 348.2	22 914.9	19 914.2	23 796.0
蔬菜	76 162.3	85 134.5	77 736.4	86 184.6	88 388.2
水果	121 991.4	135 086.0	120 150.3	139 370.4	161 607.0
畜产品	486 801.4	615 316.3	557 790.1	615 759.5	671 436.1
猪肉	24 287.5	27 507.7	29 672.0	34 085.0	35 277.9
牛肉	49 698.2	72 087.6	61 095.9	58 280.5	61 677.7
羊肉	50 861.6	63 497.6	55 719.4	60 177.6	62 692.8
家禽	78 390.2	95 224.6	90 471.0	95 710.3	94 173.8
蛋产品	7 269.0	7 657.8	8 978.3	13 979.3	15 848.1
乳品	143 642.4	178 620.0	161 040.8	187 039.0	214 819.0
动物生皮	24 437.0	37 268.5	31 008.1	34 417.3	33 308.6
动物生毛皮	180.8	52.1	207.4	199.6	185.9
羊毛	5 025.7	6 177.1	5 112.9	9 514.9	13 804.8
水产品	224 079.4	259 953.8	229 120.2	249 805.1	284 399.9
饮品	1 036 756.1	1 278 580.0	1 264 619.7	1 284 679.3	1 293 715.2
酒	827 958.5	1 046 576.7	1 032 244.5	1 033 580.1	1 027 160.1
茶	33 696.8	27 187.7	20 868.3	21 842.3	19 061.8
咖啡	47 338.4	60 318.8	63 359.9	66 695.9	72 939.9

4-15-2 英国主要农产品进口额（一）

单位：万美元

项　目	2004年	2005年	2006年	2007年	2008年	2009年
农产品	4 729 162.5	4 950 821.0	5 348 860.7	6 155 672.4	6 656 079.6	5 562 663.3
谷物	96 835.4	102 252.9	103 709.8	153 897.7	188 750.6	145 356.5
小麦产品	20 606.6	29 025.4	28 749.6	48 730.0	66 010.5	47 916.6
玉米产品	31 858.8	29 068.9	27 720.9	43 966.7	36 856.2	25 939.6
稻谷产品	38 796.0	38 598.7	40 374.1	48 803.9	72 685.7	63 686.8
棉花	6 794.5	5 300.9	4 344.7	3 388.9	3 896.8	2 918.2
食用油籽	52 299.7	54 893.7	54 313.0	65 528.9	94 084.7	92 681.3
大豆	24 216.3	23 461.3	23 514.9	31 551.0	45 575.7	43 251.7
花生	10 410.3	15 495.0	11 947.8	16 339.8	19 177.5	15 496.4
油菜籽	6 209.7	1 841.7	5 408.2	2 587.9	8 143.9	17 925.7
食用植物油	79 618.4	83 326.4	106 337.4	127 040.2	179 727.7	113 729.2
豆油	9 155.4	10 435.7	17 217.8	21 408.2	25 293.5	10 178.5
菜籽油	8 164.5	6 328.5	8 419.3	8 004.2	18 756.0	10 385.2
棕榈油	34 278.5	30 927.6	33 864.3	35 783.4	50 023.6	32 287.4
食糖	94 793.0	101 467.5	100 630.7	104 320.4	114 853.3	97 407.4
蔬菜	465 221.3	504 476.2	535 366.9	625 844.6	661 948.1	542 456.2
水果	561 496.1	592 412.5	664 119.0	807 007.5	846 641.2	709 926.1
畜产品	1 115 562.6	1 137 134.7	1 235 839.8	1 351 687.6	1 440 473.1	1 261 390.0
猪肉	92 788.1	106 002.1	126 738.2	139 219.5	127 514.0	100 746.2
牛肉	121 867.1	111 232.6	123 774.7	132 648.1	148 108.5	121 743.0
羊肉	52 244.4	53 144.2	52 469.5	56 221.6	58 608.9	60 051.2
家禽	208 534.3	217 217.6	221 217.5	260 666.3	272 106.6	249 543.1
蛋产品	13 559.1	11 692.3	13 686.0	18 103.5	20 941.8	20 303.6
乳品	277 477.8	293 878.5	306 269.5	336 560.7	383 644.9	326 473.5
动物生皮	9 498.2	7 905.5	8 080.8	9 044.8	5 125.4	2 100.7
动物生毛皮	859.1	858.2	1 115.9	953.3	1 025.9	631.7
羊毛	14 034.9	12 322.6	11 218.0	2 423.3	1 995.5	1 667.7
水产品	310 120.6	350 471.9	405 477.8	451 876.8	463 915.4	286 758.5
饮品	991 489.3	1 049 658.5	1 098 703.6	1 258 667.6	1 296 515.6	1 171 063.8
酒	681 262.5	700 730.4	719 801.6	816 905.6	818 506.7	692 661.4
茶	30 575.8	28 845.4	34 406.9	32 185.8	38 748.6	37 973.3
咖啡	49 443.0	56 484.5	63 911.9	78 645.6	91 744.0	90 159.6

英国主要农产品进口额（二）

单位：万美元

项　目	2010年	2011年	2012年	2013年	2014年
农产品	6 016 855.7	6 851 248.7	6 407 606.0	6 889 563.2	7 096 061.4
谷物	130 970.9	153 664.8	181 030.2	253 084.8	204 723.4
小麦产品	37 086.4	41 523.9	67 426.9	109 805.8	63 541.5
玉米产品	27 333.5	38 105.1	43 699.7	67 302.3	60 879.1
稻谷产品	59 551.2	63 195.1	54 691.7	57 761.6	67 846.8
棉花	3 231.0	4 780.9	4 191.6	4 006.7	3 126.2
食用油籽	87 701.3	93 982.0	99 193.5	101 306.5	101 583.7
大豆	42 777.0	44 576.0	48 840.2	38 298.6	44 300.3
花生	18 522.9	24 368.9	26 565.2	25 933.5	22 342.4
油菜籽	8 209.2	3 443.9	1 817.6	10 507.2	5 650.1
食用植物油	114 181.8	151 629.1	147 828.6	139 326.6	129 247.6
豆油	11 814.2	17 974.1	20 033.1	15 740.4	15 193.5
菜籽油	10 662.0	14 830.7	9 650.2	14 282.6	11 479.1
棕榈油	36 333.7	47 256.5	48 606.5	39 424.4	37 987.7
食糖	97 649.4	106 230.2	87 265.2	94 478.9	85 927.0
蔬菜	596 247.1	636 707.4	589 939.9	681 299.4	687 178.9
水果	724 861.7	830 201.8	805 669.7	856 825.6	898 012.3
畜产品	1 327 571.8	1 475 297.1	1 384 034.9	1 471 051.6	1 555 058.5
猪肉	103 584.2	115 984.2	106 783.3	115 701.8	115 155.0
牛肉	127 360.8	145 016.3	133 186.8	149 051.8	161 601.3
羊肉	60 031.9	66 569.3	58 234.8	60 130.6	67 199.4
家禽	286 507.8	338 875.7	280 736.2	295 590.4	329 050.7
蛋产品	21 405.8	17 566.1	24 027.0	25 157.5	25 361.7
乳品	345 619.1	363 365.2	353 683.5	399 666.6	411 648.7
动物生皮	4 345.7	4 934.8	5 197.9	7 148.3	7 942.4
动物生毛皮	901.8	378.2	489.0	1 261.2	1 438.9
羊毛	3 400.7	4 081.7	3 016.4	3 106.7	12 754.9
水产品	406 965.5	469 583.3	444 087.5	471 232.0	493 734.4
饮品	1 205 349.7	1 363 091.0	1 239 750.7	1 290 506.3	1 340 199.7
酒	702 929.3	770 446.9	728 492.1	768 152.4	752 948.2
茶	43 335.2	47 375.9	45 129.5	43 731.9	39 047.0
咖啡	102 864.4	139 712.9	126 598.9	108 457.0	123 793.9

4-15-3 英国主要农产品出口量（一）

单位：吨

项　目	2004年	2005年	2006年	2007年	2008年	2009年
农产品						
谷物	3 598 477.2	3 681 320.4	3 061 702.6	2 753 456.7	3 798 074.6	3 886 487.4
小麦产品	2 633 534.8	2 656 551.3	2 260 261.4	2 064 697.3	2 912 453.8	2 728 312.8
玉米产品	27 254.5	19 050.0	29 125.6	18 619.6	20 057.2	17 309.6
稻谷产品	62 615.3	52 916.3	51 902.8	65 190.8	53 711.9	52 160.9
棉花	712.9	562.3	6 041.8	6 998.1	4 540.0	1 871.7
食用油籽	170 028.8	265 368.0	263 730.1	317 760.0	252 341.8	232 538.1
大豆	7 724.6	9 715.4	24 637.1	21 044.8	7 689.3	11 308.0
花生	8 822.8	9 138.8	6 425.5	6 179.6	5 613.3	5 438.4
油菜籽	100 993.1	173 783.2	203 513.4	264 217.4	218 535.7	175 418.6
食用植物油	169 862.4	220 214.7	295 991.1	463 385.9	337 823.0	358 738.5
豆油	20 386.2	22 504.9	18 791.3	15 886.3	14 167.3	16 506.3
菜籽油	82 548.3	131 319.0	219 638.6	375 933.7	263 038.5	280 549.8
棕榈油	47 533.2	35 267.5	25 928.0	21 384.7	20 882.6	19 131.2
食糖	804 430.1	863 573.5	906 011.9	569 258.7	608 768.6	546 342.1
蔬菜	540 819.1	552 791.7	581 012.9	563 967.2	583 264.9	622 409.4
水果						
畜产品						
猪肉	86 811.7	94 275.5	101 980.6	125 278.3	128 217.9	108 362.9
牛肉	6 570.2	8 858.3	51 011.0	59 245.5	81 751.3	83 671.0
羊肉	83 928.1	89 755.9	87 949.9	69 883.3	87 181.1	95 284.9
家禽						
蛋产品						
乳品	777 537.0	957 656.2	1 131 209.4	867 653.8	883 745.5	833 900.8
动物生皮	121 004.2	127 205.9	115 374.4	108 875.1	113 901.6	114 470.7
动物生毛皮						
羊毛	48 946.4	36 756.0	37 827.7	22 505.0	21 787.9	20 097.7
水产品						
饮品						
酒						
茶	30 167.4	28 070.9	28 477.6	26 756.1	28 235.3	30 922.0
咖啡	26 241.5	31 343.7	58 180.6	36 033.4	60 323.6	42 404.0

英国主要农产品出口量（二）

单位：吨

项　目	2010 年	2011 年	2012 年	2013 年	2014 年
农产品					
谷物	4 972 247.9	3 676 183.8	2 628 277.8	1 945 282.0	2 904 625.5
小麦产品	3 596 065.0	2 610 460.2	1 805 266.1	745 921.8	1 368 458.5
玉米产品	73 869.8	39 821.8	63 068.8	144 499.5	153 728.0
稻谷产品	52 433.3	52 182.3	48 629.0	58 298.6	62 752.3
棉花	403.5	1 010.4	1 142.2	708.0	401.1
食用油籽	334 138.9	796 852.6	1 131 217.7	494 065.9	494 438.7
大豆	13 039.4	2 384.7	23 495.7	1 842.3	75 705.0
花生	6 574.7	7 462.4	7 849.0	9 386.7	9 578.4
油菜籽	260 983.1	731 859.5	1 042 762.6	439 039.4	370 719.3
食用植物油	403 550.4	254 614.8	267 499.2	273 207.1	320 396.8
豆油	14 956.1	14 560.7	13 597.7	15 339.5	19 307.5
菜籽油	359 464.9	195 210.1	223 956.1	219 905.2	267 932.0
棕榈油	16 265.8	28 053.5	16 873.6	26 800.0	21 212.6
食糖	515 838.1	312 413.9	255 732.0	240 156.9	337 227.1
蔬菜	655 523.7	768 958.9	544 723.3	750 504.0	646 251.2
水果					
畜产品					
猪肉	138 014.6	144 539.3	152 670.1	180 585.2	181 712.5
牛肉	106 270.2	147 051.3	118 492.1	105 222.3	112 260.4
羊肉	92 366.6	102 965.6	94 409.3	103 963.2	102 281.3
家禽					
蛋产品					
乳品	886 441.9	1 001 508.1	956 694.3	926 047.1	1 100 721.3
动物生皮	120 097.0	118 431.2	122 348.2	136 043.7	149 428.4
动物生毛皮					
羊毛	19 620.2	16 500.3	13 517.2	31 813.0	38 750.2
水产品					
饮品					
酒					
茶	33 481.2	63 335.9	21 877.8	23 596.5	23 700.1
咖啡	54 749.7	53 662.6	54 787.3	60 498.8	63 743.0

4-15-4 英国主要农产品进口量（一）

单位：吨

项 目	2004年	2005年	2006年	2007年	2008年	2009年
农产品						
谷物	3 075 247.8	3 550 391.4	3 291 488.7	3 957 262.8	3 500 290.0	3 474 104.6
小麦产品	867 866.6	1 320 021.4	1 114 198.3	1 381 491.3	1 358 223.5	1 599 067.2
玉米产品	1 298 090.4	1 319 209.6	1 232 855.1	1 505 499.3	1 086 275.6	928 361.1
稻谷产品	718 472.8	712 355.9	699 245.5	711 477.5	717 571.0	696 258.4
棉花	45 482.8	42 674.6	32 506.7	24 438.1	22 984.9	20 709.1
食用油籽	1 197 490.8	1 130 049.4	1 099 042.5	1 196 559.1	1 331 086.9	1 625 680.6
大豆	738 355.2	801 278.5	736 433.0	826 318.1	837 438.4	916 668.8
花生	111 029.9	136 265.8	113 701.7	122 248.1	112 542.6	110 979.4
油菜籽	198 060.2	51 175.4	135 441.4	63 253.2	174 488.1	451 181.2
食用植物油	1 183 389.3	1 118 748.9	1 322 417.2	1 241 038.3	1 183 230.9	1 030 618.8
豆油	133 543.9	146 448.9	250 224.9	253 960.3	192 382.9	104 418.4
菜籽油	99 490.2	80 497.2	95 503.7	94 933.2	126 799.1	95 103.4
棕榈油	742 797.6	674 611.3	692 633.1	489 011.5	462 575.8	448 340.5
食糖	1 403 161.6	1 446 020.3	1 480 849.2	1 516 330.9	1 617 802.2	1 574 945.2
蔬菜	4 965 004.6	9 841 086.8	4 607 790.0	4 713 880.9	4 906 737.2	4 163 287.9
水果						
畜产品						
猪肉	389 983.8	427 903.0	463 099.6	478 971.9	402 008.1	363 459.9
牛肉	306 623.4	259 513.1	258 802.6	263 637.2	267 772.8	251 163.7
羊肉	116 854.3	110 733.7	115 081.2	115 052.8	112 955.7	116 376.9
家禽						
蛋产品						
乳品	955 834.9	995 321.1	1 064 178.1	1 078 273.4	1 127 257.0	1 175 735.7
动物生皮	50 891.7	44 122.8	45 424.1	40 855.1	31 209.2	13 046.1
动物生毛皮						
羊毛	61 249.8	55 671.8	49 860.9	16 042.1	13 555.6	14 285.0
水产品						
饮品						
酒						
茶	159 671.7	157 634.3	168 045.4	165 298.0	165 453.0	150 831.3
咖啡	184 048.3	181 529.3	196 234.0	207 754.7	196 770.8	204 505.2

英国主要农产品进口量（二）

单位：吨

项　目	2010 年	2011 年	2012 年	2013 年	2014 年
农产品					
谷物	3 204 532.1	3 025 540.8	4 142 206.2	6 194 737.3	5 110 891.9
小麦产品	1 267 360.8	990 134.3	1 821 637.9	3 054 022.2	1 934 504.4
玉米产品	989 788.5	1 055 077.5	1 275 650.1	2 105 678.9	2 249 414.7
稻谷产品	728 220.5	718 776.5	664 199.0	630 460.6	701 025.1
棉花	20 286.6	17 366.9	20 608.9	21 731.7	19 625.4
食用油籽	1 426 188.8	1 115 140.2	1 035 146.8	1 064 092.9	1 137 596.9
大豆	890 125.0	782 713.8	810 823.2	663 704.4	829 807.0
花生	116 631.4	125 199.7	113 717.0	122 573.2	111 442.2
油菜籽	209 574.1	64 447.1	18 528.0	177 415.8	87 036.2
食用植物油	1 000 350.8	1 007 509.8	1 068 232.7	1 077 001.4	1 057 948.5
豆油	111 517.9	133 957.5	155 969.4	138 826.8	156 533.4
菜籽油	99 780.5	97 744.2	77 569.2	125 026.0	107 224.5
棕榈油	423 096.1	396 622.3	425 079.5	423 718.6	393 654.9
食糖	1 715 602.0	1 480 729.8	1 118 233.5	1 187 598.3	1 251 571.3
蔬菜	4 427 834.5	4 682 752.8	4 556 904.3	5 327 066.7	4 879 800.8
水果					
畜产品					
猪肉	370 553.2	372 900.5	340 797.1	351 712.2	358 138.2
牛肉	255 571.2	246 793.5	228 401.4	241 284.3	254 830.3
羊肉	102 845.4	89 270.2	85 657.9	98 917.3	92 937.0
家禽					
蛋产品					
乳品	1 219 690.7	1 191 895.0	1 178 966.2	1 306 175.3	1 247 044.0
动物生皮	20 882.8	17 478.4	20 585.8	30 434.1	31 793.5
动物生毛皮					
羊毛	22 945.1	17 921.8	11 527.5	14 653.1	43 117.0
水产品					
饮品					
酒					
茶	152 713.9	156 843.2	146 989.9	139 949.2	130 638.4
咖啡	215 110.3	210 979.0	205 069.6	213 424.4	224 228.3

4-16 法国主要农产品贸易情况

4-16-1 法国主要农产品出口额（一）

单位：万美元

项　目	2004年	2005年	2006年	2007年	2008年	2009年
农产品	4 873 388.8	4 959 235.0	5 334 728.3	6 271 658.3	7 302 333.0	6 136 220.2
谷物	526 046.7	513 322.7	514 601.4	680 890.4	1 027 389.4	726 328.2
小麦产品	278 134.8	261 242.5	292 521.8	383 764.5	608 042.9	408 348.1
玉米产品	149 807.9	155 492.5	138 246.0	159 634.1	241 509.4	193 289.4
稻谷产品	7 971.8	6 470.2	6 497.6	6 789.5	9 716.6	8 124.6
棉花	3 733.7	2 718.7	2 762.6	2 987.3	2 961.4	2 386.9
食用油籽	75 733.2	65 266.1	79 396.5	97 865.0	163 980.6	92 536.7
大豆	902.4	1 170.8	1 399.7	1 181.6	907.3	1 124.9
花生	837.9	761.2	800.3	1 273.1	1 771.2	2 075.0
油菜籽	53 141.7	39 072.6	56 013.9	69 754.8	128 715.3	64 933.3
食用植物油	47 279.6	60 149.9	71 088.9	79 758.1	112 854.5	90 050.9
豆油	1 908.2	2 463.8	2 639.5	2 757.8	4 659.0	2 040.9
菜籽油	20 971.6	28 800.5	33 871.1	32 297.6	47 768.5	33 687.9
棕榈油	289.3	165.1	260.2	858.6	376.9	318.7
食糖	127 629.4	138 804.8	159 044.1	150 876.7	156 014.5	155 767.1
蔬菜	266 017.1	279 944.3	311 313.3	375 478.1	381 673.1	355 051.7
水果	295 317.9	303 436.6	326 825.9	378 781.7	416 567.1	370 649.8
畜产品	1 176 652.6	1 210 187.6	1 250 347.3	1 449 413.2	1 640 745.8	1 441 747.5
猪肉	92 624.1	96 172.2	102 134.6	104 435.7	128 782.7	109 273.6
牛肉	95 053.1	99 212.8	112 722.8	124 149.3	145 464.8	134 719.7
羊肉	7 155.0	7 320.4	7 583.3	7 628.1	7 789.5	7 347.3
家禽	159 718.4	157 448.5	136 927.7	172 793.2	198 639.9	180 454.4
蛋产品	19 273.5	17 670.7	19 576.8	24 098.1	28 589.2	27 123.5
乳品	482 985.8	497 638.7	516 679.6	640 749.8	737 910.7	622 264.4
动物生皮	34 508.8	34 700.9	38 995.8	41 485.6	31 857.3	22 675.0
动物生毛皮	615.6	818.3	870.2	924.3	951.3	1 079.5
羊毛	5 012.3	3 666.4	3 095.7	2 610.7	1 874.0	1 490.7
水产品	158 031.8	167 005.4	176 789.4	206 883.4	219 609.0	174 564.4
饮品	1 318 115.5	1 321 969.6	1 505 998.3	1 752 338.1	1 923 034.1	1 602 833.4
酒	1 002 269.7	1 025 336.4	1 162 727.7	1 368 840.3	1 492 065.8	1 199 710.5
茶	4 609.8	4 216.0	4 515.5	5 000.6	5 780.8	5 554.4
咖啡	22 931.1	24 350.4	25 698.7	30 056.8	41 593.0	47 316.9

法国主要农产品出口额（二）

单位：万美元

项　目	2010 年	2011 年	2012 年	2013 年	2014 年
农产品	6 551 132.2	7 900 957.5	7 489 790.0	7 976 003.3	7 724 302.6
谷物	807 296.4	1 136 238.9	941 168.1	1 136 797.7	940 278.1
小麦产品	493 515.4	711 839.4	539 132.7	653 153.6	573 719.2
玉米产品	191 169.6	264 048.1	248 475.3	273 835.0	220 754.5
稻谷产品	8 242.1	8 087.0	6 382.4	8 775.1	8 455.9
棉花	2 071.1	3 403.1	2 000.9	2 741.8	2 479.1
食用油籽	106 482.4	156 307.0	143 333.8	136 608.0	124 538.9
大豆	1 913.8	3 228.8	2 874.4	1 999.2	2 351.6
花生	1 155.5	1 098.4	912.1	1 197.2	1 969.0
油菜籽	70 914.6	108 201.4	93 624.5	78 366.3	70 100.5
食用植物油	87 757.2	174 383.5	122 449.2	101 103.1	87 189.9
豆油	2 450.0	11 207.4	10 031.3	4 738.7	4 079.6
菜籽油	30 867.5	83 757.7	37 937.0	35 944.2	24 055.4
棕榈油	320.3	398.1	268.7	216.2	241.0
食糖	146 110.9	177 957.0	178 757.4	151 821.3	131 677.7
蔬菜	384 252.9	428 286.8	388 736.8	444 661.0	416 636.3
水果	394 848.5	423 549.6	414 971.5	439 260.5	461 824.4
畜产品	1 516 028.8	1 774 289.2	1 667 905.7	1 743 060.8	1 749 026.9
猪肉	107 388.7	122 740.4	120 610.6	124 750.3	111 588.7
牛肉	131 086.7	158 039.2	136 738.9	129 633.7	118 755.0
羊肉	8 230.0	8 738.4	7 402.3	7 020.9	7 601.8
家禽	177 516.3	213 491.9	210 225.0	220 067.3	205 647.1
蛋产品	27 435.1	23 367.5	25 973.3	26 052.3	27 218.5
乳品	677 776.3	788 982.8	747 700.0	804 246.8	853 363.1
动物生皮	37 512.8	49 080.9	44 004.3	53 059.8	51 614.1
动物生毛皮	3 405.5	5 427.8	4 293.0	6 069.3	3 495.8
羊毛	2 053.4	2 424.5	1 701.2	2 263.0	2 358.3
水产品	176 981.6	192 720.8	193 761.0	205 204.6	198 566.3
饮品	1 766 515.3	2 072 584.3	2 085 263.1	2 164 543.6	2 153 905.4
酒	1 350 739.2	1 589 643.9	1 627 324.7	1 663 305.3	1 623 208.2
茶	5 466.1	5 509.3	5 932.6	7 087.7	7 390.5
咖啡	53 252.8	69 663.6	67 026.6	90 095.0	100 146.0

4-16-2 法国主要农产品进口额（一）

单位：万美元

项 目	2004 年	2005 年	2006 年	2007 年	2008 年	2009 年
农产品	3 909 487.7	4 071 170.2	4 319 410.4	5 132 197.0	6 032 435.9	5 473 915.8
谷物	69 189.3	59 351.2	60 161.7	106 939.6	136 932.2	117 666.7
小麦产品	12 170.2	11 237.4	11 316.1	20 441.7	30 834.8	24 142.1
玉米产品	20 211.3	15 346.5	15 055.4	35 398.9	28 402.7	34 441.6
稻谷产品	31 954.3	28 375.5	29 269.0	38 337.8	55 977.0	51 916.2
棉花	11 508.3	8 788.7	7 349.0	8 436.5	8 094.5	7 075.5
食用油籽	48 148.4	46 771.6	47 885.1	65 685.2	108 016.4	110 726.2
大豆	16 302.4	15 242.0	11 027.0	19 436.6	25 985.4	29 040.1
花生	9 153.5	7 829.0	8 350.0	10 138.6	13 089.3	11 848.7
油菜籽	1 171.3	1 039.7	2 556.8	13 030.2	36 004.3	31 720.4
食用植物油	79 097.6	96 657.4	127 926.8	147 167.1	268 772.8	180 670.3
豆油	3 876.0	6 091.8	10 764.4	19 920.4	65 125.3	25 981.9
菜籽油	9 948.7	11 515.2	15 957.3	20 689.3	56 320.3	48 096.7
棕榈油	16 615.3	16 613.8	20 079.0	25 430.1	43 151.9	31 725.5
食糖	29 630.5	29 346.6	30 525.3	41 013.2	41 621.5	34 704.1
蔬菜	376 988.6	387 806.5	414 421.0	512 393.9	563 635.6	526 877.7
水果	495 697.6	499 325.3	519 075.8	620 036.2	724 324.0	643 101.2
畜产品	744 837.4	766 159.0	824 279.4	978 027.3	1 094 379.4	1 007 379.7
猪肉	71 586.1	73 009.0	84 928.6	93 264.3	110 068.8	103 130.3
牛肉	107 283.3	126 128.7	145 605.9	163 316.0	180 396.6	163 356.3
羊肉	64 508.2	66 887.1	68 070.7	69 101.3	79 357.9	75 536.4
家禽	76 864.5	85 267.2	80 691.9	113 209.3	137 828.9	138 856.8
蛋产品	10 463.6	10 204.4	11 984.1	15 315.7	16 406.7	17 949.3
乳品	238 573.0	228 277.2	249 671.3	323 822.6	335 235.8	299 465.1
动物生皮	9 589.8	9 344.5	10 724.3	11 109.1	11 666.9	7 604.9
动物生毛皮	1 828.3	2 587.0	3 255.4	3 183.8	2 486.7	908.6
羊毛	12 283.9	6 715.1	2 358.8	1 576.5	1 743.7	1 262.6
水产品	438 947.4	480 787.2	532 406.5	567 199.7	617 208.0	583 884.3
饮品	548 484.0	557 615.2	605 325.2	737 828.8	857 967.5	816 287.7
酒	196 339.4	202 032.7	214 336.3	252 881.7	283 892.8	266 408.5
茶	12 839.1	13 471.6	14 749.5	16 465.2	17 782.1	16 686.3
咖啡	76 534.5	92 910.7	111 030.0	134 075.4	162 681.6	164 608.8

法国主要农产品进口额（二）

单位：万美元

项　目	2010年	2011年	2012年	2013年	2014年
农产品	5 590 258.3	6 301 149.3	6 023 455.7	6 484 255.9	6 535 608.5
谷物	109 516.3	129 069.9	113 125.7	127 925.0	144 491.7
小麦产品	29 451.7	32 573.1	25 293.0	29 421.8	36 144.2
玉米产品	26 629.5	28 789.2	28 649.0	35 170.8	41 841.2
稻谷产品	44 718.8	52 249.8	48 476.7	53 591.3	55 364.5
棉花	7 623.6	13 099.7	7 639.4	7 953.8	7 419.7
食用油籽	116 253.7	148 676.9	129 108.5	177 156.0	164 628.6
大豆	25 366.0	37 688.7	41 277.5	33 017.8	38 687.9
花生	11 672.9	14 896.3	18 191.5	18 448.1	18 060.7
油菜籽	43 640.8	40 721.3	30 092.9	66 132.2	47 407.5
食用植物油	149 482.1	204 677.2	180 198.7	170 000.8	134 297.7
豆油	30 918.1	51 439.6	26 613.9	10 569.9	6 783.1
菜籽油	23 191.3	49 154.3	27 483.1	32 731.2	16 677.2
棕榈油	28 873.1	33 449.6	48 382.5	50 353.1	41 252.2
食糖	31 499.0	39 951.2	32 794.7	35 875.2	35 549.1
蔬菜	543 990.9	573 465.9	556 119.7	609 685.3	622 073.9
水果	646 754.2	699 220.6	702 823.1	769 607.7	753 700.4
畜产品	1 028 466.9	1 169 625.5	1 137 536.2	1 239 315.7	1 263 011.4
猪肉	105 942.7	110 737.3	115 438.2	125 106.8	123 994.1
牛肉	158 928.7	173 479.2	176 977.5	186 438.5	174 138.2
羊肉	70 756.3	77 078.2	68 130.1	66 838.4	71 475.3
家禽	145 217.3	179 683.0	180 159.5	190 082.4	191 223.9
蛋产品	15 750.6	15 399.0	26 778.3	16 844.0	15 735.7
乳品	325 548.4	386 042.8	344 114.4	405 219.5	433 048.6
动物生皮	10 023.8	14 259.9	15 438.1	18 900.4	20 174.4
动物生毛皮	1 365.6	1 060.8	1 213.6	1 692.6	1 174.9
羊毛	1 257.2	1 366.4	1 020.3	919.4	1 021.8
水产品	622 080.0	692 155.5	640 981.3	691 664.5	697 451.1
饮品	847 094.7	1 037 807.0	967 632.5	1 012 416.8	1 073 500.9
酒	265 790.1	326 312.1	299 440.5	315 719.3	319 966.0
茶	18 768.7	21 190.4	21 209.5	23 823.9	23 308.8
咖啡	189 642.3	265 909.5	261 670.3	266 270.8	290 168.7

4-16-3 法国主要农产品出口量（一）

单位：吨

项 目	2004年	2005年	2006年	2007年	2008年	2009年
农产品						
谷物	27 229 070.9	30 466 037.1	28 502 266.3	25 597 488.8	28 927 690.9	29 783 213.1
小麦产品	15 596 805.1	16 871 609.1	17 433 092.5	15 148 838.7	17 121 469.4	17 691 494.0
玉米产品	6 221 319.6	7 633 870.0	6 219 296.9	4 922 876.0	6 331 251.0	6 926 200.9
稻谷产品	131 958.7	113 977.4	110 905.7	87 697.0	97 899.5	82 063.7
棉花	30 639.7	23 946.6	24 697.4	23 385.8	19 567.3	16 511.5
食用油籽	2 121 783.2	2 068 219.8	2 279 275.2	2 199 311.8	2 425 070.1	1 858 195.4
大豆	18 928.6	32 510.1	36 015.2	20 195.7	6 786.2	19 977.2
花生	3 245.6	3 274.1	2 637.3	3 155.0	5 131.8	5 473.4
油菜籽	1 618 420.0	1 382 255.1	1 730 136.0	1 719 461.3	2 104 951.6	1 460 680.6
食用植物油	590 197.1	769 872.9	854 052.3	761 915.6	727 071.7	802 729.2
豆油	26 494.2	42 025.2	39 671.4	33 303.8	40 297.9	21 015.0
菜籽油	301 685.2	424 341.0	443 690.6	337 750.5	361 866.0	371 602.4
棕榈油	4 594.1	1 479.8	2 813.0	11 461.7	2 339.3	2 423.4
食糖	2 160 222.3	2 391 958.1	2 441 292.5	1 963 446.2	1 983 565.9	2 249 800.4
蔬菜	3 176 879.1	3 364 433.3	3 733 939.8	3 907 858.7	3 880 436.6	3 935 771.4
水果						
畜产品						
猪肉	439 081.1	444 247.7	438 840.3	445 666.8	495 986.8	469 419.2
牛肉	238 458.1	218 395.3	226 123.0	241 998.8	246 597.4	244 664.0
羊肉	10 633.4	10 331.0	11 378.6	10 034.5	9 356.1	8 956.5
家禽						
蛋产品						
乳品	2 535 365.0	2 595 205.7	2 591 566.2	2 811 857.1	2 895 858.0	2 833 371.5
动物生皮	160 658.5	159 804.5	217 216.7	233 038.6	146 739.7	124 231.8
动物生毛皮						
羊毛	18 290.7	12 982.4	12 928.3	12 357.4	8 256.1	8 677.0
水产品						
饮品						
酒						
茶	4 816.8	4 199.4	3 606.8	3 856.5	4 788.6	4 970.4
咖啡	43 523.2	42 604.3	36 592.4	33 007.7	37 054.4	38 564.4

法国主要农产品出口量（二）

单位：吨

项　目	2010年	2011年	2012年	2013年	2014年
农产品					
谷物	34 778 097.9	32 866 798.1	28 701 364.5	33 669 811.5	32 746 505.2
小麦产品	21 798 198.7	21 042 545.5	17 194 209.0	20 356 120.4	21 130 291.1
玉米产品	6 766 420.9	6 395 874.8	6 457 358.0	6 453 085.0	6 008 090.0
稻谷产品	100 954.3	96 810.8	75 725.5	89 496.1	87 027.6
棉花	19 699.9	20 575.8	16 972.6	20 983.9	17 945.0
食用油籽	2 023 604.8	2 120 165.3	2 021 265.8	1 807 534.2	1 883 872.5
大豆	25 682.6	35 415.1	39 052.7	20 470.2	29 016.7
花生	3 545.8	3 018.9	2 715.8	3 320.0	5 169.9
油菜籽	1 527 357.2	1 664 700.3	1 503 745.7	1 320 523.5	1 375 541.6
食用植物油	765 447.5	1 187 264.9	851 778.7	717 823.9	703 068.8
豆油	21 039.0	86 579.3	82 753.3	42 333.3	40 822.5
菜籽油	306 572.0	610 300.9	292 352.2	298 970.2	238 079.8
棕榈油	2 595.0	1 873.9	1 185.4	965.4	1 036.1
食糖	2 339 178.1	2 334 384.7	2 181 741.2	1 837 212.3	1 998 696.2
蔬菜	4 301 375.2	4 164 676.4	4 088 998.6	4 030 651.8	4 012 192.9
水果					
畜产品					
猪肉	484 211.4	490 483.9	478 103.2	483 340.4	455 479.1
牛肉	256 851.5	282 207.7	239 950.6	216 935.2	202 918.8
羊肉	10 836.5	10 392.3	10 336.2	9 462.5	9 928.4
家禽					
蛋产品					
乳品	2 982 254.9	3 294 978.7	3 275 208.3	3 132 714.1	3 250 584.9
动物生皮	279 312.3	245 340.3	7 775.5	144 054.6	138 253.1
动物生毛皮					
羊毛	10 723.5	9 658.4	7 684.9	10 320.6	10 832.9
水产品					
饮品					
酒					
茶	5 376.8	4 625.4	4 993.0	4 996.5	5 335.6
咖啡	40 350.8	41 772.1	42 716.2	38 393.2	42 705.4

4-16-4 法国主要农产品进口量（一）

单位：吨

项目	2004年	2005年	2006年	2007年	2008年	2009年
农产品						
谷物	1 439 451.6	1 309 320.3	1 259 293.4	2 417 878.6	2 139 351.1	1 645 860.6
小麦产品	452 296.1	415 770.4	396 815.1	505 900.0	614 048.9	634 355.6
玉米产品	336 441.6	269 844.6	260 847.9	1 022 503.8	429 834.1	373 017.1
稻谷产品	501 815.3	491 885.3	490 330.9	542 065.6	529 605.3	526 218.0
棉花	85 733.6	82 478.6	67 121.9	68 484.3	52 354.8	48 989.2
食用油籽	777 327.9	748 582.6	817 603.0	1 036 486.5	1 308 279.9	1 939 897.3
大豆	491 941.9	529 846.3	384 427.2	531 308.7	474 509.9	660 899.9
花生	58 448.6	56 325.6	59 468.9	63 758.9	64 934.1	61 192.8
油菜籽	34 777.7	32 744.5	80 127.0	297 821.7	593 139.7	795 677.0
食用植物油	737 988.8	972 850.6	1 259 606.3	1 232 652.8	1 789 205.2	1 434 135.1
豆油	56 652.7	99 312.1	175 427.6	244 795.1	539 906.3	268 970.3
菜籽油	125 750.4	143 457.8	175 734.5	196 342.7	398 380.1	423 369.3
棕榈油	267 998.2	306 335.6	339 039.4	313 449.2	378 345.4	337 901.0
食糖	333 657.7	330 110.1	365 706.4	461 450.1	432 556.5	414 375.7
蔬菜	3 739 447.1	3 627 518.6	3 828 963.1	4 468 204.9	4 335 977.9	4 222 921.3
水果						
畜产品						
猪肉	303 636.7	302 049.3	319 504.1	341 577.3	344 596.2	346 244.6
牛肉	267 136.1	306 074.9	319 056.5	330 982.0	322 011.2	321 484.9
羊肉	135 695.1	136 447.6	138 065.9	128 855.9	129 368.3	127 637.4
家禽						
蛋产品						
乳品	1 391 266.5	1 275 428.8	1 390 924.8	1 522 590.3	1 402 522.3	1 488 385.5
动物生皮	29 158.3	26 128.5	31 608.5	36 901.5	33 781.8	28 406.7
动物生毛皮						
羊毛	33 370.4	22 010.4	9 085.2	6 656.1	6 656.8	7 255.3
水产品						
饮品						
酒						
茶	22 720.5	21 791.5	27 993.9	33 786.1	29 382.6	24 574.2
咖啡	325 441.4	314 000.0	336 624.3	355 181.4	340 729.4	361 894.9

法国主要农产品进口量（二）

单位：吨

项　目	2010年	2011年	2012年	2013年	2014年
农产品					
谷物	1 981 257.9	2 108 305.4	1 764 947.1	1 819 741.4	2 240 603.7
小麦产品	943 885.0	765 881.7	588 983.3	630 325.0	903 724.6
玉米产品	369 833.0	476 090.5	451 925.6	518 169.1	627 675.9
稻谷产品	485 671.8	542 763.9	539 454.5	552 865.5	569 081.8
棉花	45 359.5	48 350.0	42 346.8	44 893.7	46 039.9
食用油籽	1 817 234.3	1 908 011.1	1 458 714.7	2 264 913.9	2 225 303.8
大豆	562 685.4	692 997.7	671 432.4	557 189.9	729 662.6
花生	67 775.2	70 617.2	70 144.0	72 608.3	80 142.1
油菜籽	939 964.5	610 706.0	474 363.0	1 105 211.8	939 872.8
食用植物油	1 246 502.1	1 305 203.9	1 241 063.7	1 157 764.7	961 725.9
豆油	348 568.9	404 048.2	222 034.5	98 055.3	74 225.5
菜籽油	231 069.2	349 877.9	210 769.7	268 877.7	143 364.5
棕榈油	318 871.8	269 695.5	421 818.2	488 862.0	418 478.5
食糖	429 164.4	458 190.1	339 630.4	407 953.2	396 056.6
蔬菜	4 359 609.3	4 426 931.4	4 558 568.7	4 730 400.8	4 723 972.2
水果					
畜产品					
猪肉	363 468.2	345 108.3	357 692.3	364 445.9	365 914.5
牛肉	317 585.0	288 096.5	298 405.6	296 654.5	280 285.0
羊肉	116 024.4	108 662.1	106 565.1	103 521.5	102 164.3
家禽					
蛋产品					
乳品	1 521 045.2	1 538 029.0	1 533 559.3	1 602 306.3	1 715 835.4
动物生皮	45 159.1	45 094.7	7 248.1	20 687.5	19 496.9
动物生毛皮					
羊毛	7 510.2	4 607.8	3 752.2	3 453.8	3 727.0
水产品					
饮品					
酒					
茶	22 476.2	21 738.1	21 969.4	22 496.9	20 957.9
咖啡	380 404.4	379 796.1	374 079.8	355 920.1	381 857.6

4-17 德国主要农产品贸易情况

4-17-1 德国主要农产品出口额（一）

单位：万美元

项 目	2004年	2005年	2006年	2007年	2008年	2009年
农产品	4 114 134.1	4 807 857.2	5 314 064.6	6 186 563.4	7 542 488.9	6 779 362.5
谷物	158 356.1	185 510.6	206 723.6	256 440.7	395 760.0	317 033.3
小麦产品	89 878.3	92 632.1	122 094.4	138 820.1	283 906.3	244 315.0
玉米产品	24 021.9	19 483.4	21 093.3	23 496.0	27 732.6	21 547.9
稻谷产品	5 171.7	5 923.9	5 657.6	5 865.3	10 087.4	9 800.9
棉花	7 916.7	7 217.3	5 433.6	4 274.4	5 603.6	4 543.7
食用油籽	39 785.5	36 768.0	42 402.5	54 243.7	76 645.2	59 378.3
大豆	1 316.7	1 108.0	993.5	1 262.4	2 416.7	1 875.5
花生	5 459.5	6 102.0	6 528.7	8 234.1	10 016.8	10 041.0
油菜籽	17 729.7	8 955.0	14 120.7	20 722.4	32 805.1	16 646.2
食用植物油	90 382.7	84 586.4	80 527.6	79 543.7	157 967.3	106 149.7
豆油	28 660.6	25 021.7	20 584.3	17 523.4	39 612.0	28 894.4
菜籽油	38 927.3	35 164.0	38 118.7	30 758.2	72 605.9	43 894.8
棕榈油	11 406.7	14 177.2	11 737.8	15 121.7	24 116.3	18 120.6
食糖	51 355.0	75 011.2	71 312.2	50 589.7	60 452.3	75 127.9
蔬菜	148 451.9	177 868.5	210 533.7	232 639.0	272 421.5	246 325.9
水果	307 524.4	360 241.6	416 215.5	475 872.4	565 762.6	494 304.8
畜产品	1 267 380.6	1 487 713.9	1 629 997.0	1 916 479.7	2 295 473.2	2 051 570.8
猪肉	143 316.5	201 981.3	238 219.4	285 956.8	393 432.8	399 096.0
牛肉	135 730.3	147 171.9	176 966.2	166 123.4	213 992.7	196 039.5
羊肉	3 217.9	5 178.3	5 825.2	5 700.2	7 504.7	6 560.5
家禽	120 928.4	154 957.2	163 111.0	191 217.5	231 868.8	237 216.1
蛋产品	12 690.1	20 248.2	21 046.3	21 507.7	28 075.0	28 795.0
乳品	601 306.4	646 053.9	669 498.5	870 181.3	947 829.0	754 608.5
动物生皮	21 827.5	25 743.1	29 920.5	27 052.4	25 845.0	16 343.2
动物生毛皮	3 466.4	3 137.9	4 149.1	4 014.4	2 848.6	1 766.1
羊毛	8 296.6	12 404.7	14 470.3	17 381.0	16 074.5	8 062.3
水产品	141 929.1	178 049.2	208 754.5	228 001.8	249 585.8	241 643.3
饮品	655 075.6	764 255.0	893 601.7	1 068 032.0	1 225 916.1	1 168 911.2
酒	224 111.3	264 923.1	295 480.4	355 196.7	391 167.7	367 265.5
茶	15 978.2	17 591.6	20 686.0	24 580.1	29 020.9	25 115.9
咖啡	118 432.3	165 952.6	191 760.4	233 712.6	262 738.7	249 700.7

德国主要农产品出口额（二）

单位：万美元

项　目	2010年	2011年	2012年	2013年	2014年
农产品	7 097 454.4	8 639 608.5	8 335 057.3	9 008 036.2	9 159 355.9
谷物	302 005.6	360 650.2	366 499.6	474 952.1	434 972.6
小麦产品	220 003.8	227 505.3	251 045.1	311 195.9	346 324.6
玉米产品	21 201.1	31 153.8	39 607.8	39 056.6	24 534.1
稻谷产品	8 600.2	13 186.1	11 693.7	12 842.7	14 813.4
棉花	6 007.6	11 801.6	7 935.5	7 901.9	7 591.8
食用油籽	61 146.3	71 314.6	65 488.6	73 374.7	89 237.4
大豆	1 813.0	2 478.4	1 960.5	1 411.0	3 863.2
花生	8 780.4	10 027.0	11 027.6	11 386.8	11 458.7
油菜籽	19 680.3	24 376.3	18 357.9	17 241.7	20 442.6
食用植物油	115 331.0	170 938.9	211 702.3	235 658.1	185 253.3
豆油	25 923.4	45 053.3	51 286.2	33 083.2	32 848.1
菜籽油	50 677.9	67 262.6	101 234.6	137 149.7	86 633.0
棕榈油	22 359.8	30 243.4	29 717.3	38 567.5	38 407.2
食糖	72 094.6	82 783.7	84 450.6	74 130.4	75 477.0
蔬菜	251 345.7	287 889.1	264 628.3	316 220.8	296 442.1
水果	487 721.8	567 944.5	546 094.1	602 639.7	618 889.2
畜产品	2 206 284.6	2 675 143.2	2 557 604.7	2 793 169.1	2 797 954.5
猪肉	405 175.8	492 199.1	494 660.5	528 975.3	503 819.7
牛肉	193 539.0	223 795.3	193 779.0	188 821.4	181 448.8
羊肉	6 981.1	7 839.3	5 963.9	6 494.8	5 984.7
家禽	259 193.9	321 101.1	326 878.1	342 136.0	343 148.6
蛋产品	28 721.9	31 120.2	34 586.4	33 835.9	35 749.0
乳品	864 198.6	1 035 756.6	953 901.5	1 121 651.5	1 156 389.6
动物生皮	32 492.5	40 736.6	36 612.0	36 448.2	46 093.7
动物生毛皮	2 082.8	2 756.5	3 567.8	3 864.2	4 609.7
羊毛	16 827.2	24 685.9	18 515.2	11 379.7	6 917.5
水产品	250 236.4	299 470.9	274 935.7	305 095.1	328 162.2
饮品	1 274 868.7	1 559 517.2	1 476 162.6	1 545 064.9	1 651 441.0
酒	405 866.5	461 322.3	446 309.4	466 363.0	471 298.2
茶	24 740.6	28 628.5	27 962.1	32 490.9	33 370.8
咖啡	275 240.0	392 084.0	366 699.8	341 234.1	347 308.9

4-17-2 德国主要农产品进口额（一）

单位：万美元

项 目	2004年	2005年	2006年	2007年	2008年	2009年
农产品	5 410 606.2	6 058 634.1	6 699 080.6	7 588 729.2	8 892 921.7	8 026 363.5
谷物	97 906.9	112 010.5	134 493.5	213 444.3	285 239.2	246 595.9
小麦产品	22 752.1	29 578.3	40 380.0	66 283.1	99 969.7	92 962.5
玉米产品	39 072.8	44 496.7	46 541.4	70 738.5	79 225.7	65 290.9
稻谷产品	19 037.8	19 358.7	21 370.6	26 251.2	38 858.1	37 807.5
棉花	19 376.9	14 733.2	12 875.7	13 462.6	15 060.4	9 904.3
食用油籽	237 043.0	240 497.8	243 278.3	300 071.8	473 163.6	387 751.6
大豆	113 296.7	104 630.7	95 422.6	123 946.2	186 597.4	145 608.8
花生	11 209.2	12 652.4	13 203.1	16 079.9	20 143.9	20 698.1
油菜籽	45 888.5	40 474.8	56 922.4	85 461.0	158 149.2	135 529.8
食用植物油	104 918.0	133 006.3	239 768.9	275 295.6	298 577.6	202 414.0
豆油	5 723.4	6 549.0	21 630.7	32 134.8	28 424.8	7 048.7
菜籽油	15 209.9	35 072.2	106 578.3	99 261.5	68 522.3	27 799.3
棕榈油	42 146.2	42 629.6	49 878.6	76 680.0	113 326.1	99 385.6
食糖	37 631.1	46 446.2	45 915.7	46 995.1	63 541.1	44 471.1
蔬菜	572 052.2	637 662.1	708 968.2	776 493.6	854 875.3	799 875.5
水果	791 306.6	846 912.1	931 089.7	1 026 864.2	1 166 386.6	1 040 710.2
畜产品	1 170 938.1	1 324 084.3	1 467 362.9	1 652 303.3	1 919 113.7	1 701 088.2
猪肉	180 235.9	204 535.0	214 241.0	206 504.8	245 694.5	225 001.6
牛肉	77 477.7	99 694.3	123 352.1	140 773.6	166 071.8	156 962.3
羊肉	22 674.0	30 828.6	29 202.8	30 077.4	34 417.3	28 873.9
家禽	185 021.0	228 369.4	212 159.5	245 740.1	303 983.8	272 878.5
蛋产品	42 453.3	53 037.1	57 409.9	60 802.2	76 490.5	96 423.7
乳品	434 489.1	437 123.2	510 935.0	623 932.5	678 074.2	539 967.7
动物生皮	13 324.1	14 988.9	18 122.1	19 063.1	16 906.8	9 412.7
动物生毛皮	2 063.5	2 185.3	2 781.1	2 462.0	1 720.3	828.6
羊毛	19 060.4	17 441.1	21 025.7	22 965.7	21 293.0	7 677.2
水产品	298 176.5	362 624.5	421 138.6	458 950.0	485 150.9	491 276.3
饮品	785 266.7	928 704.9	1 033 070.8	1 194 346.9	1 399 749.2	1 328 126.3
酒	352 686.2	405 338.4	445 604.2	491 777.3	575 558.4	550 961.0
茶	15 880.7	16 374.7	20 416.2	22 560.0	25 714.8	19 745.0
咖啡	157 784.0	219 419.6	262 294.8	309 713.1	374 251.3	326 076.5

德国主要农产品进口额（二）

单位：万美元

项　目	2010年	2011年	2012年	2013年	2014年
农产品	8 294 380.5	10 174 257.4	9 521 395.3	10 147 189.4	10 330 406.7
谷物	232 144.7	341 535.8	306 199.8	330 208.4	339 896.1
小麦产品	95 051.6	145 260.1	115 228.3	133 705.4	129 664.5
玉米产品	62 339.9	90 055.6	88 754.2	93 428.8	104 235.3
稻谷产品	30 517.4	39 464.7	36 097.0	39 655.2	42 239.7
棉花	14 280.9	27 639.8	16 205.1	17 216.8	15 019.0
食用油籽	357 816.6	504 719.1	573 573.6	618 942.2	573 420.3
大豆	149 536.0	172 861.2	188 692.8	211 333.1	200 460.3
花生	18 354.2	24 281.4	27 523.9	29 627.2	29 151.1
油菜籽	97 887.2	201 106.2	251 194.7	264 020.9	215 410.1
食用植物油	224 942.9	305 778.1	237 995.7	252 134.4	231 043.7
豆油	6 877.0	9 294.5	8 606.5	12 040.8	10 206.9
菜籽油	39 178.5	73 165.6	28 481.2	24 019.6	28 802.2
棕榈油	116 959.2	135 751.8	132 813.9	140 218.6	112 337.7
食糖	37 811.7	53 308.5	62 789.9	63 598.8	56 026.9
蔬菜	841 012.7	899 374.0	841 804.7	951 575.2	945 579.4
水果	1 006 923.3	1 132 483.3	1 054 698.3	1 176 501.1	1 156 443.0
畜产品	1 776 265.3	2 137 950.9	1 992 206.2	2 135 247.4	2 155 762.8
猪肉	205 297.2	232 859.0	232 078.8	237 466.7	227 125.7
牛肉	171 029.2	235 118.8	207 489.6	216 140.6	222 305.1
羊肉	29 054.2	46 170.0	32 677.3	32 858.2	33 565.7
家禽	276 501.4	353 825.1	336 236.3	341 943.1	346 833.2
蛋产品	99 851.4	85 748.8	89 623.7	84 185.2	82 322.1
乳品	591 978.0	721 290.7	641 603.8	724 794.5	755 633.8
动物生皮	18 202.9	23 802.9	18 137.3	24 184.3	29 130.6
动物生毛皮	2 124.8	2 880.2	3 875.9	4 564.5	4 400.0
羊毛	17 700.3	25 208.1	21 687.0	11 805.5	6 460.7
水产品	502 573.0	594 232.0	555 760.6	598 125.4	648 048.4
饮品	1 483 170.3	1 881 878.3	1 717 443.6	1 671 544.8	1 775 674.5
酒	571 016.6	700 056.9	670 172.5	706 576.7	673 743.8
茶	18 949.7	24 541.9	24 990.3	28 410.0	28 144.0
咖啡	396 539.9	570 278.4	508 897.7	401 336.8	443 565.6

4-17-3 德国主要农产品出口量（一）

单位：吨

项 目	2004 年	2005 年	2006 年	2007 年	2008 年	2009 年
农产品						
谷物	8 110 734.6	11 701 385.3	11 924 923.8	9 621 260.5	10 701 098.1	13 012 036.4
小麦产品	4 497 802.8	5 549 361.9	6 962 643.8	5 212 527.7	7 605 984.6	10 283 503.5
玉米产品	1 004 401.7	1 016 696.3	964 363.7	756 772.6	720 289.6	725 433.9
稻谷产品	63 030.2	75 476.5	67 661.2	60 840.0	80 703.1	77 602.2
棉花	55 602.9	54 998.2	43 574.1	36 341.9	38 341.0	32 274.8
食用油籽	686 683.4	433 169.4	500 904.8	551 731.4	610 583.3	391 832.6
大豆	31 984.2	41 451.7	35 099.4	34 628.7	47 161.3	35 624.1
花生	23 519.4	29 760.7	31 674.0	36 746.2	37 626.6	35 479.4
油菜籽	537 780.7	266 976.4	361 571.3	405 074.7	430 292.9	237 116.8
食用植物油	1 284 692.4	1 277 958.3	1 060 257.8	829 505.1	1 134 579.9	1 033 365.8
豆油	436 217.7	434 118.9	323 229.6	198 358.2	299 189.4	328 432.2
菜籽油	551 554.6	506 521.7	462 270.2	318 562.5	522 995.6	426 305.2
棕榈油	172 117.2	245 149.2	186 477.3	185 087.9	203 411.3	188 108.8
食糖	1 057 467.7	1 811 563.6	1 312 380.6	617 946.6	785 444.2	1 059 831.4
蔬菜	2 318 674.4	2 784 443.8	3 072 383.9	2 870 150.5	2 829 666.9	3 085 581.6
水果						
畜产品						
猪肉	623 040.0	833 808.4	900 553.8	1 054 879.1	1 281 901.5	1 440 108.0
牛肉	374 099.2	347 384.8	388 004.8	335 042.4	375 819.0	398 421.6
羊肉	5 004.8	7 176.7	9 149.7	7 970.8	9 460.3	8 749.6
家禽						
蛋产品						
乳品	5 000 612.8	5 216 528.0	5 109 802.0	4 922 460.8	5 123 802.7	5 203 320.6
动物生皮	137 299.3	151 156.0	157 076.6	131 596.3	138 781.2	134 855.2
动物生毛皮						
羊毛	26 787.0	38 177.5	46 431.7	45 947.1	40 102.5	29 069.5
水产品						
饮品						
酒						
茶	29 692.9	33 119.9	46 897.5	53 175.0	56 627.4	40 898.9
咖啡	373 430.3	471 034.8	492 732.8	523 571.0	513 777.0	537 617.4

德国主要农产品出口量（二）

单位：吨

项　目	2010 年	2011 年	2012 年	2013 年	2014 年
农产品					
谷物	12 725 881.6	10 500 500.6	10 717 150.5	13 728 294.8	14 147 250.7
小麦产品	9 576 556.6	6 785 708.1	7 594 316.3	9 165 033.7	11 903 484.3
玉米产品	697 870.8	798 188.2	1 083 161.8	923 033.3	620 085.4
稻谷产品	81 034.3	129 644.9	126 081.6	130 217.0	153 418.6
棉花	38 896.1	45 579.9	43 604.2	43 338.5	43 931.1
食用油籽	503 670.9	442 377.4	328 415.5	297 547.8	409 099.7
大豆	39 936.0	49 852.6	38 721.1	20 389.5	59 087.1
花生	38 389.4	37 372.9	36 572.1	39 623.0	40 198.2
油菜籽	278 747.7	227 860.2	148 254.9	119 003.1	187 153.6
食用植物油	1 133 284.5	1 212 689.7	1 650 620.4	1 989 633.4	1 801 528.2
豆油	270 917.2	339 219.7	428 915.1	322 231.2	382 333.0
菜籽油	518 095.2	476 204.7	792 458.1	1 157 980.2	869 230.3
棕榈油	232 225.4	235 923.7	243 159.5	347 164.3	365 027.3
食糖	1 103 454.5	1 003 653.6	978 630.8	871 479.5	1 087 554.5
蔬菜	3 077 607.6	3 055 980.4	3 262 162.2	3 772 327.4	3 135 636.8
水果					
畜产品					
猪肉	1 544 527.2	1 700 167.7	1 673 691.1	1 726 527.2	1 753 182.7
牛肉	403 224.7	378 141.6	326 802.7	310 638.5	329 664.4
羊肉	8 035.3	7 040.7	6 409.0	7 410.8	6 327.7
家禽					
蛋产品					
乳品	5 480 291.8	5 605 262.0	5 525 480.7	5 542 242.0	5 866 929.4
动物生皮	178 045.8	175 801.6	166 928.9	144 252.6	166 237.0
动物生毛皮					
羊毛	40 106.2	41 020.8	32 366.1	23 954.8	16 170.3
水产品					
饮品					
酒					
茶	35 923.8	39 091.2	37 048.1	39 665.0	40 232.6
咖啡	575 264.6	605 475.7	625 195.6	622 152.2	627 228.5

4-17-4 德国主要农产品进口量（一）

单位：吨

项　目	2004年	2005年	2006年	2007年	2008年	2009年
农产品						
谷物	3 630 262.9	5 173 182.8	6 049 866.5	6 864 430.2	7 062 565.0	8 674 566.6
小麦产品	1 066 852.2	1 824 139.3	2 297 590.5	2 181 018.9	2 727 861.2	4 227 115.7
玉米产品	1 397 887.8	1 894 916.5	1 962 665.9	2 528 101.7	1 970 352.8	2 043 526.8
稻谷产品	293 138.3	327 101.1	350 939.7	366 418.8	385 224.4	387 845.5
棉花	168 581.3	163 337.5	108 292.7	108 941.9	104 745.1	77 064.3
食用油籽	5 774 312.1	5 985 890.6	6 001 982.9	6 584 560.2	7 093 855.2	7 318 976.5
大豆	3 734 454.7	3 935 323.7	3 558 767.8	3 707 394.8	3 497 885.5	3 173 754.5
花生	90 423.5	107 211.3	113 400.2	121 951.1	119 286.1	123 199.2
油菜籽	1 410 271.3	1 528 908.9	1 830 966.9	2 199 127.4	2 746 808.4	3 293 730.3
食用植物油	1 394 604.4	1 866 795.9	3 142 317.6	3 031 247.7	2 267 181.3	2 075 867.1
豆油	85 202.0	108 942.8	344 468.3	413 748.8	229 101.6	66 979.1
菜籽油	187 377.6	484 133.3	1 373 682.3	1 086 488.6	488 691.8	271 303.5
棕榈油	773 991.5	897 805.1	970 573.4	1 076 391.5	1 127 536.8	1 339 329.6
食糖	440 810.4	550 180.8	550 365.1	524 779.6	678 412.6	515 779.0
蔬菜	5 448 475.1	5 810 549.5	6 257 213.2	5 695 247.4	5 786 962.8	5 916 546.1
水果						
畜产品						
猪肉	842 448.0	946 466.1	941 341.9	925 662.2	931 964.4	967 599.2
牛肉	166 556.7	206 493.2	217 456.6	226 166.7	228 572.3	258 747.5
羊肉	32 073.2	38 406.2	40 378.5	39 178.9	38 486.5	35 275.3
家禽						
蛋产品						
乳品	2 526 691.2	2 632 995.3	3 046 640.0	3 191 016.6	3 461 962.9	3 382 526.2
动物生皮	77 586.9	91 693.6	98 348.8	98 501.5	92 721.5	87 379.8
动物生毛皮						
羊毛	54 168.8	54 686.6	64 370.7	58 558.3	50 899.5	24 865.7
水产品						
饮品						
酒						
茶	100 910.0	97 394.3	130 238.2	139 505.0	144 717.2	97 350.3
咖啡	1 026 445.7	990 079.2	1 082 464.8	1 118 458.8	1 147 911.2	1 131 987.7

德国主要农产品进口量（二）

单位：吨

项　目	2010年	2011年	2012年	2013年	2014年
农产品					
谷物	8 529 616.9	9 048 305.3	8 376 154.9	8 839 748.9	10 589 684.4
小麦产品	4 113 906.7	4 486 946.8	3 681 976.1	4 163 994.5	4 751 053.4
玉米产品	1 953 938.1	1 982 147.9	2 155 269.8	2 175 872.8	3 139 200.6
稻谷产品	363 466.0	430 892.1	412 880.3	420 880.3	427 113.2
棉花	89 056.3	104 968.3	86 853.0	104 598.2	96 190.1
食用油籽	6 595 044.8	7 151 601.0	8 262 387.0	9 188 968.0	9 163 148.3
大豆	3 394 230.6	3 198 773.8	3 278 714.8	3 633 152.8	3 725 809.8
花生	129 726.7	132 776.7	126 087.3	150 366.8	157 148.6
油菜籽	2 313 568.6	3 147 450.9	4 048 082.6	4 594 358.6	4 463 795.7
食用植物油	2 278 863.3	2 170 879.9	1 849 502.0	2 128 683.7	2 039 297.2
豆油	69 220.7	67 852.7	66 099.9	104 733.7	101 421.7
菜籽油	376 401.3	523 799.0	207 424.0	185 945.3	271 250.1
棕榈油	1 434 091.3	1 134 335.2	1 223 609.6	1 467 449.5	1 199 770.3
食糖	513 913.9	587 861.5	656 697.9	619 945.4	646 781.2
蔬菜	6 008 011.5	6 306 121.7	6 132 743.8	6 688 732.4	6 308 187.2
水果					
畜产品					
猪肉	955 893.1	968 049.5	958 503.8	952 700.6	982 204.1
牛肉	266 715.0	321 248.2	288 530.1	297 209.6	304 031.5
羊肉	33 470.3	39 889.8	30 282.0	34 019.4	33 089.9
家禽					
蛋产品					
乳品	3 501 270.9	3 823 598.9	3 774 774.3	3 688 991.7	3 900 397.6
动物生皮	104 561.7	114 667.8	87 293.8	94 999.5	104 660.3
动物生毛皮					
羊毛	40 821.8	40 809.8	35 750.1	16 240.5	13 503.3
水产品					
饮品					
酒					
茶	57 394.1	63 584.7	86 377.0	98 069.4	83 755.7
咖啡	1 195 940.5	1 254 564.6	1 279 533.2	1 166 894.0	1 213 323.5

4-18 荷兰主要农产品贸易情况

4-18-1 荷兰主要农产品出口额（一）

单位：万美元

项目	2004年	2005年	2006年	2007年	2008年	2009年
农产品	5 128 534.5	5 314 303.1	5 835 988.7	7 116 537.7	8 357 776.3	7 522 058.4
谷物	33 102.7	39 190.2	38 562.0	58 773.9	90 923.3	61 885.0
小麦产品	10 267.4	10 629.9	12 396.4	17 127.6	31 804.9	22 634.1
玉米产品	8 892.7	7 823.5	8 569.3	11 108.8	17 302.8	9 778.8
稻谷产品	4 855.8	8 603.2	9 044.4	12 194.3	21 077.5	17 154.9
棉花	405.2	313.7	201.6	225.3	440.6	416.2
食用油籽	74 102.4	67 949.9	73 850.3	106 165.8	147 293.5	131 247.9
大豆	40 385.6	31 902.4	35 114.7	51 234.4	82 077.2	66 443.2
花生	20 653.9	21 370.8	22 623.3	29 684.6	32 484.6	28 772.0
油菜籽	1 376.3	562.4	574.0	3 119.9	7 350.5	14 868.5
食用植物油	108 374.7	118 880.9	163 303.9	232 791.2	427 388.0	284 161.3
豆油	28 418.6	26 519.7	35 789.3	42 115.9	78 970.0	44 176.9
菜籽油	14 653.9	22 892.6	29 854.6	45 881.9	86 898.3	69 705.2
棕榈油	38 055.4	38 153.1	64 211.7	102 018.2	166 789.2	115 619.9
食糖	15 938.7	22 906.5	28 129.2	24 865.4	23 808.2	21 720.8
蔬菜	703 280.9	689 195.4	795 633.6	1 003 792.5	1 080 740.2	1 021 662.1
水果	386 951.9	415 754.5	470 784.5	603 744.3	726 673.6	667 169.8
畜产品	1 241 591.4	1 284 054.4	1 389 992.8	1 700 746.5	2 005 637.2	1 767 432.2
猪肉	145 888.9	146 673.7	157 818.2	183 334.7	217 097.7	184 783.0
牛肉	173 873.5	192 363.5	213 022.6	252 205.3	279 888.5	261 234.4
羊肉	3 728.8	4 794.2	6 883.5	8 507.3	8 229.8	7 353.8
家禽	174 816.7	190 034.8	209 852.6	283 800.3	330 072.6	305 494.0
蛋产品	47 028.6	48 096.2	54 960.9	74 472.9	90 898.5	102 786.1
乳品	463 893.7	457 507.1	478 391.4	583 988.5	690 773.9	541 668.0
动物生皮	17 758.6	17 379.3	19 807.9	20 219.5	20 347.0	17 285.7
动物生毛皮	5 531.9	8 367.3	8 757.0	8 211.7	8 103.7	9 392.3
羊毛	277.4	288.8	297.6	496.6	340.1	250.0
水产品	225 881.0	237 609.7	257 116.6	299 366.2	324 532.9	300 515.9
饮品	527 992.2	567 645.8	632 256.4	768 139.9	919 919.4	870 407.9
酒	197 041.7	209 371.1	241 955.2	269 121.9	348 738.6	303 601.0
茶	6 358.5	7 231.8	9 314.3	9 693.4	19 723.6	23 973.0
咖啡	13 055.2	26 306.3	29 413.8	34 703.1	31 493.5	28 872.0

荷兰主要农产品出口额（二）

单位：万美元

项 目	2010 年	2011 年	2012 年	2013 年	2014 年
农产品	9 908 676.8	9 579 376.3	10 456 458.4	10 590 004.6	
谷物	79 841.2	73 569.6	90 478.9	90 674.0	
小麦产品	26 289.2	21 931.9	28 053.8	27 727.2	
玉米产品	15 960.5	18 975.3	23 202.8	27 957.3	
稻谷产品	19 618.2	19 693.6	21 221.6	24 737.3	
棉花	595.2	323.7	219.3	222.4	
食用油籽	143 462.6	238 175.7	220 532.5	189 783.9	
大豆	63 882.6	123 113.1	84 929.9	64 294.9	
花生	42 213.2	49 143.4	47 416.8	44 105.3	
油菜籽	11 520.7	39 837.7	53 730.3	45 680.8	
食用植物油	370 724.6	317 158.4	352 620.0	289 545.1	
豆油	47 269.1	49 124.4	57 826.7	37 587.0	
菜籽油	80 219.7	54 602.8	65 238.6	48 330.7	
棕榈油	173 220.3	151 038.6	152 969.3	146 040.5	
食糖	24 513.6	25 374.9	35 968.0	39 043.1	
蔬菜	1 244 053.0	1 168 848.4	1 287 991.7	1 302 305.1	
水果	906 817.4	864 921.4	983 784.3	1 011 594.1	
畜产品	2 407 271.8	2 337 471.8	2 596 855.8	2 607 166.1	
猪肉	222 932.4	222 033.6	228 980.6	242 625.2	
牛肉	307 575.8	297 865.4	301 004.8	296 563.1	
羊肉	15 979.3	13 126.6	14 898.6	15 618.7	
家禽	435 258.5	435 242.0	462 356.9	469 805.2	
蛋产品	113 090.0	127 750.5	135 058.9	126 420.3	
乳品	825 390.4	741 706.8	894 206.8	908 426.2	
动物生皮	34 134.5	36 942.2	34 602.2	42 714.9	
动物生毛皮	13 465.4	15 120.8	21 519.5	19 114.7	
羊毛	585.6	738.4	655.9	613.4	
水产品	393 532.6	374 440.1	381 012.5	419 432.1	
饮品	1 129 059.4	1 062 198.1	1 122 015.7	1 244 545.4	
酒	379 135.6	372 192.2	382 553.0	399 255.6	
茶	24 546.9	26 136.2	29 921.9	30 776.4	
咖啡	69 032.6	60 897.0	64 665.9	87 585.9	

4-18-2 荷兰主要农产品进口额（一）

单位：万美元

项　目	2004年	2005年	2006年	2007年	2008年	2009年
农产品	2 887 026.5	2 979 319.0	3 298 397.8	4 197 639.4	5 324 743.3	4 571 736.5
谷物	160 668.6	133 768.9	170 619.5	279 555.0	389 681.5	250 749.4
小麦产品	74 084.5	58 400.8	77 480.2	123 171.6	175 142.0	111 157.7
玉米产品	48 209.5	41 597.6	48 221.3	89 292.9	120 541.4	72 120.5
稻谷产品	10 730.8	9 957.4	11 540.9	14 889.3	28 571.8	21 305.3
棉花	1 241.4	898.6	1 345.1	1 780.3	2 458.2	2 027.9
食用油籽	195 550.0	165 113.7	155 444.1	233 839.7	420 612.5	281 278.0
大豆	134 058.7	106 450.4	104 327.2	135 344.2	194 629.3	124 596.5
花生	23 817.5	25 691.1	22 639.1	27 890.3	46 858.8	34 739.5
油菜籽	3 216.5	1 899.8	3 867.8	39 980.1	134 015.4	67 408.4
食用植物油	121 312.3	143 361.4	162 659.7	212 980.9	342 207.1	208 448.2
豆油	4 508.5	4 638.6	9 996.1	20 127.9	24 785.8	4 632.1
菜籽油	23 174.0	29 480.3	40 760.5	28 604.9	48 525.5	35 080.2
棕榈油	57 822.3	67 150.3	75 969.9	122 013.6	191 369.5	131 248.2
食糖	8 813.3	14 156.2	13 355.5	13 688.2	18 684.4	12 849.7
蔬菜	220 103.4	226 011.0	257 183.0	311 408.3	331 712.7	336 207.0
水果	332 640.8	378 487.1	448 316.7	521 589.9	668 957.2	601 143.5
畜产品	573 743.8	604 225.6	669 268.2	845 670.7	939 799.0	830 516.3
猪肉	39 775.6	39 954.9	45 349.9	50 541.0	64 080.9	57 049.9
牛肉	80 386.2	86 871.0	108 725.3	132 122.1	158 681.1	143 528.7
羊肉	6 053.9	7 404.1	8 175.2	8 487.7	9 074.3	8 079.5
家禽	92 474.2	104 472.2	110 141.1	153 687.3	195 391.3	189 534.5
蛋产品	11 262.5	11 903.2	12 722.8	15 925.0	22 186.9	22 417.0
乳品	242 689.8	247 998.5	259 476.6	329 439.5	318 948.0	248 222.9
动物生皮	9 598.2	8 837.4	10 643.0	10 942.0	10 018.1	7 616.4
动物生毛皮	410.6	17.3	15.2		166.1	209.1
羊毛	164.5	65.1	96.6	92.5	53.3	28.9
水产品	139 121.7	151 012.7	187 854.7	219 814.9	261 661.9	249 819.2
饮品	399 205.7	425 128.5	461 050.2	603 589.9	707 693.9	714 019.6
酒	136 547.2	144 845.8	162 362.5	227 193.8	272 834.0	245 302.3
茶	7 895.4	7 545.7	7 591.1	9 056.6	12 716.9	11 941.6
咖啡	40 745.0	46 134.4	54 513.3	67 506.4	55 261.6	59 809.5

荷兰主要农产品进口额（二）

单位：万美元

项　目	2010 年	2011 年	2012 年	2013 年	2014 年
农产品	4 764 205.5	6 464 270.9	6 354 525.2	6 824 491.3	6 734 884.1
谷物	259 395.4	370 079.9	364 478.0	414 727.0	365 553.3
小麦产品	122 377.2	157 297.2	152 530.9	159 321.7	134 391.3
玉米产品	67 513.7	117 291.8	121 113.2	149 446.9	139 270.7
稻谷产品	18 514.6	24 346.3	23 742.7	26 494.2	26 934.3
棉花	2 293.2	5 429.3	3 746.6	3 106.8	3 292.6
食用油籽	296 636.8	424 934.2	364 007.5	427 948.6	385 286.5
大豆	153 063.5	163 125.9	144 660.6	210 315.4	191 569.0
花生	33 909.3	44 491.0	57 483.2	60 363.2	51 412.2
油菜籽	66 501.0	153 009.2	111 428.3	90 491.9	76 504.8
食用植物油	224 308.6	331 561.4	450 290.9	460 758.7	378 597.4
豆油	4 667.4	9 665.1	15 078.7	15 844.0	16 688.1
菜籽油	33 271.5	73 099.7	75 904.1	80 122.9	69 651.5
棕榈油	144 895.9	183 638.8	274 962.3	257 232.1	217 315.7
食糖	10 894.0	22 753.9	20 966.0	24 983.0	27 116.3
蔬菜	360 629.4	455 950.0	432 099.4	477 351.5	469 356.5
水果	618 021.5	767 700.2	755 308.6	854 472.1	868 351.5
畜产品	884 885.1	1 239 174.3	1 221 306.5	1 298 019.0	1 267 947.5
猪肉	56 518.2	73 996.9	72 458.9	77 996.7	71 070.1
牛肉	141 875.2	194 844.8	197 261.0	196 944.5	199 789.7
羊肉	10 477.3	20 105.8	16 295.2	15 128.7	16 579.3
家禽	196 889.8	286 030.6	278 630.5	278 188.3	276 945.9
蛋产品	26 207.8	34 732.7	43 579.0	48 711.6	46 861.3
乳品	283 476.6	386 848.8	373 453.7	420 293.4	406 274.6
动物生皮	12 660.2	20 979.0	14 664.4	19 564.6	19 366.7
动物生毛皮	34.1	754.1	633.3	1 337.1	1 635.1
羊毛	48.0	63.8	609.9	575.1	490.3
水产品	265 042.6	351 757.5	320 722.8	325 640.2	351 402.3
饮品	710 320.1	945 620.2	849 829.9	885 574.2	980 589.0
酒	233 048.4	322 254.6	315 577.1	324 673.5	325 538.0
茶	14 117.7	17 679.6	18 870.1	25 095.8	20 418.1
咖啡	69 318.5	101 808.6	97 707.1	91 651.1	118 030.2

4-18-3 荷兰主要农产品出口量（一）

单位：吨

项 目	2004年	2005年	2006年	2007年	2008年	2009年
农产品						
谷物	1 055 943.7	1 431 342.9	1 172 779.6	1 700 036.0	2 153 158.8	1 363 487.6
小麦产品	448 560.0	510 252.3	501 784.8	569 063.6	967 628.0	650 049.4
玉米产品	157 955.7	126 779.2	180 295.1	368 666.5	417 325.9	211 817.9
稻谷产品	62 866.1	123 818.3	133 895.4	155 773.1	165 075.3	221 246.9
棉花	1 764.6	1 663.6	1 625.9	2 469.1	2 956.0	3 014.3
食用油籽	1 635 335.1	1 488 610.5	1 596 152.5	1 909 440.0	2 054 644.4	1 677 948.8
大豆	1 314 150.3	1 179 693.5	1 294 051.6	1 527 849.4	1 620 639.1	1 154 111.6
花生	152 587.7	185 176.6	178 801.1	196 940.7	176 528.5	146 843.0
油菜籽	35 978.7	13 842.0	13 125.5	65 302.1	142 377.2	262 865.9
食用植物油	1 573 676.8	1 807 816.2	2 426 148.6	2 664 196.9	3 407 887.1	2 026 526.6
豆油	431 471.0	444 152.4	559 597.2	501 002.4	632 486.1	308 504.2
菜籽油	203 668.5	318 191.3	371 642.0	458 177.0	668 251.8	463 298.4
棕榈油	599 500.1	657 666.8	1 047 243.3	1 267 430.5	1 542 769.0	911 726.3
食糖	248 482.1	404 784.8	459 187.5	291 303.3	279 084.4	545 579.6
蔬菜	7 554 826.3	7 265 694.3	7 525 162.9	7 847 250.9	8 169 065.1	8 111 478.2
水果						
畜产品						
猪肉	688 214.7	683 126.6	662 992.1	762 878.6	766 924.6	641 760.3
牛肉	325 734.5	349 252.9	344 869.3	373 788.9	391 537.0	460 352.0
羊肉	4 839.6	6 484.8	10 119.7	12 259.8	9 786.0	14 193.7
家禽						
蛋产品						
乳品	2 056 332.8	2 001 619.1	2 009 408.6	2 020 796.7	2 081 679.2	1 564 554.6
动物生皮	102 339.3	104 473.8	119 609.4	116 879.3	93 480.7	86 026.4
动物生毛皮						
羊毛	1 705.6	2 023.6	2 390.9	3 591.7	2 348.5	1 034.1
水产品						
饮品						
酒						
茶	13 745.9	16 525.7	19 199.1	17 048.0	16 228.4	35 699.2
咖啡	23 712.0	37 283.8	47 482.1	52 474.0	49 781.3	41 087.2

荷兰主要农产品出口量（二）

单位：吨

项　目	2010年	2011年	2012年	2013年	2014年
农产品					
谷物	1 385 285.9	1 775 868.8	1 658 580.0	1 988 504.0	1 966 913.5
小麦产品	640 890.1	748 795.4	653 946.7	803 479.8	817 212.3
玉米产品	154 152.6	349 049.9	468 682.0	538 537.4	712 631.9
稻谷产品	145 099.2	177 927.3	190 249.8	175 958.9	217 461.3
棉花	414.6	655.0	323.5	429.7	662.3
食用油籽	2 221 274.0	1 732 712.4	2 833 043.1	2 644 256.8	2 374 630.7
大豆	1 609 385.4	1 239 871.9	1 931 571.8	1 383 468.9	1 172 277.6
花生	181 107.8	197 603.9	199 147.8	204 536.0	208 597.9
油菜籽	272 197.1	165 475.7	567 149.6	890 315.1	842 734.2
食用植物油	2 627 275.1	2 673 123.3	2 482 965.4	3 041 061.8	2 704 534.0
豆油	432 562.3	346 709.1	394 289.7	508 249.3	344 130.5
菜籽油	592 944.1	573 411.9	415 455.2	518 719.0	496 284.2
棕榈油	1 167 837.1	1 295 141.6	1 233 095.5	1 444 996.8	1 394 287.4
食糖	231 951.2	258 007.7	256 564.1	339 233.6	464 235.1
蔬菜	9 312 057.4	10 720 027.6	10 068 604.9	12 078 689.0	10 967 785.1
水果					
畜产品					
猪肉	774 779.1	846 491.9	833 872.6	797 262.4	889 269.1
牛肉	383 177.1	418 847.2	430 575.2	412 249.0	411 698.5
羊肉	12 009.0	16 511.0	14 134.4	16 637.5	16 575.0
家禽					
蛋产品					
乳品	2 257 508.9	2 586 986.8	2 485 220.2	2 604 130.2	2 653 274.2
动物生皮	174 697.1	158 787.6	143 254.2	115 240.5	127 245.2
动物生毛皮					
羊毛	2 899.2	2 638.7	3 391.1	3 201.1	2 807.1
水产品					
饮品					
酒					
茶	24 440.5	19 839.7	20 645.7	21 681.2	21 717.7
咖啡	53 333.8	82 895.4	74 517.6	112 012.3	104 034.6

4-18-4 荷兰主要农产品进口量（一）

单位：吨

项　目	2004年	2005年	2006年	2007年	2008年	2009年
农产品						
谷物	8 282 854.4	7 904 652.5	9 425 536.0	11 271 273.3	11 762 739.5	5 873 617.3
小麦产品	4 092 637.5	3 732 100.3	4 520 551.0	5 216 821.6	5 328 720.2	2 588 507.7
玉米产品	2 277 884.5	2 318 581.2	2 559 059.5	3 538 314.9	3 814 518.2	1 997 084.7
稻谷产品	225 448.0	235 407.7	266 937.8	298 347.7	331 543.4	231 788.1
棉花	8 863.1	7 880.8	10 845.7	13 251.2	15 385.1	15 380.1
食用油籽	5 401 676.5	5 296 697.3	5 057 048.6	5 803 153.3	6 885 799.4	2 621 056.7
大豆	4 293 221.0	4 318 555.2	4 221 776.1	4 114 748.3	3 971 328.1	2 064 238.8
花生	241 984.8	301 808.6	259 982.8	271 821.2	344 627.0	229 300.8
油菜籽	108 848.0	65 642.3	125 953.3	929 317.8	2 108 369.1	6 050.2
食用植物油	2 035 948.0	2 549 452.9	2 724 025.8	2 916 908.9	3 262 658.5	629 442.1
豆油	72 354.2	82 683.3	161 867.0	240 690.9	220 449.3	34 007.5
菜籽油	358 284.6	416 715.2	501 517.8	311 156.2	360 676.5	232 599.0
棕榈油	1 181 552.0	1 547 750.3	1 643 587.8	1 940 913.6	2 152 003.2	169 286.7
食糖	99 203.9	171 108.8	161 367.7	148 521.2	197 451.0	171 347.6
蔬菜	3 287 879.7	3 245 869.5	3 277 952.9	3 301 031.8	3 338 407.3	2 096 950.1
水果						
畜产品						
猪肉	203 722.3	179 107.1	213 217.6	204 752.6	236 739.5	175 085.3
牛肉	231 108.3	229 371.9	268 856.8	297 805.5	314 979.6	228 127.5
羊肉	6 895.2	8 211.1	10 049.2	10 491.7	10 764.4	13 121.3
家禽						
蛋产品						
乳品	1 881 739.5	1 872 971.8	1 886 129.2	1 845 258.4	1 976 892.2	1 017 319.2
动物生皮	56 017.4	52 396.5	62 379.6	59 506.7	45 913.5	38 034.9
动物生毛皮						
羊毛	973.7	382.4	488.9	404.0	98.5	134.3
水产品						
饮品						
酒						
茶	29 971.9	37 413.1	29 503.9	30 434.3	34 895.2	22 642.1
咖啡	176 446.1	168 154.7	185 697.5	196 952.8	124 969.4	117 224.4

荷兰主要农产品进口量（二）

单位：吨

项　目	2010 年	2011 年	2012 年	2013 年	2014 年
农产品					
谷物	11 629 386.1	11 595 039.0	11 555 541.9	12 433 793.4	13 469 075.8
小麦产品	5 741 620.4	5 065 840.0	4 911 979.5	4 784 075.5	5 196 534.4
玉米产品	2 929 279.6	3 697 062.9	4 053 148.6	4 695 791.3	5 482 068.4
稻谷产品	273 493.2	321 815.5	339 264.0	331 771.9	335 287.5
棉花	12 489.9	15 990.5	16 444.0	15 222.2	16 483.0
食用油籽	5 923 770.6	6 467 602.8	5 242 193.0	6 391 198.7	6 364 429.0
大豆	3 469 031.5	3 048 269.1	2 563 528.8	3 640 243.4	3 653 444.8
花生	318 960.9	299 184.7	283 960.1	353 990.6	338 736.9
油菜籽	1 468 071.0	2 326 828.4	1 812 823.0	1 601 443.7	1 584 832.2
食用植物油	2 714 184.4	2 844 331.1	3 892 368.8	4 541 869.6	3 861 858.0
豆油	47 931.5	76 458.8	117 649.6	122 078.5	138 028.1
菜籽油	325 007.6	579 631.8	597 199.5	670 023.2	607 305.4
棕榈油	1 974 933.2	1 753 921.2	2 591 828.4	2 962 478.4	2 508 951.6
食糖	126 020.9	246 752.2	193 851.2	238 078.9	395 420.2
蔬菜	3 511 272.0	4 807 862.9	5 013 842.7	4 602 416.4	4 641 141.1
水果					
畜产品					
猪肉	260 765.1	314 943.6	308 341.4	295 899.7	286 471.6
牛肉	338 099.7	386 080.8	402 251.9	395 948.3	384 190.8
羊肉	12 857.1	18 551.7	18 453.3	20 493.6	19 296.7
家禽					
蛋产品					
乳品	1 885 470.6	2 457 011.0	2 571 230.8	2 519 894.0	2 251 362.5
动物生皮	96 482.9	81 297.3	60 592.9	93 797.6	142 957.2
动物生毛皮					
羊毛	156.4	144.4	2 694.0	2 978.0	3 206.1
水产品					
饮品					
酒					
茶	34 505.7	35 924.2	31 918.0	70 356.9	32 765.5
咖啡	141 099.6	146 955.6	148 859.4	187 230.3	247 398.9

4-19 西班牙主要农产品贸易情况

4-19-1 西班牙主要农产品出口额（一）

单位：万美元

项 目	2004年	2005年	2006年	2007年	2008年	2009年
农产品	2 764 556.1	2 840 437.4	3 039 072.1	3 572 793.5	4 129 171.1	3 719 305.6
谷物	51 684.1	36 693.9	43 116.6	82 029.7	90 249.0	50 479.8
小麦产品	23 343.1	12 287.2	20 047.3	30 259.7	47 880.7	25 334.8
玉米产品	7 301.2	8 873.2	5 628.2	6 845.2	9 338.9	7 547.2
稻谷产品	17 011.1	12 162.9	14 467.3	15 941.0	16 918.3	13 468.3
棉花	10 280.0	6 990.4	9 791.6	5 595.3	5 207.2	2 742.5
食用油籽	7 074.9	8 527.0	8 199.4	13 564.8	22 332.1	15 678.6
大豆	609.1	1 600.9	413.3	1 050.1	1 979.1	1 238.1
花生	355.6	428.0	415.9	472.1	1 100.9	805.4
油菜籽	54.2	374.2	88.2	509.4	294.7	357.6
食用植物油	229 843.5	224 690.1	244 132.2	290 660.9	355 808.3	260 640.2
豆油	14 833.6	11 356.5	5 018.0	16 879.8	42 039.9	17 391.3
菜籽油	586.4	225.2	2 058.4	1 296.7	2 554.3	1 322.3
棕榈油	2 717.0	3 541.2	3 343.4	4 454.4	5 784.0	4 743.2
食糖	1 831.6	3 227.3	11 626.2	10 076.3	8 995.1	6 468.5
蔬菜	559 253.1	573 713.1	598 727.8	689 890.0	765 936.9	751 940.2
水果	599 637.2	596 276.4	649 034.5	754 508.8	866 117.0	803 307.0
畜产品	400 460.2	445 114.1	474 707.9	552 410.6	686 480.6	614 234.4
猪肉	118 458.2	138 635.6	153 911.9	171 375.9	244 750.0	232 580.3
牛肉	38 464.4	47 209.3	44 982.2	45 624.9	64 668.0	46 694.5
羊肉	8 549.4	8 405.4	10 660.8	11 322.0	10 836.0	9 286.5
家禽	20 166.1	22 599.8	20 582.9	30 257.9	38 672.9	35 486.8
蛋产品	11 482.6	11 691.2	14 438.3	21 138.0	23 176.9	24 091.9
乳品	73 351.4	76 157.2	73 287.9	98 899.0	98 340.9	81 645.9
动物生皮	19 830.1	20 259.0	24 352.7	23 977.5	20 665.4	17 077.0
动物生毛皮	712.7	845.0	1 072.5	821.4	688.2	652.1
羊毛	1 963.2	1 978.8	1 995.1	2 378.2	1 977.7	2 426.3
水产品	263 277.8	264 358.7	289 373.1	336 584.3	358 039.2	320 181.3
饮品	313 351.2	329 493.0	349 658.9	429 440.2	491 249.5	460 629.2
酒	241 369.7	248 936.7	265 093.6	330 642.1	369 963.2	347 991.4
茶	922.4	1 632.8	2 181.7	3 581.9	4 793.2	4 429.4
咖啡	19 480.3	22 943.6	27 265.2	34 589.9	39 622.2	34 265.7

西班牙主要农产品出口额（二）

单位：万美元

项 目	2010 年	2011 年	2012 年	2013 年	2014 年
农产品	3 874 818.9	4 431 411.1	4 568 595.2	4 960 155.4	5 164 473.1
谷物	58 793.3	72 005.5	60 598.6	72 309.4	65 601.1
小麦产品	16 450.2	34 451.4	21 830.7	33 684.3	27 547.3
玉米产品	8 974.0	8 453.9	9 664.0	10 860.3	9 701.2
稻谷产品	19 297.9	19 883.3	22 697.7	20 416.2	19 109.3
棉花	7 062.2	12 100.5	12 386.3	9 628.5	15 381.1
食用油籽	18 313.2	20 438.2	20 361.8	25 503.2	31 031.7
大豆	1 125.0	787.7	1 199.6	1 833.1	2 180.0
花生	663.2	764.7	1 033.9	1 408.0	1 257.5
油菜籽	343.9	375.3	885.4	2 043.3	2 407.7
食用植物油	300 464.7	344 307.0	367 315.1	370 262.3	450 373.1
豆油	24 764.6	48 979.5	72 724.3	66 875.3	41 505.2
菜籽油	1 858.1	2 599.7	2 693.7	2 182.2	1 885.3
棕榈油	3 604.2	4 820.5	8 979.9	5 744.1	5 382.1
食糖	11 899.9	16 458.5	13 173.0	8 917.1	8 075.6
蔬菜	728 250.0	759 978.9	765 371.6	855 545.6	872 563.8
水果	820 674.9	903 274.2	934 540.2	1 065 491.5	1 055 242.9
畜产品	655 126.9	793 157.0	828 596.4	885 772.7	929 267.6
猪肉	232 251.4	290 304.2	299 906.2	317 055.6	338 235.7
牛肉	46 824.5	55 867.8	62 311.1	63 340.3	61 324.7
羊肉	14 166.0	17 235.8	15 923.1	16 527.6	17 718.4
家禽	39 212.6	47 008.1	49 105.3	55 316.1	63 086.3
蛋产品	19 490.2	19 992.1	19 457.2	19 849.4	20 309.1
乳品	94 310.3	100 276.9	101 647.6	109 770.3	123 477.1
动物生皮	26 501.9	36 271.6	34 175.5	43 111.1	33 891.1
动物生毛皮	2 246.6	4 089.1	4 045.2	5 045.3	2 171.6
羊毛	3 109.9	3 749.8	3 780.7	3 566.8	4 071.0
水产品	335 504.8	403 622.8	390 127.9	395 626.5	406 786.1
饮品	475 998.5	566 396.8	592 315.6	626 812.2	629 079.5
酒	337 749.1	409 233.4	435 934.0	466 541.1	459 250.6
茶	7 828.2	4 411.3	6 589.5	8 220.0	8 268.1
咖啡	40 633.0	55 093.3	56 652.6	56 135.2	58 784.7

4-19-2 西班牙主要农产品进口额（一）

单位：万美元

项　目	2004 年	2005 年	2006 年	2007 年	2008 年	2009 年
农产品	2 602 385.6	2 810 732.3	2 918 578.2	3 580 674.1	4 058 068.0	3 393 877.9
谷物	172 754.8	244 950.3	216 772.2	326 979.9	399 885.3	296 256.6
小麦产品	76 862.0	120 278.0	93 050.0	106 613.2	155 329.3	142 240.7
玉米产品	55 238.6	73 597.3	77 206.3	163 857.8	168 637.3	99 195.9
稻谷产品	6 487.5	4 456.7	5 630.4	10 260.2	11 234.3	11 526.9
棉花	6 536.7	4 834.4	4 347.0	5 087.3	5 581.0	4 223.0
食用油籽	114 518.6	108 255.7	93 106.8	132 323.7	223 361.8	170 053.9
大豆	81 016.2	70 474.4	56 763.5	96 649.6	182 145.1	129 846.2
花生	4 942.3	4 692.1	4 868.3	6 046.7	8 825.7	6 562.4
油菜籽	886.6	730.0	1 977.9	2 481.3	3 315.7	3 440.4
食用植物油	44 680.8	65 917.6	81 256.5	76 198.2	123 229.1	104 435.4
豆油	1 807.9	3 228.9	2 830.5	3 388.2	11 368.0	12 188.8
菜籽油	1 498.6	2 768.2	1 358.2	2 054.6	2 005.6	958.2
棕榈油	12 758.8	13 303.5	15 306.1	21 936.8	40 056.6	46 810.8
食糖	37 125.7	39 164.9	40 779.2	48 587.8	57 530.0	58 442.4
蔬菜	131 070.2	137 680.8	157 062.0	231 861.2	220 873.1	197 980.1
水果	201 623.2	216 961.8	234 063.8	288 668.5	339 261.2	286 336.3
畜产品	369 352.8	392 755.3	427 663.8	541 862.0	552 895.7	474 060.9
猪肉	14 930.6	14 272.7	20 267.6	23 950.1	21 236.4	15 380.5
牛肉	56 761.8	60 700.4	74 997.9	94 664.1	85 672.7	74 872.1
羊肉	4 932.6	6 942.7	7 474.6	6 938.6	7 287.3	7 893.1
家禽	38 960.6	48 225.5	43 503.5	57 958.6	65 989.2	59 325.1
蛋产品	4 372.4	3 822.0	4 279.0	5 427.4	6 734.3	7 502.4
乳品	163 894.4	168 361.0	174 200.4	237 187.1	262 741.6	214 295.2
动物生皮	10 138.4	8 284.9	9 398.2	10 524.9	8 531.3	7 816.9
动物生毛皮	788.0	835.7	1 205.1	720.2	359.1	99.0
羊毛	2 806.0	2 240.9	1 801.7	1 713.2	735.9	225.6
水产品	547 049.5	587 000.9	661 782.3	733 572.8	744 394.1	611 103.0
饮品	291 557.0	296 784.8	328 451.6	404 940.3	460 908.6	397 344.4
酒	176 930.8	167 935.1	187 194.9	215 694.8	229 646.8	183 507.7
茶	2 056.8	2 601.4	3 316.1	4 223.4	5 119.1	4 006.8
咖啡	34 769.0	46 171.9	54 492.9	70 989.5	93 681.4	84 164.4

西班牙主要农产品进口额（二）

单位：万美元

项　目	2010 年	2011 年	2012 年	2013 年	2014 年
农产品	3 465 187.2	3 993 104.8	3 777 489.7	3 864 303.3	3 976 439.1
谷物	251 447.0	353 122.0	396 038.2	320 295.4	327 452.5
小麦产品	108 046.8	135 780.8	173 834.4	107 250.9	133 267.9
玉米产品	101 958.9	162 407.2	186 272.7	172 285.6	158 433.0
稻谷产品	9 534.6	12 326.4	12 258.8	13 015.1	14 278.0
棉花	5 390.7	9 529.0	4 554.4	4 373.4	3 968.1
食用油籽	174 679.5	226 810.7	249 331.6	240 957.6	238 310.3
大豆	140 839.1	176 998.1	192 905.6	193 830.5	188 119.6
花生	6 474.3	10 311.7	11 223.3	10 696.8	8 401.5
油菜籽	2 150.2	1 316.8	1 660.4	1 338.3	1 403.5
食用植物油	114 761.7	133 276.3	134 373.0	177 257.3	174 445.9
豆油	14 831.1	12 103.9	2 334.3	4 319.5	3 984.2
菜籽油	3 499.7	4 717.8	3 645.9	4 070.6	4 677.5
棕榈油	56 407.8	69 907.6	61 570.1	81 235.6	111 441.9
食糖	53 281.5	117 108.9	85 215.7	103 810.7	85 758.3
蔬菜	191 931.5	214 293.5	198 501.9	218 934.6	223 247.5
水果	285 857.2	303 980.3	273 242.7	285 262.8	290 884.1
畜产品	504 174.6	544 923.0	498 363.4	535 805.7	546 672.0
猪肉	17 966.3	21 800.0	19 356.3	22 527.5	27 131.6
牛肉	75 134.9	80 136.0	75 944.0	76 091.4	73 912.4
羊肉	8 229.4	9 705.1	5 967.3	5 653.4	5 989.7
家禽	62 186.6	72 218.4	69 066.0	72 916.5	70 066.1
蛋产品	6 946.8	8 215.9	9 666.3	8 606.2	8 905.0
乳品	210 928.2	237 159.8	215 839.7	233 822.8	232 242.1
动物生皮	6 509.1	10 839.5	11 178.0	13 086.2	11 282.7
动物生毛皮	35.2	36.0	105.4	207.5	150.1
羊毛	500.9	897.5	735.6	931.1	1 221.6
水产品	663 974.8	738 231.7	644 448.6	655 724.6	708 287.6
饮品	436 457.6	509 903.6	458 520.2	455 165.9	463 987.4
酒	190 007.9	208 698.2	186 971.9	192 696.5	182 416.1
茶	4 106.0	4 650.0	4 924.5	6 202.8	6 114.4
咖啡	99 169.8	135 300.9	124 553.7	110 313.6	113 308.1

4-19-3 西班牙主要农产品出口量（一）

单位：吨

项　目	2004年	2005年	2006年	2007年	2008年	2009年
农产品						
谷物	1 663 648.8	1 162 059.0	1 480 640.4	2 202 850.6	1 555 010.7	1 163 008.9
小麦产品	900 988.6	490 773.4	883 248.2	838 555.3	767 074.6	709 720.9
玉米产品	227 840.1	214 083.5	147 265.8	166 857.6	173 860.3	165 678.4
稻谷产品	352 312.7	308 196.4	326 007.5	270 329.9	188 725.5	165 718.0
棉花	75 925.1	63 867.1	82 356.3	38 933.8	31 791.5	18 432.9
食用油籽	62 906.2	111 190.2	58 319.3	142 474.4	165 140.0	124 671.4
大豆	22 376.7	50 071.0	13 381.6	29 799.2	39 697.8	28 883.5
花生	2 106.6	2 524.1	2 100.5	2 524.6	5 524.3	4 464.8
油菜籽	884.7	14 213.4	2 288.3	11 466.3	4 784.5	8 024.8
食用植物油	1 042 212.5	901 401.2	751 865.4	1 025 311.9	1 201 401.9	1 065 454.6
豆油	242 199.0	212 846.7	85 358.0	206 555.6	323 248.5	198 606.6
菜籽油	11 683.8	3 985.8	27 665.3	11 242.8	14 769.7	7 069.8
棕榈油	43 450.4	61 207.5	53 364.1	49 949.1	46 647.0	52 215.7
食糖	57 684.4	64 442.5	186 103.5	103 695.8	75 008.0	61 931.6
蔬菜	5 152 712.4	5 012 819.8	5 379 693.9	5 240 985.7	5 545 027.9	5 546 798.4
水果						
畜产品						
猪肉	528 658.2	598 008.4	598 656.7	654 795.0	839 273.3	882 290.6
牛肉	141 979.4	148 036.3	122 314.1	113 582.0	144 844.6	105 228.7
羊肉	20 419.1	19 510.6	25 881.1	24 495.5	20 502.0	18 320.9
家禽						
蛋产品						
乳品	440 652.8	430 648.4	424 095.0	485 392.3	449 538.6	394 359.8
动物生皮	74 227.7	79 183.8	56 275.4	86 216.5	79 696.3	72 496.7
动物生毛皮						
羊毛	13 335.4	13 823.2	13 156.5	13 701.2	11 931.0	16 648.6
水产品						
饮品						
酒						
茶	8 471.6	10 241.6	37 917.5	63 022.3	90 028.5	90 288.6
咖啡	49 501.6	53 103.6	49 160.8	51 717.6	50 330.7	53 893.7

西班牙主要农产品出口量（二）

单位：吨

项　目	2010 年	2011 年	2012 年	2013 年	2014 年
农产品					
谷物	1 338 574.0	1 446 652.8	1 141 154.6	1 438 155.2	1 336 868.9
小麦产品	548 262.9	793 664.7	495 625.9	816 634.4	629 014.5
玉米产品	209 574.7	134 822.5	183 614.5	123 388.2	127 565.5
稻谷产品	314 130.9	279 265.1	317 625.6	296 146.2	286 745.6
棉花	35 911.8	47 556.7	62 723.5	53 358.4	78 454.0
食用油籽	148 487.6	128 561.6	98 574.7	118 769.8	148 566.2
大豆	24 497.7	12 596.2	21 700.1	30 807.2	40 483.8
花生	3 134.5	2 998.9	3 071.3	4 257.1	3 987.9
油菜籽	4 777.0	4 472.1	9 164.7	20 016.7	24 058.2
食用植物油	1 309 626.1	1 414 655.9	1 766 801.1	1 616 972.3	1 902 505.8
豆油	255 203.8	348 263.9	588 247.5	653 632.9	474 584.3
菜籽油	15 307.4	16 323.6	18 879.3	16 990.4	16 019.8
棕榈油	37 126.5	32 552.0	67 006.1	47 618.3	41 796.5
食糖	156 747.5	176 426.8	143 970.5	89 723.3	80 830.9
蔬菜	5 818 764.7	6 015 898.2	6 035 923.1	6 514 346.0	7 021 665.1
水果					
畜产品					
猪肉	879 828.4	995 318.5	1 029 066.9	999 452.8	1 076 365.1
牛肉	115 245.8	121 436.9	128 094.3	126 187.1	127 404.3
羊肉	27 224.5	28 629.2	31 560.1	34 392.5	33 531.3
家禽					
蛋产品					
乳品	415 203.3	419 315.7	511 406.1	462 516.4	474 579.1
动物生皮	79 021.0	80 077.5	110 153.0	88 353.9	81 132.9
动物生毛皮					
羊毛	18 120.0	14 999.3	16 117.4	14 772.7	16 367.2
水产品					
饮品					
酒					
茶	173 032.7	60 631.0	115 554.7	122 957.0	112 178.9
咖啡	64 614.9	57 473.6	58 753.9	60 722.0	71 038.7

4-19-4 西班牙主要农产品进口量（一）

单位：吨

项 目	2004年	2005年	2006年	2007年	2008年	2009年
农产品						
谷物	9 448 953.8	15 387 274.2	12 889 654.3	12 915 903.6	12 785 202.8	13 519 912.6
小麦产品	4 464 227.4	7 780 985.9	5 718 297.6	3 818 217.0	4 875 728.4	6 832 807.5
玉米产品	2 844 665.1	4 512 463.1	4 467 779.1	6 875 094.0	5 606 666.3	4 249 015.1
稻谷产品	171 357.7	107 885.4	136 101.7	220 130.0	147 318.5	169 238.6
棉花	66 191.1	62 158.8	59 665.5	60 748.8	52 546.8	40 655.8
食用油籽	3 333 322.9	3 531 595.9	3 023 945.9	3 390 563.9	3 790 266.6	3 643 092.8
大豆	2 559 765.8	2 618 173.4	2 199 361.1	2 776 382.1	3 339 078.1	2 962 915.2
花生	45 872.7	47 884.8	48 056.9	49 805.4	51 390.2	49 689.8
油菜籽	43 931.3	33 473.8	66 345.4	61 515.2	79 322.6	117 618.7
食用植物油	535 136.9	744 460.8	806 538.0	757 707.4	862 683.1	1 183 970.1
豆油	30 004.1	57 501.1	43 585.5	41 864.8	91 545.1	140 873.1
菜籽油	20 457.9	40 129.0	16 407.3	21 603.2	14 123.0	9 629.6
棕榈油	265 854.8	299 558.4	314 403.0	318 399.8	388 449.5	643 087.0
食糖	457 484.1	520 698.5	574 537.3	633 140.1	689 445.8	791 600.9
蔬菜	1 775 217.0	1 875 179.9	1 856 516.8	2 064 308.4	2 185 162.9	2 104 206.4
水果						
畜产品						
猪肉	59 234.9	58 969.3	79 938.2	92 719.7	76 064.1	67 797.3
牛肉	89 089.5	90 955.2	106 808.1	129 037.3	97 350.4	117 638.9
羊肉	10 380.8	13 708.0	15 002.5	12 507.8	11 368.0	13 761.5
家禽						
蛋产品						
乳品	1 061 452.5	1 148 615.3	1 196 817.3	1 456 665.0	1 434 440.3	1 352 185.8
动物生皮	40 567.1	40 591.8	52 875.3	51 470.6	29 174.7	61 383.6
动物生毛皮						
羊毛	10 059.0	7 938.7	6 816.3	6 120.5	3 016.3	1 323.6
水产品						
饮品						
酒						
茶	6 352.5	10 064.9	17 708.3	19 627.2	25 375.6	9 294.8
咖啡	244 563.1	258 287.7	262 788.6	280 489.2	282 186.4	280 205.0

西班牙主要农产品进口量（二）

单位：吨

项 目	2010 年	2011 年	2012 年	2013 年	2014 年
农产品					
谷物	10 492 254.4	11 003 686.7	12 651 414.3	10 126 076.8	12 321 089.6
小麦产品	4 675 906.9	4 383 004.0	5 580 706.9	3 477 112.5	4 947 031.0
玉米产品	4 106 973.0	4 895 776.2	6 211 434.7	5 632 321.2	6 377 176.2
稻谷产品	161 508.1	191 986.2	172 366.2	182 990.2	206 027.7
棉花	43 032.2	49 322.0	38 320.9	41 140.3	39 933.4
食用油籽	3 637 083.7	3 681 723.0	3 986 277.1	3 933 713.2	4 146 580.1
大豆	3 176 300.7	3 199 683.6	3 348 655.0	3 425 656.1	3 540 936.8
花生	43 496.4	49 911.6	50 733.6	64 190.7	53 892.4
油菜籽	91 298.0	38 175.0	44 178.3	28 489.8	32 010.4
食用植物油	1 217 656.4	1 024 921.7	1 121 675.9	1 510 958.6	1 836 171.4
豆油	155 714.3	95 663.3	18 467.8	37 660.6	39 011.2
菜籽油	41 702.0	35 558.3	32 272.5	39 854.9	45 589.5
棕榈油	678 690.6	588 959.1	579 731.9	902 787.8	1 300 455.0
食糖	926 479.0	1 370 782.8	1 085 320.5	1 316 208.5	1 385 455.5
蔬菜	2 103 699.8	1 990 712.4	2 004 642.2	1 988 997.9	1 954 493.8
水果					
畜产品					
猪肉	79 388.6	88 029.5	81 192.8	92 227.4	103 969.0
牛肉	123 496.7	107 844.3	110 983.2	105 332.7	108 560.1
羊肉	13 748.2	13 132.9	8 163.1	8 536.5	8 442.8
家禽					
蛋产品					
乳品	1 199 301.1	1 188 107.2	1 180 825.4	1 114 886.0	1 073 176.6
动物生皮	275 599.8	41 239.7	45 979.9	45 859.6	42 891.6
动物生毛皮					
羊毛	2 160.6	3 382.5	3 214.1	3 290.5	5 033.9
水产品					
饮品					
酒					
茶	9 294.4	9 524.2	13 678.8	17 839.4	15 324.9
咖啡	303 927.3	281 469.7	299 112.0	295 133.4	312 860.8

4-20 俄罗斯主要农产品贸易情况

4-20-1 俄罗斯农产品贸易综述

一、10年来俄罗斯农产品贸易总体情况

2004—2014年，俄罗斯农产品贸易额由158.7亿美元增至597.3亿美元，年均增长14.2%。其中，出口额由26.0亿美元增至191.2亿美元，年均增长22.1%；进口额由132.7亿美元增至406.1亿美元，年均增长11.8%；贸易逆差由106.7亿美元增至214.9亿美元，年均增长7.3%（图1）。

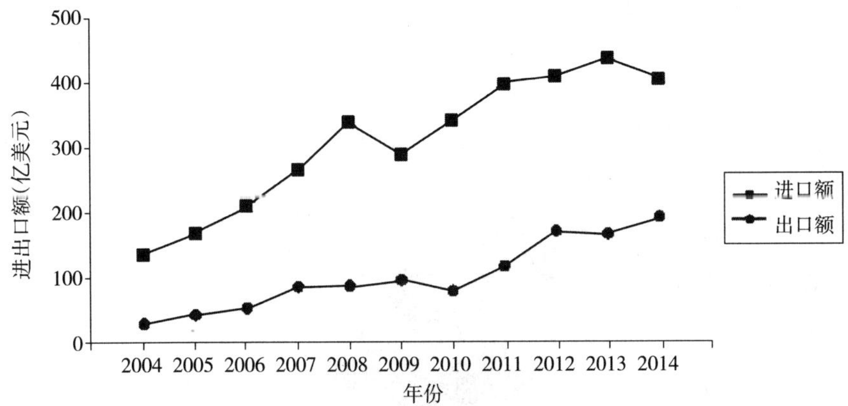

图1 2004—2014年俄罗斯农产品进出口额变化

2005年以来，除2009年和2014年进口额同比下降以及2010年和2013年出口额同比下降外，其余年份均保持正增长。其中，2007年出口增速最快，达67.6%，2007年进口增幅最大，达27.7%。2013年进口额和出口额变化幅度较小，2014年进口额同比降低7.4%，较上年下降13.7个百分点；出口额同比增长16.0%，较上年提高18.6个百分点（图2）。

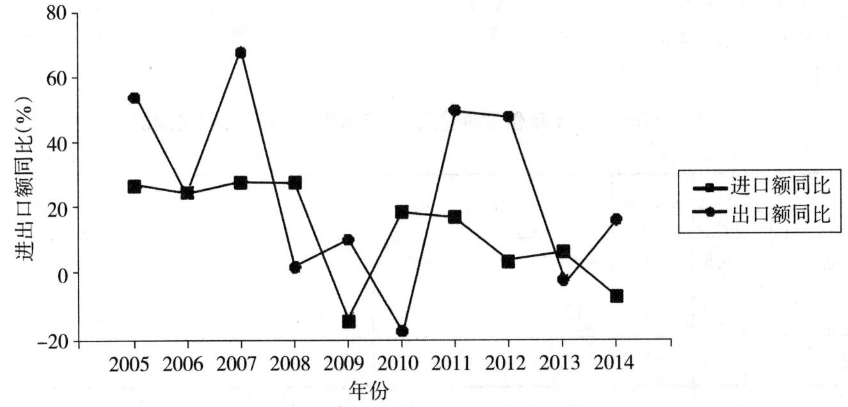

图2 2005—2014年俄罗斯农产品进出口额同比变化

二、2014 年俄罗斯农产品贸易情况

2014 年俄罗斯农产品贸易额为 597.3 亿美元，同比下降 1.0%，在全球各大农产品贸易国中排名第 14 位。其中出口额为 191.2 亿美元，同比增长 16.0%，全球排名第 22 位；进口额为 406.1 亿美元，同比下降 7.4%，全球排名第 10 位。

（一）进出口产品结构

2014 年，俄罗斯进口农产品以畜产品、水果和饮品为主，进口额分别为 101.6 亿美元、68.3 亿美元和 61.2 亿美元，占其农产品进口额的比重分别为 25.0%、16.8% 和 15.1%。此外，俄罗斯还进口蔬菜和水产品等，2014 年进口额分别为 40.1 亿美元和 30.3 亿美元，分别占其农产品进口额的 9.9% 和 7.5%（图 3）。

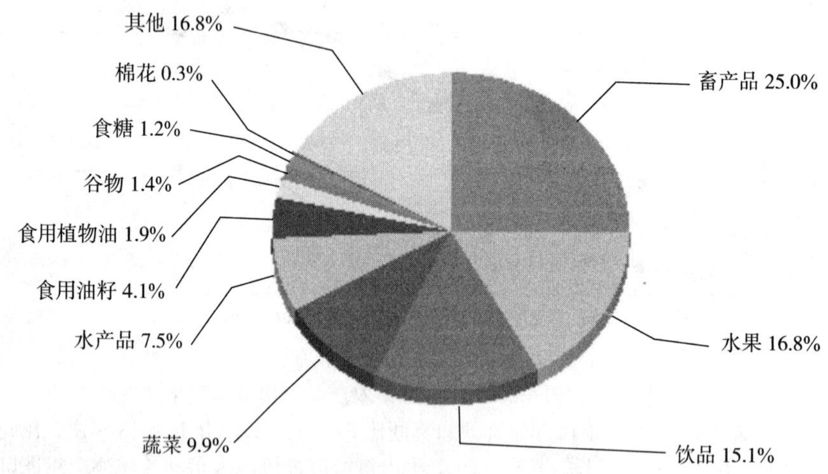

图 3　2014 年俄罗斯农产品进口结构

2014 年，俄罗斯进口同比增长较快的农产品主要是食糖、食用油籽、棉花和蔬菜，增幅分别为 61.5%、42.7%、5.2% 和 2.7%。其他农产品进口额同比下降，其中水果和畜产品进口额同比下降 12.5% 和 16.4%（表 1）。

表 1　2005—2014 年俄罗斯主要农产品进口额同比变化情况

单位：%

	2005 年	2006 年	2007 年	2008 年	2009 年	2010 年	2011 年	2012 年	2013 年	2014 年
农产品	26.4	24.4	27.7	27.4	−15.0	18.4	16.8	3.3	6.4	−7.4
谷物	−46.6	48.6	−17.3	52.7	−50.8	0.7	80.0	20.5	28.9	−18.6
棉花	0.5	0.0	−5.8	4.8	−33.3	−22.5	60.0	−34.2	−16.8	5.2
食用油籽	38.9	31.0	45.4	142.9	13.0	14.2	11.8	−2.6	32.2	42.7

（续）

	2005 年	2006 年	2007 年	2008 年	2009 年	2010 年	2011 年	2012 年	2013 年	2014 年
食用植物油	23.5	−12.9	57.8	73.3	−49.1	51.8	16.3	−15.5	−5.7	−7.1
食糖	30.6	40.4	3.9	−16.2	−42.5	120.2	42.9	−80.2	−11.7	61.5
蔬菜	45.4	28.6	37.6	27.0	−8.0	26.6	28.9	−14.3	13.0	2.7
水果	31.2	34.9	24.7	18.7	−6.5	24.5	12.8	2.2	4.2	−12.5
畜产品	33.0	38.2	17.9	37.2	−12.5	3.5	9.1	26.8	2.1	−16.4
水产品	48.7	20.6	40.5	20.3	−17.4	18.8	14.0	6.9	18.5	−9.1
饮品	25.0	2.5	42.8	19.6	−19.2	27.5	19.8	4.3	5.2	−5.0

2014 年，俄罗斯出口的农产品主要是谷物、水产品和食用植物油，出口额分别为 72.2 亿美元、30.2 亿美元和 20.5 亿美元，占其农产品出口额的比重分别为 37.8%、15.8%和 10.7%。此外，俄罗斯还出口饮品、畜产品、食用油籽和水果等，出口额分别为 14.6 亿美元、7.4 亿美元、4.5 亿美元和 3.6 亿美元，分别占其农产品出口额的 7.6%、3.8%、2.3%和 1.9%（图 4）。

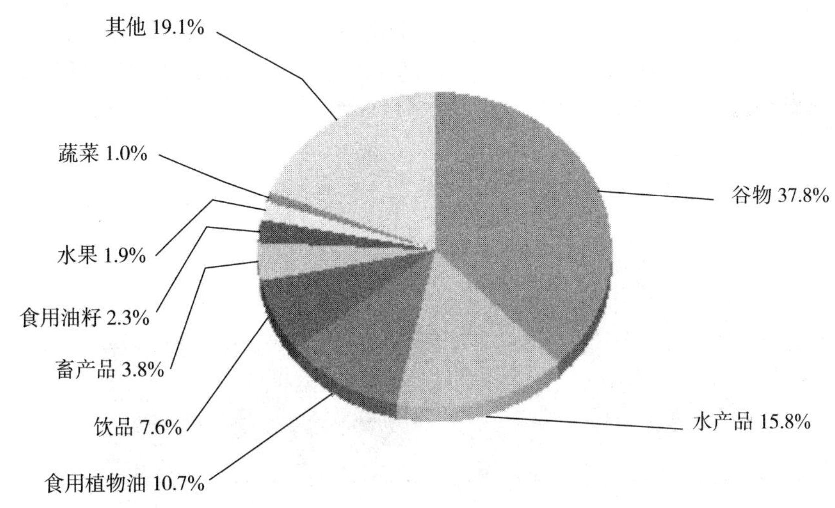

图 4 2014 年俄罗斯农产品出口结构

2014 年，俄罗斯出口额同比增长较快的农产品是棉花、谷物和食糖，增幅分别为 124.4%、47.8%和 12.5%。食用油籽、食用植物油和水产品的增幅在 1.0%～12.4%之间。其他农产品出口额同比下降，其中水果、饮品类和蔬菜分别下降 4.4%、4.7%和 9.7%（表 2）。

表 2 2005—2014 年俄罗斯主要农产品出口额同比变化情况

单位:%

	2005 年	2006 年	2007 年	2008 年	2009 年	2010 年	2011 年	2012 年	2013 年	2014 年
农产品	53.8	24.7	67.6	1.7	10.0	−18.2	49.7	47.7	−2.5	16.0
谷物	104.3	15.0	160.7	−16.9	2.8	−31.7	92.6	34.9	−23.5	47.8
棉花	120.5	−60.3	−84.5	−68.0	928.0	816.0	230.9	−71.7	−53.8	124.4
食用油籽	64.8	6.0	−10.6	22.8	32.3	−25.8	121.6	100.3	−9.8	12.4
食用植物油	97.4	114.0	17.8	61.9	−3.5	−25.0	62.5	118.8	−3.9	3.7
食糖	6.3	110.5	66.2	−79.5	123.9	−81.5	468.2	−18.4	−89.9	12.5
蔬菜	40.4	24.4	14.9	10.1	−27.1	−51.6	58.4	83.7	56.1	−9.7
水果	22.3	25.3	10.9	10.7	−18.3	−41.1	34.0	61.8	12.9	−4.4
畜产品	26.4	30.1	13.6	24.4	−23.3	−40.0	19.8	128.6	26.7	−13.0
水产品	42.1	13.6	0.6	−4.5	217.3	25.6	9.9	6.2	12.7	1.0
饮品	38.7	31.5	32.3	20.5	−20.2	−13.6	23.4	64.2	16.9	−4.7

(二)主要贸易伙伴

2014 年俄罗斯前五大农产品进口来源地分别为白俄罗斯、瑞士、巴西、荷兰和中国,进口额分别为 37.7 亿美元、26.3 亿美元、20.5 亿美元、19.2 亿美元和 18.2 亿美元,占其农产品进口额的比重分别为 9.3%、6.5%、5.1%、4.7%和 4.5%(图 5)。

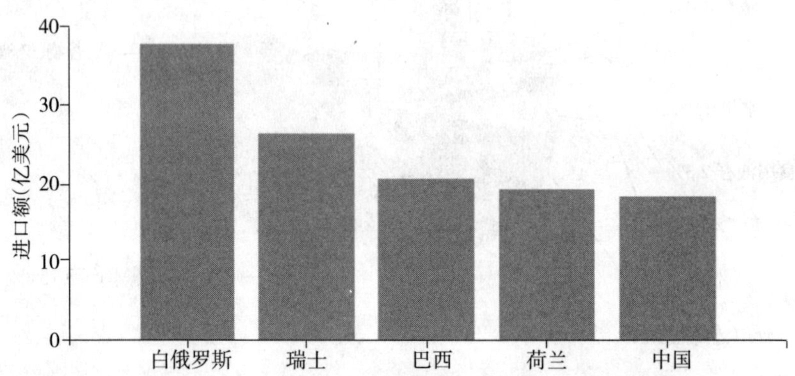

图 5 2014 年俄罗斯前五大农产品进口来源地

2014 年俄罗斯前五大农产品出口市场分别为瑞士、哈萨克斯坦、荷兰、白俄罗斯和阿拉伯联合酋长国,出口额分别为 43.5 亿美元、17.1 亿美元、13.0 亿美元、10.2 亿美元和 9.2 亿美元,占其农产品出口额的比重分别为 22.8%、9.0%、6.8%、5.3%和 4.8%(图 6)。

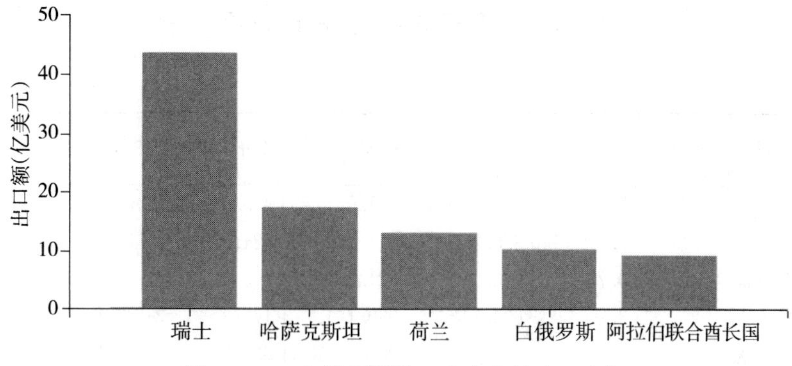

图 6 2014 年俄罗斯前五大农产品出口市场

4-20-2 俄罗斯主要农产品出口额（一）

单位：万美元

项　目	2004年	2005年	2006年	2007年	2008年	2009年
农产品	260 279.5	400 240.0	499 187.0	836 495.9	850 315.4	935 355.6
谷物	68 689.6	140 338.2	161 321.2	420 624.8	349 745.1	359 684.6
小麦产品	57 080.7	117 773.9	141 321.0	370 305.7	306 554.8	287 779.1
玉米产品	253.2	693.1	930.1	1 176.8	3 122.4	18 884.6
稻谷产品	394.5	816.8	1 389.5	1 631.0	3 710.1	7 287.6
棉花	45.4	100.1	39.8	6.1	2.0	20.2
食用油籽	5 301.1	8 735.7	9 259.6	8 281.0	10 166.9	13 450.9
大豆	147.6	219.1	122.3	519.5	168.5	79.9
花生	83.2	104.3	101.9	70.7	41.3	12.7
油菜籽	1 382.0	1 474.8	1 776.8	2 734.9	2 443.5	4 384.8
食用植物油	9 951.9	19 647.7	42 044.6	49 518.5	80 178.1	77 342.0
豆油	50.9	2.5	98.3	416.5	3 673.2	12 342.7
菜籽油	510.6	333.1	3 268.4	2 274.5	8 215.1	7 188.4
棕榈油	34.4	26.7	71.0	82.4	149.1	20.5
食糖	3 314.4	3 524.0	7 419.0	12 327.6	2 532.7	5 671.0
蔬菜	6 004.2	8 429.3	10 488.3	12 046.4	13 266.6	9 668.6
水果	17 056.5	20 860.3	26 143.7	28 999.7	32 093.8	26 228.6
畜产品	22 788.7	28 808.2	37 491.0	42 591.5	52 976.5	40 628.5
猪肉	4.6	0.7	26.1	19.4	19.4	50.5
牛肉	12.5	4.7	53.7	3.1	22.4	40.3
羊肉	0.9	1.2	5.3	1.3	1.3	13.3
家禽	189.0	909.6	506.0	759.4	1 440.6	1 311.0
蛋产品	729.9	626.7	1 336.6	1 571.9	1 511.4	1 738.3
乳品	9 149.0	12 477.2	16 314.3	22 828.7	27 910.9	20 738.4
动物生皮	2 032.5	607.4	289.0	94.5	88.9	28.0
动物生毛皮	5 617.2	7 358.7	10 489.7	6 141.1	7 682.1	5 073.2
羊毛	654.7	645.2	1 005.8	2 026.2	1 462.0	669.5
水产品	36 847.3	52 358.0	59 468.6	59 808.7	57 125.5	181 253.2
饮品	32 315.8	44 806.9	58 941.9	77 953.2	93 931.1	74 911.2
酒	11 042.7	16 003.7	22 382.4	29 827.7	36 577.7	26 207.0
茶	2 302.6	3 467.3	4 541.6	6 058.8	7 759.4	6 315.0
咖啡	1 353.9	1 805.4	2 541.6	4 031.6	5 560.6	5 375.2

俄罗斯主要农产品出口额（二）

单位：万美元

项　目	2010年	2011年	2012年	2013年	2014年
农产品	765 042.1	1 145 224.8	1 690 971.4	1 648 127.8	1 912 481.8
谷物	245 697.6	473 147.7	638 421.3	488 380.0	722 060.1
小麦产品	210 686.3	388 825.2	459 336.4	354 514.5	547 586.4
玉米产品	4 401.1	16 031.4	57 405.9	59 111.3	70 150.8
稻谷产品	9 005.7	9 223.4	18 287.4	10 236.1	13 892.8
棉花	185.2	612.6	173.1	80.0	179.6
食用油籽	9 976.9	22 105.8	44 271.4	39 947.7	44 915.2
大豆	34.9	126.3	3 642.5	2 861.6	2 747.8
花生	28.4	49.0	229.9	264.8	252.6
油菜籽	2 550.8	1 999.8	2 168.7	4 873.3	7 067.1
食用植物油	57 977.1	94 212.2	206 094.8	198 013.9	205 393.4
豆油	14 465.3	15 897.4	17 350.9	19 149.0	29 156.8
菜籽油	9 026.6	17 214.1	22 133.9	30 829.9	29 545.5
棕榈油	15.1	58.8	246.0	298.6	209.2
食糖	1 048.0	5 954.8	4 861.7	491.6	553.0
蔬菜	4 681.1	7 414.8	13 618.4	21 253.0	19 183.0
水果	15 460.0	20 717.6	33 523.9	37 864.3	36 196.2
畜产品	24 373.0	29 208.0	66 768.5	84 577.6	73 543.0
猪肉	29.3	33.9	27.7	118.5	166.1
牛肉	0.6	16.3	155.7	770.0	874.0
羊肉	0.5		26.4	27.8	50.1
家禽	1 697.3	1 698.3	3 923.0	8 134.8	8 722.3
蛋产品	985.6	1 429.8	2 361.2	2 541.6	2 009.4
乳品	9 641.8	10 503.9	27 254.8	29 805.2	29 318.5
动物生皮	28.8	1.0	83.2	47.9	222.5
动物生毛皮	5 378.9	7 906.0	14 531.6	21 125.2	9 474.4
羊毛	1 302.5	1 292.0	1 232.2	1 959.2	1 854.9
水产品	227 620.9	250 059.3	265 671.3	299 542.8	302 428.1
饮品	64 711.3	79 847.7	131 085.1	153 182.4	145 950.6
酒	23 539.4	29 130.0	42 294.4	47 448.3	43 175.1
茶	4 930.3	5 086.7	8 319.2	9 877.2	8 586.0
咖啡	5 433.4	7 360.8	13 703.9	17 929.9	16 882.1

4-20-3 俄罗斯主要农产品进口额（一）

单位：万美元

项　目	2004 年	2005 年	2006 年	2007 年	2008 年	2009 年
农产品	1 326 892.2	1 676 871.2	2 086 095.5	2 664 492.6	3 393 818.1	2 885 096.9
谷物	50 383.4	26 921.8	39 997.2	33 097.0	50 534.5	24 870.5
小麦产品	23 464.9	7 569.0	16 438.6	8 248.3	7 169.6	2 458.6
玉米产品	8 166.9	4 342.1	7 640.0	7 603.1	19 751.0	6 921.2
稻谷产品	9 063.8	9 526.3	11 400.4	9 188.8	16 959.6	14 255.9
棉花	27 626.4	27 765.1	27 775.2	26 161.1	27 423.2	18 289.2
食用油籽	9 801.1	13 614.2	17 831.7	25 927.1	62 986.8	71 146.0
大豆	453.1	1 372.7	387.4	5 507.4	33 055.5	44 526.6
花生	5 343.3	5 945.6	7 343.9	8 606.1	11 914.4	12 868.6
油菜籽	88.0	165.7	384.0	725.2	1 216.4	457.2
食用植物油	40 121.0	49 530.8	43 148.2	68 093.2	118 002.4	60 010.0
豆油	3 833.0	5 334.1	1 496.8	2 782.6	12 771.1	1 769.0
菜籽油	96.3	74.8	26.0	235.1	477.2	48.9
棕榈油	20 981.0	30 038.6	29 067.9	45 540.1	79 387.6	48 179.0
食糖	60 998.9	79 656.7	111 869.8	116 199.1	97 404.0	56 039.2
蔬菜	82 047.1	119 293.4	153 391.2	211 120.6	268 222.6	246 811.8
水果	213 352.6	279 837.2	377 514.5	470 649.7	558 733.1	522 295.7
畜产品	319 118.4	424 552.3	586 852.9	692 180.0	949 835.7	831 138.3
猪肉	62 508.2	81 908.9	139 867.2	163 863.8	220 403.8	191 480.1
牛肉	68 789.9	95 307.1	159 707.3	176 938.9	266 237.4	231 452.4
羊肉	504.1	951.9	2 777.4	2 488.0	5 524.5	4 202.7
家禽	71 451.1	91 140.1	99 276.0	115 011.8	147 459.2	127 871.8
蛋产品	1 884.6	3 470.6	4 589.0	6 683.5	7 442.5	7 407.1
乳品	73 791.0	95 327.9	87 227.0	116 911.5	148 572.3	117 925.3
动物生皮	935.0	1 223.7	1 817.9	1 289.2	1 435.6	674.0
动物生毛皮	54.6	216.6	83.0	211.2	735.2	437.8
羊毛	880.3	783.2	806.0	924.3	767.6	495.1
水产品	77 598.5	115 410.3	139 239.2	195 645.0	235 453.5	194 507.6
饮品	216 996.5	271 256.8	277 980.8	397 042.6	474 936.0	383 919.1
酒	100 708.2	134 219.7	125 537.4	189 712.7	219 496.1	158 364.5
茶	29 781.2	32 587.7	37 954.1	46 689.0	56 156.5	53 339.5
咖啡	29 570.6	37 580.6	42 715.8	60 371.5	68 617.1	59 789.0

俄罗斯主要农产品进口额（二）

单位：万美元

项　目	2010年	2011年	2012年	2013年	2014年
农产品	3 416 131.4	3 991 598.5	4 121 451.1	4 384 106.0	4 061 074.7
谷物	25 035.2	45 075.7	54 320.4	70 030.3	57 039.5
小麦产品	424.3	740.0	9 676.9	26 272.1	11 294.3
玉米产品	7 154.4	11 779.4	10 952.2	16 945.7	22 451.6
稻谷产品	12 722.4	11 954.6	13 289.3	15 348.3	16 882.1
棉花	14 170.2	22 676.7	14 910.5	12 401.4	13 049.8
食用油籽	81 280.2	90 852.1	88 465.1	116 951.6	166 933.6
大豆	48 905.1	49 690.4	44 208.7	67 675.1	115 114.1
花生	13 233.2	17 135.0	17 057.4	15 128.0	15 503.6
油菜籽	569.7	1 071.8	1 428.6	1 984.1	1 972.6
食用植物油	91 076.3	105 902.5	89 525.2	84 380.6	78 423.1
豆油	2 225.1	2 346.8	776.5	450.2	273.8
菜籽油	111.4	225.5	162.4	178.4	244.0
棕榈油	66 599.0	80 652.5	75 618.0	69 384.6	64 221.4
食糖	123 372.8	176 314.5	34 913.3	30 825.0	49 776.7
蔬菜	312 514.9	402 840.8	345 106.0	390 101.5	400 627.5
水果	650 207.3	733 515.8	749 333.4	780 910.3	683 476.6
畜产品	860 000.3	938 644.6	1 189 774.3	1 215 177.0	1 015 642.2
猪肉	190 704.7	213 844.3	246 147.9	213 510.8	150 242.3
牛肉	217 026.6	242 356.0	295 659.7	287 412.6	272 215.2
羊肉	4 256.8	4 676.3	5 192.1	5 678.7	6 279.3
家禽	107 214.8	82 067.7	104 575.1	99 737.9	92 180.5
蛋产品	10 619.9	13 528.0	19 198.8	23 326.6	31 171.7
乳品	195 033.7	202 117.7	307 751.5	416 979.8	350 954.1
动物生皮	958.5	1 157.5	973.1	1 183.0	627.5
动物生毛皮	2 028.8	2 551.1	1 890.8	1 473.0	1 570.1
羊毛	611.4	729.9	1 280.1	1 162.0	493.7
水产品	231 085.3	263 335.3	281 574.4	333 632.5	303 227.4
饮品	489 555.3	586 520.3	611 995.3	643 986.1	611 602.3
酒	209 089.9	253 969.6	287 489.6	309 931.8	273 922.6
茶	60 710.7	66 431.9	67 488.4	68 552.2	67 612.7
咖啡	77 072.0	102 611.7	95 869.0	94 599.8	100 351.7

4-20-4 俄罗斯主要农产品出口量（一）

单位：吨

项 目	2004年	2005年	2006年	2007年	2008年	2009年
农产品						
谷物	5 814 992.5	12 447 213.0	11 316 322.7	16 887 281.6	14 013 491.1	22 232 966.1
小麦产品	4 807 555.6	10 553 020.0	9 896 010.5	14 721 686.6	12 173 641.8	17 213 768.4
玉米产品	20 300.5	70 622.9	56 522.9	54 202.7	199 135.4	1 358 882.2
稻谷产品	12 085.9	24 464.4	34 495.7	30 881.9	51 370.9	122 845.3
棉花	533.9	1 099.0	318.4	18.1	20.0	195.0
食用油籽	225 203.3	388 862.5	397 104.9	250 267.4	203 236.9	344 254.1
大豆	4 461.0	6 846.1	4 382.2	17 443.5	5 165.3	2 056.3
花生	476.6	696.7	612.8	580.5	145.0	47.1
油菜籽	60 401.0	64 130.6	63 235.3	75 522.5	48 056.7	130 906.9
食用植物油	155 937.3	320 253.2	737 741.6	648 411.4	603 103.5	984 208.0
豆油	507.4	25.7	1 192.2	5 215.3	40 422.9	161 932.3
菜籽油	9 264.6	5 692.6	50 305.1	28 111.2	70 406.9	96 755.4
棕榈油	462.3	430.9	900.6	749.9	1 122.0	184.5
食糖	121 254.8	135 444.3	167 536.9	301 332.5	53 546.3	133 724.4
蔬菜	80 065.1	101 704.0	134 766.4	178 292.6	126 045.9	166 328.2
水果						
畜产品						
猪肉	20.8	12.7	104.1	90.5	60.0	161.6
牛肉	63.2	13.5	229.9	11.1	89.8	90.2
羊肉	1.5	5.3	29.6	4.9	3.4	19.8
家禽						
蛋产品						
乳品	87 173.7	108 334.0	123 876.0	145 738.3	147 302.1	133 602.1
动物生皮	12 192.7	2 752.0	1 488.6	713.2	499.1	820.4
动物生毛皮						
羊毛	2 971.5	2 942.6	4 879.9	8 478.2	4 914.6	3 610.3
水产品						
饮品						
酒						
茶	5 872.6	9 637.5	9 581.7	10 827.9	11 792.9	9 742.9
咖啡	6 738.9	8 396.0	10 169.5	11 568.2	11 706.5	11 000.9

俄罗斯主要农产品出口量（二）

单位：吨

项　目	2010年	2011年	2012年	2013年	2014年
农产品					
谷物	14 016 461.7	19 113 547.0	22 736 084.3	19 267 810.6	30 399 170.8
小麦产品	11 994 362.0	15 790 744.0	16 256 649.8	13 919 155.4	22 276 710.4
玉米产品	232 512.8	723 992.0	2 197 417.1	2 600 371.4	3 489 078.9
稻谷产品	199 638.3	160 055.2	386 858.6	188 974.2	253 064.4
棉花	916.2	1 897.8	488.6	365.8	944.3
食用油籽	175 953.3	447 585.3	887 087.1	717 168.2	868 083.0
大豆	885.3	4 640.4	121 092.0	86 269.9	83 671.9
花生	197.0	237.1	708.1	897.7	1 018.6
油菜籽	64 284.9	39 672.3	49 247.6	124 182.1	178 485.2
食用植物油	633 556.2	764 284.4	1 810 883.8	1 852 555.4	2 378 909.4
豆油	173 467.3	129 407.9	150 388.8	185 734.6	349 414.3
菜籽油	98 926.5	140 924.4	190 539.9	304 787.6	356 513.0
棕榈油	35.0	383.0	1 530.1	2 075.3	1 757.5
食糖	15 473.1	77 965.1	67 936.1	5 062.3	6 744.8
蔬菜	68 953.9	80 276.6	95 442.2	135 954.9	127 479.5
水果					
畜产品					
猪肉	111.4	76.7	57.8	320.1	402.8
牛肉	1.1	31.5	273.6	1 203.7	1 516.8
羊肉	0.7		66.6	21.1	43.5
家禽					
蛋产品					
乳品	53 485.5	53 085.1	144 515.3	151 809.7	156 738.6
动物生皮	204.6	47.6	504.2	941.3	1 549.3
动物生毛皮					
羊毛	5 813.9	3 746.9	3 593.4	6 319.7	8 282.0
水产品					
饮品					
酒					
茶	7 731.6	7 344.8	12 586.2	13 709.1	12 346.1
咖啡	9 890.2	11 579.1	17 596.0	23 957.3	23 978.3

4-20-5 俄罗斯主要农产品进口量（一）

单位：吨

项目	2004年	2005年	2006年	2007年	2008年	2009年
农产品						
谷物	3 070 059.1	1 526 043.2	2 396 298.4	1 149 762.6	1 026 386.2	469 407.6
小麦产品	1 458 452.8	609 196.0	1 430 350.5	492 675.1	193 860.8	100 592.7
玉米产品	471 130.1	227 167.9	327 760.7	126 125.0	396 845.6	66 856.5
稻谷产品	471 020.8	370 072.6	357 925.6	234 393.7	272 703.5	259 073.5
棉花	328 149.3	325 728.8	312 745.4	274 049.6	239 507.2	158 782.4
食用油籽	149 940.2	194 116.7	156 900.4	285 056.1	717 525.6	1 083 820.4
大豆	9 760.6	46 295.7	8 174.5	128 788.4	567 763.5	962 871.1
花生	99 265.1	104 872.0	104 692.4	107 074.2	101 074.4	88 261.0
油菜籽	977.2	590.5	585.3	4 770.4	7 183.4	468.6
食用植物油	703 732.2	843 241.4	684 800.9	767 718.2	938 137.1	607 928.4
豆油	71 672.6	93 574.5	24 580.5	36 555.8	108 187.4	18 280.4
菜籽油	1 322.3	1 034.5	274.9	1 590.7	2 897.9	356.1
棕榈油	435 110.7	599 853.2	543 030.6	575 604.8	692 221.7	525 491.8
食糖	2 783 167.2	3 038 219.6	2 743 434.2	3 529 586.2	2 484 997.3	1 352 007.2
蔬菜	2 328 905.5	2 863 942.7	3 096 660.5	3 296 045.0	3 764 945.9	3 265 191.0
水果						
畜产品						
猪肉	455 127.9	562 952.5	625 600.9	672 336.1	790 855.1	649 649.4
牛肉	510 899.3	696 173.9	669 826.6	733 782.7	810 703.6	651 200.2
羊肉	3 755.3	6 894.2	14 898.4	11 432.7	17 225.4	9 785.0
家禽						
蛋产品						
乳品	433 632.1	472 031.5	409 948.6	415 446.3	444 395.9	386 998.2
动物生皮	14 087.7	20 507.5	27 745.2	18 808.6	20 959.3	10 746.8
动物生毛皮						
羊毛	7 657.4	13 917.3	14 741.5	7 850.4	12 225.7	7 132.3
水产品						
饮品						
酒						
茶	175 227.3	183 985.4	177 912.9	186 150.8	186 886.0	185 317.5
咖啡	138 513.8	140 833.0	135 651.3	146 998.9	149 164.4	141 474.5

俄罗斯主要农产品进口量（二）

单位：吨

项　目	2010年	2011年	2012年	2013年	2014年
农产品					
谷物	418 120.4	786 713.8	1 228 309.8	1 666 007.2	1 033 413.0
小麦产品	7 761.1	9 977.1	398 080.0	984 505.2	435 083.3
玉米产品	66 556.9	136 637.9	65 139.9	74 254.9	60 226.5
稻谷产品	220 191.7	184 561.4	233 332.7	292 226.6	340 344.6
棉花	88 678.3	92 517.2	97 691.9	79 687.5	82 232.6
食用油籽	1 225 361.9	1 067 461.5	845 409.2	1 311 632.7	2 214 061.7
大豆	1 068 352.4	892 418.6	695 037.3	1 146 028.1	2 028 507.6
花生	100 472.8	111 411.1	91 312.6	96 184.1	107 345.4
油菜籽	575.3	1 062.9	1 419.9	2 003.2	10 187.9
食用植物油	823 542.6	776 441.9	720 096.4	805 759.7	757 753.9
豆油	19 966.3	18 321.0	6 639.3	3 981.1	2 497.0
菜籽油	748.8	1 252.1	911.8	1 391.1	2 259.1
棕榈油	655 881.9	630 920.5	659 159.1	746 578.9	706 324.5
食糖	2 184 770.3	2 387 897.1	590 945.8	612 045.0	1 007 419.1
蔬菜	3 909 065.6	4 920 402.2	3 543 404.5	3 832 859.9	4 254 020.6
水果					
畜产品					
猪肉	642 056.4	665 838.2	735 449.9	619 765.1	372 254.1
牛肉	626 824.9	604 226.8	657 787.7	658 442.6	633 202.9
羊肉	9 078.2	9 555.1	9 653.4	10 060.7	9 757.0
家禽					
蛋产品					
乳品	543 749.5	476 831.4	1 034 824.1	1 294 010.8	1 164 991.6
动物生皮	14 973.4	19 742.9	15 827.0	18 059.1	10 222.1
动物生毛皮					
羊毛	8 222.8	9 423.1	12 730.5	9 748.6	5 575.6
水产品					
饮品					
酒					
茶	185 232.9	191 468.0	183 322.6	175 583.2	175 389.1
咖啡	167 355.0	177 030.1	182 108.1	198 735.8	213 092.8

4-20-6 俄罗斯农产品出口额前 15 位国家（地区）

（2014 年）

单位：万美元，%

序号	国家（地区）	出口额	同比增长
1	瑞士	434 908.5	14 680.9
2	哈萨克斯坦	171 388.3	8.3
3	荷兰	129 525.6	208.1
4	白俄罗斯	101 787.3	24.6
5	阿拉伯联合酋长国	92 193.9	751.9
6	英国	85 982.9	567.5
7	韩国	75 072.5	−39.4
8	新加坡	70 008.5	59 173.3
9	中国香港	68 081.6	1 994.2
10	英属维尔京群岛	64 541.2	81 611.9
11	乌克兰	58 079.8	−28.6
12	阿塞拜疆	50 961.6	−21.7
13	丹麦	30 993.7	368.1
14	日本	28 704.8	28.6
15	卢森堡	28 678.2	
	总计	**1 490 908.3**	

4-20-7 俄罗斯农产品进口额前15位国家（地区）

（2014年）

单位：万美元，%

序号	国家（地区）	进口额	同比增长
1	白俄罗斯	376 603.8	27.7
2	瑞士	262 938.9	811.2
3	巴西	205 388.0	−30.1
4	荷兰	192 488.0	−4.1
5	中国	181 877.7	0.1
6	土耳其	159 334.0	−9.8
7	德国	157 974.6	−22.9
8	英国	155 768.1	147.4
9	法国	133 121.9	−19.3
10	美国	114 863.8	−34.1
11	卢森堡	100 251.2	178 994.3
12	乌克兰	98 603.4	−51.2
13	厄瓜多尔	93 558.6	−27.4
14	意大利	88 379.0	−39.7
15	波兰	85 462.3	−47.5
	总计	**2 406 613.3**	

4-21 白俄罗斯主要农产品贸易情况

4-21-1 白俄罗斯主要农产品出口额（一）

单位：万美元

项　目	2004年	2005年	2006年	2007年	2008年	2009年
农产品	125 204.5	142 732.8	157 110.6	188 337.8	233 356.9	239 859.5
谷物	953.8	292.7	406.6	1 077.2	2 034.2	588.9
小麦产品	48.4	10.3	9.3	41.8	412.6	42.8
玉米产品	0.3	2.6		0.1	31.5	
稻谷产品	10.3	4.8	1.3	16.4	78.1	7.8
棉花	21.6	16.9	9.8	6.0	2.1	10.5
食用油籽	131.1	699.6	77.6	79.9	43.4	5 564.9
大豆	0.7	0.6	10.2			
花生	4.9	2.0	2.9	2.6	0.1	0.8
油菜籽	46.9	533.8	7.3	14.1	6.2	5 390.7
食用植物油	994.6	1 153.6	2 071.8	1 897.1	1 876.2	5 309.4
豆油	0.4				2.7	6.7
菜籽油	806.5	1 071.8	2 015.8	1 890.2	1 868.0	5 299.0
棕榈油	0.1					
食糖	18 992.3	21 633.1	12 672.5	12 700.8	16 379.0	23 677.0
蔬菜	4 107.1	2 715.8	3 096.9	5 139.7	7 779.2	7 168.3
水果	2 338.0	2 096.9	4 677.3	5 486.2	3 809.9	3 987.4
畜产品	63 498.4	82 204.0	103 137.6	126 886.9	164 624.2	164 354.0
猪肉	3 068.8	5 442.4	8 969.2	3 654.8	10 471.6	4 752.9
牛肉	9 782.3	12 292.8	18 331.4	16 562.4	23 254.9	37 139.0
羊肉						
家禽	2 324.9	2 471.0	1 506.4	1 833.8	1 566.2	4 459.0
蛋产品	2 751.9	1 838.3	2 141.5	2 626.1	3 542.4	2 896.7
乳品	36 650.4	48 218.0	60 415.9	90 708.2	109 011.2	100 635.2
动物生皮	723.7	667.3	468.7	290.5	27.3	802.5
动物生毛皮	1 175.8	1 557.2	2 004.9	1 914.4	2 220.6	1 896.7
羊毛	92.9	76.7	95.5	196.7	95.6	271.7
水产品	5 226.5	6 100.4	8 419.3	10 800.1	13 974.3	9 853.8
饮品	10 429.7	9 123.4	6 639.2	6 002.7	3 947.5	4 947.4
酒	5 928.3	4 906.0	4 270.2	3 465.8	896.6	1 805.1
茶	49.1	27.6	35.6	30.2	7.0	2.7
咖啡	59.0	19.8	40.0	35.8	23.8	12.3

白俄罗斯主要农产品出口额（二）

单位：万美元

项　目	2010年	2011年	2012年	2013年	2014年
农产品	333 215.3	399 212.2	470 087.1	552 114.1	541 767.9
谷物	2 520.0	3 212.6	2 534.4	3 123.3	1 975.0
小麦产品	399.2	622.6	493.7	421.5	571.7
玉米产品	63.0	12.3	10.3	40.8	3.5
稻谷产品	196.4	134.6	1 424.7	2 222.7	1 144.4
棉花	9.1	45.7	38.6	42.2	36.5
食用油籽	1 058.1	247.8	330.8	345.4	342.7
大豆	22.2	3.7	12.4	9.0	0.2
花生	14.4	60.4	50.3	71.6	90.3
油菜籽	806.3	25.5	20.6	33.2	30.4
食用植物油	4 183.1	1 080.1	10 299.7	13 226.8	12 505.8
豆油		5.1			
菜籽油	4 174.0	928.0	9 840.5	13 153.1	12 437.4
棕榈油					0.2
食糖	35 815.1	31 871.5	29 193.0	31 994.0	25 362.7
蔬菜	10 037.0	13 136.4	14 219.4	21 625.0	30 216.5
水果	4 097.8	12 083.8	14 202.0	17 632.1	24 384.1
畜产品	237 571.1	279 805.0	333 255.3	379 040.8	350 600.9
猪肉	11 910.4	18 410.1	21 819.2	13 036.0	5 755.0
牛肉	46 600.2	50 131.3	52 476.1	62 911.5	52 938.7
羊肉					
家禽	7 948.2	16 108.5	24 980.1	22 425.4	26 868.6
蛋产品	3 312.1	3 894.1	4 255.4	6 604.8	6 298.3
乳品	147 621.3	162 000.0	178 923.4	226 006.8	228 474.6
动物生皮	1 753.7	1 122.9	442.6	999.6	86.4
动物生毛皮	2 639.7	3 379.6	4 602.2	4 675.7	824.7
羊毛	459.3	879.3	977.9	1 229.0	825.7
水产品	11 438.5	15 158.1	18 974.9	27 022.4	32 258.7
饮品	8 395.8	12 079.4	16 174.2	19 756.1	21 427.5
酒	4 402.7	6 854.0	8 985.6	11 621.6	13 669.2
茶	11.8	47.2	205.8	270.8	20.8
咖啡	16.3	100.2	265.5	247.4	112.7

4-21-2 白俄罗斯主要农产品进口额（一）

单位：万美元

项 目	2004年	2005年	2006年	2007年	2008年	2009年
农产品	160 513.5	166 277.7	202 014.8	222 018.1	305 270.2	236 161.1
谷物	19 593.9	10 344.5	12 976.9	17 012.8	21 868.0	9 803.9
小麦产品	9 241.1	4 653.3	5 666.1	6 589.0	7 181.9	2 511.7
玉米产品	4 070.0	3 710.0	3 835.5	5 567.4	7 407.6	4 107.6
稻谷产品	1 342.8	1 308.9	1 707.4	1 996.4	3 571.9	2 282.1
棉花	2 003.4	1 548.8	1 698.6	1 851.9	2 232.8	2 032.5
食用油籽	1 388.9	1 182.9	1 988.3	2 719.3	3 968.9	2 714.5
大豆	112.4	138.9	241.3	442.6	414.1	246.0
花生	298.4	376.8	587.7	647.5	1 055.8	663.9
油菜籽	144.5	6.4	280.0	93.9	241.3	114.0
食用植物油	6 851.1	7 233.0	9 079.7	12 715.4	16 364.8	10 387.1
豆油	558.9	702.4	612.6	1 063.3	3 784.3	1 339.1
菜籽油	12.3	37.3	1.0	8.6	50.3	10.1
棕榈油	257.7	287.9	263.5	128.3	385.2	266.2
食糖	10 906.6	11 337.1	9 182.1	62.5	8 566.4	7 649.2
蔬菜	6 325.9	7 472.1	10 257.9	11 885.3	16 553.8	12 955.1
水果	17 157.5	18 857.5	23 696.3	29 289.9	39 688.0	32 741.6
畜产品	20 073.5	20 097.6	23 706.1	13 675.9	29 501.3	17 300.1
猪肉	5 312.4	5 864.1	7 552.1	1 725.1	13 827.7	6 159.3
牛肉	729.9	1 456.8	3 472.0	117.3	680.8	150.5
羊肉	2.3	4.0	15.4	2.8	6.8	
家禽	3 816.1	4 081.8	3 337.7	3 068.5	4 113.1	3 273.0
蛋产品	171.7	57.5	40.8	22.5	183.0	431.1
乳品	2 261.3	1 760.7	2 946.6	3 710.9	4 380.7	3 652.4
动物生皮	1 842.4	1 508.9	1 186.3	628.5	803.7	113.1
动物生毛皮	247.1	186.8	129.2	445.9	303.2	380.3
羊毛	1 974.5	1 184.8	1 321.7	1 591.2	1 687.8	1 194.0
水产品	15 072.9	20 428.8	24 978.7	28 732.5	34 388.6	30 075.2
饮品	19 011.1	24 016.0	30 834.2	37 026.0	44 668.0	41 658.6
酒	8 055.3	10 114.4	12 496.9	13 891.6	15 069.3	16 095.7
茶	892.5	1 693.0	2 563.6	3 607.2	4 717.0	4 195.9
咖啡	1 590.4	2 846.9	3 977.9	5 679.0	7 535.9	7 277.2

白俄罗斯主要农产品进口额（二）

单位：万美元

项　目	2010年	2011年	2012年	2013年	2014年
农产品	289 362.7	330 546.2	368 220.8	415 751.7	482 396.4
谷物	8 431.9	11 374.0	16 707.1	12 318.9	12 050.0
小麦产品	1 279.8	944.8	4 932.1	1 868.6	1 792.5
玉米产品	3 893.4	5 405.4	5 621.5	6 632.4	6 896.4
稻谷产品	2 401.4	3 071.3	2 236.2	2 389.1	2 470.0
棉花	2 695.9	5 176.1	2 884.4	2 899.3	2 625.0
食用油籽	4 293.5	5 569.2	5 580.3	5 466.1	5 807.4
大豆	472.3	677.2	563.4	635.2	740.2
花生	860.9	1 030.1	1 151.5	1 117.2	1 297.6
油菜籽	180.3	251.2	656.6	381.8	466.5
食用植物油	13 796.9	15 363.4	14 560.7	14 191.6	12 609.0
豆油	1 624.7	2 048.6	764.3	1 569.3	340.0
菜籽油	38.0	194.3	204.3	181.4	403.4
棕榈油	438.4	446.1	368.2	291.2	360.2
食糖	22 200.9	34 070.3	15 980.4	10 818.8	10 276.5
蔬菜	16 947.1	18 397.8	18 477.3	27 868.2	49 099.8
水果	38 035.0	40 616.8	47 580.4	63 095.3	105 899.2
畜产品	27 624.1	40 679.9	54 952.1	47 020.2	47 967.1
猪肉	14 932.9	25 188.9	35 310.7	25 019.1	14 811.4
牛肉	155.1	736.8	843.8	1 600.9	2 933.0
羊肉	0.2	4.2	17.4	29.2	60.6
家禽	2 712.3	3 570.2	5 212.2	5 034.1	7 995.4
蛋产品	450.2	491.5	604.9	483.2	394.6
乳品	4 539.0	3 091.4	4 046.5	7 052.7	15 220.2
动物生皮	98.5	240.9	201.1	78.5	119.3
动物生毛皮	381.1	530.1	439.1	488.7	308.0
羊毛	1 634.5	3 090.9	2 839.8	2 252.8	1 483.3
水产品	28 049.1	29 976.4	36 544.3	49 039.4	51 668.8
饮品	44 404.9	39 253.7	47 289.6	60 005.1	59 295.3
酒	15 634.4	14 624.8	17 307.7	22 598.3	21 086.2
茶	4 569.2	4 003.4	4 429.7	5 122.1	4 773.7
咖啡	7 316.4	6 353.5	7 291.0	7 816.8	9 250.9

4-21-3 白俄罗斯主要农产品出口量（一）

单位：吨

项　目	2004年	2005年	2006年	2007年	2008年	2009年
农产品						
谷物	54 991.7	19 035.2	30 242.5	53 348.1	67 733.1	37 648.6
小麦产品	1 154.2	382.3	318.4	1 326.3	10 755.3	1 727.9
玉米产品	3.5	249.2		1.2	206.8	
稻谷产品	261.2	134.2	42.6	382.8	1 574.3	221.2
棉花	707.8	434.6	302.9	200.7	67.2	213.7
食用油籽	4 955.9	28 643.6	1 770.5	1 254.9	240.9	177 529.7
大豆	12.4	12.2	185.5			
花生	31.1	12.4	22.5	56.3	0.3	1.6
油菜籽	2 008.0	23 038.3	100.0	153.6	19.4	173 719.6
食用植物油	18 386.5	20 663.0	35 273.8	27 932.1	21 722.9	81 463.6
豆油	3.6		0.1		21.9	85.3
菜籽油	16 003.7	19 689.7	34 534.3	27 838.7	21 664.2	81 346.9
棕榈油	1.2					
食糖	436 872.4	481 574.9	250 533.3	272 065.2	323 466.2	439 762.5
蔬菜	96 712.1	44 307.1	37 936.3	70 770.2	101 339.6	106 304.4
水果						
畜产品						
猪肉	14 749.1	23 384.2	36 761.2	14 860.3	31 254.6	17 148.1
牛肉	46 170.3	51 722.0	64 280.3	57 045.4	60 869.5	110 013.5
羊肉						
家禽						
蛋产品						
乳品	318 424.1	400 298.3	449 913.0	434 182.7	423 888.1	525 332.6
动物生皮	6 234.2	5 780.0	3 082.4	1 645.9	170.9	10 132.4
动物生毛皮						
羊毛	740.3	488.8	581.7	982.9	494.6	1 212.0
水产品						
饮品						
酒						
茶	111.8	89.6	60.6	39.8	59.6	0.9
咖啡	98.2	67.9	245.7	189.5	101.5	60.9

白俄罗斯主要农产品出口量（二）

单位：吨

项　目	2010年	2011年	2012年	2013年	2014年
农产品					
谷物	124 701.2	122 404.4	96 427.9	106 610.5	74 851.7
小麦产品	15 832.3	22 554.0	16 202.7	11 263.9	18 006.8
玉米产品	188.9	29.5	44.1	138.1	14.7
稻谷产品	3 881.6	3 249.5	59 978.0	85 932.6	51 199.7
棉花	186.4	475.9	490.1	569.8	644.8
食用油籽	27 071.0	1 583.4	2 734.9	3 545.3	3 360.4
大豆	177.2	40.0	61.3	48.0	0.4
花生	73.9	407.3	339.1	1 603.6	1 797.8
油菜籽	23 310.1	103.2	109.2	246.0	799.9
食用植物油	53 652.2	9 692.9	96 770.0	144 412.7	163 591.4
豆油		44.4			
菜籽油	53 589.9	8 561.9	92 284.7	144 016.2	163 103.7
棕榈油				0.1	1.6
食糖	493 403.6	396 218.1	451 240.9	516 133.8	400 280.2
蔬菜	131 792.5	151 847.7	186 754.4	302 787.7	494 020.7
水果					
畜产品					
猪肉	38 750.9	51 670.5	60 382.9	42 622.6	11 492.5
牛肉	125 547.1	100 422.6	106 909.1	151 600.1	125 029.3
羊肉					
家禽					
蛋产品					
乳品	591 677.6	628 967.0	845 253.0	922 083.2	960 456.2
动物生皮	11 201.5	5 523.7	2 154.5	4 202.7	510.2
动物生毛皮					
羊毛	1 549.5	1 872.2	1 935.3	2 438.0	2 011.0
水产品					
饮品					
酒					
茶	19.0	176.8	368.6	389.6	24.4
咖啡	34.8	171.7	353.7	318.2	232.9

4-21-4 白俄罗斯主要农产品进口量（一）

单位：吨

项目	2004年	2005年	2006年	2007年	2008年	2009年
农产品						
谷物	929 582.0	625 710.8	668 907.8	663 062.5	547 617.4	288 327.3
小麦产品	401 882.4	285 043.4	313 875.7	316 334.8	224 850.1	93 870.4
玉米产品	215 597.8	283 674.3	235 539.0	208 533.4	181 739.1	128 944.2
稻谷产品	39 771.2	35 142.0	39 762.4	42 482.9	46 154.5	41 369.5
棉花	13 320.0	11 952.7	12 746.4	13 333.3	13 233.1	13 721.5
食用油籽	20 341.7	13 750.3	27 528.8	25 430.3	21 826.1	20 094.0
大豆	1 670.5	2 129.5	3 932.5	6 723.5	4 535.9	3 141.4
花生	2 337.7	3 232.4	5 339.6	5 111.7	5 288.0	4 539.8
油菜籽	5 174.3	9.4	9 205.8	2 208.3	160.1	410.0
食用植物油	81 069.4	92 044.2	123 107.7	121 363.2	105 100.8	112 998.8
豆油	6 943.4	9 525.0	7 780.7	9 965.3	25 806.3	15 009.8
菜籽油	164.8	619.9	6.7	55.0	276.6	92.5
棕榈油	3 091.3	5 108.2	4 465.6	1 400.5	3 113.6	2 723.0
食糖	503 087.3	444 589.0	220 489.7	911.8	220 977.3	213 186.2
蔬菜	97 099.8	122 000.8	145 279.5	139 051.5	144 682.9	111 871.9
水果						
畜产品						
猪肉	35 764.5	30 848.6	39 981.5	7 585.4	49 903.5	22 636.1
牛肉	4 506.5	7 746.6	15 562.7	488.5	1 849.9	443.7
羊肉	1.9	7.4	49.3	1.3	3.0	
家禽						
蛋产品						
乳品	13 212.8	12 806.8	17 649.2	18 737.6	20 483.7	18 470.1
动物生皮	21 791.2	17 684.5	12 960.7	6 677.0	7 932.5	2 069.8
动物生毛皮						
羊毛	5 288.0	4 096.2	4 455.6	6 144.1	4 182.8	3 823.0
水产品						
饮品						
酒						
茶	2 175.6	3 419.1	5 037.9	6 386.2	5 737.7	4 497.5
咖啡	3 194.7	5 494.6	7 078.1	8 915.0	9 928.9	6 781.8

白俄罗斯主要农产品进口量（二）

单位：吨

项　目	2010年	2011年	2012年	2013年	2014年
农产品					
谷物	166 602.0	187 111.6	471 521.2	249 332.2	282 437.6
小麦产品	43 875.5	27 427.4	192 162.8	56 238.2	59 115.8
玉米产品	70 113.9	96 067.6	114 578.4	115 159.4	157 620.7
稻谷产品	38 062.1	36 893.2	37 247.0	40 736.8	42 757.5
棉花	10 345.1	13 766.2	13 831.3	13 898.0	12 567.8
食用油籽	35 541.5	58 512.5	54 279.9	31 053.4	37 758.8
大豆	8 468.8	12 267.7	8 020.1	7 255.6	10 311.5
花生	5 398.6	4 903.3	5 008.4	6 446.2	7 910.4
油菜籽	193.6	3 026.9	9 212.6	1 571.1	2 678.0
食用植物油	120 712.8	105 880.6	112 461.9	115 065.7	128 853.9
豆油	15 958.2	15 662.0	6 479.6	14 197.8	4 041.7
菜籽油	359.8	1 436.3	1 690.8	1 721.4	5 157.1
棕榈油	3 866.5	2 938.1	2 483.1	2 203.2	3 095.7
食糖	407 035.1	463 228.8	286 600.8	234 310.8	231 848.4
蔬菜	155 830.9	197 385.6	167 277.3	262 077.5	450 574.9
水果					
畜产品					
猪肉	66 172.6	89 596.2	115 408.8	74 198.1	33 076.2
牛肉	450.1	1 769.7	1 825.3	3 573.5	6 910.7
羊肉	0.1	2.3	19.0	27.3	53.8
家禽					
蛋产品					
乳品	26 295.6	15 086.8	19 069.1	30 741.7	115 873.3
动物生皮	1 014.0	1 551.1	1 599.8	761.9	660.8
动物生毛皮					
羊毛	6 098.0	7 422.6	7 412.9	6 713.3	6 384.4
水产品					
饮品					
酒					
茶	5 077.8	4 543.8	4 761.3	4 598.0	4 737.0
咖啡	7 137.9	6 453.0	7 629.1	8 075.2	10 680.0

4-22 乌克兰主要农产品贸易情况

4-22-1 乌克兰主要农产品出口额（一）

单位：万美元

项　目	2004年	2005年	2006年	2007年	2008年	2009年
农产品	363 808.8	446 573.0	480 216.6	637 722.0	1 090 797.3	955 766.8
谷物	86 589.3	140 293.2	137 644.3	81 638.6	385 595.8	362 523.0
小麦产品	29 032.9	65 563.5	59 826.3	22 195.0	172 971.5	181 898.1
玉米产品	17 150.2	27 132.0	18 039.2	18 416.8	68 490.4	102 120.9
稻谷产品	778.4	573.8	723.4	680.6	686.4	664.4
棉花		12.3	33.7	58.6	6.4	12.3
食用油籽	14 957.0	11 769.9	28 315.7	63 221.3	139 771.7	100 387.6
大豆	961.6	3 837.3	6 232.0	9 874.5	7 298.1	8 332.2
花生	15.8	17.0	29.6	17.6	65.9	101.2
油菜籽	1 899.3	4 431.1	14 021.5	37 814.7	125 759.0	67 198.0
食用植物油	53 408.3	56 479.7	93 783.9	168 359.4	187 713.4	173 990.2
豆油	145.8	451.8	382.7	693.7	1 210.7	2 722.1
菜籽油	298.7	1 262.0	652.9	1 611.0	3 931.7	354.3
棕榈油		26.2	213.4	13 088.4	19 888.3	8 378.1
食糖	3 933.5	1 357.7	883.1	222.0	573.8	1 176.5
蔬菜	7 766.2	9 638.3	14 361.3	19 335.0	19 589.9	22 519.9
水果	16 888.9	14 800.3	16 932.3	26 525.2	19 799.0	17 103.0
畜产品	72 037.7	79 155.1	41 735.7	76 219.7	78 984.8	57 752.3
猪肉	970.3	988.4	72.7		8.7	5.2
牛肉	16 563.6	14 275.3	3 198.6	9 734.3	6 266.3	5 950.1
羊肉	26.8	9.7			0.6	0.4
家禽	810.2	743.6	269.0	817.1	1 347.2	2 081.9
蛋产品	40.4	338.7	284.0	2 339.1	2 926.4	6 324.6
乳品	43 841.8	54 505.7	32 827.9	59 363.4	65 272.3	39 602.7
动物生皮	6 254.0	5 423.9	1 272.8	829.8	95.7	138.0
动物生毛皮	89.9	44.1	506.8	391.6	535.9	253.9
羊毛	55.5	13.4	25.5	11.2	3.2	15.3
水产品	1 891.5	2 522.0	2 563.9	3 833.9	4 334.9	6 215.8
饮品	47 034.1	66 175.1	68 637.8	90 375.7	108 351.6	92 009.1
酒	25 172.1	38 880.7	37 493.4	45 601.2	46 469.0	39 360.8
茶	43.8	85.3	98.6	123.1	181.8	114.5
咖啡	162.9	330.2	867.5	1 296.2	1 911.9	1 497.2

乌克兰主要农产品出口额（二）

单位：万美元

项　目	2010年	2011年	2012年	2013年	2014年
农产品	999 667.4	1 288 149.1	1 789 010.1	1 711 157.5	1 676 018.2
谷物	252 425.2	370 594.9	705 540.0	648 436.5	665 095.1
小麦产品	93 060.3	111 378.8	238 289.8	196 585.6	236 542.0
玉米产品	79 664.1	200 102.4	391 076.3	385 455.1	336 583.4
稻谷产品	789.5	835.3	1 607.9	1 779.8	573.3
棉花	6.7	12.7	3.2	25.2	
食用油籽	105 256.0	141 407.3	173 490.6	203 991.2	167 228.1
大豆	17 424.9	46 873.2	70 201.7	74 252.8	70 317.1
花生	146.2	216.4	340.1	370.3	238.4
油菜籽	63 140.9	63 054.3	79 091.0	119 715.2	87 119.1
食用植物油	252 541.1	326 457.9	406 454.2	341 327.9	374 640.9
豆油	3 962.9	4 430.2	5 916.7	7 436.3	9 554.7
菜籽油	24.4	1 509.0	650.2	4 272.3	8 271.8
棕榈油	10 783.6	4 153.1	5 059.3	326.1	143.9
食糖	21.9	436.4	11 388.9	6 717.0	303.3
蔬菜	24 092.6	24 167.4	23 956.1	24 511.6	19 948.6
水果	24 159.9	23 249.0	33 663.6	44 808.9	35 734.3
畜产品	75 973.0	92 986.8	96 790.2	108 879.6	102 406.5
猪肉	269.9	5 760.9	9 263.5	2 089.4	2 627.2
牛肉	4 575.5	6 064.4	7 644.1	9 305.0	7 519.2
羊肉	1.3	1.0	1.6	1.0	1.9
家禽	4 535.3	8 254.4	14 835.2	23 624.6	28 294.0
蛋产品	8 554.4	8 265.9	8 439.3	12 375.7	15 832.6
乳品	54 328.7	59 327.1	49 667.9	51 501.0	32 383.9
动物生皮	171.9	109.0	91.1	184.4	128.5
动物生毛皮	316.5	315.5	674.1	945.4	2 345.9
羊毛	22.6	30.1	2.4	5.9	28.3
水产品	6 740.1	6 446.7	6 881.0	6 915.1	3 543.8
饮品	105 656.8	108 939.9	107 771.4	100 490.2	61 254.1
酒	37 789.3	31 825.4	31 543.1	32 387.8	17 862.5
茶	148.4	218.0	220.6	367.3	333.0
咖啡	2 224.3	2 845.3	2 817.5	3 310.0	3 510.9

4-22-2 乌克兰主要农产品进口额（一）

单位：万美元

项 目	2004年	2005年	2006年	2007年	2008年	2009年
农产品	197 555.2	276 474.6	324 011.6	419 321.8	656 023.7	500 687.5
谷物	17 753.7	5 967.7	6 342.4	10 526.4	16 208.2	10 278.5
小麦产品	11 483.7	244.6	157.6	545.5	379.4	246.1
玉米产品	2 399.1	2 693.8	3 178.9	5 402.6	10 378.2	6 289.9
稻谷产品	2 593.5	2 895.4	2 293.8	2 558.6	3 557.4	3 441.1
棉花	2 234.0	1 696.2	1 570.2	2 029.2	2 255.4	1 603.8
食用油籽	3 282.2	5 396.6	7 874.1	12 849.6	20 708.0	11 946.6
大豆	19.1	17.0	81.8	55.3	108.9	98.9
花生	1 791.4	2 302.6	1 879.0	2 079.2	3 719.9	2 335.6
油菜籽	166.2	418.4	1 331.1	2 971.8	6 375.0	2 172.4
食用植物油	7 295.9	10 652.8	9 886.6	24 861.2	42 729.8	22 764.2
豆油	1.0	2.6	3.4	11.1	16.4	10.3
菜籽油	2.1	5.1	4.4	8.7	12.7	10.0
棕榈油	7 222.6	10 469.0	9 675.2	24 465.7	41 888.9	21 954.7
食糖	9 056.3	6 248.9	1 520.3	715.5	3 312.0	6 154.3
蔬菜	5 722.8	9 882.2	13 850.2	16 106.1	29 100.9	22 097.9
水果	19 745.0	37 561.1	50 445.2	62 254.2	96 348.5	84 916.9
畜产品	23 816.1	34 424.1	34 191.0	37 269.9	115 839.5	82 263.3
猪肉	2 828.5	4 745.5	7 136.4	9 558.6	41 610.1	26 676.2
牛肉	239.1	2 418.9	1 572.5	797.3	1 967.9	1 124.4
羊肉		2.4		0.1	10.2	2.9
家禽	13 666.7	10 017.9	10 443.2	10 686.3	41 586.5	27 288.8
蛋产品	1 226.4	2 005.4	1 461.0	1 110.9	3 380.0	2 999.7
乳品	2 557.8	4 123.0	6 118.4	8 832.5	10 725.3	11 034.2
动物生皮	488.5	1 225.9	992.2	549.8	372.3	44.4
动物生毛皮	536.4	767.0	669.2	543.4	1 023.8	353.5
羊毛	553.8	777.6	565.6	689.7	672.2	232.8
水产品	13 928.8	29 726.2	45 931.3	54 841.2	74 942.8	54 650.6
饮品	34 054.5	52 859.7	63 292.7	83 676.5	110 540.0	86 354.5
酒	5 133.1	9 118.8	14 001.6	22 247.8	26 364.0	15 287.9
茶	4 744.3	6 419.8	7 758.8	9 501.2	12 273.7	10 933.8
咖啡	8 393.0	12 770.7	14 358.1	19 409.1	28 808.7	26 282.1

乌克兰主要农产品进口额（二）

单位：万美元

项　目	2010年	2011年	2012年	2013年	2014年
农产品	584 384.3	644 149.2	762 155.1	830 298.7	614 285.7
谷物	15 495.1	23 795.0	26 408.5	31 947.9	38 202.0
小麦产品	353.7	646.2	524.6	630.5	545.5
玉米产品	10 960.7	16 731.4	20 441.4	25 528.0	31 340.9
稻谷产品	3 341.3	3 170.3	2 660.0	3 925.7	4 378.6
棉花	1 326.8	1 664.6	1 310.0	970.6	747.9
食用油籽	16 624.5	25 580.8	33 327.4	38 400.4	28 430.9
大豆	162.0	218.9	156.5	395.4	453.2
花生	3 817.4	4 711.4	4 729.9	5 647.3	3 863.7
油菜籽	2 306.1	3 228.0	3 168.1	3 406.4	2 638.6
食用植物油	28 395.2	24 803.0	19 932.7	22 994.8	16 720.0
豆油	4.7	7.2	53.3	12.3	14.7
菜籽油	25.3	24.9	107.7	168.7	95.3
棕榈油	27 395.4	23 615.5	18 266.7	21 049.6	15 408.3
食糖	18 315.8	16 148.3	163.2	192.5	123.3
蔬菜	27 275.8	31 558.6	32 863.4	40 150.4	35 140.6
水果	98 951.5	99 277.5	145 949.6	163 041.6	110 496.1
畜产品	70 240.0	57 473.1	108 251.2	108 546.0	57 010.4
猪肉	20 080.6	16 056.9	44 603.2	38 864.3	8 007.6
牛肉	736.5	1 377.7	1 340.9	1 511.1	770.0
羊肉	7.2	5.7	35.7	52.4	11.1
家禽	23 836.7	12 364.6	23 366.8	19 426.9	13 834.3
蛋产品	2 408.0	1 686.3	1 770.6	2 092.1	3 639.9
乳品	11 083.6	13 335.7	17 830.6	24 172.4	14 893.5
动物生皮	62.6	78.4	49.8	216.0	281.0
动物生毛皮	249.2	464.3	461.5	822.7	750.3
羊毛	141.9	146.0	288.6	420.5	249.2
水产品	66 131.7	61 568.3	81 808.9	101 082.8	69 928.7
饮品	109 413.2	146 454.0	146 890.1	160 090.0	119 735.3
酒	23 336.1	37 366.8	43 324.3	53 948.1	37 206.0
茶	13 187.3	15 465.5	16 381.2	16 630.7	12 792.8
咖啡	28 443.8	39 719.1	36 287.6	36 901.1	28 862.4

4-22-3 乌克兰主要农产品出口量（一）

单位：吨

项 目	2004年	2005年	2006年	2007年	2008年	2009年
农产品						
谷物	7 688 081.0	12 562 388.1	11 085 302.7	4 357 382.6	16 475 468.6	26 002 043.8
小麦产品	2 559 397.6	6 028 278.1	4 682 488.3	1 150 170.0	7 785 139.2	13 056 729.9
玉米产品	1 244 895.9	2 807 745.2	1 697 823.5	985 445.2	2 849 931.6	7 209 672.8
稻谷产品	20 344.7	15 021.5	14 946.2	12 406.5	9 488.9	13 644.7
棉花	0.1	25.0	169.9	314.3	28.3	67.6
食用油籽	558 279.0	480 155.3	1 027 435.4	1 642 377.5	2 713 731.8	2 921 343.2
大豆	38 522.8	174 643.9	270 781.9	320 040.7	201 541.0	263 340.3
花生	109.5	88.2	188.1	79.4	258.8	334.0
油菜籽	81 099.4	183 374.7	470 698.3	909 960.5	2 387 062.5	1 856 103.0
食用植物油	879 531.3	885 061.8	1 653 268.7	2 121 383.0	1 564 969.0	2 475 310.7
豆油	2 626.5	7 528.4	6 609.0	9 324.0	9 645.8	38 024.6
菜籽油	5 835.3	22 726.1	9 401.1	19 666.7	35 262.1	4 747.6
棕榈油		376.2	3 326.4	159 742.9	173 944.0	89 710.4
食糖	157 730.1	41 732.0	22 454.1	5 196.7	11 620.1	25 857.2
蔬菜	124 211.2	143 388.6	187 030.0	275 493.5	192 781.1	324 675.4
水果						
畜产品						
猪肉	7 833.9	6 596.2	519.2		8.4	5.4
牛肉	77 557.5	56 168.6	14 219.6	34 721.1	16 815.6	18 918.8
羊肉	148.9	36.4			0.4	0.3
家禽						
蛋产品						
乳品	249 775.4	253 000.8	165 935.5	177 982.8	192 766.0	156 574.8
动物生皮	21 476.2	13 837.2	3 014.4	1 264.1	565.9	878.8
动物生毛皮						
羊毛	224.9	67.4	160.8	67.0	9.5	64.1
水产品						
饮品						
酒						
茶	103.4	165.6	177.5	230.8	361.8	243.2
咖啡	196.6	297.5	703.5	871.0	2 533.8	2 085.9

乌克兰主要农产品出口量（二）

单位：吨

项　目	2010年	2011年	2012年	2013年	2014年
农产品					
谷物	14 070 832.3	14 359 349.5	27 245 515.4	27 416 561.7	32 926 349.1
小麦产品	4 949 039.1	4 221 566.7	8 749 347.4	7 984 212.0	10 797 995.6
玉米产品	4 087 698.4	7 860 059.5	15 682 701.9	16 791 909.7	17 618 160.1
稻谷产品	10 701.6	8 268.6	36 347.7	37 498.0	9 938.3
棉花	57.3	62.0	33.1	119.3	
食用油籽	2 452 276.7	2 588 184.0	3 148 141.1	3 950 202.7	3 845 053.4
大豆	449 469.2	1 096 302.9	1 481 062.8	1 492 745.4	1 675 112.7
花生	412.4	664.5	1 155.9	1 231.0	745.9
油菜籽	1 508 837.3	1 010 737.6	1 297 611.5	2 346 698.7	2 036 698.4
食用植物油	2 853 857.9	2 774 422.9	3 697 348.2	3 351 317.3	4 577 248.0
豆油	46 362.7	38 045.0	57 756.5	82 090.0	121 617.9
菜籽油	263.5	12 158.4	5 227.2	48 270.9	100 371.5
棕榈油	98 049.0	28 166.5	47 447.8	2 708.9	1 368.8
食糖	324.2	6 247.0	174 456.9	123 030.7	6 183.3
蔬菜	258 157.9	254 394.6	315 301.7	318 865.1	244 331.8
水果					
畜产品					
猪肉	621.0	12 515.2	20 209.8	4 619.4	9 360.8
牛肉	13 389.7	12 995.2	16 670.2	23 660.4	21 497.0
羊肉	1.4	1.2	1.5	0.9	5.3
家禽					
蛋产品					
乳品	153 655.2	163 061.2	146 861.5	138 464.0	112 885.9
动物生皮	1 192.0	793.2	652.0	1 432.5	961.8
动物生毛皮					
羊毛	151.6	104.9	7.2	27.9	168.4
水产品					
饮品					
酒					
茶	347.6	398.9	338.6	652.3	295.1
咖啡	3 319.2	2 730.1	2 446.9	4 245.0	4 928.1

4-22-4 乌克兰主要农产品进口量（一）

单位：吨

项　目	2004年	2005年	2006年	2007年	2008年	2009年
农产品						
谷物	793 621.9	157 400.4	158 685.8	227 305.7	144 430.2	101 784.8
小麦产品	610 515.0	14 377.2	4 066.4	20 211.5	5 176.8	3 849.9
玉米产品	14 520.3	13 664.4	15 955.6	24 202.1	33 468.0	18 240.0
稻谷产品	102 419.0	127 399.0	111 500.7	124 002.6	76 163.7	76 951.3
棉花	17 451.9	15 445.7	13 230.3	14 936.6	13 944.4	10 985.0
食用油籽	39 863.1	50 307.0	46 905.9	52 749.3	60 812.1	37 717.8
大豆	249.9	280.9	1 767.5	474.7	645.6	854.0
花生	33 758.4	41 561.8	34 407.9	36 962.6	37 771.0	22 459.8
油菜籽	263.0	587.4	1 534.6	2 702.1	4 594.4	1 834.7
食用植物油	131 670.2	205 544.2	186 489.1	343 531.7	417 430.1	269 050.3
豆油	11.5	29.7	33.8	81.3	80.9	99.9
菜籽油	20.8	48.0	28.9	54.6	41.3	34.4
棕榈油	130 278.2	203 827.1	185 460.3	341 634.4	413 300.0	265 430.5
食糖	402 005.6	219 992.4	28 286.1	18 162.0	80 039.1	116 924.7
蔬菜	54 042.3	115 253.8	172 411.8	150 908.8	341 315.1	226 703.7
水果						
畜产品						
猪肉	49 202.3	46 471.2	47 195.6	62 322.1	178 808.7	140 729.9
牛肉	3 553.6	30 850.6	19 272.7	9 048.3	18 839.0	8 873.1
羊肉		10.0		0.2	16.5	1.0
家禽						
蛋产品						
乳品	23 602.4	33 113.5	41 396.6	50 581.9	43 793.8	45 628.2
动物生皮	6 424.8	21 268.1	12 547.8	6 681.4	5 593.2	730.7
动物生毛皮						
羊毛	3 630.4	3 987.9	3 436.0	3 207.0	3 008.2	1 012.8
水产品						
饮品						
酒						
茶	18 346.6	22 609.9	23 758.9	25 111.7	29 079.0	27 337.7
咖啡	26 929.1	42 668.2	47 962.3	51 274.1	70 476.4	55 011.3

乌克兰主要农产品进口量（二）

单位：吨

项　目	2010 年	2011 年	2012 年	2013 年	2014 年
农产品					
谷物	123 816.3	177 334.4	155 603.2	160 890.4	192 614.4
小麦产品	5 422.0	9 182.7	6 595.6	7 182.8	7 055.3
玉米产品	30 850.5	46 312.7	49 329.7	49 656.0	55 056.5
稻谷产品	63 798.4	61 404.5	42 242.5	68 208.2	84 533.2
棉花	7 189.5	5 716.3	5 702.6	4 564.2	4 249.6
食用油籽	50 421.3	69 554.2	69 317.6	77 095.2	58 298.5
大豆	932.6	2 170.5	987.1	2 108.6	2 867.6
花生	29 869.8	35 896.2	30 572.9	33 797.5	25 974.2
油菜籽	1 957.3	3 130.5	2 830.0	2 022.8	2 120.1
食用植物油	284 727.7	195 248.7	179 206.7	245 028.1	180 293.8
豆油	23.5	66.6	547.1	76.5	119.3
菜籽油	123.4	92.9	537.2	936.8	633.3
棕榈油	279 880.5	189 820.6	171 861.7	237 544.3	175 313.1
食糖	315 878.0	269 254.7	1 049.6	1 437.9	789.7
蔬菜	311 228.5	298 201.9	212 946.8	240 259.2	257 525.8
水果					
畜产品					
猪肉	108 598.7	86 207.2	207 721.9	150 217.7	30 560.0
牛肉	3 680.4	3 504.1	3 810.8	3 715.7	1 947.3
羊肉	4.2	5.0	18.6	39.7	7.8
家禽					
蛋产品					
乳品	33 007.8	35 685.5	47 864.6	63 062.6	36 780.6
动物生皮	1 000.1	2 874.9	1 541.5	3 800.3	4 354.0
动物生毛皮					
羊毛	854.1	1 010.8	1 469.4	2 258.2	1 344.1
水产品					
饮品					
酒					
茶	29 483.1	26 167.3	26 339.9	26 501.5	21 105.3
咖啡	55 895.7	52 827.3	44 970.0	48 275.2	44 057.7

4-23 美国主要农产品贸易情况

4-23-1 美国农产品贸易综述

一、10 年来美国农产品贸易总体情况

2004—2014 年，美国农产品贸易额由 1 423.6 亿美元增至 3 101.5 亿美元，年均增长 8.1%。其中，出口额由 694.5 亿美元增至 1 654.7 亿美元，年均增长 9.1%；进口额由 729.1 亿美元增至 1 446.8 亿美元，年均增长 7.1%；2007 年以来保持贸易顺差，2014 年增至 207.9 亿美元（图 1）。

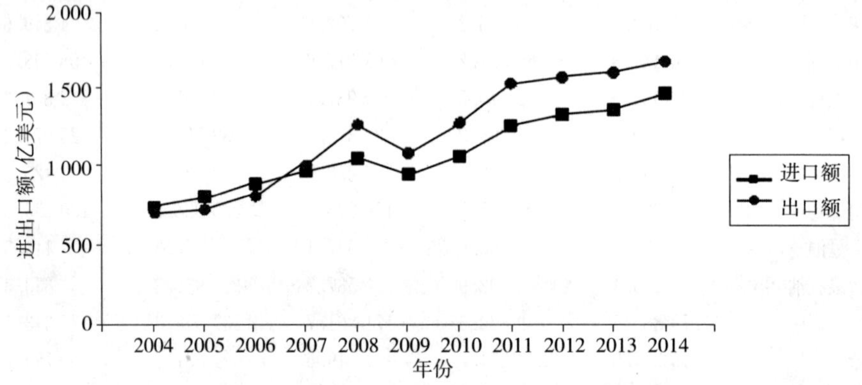

图 1 2004—2014 年美国农产品进出口额变化

2005 年以来，除 2009 年进出口额同比下降外，其余年份均保持正增长。其中，2008 年出口增速最快，达 25.9%，2011 年进口增幅最大，达 18.0%。2012 年以来，进出口额增速有放缓趋势。2014 年进口额同比增长 6.9%，较上年提高 3.8 个百分点；出口额同比增长 4.5%，较上年提高 2.5 个百分点。从年度同比变化幅度看，进口增幅相对稳定，在 10%上下波动；出口增幅则波动较大（图 2）。

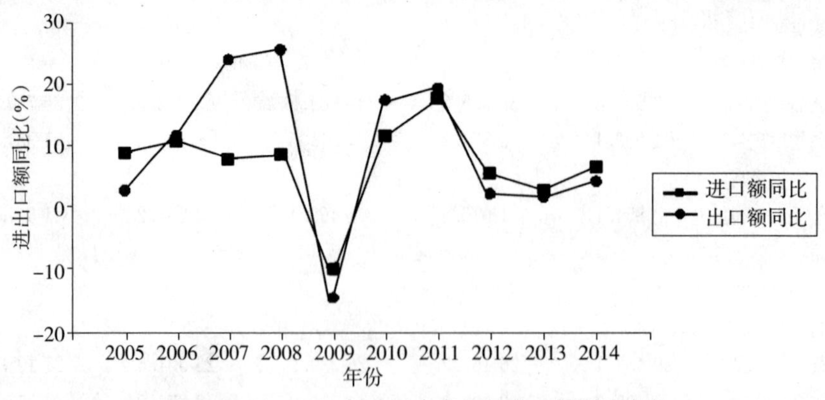

图 2 2005—2014 年美国农产品进出口额同比变化

二、2014 年美国农产品贸易情况

2014 年美国农产品贸易额为 3 101.5 亿美元，同比增长 5.6%，在全球各大农产品贸易国中排名第 1 位。其中出口额为 1 654.7 亿美元，同比增长 4.5%，全球排名第 1 位；进口额为 1 446.8 亿美元，同比增长 6.9%，全球排名第 1 位。

（一）进出口产品结构

2014 年，美国进口农产品以饮品、水产品和水果为主，进口额分别为 331.4 亿美元、229.6 亿美元和 186.3 亿美元，占其农产品进口额的比重分别为 22.9%、15.9%和 12.9%。此外，美国还进口畜产品和蔬菜等，2014 年进口额分别为 169.0 亿美元和 139.2 亿美元，分别占其农产品进口额的 11.7%和 9.6%（图 3）。

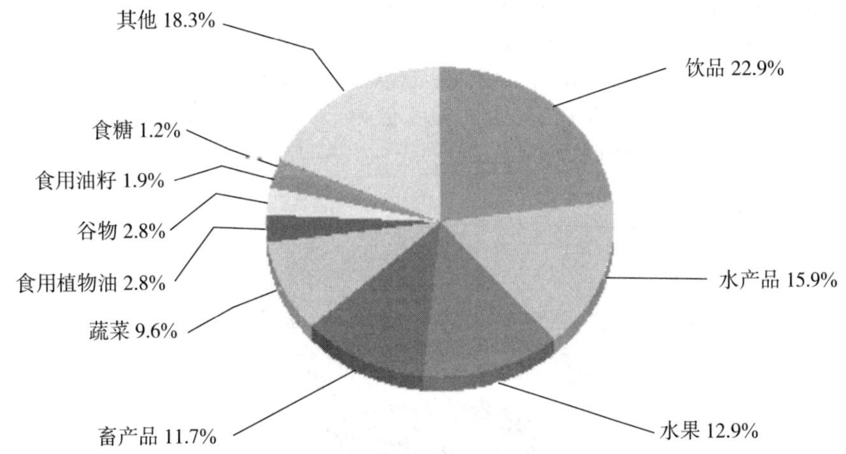

图 3　2014 年美国农产品进口结构

2014 年，美国进口同比增长较快的农产品主要是棉花、食用油籽和畜产品，增幅分别为 46.7%、30.8%和 28.5%。此外，水产品、水果、饮品和蔬菜的增幅在 2.9%～11.2%之间。谷物和食用植物油进口额同比下降 17.5%和 5.2%（表 1）。

表 1　2005—2014 年美国主要农产品进口额同比变化情况

单位:%

	2005 年	2006 年	2007 年	2008 年	2009 年	2010 年	2011 年	2012 年	2013 年	2014 年
农产品	9.1	11.1	8.2	8.9	−9.6	11.8	18.0	5.7	3.1	6.9
谷物	−1.7	39.6	39.6	60.2	−25.2	−7.8	17.4	36.5	30.4	−17.5
棉花	−11.0	−20.0	48.1	2.6	−58.5	95.0	65.8	−39.7	−29.6	46.7
食用油籽	11.9	7.0	38.4	61.9	−27.2	−0.6	30.1	17.5	34.8	30.8
食用植物油	3.5	26.3	24.1	54.4	−26.3	8.8	50.8	−5.8	0.1	−5.2

（续）

	2005 年	2006 年	2007 年	2008 年	2009 年	2010 年	2011 年	2012 年	2013 年	2014 年
食糖	52.4	56.8	−36.8	33.4	4.2	63.5	39.7	−18.3	−29.5	1.6
蔬菜	5.8	10.4	10.1	7.0	−4.1	15.5	11.9	1.5	8.4	2.9
水果	14.4	12.3	16.5	5.8	−2.2	10.4	11.4	4.7	7.3	7.6
畜产品	8.1	0.3	7.6	−4.2	−14.6	10.7	9.8	9.8	4.7	28.5
水产品	6.8	10.0	2.8	4.1	−7.7	12.2	13.0	1.0	7.7	11.2
饮品	13.6	17.8	5.3	5.7	−10.4	11.9	22.0	1.4	−2.1	3.1

2014 年，美国农产品中出口额靠前的是畜产品、食用油籽和谷物，出口额分别为 313.4 亿美元、273.6 亿美元和 233.7 亿美元，占其农产品出口额的比重分别为 18.9%、16.5%和 14.1%。此外，美国还出口水果、饮品、蔬菜和水产品等，出口额分别为 140.4 亿美元、112.1 亿美元、75.3 亿美元和 65.9 亿美元，分别占其农产品出口额的 8.5%、6.8%、4.6%和 4.0%（图 4）。

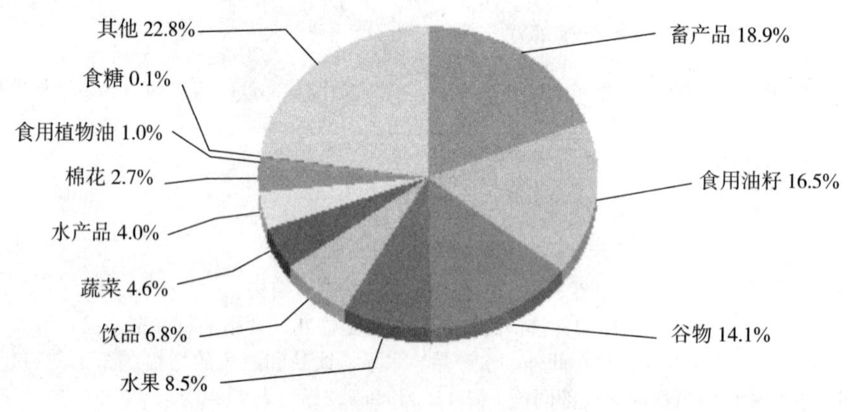

图 4　2014 年美国农产品出口结构

2014 年，美国出口额同比增长较快的农产品是谷物、食用油籽和饮品，增幅分别为 12.5%、10.1%和 8.6%。畜产品、蔬菜和水产品的增幅在 3.1%～5.8%之间。其他农产品出口额同比下降，其中水果、食糖和食用植物油分别下降 0.4%、8.9%和 14.1%，棉花出口缩减两成（表 2）。

表 2　2005—2014 年美国主要农产品出口额同比变化情况

单位：%

	2005 年	2006 年	2007 年	2008 年	2009 年	2010 年	2011 年	2012 年	2013 年	2014 年
农产品	3.0	12.0	24.3	25.9	−14.4	17.7	19.7	2.5	2.0	4.5

（续）

	2005年	2006年	2007年	2008年	2009年	2010年	2011年	2012年	2013年	2014年
谷物	−12.8	19.8	55.0	33.4	−39.3	14.6	40.4	−26.7	−1.6	12.5
棉花	−7.6	15.6	1.7	4.7	−28.8	69.6	43.4	−26.0	−9.8	−21.3
食用油籽	−3.4	9.5	41.5	51.6	3.8	12.0	−4.5	43.0	−10.0	10.1
食用植物油	−5.8	23.9	47.8	61.8	−20.7	34.1	−4.4	4.0	−25.2	−14.1
食糖	31.1	73.6	23.1	−28.0	−24.9	72.7	16.9	−8.2	−1.4	−8.9
蔬菜	9.8	9.5	10.6	14.1	−0.7	11.0	9.8	0.0	7.1	3.6
水果	10.9	12.4	6.6	14.6	−2.9	12.3	14.6	7.5	5.1	−0.4
畜产品	18.0	10.8	26.6	29.3	−17.9	23.3	24.4	3.6	7.5	5.8
水产品	10.2	4.4	1.7	0.8	−6.1	13.2	23.2	−2.6	3.6	3.1
饮品	3.4	17.0	21.5	13.0	−3.8	26.8	50.5	−6.0	1.0	8.6

（二）主要贸易伙伴

2014年美国前五大农产品进口来源地分别为加拿大、墨西哥、中国、智利和法国，进口额分别为268.2亿美元、219.0亿美元、76.8亿美元、52.2亿美元和50.2亿美元，占其农产品进口额的比重分别为18.6%、15.2%、5.3%、3.6%和3.5%（图5）。

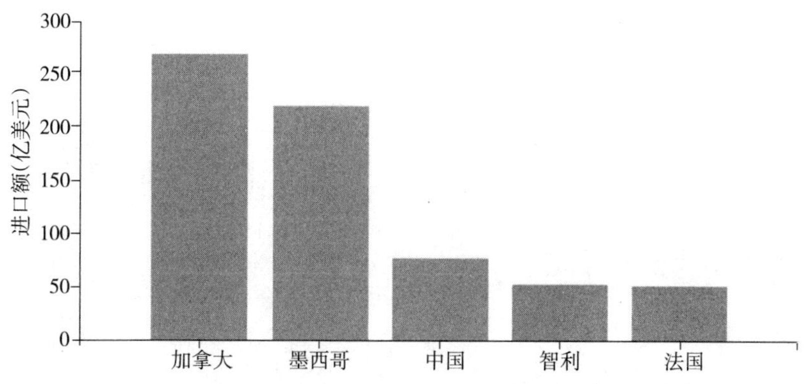

图5 2014年美国前五大农产品进口来源地

2014年美国前五大农产品出口市场分别为加拿大、中国、墨西哥、日本和韩国，出口额分别为275.7亿美元、258.5亿美元、200.9亿美元、145.8亿美元和75.0亿美元，占其农产品出口额的比重分别为17.0%、16.0%、12.4%、9.0%和4.6%（图6）。

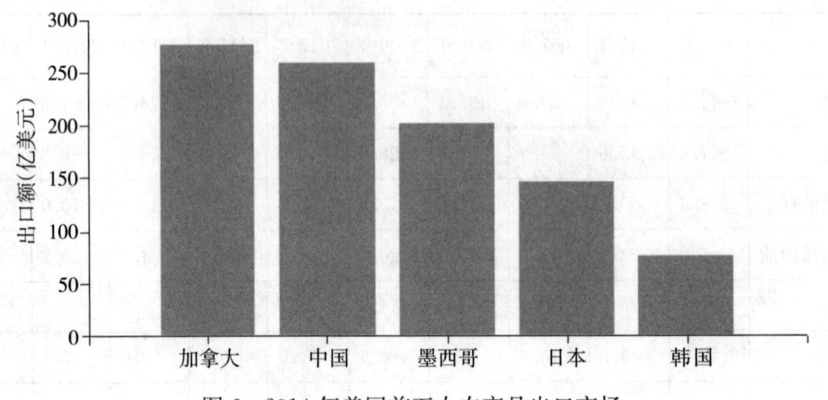

图 6　2014 年美国前五大农产品出口市场

4-23-2 美国主要农产品出口额（一）

单位：万美元

项　目	2004年	2005年	2006年	2007年	2008年	2009年
农产品	6 944 532.0	7 152 827.3	8 014 222.8	9 965 109.4	12 550 273.9	10 748 141.1
谷物	1 365 362.4	1 190 038.4	1 425 223.0	2 208 679.4	2 946 799.5	1 789 435.3
小麦产品	528 726.7	446 775.2	434 098.3	854 494.6	1 152 303.7	556 423.6
玉米产品	649 475.2	543 840.9	785 838.1	1 080 471.6	1 411 279.5	930 145.0
稻谷产品	118 678.4	130 966.0	130 783.4	142 432.6	224 552.4	221 258.5
棉花	435 726.6	402 651.4	465 346.8	473 382.3	495 743.0	352 866.6
食用油籽	766 239.6	740 057.7	810 437.5	1 147 158.1	1 739 384.1	1 805 744.4
大豆	691 990.4	667 642.1	728 916.8	1 046 562.2	1 613 585.2	1 695 921.6
花生	22 706.7	21 345.8	22 670.5	25 538.0	34 011.7	31 981.4
油菜籽	11 623.0	4 741.0	4 899.5	11 412.7	16 500.7	9 560.2
食用植物油	85 619.7	80 654.8	99 908.2	147 652.6	238 862.6	189 405.4
豆油	29 080.2	29 483.0	36 026.7	72 681.3	136 877.3	103 602.5
菜籽油	10 330.8	8 245.5	19 076.2	19 372.4	21 066.6	20 891.3
棕榈油	1 264.1	1 284.6	2 872.4	4 342.5	4 353.3	7 154.1
食糖	6 912.7	9 059.9	15 727.5	19 353.7	13 935.9	10 460.9
蔬菜	368 395.9	405 059.1	443 467.9	490 503.9	559 290.3	555 411.8
水果	654 144.6	725 497.1	815 766.5	869 664.8	996 847.9	968 306.3
畜产品	986 647.4	1 164 427.6	1 290 618.9	1 633 651.3	2 111 701.9	1 734 395.7
猪肉	167 547.2	206 327.9	222 176.8	248 756.3	378 915.8	318 122.2
牛肉	52 849.1	84 753.3	142 917.3	189 736.2	269 686.2	248 491.3
羊肉	1 242.6	2 370.7	2 470.8	1 227.2	2 376.1	2 513.7
家禽	263 242.8	322 008.7	308 238.9	424 684.5	538 578.2	476 099.4
蛋产品	18 877.0	21 574.9	22 476.4	28 006.9	29 059.5	33 242.0
乳品	98 306.4	110 454.8	129 154.5	221 698.6	299 445.8	160 028.5
动物生皮	159 228.8	161 238.2	183 214.4	192 074.0	179 952.8	129 977.9
动物生毛皮	16 829.7	17 393.7	22 277.3	26 110.5	26 731.7	16 929.5
羊毛	2 014.9	2 403.5	2 924.6	3 349.0	2 316.1	2 034.1
水产品	410 242.4	451 980.1	471 758.1	479 949.8	483 873.5	454 115.4
饮品	356 482.7	368 614.1	431 437.3	524 190.2	592 213.6	569 633.1
酒	183 129.6	179 251.5	212 487.7	274 558.4	294 866.7	268 639.5
茶	7 882.5	8 288.8	11 852.3	15 615.7	19 268.1	19 415.5
咖啡	43 879.8	49 494.2	60 477.4	66 240.2	75 060.7	74 191.9

美国主要农产品出口额（二）

单位：万美元

项目	2010年	2011年	2012年	2013年	2014年
农产品	12 652 377.8	15 142 615.4	15 518 450.7	15 828 128.2	16 546 913.4
谷物	2 051 412.5	2 879 907.4	2 111 471.2	2 077 478.3	2 336 922.7
小麦产品	692 559.0	1 131 891.4	836 196.9	1 070 736.5	792 050.0
玉米产品	1 028 985.5	1 419 955.4	992 368.9	707 521.9	1 134 188.4
稻谷产品	238 663.5	211 727.3	210 666.1	221 315.5	210 274.4
棉花	598 519.3	858 343.8	635 387.5	573 342.8	451 480.0
食用油籽	2 022 062.0	1 931 471.5	2 762 089.4	2 486 046.0	2 736 184.0
大豆	1 899 443.9	1 806 401.3	2 612 692.7	2 291 442.4	2 552 755.5
花生	34 176.5	36 191.7	47 680.3	83 561.0	70 306.5
油菜籽	12 182.7	12 448.0	16 471.1	10 162.3	12 152.1
食用植物油	254 045.1	242 757.3	252 519.8	188 916.0	162 279.7
豆油	156 888.2	126 753.2	115 291.8	90 924.7	80 615.0
菜籽油	30 818.2	26 247.6	37 282.3	15 078.9	12 572.3
棕榈油	7 931.0	10 749.1	10 166.7	10 427.6	8 552.7
食糖	18 068.7	21 125.6	19 400.2	19 129.3	17 422.0
蔬菜	616 777.1	677 242.5	679 121.6	727 350.3	753 405.6
水果	1 087 762.8	1 246 960.8	1 340 404.7	1 408 679.4	1 403 565.2
畜产品	2 138 529.8	2 660 043.1	2 756 282.7	2 963 062.4	3 134 000.2
猪肉	353 119.7	468 697.6	484 231.6	443 412.2	488 199.9
牛肉	339 711.5	457 117.2	465 794.8	523 899.0	604 777.3
羊肉	1 945.7	2 230.6	2 138.1	2 170.8	2 273.3
家禽	466 220.7	540 225.8	598 027.0	609 308.9	623 510.5
蛋产品	34 485.2	39 995.8	48 193.2	60 383.2	59 511.1
乳品	285 496.0	368 709.0	374 730.1	514 460.0	555 130.1
动物生皮	204 024.5	230 189.5	224 969.8	251 943.1	242 543.8
动物生毛皮	24 638.7	35 967.6	52 929.9	61 346.6	50 706.4
羊毛	2 312.6	2 307.8	1 686.3	2 167.5	2 027.6
水产品	513 983.5	633 461.1	617 305.6	639 779.0	659 452.2
饮品	722 155.2	1 087 040.4	1 021 816.0	1 031 763.8	1 120 664.2
酒	380 417.7	674 613.1	572 313.2	562 201.4	618 078.7
茶	23 486.1	27 646.6	30 272.2	33 606.2	33 792.4
咖啡	88 244.4	120 254.4	127 375.7	114 766.1	114 095.5

4-23-3 美国主要农产品进口额（一）

单位：万美元

项 目	2004年	2005年	2006年	2007年	2008年	2009年
农产品	7 290 677.1	7 953 559.2	8 840 257.6	9 565 571.3	10 420 767.4	9 416 939.4
谷物	110 872.7	108 978.4	152 089.9	212 293.1	340 127.7	254 329.0
小麦产品	24 824.8	25 789.9	42 216.3	61 884.3	126 428.4	84 145.1
玉米产品	17 526.5	17 263.4	23 704.9	37 641.2	47 386.9	36 305.6
稻谷产品	32 406.3	30 812.0	42 022.0	50 184.8	68 768.8	72 273.8
棉花	3 579.6	3 186.8	2 550.3	3 778.2	3 877.8	1 611.1
食用油籽	52 150.2	58 332.8	62 397.5	86 347.4	139 776.4	101 787.7
大豆	6 867.0	8 889.1	6 915.7	11 182.5	20 981.0	22 759.5
花生	3 873.2	4 480.0	4 837.8	6 520.8	9 344.7	6 666.8
油菜籽	13 103.4	11 747.6	19 779.8	24 598.0	50 658.9	22 998.6
食用植物油	151 418.1	156 771.8	197 954.7	245 753.2	379 417.8	279 626.8
豆油	8 911.0	752.8	854.3	1 591.5	3 557.5	3 619.8
菜籽油	33 025.2	31 180.4	44 478.7	67 623.7	134 413.8	92 363.6
棕榈油	14 213.4	19 035.2	30 924.1	56 061.2	103 236.6	71 440.1
食糖	60 764.0	92 578.9	145 193.3	91 714.3	122 362.4	127 480.5
蔬菜	714 883.6	756 377.6	834 823.9	919 928.7	983 183.7	943 569.3
水果	808 650.2	925 323.2	1 039 067.6	1 210 587.7	1 281 294.5	1 253 709.2
畜产品	986 521.3	1 066 766.5	1 069 500.1	1 150 556.1	1 101 825.0	941 306.1
猪肉	99 546.8	95 639.1	87 600.9	84 076.0	76 133.6	72 102.1
牛肉	344 075.9	343 631.6	291 483.9	294 915.7	275 003.8	247 065.0
羊肉	45 244.6	52 361.3	49 254.6	51 764.7	50 379.5	48 913.3
家禽	26 106.8	25 231.5	29 709.2	35 929.4	41 883.8	43 165.9
蛋产品	2 003.6	2 051.2	2 955.2	2 887.3	3 368.2	2 449.9
乳品	140 890.1	152 492.5	149 508.3	161 155.3	167 954.9	143 166.0
动物生皮	8 026.7	8 149.1	6 372.5	5 695.6	5 349.6	3 055.3
动物生毛皮	7 537.1	6 701.6	8 752.2	9 641.2	10 637.0	8 581.0
羊毛	4 545.2	4 026.5	3 825.7	3 334.4	3 382.4	1 966.3
水产品	1 289 934.8	1 378 045.8	1 515 627.0	1 558 378.1	1 622 373.1	1 497 811.2
饮品	1 777 916.2	2 019 294.3	2 379 167.3	2 506 240.0	2 649 414.3	2 373 669.5
酒	1 110 370.7	1 225 241.9	1 509 758.5	1 563 186.8	1 586 934.1	1 362 156.2
茶	31 365.0	35 273.0	40 267.4	42 444.9	46 437.9	46 310.7
咖啡	239 155.1	312 142.7	345 859.8	390 947.3	455 604.0	420 458.7

美国主要农产品进口额（二）

单位：万美元

项 目	2010年	2011年	2012年	2013年	2014年
农产品	10 524 240.8	12 417 996.7	13 130 041.2	13 533 432.5	14 467 550.7
谷物	234 613.3	275 375.6	375 798.2	490 228.2	404 510.4
小麦产品	70 520.7	80 916.3	99 786.5	124 551.2	122 925.5
玉米产品	38 722.4	47 891.7	108 116.6	177 174.6	72 574.1
稻谷产品	71 352.6	78 844.3	82 306.5	91 694.6	96 149.8
棉花	3 142.5	5 211.4	3 143.1	2 213.9	3 247.7
食用油籽	101 179.7	131 662.9	154 743.6	208 549.6	272 720.1
大豆	24 004.8	23 396.2	36 533.4	80 997.7	121 668.3
花生	6 802.0	10 352.7	26 242.7	13 673.0	11 912.5
油菜籽	24 251.7	38 783.3	26 861.3	29 727.4	46 145.5
食用植物油	304 283.4	458 902.8	432 241.3	432 739.9	410 394.0
豆油	5 079.2	9 269.8	8 046.1	9 968.6	6 952.6
菜籽油	104 710.5	195 046.8	184 076.4	158 556.1	157 049.8
棕榈油	82 716.8	128 184.0	109 702.9	123 110.5	105 108.3
食糖	208 420.2	291 196.8	238 036.2	167 718.6	170 386.2
蔬菜	1 090 826.2	1 220 195.2	1 248 149.6	1 352 711.2	1 391 934.0
水果	1 383 803.1	1 542 152.8	1 613 867.3	1 732 039.6	1 863 123.2
畜产品	1 042 113.4	1 143 947.6	1 255 849.5	1 315 437.5	1 690 011.8
猪肉	92 399.6	99 462.4	101 531.3	115 155.4	146 082.3
牛肉	270 495.0	292 744.4	348 778.5	355 035.5	544 076.7
羊肉	59 114.4	76 149.7	65 017.2	66 291.7	79 879.1
家禽	44 659.9	45 362.3	53 599.3	58 690.1	66 581.9
蛋产品	3 379.5	3 571.8	3 952.6	3 897.1	6 011.3
乳品	141 654.7	157 925.0	168 514.8	173 806.0	193 839.7
动物生皮	5 528.1	5 382.3	5 134.8	5 461.0	6 154.6
动物生毛皮	11 988.4	13 660.5	17 789.0	23 292.1	24 550.2
羊毛	2 134.3	3 602.1	3 356.0	2 579.2	2 422.5
水产品	1 680 397.0	1 898 351.3	1 917 068.9	2 064 797.0	2 295 834.3
饮品	2 655 281.3	3 239 430.3	3 283 339.6	3 213 789.4	3 313 686.2
酒	1 444 972.4	1 636 397.9	1 800 612.1	1 816 136.9	1 800 604.4
茶	54 677.1	59 996.2	61 595.8	65 317.1	64 295.9
咖啡	509 641.6	830 587.8	726 051.0	596 843.0	646 391.5

4-23-4 美国主要农产品出口量（一）

单位：吨

项 目	2004年	2005年	2006年	2007年	2008年	2009年
农产品						
谷物	91 639 814.8	86 012 706.5	94 527 797.6	104 070 750.1	96 829 660.6	78 383 047.3
小麦产品	31 976 724.5	27 500 270.6	23 761 858.2	33 496 435.0	30 523 285.4	22 370 346.1
玉米产品	51 001 025.8	48 409 848.7	61 580 533.5	60 426 918.4	54 735 930.2	48 449 908.9
稻谷产品	3 584 769.8	4 486 507.7	3 898 751.8	3 545 349.5	3 988 800.5	3 493 994.8
棉花	3 012 186.6	3 482 394.5	3 631 907.2	3 360 849.7	3 078 618.7	2 674 290.1
食用油籽	27 590 561.7	28 000 739.9	30 865 849.6	32 797 341.2	36 875 003.7	42 630 922.5
大豆	26 400 491.6	26 970 932.1	29 644 735.8	31 318 384.4	35 347 874.7	41 637 551.3
花生	213 632.4	191 896.5	219 454.7	229 328.5	303 340.3	257 808.7
油菜籽	373 003.0	177 211.6	183 707.2	375 830.2	466 652.4	208 430.0
食用植物油	1 201 106.0	1 183 491.9	1 500 544.4	1 726 637.7	1 979 297.8	2 195 531.3
豆油	455 024.8	503 563.5	601 324.8	881 140.0	1 177 152.8	1 253 649.3
菜籽油	139 146.6	134 983.3	289 957.7	237 037.2	173 525.7	249 242.8
棕榈油	16 159.2	17 701.5	38 047.1	51 553.4	42 761.5	78 086.1
食糖	166 497.8	182 323.8	263 432.6	330 839.8	243 330.3	159 369.4
蔬菜	4 030 372.0	4 143 283.5	4 130 429.4	4 221 563.4	4 650 774.7	4 369 718.4
水果						
畜产品						
猪肉	666 027.5	819 572.5	907 362.9	966 127.3	1 467 600.6	1 254 673.4
牛肉	143 952.6	206 242.3	352 717.4	439 862.1	598 810.2	587 492.0
羊肉	7 412.9	14 276.9	9 759.7	4 490.7	6 028.1	8 247.0
家禽						
蛋产品						
乳品	621 716.1	689 111.0	776 375.3	957 553.5	1 104 988.8	853 834.9
动物生皮	879 043.7	869 739.4	976 122.0	1 050 172.8	736 918.8	649 918.2
动物生毛皮						
羊毛	8 604.1	9 060.2	12 543.6	11 077.3	7 238.4	8 127.4
水产品						
饮品						
酒						
茶	17 677.5	17 455.8	18 280.8	21 398.3	26 933.4	27 912.4
咖啡	138 192.5	123 162.3	146 045.5	146 110.2	147 297.7	144 408.3

美国主要农产品出口量（二）

单位：吨

项　目	2010 年	2011 年	2012 年	2013 年	2014 年
农产品					
谷物	88 234 080.3	87 048 715.0	64 008 519.1	64 272 951.7	87 337 566.8
小麦产品	28 048 498.6	33 148 505.9	26 127 654.7	33 506 975.8	25 938 996.8
玉米产品	51 398 906.6	46 449 965.9	31 955 533.5	24 531 093.5	50 084 056.4
稻谷产品	4 541 686.3	3 717 587.1	3 846 073.3	3 784 342.9	3 521 089.9
棉花	3 115 703.2	2 877 856.6	2 834 725.1	2 891 519.3	2 241 462.3
食用油籽	44 465 726.1	36 372 902.7	47 389 678.9	42 968 583.3	53 213 190.2
大豆	43 332 270.1	35 448 568.1	46 461 640.4	41 791 373.5	52 046 633.9
花生	246 001.0	237 004.4	269 143.8	515 795.9	441 942.1
油菜籽	263 610.3	187 217.5	196 691.7	126 351.3	175 318.1
食用植物油	2 624 710.5	1 917 485.3	2 065 695.3	1 686 523.7	1 658 260.7
豆油	1 656 733.7	1 000 168.4	950 973.8	813 184.9	891 842.5
菜籽油	328 426.5	224 753.7	321 683.3	138 493.0	119 779.3
棕榈油	79 694.7	94 906.2	88 865.8	98 216.1	85 225.4
食糖	294 906.8	353 325.3	216 526.7	253 568.4	254 454.2
蔬菜	4 723 041.3	5 129 989.1	5 163 364.8	5 330 397.0	5 437 084.8
水果					
畜产品					
猪肉	1 240 779.0	1 548 383.4	1 647 004.8	1 490 389.8	1 477 419.0
牛肉	726 757.2	883 986.1	777 378.2	817 133.6	816 074.0
羊肉	8 600.2	9 512.0	5 600.5	3 847.0	3 980.7
家禽					
蛋产品					
乳品	1 260 590.4	1 373 250.3	1 373 464.0	1 630 493.0	1 738 641.2
动物生皮	1 412 235.3	1 148 208.0	1 027 904.6	1 131 233.8	889 178.9
动物生毛皮					
羊毛	7 954.5	6 894.5	5 386.9	6 937.4	4 425.3
水产品					
饮品					
酒					
茶	32 930.4	34 877.0	38 057.8	39 932.4	43 356.8
咖啡	167 561.0	199 422.6	186 302.7	181 465.7	190 157.5

4-23-5 美国主要农产品进口量（一）

单位：吨

项 目	2004年	2005年	2006年	2007年	2008年	2009年
农产品						
谷物	4 623 705.3	4 565 312.4	5 683 797.6	6 526 305.8	11 993 555.3	6 478 680.9
小麦产品	1 338 762.1	1 498 717.6	2 259 179.7	2 546 266.5	4 303 831.2	2 796 570.3
玉米产品	436 190.4	382 625.5	283 881.1	434 385.6	621 700.3	375 235.6
稻谷产品	594 179.8	541 637.3	753 219.4	825 328.2	785 680.1	831 171.6
棉花	27 519.2	33 974.4	21 947.6	39 116.2	41 322.7	14 965.3
食用油籽	990 126.0	1 089 121.7	1 305 775.2	1 506 809.2	1 011 803.5	1 447 841.0
大豆	144 410.1	218 387.6	157 248.1	287 239.7	489 205.7	421 149.3
花生	30 461.0	34 773.7	35 173.8	44 725.5	44 725.6	36 298.7
油菜籽	453 460.4	443 986.1	733 963.3	636 287.2	8 371.2	569 926.1
食用植物油	1 310 186.1	1 305 324.7	1 712 828.8	1 978 965.9	2 495 453.4	2 403 856.3
豆油	150 036.4	11 761.8	13 818.8	20 138.1	34 420.1	44 456.3
菜籽油	477 603.0	500 120.8	682 736.3	746 336.0	1 043 728.8	998 803.2
棕榈油	273 685.7	415 889.1	629 454.8	787 825.0	996 966.5	979 009.0
食糖	1 521 218.3	2 088 006.2	2 919 387.5	1 947 577.8	2 466 021.8	2 511 299.6
蔬菜	6 723 816.1	6 980 392.2	7 361 204.9	8 019 376.0	6 811 016.8	8 027 131.9
水果						
畜产品						
猪肉	376 339.9	359 729.4	342 255.8	334 972.1	237 429.8	297 228.5
牛肉	1 105 104.3	1 077 464.2	902 576.0	892 243.4	635 828.3	796 348.6
羊肉	83 483.2	84 904.1	90 226.3	93 826.7	93 770.6	81 310.6
家禽						
蛋产品						
乳品	384 979.0	420 263.4	383 863.7	384 397.3	382 884.1	302 366.2
动物生皮	60 548.3	56 985.9	43 244.4	32 191.1	23 301.2	32 573.6
动物生毛皮						
羊毛	13 150.6	11 274.0	10 914.9	8 668.4	7 433.8	5 651.1
水产品						
饮品						
酒						
茶	184 287.0	174 140.8	185 551.7	185 662.3	135 177.9	189 384.6
咖啡	1 322 949.6	1 307 529.2	1 359 063.3	1 393 256.4	1 625 068.1	1 347 802.2

美国主要农产品进口量（二）

单位：吨

项 目	2010 年	2011 年	2012 年	2013 年	2014 年
农产品					
谷物	6 105 240.4	5 949 572.2	7 997 782.1	10 514 814.5	8 535 715.1
小麦产品	2 699 927.1	2 204 150.4	2 677 358.9	3 611 013.9	3 805 267.1
玉米产品	468 225.5	731 214.7	1 916 981.7	3 447 344.3	845 970.8
稻谷产品	720 042.7	792 638.4	807 827.1	851 528.6	949 780.3
棉花	24 420.7	20 569.4	19 413.5	14 710.1	20 530.2
食用油籽	1 459 753.5	1 599 214.2	1 605 187.9	2 510 974.7	3 673 617.3
大豆	468 958.8	373 573.9	529 611.5	1 261 962.0	2 033 736.7
花生	35 732.3	49 373.1	99 865.4	45 662.9	41 659.9
油菜籽	553 174.0	670 291.5	421 965.5	589 579.3	982 425.3
食用植物油	2 472 961.7	3 103 698.8	2 961 714.9	3 151 301.1	3 282 722.9
豆油	53 784.2	71 715.4	64 702.3	84 586.5	69 598.4
菜籽油	1 086 406.0	1 514 799.0	1 427 635.6	1 271 678.2	1 586 024.3
棕榈油	948 111.6	1 087 625.7	991 281.9	1 373 179.0	1 187 800.5
食糖	2 916 697.4	3 461 408.2	3 034 335.6	2 918 881.2	3 061 083.7
蔬菜	8 885 501.8	9 204 789.2	8 999 583.9	9 365 841.7	9 982 826.7
水果					
畜产品					
猪肉	313 661.0	289 531.2	298 408.6	333 976.6	392 954.4
牛肉	734 770.2	656 383.9	715 372.3	717 252.6	957 397.8
羊肉	80 769.5	81 677.3	78 566.0	85 367.3	97 679.3
家禽					
蛋产品					
乳品	258 488.6	115 670.2	288 986.9	193 882.8	313 094.7
动物生皮	29 279.7	25 052.9	22 488.9	22 767.1	22 167.7
动物生毛皮					
羊毛	5 268.4	5 829.8	5 592.4	4 551.4	4 173.9
水产品					
饮品					
酒					
茶	203 187.2	202 273.5	201 547.2	206 329.2	199 690.8
咖啡	1 389 807.6	1 494 465.3	1 490 949.9	1 541 016.9	1 572 785.9

4-23-6 美国农产品出口额前15位国家（地区）
（2014年）

单位：万美元，%

序号	国家（地区）	出口额	同比增长
1	加拿大	2 757 475.3	3.0
2	中国	2 585 079.5	−4.6
3	墨西哥	2 008 580.7	6.7
4	日本	1 457 992.7	7.9
5	韩国	750 248.5	32.3
6	中国香港	431 914.1	4.3
7	荷兰	298 032.2	22.2
8	印度尼西亚	296 624.9	4.7
9	菲律宾	288 428.1	10.4
10	德国	261 269.2	−3.4
11	越南	248 615.5	13.0
12	哥伦比亚	244 375.3	59.4
13	土耳其	217 835.2	−0.7
14	西班牙	210 664.5	15.5
15	英国	205 797.5	5.6
	总计	**12 262 933.0**	

4-23-7 美国农产品进口额前15位国家（地区）
（2014年）

单位：万美元，%

序号	国家（地区）	进口额	同比增长
1	加拿大	2 682 464.2	5.6
2	墨西哥	2 190 330.8	9.8
3	中国	767 606.0	−0.2
4	智利	522 299.5	0.7
5	法国	502 371.6	3.3
6	印度	485 948.7	−0.8
7	巴西	461 554.6	−5.6
8	意大利	458 405.2	4.3
9	澳大利亚	414 698.8	39.4
10	印度尼西亚	383 941.2	26.4
11	泰国	370 214.3	−1.9
12	越南	349 760.7	21.1
13	新西兰	290 553.5	18.6
14	英国	277 235.4	3.4
15	哥伦比亚	272 110.1	8.9
	总计	**10 429 494.5**	

4-24 加拿大主要农产品贸易情况

4-24-1 加拿大农产品贸易综述

一、10 年来加拿大农产品贸易总体情况

2004—2014 年，加拿大农产品贸易额由 415.3 亿美元增至 907.0 亿美元，年均增长 8.1%。其中，出口额由 244.2 亿美元增至 518.2 亿美元，年均增长 7.8%；进口额由 171.1 亿美元增至 388.8 亿美元，年均增长 8.6%；贸易顺差由 73.1 亿美元增至 129.4 亿美元，年均增长 5.9%（图 1）。

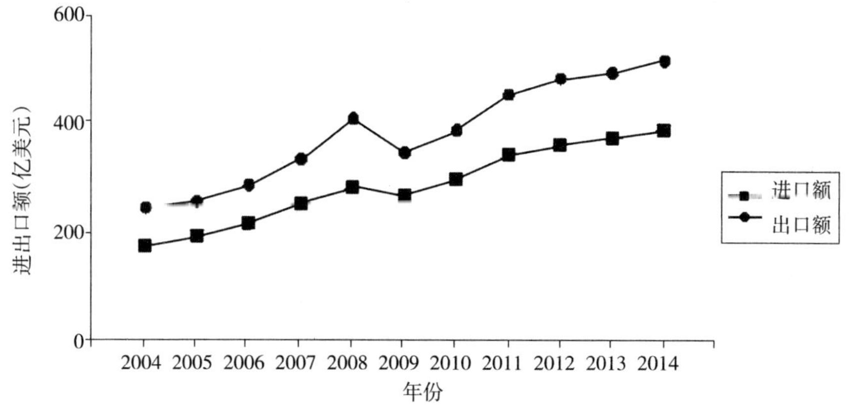

图 1　2004—2014 年加拿大农产品进出口额变化

2005 年以来，除 2009 年进出口额同比下降外，其余年份均保持正增长。其中，2008 年出口增速最快，达 22.4%，2007 年进口增幅最大，达 17.1%。2012 年以来，进出口额增速有放缓趋势。2014 年进口额同比增长 4.2%，较上年提高 0.7 个百分点；出口额同比增长 4.3%，较上年提高 1.9 个百分点（图 2）。

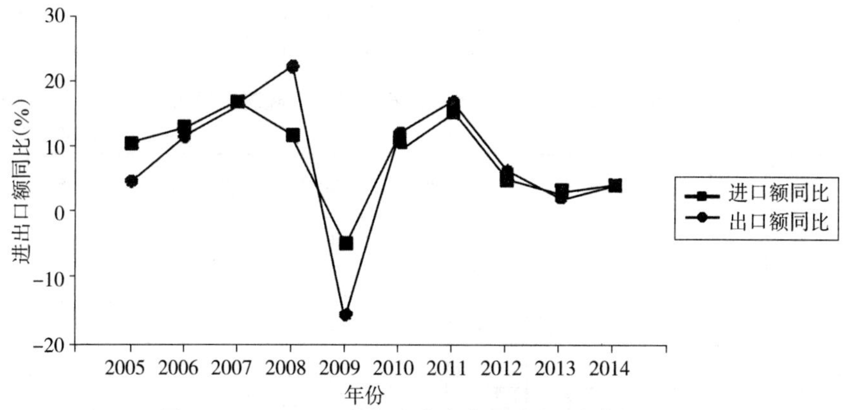

图 2　2005—2014 年加拿大农产品进出口额同比变化

二、2014 年加拿大农产品贸易情况

2014 年加拿大农产品贸易额为 907.0 亿美元，同比增长 4.3%，在全球各大农产品贸易国中排名第 11 位。其中出口额为 518.2 亿美元，同比增长 4.3%，全球排名第 7 位；进口额为 388.8 亿美元，同比增长 4.2%，全球排名第 11 位。

（一）进出口产品结构

2014 年，加拿大进口农产品以饮品、水果和畜产品为主，进口额分别为 83.8 亿美元、64.4 亿美元和 49.5 亿美元，占其农产品进口额的比重分别为 21.5%、16.6%和 12.7%。此外，加拿大还进口蔬菜和水产品等，2014 年进口额分别为 41.6 亿美元和 32.3 亿美元，分别占其农产品进口额的 10.7%和 8.3%（图 3）。

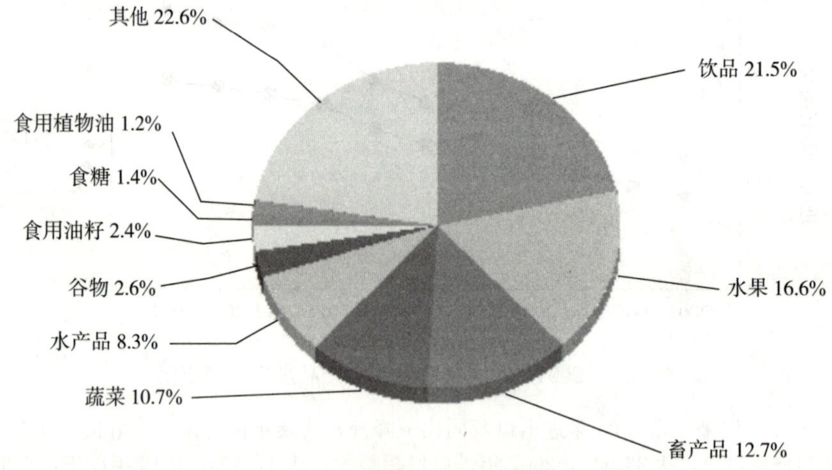

图 3　2014 年加拿大农产品进口结构

2014 年，加拿大进口同比增长较快的农产品主要是谷物、食用油籽和畜产品，增幅分别为 18.3%、12.9%和 7.7%。此外，水产品、食糖、饮品和蔬菜的增幅在 3.5%～5.0%之间。棉花和食用植物油进口额同比下降 5.9%和 5.8%（表 1）。

表 1　2005—2014 年加拿大主要农产品进口额同比变化情况

单位:%

	2005 年	2006 年	2007 年	2008 年	2009 年	2010 年	2011 年	2012 年	2013 年	2014 年
农产品	10.7	13.2	17.1	11.9	−4.7	11.0	15.4	5.0	3.5	4.2
谷物	−4.5	7.7	58.2	39.7	−23.8	−5.4	5.4	−0.1	3.6	18.3
棉花	−41.0	−23.3	−26.6	−62.6	−37.4	27.9	8.1	−7.5	−22.4	−5.9
食用油籽	−10.3	−3.0	14.2	57.9	−7.6	−5.9	25.8	19.3	−0.6	12.9
食用植物油	2.9	26.1	23.8	15.4	2.4	10.9	−14.4	13.7	−11.7	−5.8

（续）

	2005年	2006年	2007年	2008年	2009年	2010年	2011年	2012年	2013年	2014年
食糖	21.2	38.8	−18.0	24.6	−0.3	35.5	42.5	−23.8	−18.3	4.7
蔬菜	11.1	12.4	13.1	7.4	−0.2	11.4	10.0	−2.6	9.4	3.5
水果	17.1	14.3	13.2	11.2	−3.1	9.4	10.4	7.5	3.9	0.2
畜产品	14.0	13.5	24.6	5.6	−6.5	12.7	21.1	12.8	6.5	7.7
水产品	7.6	9.9	9.9	3.4	−1.4	12.0	17.0	0.8	5.4	5.0
饮品	13.7	16.6	19.8	12.8	−5.7	16.3	22.2	1.2	0.3	3.7

2014年，加拿大农产品中出口额靠前的是畜产品、谷物和食用油籽，出口额分别为97.7亿美元、92.2亿美元和72.0亿美元，占其农产品出口额的比重分别为18.9%、17.8%和13.9%。此外，加拿大还出口水产品、蔬菜、饮品和食用植物油等，出口额分别为46.6亿美元、27.5亿美元、27.1亿美元和23.8亿美元，分别占其农产品出口额的9.0%、5.3%、5.2%和4.6%（图4）。

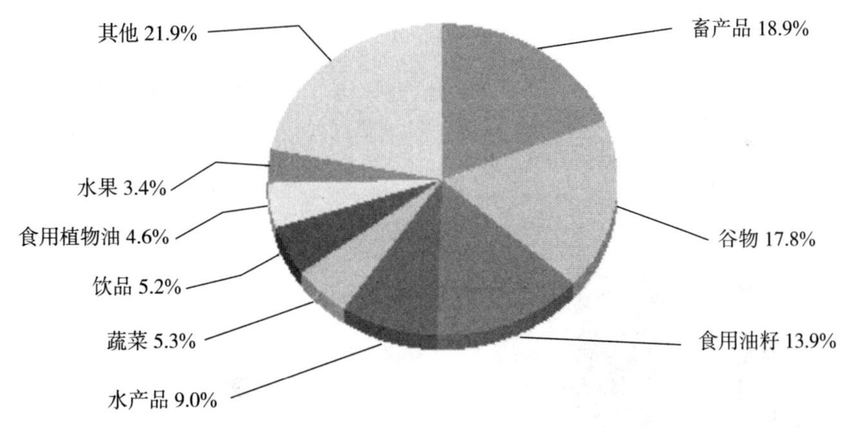

图4 2014年加拿大农产品出口结构

2014年，加拿大出口额同比增长较快的农产品是畜产品、谷物和食用油籽，增幅分别为11.9%、7.8%和5.7%。水产品、水果的增幅为3.3%和0.7%。其他农产品出口额同比下降，食糖、食用植物油和棉花分别下降28.0%、18.3%和42.8%（表2）。

表2 2005—2014年加拿大主要农产品出口额同比变化情况

单位：%

	2005年	2006年	2007年	2008年	2009年	2010年	2011年	2012年	2013年	2014年
农产品	4.9	11.7	17.0	22.4	−15.5	12.3	17.0	6.5	2.4	4.3

（续）

	2005年	2006年	2007年	2008年	2009年	2010年	2011年	2012年	2013年	2014年
谷物	−11.1	35.4	40.5	49.5	−24.6	−10.0	26.0	6.4	8.3	7.8
棉花	−79.0	−11.8	426.4	−52.6	−88.0	−10.5	127.4	−60.0	−56.2	−42.8
食用油籽	3.3	31.7	42.2	62.3	−14.6	15.2	26.0	21.4	−14.3	5.7
食用植物油	−22.5	38.7	38.0	69.1	−24.7	54.3	51.0	5.8	−17.0	−18.3
食糖	184.4	194.9	−54.1	217.1	−78.3	278.9	10.5	−27.1	−53.5	−28.0
蔬菜	2.2	9.9	9.4	8.2	−5.1	8.1	5.9	−5.7	13.2	−1.2
水果	16.0	14.8	5.2	3.4	−12.8	11.7	21.9	9.4	−0.1	0.7
畜产品	20.0	3.1	9.2	7.6	−20.9	21.0	6.7	3.5	6.4	11.9
水产品	3.9	1.6	1.5	0.9	−11.9	18.0	9.1	0.0	3.0	3.3
饮品	−2.6	3.9	−0.7	1.5	−11.0	25.1	14.4	2.6	2.3	−0.2

（二）主要贸易伙伴

2014年加拿大前五大农产品进口来源地分别为美国、墨西哥、中国、意大利和法国，进口额分别为228.9亿美元、16.7亿美元、11.9亿美元、9.2亿美元和8.2亿美元，占其农产品进口额的比重分别为59.0%、4.3%、3.1%、2.4%和2.1%（图5）。

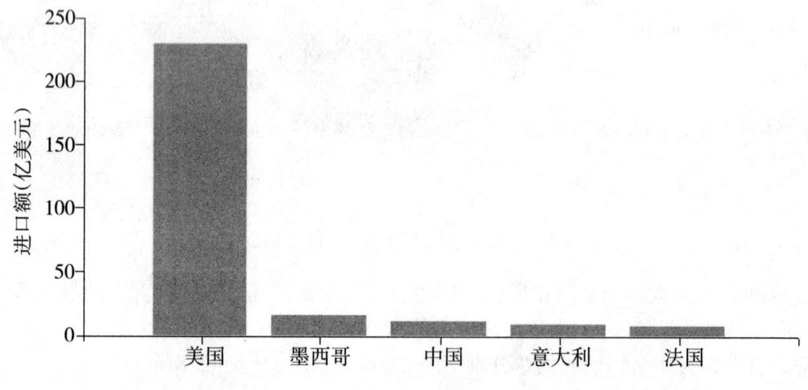

图5 2014年加拿大前五大农产品进口来源地

2014年加拿大前五大农产品出口市场分别为美国、中国、日本、墨西哥和印度，出口额分别为273.0亿美元、47.8亿美元、36.9亿美元、15.4亿美元和8.3亿美元，占其农产品出口额的比重分别为52.9%、9.3%、7.2%、3.0%和1.6%（图6）。

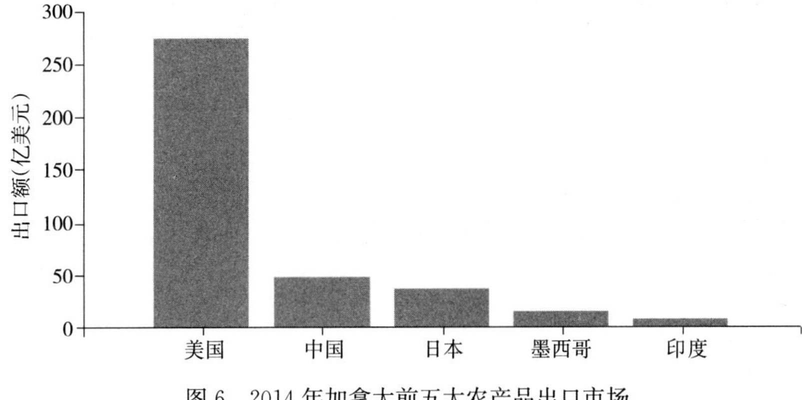

图 6　2014 年加拿大前五大农产品出口市场

4-24-2 加拿大主要农产品出口额（一）

单位：万美元

项 目	2004年	2005年	2006年	2007年	2008年	2009年
农产品	2 442 154.5	2 562 565.5	2 862 762.7	3 349 791.1	4 099 287.7	3 463 741.9
谷物	343 106.1	304 925.2	412 748.2	579 881.4	867 050.4	653 735.7
小麦产品	277 578.9	232 436.5	331 690.7	448 888.8	675 388.2	540 392.5
玉米产品	6 781.6	5 575.6	5 335.5	13 864.2	27 484.3	10 419.2
稻谷产品	3 773.6	4 675.6	5 138.2	6 694.4	10 208.5	9 379.0
棉花	553.7	116.3	102.6	539.9	255.7	30.6
食用油籽	168 342.9	173 815.1	228 922.4	325 604.1	528 338.3	451 309.2
大豆	29 577.2	34 334.6	41 787.8	64 010.2	86 625.1	97 240.7
花生	2 289.7	2 429.5	2 825.5	3 046.6	4 337.7	3 477.1
油菜籽	109 047.4	107 488.1	154 898.0	213 143.5	366 531.9	305 560.1
食用植物油	75 413.7	58 482.1	81 121.9	111 968.1	189 335.5	142 575.3
豆油	1 019.2	1 101.5	1 326.8	2 676.8	6 237.9	3 691.0
菜籽油	71 003.2	52 934.7	75 564.8	105 001.8	176 558.8	135 615.4
棕榈油	34.2	58.4	57.3	59.5	62.6	20.7
食糖	619.5	1 762.0	5 195.7	2 382.9	7 556.9	1 636.5
蔬菜	180 239.3	184 126.2	202 242.7	221 388.7	239 468.0	227 105.0
水果	94 398.4	109 481.2	125 666.9	132 160.9	136 659.6	119 101.2
畜产品	533 766.1	640 377.9	659 916.2	720 413.5	775 387.3	613 554.8
猪肉	159 830.1	191 128.8	181 008.9	179 124.3	206 058.3	182 700.7
牛肉	143 507.0	146 427.3	110 475.8	104 941.4	114 476.7	100 467.4
羊肉	42.9	125.3	81.1	157.8	136.1	166.9
家禽	20 942.4	23 980.5	25 359.8	35 022.3	39 390.7	37 447.5
蛋产品	3 992.2	4 038.4	4 478.9	4 170.8	4 156.6	3 974.6
乳品	18 896.3	16 874.6	19 689.7	21 574.8	19 716.2	15 056.0
动物生皮	24 866.7	30 240.0	28 195.7	29 505.5	26 815.6	15 975.0
动物生毛皮	17 910.2	21 180.2	30 993.7	28 920.8	35 168.0	25 739.8
羊毛	305.9	210.4	206.1	219.2	156.5	182.0
水产品	357 017.0	371 041.7	376 949.8	382 559.9	385 843.6	339 989.9
饮品	199 064.5	193 915.0	201 478.5	200 033.3	202 940.1	180 558.5
酒	71 243.0	66 322.5	75 198.9	77 028.0	74 763.0	63 864.2
茶	7 044.2	7 558.6	8 145.9	7 754.9	8 247.7	9 868.7
咖啡	15 378.6	17 708.1	18 384.3	17 598.4	19 218.7	22 332.0

加拿大主要农产品出口额（二）

单位：万美元

项 目	2010年	2011年	2012年	2013年	2014年
农产品	3 890 461.8	4 551 743.7	4 849 755.4	4 967 012.0	5 182 399.9
谷物	588 167.8	741 287.9	789 007.0	854 553.2	921 567.1
小麦产品	464 860.0	586 223.7	626 430.9	666 724.0	734 228.2
玉米产品	25 504.6	36 591.7	30 647.7	59 166.8	46 394.8
稻谷产品	8 227.7	10 309.0	10 154.2	11 701.8	13 026.1
棉花	27.4	62.2	24.9	10.9	6.2
食用油籽	519 779.0	654 692.7	795 102.6	681 319.4	720 308.4
大豆	138 252.5	145 954.4	222 246.4	194 008.4	178 876.4
花生	3 056.6	3 467.1	6 576.6	7 070.1	5 683.1
油菜籽	330 204.0	463 922.4	521 565.5	419 823.6	470 582.7
食用植物油	219 997.6	332 196.4	351 332.9	291 489.2	238 250.8
豆油	5 014.5	8 893.6	8 826.5	11 942.5	9 109.8
菜籽油	212 547.8	319 038.5	338 632.1	275 391.2	226 329.6
棕榈油	32.1	137.2	85.5	152.2	108.7
食糖	6 201.6	6 850.5	4 996.4	2 323.0	1 673.6
蔬菜	245 564.4	260 011.4	246 296.1	278 749.0	275 370.4
水果	132 976.7	162 126.1	177 381.4	177 258.4	178 543.7
畜产品	742 705.5	792 726.6	820 590.8	873 382.7	977 440.8
猪肉	222 615.8	265 489.9	261 061.3	255 634.0	281 023.9
牛肉	127 399.4	120 262.2	105 411.8	110 892.0	149 594.8
羊肉	183.6	93.7	91.2	144.0	57.8
家禽	40 500.3	41 911.1	46 274.8	48 823.9	49 981.4
蛋产品	5 466.6	5 223.8	5 260.1	4 908.3	6 387.9
乳品	16 593.2	19 372.8	19 831.2	25 403.4	25 673.0
动物生皮	28 390.8	31 737.7	29 504.4	32 641.6	35 425.0
动物生毛皮	39 947.2	48 645.9	66 883.7	91 805.6	61 034.1
羊毛	226.2	348.6	326.1	234.6	375.7
水产品	401 283.1	437 996.3	438 032.0	451 134.2	465 851.4
饮品	225 827.8	258 370.8	265 216.3	271 274.0	270 846.7
酒	71 837.9	76 601.1	76 532.0	83 497.1	76 996.5
茶	10 980.7	11 290.8	11 117.7	10 672.8	9 577.7
咖啡	33 078.5	50 445.8	49 460.3	45 969.7	47 205.6

4-24-3 加拿大主要农产品进口额（一）

单位：万美元

项　目	2004年	2005年	2006年	2007年	2008年	2009年
农产品	1 710 513.5	1 893 682.1	2 144 560.8	2 512 168.6	2 811 843.8	2 679 301.8
谷物	48 403.7	46 234.5	49 810.9	78 794.6	110 091.1	83 913.9
小麦产品	1 671.3	2 257.6	2 747.5	5 446.2	9 182.5	5 929.2
玉米产品	28 166.5	26 203.1	26 750.2	49 005.7	65 052.3	42 561.8
稻谷产品	16 192.8	15 352.2	17 864.7	21 142.5	31 668.9	32 167.0
棉花	10 923.2	6 447.6	4 942.7	3 625.6	1 357.6	849.7
食用油籽	40 447.9	36 296.0	35 193.7	40 185.8	63 459.2	58 628.4
大豆	15 666.0	9 765.4	8 267.5	7 801.2	18 862.6	17 499.4
花生	9 922.0	10 061.7	9 626.5	10 995.4	15 883.8	12 729.8
油菜籽	5 107.3	2 992.8	4 451.9	7 588.7	9 811.5	10 921.5
食用植物油	27 468.5	28 256.5	35 637.5	44 130.1	50 911.0	52 114.7
豆油	6 072.9	4 466.4	4 830.4	6 042.8	9 011.7	4 567.1
菜籽油	3 468.8	3 209.2	5 105.4	9 305.1	6 876.7	12 979.7
棕榈油	964.1	1 019.7	2 518.6	2 797.5	4 262.7	6 458.3
食糖	24 656.6	29 877.8	41 462.7	34 014.5	42 369.4	42 232.9
蔬菜	202 247.2	224 883.5	252 797.4	285 941.4	307 009.7	306 615.9
水果	291 906.0	341 944.0	390 759.9	442 194.1	491 767.3	476 497.7
畜产品	176 578.7	201 292.9	228 417.3	284 520.2	300 457.4	280 894.4
猪肉	18 415.2	29 444.2	31 688.1	36 340.0	42 036.5	36 274.8
牛肉	22 767.6	29 618.0	45 579.0	65 604.5	68 503.4	66 191.3
羊肉	7 662.2	9 573.7	10 247.4	11 149.7	11 134.1	11 915.8
家禽	40 493.2	37 618.0	40 019.7	50 853.0	53 659.2	53 398.3
蛋产品	6 507.1	4 863.5	4 255.5	5 353.2	6 489.1	6 437.6
乳品	34 009.6	37 515.4	34 447.8	43 337.3	43 935.6	33 590.7
动物生皮	2 457.6	1 256.8	484.0	545.8	677.9	1 036.0
动物生毛皮	6 871.5	7 519.8	10 863.6	14 432.2	10 696.3	8 947.3
羊毛	630.1	437.3	670.2	483.4	549.1	282.6
水产品	166 612.1	179 254.3	197 080.8	216 560.8	223 933.3	220 691.7
饮品	331 687.5	376 994.0	439 515.0	526 332.6	593 904.6	560 046.8
酒	169 507.6	197 239.9	231 676.6	296 102.4	311 808.9	276 325.5
茶	11 877.4	13 227.6	14 835.2	17 215.9	18 951.3	19 182.3
咖啡	44 651.9	59 993.2	71 141.4	77 665.8	90 795.5	90 968.1

加拿大主要农产品进口额（二）

单位：万美元

项　目	2010年	2011年	2012年	2013年	2014年
农产品	2 974 832.2	3 432 852.3	3 605 746.9	3 730 182.5	3 887 939.6
谷物	79 380.6	83 667.7	83 622.5	86 592.3	102 431.8
小麦产品	5 216.9	7 704.0	9 631.4	7 899.4	8 798.9
玉米产品	37 132.3	38 036.8	36 421.2	35 490.8	44 941.7
稻谷产品	33 551.8	32 731.9	32 552.1	35 334.4	38 049.2
棉花	1 086.8	1 175.2	1 086.6	842.9	793.2
食用油籽	55 169.3	69 382.5	82 767.9	82 254.0	92 859.3
大豆	11 474.1	15 959.7	17 339.3	16 072.7	21 203.9
花生	13 180.3	17 461.7	22 158.3	20 865.0	20 498.2
油菜籽	10 823.9	10 933.7	14 109.7	11 094.8	11 060.5
食用植物油	57 796.5	49 451.0	56 235.1	49 666.6	46 782.5
豆油	4 454.6	4 476.9	3 811.4	4 154.5	3 353.2
菜籽油	21 770.2	10 055.1	18 053.6	10 517.5	8 521.3
棕榈油	7 834.9	9 597.8	9 653.6	8 885.9	9 039.9
食糖	57 246.3	81 562.1	62 132.3	50 753.8	53 152.3
蔬菜	341 753.0	375 645.4	367 196.7	401 681.3	415 797.0
水果	521 498.9	575 808.5	618 832.2	642 814.0	644 402.3
畜产品	316 446.7	383 203.4	432 126.8	460 117.6	495 406.0
猪肉	42 217.9	47 962.9	51 970.2	46 208.0	50 939.9
牛肉	72 249.6	100 595.1	116 781.8	114 533.3	109 473.3
羊肉	11 907.6	16 526.4	13 743.5	14 285.5	16 130.8
家禽	58 150.8	57 584.6	72 056.8	74 884.5	72 465.9
蛋产品	6 788.0	7 086.2	7 738.0	9 780.1	14 060.9
乳品	38 736.2	43 580.7	41 876.6	44 873.5	49 344.6
动物生皮	978.2	1 168.8	809.5	590.4	407.9
动物生毛皮	8 844.2	14 124.4	18 709.4	37 129.5	56 169.9
羊毛	443.7	495.7	450.5	426.7	531.6
水产品	247 194.5	289 169.1	291 438.7	307 280.5	322 578.4
饮品	651 311.8	795 980.6	805 854.3	807 900.6	837 582.5
酒	330 799.2	395 413.6	412 851.4	426 877.8	424 973.3
茶	20 859.1	22 409.0	23 329.6	22 220.9	20 257.6
咖啡	111 123.2	161 466.1	157 301.5	133 982.4	147 499.0

4-24-4 加拿大主要农产品出口量（一）

单位：吨

项　目	2004 年	2005 年	2006 年	2007 年	2008 年	2009 年
农产品						
谷物	19 249 047.4	18 481 600.8	23 095 751.6	23 137 196.6	34 232 737.0	23 612 824.8
小麦产品	15 364 908.1	14 146 583.5	18 746 022.8	17 808 122.2	27 651 565.0	19 457 520.0
玉米产品	393 028.8	313 106.4	249 819.5	523 690.8	1 048 496.5	265 544.2
稻谷产品	116 481.1	132 911.5	136 681.4	151 099.5	165 966.2	186 683.3
棉花	2 565.7	1 958.2	1 240.9	2 725.8	2 155.2	309.8
食用油籽	5 327 387.4	5 933 261.3	7 930 277.1	8 390 836.7	4 116 303.5	10 736 051.3
大豆	986 453.3	1 185 652.2	1 475 277.4	1 889 123.4	2 857 475.9	2 300 180.0
花生	15 290.3	14 995.8	16 605.7	15 865.3	31 675.5	13 307.1
油菜籽	3 587 372.1	4 001 211.5	5 551 807.3	5 401 629.2	8 727.4	7 679 124.7
食用植物油	1 157 979.1	928 002.4	1 234 686.8	1 305 220.6	1 784 618.1	1 606 336.8
豆油	13 643.1	15 103.7	17 774.8	29 480.2	68 322.8	44 756.7
菜籽油	1 108 437.3	872 475.0	1 179 633.4	1 231 376.8	1 658 234.6	1 533 182.0
棕榈油	442.6	676.8	505.9	881.5	745.4	203.1
食糖	12 558.6	31 050.0	74 716.2	35 654.1	168 421.6	22 260.1
蔬菜	2 406 291.1	2 263 441.2	2 311 864.8	2 532 694.8	2 417 202.5	2 313 007.6
水果						
畜产品						
猪肉	672 453.4	773 466.9	777 085.6	737 807.6	825 055.8	811 438.1
牛肉	428 682.4	423 477.3	337 929.4	323 799.1	200 774.1	340 664.8
羊肉	255.8	351.3	267.3	747.1	153.5	379.1
家禽						
蛋产品						
乳品	102 272.5	102 152.3	109 839.0	94 726.5	64 641.5	67 877.9
动物生皮	151 803.8	185 934.9	170 283.9	208 244.2	100 281.2	73 970.5
动物生毛皮						
羊毛	1 585.1	1 138.5	1 072.5	1 022.1	584.7	795.6
水产品						
饮品						
酒						
茶	51 901.4	45 354.0	52 883.6	47 505.6	9 965.9	59 083.4
咖啡	38 053.5	39 408.5	37 281.0	34 194.2	34 261.6	31 671.2

加拿大主要农产品出口量（二）

单位：吨

项　目	2010年	2011年	2012年	2013年	2014年
农产品					
谷物	23 134 118.3	21 145 570.3	22 690 290.0	25 323 914.7	30 321 661.1
小麦产品	18 591 886.0	16 521 668.3	18 034 382.5	19 978 860.9	24 398 911.1
玉米产品	883 156.1	1 090 670.8	734 205.6	1 805 597.3	1 852 568.4
稻谷产品	188 348.0	205 817.3	194 614.8	205 904.4	232 652.5
棉花	340.4	461.8	698.7	178.8	169.4
食用油籽	11 185 178.2	11 147 361.6	12 639 602.8	11 118 119.0	14 152 558.7
大豆	2 815 446.8	2 693 695.5	3 706 821.3	3 378 707.7	3 504 867.3
花生	12 037.4	12 683.6	16 694.7	18 297.7	14 859.6
油菜籽	7 470 640.3	7 890 773.7	8 339 352.7	6 980 372.7	9 770 220.0
食用植物油	2 303 514.5	2 623 804.4	2 789 419.4	2 423 133.6	2 491 072.0
豆油	53 094.4	69 436.9	72 930.9	104 114.0	98 810.3
菜籽油	2 232 582.3	2 527 575.4	2 692 327.2	2 287 282.9	2 367 536.1
棕榈油	179.2	768.9	637.6	1 510.8	2 852.5
食糖	86 380.3	72 200.0	57 309.7	31 667.0	23 474.0
蔬菜	2 340 802.2	2 482 811.0	2 596 068.9	2 423 863.9	2 482 559.5
水果					
畜产品					
猪肉	843 815.0	870 042.3	903 072.3	902 226.2	880 148.4
牛肉	371 187.3	302 184.1	237 333.2	235 392.7	266 525.8
羊肉	400.0	247.4	188.0	506.4	151.5
家禽					
蛋产品					
乳品	69 880.4	72 723.3	69 821.0	85 649.7	93 566.9
动物生皮	200 289.5	171 603.7		154 807.1	142 944.9
动物生毛皮					
羊毛	749.5	803.8	777.7	684.0	1 075.5
水产品					
饮品					
酒					
茶	60 926.3	59 469.9	56 636.8	60 549.9	55 430.5
咖啡	39 930.3	50 049.5	48 776.6	52 275.6	54 513.7

4-24-5　加拿大主要农产品进口量（一）

单位：吨

项　目	2004 年	2005 年	2006 年	2007 年	2008 年	2009 年
农产品						
谷物	2 743 916.2	2 790 183.0	2 532 004.0	3 272 542.5	3 454 641.9	2 723 214.1
小麦产品	59 735.5	73 979.6	91 977.2	143 313.2	149 060.4	206 780.5
玉米产品	2 217 559.9	2 245 241.6	1 978 771.4	2 654 477.9	2 804 105.3	2 026 408.8
稻谷产品	356 287.8	351 537.1	366 856.0	375 627.6	397 699.2	401 631.2
棉花	77 798.8	53 986.5	38 427.4	28 297.3	11 161.3	8 816.6
食用油籽	898 446.0	737 886.3	688 692.5	629 265.2	732 462.8	760 727.9
大豆	523 829.5	410 434.5	346 686.0	257 859.8	413 931.6	439 522.2
花生	101 523.7	103 970.7	105 935.2	106 024.6	108 968.3	102 918.4
油菜籽	174 644.2	102 341.9	162 798.7	202 050.6	138 825.9	141 746.0
食用植物油	267 219.2	258 429.2	311 754.7	354 322.5	273 717.4	378 271.3
豆油	86 628.1	74 539.3	80 509.8	77 594.8	70 869.1	41 325.3
菜籽油	48 885.5	49 091.2	75 234.0	112 003.3	41 286.6	148 828.4
棕榈油	14 344.9	14 494.5	35 043.1	28 898.4	33 617.7	65 462.7
食糖	1 313 450.5	1 222 946.5	1 216 853.1	1 276 550.8	1 319 323.2	1 057 136.5
蔬菜	2 262 455.4	2 254 509.4	2 421 697.5	2 458 410.7	2 457 401.5	2 483 790.6
水果						
畜产品						
猪肉	62 719.4	87 228.2	90 857.4	109 904.4	126 806.0	114 192.7
牛肉	75 203.3	82 618.4	98 329.7	135 779.3	127 463.5	145 323.6
羊肉	18 155.9	18 878.4	22 173.4	23 553.8	21 643.7	22 335.6
家禽						
蛋产品						
乳品	161 594.9	177 471.4	172 009.7	192 121.5	198 999.3	284 347.6
动物生皮	13 624.5	7 121.8	2 677.5	2 650.6	3 045.2	5 474.0
动物生毛皮						
羊毛	2 511.8	1 622.0	2 492.4	1 614.7	1 924.9	917.7
水产品						
饮品						
酒						
茶	23 735.9	26 660.0	21 710.5	26 081.9	25 582.8	23 641.2
咖啡	200 798.4	262 183.7	213 344.3	219 076.6	211 997.6	216 205.0

加拿大主要农产品进口量（二）

单位：吨

项目	2010年	2011年	2012年	2013年	2014年
农产品					
谷物	2 287 358.8	1 824 035.2	1 397 168.1	1 806 096.9	1 830 704.0
小麦产品	143 028.4	168 121.1	221 580.4	155 270.5	188 983.3
玉米产品	1 660 562.8	1 153 699.7	728 532.1	809 300.9	1 108 931.1
稻谷产品	389 736.1	390 823.0	379 246.0	751 029.0	427 225.1
棉花	10 325.3	11 224.5	10 886.5	12 615.4	12 258.3
食用油籽	636 000.3	658 250.0	635 534.5	561 418.2	678 167.9
大豆	263 015.3	312 875.2	303 311.5	260 328.8	372 468.3
花生	106 926.0	107 214.0	98 821.1	120 696.9	128 057.4
油菜籽	186 339.9	146 339.3	127 147.8	75 303.5	73 809.9
食用植物油	466 673.3	283 489.9	343 529.1	287 736.9	279 117.5
豆油	40 388.6	30 275.5	26 051.8	30 607.2	29 905.1
菜籽油	248 596.2	78 032.9	141 586.9	81 440.2	74 499.1
棕榈油	72 858.1	71 260.3	77 046.3	78 198.7	81 391.9
食糖	1 149 447.2	1 177 215.0	1 144 866.1	1 123 400.1	1 252 363.9
蔬菜	2 630 474.1	2 791 308.9	2 720 275.3	2 980 833.9	2 847 255.8
水果					
畜产品					
猪肉	113 987.6	122 520.4	138 923.5	121 389.9	116 256.3
牛肉	139 433.4	167 214.6	179 578.7	175 026.3	162 607.7
羊肉	21 740.4	20 053.8	17 215.1	19 185.6	20 388.2
家禽					
蛋产品					
乳品	246 657.1	116 182.7	111 968.6	138 116.9	162 560.4
动物生皮	7 841.8	5 655.5	8.4	2 288.5	1 241.1
动物生毛皮					
羊毛	1 325.2	1 095.4	958.3	1 063.4	1 250.3
水产品					
饮品					
酒					
茶	28 832.0	27 925.2	25 827.0	26 543.2	31 079.8
咖啡	243 790.3	253 548.3	251 609.2	259 631.4	288 763.1

4-24-6 加拿大农产品出口额前15位国家（地区）
（2014年）

单位：万美元，%

序号	国家（地区）	出口额	同比增长
1	美国	2 729 689.0	5.6
2	中国	478 363.0	−12.8
3	日本	369 294.1	−8.4
4	墨西哥	153 622.2	−1.6
5	印度	82 883.8	15.2
6	中国香港	80 754.2	−11.4
7	意大利	71 000.2	70.8
8	韩国	56 468.0	39.8
9	荷兰	54 003.8	44.0
10	孟加拉国	51 785.1	0.7
11	印度尼西亚	51 576.2	−5.8
12	比利时	49 011.8	34.3
13	阿拉伯联合酋长国	48 254.8	26.4
14	哥伦比亚	43 278.3	27.0
15	英国	42 317.6	−1.6
	总计	**4 362 302.0**	

4-24-7 加拿大农产品进口额前15位国家（地区）
（2014年）

单位：万美元，%

序号	国家（地区）	进口额	同比增长
1	美　　国	2 288 687.2	3.0
2	墨 西 哥	166 749.5	10.2
3	中　　国	118 640.1	4.0
4	意 大 利	92 175.5	−0.5
5	法　　国	82 145.8	−7.9
6	巴　　西	78 662.7	3.3
7	智　　利	70 431.3	−6.2
8	泰　　国	61 332.9	−6.9
9	澳大利亚	50 911.6	17.2
10	印　　度	49 361.9	20.6
11	英　　国	46 248.3	−3.4
12	德　　国	40 412.5	−3.2
13	新 西 兰	40 351.4	16.9
14	波　　兰	40 259.9	54.9
15	越　　南	39 624.3	32.9
	总　　计	**3 265 994.8**	

4-25 墨西哥主要农产品贸易情况

4-25-1 墨西哥主要农产品出口额（一）

单位：万美元

项　目	2004年	2005年	2006年	2007年	2008年	2009年
农产品	1 047 345.2	1 182 618.5	1 386 656.0	1 489 577.2	1 647 533.8	1 616 884.1
谷物	8 787.6	12 095.7	15 797.7	28 681.8	71 585.6	44 949.8
小麦产品	6 348.8	8 287.4	9 931.4	18 136.7	65 004.6	32 262.8
玉米产品	2 272.6	3 620.6	5 618.9	9 942.8	5 902.3	12 226.0
稻谷产品	146.1	161.2	186.3	542.7	671.9	442.8
棉花	5 786.0	6 500.6	6 299.6	7 560.3	9 151.4	5 896.8
食用油籽	3 225.2	3 255.0	3 249.8	3 982.0	6 370.0	5 895.7
大豆	170.1	112.4	20.0	32.0	18.2	15.8
花生	596.6	1 087.9	1 242.7	1 886.8	2 963.8	2 636.4
油菜籽		2.3			37.2	3.1
食用植物油	4 788.6	5 137.5	5 298.9	7 557.4	8 885.0	5 673.7
豆油	156.5	112.8	25.9	55.8	323.1	269.3
菜籽油		1.5	1.6	32.8	225.0	333.6
棕榈油	27.2	14.0	51.1	65.8	36.1	172.2
食糖	1 333.0	12 966.2	38 992.1	9 412.7	40 318.0	50 786.6
蔬菜	328 037.8	344 913.2	377 082.7	386 227.9	414 408.8	399 197.1
水果	147 688.3	189 336.0	208 696.3	261 819.8	272 804.1	276 597.9
畜产品	94 166.5	100 831.5	121 013.3	113 835.8	112 434.1	110 477.6
猪肉	15 798.2	18 315.3	19 397.6	23 684.5	32 521.7	23 229.5
牛肉	5 467.6	10 905.9	13 205.9	14 846.7	14 466.6	17 305.3
羊肉	0.3	5.3	19.6	8.3	17.1	65.5
家禽	677.2	505.7	663.7	1 260.8	2 263.6	2 384.1
蛋产品	263.4	129.5	53.0	37.1	170.3	193.3
乳品	4 907.5	7 415.2	6 840.9	7 353.0	9 102.1	7 976.7
动物生皮	628.2	266.9	322.8	471.5	335.6	368.5
动物生毛皮	4.5	1.3		8.0	4.5	
羊毛	20.6	140.4	62.1	24.3	24.8	36.4
水产品	66 301.3	66 152.2	74 229.3	82 766.3	88 796.5	85 922.6
饮品	251 008.0	291 077.2	340 525.7	358 488.7	364 316.0	369 145.9
酒	192 744.2	219 763.5	256 983.7	261 066.2	260 625.7	251 207.0
茶	3 762.6	3 904.9	1 422.7	1 937.4	522.7	767.0
咖啡	24 841.8	30 095.1	38 332.5	46 122.7	46 627.2	47 822.3

墨西哥主要农产品出口额（二）

单位：万美元

项　目	2010 年	2011 年	2012 年	2013 年	2014 年
农产品	1 819 284.8	2 225 005.9	2 197 666.1	2 439 325.9	2 576 804.4
谷物	32 646.3	44 356.7	48 792.2	63 192.1	74 536.7
小麦产品	13 542.2	36 393.9	21 269.2	32 286.0	48 420.8
玉米产品	18 670.5	7 684.5	27 151.3	30 459.2	25 561.8
稻谷产品	389.1	229.4	214.1	236.7	242.5
棉花	7 133.2	14 934.0	18 126.0	12 967.7	6 351.1
食用油籽	6 262.4	7 388.1	8 829.8	10 585.0	12 345.7
大豆	20.9	32.1	37.3	38.5	40.3
花生	2 695.6	3 427.5	4 817.4	4 376.8	4 257.6
油菜籽					
食用植物油	6 788.2	8 872.9	9 995.4	10 547.2	11 037.5
豆油	548.8	470.9	708.5	677.5	603.7
菜籽油	290.3	317.8	352.1	346.5	334.6
棕榈油		53.4	265.9	178.7	254.4
食糖	68 253.9	121 176.2	73 652.6	130 439.2	90 729.7
蔬菜	468 569.1	539 227.8	494 308.9	586 288.6	578 565.8
水果	301 320.1	353 456.1	360 300.4	425 380.1	482 864.0
畜产品	144 692.8	209 828.0	229 271.8	208 011.8	261 204.0
猪肉	27 126.3	32 307.7	38 142.4	44 463.4	42 903.9
牛肉	28 814.7	53 200.8	74 746.4	64 875.1	90 732.4
羊肉	70.8	80.0	67.1	49.1	85.8
家禽	3 311.2	4 022.6	3 072.8	3 506.7	4 270.1
蛋产品	347.5	1 067.9	540.8	169.6	52.9
乳品	10 038.5	11 937.6	11 210.3	14 106.6	14 795.7
动物生皮	529.3	963.8	721.3	886.7	1 860.6
动物生毛皮	12.8	45.7	43.9	67.0	59.2
羊毛	43.6	177.3	128.2	88.6	133.5
水产品	86 061.8	122 222.6	96 667.9	121 175.6	130 478.3
饮品	408 435.9	478 803.1	497 669.7	500 886.7	530 182.7
酒	275 831.9	300 625.9	315 483.3	336 915.5	374 129.4
茶	546.1	539.2	621.3	825.6	709.0
咖啡	50 738.9	85 660.3	91 763.3	70 577.0	59 985.0

4-25-2 墨西哥主要农产品进口额（一）

单位：万美元

项 目	2004年	2005年	2006年	2007年	2008年	2009年
农产品	1 405 438.8	1 498 735.6	1 675 322.5	2 009 010.8	2 390 792.6	1 893 448.6
谷物	236 784.8	224 050.6	290 093.2	369 168.7	466 600.2	315 122.5
小麦产品	63 263.2	62 816.4	70 946.1	88 149.1	128 254.4	75 667.6
玉米产品	107 271.8	105 512.7	157 004.9	211 042.9	246 028.2	150 227.6
稻谷产品	18 655.3	16 643.4	20 591.9	25 102.8	37 416.4	34 823.8
棉花	57 798.5	46 729.6	49 738.3	46 953.9	54 576.7	41 813.3
食用油籽	177 787.8	155 306.6	165 114.7	211 716.9	326 390.1	236 349.3
大豆	112 308.7	100 639.3	103 015.2	131 694.4	199 979.2	159 400.6
花生	8 745.2	8 378.0	8 329.3	11 632.2	15 403.1	12 386.4
油菜籽	36 248.6	28 906.3	34 514.1	47 987.8	88 856.6	49 349.3
食用植物油	38 979.6	39 825.1	38 174.9	52 532.2	82 438.7	54 643.4
豆油	5 498.4	8 894.2	6 116.4	13 338.7	27 944.3	16 637.4
菜籽油	7 688.3	4 395.9	3 820.5	3 011.1	6 681.4	1 990.8
棕榈油	12 654.3	12 991.6	16 837.9	22 105.8	34 851.2	26 597.7
食糖	11 289.1	5 157.8	22 750.4	13 326.4	9 207.3	32 453.4
蔬菜	58 006.8	65 473.6	74 570.7	81 235.5	91 163.2	79 839.0
水果	85 221.1	104 416.0	128 092.1	141 637.2	150 154.5	113 952.5
畜产品	365 043.0	431 257.2	443 590.1	547 311.5	587 814.1	468 814.1
猪肉	54 782.3	51 520.4	53 354.1	50 935.9	65 819.4	71 078.4
牛肉	71 990.1	87 414.1	97 328.7	107 708.0	116 614.3	83 942.7
羊肉	6 543.4	7 099.9	5 990.5	6 699.2	6 794.3	4 520.1
家禽	50 625.7	67 801.4	77 093.1	86 264.3	98 161.1	89 822.3
蛋产品	2 103.0	2 737.4	3 969.6	3 496.0	2 966.6	3 289.1
乳品	87 622.4	112 015.2	99 037.7	163 414.4	146 984.2	103 232.9
动物生皮	13 609.0	15 538.9	15 957.5	15 308.7	14 087.2	10 623.3
动物生毛皮	1.3	2.1	2.3	2.0	0.7	0.7
羊毛	929.2	1 191.7	1 091.6	916.6	1 087.1	747.6
水产品	34 213.9	40 689.9	48 432.6	58 878.3	64 120.9	42 829.1
饮品	70 380.8	77 604.0	87 367.8	101 246.4	121 244.0	111 667.9
酒	35 104.1	40 328.4	45 133.8	50 914.8	60 003.1	56 987.7
茶	1 460.9	1 479.9	1 307.4	1 666.4	3 407.9	3 963.8
咖啡	3 576.1	3 462.5	3 590.4	4 332.0	4 363.4	4 097.7

墨西哥主要农产品进口额（二）

单位：万美元

项　目	2010 年	2011 年	2012 年	2013 年	2014 年
农产品	2 159 037.6	2 702 535.4	2 507 136.7	2 733 284.7	2 816 028.6
谷物	336 888.4	565 899.6	474 239.6	448 465.2	443 860.9
小麦产品	87 938.7	137 067.4	78 987.5	140 422.2	138 707.3
玉米产品	165 717.5	309 198.0	309 606.5	215 052.8	247 883.6
稻谷产品	32 321.1	38 096.9	37 426.0	43 982.9	40 640.3
棉花	64 149.4	84 763.2	46 025.6	46 322.2	42 902.5
食用油籽	273 083.4	323 239.0	221 621.0	331 139.8	314 364.2
大豆	177 333.5	189 775.7	102 836.9	207 196.9	207 688.0
花生	14 063.1	19 468.4	10 230.5	17 348.0	17 306.7
油菜籽	66 711.9	97 345.0	93 418.6	87 965.5	70 976.2
食用植物油	60 701.9	84 779.3	90 668.1	86 090.9	78 630.0
豆油	18 004.4	19 545.4	21 659.8	22 632.3	19 029.8
菜籽油	1 611.7	7 606.3	7 377.4	5 677.8	5 686.8
棕榈油	31 430.3	43 586.8	47 625.3	42 054.3	39 431.4
食糖	32 727.3	28 320.8	27 114.7	13 431.5	8 668.2
蔬菜	88 017.6	92 500.6	85 867.0	96 030.4	105 134.7
水果	124 820.6	140 403.1	148 931.1	168 774.8	159 667.6
畜产品	556 607.1	630 644.7	616 361.1	714 471.6	791 832.6
猪肉	98 088.1	90 546.3	100 762.2	118 817.1	156 107.5
牛肉	87 473.9	93 274.3	83 228.0	89 436.0	95 503.9
羊肉	4 335.4	4 372.3	3 004.7	4 190.5	5 199.4
家禽	103 974.0	120 269.4	134 466.3	151 282.2	165 613.6
蛋产品	3 547.3	5 395.7	7 500.3	22 626.3	20 682.2
乳品	123 396.8	161 344.6	154 325.2	171 943.5	179 580.0
动物生皮	15 169.7	13 616.0	16 871.7	14 898.0	19 422.4
动物生毛皮	2.2	0.5		0.2	
羊毛	942.4	1 018.7	977.7	639.2	819.4
水产品	57 947.3	69 807.2	51 478.1	85 124.9	99 788.6
饮品	135 873.6	158 807.7	166 217.0	179 438.3	189 871.4
酒	64 995.9	73 307.3	79 046.0	86 389.6	84 571.8
茶	5 065.5	3 817.3	7 183.5	7 946.6	9 895.0
咖啡	7 969.1	10 487.2	9 315.4	11 554.9	17 857.8

4-25-3 墨西哥主要农产品出口量（一）

单位：吨

项目	2004年	2005年	2006年	2007年	2008年	2009年
农产品						
谷物	461 481.3	698 090.8	824 211.0	984 520.5	1 637 748.6	1 583 880.1
小麦产品	395 441.1	445 160.9	586 121.0	645 074.1	1 499 599.0	1 224 210.6
玉米产品	58 689.1	249 909.4	234 088.9	324 299.8	126 877.4	351 592.5
稻谷产品	6 491.3	2 870.5	3 698.5	14 659.4	11 145.9	7 793.7
棉花	90 675.4	72 493.1	63 261.7	68 238.0	66 347.4	47 863.4
食用油籽	60 674.4	700 588.7	24 292.9	27 541.4	28 253.0	26 832.9
大豆	3 786.9	1 069.4	229.1	383.4	216.4	208.2
花生	9 502.4	7 669.9	8 187.4	10 922.2	13 624.5	10 767.8
油菜籽		11.2	0.2		560.4	11.0
食用植物油	61 376.6	48 472.5	44 880.4	59 246.4	49 008.1	36 004.2
豆油	1 984.9	1 432.0	343.7	463.9	2 036.6	1 836.4
菜籽油		6.8	1.9	309.9	2 599.6	3 660.7
棕榈油	269.1	178.8	667.1	636.0	342.7	1 906.7
食糖	146 132.0	291 685.2	833 934.4	195 447.7	983 605.8	992 615.5
蔬菜	68 025 912.4	3 709 956.6	3 903 813.5	4 027 681.4	4 659 073.3	4 524 396.5
水果						
畜产品						
猪肉	45 929.0	44 331.0	48 284.8	59 962.2	67 773.9	53 100.2
牛肉	24 805.5	20 117.1	24 847.0	28 219.1	27 784.6	34 972.8
羊肉	0.8	4.7	17.8	6.7	13.3	81.5
家禽						
蛋产品						
乳品	34 669.1	32 111.9	31 237.4	32 198.8	34 686.4	38 657.9
动物生皮	4 857.0	1 301.0	1 036.8	1 585.1	978.0	3 020.6
动物生毛皮						
羊毛	525.9	591.5	567.5	474.3	373.9	417.3
水产品						
饮品						
酒						
茶	71 708.7	31 393.0	17 350.8	22 007.2	4 273.4	4 481.5
咖啡	160 752.0	104 695.2	137 408.5	150 803.6	125 589.9	146 212.8

墨西哥主要农产品出口量（二）

单位：吨

项　目	2010年	2011年	2012年	2013年	2014年
农产品					
谷物	1 157 261.3	1 055 232.9	1 404 513.3	1 511 996.7	1 874 087.9
小麦产品	536 099.9	951 209.7	565 734.9	859 853.6	1 391 081.1
玉米产品	614 753.0	101 297.5	834 827.9	648 394.6	472 186.9
稻谷产品	5 948.9	2 435.8	2 137.8	2 091.3	2 267.0
棉花	46 430.0	67 543.9	97 712.1	77 229.6	42 000.6
食用油籽	26 807.8	31 088.8	29 571.7	35 473.3	40 660.5
大豆	156.9	153.5	260.7	300.0	397.2
花生	11 819.3	14 790.2	15 034.3	16 942.5	16 318.2
油菜籽	0.3			0.1	1.0
食用植物油	42 459.5	44 815.5	53 802.0	53 263.4	54 495.9
豆油	4 426.0	3 039.6	4 487.6	3 934.7	3 822.4
菜籽油	1 575.9	1 706.8	1 871.0	1 899.5	1 986.6
棕榈油		358.5	1 773.6	1 227.9	1 775.8
食糖	875 690.1	1 409 988.2	889 571.2	2 617 236.7	1 837 989.7
蔬菜	5 159 620.8	5 228 697.5	4 896 699.2	5 625 317.7	5 894 920.3
水果					
畜产品					
猪肉	58 482.9	64 463.9	71 902.4	84 406.8	89 378.1
牛肉	72 084.4	104 463.2	141 634.3	117 198.3	137 169.6
羊肉	75.7	66.2	67.9	48.0	66.0
家禽					
蛋产品					
乳品	64 124.6	52 654.7	44 357.2	73 103.6	56 619.6
动物生皮	3 634.8	4 052.5	2 706.9	2 557.5	3 460.8
动物生毛皮					
羊毛	512.4	1 398.9	1 101.5	844.6	1 172.3
水产品					
饮品					
酒					
茶	3 143.3	3 489.2	4 207.4	5 455.8	2 527.8
咖啡	119 923.0	130 664.3	182 933.7	168 056.1	122 425.0

4-25-4 墨西哥主要农产品进口量（一）

单位：吨

项　目	2004 年	2005 年	2006 年	2007 年	2008 年	2009 年
农产品						
谷物	15 992 441.3	16 281 255.2	18 098 662.6	17 144 138.8	15 410 866.2	13 853 899.8
小麦产品	3 687 336.1	3 767 532.8	3 502 288.2	3 313 562.9	3 276 756.6	2 832 745.7
玉米产品	8 149 095.9	8 543 054.2	10 863 842.3	10 822 330.1	9 359 102.0	7 458 863.4
稻谷产品	685 547.2	727 886.4	807 140.6	828 378.7	802 953.6	826 254.5
棉花	448 630.6	404 661.3	401 864.1	357 809.9	353 992.7	308 621.1
食用油籽	5 525 579.5	5 557 440.8	6 024 019.0	5 768 321.3	5 766 377.5	5 304 873.8
大豆	3 588 220.8	3 963 985.0	4 235 841.0	4 109 773.5	4 015 130.1	3 852 038.1
花生	146 030.4	103 406.5	105 349.2	116 284.3	107 696.3	112 218.8
油菜籽	1 105 563.5	1 059 322.8	1 207 040.7	1 128 545.0	1 337 182.3	1 155 936.2
食用植物油	669 137.5	667 627.0	597 158.1	615 997.4	645 603.6	610 244.9
豆油	102 855.1	161 304.5	108 331.9	159 221.7	214 042.5	174 723.0
菜籽油	127 215.0	77 589.7	61 413.2	37 077.6	47 304.1	17 846.2
棕榈油	252 794.9	280 702.5	335 663.1	302 411.4	326 571.5	359 556.6
食糖	750 258.5	127 964.5	467 221.7	266 913.3	181 279.8	580 691.9
蔬菜	1 946 739.4	635 019.8	710 074.1	659 792.1	682 795.7	585 303.1
水果						
畜产品						
猪肉	391 991.3	304 493.5	321 739.6	324 520.6	386 619.4	496 220.5
牛肉	253 638.8	236 410.8	270 668.2	285 378.6	288 569.7	227 644.3
羊肉	37 583.0	38 015.6	32 454.8	34 114.8	32 110.5	20 898.0
家禽						
蛋产品						
乳品	1 109 656.1	549 025.6	469 540.1	574 343.5	467 529.5	480 102.5
动物生皮	104 476.2	106 258.5	113 597.9	102 289.7	95 104.1	112 739.4
动物生毛皮						
羊毛	2 949.7	2 914.0	2 862.6	2 450.1	2 579.5	2 023.0
水产品						
饮品						
酒						
茶	52 248.5	2 950.7	2 357.3	2 888.7	3 478.4	2 610.8
咖啡	48 172.4	7 083.0	5 780.9	7 669.6	4 806.8	4 414.4

墨西哥主要农产品进口量（二）

单位：吨

项　目	2010 年	2011 年	2012 年	2013 年	2014 年
农产品					
谷物	14 980 730.7	17 456 016.4	14 345 459.5	14 004 558.7	16 432 670.0
小麦产品	3 571 756.8	4 140 909.2	2 197 793.2	4 256 804.0	4 611 350.7
玉米产品	8 091 735.1	9 711 526.8	9 713 713.3	7 331 389.4	10 603 823.0
稻谷产品	847 416.9	952 193.2	854 179.0	937 163.6	871 280.2
棉花	335 106.2	277 022.5	230 150.3	245 547.2	223 606.9
食用油籽	6 046 929.1	5 546 006.7	3 322 150.5	5 298 394.9	5 618 182.0
大豆	4 257 001.0	3 668 616.4	1 671 912.9	3 620 513.3	3 900 715.1
花生	117 925.8	133 806.0	54 412.1	118 289.1	130 795.6
油菜籽	1 442 636.3	1 591 575.8	1 460 074.2	1 386 125.1	1 438 826.6
食用植物油	633 953.5	838 669.9	749 590.9	792 729.1	795 479.2
豆油	195 849.0	330 279.9	173 068.1	197 023.6	203 015.5
菜籽油	14 344.9	57 371.3	56 629.2	47 738.1	54 881.4
棕榈油	370 312.1	373 442.6	440 246.6	461 562.5	446 132.8
食糖	9 729 297.6	335 600.1	343 386.9	172 929.4	119 365.6
蔬菜	616 664.6	610 805.3	563 055.9	637 540.8	648 069.1
水果					
畜产品					
猪肉	499 852.7	430 735.3	516 217.1	574 536.2	600 527.5
牛肉	210 035.5	186 919.9	151 910.0	163 972.2	144 423.6
羊肉	14 635.1	10 613.3	8 201.8	11 663.8	11 386.4
家禽					
蛋产品					
乳品	439 126.2	480 669.8	469 432.3	490 205.4	469 578.8
动物生皮	109 947.4	100 978.5	118 776.4	96 819.7	117 671.4
动物生毛皮					
羊毛	2 098.7	1 876.4	1 776.5	973.2	1 314.9
水产品					
饮品					
酒					
茶	2 690.2	8 425.1	5 094.9	5 421.6	8 034.4
咖啡	14 741.1	18 067.0	12 502.0	16 914.7	38 890.0

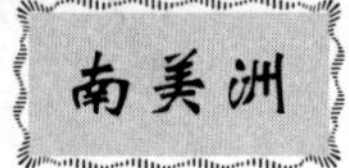

4-26 巴西主要农产品贸易情况

4-26-1 巴西农产品贸易综述

一、10 年来巴西农产品贸易总体情况

2004—2014 年，巴西农产品贸易额由 319.3 亿美元增至 951.3 亿美元，年均增长 11.5%。其中，出口额由 283.9 亿美元增至 827.1 亿美元，年均增长 11.3%；进口额由 35.4 亿美元增至 124.2 亿美元，年均增长 13.4%；贸易顺差由 248.5 亿美元增至 702.9 亿美元，年均增长 11.0%（图 1）。

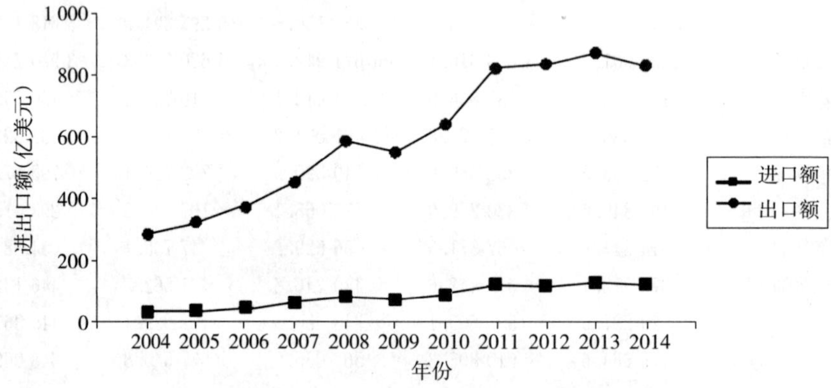

图 1 2004—2014 年巴西农产品进出口额变化

2005 年以来，除 2009 年和 2014 年进出口额同比下降以及 2012 年进口额同比下降外，其余年份均保持正增长。其中，2008 年出口增速最快，达 30.6%，2011 年进口增幅最大，达 34.4%。2012 年以来，进出口额年度变化收窄。2014 年进口额同比下降 2.5%，较上年下调 10.3 个百分点；出口额同比下降 4.6%，较上年下调 9.0 个百分点（图 2）。

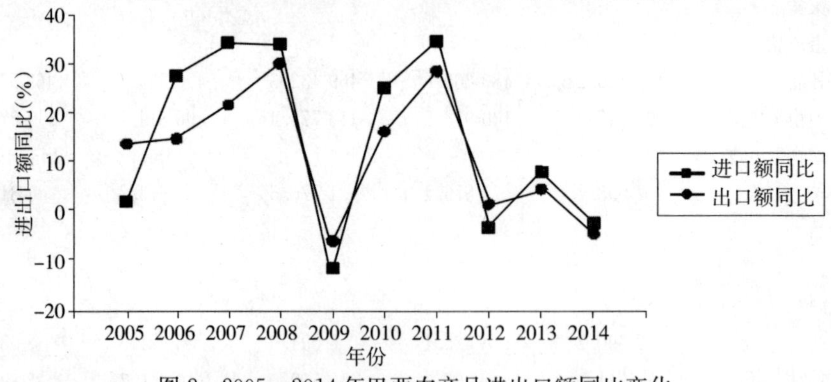

图 2 2005—2014 年巴西农产品进出口额同比变化

二、2014 年巴西农产品贸易情况

2014 年巴西农产品贸易额为 951.3 亿美元，同比下降 4.3%，在全球各大农产品贸易国中排名第 8 位。其中出口额为 827.1 亿美元，同比下降 4.6%，全球排名第 4 位；进口额为 124.2 亿美元，同比下降 2.5%，全球排名第 26 位。

（一）进出口产品结构

2014 年，巴西进口农产品以谷物、水产品和饮品为主，进口额分别为 25.2 亿美元、16.3 亿美元和 12.4 亿美元，占其农产品进口额的比重分别为 20.3%、13.2%和 10.0%。此外，巴西还进口畜产品和水果等，2014 年进口额分别为 11.8 亿美元和 11.3 亿美元，分别占其农产品进口额的 9.5%和 9.1%（图 3）。

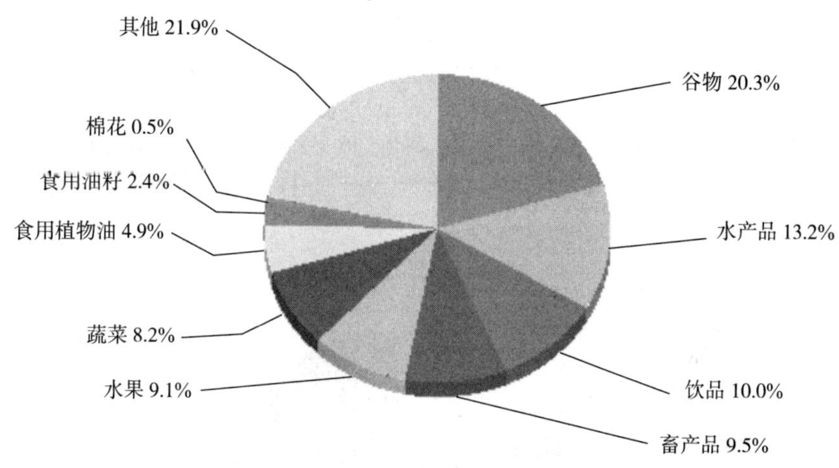

图 3　2014 年巴西农产品进口结构

2014 年，巴西进口同比增长较快的农产品主要是食用油籽、棉花和饮品，增幅分别为 71.7%、53.4%和 30.1%。此外，水果、水产品、畜产品增幅在 1.0%～7.7%之间。食用植物油和蔬菜进口额同比下降，降幅分别为 4.4%和 9.9%，谷物进口降幅最大，超过两成（表 1）。

表 1　2005—2014 年巴西主要农产品进口额同比变化情况

单位：%

	2005 年	2006 年	2007 年	2008 年	2009 年	2010 年	2011 年	2012 年	2013 年	2014 年
农产品	1.8	27.6	34.1	33.8	−11.7	25.1	34.4	−3.4	7.9	−2.5
谷物	−15.7	48.5	51.9	33.2	−26.2	16.1	17.3	−3.2	24.3	−22.1
棉花	−73.9	138.8	25.2	−55.6	−63.9	244.0	464.9	−95.9	170.7	53.4
食用油籽	0.2	−71.1	100.6	43.6	−3.0	26.3	−26.9	221.0	−14.1	71.7

（续）

	2005年	2006年	2007年	2008年	2009年	2010年	2011年	2012年	2013年	2014年
食用植物油	9.1	47.2	51.7	56.3	−27.0	16.8	45.4	0.0	4.1	−4.4
食糖	−63.7	93.7	67.2	54.3	−5.1	72.6	2.2	85.2	73.7	−1.9
蔬菜	22.9	13.2	29.2	28.0	2.0	68.0	−1.5	−8.9	32.9	−9.9
水果	34.1	35.9	18.9	22.6	8.1	24.4	32.8	3.5	8.3	7.7
畜产品	24.9	7.1	21.2	45.7	3.2	17.5	54.7	5.0	−3.4	1.0
水产品	16.9	45.3	25.3	20.2	3.6	39.0	25.6	1.1	16.5	4.8
饮品	22.4	28.0	36.4	6.2	15.6	23.4	118.4	−18.1	−32.6	30.1

2014年，巴西农产品中出口额靠前的是食用油籽、畜产品和食糖，出口额分别为234.1亿美元、189.3亿美元和94.6亿美元，占其农产品出口额的比重分别为28.3%、22.9%和11.4%。此外，巴西还出口饮品、谷物、水果和棉花等，出口额分别为81.9亿美元、45.0亿美元、32.5亿美元和13.7亿美元，分别占其农产品出口额的9.9%、5.4%、3.9%和1.7%（图4）。

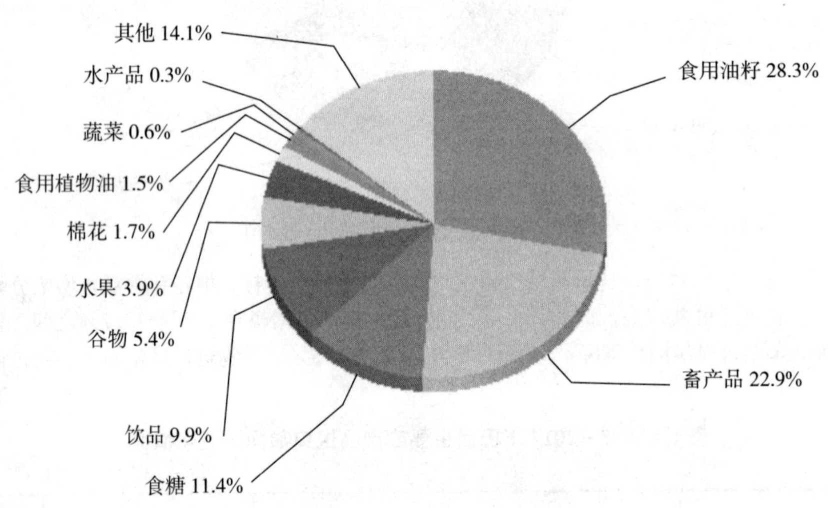

图4　2014年巴西农产品出口结构

2014年，巴西出口额同比增长较快的农产品是蔬菜、棉花和饮品，增幅分别为31.8%、22.8%和6.2%。大部分农产品出口额同比下降，水果、食用植物油和食糖分别下降9.8%、18.3%和20.1%，谷物降幅最大，达36.8%（表2）。

表 2 2005—2014 年巴西主要农产品出口额同比变化情况

单位：%

	2005 年	2006 年	2007 年	2008 年	2009 年	2010 年	2011 年	2012 年	2013 年	2014 年
农产品	13.6	14.6	21.5	30.0	−6.1	16.1	28.5	1.4	4.4	−4.6
谷物	−75.0	198.8	231.6	−4.7	−15.0	56.9	55.2	60.8	8.3	−36.8
棉花	11.0	−23.2	45.7	38.3	−1.6	19.8	92.5	32.1	−47.6	22.8
食用油籽	−0.9	5.7	18.5	63.3	4.3	−3.4	48.0	5.7	32.0	2.0
食用植物油	−6.2	−5.3	38.0	57.3	−52.8	7.8	59.9	−0.4	−31.4	−18.3
食糖	48.4	57.4	−17.3	7.5	52.8	52.3	17.1	−15.3	−6.4	−20.1
蔬菜	−1.9	34.6	36.0	1.8	−7.1	0.5	44.1	−2.8	2.4	31.8
水果	7.9	23.9	46.3	−3.3	−18.8	9.1	25.1	−2.0	3.7	−9.8
畜产品	30.5	6.0	33.6	30.6	−19.5	16.7	13.0	0.7	7.3	4.9
水产品	−3.3	−5.3	−9.5	6.8	−31.6	3.2	6.6	−5.9	−1.9	−4.9
饮品	41.7	30.2	7.6	31.6	−20.6	20.1	47.3	−14.7	−16.6	6.2

（二）主要贸易伙伴

2014 年巴西前五大农产品进口来源地分别为阿根廷、美国、智利、乌拉圭和巴拉圭，进口额分别为 27.5 亿美元、16.5 亿美元、10.9 亿美元、10.4 亿美元和 8.3 亿美元，占其农产品进口额的比重分别为 22.2%、13.3%、8.8%、8.4%和 6.7%（图 5）。

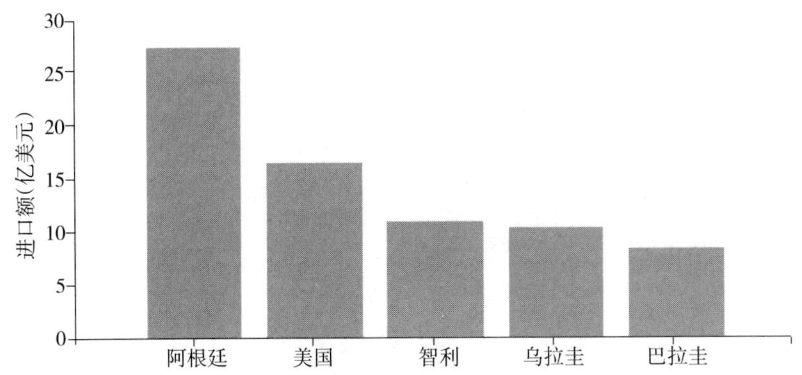

图 5 2014 年巴西前五大农产品进口来源地

2014 年巴西前五大农产品出口市场分别为中国、荷兰、美国、俄罗斯和德国，出口额分别为 193.4 亿美元、51.1 亿美元、43.3 亿美元、36.3 亿美元和 31.6 亿美元，占其农产品出口额的比重分别为 23.6%、6.2%、5.3%、4.4%和 3.9%（图 6）。

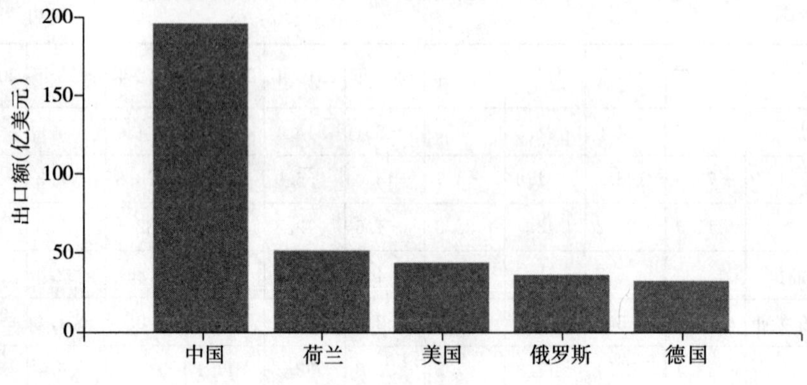

图 6　2014 年巴西前五大农产品出口市场

4-26-2 巴西主要农产品出口额（一）

单位：万美元

项 目	2004年	2005年	2006年	2007年	2008年	2009年
农产品	2 839 430.0	3 225 942.0	3 698 532.7	4 494 859.6	5 841 884.5	5 487 859.9
谷物	83 642.4	20 928.8	62 526.5	207 367.2	197 628.9	167 953.2
小麦产品	20 840.4	1 518.8	6 509.7	3 090.8	20 580.3	6 339.8
玉米产品	60 502.7	13 348.1	49 811.3	194 769.4	144 654.9	134 459.0
稻谷产品	780.0	5 694.0	5 998.1	5 364.2	31 294.3	26 826.4
棉花	41 250.0	45 779.3	35 153.6	51 222.0	70 856.1	69 734.3
食用油籽	544 246.4	539 359.9	570 068.0	675 506.2	1 102 764.4	1 150 278.2
大豆	539 497.9	534 566.2	566 404.9	671 114.3	1 095 282.3	1 142 441.9
花生	2 892.6	3 685.6	3 110.0	2 955.5	5 619.7	5 248.7
油菜籽	24.0	57.2		0.6		
食用植物油	145 122.4	136 193.3	128 914.7	177 897.0	279 791.0	132 116.8
豆油	138 209.4	126 663.8	122 863.8	171 971.0	267 068.9	123 392.5
菜籽油	52.9	273.2	41.8	84.9	551.1	247.6
棕榈油	677.8	1 740.6	1 099.3	225.9	725.7	1 600.4
食糖	264 022.9	391 885.0	616 701.5	510 053.0	548 303.7	837 782.8
蔬菜	15 939.2	15 625.4	21 046.1	28 604.6	29 123.7	27 047.9
水果	169 167.9	182 556.2	226 148.4	330 781.3	319 829.8	259 567.1
畜产品	651 682.5	850 574.2	901 217.8	1 203 652.7	1 572 335.4	1 265 963.5
猪肉	74 427.8	112 315.1	99 011.8	116 204.5	136 447.5	111 221.1
牛肉	196 310.6	241 911.1	313 450.6	348 572.6	400 624.6	302 256.6
羊肉	0.3	1.7	2.1	17.3	11.6	8.6
家禽	293 498.6	390 088.9	361 525.1	524 305.8	724 960.8	603 623.6
蛋产品	1 943.3	2 981.0	2 762.7	4 945.4	9 164.9	8 209.8
乳品	9 542.6	13 012.7	13 853.5	27 328.7	50 926.8	14 779.4
动物生皮	239.4	526.3	300.2	165.3	251.2	172.0
动物生毛皮	6.2	18.8	34.9	46.6	96.4	48.3
羊毛	646.5	647.1	850.1	1 002.3	986.8	1 649.1
水产品	44 799.5	43 321.8	41 028.4	37 133.7	39 654.9	27 120.8
饮品	295 097.3	418 108.0	544 415.0	585 893.4	771 199.1	612 027.1
酒	53 367.6	82 068.4	166 461.7	154 035.2	246 963.5	142 004.1
茶	2 374.7	3 167.0	3 833.2	4 477.1	5 524.7	5 189.5
咖啡	205 800.1	292 868.4	336 415.4	389 153.4	476 306.9	427 894.0

巴西主要农产品出口额（二）

单位：万美元

项　目	2010年	2011年	2012年	2013年	2014年
农产品	6 373 418.7	8 187 362.5	8 305 855.8	8 669 362.7	8 271 382.6
谷物	263 509.9	408 997.0	657 825.9	712 105.7	450 145.5
小麦产品	22 701.1	69 986.9	59 771.6	35 012.1	10 213.5
玉米产品	224 807.3	277 178.7	543 040.7	635 775.6	399 263.9
稻谷产品	15 800.9	61 300.1	54 623.4	40 090.9	39 716.9
棉花	83 508.2	160 722.8	212 354.9	111 338.7	136 723.2
食用油籽	1 110 651.1	1 644 138.7	1 738 439.3	2 294 106.7	2 340 949.5
大豆	1 104 303.1	1 632 734.5	1 724 834.5	2 281 010.4	2 327 757.0
花生	5 339.9	8 749.2	12 015.4	12 229.4	9 729.5
油菜籽	0.8		3.9		
食用植物油	142 437.8	227 720.6	226 888.2	155 611.7	127 140.7
豆油	134 766.3	212 927.0	207 133.7	136 592.8	112 965.9
菜籽油	241.6	148.7	126.1	99.4	101.0
棕榈油	1 485.0	5 302.7	6 489.2	6 182.1	8 664.5
食糖	1 276 140.5	1 494 166.3	1 265 080.6	1 184 245.8	945 920.7
蔬菜	27 183.7	39 185.8	38 115.6	39 037.7	51 447.1
水果	283 146.5	354 075.0	346 869.0	359 608.2	324 526.6
畜产品	1 477 990.5	1 669 929.4	1 682 341.9	1 804 349.6	1 893 034.5
猪肉	122 658.1	128 625.9	134 751.6	122 709.3	144 637.6
牛肉	386 106.1	416 928.5	449 488.0	535 866.4	579 426.0
羊肉	3.0	5.3	2.8		
家禽	705 765.3	850 445.8	821 814.2	850 078.6	829 682.8
蛋产品	10 992.9	10 532.7	9 934.7	6 351.9	8 935.5
乳品	13 022.6	9 730.9	9 210.0	9 383.3	33 243.1
动物生皮	592.8	111.1	435.7	1 421.0	848.4
动物生毛皮	84.1	73.3	90.2	36.3	17.5
羊毛	1 984.0	2 264.0	2 670.9	3 413.4	3 116.3
水产品	27 975.2	29 820.6	28 054.3	27 519.7	26 165.6
饮品	735 177.3	1 083 235.6	923 869.5	770 654.7	818 766.4
酒	109 233.2	159 157.5	230 168.0	199 952.8	105 061.6
茶	6 209.4	7 256.2	7 961.1	10 911.7	12 020.9
咖啡	576 280.1	873 283.7	646 265.7	527 571.9	666 187.3

4-26-3 巴西主要农产品进口额（一）

单位：万美元

项 目	2004年	2005年	2006年	2007年	2008年	2009年
农产品	353 500.2	359 772.0	459 025.6	615 383.7	823 082.5	727 098.3
谷物	105 618.3	89 048.7	132 203.8	200 838.4	267 480.0	197 279.8
小麦产品	74 208.5	65 981.6	102 373.6	157 413.9	217 849.0	141 125.6
玉米产品	3 448.5	5 878.5	8 090.1	13 338.0	14 996.5	16 282.7
稻谷产品	23 577.9	12 949.9	17 468.8	23 677.6	22 687.2	27 272.8
棉花	16 321.6	4 261.1	10 177.4	12 740.6	5 651.0	2 038.6
食用油籽	8 468.4	8 485.2	2 456.0	4 927.6	7 075.8	6 860.7
大豆	7 307.9	6 881.6	978.2	2 951.3	4 010.9	3 809.7
花生	122.3	80.4	205.4	171.8	62.2	17.9
油菜籽	202.5	393.9	557.0	512.7	857.0	426.1
食用植物油	12 984.6	14 165.9	20 846.7	31 622.2	49 420.3	36 093.0
豆油	1 594.4	215.6	1 165.3	4 314.8	2 918.0	2 135.6
菜籽油	707.8	524.0	466.7	980.0	2 257.7	948.1
棕榈油	1 063.7	1 514.9	3 753.9	6 555.9	17 193.9	9 188.3
食糖	11.8	4.3	8.3	13.8	21.4	20.3
蔬菜	23 916.2	29 433.3	33 317.4	43 101.2	55 136.7	56 178.7
水果	19 696.1	26 409.6	35 898.2	42 696.1	52 324.1	56 553.5
畜产品	25 951.0	32 404.1	34 713.5	42 077.1	61 288.7	63 224.3
猪肉	5.0	4.8	33.2	16.0	8.8	4.3
牛肉	7 192.3	7 966.5	6 578.4	9 469.6	12 172.4	11 822.1
羊肉	607.2	1 105.9	1 492.8	1 748.4	2 343.6	2 147.0
家禽	3 855.0	4 187.8	4 592.2	6 503.0	11 713.5	12 491.3
蛋产品	1 194.6	1 635.9	1 608.1	2 156.0	1 996.0	1 117.8
乳品	8 392.3	12 119.3	15 468.9	15 083.4	21 159.4	26 194.3
动物生皮	859.8	1 038.8	688.6	737.5	742.9	469.6
动物生毛皮	1.6	1.7		2.0	2.5	0.1
羊毛	85.1	88.7	104.4	122.9	105.2	98.1
水产品	28 623.6	33 463.5	48 621.2	60 916.8	73 194.9	75 855.5
饮品	24 500.5	29 994.2	38 383.9	52 367.0	55 599.7	64 279.7
酒	14 390.4	16 674.2	22 921.6	27 778.3	28 692.2	30 430.7
茶	299.0	410.1	589.6	906.9	953.7	814.8
咖啡	152.1	152.5	188.0	272.4	838.0	1 638.3

巴西主要农产品进口额（二）

单位：万美元

项　目	2010 年	2011 年	2012 年	2013 年	2014 年
农产品	909 512.1	1 221 997.0	1 180 248.6	1 273 099.5	1 241 620.9
谷物	229 043.0	268 668.0	259 949.5	323 123.1	251 748.0
小麦产品	175 457.3	214 477.6	198 081.4	252 996.2	194 328.1
玉米产品	7 630.5	14 154.2	17 147.2	16 008.2	11 781.8
稻谷产品	37 685.9	27 326.5	34 190.8	37 353.5	30 202.0
棉花	7 012.2	39 609.0	1 632.0	4 417.1	6 776.6
食用油籽	8 666.8	6 334.7	20 332.3	17 456.5	29 977.0
大豆	4 355.9	1 627.0	15 271.9	12 721.0	25 589.5
花生	31.1	95.3	91.6	88.7	106.1
油菜籽	1 168.2	1 319.6	1 564.3	1 172.7	857.3
食用植物油	42 142.3	61 258.7	61 271.7	63 774.4	60 979.7
豆油	1 393.7	26.2	119.0	530.2	28.1
菜籽油	762.7	1 404.0	978.8	1 268.0	1 551.7
棕榈油	12 481.6	24 618.0	23 053.1	20 163.8	20 262.9
食糖	35.0	35.8	66.2	115.0	112.8
蔬菜	94 562.3	92 879.9	85 248.1	113 310.7	102 104.4
水果	70 330.3	93 404.6	96 671.2	104 720.5	112 790.5
畜产品	74 309.1	114 939.5	120 679.0	116 592.3	117 721.0
猪肉	9.1	3.6	9.6	20.5	18.5
牛肉	16 073.0	23 248.2	29 264.0	27 670.3	38 869.3
羊肉	3 461.4	3 386.8	3 525.3	4 589.6	5 683.7
家禽	10 359.9	12 575.4	11 131.6	9 876.3	11 869.0
蛋产品	2 059.4	1 807.5	1 976.3	2 000.9	1 923.8
乳品	32 697.9	60 490.5	62 789.5	58 573.9	43 865.0
动物生皮	554.0	890.9	811.7	500.3	535.4
动物生毛皮	0.9	0.8	0.1		1.7
羊毛	115.9	209.0	198.3	149.1	195.7
水产品	105 424.6	132 375.0	133 867.0	156 015.5	163 483.6
饮品	79 342.2	173 301.2	141 981.4	95 633.6	124 452.5
酒	42 859.6	133 029.3	89 887.0	60 078.9	77 580.4
茶	1 033.7	972.1	852.0	1 159.8	1 132.2
咖啡	2 424.2	4 525.1	4 178.9	4 013.3	6 000.1

4-26-4 巴西主要农产品出口量（一）

单位：吨

项 目	2004年	2005年	2006年	2007年	2008年	2009年
农产品						
谷物	6 567 119.6	1 587 406.2	4 956 913.6	11 577 227.2	7 750 270.7	8 901 862.7
小麦产品	1 324 956.2	157 513.4	652 997.6	105 383.6	645 825.1	385 612.3
玉米产品	5 069 136.8	1 130 958.9	4 010 704.0	11 040 919.4	6 543 220.1	7 902 095.6
稻谷产品	37 003.0	272 665.1	290 607.1	202 213.7	520 295.7	603 352.6
棉花	348 343.7	410 300.8	341 704.7	435 933.8	559 420.9	541 631.7
食用油籽	19 397 538.9	22 518 983.5	25 013 294.3	23 783 779.2	24 563 623.1	28 694 448.0
大豆	19 247 860.7	22 436 508.0	24 959 300.8	23 736 795.3	24 500 302.3	28 562 884.2
花生	41 139.1	61 697.1	52 115.0	34 531.9	46 455.1	54 964.6
油菜籽	26.0	62.5		2.0		
食用植物油	2 630 289.7	2 872 419.3	2 524 375.9	2 411 993.3	2 398 627.6	1 695 743.2
豆油	2 517 243.8	2 697 054.3	2 419 377.9	2 342 541.3	2 315 837.4	1 593 649.0
菜籽油	418.6	3 868.3	331.2	521.7	2 202.5	1 060.5
棕榈油	13 669.0	44 869.4	24 741.5	2 402.8	8 951.7	24 595.4
食糖	15 763 929.3	18 147 063.1	18 870 166.8	19 359 021.2	19 472 520.4	24 294 097.8
蔬菜	156 020.9	146 778.3	141 612.0	226 769.2	155 541.6	147 257.0
水果						
畜产品						
猪肉	470 966.8	579 413.2	484 217.2	552 176.3	467 548.1	529 189.0
牛肉	925 081.5	1 085 591.2	1 225 422.5	1 285 806.7	1 022 883.0	926 082.3
羊肉	0.5	3.6	2.7	103.3	26.2	48.0
家禽						
蛋产品						
乳品	68 254.6	78 375.7	89 058.2	96 578.5	142 347.3	64 419.1
动物生皮	3 787.0	6 785.3	5 209.6	1 226.9	1 932.0	2 408.1
动物生毛皮						
羊毛	2 855.8	3 026.7	5 422.6	4 862.4	4 589.9	8 731.0
水产品						
饮品						
酒						
茶	32 211.8	34 878.0	34 905.5	34 496.7	34 798.1	33 509.1
咖啡	1 493 849.2	1 444 297.2	1 556 778.8	1 574 230.6	1 657 116.5	1 715 209.2

巴西主要农产品出口量（二）

单位：吨

项　目	2010 年	2011 年	2012 年	2013 年	2014 年
农产品					
谷物	12 664 552.0	13 313 462.2	23 395 055.8	28 897 080.7	22 051 111.0
小麦产品	1 324 584.8	2 351 876.1	2 324 257.0	1 190 374.6	278 556.5
玉米产品	10 911 834.7	9 599 321.5	19 907 984.8	26 748 996.6	20 816 788.7
稻谷产品	422 927.3	1 351 217.8	1 152 927.9	918 288.0	930 203.8
棉花	529 944.6	773 497.4	1 076 248.5	583 572.6	767 323.2
食用油籽	29 132 675.2	33 084 884.6	32 540 315.1	42 879 148.6	45 835 811.1
大豆	29 073 192.5	32 985 622.1	32 468 048.9	42 791 905.4	45 692 136.8
花生	53 956.5	58 629.0	65 645.8	85 623.7	69 757.4
油菜籽	14.0		3.5		
食用植物油	1 634 109.8	1 855 718.0	1 898 075.1	1 525 105.0	1 452 635.0
豆油	1 559 776.3	1 746 413.3	1 757 143.9	1 362 466.9	1 305 097.2
菜籽油	1 169.4	607.8	534.7	390.6	397.3
棕榈油	16 523.6	46 534.2	65 227.4	72 427.8	103 669.7
食糖	27 999 490.7	25 359 149.9	24 017 441.2	27 154 304.1	24 126 670.8
蔬菜	129 546.2	149 150.5	128 027.2	136 738.8	150 523.7
水果					
畜产品					
猪肉	463 699.8	436 127.8	499 140.4	439 724.3	418 474.1
牛肉	951 254.8	820 239.0	945 482.3	1 184 533.4	1 228 144.5
羊肉	2.1	9.0	6.7		
家禽					
蛋产品					
乳品	53 015.5	37 551.5	38 303.7	38 383.7	83 667.1
动物生皮	6 519.5	706.3	2 734.4	8 904.2	4 971.1
动物生毛皮					
羊毛	7 651.7	5 757.9	7 189.2	9 722.8	9 388.1
水产品					
饮品					
酒					
茶	35 780.7	37 553.5	38 104.2	38 912.1	35 169.8
咖啡	1 877 209.9	1 879 843.9	1 589 703.2	1 785 419.8	2 071 063.4

4-26-5 巴西主要农产品进口量（一）

单位：吨

项 目	2004年	2005年	2006年	2007年	2008年	2009年
农产品						
谷物	6 373 540.8	6 431 861.1	8 526 663.2	9 377 335.7	8 258 675.2	8 392 198.7
小麦产品	4 895 028.3	5 031 702.0	6 679 166.3	7 278 759.0	6 728 571.4	6 096 472.3
玉米产品	330 510.5	596 098.9	956 612.0	1 096 142.1	770 462.2	1 138 297.2
稻谷产品	926 799.3	532 537.1	652 957.9	721 064.2	447 192.9	674 474.4
棉花	108 191.7	41 059.3	83 755.9	100 396.4	34 987.5	15 085.5
食用油籽	367 637.5	394 637.5	83 719.5	128 133.8	128 408.4	130 811.9
大豆	348 398.0	367 784.8	48 865.9	97 936.0	96 286.5	99 416.3
花生	1 368.8	875.3	2 395.0	1 609.8	452.5	110.3
油菜籽	7 113.2	18 139.1	26 975.1	17 668.3	18 283.8	12 343.8
食用植物油	97 840.0	92 322.4	160 951.3	215 130.8	267 516.5	234 457.5
豆油	26 906.9	3 185.4	25 364.6	44 049.7	27 421.6	27 409.1
菜籽油	10 330.7	9 136.7	7 275.2	11 658.9	17 057.3	10 412.7
棕榈油	21 093.7	39 293.4	86 743.5	98 607.5	158 368.7	128 293.1
食糖	255.7	8.0	28.2	63.5	94.6	51.4
蔬菜	488 989.2	519 516.7	545 313.7	529 110.0	628 224.6	637 548.4
水果						
畜产品						
猪肉	10.3	10.2	134.6	14.7	6.3	2.3
牛肉	37 097.3	33 832.2	19 891.0	21 213.7	20 027.3	23 912.8
羊肉	2 979.6	4 698.1	7 074.9	7 201.2	7 897.9	6 965.2
家禽						
蛋产品						
乳品	55 886.1	72 821.1	94 043.0	63 621.3	77 481.5	131 984.6
动物生皮	7 335.4	6 898.8	6 919.9	6 569.6	4 694.3	3 150.0
动物生毛皮						
羊毛	497.1	484.6	541.4	576.3	474.5	380.6
水产品						
饮品						
酒						
茶	3 325.1	2 803.2	4 691.4	6 952.2	5 985.9	4 463.8
咖啡	146.7	148.5	163.1	213.8	307.1	640.4

巴西主要农产品进口量（二）

单位：吨

项　目	2010 年	2011 年	2012 年	2013 年	2014 年
农产品					
谷物	8 553 355.4	8 096 046.1	8 935 531.0	9 557 644.1	7 880 777.0
小麦产品	6 976 550.3	6 460 491.5	7 097 989.1	7 483 623.1	6 053 667.0
玉米产品	463 144.8	656 644.4	830 766.0	911 654.9	773 221.0
稻谷产品	783 639.2	621 923.0	740 544.1	757 440.6	624 525.2
棉花	40 844.5	147 910.7	8 292.9	23 739.5	37 128.9
食用油籽	172 871.6	85 932.9	319 796.2	327 037.1	616 292.3
大豆	117 840.1	40 981.0	266 463.5	282 814.5	578 749.7
花生	219.7	442.2	312.6	421.4	453.6
油菜籽	31 451.2	28 984.0	34 411.0	24 068.0	18 548.3
食用植物油	271 652.9	333 768.5	354 095.0	367 602.2	372 501.3
豆油	16 255.3	126.5	1 030.2	5 041.7	65.1
菜籽油	8 883.4	11 484.5	8 124.2	11 299.8	14 846.8
棕榈油	155 812.8	214 418.7	227 445.2	250 081.5	252 350.7
食糖	35.7	38.4	191.0	805.5	602.8
蔬菜	864 486.6	793 918.3	789 769.3	1 006 827.8	866 663.3
水果					
畜产品					
猪肉	4.0	1.4	26.1	51.0	30.2
牛肉	24 064.3	28 161.6	44 101.2	41 992.2	58 297.9
羊肉	6 365.7	5 135.4	6 275.6	8 857.1	9 938.4
家禽					
蛋产品					
乳品	112 021.1	165 394.8	179 401.9	157 339.2	106 794.4
动物生皮	3 752.9	1 900.2	2 271.2	2 936.1	2 225.6
动物生毛皮					
羊毛	363.6	555.4	474.5	416.2	548.1
水产品					
饮品					
酒					
茶	6 781.8	4 242.2	1 524.9	3 780.8	1 775.0
咖啡	807.4	1 187.7	1 670.1	2 360.1	3 473.8

4-26-6 巴西农产品出口额前15位国家（地区）
（2014年）

单位：万美元，%

序号	国家（地区）	出口额	同比增长
1	中国	1 934 429.2	−5.6
2	荷兰	511 069.1	−13.2
3	美国	433 089.3	−4.8
4	俄罗斯	363 073.4	33.5
5	德国	316 240.4	32.7
6	委内瑞拉	293 326.5	17.4
7	中国香港	272 288.4	10.1
8	日本	256 688.0	−19.7
9	沙特阿拉伯	200 440.8	−17.6
10	西班牙	182 358.0	−5.4
11	比利时	180 468.6	−8.1
12	埃及	177 994.2	8.8
13	韩国	171 866.1	−30.2
14	阿拉伯联合酋长国	162 684.1	−10.4
15	印度尼西亚	161 773.5	9.2
	总计	**5 617 789.6**	

4-26-7 巴西农产品进口额前 15 位国家（地区）
（2014 年）

单位：万美元，%

序号	国家（地区）	进口额	同比增长
1	阿根廷	274 853.9	−16.4
2	美国	164 542.5	−9.8
3	智利	109 443.7	6.4
4	乌拉圭	103 664.6	14.9
5	巴拉圭	83 059.3	7.3
6	中国	67 458.2	−25.6
7	葡萄牙	43 434.9	3.1
8	印度尼西亚	42 776.8	35.7
9	西班牙	31 817.3	14.8
10	荷兰	28 761.8	14.9
11	意大利	24 967.3	12.4
12	法国	24 089.1	−3.9
13	德国	21 266.6	−1.2
14	比利时	18 668.4	8.6
15	加拿大	17 369.4	−0.7
	总计	**1 056 174.0**	

4-27 阿根廷主要农产品贸易情况

4-27-1 阿根廷农产品贸易综述

一、10 年来阿根廷农产品贸易总体情况

2004—2014 年，阿根廷农产品贸易额由 177.1 亿美元增至 397.4 亿美元，年均增长 8.4%。其中，出口额由 167.7 亿美元增至 378.1 亿美元，年均增长 8.5%；进口额由 9.4 亿美元增至 19.3 亿美元，年均增长 7.4%；贸易顺差由 158.3 亿美元增至 358.8 亿美元，年均增长 8.5%（图 1）。

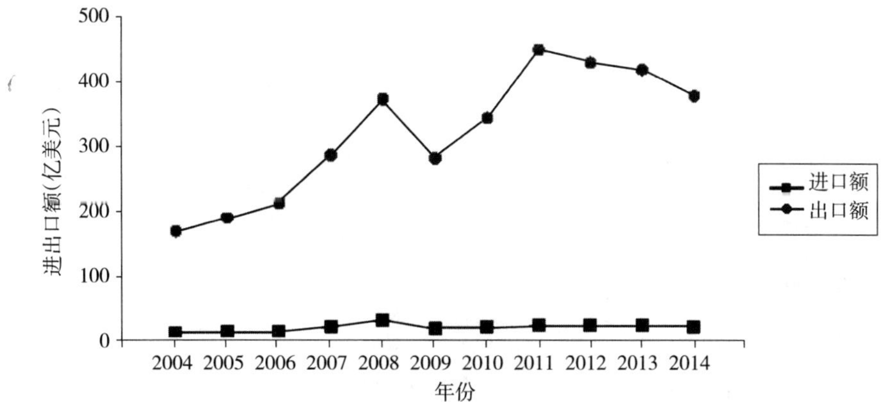

图 1 2004—2014 年阿根廷农产品进出口额变化

2005 年以来，除 2009 年、2012 年、2013 年和 2014 年进出口额同比下降外，其余年份均保持正增长。其中，2007 年出口增速最快，达 35.6%；2007 年进口增幅最大，达 69.3%。2012 年、2013 年，进出口额同比小幅下降。2014 年进口额同比下降 6.9%，较上年下调 6.5 个百分点；出口额同比下降 9.9%，较上年下调 7.3 个百分点（图 2）。

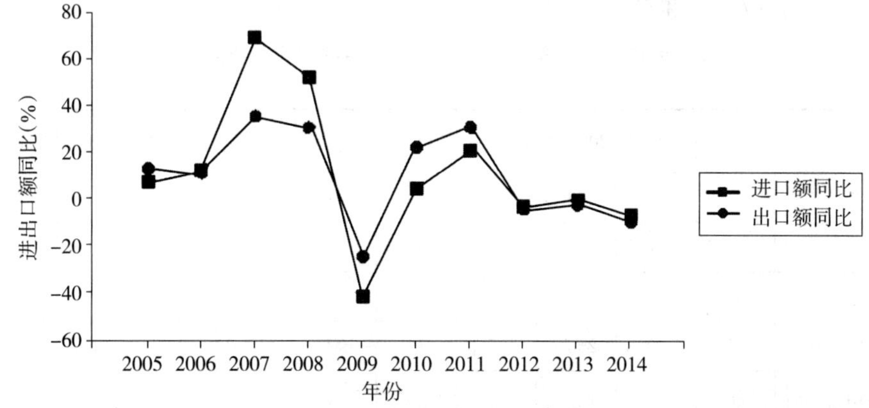

图 2 2005—2014 年阿根廷农产品进出口额同比变化

二、2014 年阿根廷农产品贸易情况

2014 年阿根廷农产品贸易额为 397.4 亿美元，同比下降 9.7%，在全球各大农产品贸易国中排名第 21 位。其中出口额为 378.1 亿美元，同比下降 9.9%，全球排名第 13 位；进口额为 19.3 亿美元，同比下降 6.9%，全球排名第 66 位。

(一) 进出口产品结构

2014 年，阿根廷进口农产品以水果、饮品和水产品为主，进口额分别为 4.4 亿美元、3.9 亿美元和 1.6 亿美元，占其农产品进口额的比重分别为 22.9%、20.4%和 8.5%。此外，阿根廷还进口畜产品和蔬菜等，2014 年进口额分别为 1.4 亿美元和 1.2 亿美元，分别占其农产品进口额的 7.2%和 6.0%（图 3）。

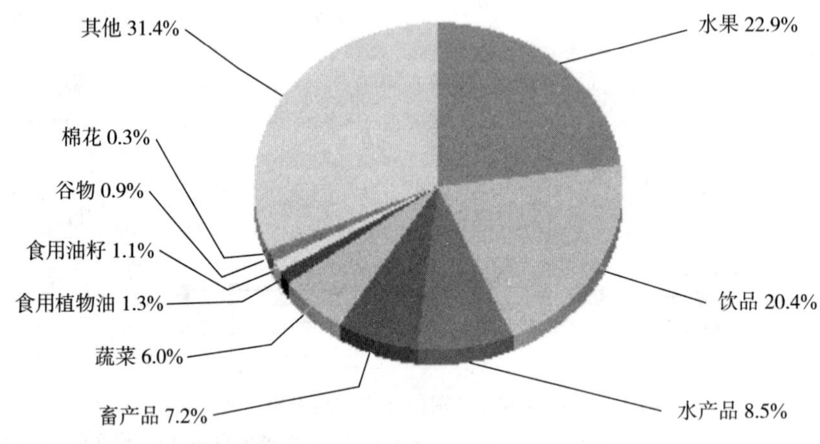

图 3 2014 年阿根廷农产品进口结构

2014 年，阿根廷进口同比增长较快的农产品主要是食用油籽和水果，增幅分别为 11.4%和 10.1%；其他农产品进口均呈下降态势，其中食用植物油和食糖进口额同比降幅最大，分别为 71.4%和 55.6%（表 1）。

表 1 2005—2014 年阿根廷主要农产品进口额同比变化情况

单位：%

	2005 年	2006 年	2007 年	2008 年	2009 年	2010 年	2011 年	2012 年	2013 年	2014 年
农产品	7.3	12.2	69.3	51.9	−41.7	4.6	20.7	−3.2	−0.4	−6.9
谷物	−22.3	7.2	127.2	34.5	−31.1	44.1	0.4	31.5	−57.9	−5.6
棉花	−39.9	124.4	−20.5	37.3	−62.4	11.6	−31.2	4.5	−51.0	−33.0
食用油籽	1.1	2.8	296.1	106.3	−72.6	−92.8	−18.8	−20.7	13.4	11.4
食用植物油	−35.9	−24.3	102.3	11.7	−29.8	46.3	3.8	143.5	337.9	−71.4

（续）

	2005年	2006年	2007年	2008年	2009年	2010年	2011年	2012年	2013年	2014年
食糖	−60.2	−91.6	692.1	1885.9	−88.0	1604.6	109.6	−98.7	2.8	−55.6
蔬菜	1.8	29.5	98.2	12.1	−27.9	27.2	30.2	−13.6	19.5	−4.4
水果	6.3	15.2	36.8	26.6	−3.6	18.8	20.9	2.9	15.1	10.1
畜产品	4.1	2.3	33.2	24.4	−18.3	66.1	15.6	−28.4	−25.1	−18.6
水产品	31.5	23.6	30.3	1.4	−4.9	26.9	28.0	10.2	8.2	−18.1
饮品	25.3	9.2	31.0	27.2	−6.5	34.1	18.3	0.1	−10.7	−5.4

2014年，阿根廷农产品中出口额靠前的是谷物、食用油籽和食用植物油，出口额分别为54.0亿美元、45.4亿美元和40.1亿美元，占其农产品出口额的比重分别为14.3%、12.0%和10.6%。此外，阿根廷还出口畜产品、水产品、水果和饮品等，出口额分别为36.7亿美元、15.9亿美元、15.1亿美元和13.0亿美元，分别占其农产品出口额的9.7%、4.2%、4.0%和3.4%（图4）。

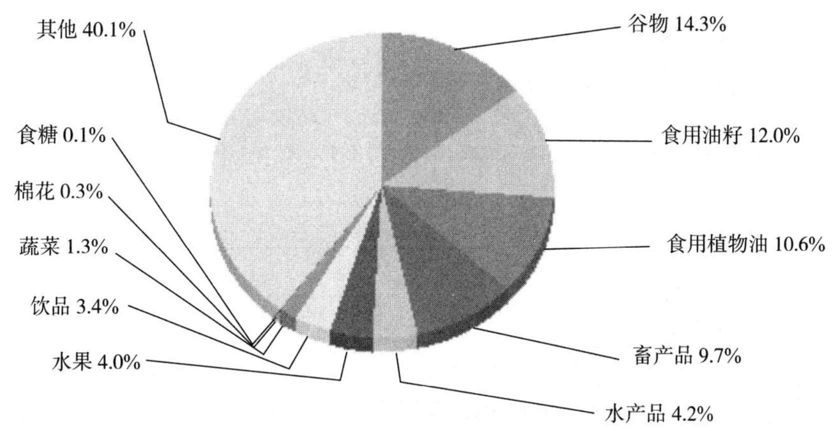

图4　2014年阿根廷农产品出口结构

2014年，阿根廷出口额同比增长较快的农产品是棉花和水产品，增幅分别为133.1%、4.5%；饮品、畜产品、食用油籽和食用植物油等产品均同比下降，其中谷物降幅达35.7%，食糖降幅达69.2%（表2）。

表2　2005—2014年阿根廷主要农产品出口额同比变化情况

单位：%

	2005年	2006年	2007年	2008年	2009年	2010年	2011年	2012年	2013年	2014年
农产品	13.1	11.2	35.6	30.6	−24.8	22.4	31.0	−4.4	−2.5	−9.9

（续）

	2005 年	2006 年	2007 年	2008 年	2009 年	2010 年	2011 年	2012 年	2013 年	2014 年
谷物	4.4	6.3	64.2	47.0	−51.0	39.7	79.5	11.9	−15.7	−35.7
棉花	98.0	−80.5	125.2	−71.4	428.2	345.3	189.6	−52.2	−54.9	133.1
食用油籽	32.7	−17.1	85.4	32.8	−57.5	154.1	14.1	−33.1	16.5	−8.9
食用植物油	4.4	16.9	42.7	27.0	−36.4	15.6	35.6	−16.9	−12.2	−16.5
食糖	157.3	94.6	−54.6	22.5	125.1	−47.4	−45.8	71.2	−10.6	−69.2
蔬菜	14.0	21.8	25.3	14.1	−11.1	42.4	5.5	−22.3	22.3	−27.5
水果	24.9	11.3	23.4	31.3	−23.3	8.0	23.8	−11.4	2.0	−17.7
畜产品	25.7	6.6	5.3	21.4	−3.1	−5.3	27.3	−9.1	6.2	−5.7
水产品	−0.5	52.9	−11.2	18.4	−13.6	19.0	10.1	−9.6	12.8	4.5
饮品	26.3	22.2	26.6	24.4	1.0	12.6	14.1	8.5	−3.7	−2.6

（二）主要贸易伙伴

2014 年阿根廷前五大农产品进口来源地分别为巴西、厄瓜多尔、智利、美国和中国，进口额分别为 5.4 亿美元、2.6 亿美元、2.0 亿美元、1.6 亿美元和 0.6 亿美元，占其农产品进口额的比重分别为 28.4%、13.6%、10.4%、8.4%和 3.3%（图 5）。

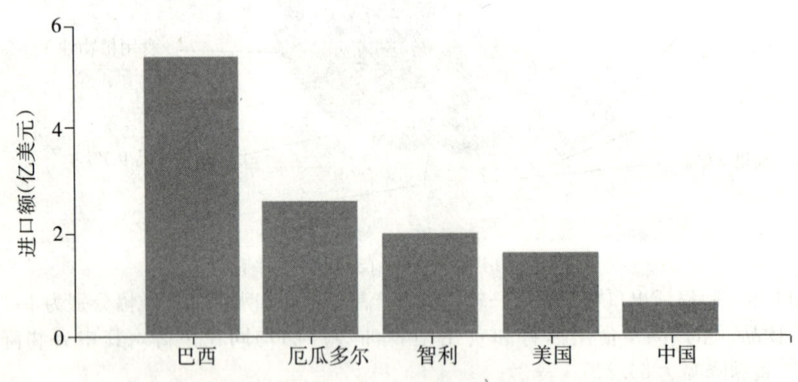

图 5　2014 年阿根廷前五大农产品进口来源地

2014 年阿根廷前五大农产品出口市场分别为中国、巴西、委内瑞拉、阿尔及利亚和美国，出口额分别为 40.3 亿美元、26.4 亿美元、16.1 亿美元、15.7 亿美元和 15.1 亿美元，占其农产品出口额的比重分别为 10.7%、7.0%、4.3%、4.2%和 4.0%（图 6）。

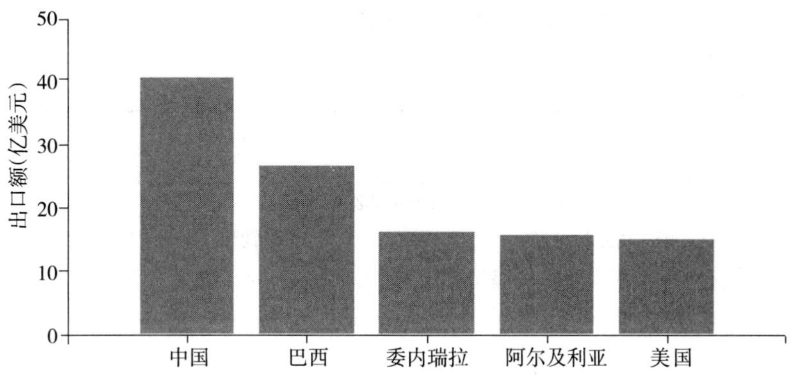

图 6　2014 年阿根廷前五大农产品出口市场

4-27-2　阿根廷主要农产品出口额（一）

单位：万美元

项　目	2004年	2005年	2006年	2007年	2008年	2009年
农产品	1 677 153.8	1 896 464.6	2 109 562.0	2 859 672.3	3 733 596.3	2 809 398.6
谷物	270 426.6	282 321.2	300 126.0	492 724.8	724 156.8	354 871.3
小麦产品	137 460.2	128 650.8	151 090.1	227 068.1	299 174.1	130 364.3
玉米产品	119 999.4	137 555.1	127 070.8	226 304.9	355 079.5	164 140.4
稻谷产品	7 394.7	9 011.9	13 605.1	14 858.1	23 710.5	27 254.9
棉花	1 430.1	2 831.7	551.7	1 242.5	354.7	1 873.8
食用油籽	191 531.4	254 250.1	210 866.1	390 847.5	518 974.6	220 441.3
大豆	174 014.3	229 569.0	177 917.9	343 530.5	458 326.6	167 551.1
花生	14 419.1	18 396.0	28 578.1	40 732.0	50 833.3	41 254.3
油菜籽	3.2	15.0	21.6	352.8	209.5	680.8
食用植物油	298 433.6	311 632.5	364 200.2	519 563.6	659 976.6	419 638.9
豆油	233 574.9	224 701.0	278 959.8	441 905.0	489 592.9	326 121.0
菜籽油	402.1	401.5	252.3	0.9	841.1	1 478.8
棕榈油						0.6
食糖	4 839.7	12 451.7	24 236.9	11 012.5	13 493.0	30 368.1
蔬菜	26 107.3	29 701.3	36 175.7	45 379.1	51 769.2	46 056.7
水果	87 895.8	109 795.8	122 155.1	150 724.0	197 948.6	151 895.8
畜产品	201 185.3	252 921.8	269 571.6	283 959.7	344 823.3	334 165.0
猪肉	4.1	6.5		6.0	127.0	28.9
牛肉	82 363.7	117 031.2	111 609.1	120 933.2	136 881.2	153 014.1
羊肉	1 825.2	2 759.4	2 330.2	1 771.9	2 242.0	2 721.8
家禽	8 554.9	14 702.1	15 975.9	25 329.9	36 535.1	33 994.5
蛋产品	940.1	949.4	1 059.6	1 470.0	2 064.8	1 222.3
乳品	52 139.5	59 766.7	76 743.0	63 600.6	81 304.1	63 723.1
动物生皮	494.4	324.3	311.3	575.6	281.2	1 099.8
动物生毛皮	67.3	141.6	157.2	241.7	355.0	131.4
羊毛	6 339.9	5 516.2	5 464.8	9 467.3	7 052.7	4 578.5
水产品	82 390.1	82 017.6	125 375.1	111 338.7	131 866.0	113 905.2
饮品	40 546.0	51 197.1	62 543.5	79 178.6	98 501.1	99 459.8
酒	25 344.9	34 713.2	43 482.8	56 524.8	72 294.9	70 958.6
茶	5 941.0	6 664.9	7 685.3	8 694.8	9 899.5	11 159.2
咖啡	107.7	119.8	303.0	201.8	225.9	157.0

阿根廷主要农产品出口额（二）

单位：万美元

项　目	2010 年	2011 年	2012 年	2013 年	2014 年
农产品	3 439 803.8	4 504 424.6	4 304 828.9	4 195 227.1	3 781 004.9
谷物	495 646.9	889 502.1	995 414.8	839 560.1	540 203.7
小麦产品	119 269.4	290 660.5	330 679.1	79 712.9	75 076.5
玉米产品	318 657.0	463 071.0	490 497.9	586 579.1	354 011.0
稻谷产品	23 372.1	36 181.4	30 246.8	29 103.6	27 561.2
棉花	8 343.9	24 163.3	11 558.5	5 210.9	12 147.2
食用油籽	560 051.3	638 922.7	427 569.9	498 165.6	453 965.1
大豆	498 711.6	545 813.5	319 423.8	409 291.8	378 995.2
花生	49 576.8	78 987.2	90 759.1	66 607.4	56 931.4
油菜籽	991.4	2 382.1	3 771.3	7 283.1	4 036.4
食用植物油	485 176.5	658 101.2	546 688.2	479 919.3	400 899.2
豆油	413 592.4	519 708.3	431 983.0	408 934.5	346 765.1
菜籽油	722.5	1 241.0	1 169.5	956.7	780.1
棕榈油		0.3		0.1	
食糖	15 960.5	8 644.3	14 799.7	13 225.3	4 078.9
蔬菜	65 573.0	69 208.8	53 772.9	65 771.4	47 685.0
水果	164 088.2	203 120.6	179 992.6	183 650.0	151 114.0
畜产品	316 531.0	402 980.9	366 179.5	389 062.7	366 794.3
猪肉	1.6	0.4	3.4	8.5	5.9
牛肉	104 901.5	115 420.2	99 349.9	99 311.1	103 863.3
羊肉	3 203.9	3 299.1	1 535.2	678.8	1 399.8
家禽	45 323.5	50 562.6	60 054.9	70 742.0	60 255.1
蛋产品	1 365.8	2 125.0	2 091.2	1 632.4	2 015.9
乳品	87 116.8	147 147.1	129 436.3	144 939.1	130 548.1
动物生皮	1 017.7	893.4	566.4	1 122.4	193.7
动物生毛皮	229.9	364.0	302.3	346.7	163.8
羊毛	8 005.7	7 658.8	5 778.5	6 298.1	6 839.2
水产品	135 497.9	149 122.3	134 817.6	152 094.7	158 908.3
饮品	112 016.5	127 829.8	138 717.3	133 590.5	130 144.0
酒	80 136.7	91 196.3	98 621.2	94 666.3	90 046.8
茶	13 826.2	15 510.0	17 729.7	20 207.4	21 731.5
咖啡	203.6	308.2	239.8	257.1	221.8

4-27-3 阿根廷主要农产品进口额（一）

单位：万美元

项 目	2004年	2005年	2006年	2007年	2008年	2009年
农产品	94 268.9	101 153.2	113 482.6	192 097.0	291 788.1	170 037.9
谷物	1 317.7	1 023.3	1 096.5	2 491.3	3 351.8	2 309.9
小麦产品	69.4	11.4	3.9	36.6	31.1	54.1
玉米产品	459.1	569.9	756.0	1 743.2	2 463.6	1 438.8
稻谷产品	347.1	252.1	203.9	440.9	591.9	479.7
棉花	4 108.2	2 470.1	5 542.3	4 408.5	6 051.4	2 273.9
食用油籽	16 174.0	16 356.9	16 810.5	66 592.4	137 399.3	37 646.8
大豆	14 851.3	15 634.3	15 597.2	64 675.8	134 344.2	30 675.2
花生	20.8	15.4	13.7	18.3	26.0	12.0
油菜籽	4.8	2.4	7.0	35.1	49.9	6.9
食用植物油	701.1	449.7	340.7	689.2	769.6	540.0
豆油		8.1	0.2	0.2	9.7	0.2
菜籽油	40.4	50.3	139.3	156.4	354.5	220.1
棕榈油	23.5	74.7	78.6	133.2	281.8	204.2
食糖	162.9	64.9	5.4	43.0	853.1	102.0
蔬菜	3 262.0	3 286.9	4 267.2	8 593.6	9 640.4	6 960.4
水果	11 512.3	12 235.6	14 096.1	19 288.2	24 418.9	23 536.4
畜产品	11 428.6	11 896.4	12 169.1	16 213.2	20 176.4	16 476.9
猪肉	4 529.6	3 705.6	3 715.7	5 330.9	6 697.3	5 765.3
牛肉	310.4	365.0	508.8	505.2	537.5	456.4
羊肉	37.4	75.5	36.9	37.6	1.9	13.2
家禽	1 026.7	1 491.1	1 513.3	2 223.7	2 651.2	2 573.9
蛋产品	70.9	14.0	2.4	3.8	44.8	27.1
乳品	1 429.2	1 825.6	1 130.6	1 756.0	1 998.9	1 711.7
动物生皮	350.5	347.2	804.8	413.3	450.0	326.2
动物生毛皮	4.3	58.6	67.1	55.3	62.3	13.2
羊毛	285.2	163.8	333.6	584.4	286.1	196.2
水产品	5 035.5	6 624.1	8 189.1	10 674.4	10 827.8	10 298.2
饮品	13 743.6	17 214.5	18 790.9	24 616.5	31 301.9	29 269.3
酒	1 669.4	2 125.5	2 309.2	3 077.7	3 882.2	4 701.6
茶	103.1	137.5	154.1	231.1	266.2	136.7
咖啡	4 798.1	6 165.7	6 949.6	9 499.3	10 654.3	9 180.7

阿根廷主要农产品进口额（二）

单位：万美元

项　目	2010年	2011年	2012年	2013年	2014年
农产品	177 933.1	214 723.1	207 845.0	206 967.9	192 614.2
谷物	3 329.2	3 343.6	4 396.9	1 850.9	1 747.4
小麦产品	11.7	53.9	20.7	13.3	4.1
玉米产品	2 531.3	2 417.5	3 645.5	1 264.4	1 136.0
稻谷产品	538.6	590.6	455.0	439.5	440.3
棉花	2 538.7	1 747.5	1 825.6	894.8	599.2
食用油籽	2 708.2	2 199.1	1 743.2	1 976.3	2 200.7
大豆	55.4	556.8	306.5	231.5	345.7
花生	47.8	12.2	13.9	20.6	27.2
油菜籽	5.6	6.9	12.7	81.9	18.6
食用植物油	790.2	819.9	1 996.7	8 744.1	2 496.7
豆油	0.5	3.9	1 141.2	7 888.3	1 506.0
菜籽油	295.8	293.8	371.8	432.5	502.3
棕榈油	421.9	382.1	418.8	330.9	378.0
食糖	1 738.4	3 643.6	47.6	49.0	21.7
蔬菜	8 856.1	11 527.5	10 119.8	12 091.9	11 563.5
水果	27 960.9	33 815.5	34 780.2	40 048.8	44 085.4
畜产品	27 368.6	31 649.3	22 668.3	16 988.1	13 833.3
猪肉	10 858.1	14 008.7	8 161.8	4 243.2	3 012.3
牛肉	472.1	452.4	434.4	196.7	330.0
羊肉	2.3	20.4	16.1		
家禽	3 778.7	4 690.6	2 863.3	3 043.0	2 475.5
蛋产品	43.3	60.9	92.9	61.7	52.2
乳品	2 857.4	2 444.4	3 452.7	2 697.7	2 593.3
动物生皮	440.4	282.3	494.0	442.8	428.3
动物生毛皮	15.2	28.5	38.9	15.4	4.9
羊毛	188.9	199.6	65.3	129.9	68.7
水产品	13 064.6	16 727.6	18 435.8	19 943.7	16 336.5
饮品	39 261.8	46 449.7	46 503.4	41 530.4	39 297.8
酒	7 331.4	8 679.8	6 770.1	5 679.8	5 767.0
茶	269.9	335.0	326.7	375.9	343.2
咖啡	11 433.0	15 397.8	16 081.6	14 509.5	11 965.5

4-27-4 阿根廷主要农产品出口量（一）

单位：吨

项 目	2004年	2005年	2006年	2007年	2008年	2009年
农产品						
谷物	21 410 600.4	26 163 109.0	21 426 108.6	27 631 375.6	27 806 130.1	17 508 240.8
小麦产品	10 011 276.2	10 451 807.2	9 861 301.4	10 532 815.7	9 768 024.7	6 079 827.5
玉米产品	10 721 846.6	14 682 888.6	10 431 487.8	15 026 034.6	15 454 203.5	8 694 437.2
稻谷产品	274 377.3	363 607.4	507 795.2	452 470.0	425 743.2	636 814.1
棉花	12 444.5	32 842.0	6 188.1	12 385.2	3 024.5	17 754.0
食用油籽	6 761 437.7	10 352 323.1	8 360 922.2	12 397 988.7	12 267 058.3	4 855 240.1
大豆	6 519 849.5	9 962 127.9	7 872 958.8	11 842 805.2	11 733 589.9	4 292 347.7
花生	176 315.9	262 999.1	404 937.1	432 625.1	407 719.9	449 267.3
油菜籽	56.5	148.4	31.3	11 849.7	3 998.4	20 882.1
食用植物油	5 347 117.3	6 184 257.8	7 106 950.3	7 356 059.4	6 192 537.1	5 549 397.9
豆油	4 340 966.1	4 850 818.7	5 741 989.2	6 403 549.8	4 944 193.6	4 439 404.4
菜籽油	5 304.0	7 191.7	4 442.9	3.7	6 749.2	17 983.2
棕榈油						1.8
食糖	213 841.5	520 564.1	695 408.0	344 871.4	395 099.2	780 065.4
蔬菜	548 832.7	551 377.8	642 243.2	634 338.7	594 753.0	591 303.1
水果						
畜产品						
猪肉	23.8	34.0		40.2	825.0	331.2
牛肉	327 050.5	437 361.5	315 758.6	297 091.9	222 181.0	379 351.4
羊肉	6 587.9	8 878.3	7 614.0	6 102.4	5 943.0	7 377.2
家禽						
蛋产品						
乳品	262 432.5	274 037.7	362 040.9	228 657.1	246 830.7	294 764.0
动物生皮	3 918.5	2 591.5	2 228.1	3 584.6	2 308.6	10 879.7
动物生毛皮						
羊毛	24 597.3	21 290.2	19 810.9	29 460.6	22 913.4	19 288.3
水产品						
饮品						
酒						
茶	98 204.6	97 073.6	103 290.0	111 404.5	115 466.5	108 154.1
咖啡	219.4	285.4	489.0	312.5	292.8	221.8

阿根廷主要农产品出口量（二）

单位：吨

项　目	2010 年	2011 年	2012 年	2013 年	2014 年
农产品					
谷物	25 409 932.8	30 489 849.4	37 464 032.0	28 873 403.2	22 526 899.4
小麦产品	4 889 904.0	9 350 146.1	12 415 663.9	2 520 993.4	2 155 148.6
玉米产品	17 786 126.9	16 292 604.2	18 168 631.2	20 141 468.1	15 967 235.3
稻谷产品	504 975.0	790 503.4	640 381.0	541 830.6	513 353.9
棉花	52 199.3	96 925.6	84 997.2	39 212.6	96 004.3
食用油籽	14 245 971.0	11 526 397.2	6 861 537.7	8 498 739.5	8 079 403.5
大豆	13 617 341.9	10 821 539.7	6 161 832.0	7 789 908.3	7 469 753.5
花生	504 150.1	545 629.6	507 871.1	477 589.9	429 264.7
油菜籽	20 578.7	37 713.4	67 824.9	128 105.0	78 581.4
食用植物油	5 600 589.0	5 441 253.9	4 680 375.6	4 808 029.8	4 547 664.3
豆油	4 899 823.2	4 416 831.8	3 777 573.6	4 264 223.7	4 059 026.0
菜籽油	7 567.0	9 165.8	9 674.9	7 676.5	7 063.8
棕榈油		1.0		0.4	
食糖	330 967.7	119 783.0	230 671.4	272 152.2	81 058.5
蔬菜	686 168.8	662 269.7	522 980.9	662 702.0	471 665.2
水果					
畜产品					
猪肉	13.0	4.5	26.0	60.3	51.4
牛肉	154 779.7	129 751.4	111 774.5	129 091.9	139 021.2
羊肉	8 226.6	6 119.1	3 068.2	1 638.8	3 372.3
家禽					
蛋产品					
乳品	281 690.2	401 738.1	372 016.0	373 756.6	312 411.1
动物生皮	7 934.1	3 692.5	1 763.2	5 347.6	1 307.4
动物生毛皮					
羊毛	24 786.6	16 962.1	13 380.9	14 843.7	17 661.1
水产品					
饮品					
酒					
茶	125 112.9	123 687.4	112 261.9	112 744.4	110 634.7
咖啡	269.8	380.5	247.0	255.5	240.5

4-27-5 阿根廷主要农产品进口量（一）

单位：吨

项 目	2004年	2005年	2006年	2007年	2008年	2009年
农产品						
谷物	26 262.3	12 466.4	9 801.7	20 299.8	18 638.9	18 088.8
小麦产品	1 740.5	251.1	61.5	1 298.1	730.1	1 634.9
玉米产品	2 026.7	2 463.0	1 585.0	5 506.1	6 134.4	4 166.0
稻谷产品	8 755.2	6 545.0	5 730.1	9 930.5	8 913.2	7 221.9
棉花	33 416.1	22 692.9	47 289.0	35 765.6	39 859.2	16 911.2
食用油籽	589 717.7	750 812.2	734 743.5	2 283 225.0	2 922 856.0	1 029 971.2
大豆	559 438.0	747 732.5	712 442.3	2 245 408.9	2 891 772.1	823 924.2
花生	177.6	136.9	110.0	141.7	158.8	114.9
油菜籽	1.7	3.2	21.6	106.0	63.5	15.1
食用植物油	3 685.0	3 340.6	2 480.8	4 920.3	3 681.2	3 722.3
豆油	0.2	99.2	0.2	0.3	101.1	0.5
菜籽油	355.0	405.9	1 198.1	1 152.0	1 402.1	1 241.3
棕榈油	240.4	1 103.6	990.4	1 267.1	1 943.8	2 133.9
食糖	7 385.7	2 642.1	50.8	1 542.5	28 186.6	2 813.0
蔬菜	49 674.9	42 577.3	39 532.9	119 642.6	171 530.0	112 581.7
水果						
畜产品						
猪肉	23 149.4	16 179.2	17 058.2	23 312.2	21 171.6	23 521.4
牛肉	3 176.4	2 958.6	3 476.8	2 965.8	2 428.1	1 371.0
羊肉	280.8	405.4	265.6	161.9	1.6	51.8
家禽						
蛋产品						
乳品	41 841.0	15 915.0	10 632.1	7 933.0	12 275.1	7 000.2
动物生皮	1 347.0	1 519.6	3 911.5	1 729.7	2 021.9	2 616.3
动物生毛皮						
羊毛	1 142.3	406.9	911.7	880.7	475.4	317.6
水产品						
饮品						
酒						
茶	444.4	640.3	612.5	916.8	959.3	374.6
咖啡	34 617.5	34 707.1	33 553.5	36 902.1	33 879.1	33 936.1

阿根廷主要农产品进口量（二）

单位：吨

项　目	2010 年	2011 年	2012 年	2013 年	2014 年
农产品					
谷物	19 422.8	23 392.5	15 723.7	9 848.8	9 594.5
小麦产品	287.3	1 067.5	468.9	157.4	20.7
玉米产品	7 112.6	5 286.1	7 637.2	2 867.7	2 345.5
稻谷产品	8 720.3	9 601.1	5 759.6	5 952.5	6 091.9
棉花	14 983.4	6 870.1	7 652.3	4 501.5	3 175.7
食用油籽	42 021.3	25 464.7	9 168.6	13 677.4	5 965.3
大豆	189.5	12 862.7	1 429.8	1 618.0	2 228.9
花生	392.8	93.0	84.7	113.2	90.2
油菜籽	20.3	8.0	8.7	103.1	25.3
食用植物油	6 289.9	4 470.7	15 525.0	88 315.5	25 541.1
豆油	1.3	24.8	10 777.1	83 319.8	19 283.0
菜籽油	1 846.6	1 580.1	1 809.8	2 144.5	2 607.8
棕榈油	4 236.8	2 563.3	2 813.9	2 606.6	3 315.1
食糖	29 074.8	43 292.0	444.3	244.7	107.2
蔬菜	187 825.9	77 287.9	51 585.1	57 732.9	49 220.7
水果					
畜产品					
猪肉	32 739.7	41 184.0	23 143.3	11 949.1	7 970.8
牛肉	1 872.6	1 260.6	635.7	128.2	270.4
羊肉	1.6	41.8	21.1		
家禽					
蛋产品					
乳品	9 663.9	14 254.9	21 722.0	10 872.6	8 352.8
动物生皮	2 309.1	1 219.0	1 769.3	1 760.5	1 504.6
动物生毛皮					
羊毛	239.9	182.2	106.4	178.5	100.0
水产品					
饮品					
酒					
茶	592.7	581.6	536.3	436.1	541.4
咖啡	37 523.3	35 746.3	38 296.1	40 054.1	32 135.3

4-27-6 阿根廷农产品出口额前 15 位国家（地区）
（2014 年）

单位：万美元，%

序号	国家（地区）	出口额	同比增长
1	中国	402 553.4	−10.0
2	巴西	263 575.7	−9.6
3	委内瑞拉	161 156.7	8.4
4	阿尔及利亚	157 257.9	1.1
5	美国	150 764.8	−16.2
6	越南	148 875.5	32.4
7	印度	142 150.8	46.8
8	荷兰	138 022.2	−15.7
9	智利	131 471.1	−12.8
10	印度尼西亚	120 051.3	−16.0
11	西班牙	108 072.9	1.6
12	埃及	102 893.3	−16.2
13	马来西亚	92 801.8	−1.4
14	伊朗	92 617.9	−15.4
15	意大利	89 429.1	−0.7
	总计	**2 301 694.3**	

4-27-7 阿根廷农产品进口额前15位国家（地区）

（2014年）

单位：万美元，%

序号	国家（地区）	进口额	同比增长
1	巴西	53 912.7	−7.4
2	厄瓜多尔	25 764.0	−5.1
3	智利	19 711.5	−4.8
4	美国	16 027.0	−0.2
5	中国	6 296.7	−4.6
6	乌拉圭	4 989.1	−4.8
7	玻利维亚	4 579.5	3.7
8	荷兰	4 517.9	9.1
9	法国	3 932.0	−1.5
10	德国	3 696.0	−2.4
11	墨西哥	3 555.9	−13.4
12	巴拉圭	3 530.2	−64.8
13	西班牙	3 315.8	−3.7
14	意大利	2 901.1	−0.4
15	泰国	2 728.9	−26.3
	总计	**159 458.4**	

4-28 智利主要农产品贸易情况

4-28-1 智利主要农产品出口额（一）

单位：万美元

项　目	2004年	2005年	2006年	2007年	2008年	2009年
农产品	755 037.8	863 280.3	979 711.9	1 114 753.5	1 306 526.1	1 190 187.8
谷物	10 244.3	10 593.0	12 750.3	13 450.3	19 635.9	21 685.1
小麦产品	6.6	4.3	4.4	7.3	3.9	42.9
玉米产品	7 594.4	8 074.2	10 259.4	11 750.0	17 817.7	19 644.8
稻谷产品	34.1	40.2	97.7	87.1	194.4	220.2
棉花			0.7	5.3	2.7	
食用油籽	1 254.2	1 891.1	2 087.7	2 520.7	3 149.6	7 213.7
大豆	59.9	94.1	205.3	247.8	481.7	2 811.6
花生	11.2	7.4	19.6	29.2	41.4	41.7
油菜籽	62.4	434.7	258.3	168.3	377.4	2 062.9
食用植物油	78.1	139.1	271.3	484.7	911.1	1 708.5
豆油	7.1					
菜籽油	26.7	23.3	79.3	161.5	354.0	394.8
棕榈油				0.8		
食糖	23.1	22.6	10.0	9.5	21.0	4.3
蔬菜	26 862.6	29 016.4	32 449.5	37 590.4	43 774.5	40 836.3
水果	259 330.9	275 486.1	309 855.3	365 098.8	457 190.0	399 254.2
畜产品	60 238.5	80 169.6	82 221.9	93 864.1	112 805.0	98 821.5
猪肉	23 462.0	29 533.0	31 160.9	36 028.7	33 785.2	34 029.5
牛肉	4 398.8	8 535.7	6 303.1	7 173.3	8 329.4	5 963.5
羊肉	2 005.9	2 425.0	2 343.9	2 078.9	2 396.5	2 661.9
家禽	14 600.0	19 507.2	20 899.0	20 520.6	29 759.0	28 827.8
蛋产品	39.3	154.7	125.4	239.8	170.4	46.0
乳品	8 067.2	11 125.6	11 748.4	16 890.6	22 038.2	12 398.2
动物生皮	949.7	592.2	850.7	1 432.3	855.8	560.2
动物生毛皮	15.6	12.1	11.6	10.0	3.0	
羊毛	609.8	1 322.6	1 420.1	857.2	911.6	855.9
水产品	273 622.1	330 141.5	392 004.9	409 620.5	443 966.2	409 174.6
饮品	90 966.3	96 310.5	104 968.6	135 564.4	149 233.5	147 453.2
酒	85 117.1	89 689.7	97 952.5	127 917.1	139 653.3	140 026.4
茶	1 701.3	1 515.9	1 525.4	2 145.1	2 517.8	1 775.3
咖啡	628.3	852.4	873.1	884.5	2 490.4	2 015.9

智利主要农产品出口额（二）

单位：万美元

项　目	2010年	2011年	2012年	2013年	2014年
农产品	1 275 551.7	1 552 452.2	1 594 868.7	1 744 516.6	1 832 156.4
谷物	18 823.1	21 878.2	28 165.9	38 841.8	28 236.3
小麦产品	535.4	636.9	4.9	3.4	5.4
玉米产品	16 666.2	16 769.0	25 767.7	36 271.7	25 427.4
稻谷产品	219.3	159.8	216.3	224.5	919.9
棉花	0.2	54.1		0.2	
食用油籽	5 750.2	6 545.6	6 864.3	9 053.0	6 924.3
大豆	2 591.5	2 210.1	1 343.5	1 413.9	645.2
花生	218.5	15.1	11.4	24.9	8.7
油菜籽	969.5	1 764.4	2 183.2	3 272.0	1 861.5
食用植物油	1 758.1	3 009.1	4 499.4	5 700.0	5 365.0
豆油					
菜籽油	475.3	560.0	867.7	964.1	1 167.9
棕榈油				2.0	0.9
食糖	7.6	11.9	8.9	30.5	41.9
蔬菜	44 289.8	51 395.5	48 208.5	46 015.1	44 977.2
水果	465 782.7	538 952.5	550 231.7	602 953.7	628 438.4
畜产品	103 647.7	127 921.4	128 707.5	120 899.6	130 993.8
猪肉	32 295.3	40 333.2	46 360.8	40 902.8	45 085.4
牛肉	6 919.7	7 534.4	5 450.7	3 698.3	4 126.9
羊肉	3 275.9	4 464.2	2 940.9	2 948.1	3 510.3
家禽	28 238.9	33 123.4	33 457.5	32 284.5	34 893.5
蛋产品	24.6	7.7	3.7	4.4	3.5
乳品	15 264.4	19 391.8	19 053.0	21 060.6	23 716.2
动物生皮	1 054.4	1 295.5	793.6	1 176.9	946.3
动物生毛皮		1.1	16.2	4.3	3.5
羊毛	1 166.1	1 605.7	1 413.6	1 678.5	1 625.6
水产品	392 265.8	527 640.3	539 078.8	600 299.9	672 794.2
饮品	166 697.6	181 458.6	191 211.8	207 013.7	194 934.6
酒	157 453.4	171 805.0	182 829.2	198 731.4	187 542.8
茶	2 237.6	2 727.4	2 956.3	2 919.7	3 117.1
咖啡	2 620.5	2 495.0	1 539.5	2 018.8	1 746.1

4-28-2 智利主要农产品进口额（一）

单位：万美元

项 目	2004年	2005年	2006年	2007年	2008年	2009年
农产品	184 423.3	206 577.4	258 352.0	338 145.2	449 862.3	332 539.6
谷物	24 223.6	24 282.9	48 846.8	75 780.6	96 993.1	51 095.7
小麦产品	4 922.9	4 028.2	18 121.2	29 762.5	32 089.8	17 391.6
玉米产品	14 507.0	15 023.4	25 770.8	37 431.7	43 703.8	17 403.9
稻谷产品	2 652.7	3 344.0	3 482.2	4 237.8	9 298.2	6 205.7
棉花	1 812.0	1 969.5	1 700.8	1 931.5	2 144.5	1 697.7
食用油籽	6 244.5	6 555.7	6 001.5	7 968.4	8 941.9	2 890.3
大豆	5 259.2	5 572.7	4 771.1	6 373.2	6 571.9	993.3
花生	726.4	683.8	771.4	1 089.2	1 472.9	1 219.8
油菜籽	10.0	9.0	26.9	37.6	60.7	33.1
食用植物油	1 565.9	2 094.5	3 794.9	2 378.6	3 939.0	2 207.8
豆油	751.9	904.3	1 222.9	342.7	452.0	211.9
菜籽油	3.5	0.5	908.0	11.9	1 462.0	6.8
棕榈油	33.0	241.7	586.9	488.4	364.5	97.5
食糖	6 489.3	7 464.7	10 004.5	15 546.0	22 579.2	26 432.6
蔬菜	2 990.8	4 255.8	4 839.4	6 790.4	9 927.5	8 668.9
水果	8 923.5	10 219.9	12 709.0	15 642.6	18 714.2	15 941.0
畜产品	37 149.5	50 928.5	49 402.4	54 973.7	68 710.1	64 547.3
猪肉	171.9	216.3	362.0	776.4	772.8	1 212.3
牛肉	27 127.5	36 410.6	33 021.3	37 844.8	46 101.9	46 805.8
羊肉				31.6	10.0	
家禽	1 636.9	2 322.1	3 283.2	4 480.2	5 963.2	6 948.6
蛋产品	136.3	142.2	170.4	173.4	171.2	193.7
乳品	4 566.1	7 750.5	7 590.8	5 789.1	8 404.8	6 031.8
动物生皮		5.1	0.2	38.8	1.3	1.4
动物生毛皮	0.1				0.1	0.4
羊毛	21.8	20.6	16.0	11.4	11.2	28.9
水产品	13 152.7	10 324.6	18 010.2	20 911.5	29 404.2	13 896.8
饮品	15 895.8	18 655.6	20 964.4	26 923.0	33 862.6	29 850.8
酒	6 242.4	7 271.8	7 940.7	10 979.8	12 975.6	12 445.3
茶	2 474.8	2 961.5	3 463.5	3 600.2	4 844.3	4 192.4
咖啡	2 070.5	2 961.5	3 461.9	4 685.7	6 474.4	4 199.8

智利主要农产品进口额（二）

单位：万美元

项　目	2010年	2011年	2012年	2013年	2014年
农产品	442 015.4	577 029.1	617 737.4	637 288.5	641 958.1
谷物	54 308.4	78 075.5	88 815.9	81 923.7	71 408.9
小麦产品	16 066.4	22 807.5	28 645.4	33 108.6	25 078.0
玉米产品	18 599.3	31 543.7	34 833.2	32 083.4	33 854.2
稻谷产品	6 801.4	6 155.4	7 450.3	6 548.9	6 674.9
棉花	1 169.9	365.3	231.4	298.0	273.0
食用油籽	5 045.9	11 290.0	7 504.2	6 432.0	9 625.0
大豆	2 841.0	7 605.4	2 894.3	1 864.9	5 062.1
花生	1 435.6	2 223.5	2 544.9	2 368.8	2 283.2
油菜籽	30.7	119.1	156.0	127.9	171.8
食用植物油	3 007.4	9 843.9	13 607.4	20 830.6	28 644.9
豆油	358.1	616.8	2 559.0	7 884.7	11 229.0
菜籽油	232.0	5 411.0	5 947.5	5 558.6	9 148.6
棕榈油	153.5	239.7	186.5	770.3	1 327.9
食糖	26 347.6	38 235.6	32 660.9	28 365.7	23 697.6
蔬菜	11 013.1	13 374.4	17 004.2	20 495.4	20 755.1
水果	22 182.7	27 555.7	28 670.9	33 148.1	37 156.4
畜产品	102 816.6	123 861.2	136 208.4	156 228.9	155 134.6
猪肉	3 436.1	4 519.3	5 767.0	10 456.8	11 129.0
牛肉	73 480.4	82 111.1	84 474.3	90 471.8	87 708.9
羊肉					
家禽	13 271.1	16 607.1	16 542.1	19 068.2	19 922.0
蛋产品	215.6	278.5	281.1	409.3	547.7
乳品	6 949.7	10 994.7	16 446.9	19 446.9	19 927.3
动物生皮	2.0	5.8	19.9	24.4	39.4
动物生毛皮				0.1	
羊毛	6.0	2.0	1.8	8.0	1.0
水产品	28 159.8	39 923.3	40 554.5	44 049.1	46 445.2
饮品	44 240.8	51 893.0	56 767.8	64 889.1	71 348.6
酒	18 623.6	22 596.3	26 855.7	30 753.1	34 124.2
茶	5 307.4	5 997.8	6 353.0	7 336.6	8 158.7
咖啡	7 639.1	8 045.2	6 552.1	7 524.1	8 021.7

4-28-3 智利主要农产品出口量（一）

单位：吨

项 目	2004年	2005年	2006年	2007年	2008年	2009年
农产品						
谷物	184 790.5	164 002.9	171 614.1	129 562.5	108 575.9	122 897.9
小麦产品	86.8	30.9	32.3	60.2	27.1	92.9
玉米产品	61 836.1	60 993.8	79 184.0	77 253.5	75 884.3	77 618.2
稻谷产品	1 031.9	1 253.4	2 701.1	1 915.0	2 429.8	3 815.7
棉花			0.9	253.9	187.1	0.1
食用油籽	4 602.2	6 574.7	6 914.8	7 094.1	10 005.1	23 915.1
大豆	434.7	701.3	1 491.5	1 448.5	3 285.9	12 668.1
花生	35.7	13.4	119.9	52.5	74.0	66.5
油菜籽	148.8	2 541.4	785.6	652.9	1 943.9	7 170.9
食用植物油	439.0	489.4	1 089.7	1 843.6	2 956.0	6 781.4
豆油	69.2	0.3				
菜籽油	247.1	214.5	704.3	1 260.8	2 059.7	4 586.4
棕榈油				3.7		
食糖	177.0	138.4	251.0	117.2	417.5	45.8
蔬菜	242 029.8	227 178.0	230 308.7	249 747.0	239 217.6	178 071.2
水果						
畜产品						
猪肉	78 796.5	97 907.9	99 677.6	112 497.2	104 410.4	112 093.0
牛肉	9 126.0	25 023.9	15 586.6	11 447.1	9 458.7	7 375.6
羊肉	5 375.0	5 585.8	5 676.6	5 079.4	4 472.7	5 793.4
家禽						
蛋产品						
乳品	54 916.5	65 287.3	69 084.5	76 849.6	76 553.9	61 453.3
动物生皮	6 438.0	4 103.9	6 905.4	9 260.2	6 398.3	7 359.9
动物生毛皮						
羊毛	3 060.9	6 970.0	7 999.5	4 383.0	3 662.3	4 494.0
水产品						
饮品						
酒						
茶	3 303.8	2 822.7	2 747.0	3 914.0	4 076.1	2 726.5
咖啡	1 537.4	1 946.0	1 594.8	1 491.4	4 218.6	4 288.9

智利主要农产品出口量（二）

单位：吨

项　目	2010年	2011年	2012年	2013年	2014年
农产品					
谷物	134 484.0	215 865.2	157 295.7	160 217.9	148 654.0
小麦产品	10 348.4	11 095.5	60.4	11.2	11.1
玉米产品	57 621.4	49 398.6	81 680.7	100 977.6	74 593.5
稻谷产品	3 648.4	2 764.8	3 434.7	3 020.0	10 770.0
棉花	14.8	464.4			
食用油籽	20 567.8	21 709.7	19 543.7	21 238.7	15 499.8
大豆	12 799.8	10 759.5	6 039.5	4 668.1	2 901.4
花生	791.2	39.8	20.5	40.7	24.5
油菜籽	3 386.4	6 392.1	7 405.6	10 271.4	5 453.1
食用植物油	8 507.5	11 041.0	17 045.3	18 059.2	20 795.7
豆油					
菜籽油	5 148.2	4 232.7	6 754.5	7 978.5	11 107.4
棕榈油				11.0	5.1
食糖	80.4	120.5	94.3	270.9	420.4
蔬菜	255 285.1	263 859.7	212 084.0	182 532.1	198 356.2
水果					
畜产品					
猪肉	93 832.5	100 915.4	132 524.9	120 349.7	121 805.3
牛肉	7 642.8	7 266.5	5 438.9	4 517.5	5 676.6
羊肉	6 867.5	6 440.6	4 904.2	6 047.2	6 196.0
家禽					
蛋产品					
乳品	63 098.7	69 315.6	70 233.4	72 668.4	81 597.0
动物生皮	7 925.0	4 932.9	3 660.9	5 835.3	4 485.9
动物生毛皮					
羊毛	4 404.5	4 311.9	3 521.4	4 129.4	4 456.8
水产品					
饮品					
酒					
茶	3 672.0	4 557.8	4 970.0	4 506.2	4 365.6
咖啡	4 913.6	4 631.7	2 811.0	4 180.1	3 706.7

4-28-4 智利主要农产品进口量（一）

单位：吨

项 目	2004年	2005年	2006年	2007年	2008年	2009年
农产品						
谷物	1 446 760.1	1 550 294.7	2 980 574.2	3 171 910.8	2 808 466.9	2 269 891.0
小麦产品	233 922.4	195 483.7	1 032 450.9	1 094 759.1	795 717.8	688 532.3
玉米产品	984 939.8	1 134 724.0	1 750 593.7	1 768 414.8	1 488 324.0	833 140.6
稻谷产品	92 171.0	93 248.8	102 360.0	104 418.1	123 504.8	118 170.6
棉花	14 282.3	18 741.6	14 641.8	15 016.3	13 030.6	12 704.0
食用油籽	195 704.1	222 829.9	189 203.1	208 512.3	154 967.6	39 796.1
大豆	179 034.0	207 388.5	168 355.4	187 886.5	132 028.1	21 256.2
花生	8 028.7	8 298.6	9 101.5	9 850.0	9 305.1	9 777.9
油菜籽	10.6	15.7	35.6	45.2	71.1	148.3
食用植物油	14 482.0	24 021.9	49 127.8	18 682.7	21 234.9	13 239.4
豆油	10 783.1	15 672.8	21 427.9	3 931.4	2 236.5	1 490.4
菜籽油	27.7	3.7	12 738.1	136.9	9 417.5	32.2
棕榈油	337.8	4 326.7	9 103.3	5 511.9	2 530.9	1 023.8
食糖	221 856.6	230 998.9	218 900.3	393 870.5	546 763.0	567 737.1
蔬菜	31 927.4	58 359.5	61 252.5	67 895.8	83 159.5	82 976.6
水果						
畜产品						
猪肉	751.1	879.9	1 513.3	3 093.3	2 854.1	5 399.3
牛肉	126 918.0	142 772.3	88 469.0	109 274.7	90 618.6	119 136.8
羊肉				94.4	21.8	
家禽						
蛋产品						
乳品	29 561.4	44 434.0	43 537.7	24 254.7	29 865.3	25 512.3
动物生皮	0.1	24.1		166.8	3.2	2.6
动物生毛皮						
羊毛	73.1	94.8	52.2	44.1	33.6	96.9
水产品						
饮品						
酒						
茶	26 205.6	23 984.3	24 975.8	25 945.9	28 385.1	21 398.3
咖啡	14 835.6	15 616.8	16 439.3	17 154.3	15 978.8	14 026.0

智利主要农产品进口量（二）

单位：吨

项　目	2010年	2011年	2012年	2013年	2014年
农产品					
谷物	2 241 550.3	2 411 898.7	2 846 576.6	2 561 806.5	2 600 116.6
小麦产品	633 907.5	656 624.4	913 262.7	945 372.2	784 636.5
玉米产品	792 389.6	972 977.3	1 100 975.8	1 141 208.5	1 452 693.3
稻谷产品	124 277.0	107 328.3	122 985.7	113 090.0	109 965.2
棉花	6 487.3	1 480.5	1 029.9	1 499.6	1 212.9
食用油籽	83 287.3	166 533.0	74 970.3	56 477.7	122 402.1
大豆	59 286.8	138 784.3	46 411.0	31 432.0	92 262.6
花生	11 066.2	12 420.4	11 674.5	13 388.6	13 885.4
油菜籽	31.5	93.8	178.1	222.0	516.0
食用植物油	19 831.3	64 839.1	93 345.5	156 292.0	250 375.6
豆油	2 404.5	2 767.0	16 242.1	58 772.2	91 966.2
菜籽油	2 346.6	41 173.1	44 466.9	44 896.0	93 796.5
棕榈油	1 275.4	1 576.4	1 430.0	7 846.6	13 294.1
食糖	415 600.6	476 231.9	495 843.5	527 526.9	504 319.6
蔬菜	89 688.6	91 219.4	133 876.1	171 215.9	159 649.7
水果					
畜产品					
猪肉	12 161.1	14 450.2	19 255.1	37 920.2	33 692.5
牛肉	133 949.4	127 355.5	130 773.5	174 283.6	148 740.1
羊肉					
家禽					
蛋产品					
乳品	25 362.6	29 594.2	45 632.3	48 928.9	45 313.0
动物生皮	0.5	16.6	33.2	90.4	134.0
动物生毛皮					
羊毛	17.6	5.9	6.4	25.1	3.4
水产品					
饮品					
酒					
茶	27 877.8	28 931.7	29 227.6	28 544.7	27 403.2
咖啡	19 774.1	15 288.6	13 990.3	17 326.7	17 884.9

4-29 秘鲁主要农产品贸易情况

4-29-1 秘鲁主要农产品出口额（一）

单位：万美元

项 目	2004年	2005年	2006年	2007年	2008年	2009年
农产品	252 199.0	297 936.3	357 591.2	395 661.9	505 204.7	471 091.1
谷物	1 090.8	1 222.9	1 536.6	1 682.2	4 519.9	5 451.2
小麦产品	185.7	111.6	336.0	172.2	1 047.1	338.7
玉米产品	713.5	879.8	851.0	1 025.4	1 234.4	1 546.7
稻谷产品	4.2	20.5	22.8	12.4	1 433.9	2 568.6
棉花	629.9	329.2	699.8	325.4	231.5	269.6
食用油籽	77.2	120.2	91.3	132.8	189.3	119.3
大豆	0.6	5.6	1.7	6.7	3.0	3.8
花生	7.4	7.9	3.6	14.8	39.0	16.0
油菜籽						
食用植物油	15.6	206.7	58.6	96.9	146.3	147.6
豆油			0.6	0.5	0.2	2.3
菜籽油			0.4			0.1
棕榈油		15.1	20.9	66.3	48.9	4.0
食糖	1 489.8	1 311.3	4 346.4	1 940.5	2 542.2	3 788.4
蔬菜	42 897.5	54 929.3	63 083.3	80 943.8	93 310.2	86 159.3
水果	13 100.4	16 163.6	24 686.2	29 301.3	39 879.0	45 110.1
畜产品	6 507.5	6 814.1	7 858.2	9 610.6	13 529.0	10 089.9
猪肉	46.8	19.8	3.5	2.3	4.1	1.1
牛肉	0.9	7.4	2.7	14.7	21.7	3.8
羊肉	0.1	0.1	3.0	2.0	0.8	0.3
家禽	426.2	543.9	793.7	834.6	1 300.4	1 138.7
蛋产品	385.4	543.8	570.3	700.7	1 227.0	1 236.2
乳品	3 525.1	4 067.8	5 159.7	6 550.4	9 068.9	6 158.2
动物生皮	634.0	348.6	351.8	376.8	190.2	144.7
动物生毛皮		10.2				
羊毛	574.7	307.8	368.2	535.7	889.2	669.9
水产品	139 476.0	164 177.1	178 256.1	197 674.8	245 033.0	223 098.9
饮品	33 056.7	34 905.4	56 759.5	49 841.0	74 973.4	71 146.1
酒	491.0	408.1	681.3	1 428.2	2 019.6	3 885.6
茶	7.5	2.6	10.0	2.3	1.6	12.0
咖啡	28 994.0	30 616.1	51 504.1	42 695.8	64 513.4	58 535.5

秘鲁主要农产品出口额（二）

单位：万美元

项　目	2010 年	2011 年	2012 年	2013 年	2014 年
农产品	574 989.4	768 675.1	758 833.9	706 776.2	804 199.4
谷物	3 666.1	4 398.9	8 003.2	13 673.9	23 183.3
小麦产品	216.6	194.1	247.1	676.3	588.7
玉米产品	1 665.9	1 416.7	1 829.1	2 250.1	1 955.1
稻谷产品	141.0	78.7	2 265.7	2 287.7	149.1
棉花	116.0	882.8	511.1	223.4	442.1
食用油籽	192.8	247.0	469.5	1 237.3	1 356.0
大豆	15.0	10.1	12.9	1.8	1.6
花生	29.2	45.1	21.1	44.5	80.9
油菜籽					
食用植物油	150.8	83.9	89.0	1 751.5	5 930.3
豆油	14.1	6.0	3.1		
菜籽油					
棕榈油	2.2			1 519.5	5 497.2
食糖	6 572.0	4 859.6	4 094.2	5 355.1	6 699.1
蔬菜	99 262.6	114 663.8	118 939.4	123 418.6	129 608.9
水果	58 242.1	87 372.7	95 966.0	117 370.9	162 632.6
畜产品	13 713.6	17 378.8	18 771.4	19 539.3	23 217.4
猪肉	3.3	0.8	3.3	1.8	3.9
牛肉	6.3	16.0	31.5	18.7	58.5
羊肉	0.8				
家禽	1 396.9	1 653.0	2 043.2	1 761.1	1 395.5
蛋产品	1 638.7	1 576.9	2 018.1	2 791.4	3 178.1
乳品	8 290.9	10 219.6	11 738.0	11 085.1	13 450.6
动物生皮	310.6	660.3	726.8	818.1	1 053.8
动物生毛皮			0.2		
羊毛	1 083.0	2 307.7	1 197.1	1 960.2	2 561.7
水产品	255 870.4	317 740.7	336 324.5	279 319.7	294 525.2
饮品	103 531.0	176 264.7	126 310.7	97 384.3	106 171.0
酒	4 502.8	4 606.1	11 086.1	11 859.5	7 741.4
茶	72.8	5.9	6.8	11.1	11.8
咖啡	88 912.0	158 588.3	102 353.8	69 595.0	73 433.5

4-29-2 秘鲁主要农产品进口额（一）

单位：万美元

项目	2004年	2005年	2006年	2007年	2008年	2009年
农产品	139 484.3	155 522.1	167 886.3	229 272.1	320 642.6	257 617.4
谷物	47 364.6	50 175.2	53 038.9	81 574.2	116 004.7	80 804.1
小麦产品	25 741.5	25 418.0	26 551.9	41 138.1	58 887.9	38 871.8
玉米产品	15 979.0	17 160.5	22 051.9	33 435.2	41 020.9	32 412.7
稻谷产品	3 123.5	4 915.3	1 657.8	3 585.8	10 116.2	5 575.1
棉花	6 135.5	6 498.5	5 113.3	8 858.7	9 628.4	6 940.4
食用油籽	2 576.8	3 164.9	3 797.2	5 191.9	10 266.3	9 395.4
大豆	2 104.3	2 476.4	3 062.7	4 110.6	8 526.3	8 128.6
花生	224.8	317.9	269.8	503.3	1 116.9	705.6
油菜籽				11.1	0.7	3.1
食用植物油	16 462.3	16 176.2	18 154.1	25 750.2	40 882.0	26 425.0
豆油	14 618.1	14 242.6	16 705.1	22 899.2	35 446.7	23 033.0
菜籽油	29.2	54.7	66.3	55.7	84.9	25.5
棕榈油	1 197.2	1 047.7	579.7	1 685.9	4 106.8	2 460.3
食糖	5 005.7	7 435.4	10 667.9	9 072.1	7 963.5	6 270.1
蔬菜	1 327.1	1 384.5	1 696.0	2 155.2	2 736.7	2 542.7
水果	8 921.1	9 910.8	10 719.6	12 879.5	17 226.3	17 062.0
畜产品	11 240.5	12 730.1	13 533.7	18 249.8	23 534.7	16 365.2
猪肉	37.8	101.0	86.2	106.9	156.2	215.2
牛肉	886.7	1 055.1	947.6	1 083.2	1 365.9	1 149.0
羊肉	5.6	3.9	6.6	4.9	7.4	8.0
家禽	1 644.9	1 790.3	1 883.9	2 558.2	3 169.4	3 421.0
蛋产品	79.5	193.9	89.5	141.5	196.2	447.3
乳品	6 140.8	6 552.7	7 572.9	10 277.3	12 697.0	6 740.8
动物生皮	0.1	0.4	0.6	4.4	1.4	3.4
动物生毛皮					0.5	
羊毛	28.7	111.5	58.2	57.5	31.9	10.1
水产品	2 803.1	4 852.0	3 152.4	3 753.3	7 456.2	8 063.2
饮品	5 565.3	6 769.8	7 201.4	8 516.7	10 198.7	8 392.0
酒	2 790.5	3 257.9	3 579.7	4 020.1	5 030.5	4 363.6
茶	147.1	144.4	177.2	347.7	720.6	210.7
咖啡	330.7	663.2	593.3	838.6	950.6	946.1

秘鲁主要农产品进口额（二）

单位：万美元

项　目	2010年	2011年	2012年	2013年	2014年
农产品	336 612.4	421 430.5	459 639.1	463 567.7	478 409.8
谷物	98 632.8	141 552.0	137 216.2	138 617.9	136 734.1
小麦产品	43 493.6	60 070.8	57 403.5	62 696.3	61 087.3
玉米产品	44 965.1	62 782.4	56 910.6	58 117.1	56 786.0
稻谷产品	6 197.0	13 094.7	16 618.9	12 156.1	13 895.3
棉花	13 982.8	21 994.7	14 391.6	12 814.4	13 943.7
食用油籽	9 855.2	9 103.5	10 295.5	14 624.4	21 012.6
大豆	8 359.3	7 180.9	8 194.0	12 387.4	17 811.1
花生	918.0	1 219.4	1 132.1	1 002.6	1 379.3
油菜籽					
食用植物油	36 768.4	47 410.1	47 860.1	44 550.3	41 070.3
豆油	32 570.7	40 447.1	42 536.2	39 157.2	33 545.0
菜籽油	40.7	52.9	33.9	45.7	57.0
棕榈油	2 810.8	4 772.8	2 958.6	3 334.6	5 238.0
食糖	13 030.5	14 398.0	19 966.8	8 292.2	8 456.0
蔬菜	3 450.6	3 918.9	4 671.8	5 553.7	6 704.9
水果	22 021.5	23 854.5	28 316.4	30 861.3	32 828.5
畜产品	27 262.7	30 635.5	41 390.9	39 031.9	48 030.2
猪肉	688.0	719.8	1 007.7	1 281.0	1 907.4
牛肉	1 569.6	1 832.7	2 182.4	2 776.6	2 706.4
羊肉	7.9	11.4	5.3	12.5	9.7
家禽	5 330.1	4 759.8	6 653.9	7 788.6	7 895.8
蛋产品	191.5	132.7	154.6	201.8	227.3
乳品	13 420.9	15 690.0	24 414.2	20 819.4	30 241.4
动物生皮	4.7	1.6	1.3	8.0	3.2
动物生毛皮					
羊毛	9.6	11.4		10.8	7.9
水产品	16 545.4	14 885.6	14 867.0	22 232.8	19 000.2
饮品	11 301.5	16 500.7	25 436.6	27 214.3	24 323.5
酒	5 819.8	9 329.6	16 519.0	17 549.3	13 744.7
茶	505.5	527.2	772.7	752.7	906.1
咖啡	1 204.3	2 072.7	2 578.8	2 644.2	2 361.0

4-29-3 秘鲁主要农产品出口量（一）

单位：吨

项 目	2004年	2005年	2006年	2007年	2008年	2009年
农产品						
谷物	16 852.1	15 879.9	24 540.7	17 773.4	52 480.9	70 428.0
小麦产品	6 135.3	4 561.1	13 678.5	4 920.6	22 031.5	8 486.0
玉米产品	8 419.6	8 973.9	7 592.3	8 965.1	8 516.8	9 362.9
稻谷产品	31.7	261.6	290.0	162.3	17 589.7	47 974.2
棉花	3 339.9	2 007.0	3 816.1	1 576.5	961.9	1 581.2
食用油籽	680.1	1 127.0	826.0	847.0	628.4	547.7
大豆	3.9	24.1	13.9	78.8	25.3	34.0
花生	116.3	175.1	62.0	65.4	142.6	74.0
油菜籽						
食用植物油	68.8	3 335.4	419.9	872.2	852.4	784.7
豆油	0.1	0.1	4.1	2.5	1.7	16.3
菜籽油		0.1	0.8			0.1
棕榈油		222.8	300.0	745.4	354.1	40.0
食糖	41 724.6	32 640.0	109 126.6	48 893.6	71 060.5	86 179.3
蔬菜	283 245.0	347 840.3	381 970.0	447 989.4	492 163.8	512 251.2
水果						
畜产品						
猪肉	278.7	113.2	11.8	9.4	18.7	5.4
牛肉	3.8	33.2	5.7	58.9	40.7	15.5
羊肉	0.3	0.5	25.0	9.4	2.5	1.6
家禽						
蛋产品						
乳品	36 329.1	39 529.4	50 410.4	51 596.3	62 926.5	50 593.0
动物生皮	4 333.7	3 664.8	3 056.1	2 335.5	1 098.3	929.0
动物生毛皮						
羊毛	3 543.2	2 198.7	2 706.8	3 242.9	4 261.4	4 963.8
水产品						
饮品						
酒						
茶	14.0	7.6	14.7	4.2	3.6	5.4
咖啡	191 149.9	142 166.0	238 085.0	173 624.5	225 094.0	197 787.3

秘鲁主要农产品出口量（二）

单位：吨

项　目	2010年	2011年	2012年	2013年	2014年
农产品					
谷物	25 392.5	22 580.9	77 324.1	73 930.9	60 535.3
小麦产品	5 111.9	3 518.5	4 604.9	12 500.7	11 087.0
玉米产品	11 065.0	8 907.1	9 693.2	10 690.2	10 532.9
稻谷产品	2 075.8	693.8	49 616.3	29 981.2	241.8
棉花	535.2	2 399.6	2 252.6	1 238.3	2 161.3
食用油籽	707.2	799.3	894.4	1 636.6	2 337.6
大豆	131.7	82.3	90.4	10.2	10.0
花生	109.2	136.6	90.3	159.6	458.2
油菜籽					
食用植物油	531.7	317.6	277.8	18 830.3	60 567.4
豆油	10.6	27.6	13.7		
菜籽油					
棕榈油	27.9			18 203.8	59 284.4
食糖	112 810.1	63 380.8	61 424.5	100 992.2	134 367.6
蔬菜	601 364.5	644 593.2	613 067.8	625 518.3	665 511.1
水果					
畜产品					
猪肉	9.2	1.7	8.3	4.9	13.0
牛肉	20.0	75.9	73.6	46.7	231.3
羊肉	4.2				
家禽					
蛋产品					
乳品	67 299.9	70 466.5	77 641.0	75 151.6	89 843.8
动物生皮	2 353.0	2 457.6	2 701.5	4 103.6	4 185.7
动物生毛皮					
羊毛	6 159.1	8 265.3	4 522.2	7 796.8	9 055.1
水产品					
饮品					
酒					
茶	95.6	8.2	11.9	26.0	72.9
咖啡	229 936.1	294 154.9	265 825.0	237 703.8	182 291.0

4-29-4 秘鲁主要农产品进口量（一）

单位：吨

项目	2004年	2005年	2006年	2007年	2008年	2009年
农产品						
谷物	2 680 231.3	3 027 490.5	3 147 543.7	3 306 432.8	3 192 557.9	3 257 528.0
小麦产品	1 386 492.7	1 464 943.4	1 473 370.7	1 531 201.3	1 494 620.2	1 513 342.0
玉米产品	1 097 070.9	1 314 342.3	1 503 461.7	1 566 787.7	1 404 598.7	1 510 558.1
稻谷产品	80 222.8	125 618.4	44 699.8	80 011.3	146 585.7	91 369.6
棉花	36 335.9	46 870.2	38 111.5	60 477.9	53 519.0	47 031.7
食用油籽	74 936.2	99 755.4	117 212.6	132 133.9	168 019.4	185 575.7
大豆	70 885.4	93 651.6	110 751.4	125 328.5	160 426.8	178 733.2
花生	2 509.6	3 965.8	3 900.4	4 199.3	5 654.6	3 722.2
油菜籽	0.1			23.0	1.0	5.0
食用植物油	259 877.0	296 514.3	325 188.1	337 462.2	338 019.4	316 688.0
豆油	230 399.6	263 056.2	303 305.0	299 558.0	291 855.4	272 087.7
菜籽油	278.3	413.0	482.0	361.1	356.3	116.1
棕榈油	21 097.9	21 638.7	10 389.9	24 030.5	37 251.3	34 540.8
食糖	180 281.0	251 548.9	243 259.2	245 627.1	207 506.2	145 719.0
蔬菜	7 183.1	8 152.0	9 110.3	10 795.7	14 803.6	12 659.7
水果						
畜产品						
猪肉	267.2	655.4	619.7	833.3	922.2	1 250.7
牛肉	4 173.6	4 371.7	3 093.9	2 981.2	2 599.5	2 465.3
羊肉	3.8	2.5	4.6	2.7	4.0	4.3
家禽						
蛋产品						
乳品	33 115.9	31 880.8	37 546.5	36 159.2	37 888.1	34 707.6
动物生皮	0.1	0.2	1.8	9.2	11.7	84.3
动物生毛皮						
羊毛	56.7	233.9	247.2	124.5	55.1	36.8
水产品						
饮品						
酒						
茶	469.5	472.0	293.1	426.1	430.4	399.8
咖啡	478.0	2 018.0	772.8	970.4	973.0	1 069.2

秘鲁主要农产品进口量（二）

单位：吨

项　目	2010年	2011年	2012年	2013年	2014年
农产品					
谷物	3 868 088.6	3 992 491.0	4 010 891.4	4 160 887.1	4 583 112.5
小麦产品	1 697 718.8	1 699 074.9	1 702 674.4	1 806 549.5	1 881 452.8
玉米产品	1 917 825.3	1 908 034.3	1 847 245.7	2 021 064.7	2 332 198.1
稻谷产品	95 233.0	205 384.0	253 202.3	175 800.4	208 153.7
棉花	70 012.0	67 774.2	48 963.7	57 730.3	59 579.0
食用油籽	198 221.8	142 019.3	160 031.6	250 275.1	356 646.9
大豆	189 258.9	131 424.0	149 692.8	238 894.7	338 609.4
花生	5 317.0	7 292.7	6 702.4	7 277.4	10 670.4
油菜籽					
食用植物油	395 561.7	368 817.4	387 722.7	413 899.5	428 308.3
豆油	351 929.6	314 947.3	343 591.4	362 795.4	355 215.3
菜籽油	198.5	213.1	141.4	185.2	293.6
棕榈油	31 041.1	37 787.8	25 081.7	34 950.7	55 136.4
食糖	209 902.2	189 413.1	301 080.7	147 652.6	176 809.2
蔬菜	17 662.5	20 091.1	24 517.2	29 019.9	34 177.9
水果					
畜产品					
猪肉	3 004.6	2 647.6	3 685.4	4 607.7	5 827.4
牛肉	3 107.4	2 814.0	2 980.5	4 017.6	3 652.7
羊肉	7.5	4.3	1.7	5.3	4.9
家禽					
蛋产品					
乳品	49 855.3	45 593.0	78 539.1	63 352.5	84 922.1
动物生皮	36.0	19.5	9.9	69.4	30.3
动物生毛皮					
羊毛	14.2	13.4		21.1	43.2
水产品					
饮品					
酒					
茶	689.9	770.1	796.3	1 018.6	1 092.8
咖啡	1 313.6	2 093.6	3 237.6	2 433.1	1 969.8

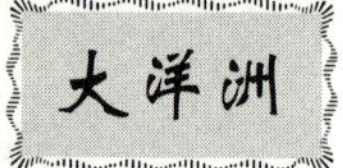

4-30 澳大利亚主要农产品贸易情况

4-30-1 澳大利亚农产品贸易综述

一、10年来澳大利亚农产品贸易总体情况

2004—2014年，澳大利亚农产品贸易额由268.4亿美元增至527.5亿美元，年均增长7.0%。其中，出口额由214.6亿美元增至378.6亿美元，年均增长5.8%；进口额由53.8亿美元增至148.9亿美元，年均增长10.7%；贸易顺差由160.8亿美元增至229.7亿美元，年均增长3.6%（图1）。

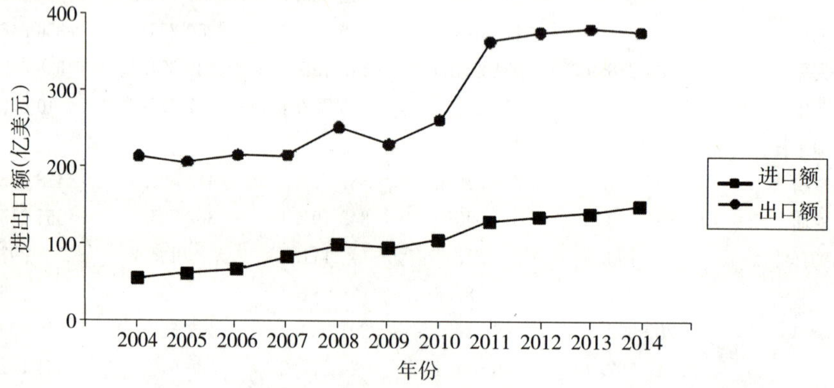

图1 2004—2014年澳大利亚农产品进出口额变化

2005年以来，除2009年进出口额同比下降以及2005年和2014年出口额同比下降外，其余年份均保持正增长。其中，2011年出口增速最快，达39.3%，2007年进口增幅最大，达22.7%。2012年和2013年进出口增速放缓。2014年进口额同比增长6.2%，较上年提高2.2个百分点；出口额同比下降1.1%，较上年下调2.5个百分点（图2）。

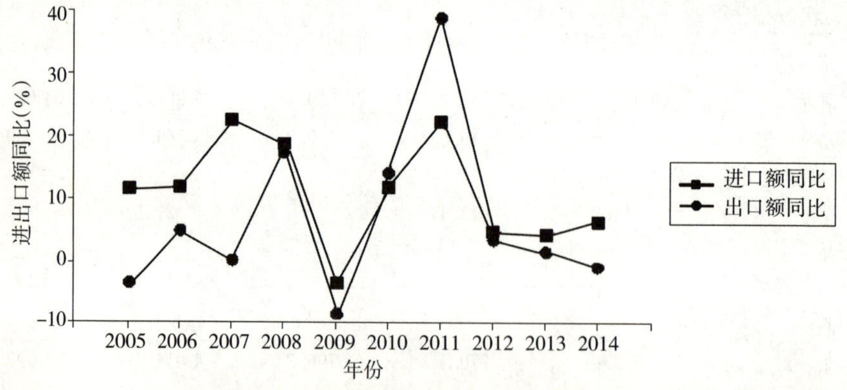

图2 2005—2014年澳大利亚农产品进出口额同比变化

二、2014年澳大利亚农产品贸易情况

2014年澳大利亚农产品贸易额为527.5亿美元，同比增长0.8%，在全球各大农产品贸易国中排名第15位。其中出口额为378.6亿美元，同比下降1.1%，全球排名第12位；进口额为148.9亿美元，同比增长6.2%，全球排名第20位。

（一）进出口产品结构

2014年，澳大利亚进口农产品以饮品、水果和水产品为主，进口额分别为33.0亿美元、22.0亿美元和19.2亿美元，占其农产品进口额的比重分别为22.1%、14.8%和12.9%。此外，澳大利亚还进口畜产品和蔬菜等，2014年进口额分别为16.6亿美元和9.8亿美元，分别占其农产品进口额的11.1%和6.6%（图3）。

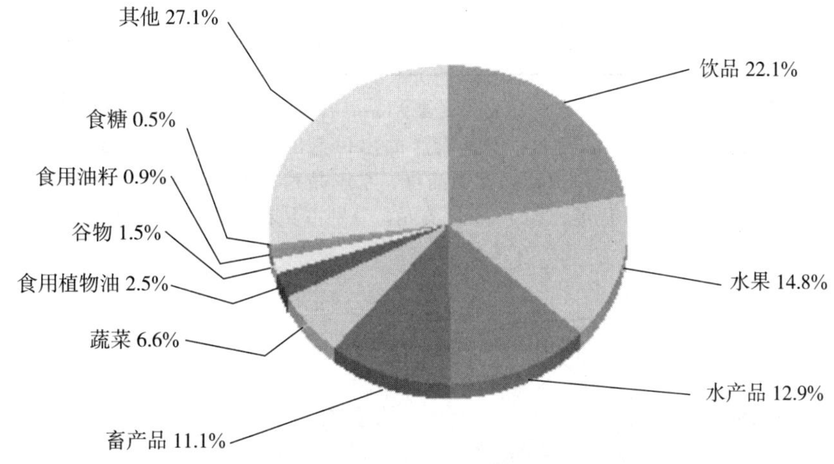

图3　2014年澳大利亚农产品进口结构

2014年，澳大利亚进口同比增长较快的农产品主要是食糖、食用油籽、谷物和畜产品，增幅分别为33.6%、16.9%、12.8%和12.3%。此外，食用植物油、蔬菜和水产品的增幅在4.9%～8.3%之间。水果和饮品进口额增长相对缓慢，棉花进口出现下降（表1）。

表1　2005—2014年澳大利亚主要农产品进口额同比变化情况

单位：%

	2005年	2006年	2007年	2008年	2009年	2010年	2011年	2012年	2013年	2014年
农产品	11.4	11.8	22.7	18.9	−3.7	11.7	22.5	4.6	4.0	6.2
蔬菜	9.0	8.4	27.3	24.2	−7.2	6.9	33.0	−4.0	1.2	6.2
水产品	9.3	15.4	9.2	15.7	−4.3	7.9	17.4	5.6	3.3	4.9

（续）

	2005年	2006年	2007年	2008年	2009年	2010年	2011年	2012年	2013年	2014年
粮食谷物	18.0	1.3	49.0	95.7	10.5	−7.0	−0.3	−7.8	11.2	12.8
畜产品	21.6	6.6	22.8	27.5	−13.7	25.3	13.6	2.8	0.2	12.3
饮品	14.0	14.3	26.9	24.8	−3.1	12.0	26.2	4.6	2.8	3.1
水果	8.7	4.8	25.8	8.7	0.1	11.4	29.1	3.1	2.4	4.0
食用植物油	−3.2	37.7	23.2	7.6	−12.3	3.9	9.5	−5.3	−1.5	8.3
食用油籽	9.1	28.4	−6.1	−8.6	−15.8	26.9	20.9	27.8	5.6	16.9
棉花	−71.6	−48.0	27.6	176.1	−78.8	305.1	335.7	−51.0	−34.5	−2.7
食糖	−38.5	47.8	40.6	29.0	253.9	93.2	131.1	−28.8	−30.4	33.6

2014年，澳大利亚出口的农产品主要是畜产品、谷物和饮品，出口额分别为181.1亿美元、75.4亿美元和21.4亿美元，占其农产品出口额的比重分别为47.8%、19.9%和5.6%。此外，澳大利亚还出口棉花、食用油籽、水产品和水果等，出口额分别为18.1亿美元、14.9亿美元、12.5亿美元和10.4亿美元，分别占其农产品出口额的4.8%、3.9%、3.3%和2.7%（图4）。

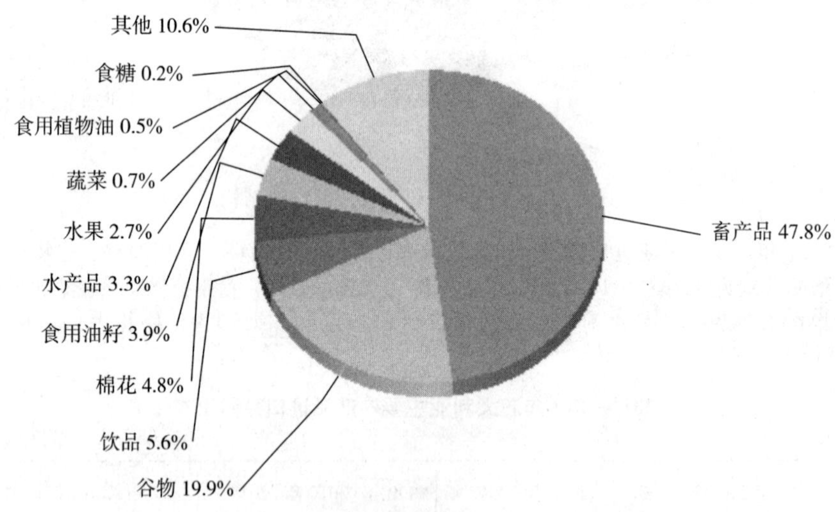

图4 2014年澳大利亚农产品出口结构

2014年，澳大利亚出口额同比增长较快的农产品是畜产品、水果和水产品，增幅分别为14.2%、12.5%和7.3%。食用油籽降幅接近四成，食用植物油、食糖和棉花分别下降11.2%、26.0%和27.9%，饮品类、谷物和蔬菜出口降幅在4.3%～8.5%（表2）。

表 2 2005—2014 年澳大利亚主要农产品出口额同比变化情况

单位：%

	2005 年	2006 年	2007 年	2008 年	2009 年	2010 年	2011 年	2012 年	2013 年	2014 年
农产品	−3.8	4.7	−0.1	17.3	−8.9	14.1	39.3	3.2	1.3	−1.1
蔬菜	−1.9	−0.4	4.8	10.3	−6.2	10.4	15.7	−10.6	−3.2	−8.5
水产品	2.8	2.2	−3.8	4.9	−10.0	5.5	19.7	−13.5	−2.4	7.3
谷物	−28.7	18.7	−34.3	94.6	−0.8	4.0	73.7	6.9	−6.7	−7.6
畜产品	4.3	1.8	10.8	6.6	−18.0	20.6	25.5	−1.8	6.3	14.2
饮品	3.8	−1.8	18.2	−11.8	−11.6	6.5	6.2	−1.5	−7.5	−4.3
水果	7.5	2.4	4.0	0.8	5.4	−11.9	12.2	12.3	17.6	12.5
食用植物油	−4.9	18.2	12.3	155.4	−10.4	11.4	30.4	−9.8	28.6	−11.2
食用油籽	−34.3	−10.6	−52.7	155.4	82.6	−12.9	155.7	37.3	32.2	−39.9
棉花	7.9	−0.6	−39.7	−18.1	11.6	121.8	180.2	3.7	−7.6	−27.9
食糖	54.1	94.7	−21.4	−2.1	18.1	82.5	8.6	−17.8	−21.2	−26.0

（二）主要贸易伙伴

2014 年澳大利亚前五大农产品出口市场分别为中国、美国、日本、印度尼西亚和韩国，出口额分别为 65.6 亿美元、38.9 亿美元、35.2 亿美元、25.6 亿美元和 18.9 亿美元，占其农产品出口额的比重分别为 18.2%、10.8%、9.8%、7.1%和 5.2%（图 5）。

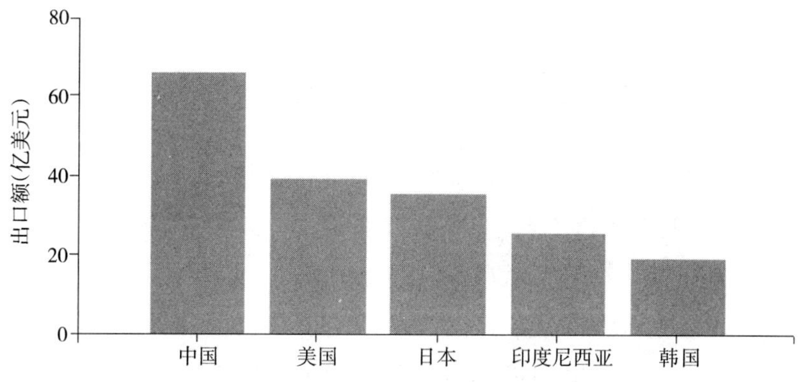

图 5 2014 年澳大利亚前五大农产品出口市场

2014 年澳大利亚前五大农产品进口来源地分别为新西兰、美国、中国、泰国和新加坡，进口额分别为 27.8 亿美元、15.7 亿美元、10.8 亿美元、8.8 亿美元和 7.7 亿美元，占其农产品进口额的比重分别为 18.9%、10.6%、7.3%、6.0%和 5.2%（图 6）。

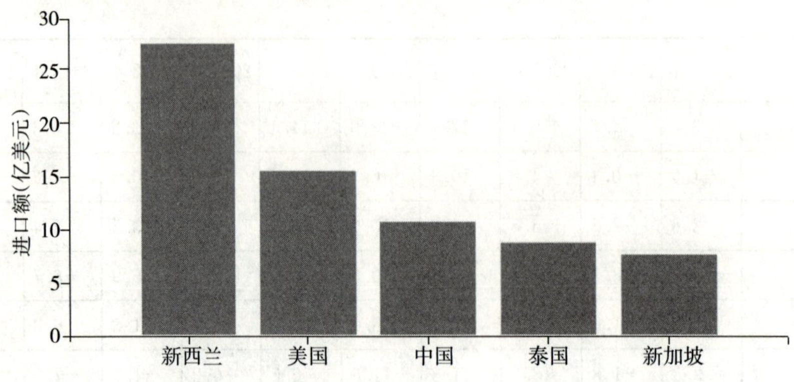

图 6 2014 年澳大利亚前五大农产品进口来源地

4-30-2 澳大利亚主要农产品出口额（一）

单位：万美元

项 目	2004年	2005年	2006年	2007年	2008年	2009年
农产品	2 145 635.1	2 063 066.5	2 160 640.9	2 157 810.9	2 530 177.7	2 304 913.8
谷物	422 371.8	301 165.1	357 376.2	234 765.1	456 742.1	453 272.0
小麦产品	315 892.4	234 216.2	261 224.7	171 116.6	331 121.1	378 234.2
玉米产品	634.8	553.5	750.2	865.8	2 268.3	1 781.4
稻谷产品	3 764.3	3 803.3	16 928.4	12 269.5	5 557.2	2 728.6
棉花	71 392.6	77 024.1	76 534.6	46 159.0	37 795.7	42 170.6
食用油籽	47 196.6	31 028.6	27 742.4	13 121.4	33 514.0	61 189.9
大豆	797.3	461.2	337.0	411.8	415.9	607.3
花生	1 931.1	521.1	497.9	845.0	1 188.0	747.2
油菜籽	38 459.2	23 687.2	21 555.4	8 517.8	29 045.4	53 157.8
食用植物油	4 221.4	4 015.5	4 744.3	5 327.6	13 605.7	12 189.1
豆油	131.7	49.8	63.2	166.8	258.3	416.7
菜籽油	3 602.0	2 511.9	2 315.1	3 435.4	9 935.1	6 947.7
棕榈油	3.7	1.5	0.9	12.1	545.2	9.7
食糖	2 772.4	4 273.0	8 318.5	6 538.4	6 398.4	7 557.9
蔬菜	24 233.6	23 700.3	23 554.1	24 840.7	27 423.8	25 737.2
水果	57 928.4	62 264.9	63 766.2	66 321.9	66 881.1	70 520.6
畜产品	976 315.8	1 018 449.7	1 037 140.9	1 148 725.1	1 224 423.0	1 004 565.2
猪肉	12 208.6	10 059.9	11 377.8	11 418.3	10 302.4	9 285.1
牛肉	338 587.4	356 370.7	366 509.9	372 020.4	418 280.8	337 893.3
羊肉	82 854.7	98 061.2	103 864.1	109 043.0	116 355.6	120 946.0
家禽	7 900.0	8 444.7	5 927.9	5 455.7	6 761.9	8 211.9
蛋产品	361.1	171.0	142.2	119.7	172.2	195.9
乳品	171 279.0	182 402.6	179 330.5	199 155.0	220 770.9	164 793.8
动物生皮	50 413.8	47 479.9	49 962.3	60 760.3	60 403.8	40 953.0
动物生毛皮	47.1	35.6	4.7	39.4	18.5	0.6
羊毛	175 699.7	168 584.4	173 178.2	221 042.8	186 050.5	142 126.8
水产品	114 486.1	117 675.4	120 250.8	115 713.9	121 328.8	109 178.0
饮品	230 724.7	239 522.1	235 199.0	278 079.5	245 254.0	216 852.3
酒	208 571.7	219 066.3	216 754.7	254 898.2	220 640.2	190 598.5
茶	312.7	405.9	371.5	476.1	480.2	703.9
咖啡	2 814.7	3 132.7	3 574.2	4 119.3	4 157.9	4 158.8

澳大利亚主要农产品出口额（二）

单位：万美元

项　目	2010 年	2011 年	2012 年	2013 年	2014 年
农产品	2 629 824.0	3 662 296.5	3 778 951.2	3 829 465.3	3 786 461.2
谷物	471 253.9	818 559.4	874 896.6	816 083.3	754 068.7
小麦产品	380 264.1	631 894.1	680 394.1	590 931.6	537 093.1
玉米产品	1 356.8	2 770.4	4 973.0	5 332.9	3 423.8
稻谷产品	5 680.7	27 396.3	35 744.2	37 229.1	35 577.2
棉花	93 530.6	262 113.2	271 894.1	251 241.2	181 230.0
食用油籽	53 302.1	136 306.9	187 157.7	247 424.5	148 780.7
大豆	506.2	1 055.8	722.7	1 005.8	634.8
花生	883.8	766.5	758.6	744.3	847.5
油菜籽	45 863.3	114 237.8	160 018.3	225 451.3	132 225.3
食用植物油	13 575.8	17 699.7	15 964.4	20 522.7	18 231.0
豆油	237.0	48.5	130.0	283.4	494.5
菜籽油	9 382.6	13 714.9	13 206.4	17 138.4	15 173.2
棕榈油	6.3	14.5		11.0	1.8
食糖	13 792.6	14 984.2	12 310.6	9 698.6	7 172.2
蔬菜	28 320.5	32 771.3	29 555.4	28 620.3	26 181.9
水果	62 118.2	69 667.3	78 262.5	92 074.3	103 622.9
畜产品	1 211 533.8	1 519 879.0	1 492 234.0	1 585 750.0	1 811 419.1
猪肉	9 679.5	11 183.1	8 906.2	7 803.9	8 498.0
牛肉	392 506.0	483 887.5	492 357.6	550 779.1	699 956.1
羊肉	142 552.1	169 981.6	169 661.6	203 196.4	253 365.2
家禽	8 701.1	11 340.9	16 048.7	13 686.7	16 816.3
蛋产品	85.1	285.4	500.0	323.2	253.6
乳品	191 432.1	221 199.5	221 527.6	220 186.6	228 820.4
动物生皮	64 727.0	87 790.2	84 720.9	99 025.3	92 867.0
动物生毛皮	4.7	3.9	5.0	27.8	53.8
羊毛	197 522.6	292 557.4	261 103.7	251 592.4	217 875.9
水产品	115 204.6	137 888.3	119 218.6	116 399.3	124 943.8
饮品	230 947.7	245 163.8	241 524.1	223 488.8	213 818.7
酒	201 692.4	210 637.9	210 153.4	195 143.2	183 910.3
茶	959.7	1 150.3	717.1	961.4	1 111.8
咖啡	4 547.7	7 034.7	5 873.3	4 970.7	4 991.2

4-30-3 澳大利亚主要农产品进口额（一）

单位：万美元

项　目	2004年	2005年	2006年	2007年	2008年	2009年
农产品	538 420.7	599 898.7	670 690.9	822 857.8	978 602.3	942 039.2
谷物	5 448.1	6 431.3	6 513.3	9 707.6	19 000.9	21 000.9
小麦产品	135.5	265.0	166.3	338.4	490.0	898.5
玉米产品	589.9	404.0	364.5	401.5	349.8	480.4
稻谷产品	4 610.7	5 579.3	5 831.9	8 645.5	17 805.0	19 333.3
棉花	56.6	16.0	8.3	10.7	29.4	6.2
食用油籽	5 729.2	6 248.4	8 023.8	7 534.6	6 883.8	5 793.2
大豆	2 594.4	3 199.5	2 346.1	559.4	425.2	322.5
花生	950.5	825.8	1 374.7	3 236.7	2 523.0	1 837.8
油菜籽	21.0	21.6	1 820.9	58.8	54.8	123.2
食用植物油	21 098.7	20 431.6	28 140.7	34 678.3	37 328.3	32 748.0
豆油	920.5	664.8	2 017.6	1 821.5	3 038.6	2 033.8
菜籽油	893.3	839.5	1 269.8	1 240.6	2 044.8	1 332.7
棕榈油	5 317.9	4 665.0	5 769.3	8 111.8	12 974.4	11 191.7
食糖	450.0	276.6	408.8	574.6	741.2	2 623.4
蔬菜	37 721.3	41 099.6	44 441.3	56 805.7	70 620.6	65 376.2
水果	89 337.1	97 086.1	101 747.9	127 974.1	139 072.0	139 158.6
畜产品	57 375.3	69 794.2	74 433.7	91 438.0	116 563.6	100 602.1
猪肉	17 338.9	22 856.8	23 770.9	34 218.2	35 506.7	38 590.0
牛肉	1 077.3	1 657.2	1 463.7	949.2	889.8	1 058.4
羊肉	138.7	86.3	189.2	138.5	278.0	419.4
家禽	1 143.9	1 154.0	1 028.5	1 351.0	1 897.1	2 929.5
蛋产品	274.4	282.6	432.3	458.9	697.4	514.0
乳品	23 548.4	27 380.5	29 915.4	36 055.4	53 807.3	39 042.3
动物生皮	159.8	91.9	108.1	163.7	126.1	49.7
动物生毛皮	29.6	45.0	78.4	69.0	78.9	34.5
羊毛	3 261.5	2 778.4	2 078.2	1 953.0	1 892.7	1 356.6
水产品	86 955.7	95 011.6	109 602.5	119 690.6	138 485.6	132 495.0
饮品	105 253.8	119 941.3	137 123.9	173 955.0	217 080.4	210 351.4
酒	49 655.2	55 238.0	67 498.6	83 564.7	108 096.9	99 933.0
茶	7 048.7	7 466.1	7 619.6	8 882.1	10 036.3	9 797.0
咖啡	14 157.4	19 131.5	21 724.7	27 499.8	32 965.2	34 131.7

澳大利亚主要农产品进口额（二）

单位：万美元

项　目	2010 年	2011 年	2012 年	2013 年	2014 年
农产品	1 051 867.3	1 288 891.2	1 348 753.0	1 402 109.2	1 488 647.8
谷物	19 520.3	19 465.4	17 943.2	19 944.2	22 491.0
小麦产品	647.3	762.5	843.4	1 063.6	1 222.7
玉米产品	438.6	618.4	669.7	751.7	694.2
稻谷产品	18 041.4	17 409.0	15 652.2	16 806.7	17 892.8
棉花	25.3	110.1	54.0	35.4	34.4
食用油籽	7 349.9	8 882.5	11 349.0	11 978.9	14 004.0
大豆	316.8	358.2	338.3	373.3	413.6
花生	2 490.0	3 299.4	4 557.7	3 825.6	3 743.8
油菜籽	72.6	191.5	297.2	176.8	173.7
食用植物油	34 036.4	37 257.6	35 280.1	34 740.4	37 620.1
豆油	2 876.6	2 864.7	2 792.6	2 856.7	2 953.8
菜籽油	1 711.7	2 191.1	2 571.9	2 920.8	4 051.7
棕榈油	9 382.2	12 196.9	10 509.3	8 554.2	8 907.7
食糖	5 067.5	11 712.8	8 344.6	5 808.9	7 758.0
蔬菜	69 857.4	93 144.1	91 042.9	92 090.8	97 793.1
水果	154 988.4	200 126.6	206 377.6	211 310.8	219 700.3
畜产品	126 059.4	143 246.7	147 196.5	147 478.6	165 587.2
猪肉	41 210.9	43 020.0	48 017.5	44 588.6	49 374.8
牛肉	1 442.4	2 516.6	1 904.3	1 127.7	1 136.7
羊肉	1 103.0	954.4	778.0	622.6	497.5
家禽	4 479.8	5 802.5	7 074.4	7 819.7	10 581.5
蛋产品	732.3	700.1	517.4	691.3	847.0
乳品	55 095.5	63 783.9	60 718.2	65 213.5	73 151.5
动物生皮	63.7	112.6	185.5	238.9	352.3
动物生毛皮	51.8	107.3	81.8	113.2	137.8
羊毛	1 520.9	1 457.6	705.3	824.2	1 134.4
水产品	142 999.2	167 846.9	177 208.9	183 048.2	192 102.6
饮品	235 557.1	297 228.6	310 913.0	319 707.3	329 701.6
酒	113 829.5	135 880.1	149 269.5	159 009.7	153 862.4
茶	10 966.5	11 898.2	12 908.0	13 119.0	13 286.6
咖啡	37 909.5	59 286.4	61 314.4	55 757.0	60 418.1

4-30-4 澳大利亚主要农产品出口量（一）

单位：吨

项 目	2004年	2005年	2006年	2007年	2008年	2009年
农产品						
谷物	26 098 717.2	19 784 073.2	21 015 498.6	13 334 454.4	12 282 287.5	24 439 519.5
小麦产品	18 957 453.4	15 487 294.9	15 569 026.8	11 184 163.8	8 330 552.3	20 802 502.4
玉米产品	12 568.5	17 707.0	14 244.6	12 372.1	87 231.6	40 549.1
稻谷产品	73 649.2	64 697.2	334 988.8	200 402.5	57 221.1	19 647.2
棉花	447 498.5	599 948.5	580 290.7	328 541.2	225 710.0	317 552.7
食用油籽	1 415 998.6	1 113 157.1	955 516.8	268 945.1	563 172.7	1 342 083.5
大豆	16 984.8	10 102.5	6 816.1	5 877.7	3 747.5	8 138.4
花生	16 497.1	3 989.0	3 574.8	4 703.8	6 213.0	4 643.0
油菜籽	1 197 679.5	842 181.5	763 600.5	209 546.1	530 237.1	1 222 344.0
食用植物油	61 365.7	48 264.4	46 906.8	43 624.9	92 718.9	91 938.3
豆油	1 846.2	614.8	806.0	1 700.6	1 697.4	3 262.0
菜籽油	56 409.5	39 401.7	32 981.4	36 633.6	74 521.1	67 907.2
棕榈油	43.0	14.3	2.8	87.4	7 403.8	45.8
食糖	116 661.9	155 336.3	187 235.6	222 388.0	196 825.6	192 697.5
蔬菜	297 992.6	265 040.1	240 409.9	227 092.3	207 774.2	237 987.3
水果						
畜产品						
猪肉	46 140.4	41 560.5	44 853.3	40 671.6	35 579.5	30 041.4
牛肉	963 810.8	977 363.5	1 007 101.2	992 824.9	994 408.1	964 271.4
羊肉	275 082.6	313 534.7	342 697.6	338 159.6	333 311.0	335 086.0
家禽						
蛋产品						
乳品	847 500.3	807 605.5	833 952.4	718 507.1	626 857.3	717 388.6
动物生皮	261 673.6	283 093.6	267 805.3	354 643.4	323 225.1	245 433.3
动物生毛皮						
羊毛	420 235.5	423 048.8	433 885.1	414 065.2	358 634.9	339 202.6
水产品						
饮品						
酒						
茶	672.4	684.1	495.2	693.0	1 507.2	1 904.6
咖啡	4 686.8	5 113.6	5 886.6	5 509.5	4 760.6	4 806.6

澳大利亚主要农产品出口量（二）

单位：吨

项　目	2010 年	2011 年	2012 年	2013 年	2014 年
农产品					
谷物	20 382 802.5	25 667 909.1	29 814 936.5	24 743 034.2	25 462 685.3
小麦产品	15 996 741.0	19 819 015.1	23 626 321.3	18 073 523.6	18 335 758.2
玉米产品	29 632.1	60 499.8	126 350.3	122 221.6	71 796.4
稻谷产品	58 321.4	316 348.6	454 792.7	468 939.3	412 815.5
棉花	474 805.9	852 703.0	1 220 976.4	1 174 846.1	900 661.1
食用油籽	1 239 841.5	2 455 590.1	3 470 552.0	4 344 234.5	2 904 131.3
大豆	5 081.8	8 961.2	4 657.5	11 703.6	6 255.2
花生	4 205.5	3 163.4	2 851.7	2 889.8	3 207.6
油菜籽	1 081 497.5	1 853 482.4	2 677 048.6	3 795 676.6	2 560 580.3
食用植物油	121 507.9	135 999.9	117 770.8	154 785.9	168 809.1
豆油	1 851.8	368.7	1 114.5	1 565.9	3 566.6
菜籽油	98 942.2	117 671.4	108 266.7	142 901.1	155 878.2
棕榈油	40.8	66.8		93.8	20.3
食糖	273 851.7	222 935.1	207 643.0	200 467.6	140 566.7
蔬菜	237 284.0	249 985.1	248 896.2	243 280.5	218 813.3
水果					
畜产品					
猪肉	31 418.1	32 119.6	27 356.8	27 445.8	28 170.1
牛肉	968 593.0	1 032 218.0	1 030 309.2	1 167 574.8	1 354 920.0
羊肉	294 502.8	295 425.3	355 854.2	449 705.2	498 509.7
家禽					
蛋产品					
乳品	610 683.7	628 969.4	683 160.8	620 583.1	679 448.1
动物生皮	501 197.9	332 630.7	375 835.3	414 149.7	445 261.3
动物生毛皮					
羊毛	350 998.3	347 969.9	337 958.3	345 575.2	324 830.3
水产品					
饮品					
酒					
茶	1 959.9	1 979.7	998.4	1 400.4	1 826.0
咖啡	5 027.7	6 615.1	5 512.4	5 054.6	5 794.2

4-30-5 澳大利亚主要农产品进口量（一）

单位：吨

项 目	2004年	2005年	2006年	2007年	2008年	2009年
农产品						
谷物	109 680.6	126 600.5	116 692.1	161 257.4	218 328.4	239 806.9
小麦产品	2 851.5	4 130.1	3 389.3	6 026.4	5 095.9	14 988.3
玉米产品	11 394.7	7 032.3	4 946.0	5 169.0	5 197.8	7 005.9
稻谷产品	93 010.0	112 139.1	106 049.4	143 626.4	203 642.0	214 904.1
棉花	302.0	96.6	111.0	361.1	510.6	83.6
食用油籽	119 881.5	163 338.5	192 654.2	88 187.2	41 646.3	32 313.7
大豆	94 159.4	141 370.7	105 749.8	16 375.0	6 795.5	4 186.7
花生	10 699.8	8 514.2	14 732.5	29 304.0	16 621.4	12 176.5
油菜籽	101.4	126.4	57 269.3	265.2	284.1	483.2
食用植物油	207 588.1	199 215.2	261 195.0	261 971.0	247 682.4	249 279.2
豆油	13 396.8	10 491.6	32 179.0	22 134.2	22 889.0	21 391.7
菜籽油	10 208.6	9 380.9	16 200.8	10 765.5	11 266.8	10 064.7
棕榈油	111 819.7	112 104.8	136 528.4	128 230.1	133 976.4	135 144.8
食糖	12 362.6	6 126.3	8 010.7	10 467.8	12 442.3	54 156.9
蔬菜	300 394.3	318 406.1	351 400.8	464 362.8	518 839.1	439 648.7
水果						
畜产品						
猪肉	61 039.5	78 157.8	81 515.4	106 165.5	113 167.5	132 924.9
牛肉	3 925.7	5 387.1	3 506.9	2 038.5	1 947.8	2 534.9
羊肉	374.3	344.1	591.4	439.7	672.3	835.2
家禽						
蛋产品						
乳品	84 138.9	85 600.5	96 002.1	102 254.4	121 430.2	120 028.3
动物生皮	715.9	473.4	407.3	606.7	496.5	205.4
动物生毛皮						
羊毛	9 925.2	8 973.7	7 308.6	6 457.0	6 259.4	5 083.8
水产品						
饮品						
酒						
茶	15 141.7	15 061.4	14 151.3	14 953.4	15 427.1	14 167.9
咖啡	53 157.7	64 275.3	65 641.9	68 680.8	70 382.3	75 443.4

澳大利亚主要农产品进口量（二）

单位：吨

项　目	2010年	2011年	2012年	2013年	2014年
农产品					
谷物	221 347.8	198 276.4	177 479.6	191 555.2	209 329.7
小麦产品	10 099.6	10 858.6	12 741.5	16 162.2	18 330.8
玉米产品	6 195.4	8 798.1	9 344.5	8 625.4	8 196.1
稻谷产品	202 460.5	175 111.4	151 345.9	161 520.0	172 214.2
棉花	289.5	461.5	589.6	236.1	231.4
食用油籽	38 981.3	40 414.2	45 442.2	47 749.2	54 947.1
大豆	4 370.7	3 979.8	3 428.4	3 850.7	4 353.2
花生	18 102.9	18 433.2	21 282.1	20 880.9	22 904.9
油菜籽	315.1	643.7	843.5	775.0	602.8
食用植物油	252 318.5	239 847.5	225 530.8	258 040.2	292 189.7
豆油	26 547.0	20 205.0	19 212.4	24 582.0	28 677.5
菜籽油	12 526.5	17 132.0	17 856.2	23 435.5	33 147.3
棕榈油	123 348.1	110 256.4	97 915.9	104 283.4	110 546.3
食糖	76 040.3	155 226.3	133 424.4	102 057.9	167 382.8
蔬菜	461 465.7	708 194.9	716 541.9	741 702.1	714 917.2
水果					
畜产品					
猪肉	138 143.4	133 790.2	147 614.4	141 584.3	146 598.1
牛肉	3 039.1	5 481.6	4 234.6	2 770.7	3 015.2
羊肉	1 425.5	1 244.4	1 042.5	1 205.6	725.6
家禽					
蛋产品					
乳品	137 438.7	148 271.3	142 945.9	150 306.9	163 194.8
动物生皮	410.2	1 041.9	1 235.9	1 652.4	1 821.4
动物生毛皮					
羊毛	5 140.1	2 807.6	1 416.8	1 896.2	2 206.9
水产品					
饮品					
酒					
茶	15 100.4	21 945.1	24 148.5	25 394.4	24 475.8
咖啡	79 347.8	93 665.2	103 942.3	105 347.8	110 988.7

4-30-6 澳大利亚农产品出口额前15位国家（地区）

（2014年）

单位：万美元，%

序号	国家（地区）	出口额	同比增长
1	中国	656 390.1	−19.3
2	美国	389 195.3	53.2
3	日本	352 196.8	−8.0
4	印度尼西亚	256 229.1	10.9
5	韩国	188 819.0	5.1
6	越南	169 557.5	36.2
7	新西兰	137 629.9	−0.4
8	中国香港	107 953.1	3.6
9	马来西亚	106 743.6	17.6
10	新加坡	100 961.2	−1.2
11	泰国	72 540.3	−10.9
12	阿拉伯联合酋长国	71 713.5	−15.9
13	英国	62 092.0	−2.4
14	沙特阿拉伯	56 309.9	−25.7
15	印度	53 593.8	3.2%
	总计	**2 799 858.6**	

4-30-7 澳大利亚农产品进口额前15位国家（地区）
（2014年）

单位：万美元，%

序号	国家（地区）	进口额	同比增长
1	新西兰	278 451.1	9.5
2	美国	156 893.6	3.8
3	中国	108 293.3	2.9
4	泰国	87 912.1	−0.8
5	新加坡	76 987.7	−4.5
6	意大利	58 782.2	9.9
7	马来西亚	53 002.7	6.6
8	法国	51 541.2	3.4
9	英国	49 446.2	0.6
10	荷兰	43 325.8	6.4
11	越南	42 768.6	21.8
12	阿根廷	41 755.8	6.0
13	德国	33 861.4	11.4
14	丹麦	32 771.0	17.2
15	印度尼西亚	27 974.5	14.5
	总计	**1 143 767.2**	

4-31 新西兰主要农产品贸易情况

4-31-1 新西兰农产品贸易综述

一、10 年来新西兰农产品贸易总体情况

2004—2014 年，新西兰农产品贸易额由 133.2 亿美元增至 323.8 亿美元，年均增长 9.3%。其中，出口额由 114.3 亿美元增至 274.7 亿美元，年均增长 9.2%；进口额由 18.9 亿美元增至 49.1 亿美元，年均增长 10.0%；贸易顺差由 95.4 亿美元增至 225.6 亿美元，年均增长 9.0%（图 1）。

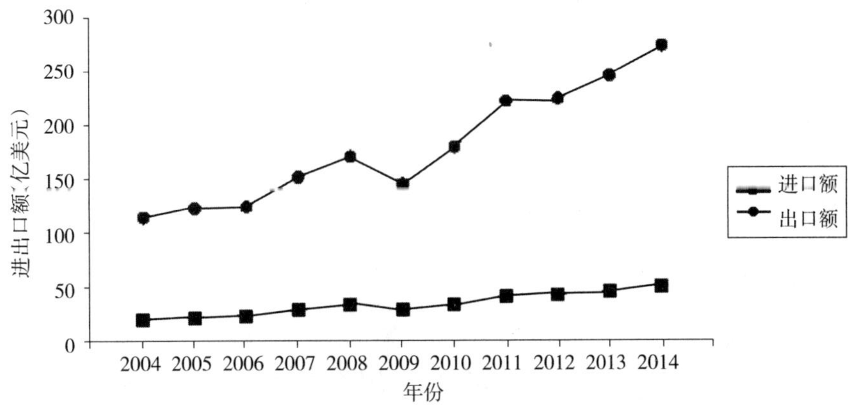

图 1 2004—2014 年新西兰农产品进出口额变化

2005 年以来，除 2009 年进出口额同比下降外，其余年份均保持正增长。其中，2010 年出口增速最快，达 23.9%，2007 年进口增幅最大，达 22.6%。2012 年以来，进出口额增幅放缓。2014 年进口额同比增长 10.8%，较上年提高 6.1 个百分点；出口额同比增长 11.4%，较上年提高 1.9 个百分点（图 2）。

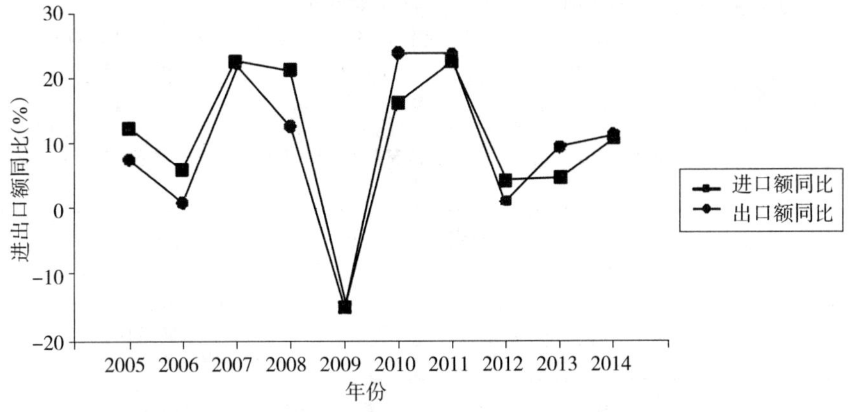

图 2 2005—2014 年新西兰农产品进出口额同比变化

二、2014 年新西兰农产品贸易情况

2014 年新西兰农产品贸易额为 323.8 亿美元，同比增长 11.3%，在全球各大农产品贸易国中排名第 24 位。其中出口额为 274.7 亿美元，同比增长 11.4%，全球排名第 18 位；进口额为 49.1 亿美元，同比增长 10.8%，全球排名第 46 位。

（一）进出口产品结构

2014 年，新西兰进口农产品有饮品、水果和畜产品等，进口额分别为 7.4 亿美元、7.3 亿美元和 5.3 亿美元，占其农产品进口额的比重分别为 15.1%、14.9%和 10.9%。此外，新西兰还进口谷物和水产品等，2014 年进口额分别为 3.0 亿美元和 2.2 亿美元，分别占其农产品进口额的 6.2%和 4.5%（图 3）。

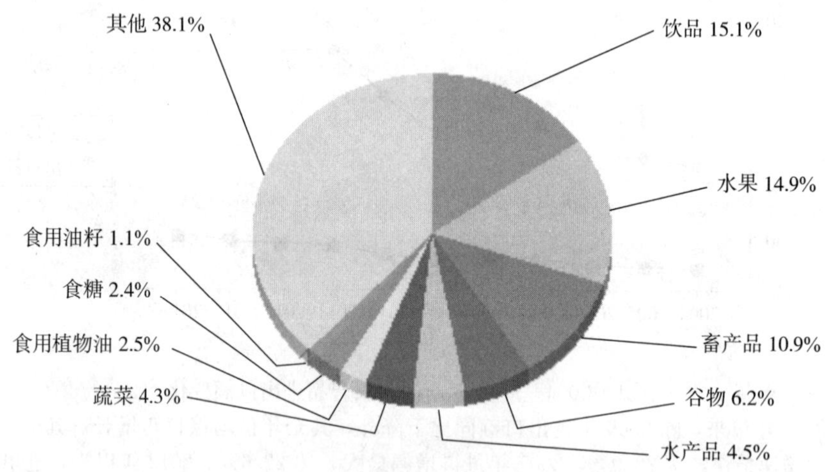

图 3 2014 年新西兰农产品进口结构

2014 年，新西兰进口同比增长较快的农产品主要是水产品、谷物和畜产品，增幅分别为 21.7%、18.4%和 17.9%。此外，食用油籽、水果、蔬菜和饮品的增幅在 2.0%～17.8%之间。食糖和食用植物油进口额同比下降 2.0%和 9.5%，棉花进口减少 44%（表 1）。

表 1 2005—2014 年新西兰主要农产品进口额同比变化情况

单位：%

	2005 年	2006 年	2007 年	2008 年	2009 年	2010 年	2011 年	2012 年	2013 年	2014 年
农产品	12.5	6.1	22.6	21.3	−15.0	16.3	22.5	4.4	4.7	10.8
谷物	−1.1	2.3	33.5	65.9	−36.4	−0.4	61.7	−4.4	1.3	18.4
棉花	−85.7	186.9	82.8	70.1	−57.1	50.9	−68.5	175.1	187.1	−44.0

（续）

	2005年	2006年	2007年	2008年	2009年	2010年	2011年	2012年	2013年	2014年
食用油籽	−17.4	24.4	18.7	−10.9	−7.4	26.5	2.0	12.1	−2.9	17.8
食用植物油	4.6	−0.2	29.6	40.3	−30.7	5.0	37.3	3.8	−2.3	−9.5
食糖	8.0	45.9	−21.1	3.5	38.2	22.7	53.6	−29.8	−6.3	−2.0
蔬菜	8.1	8.5	19.0	12.0	−2.8	1.8	13.4	−12.2	0.6	8.5
水果	19.4	1.8	20.0	6.6	−9.1	10.1	13.6	7.3	4.5	10.9
畜产品	23.8	−2.3	25.6	−1.3	5.1	5.0	7.5	19.1	14.8	17.9
水产品	16.0	7.5	4.5	15.6	−15.0	17.3	26.7	0.2	1.4	21.7
饮品	11.8	2.6	18.1	10.6	−9.5	13.6	16.4	3.4	1.8	2.0

2014年，新西兰出口的农产品主要是畜产品、水果和饮品，出口额分别为194.0亿美元、21.0亿美元和14.9亿美元，占其农产品出口额的比重分别为70.6%、7.6%和5.4%。此外，新西兰还出口水产品、蔬菜、谷物和食糖等，出口额分别为13.2亿美元、5.8亿美元、0.6亿美元和0.2亿美元，分别占其农产品出口额的4.8%、2.1%、0.2%和0.1%（图4）。

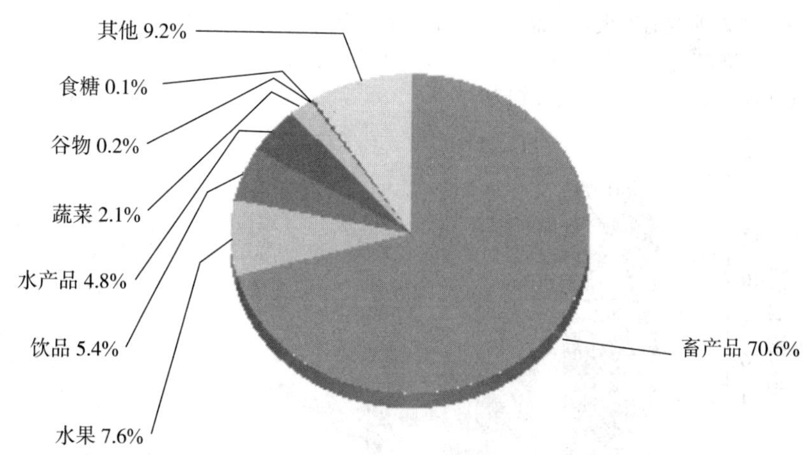

图4 2014年新西兰农产品出口结构

2014年，新西兰出口额同比增长较快的农产品是谷物、水果和食用植物油，增幅分别为83.8%、21.2%和19.3%。水产品、畜产品、饮品和食用油籽的增幅在4.1%～12.5%之间。其他农产品出口额同比下降，蔬菜、食糖和棉花分别下降4.2%、12.0%和67.9%（表2）。

表2 2005—2014年新西兰主要农产品出口额同比变化情况

单位：%

	2005年	2006年	2007年	2008年	2009年	2010年	2011年	2012年	2013年	2014年
农产品	7.7	1.0	22.2	12.7	−15.1	23.9	23.7	1.1	9.5	11.4
谷物	3.4	23.2	45.5	126.7	−32.0	17.9	18.6	−21.9	146.0	83.8
棉花	23.0	909.5	364.9	−98.2	88.2	41.0	−1.7	125.0	−74.2	−67.9
食用油籽	36.8	−25.1	35.1	−39.0	−2.0	83.4	9.7	18.2	53.5	9.8
食用植物油	14.1	−40.2	44.4	39.7	−22.1	47.0	1.4	−28.2	94.4	19.3
食糖	−22.9	23.6	29.9	−3.6	0.3	73.6	6.3	23.1	−19.2	−12.0
蔬菜	1.8	1.7	22.3	−0.2	−11.3	18.4	24.8	−4.0	8.5	−4.2
水果	0.3	−0.2	18.1	1.8	−2.7	4.5	23.2	3.9	−3.7	21.2
畜产品	7.4	0.7	22.4	16.2	−18.9	31.3	26.6	−1.4	12.4	12.5
水产品	5.0	−1.7	6.3	4.9	−7.5	18.0	15.0	4.3	−2.5	4.1
饮品	26.6	11.0	38.9	9.8	−5.2	24.4	15.1	10.2	4.1	11.3

（二）主要贸易伙伴

2014年新西兰前五大农产品进口来源地分别为澳大利亚、美国、马来西亚、印度尼西亚和中国，进口额分别为15.0亿美元、5.7亿美元、3.4亿美元、2.6亿美元和1.9亿美元，占其农产品进口额的比重分别为30.5%、11.7%、7.0%、5.3%和3.9%（图5）。

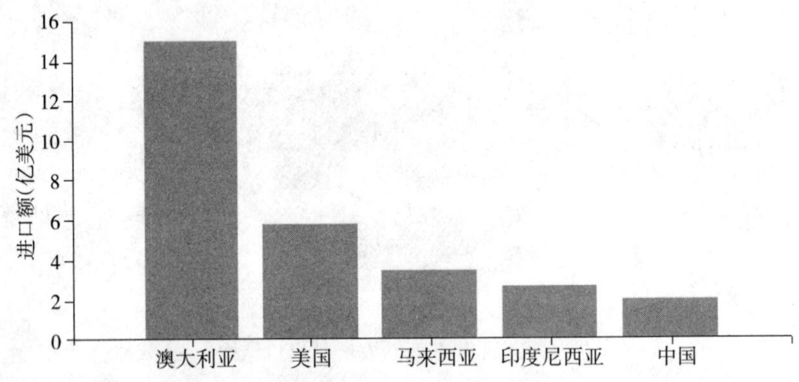

图5 2014年新西兰前五大农产品进口来源地

2014年新西兰前五大农产品出口市场分别为中国、美国、澳大利亚、日本和英国，出口额分别为62.2亿美元、28.9亿美元、25.9亿美元、14.6亿美元和10.4亿美元，占其农产品出口额的比重分别为23.4%、10.9%、9.7%、5.5%和3.9%（图6）。

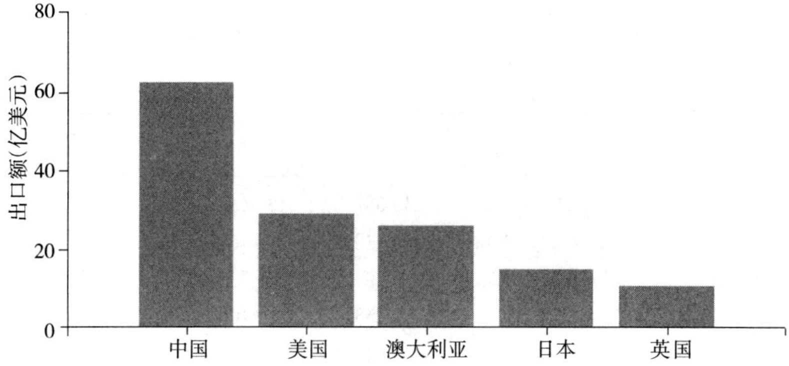

图 6 2014 年新西兰前五大农产品出口市场

4-31-2 新西兰主要农产品出口额（一）

单位：万美元

项 目	2004年	2005年	2006年	2007年	2008年	2009年
农产品	1 142 662.2	1 230 722.1	1 243 337.3	1 519 544.8	1 713 271.6	1 453 793.8
谷物	402.1	416.0	512.6	745.7	1 690.8	1 149.6
小麦产品	32.7	35.7	61.0	72.6	73.4	157.0
玉米产品	178.5	214.7	256.6	410.6	460.4	786.5
稻谷产品	86.7	27.9	41.9	38.7	41.5	46.2
棉花	0.2	0.2	1.9	8.9	0.2	0.3
食用油籽	369.5	505.5	378.4	511.4	311.8	305.7
大豆	1.3	1.0	0.6	0.8	0.7	1.3
花生	28.0	18.3	15.7	16.3	16.5	17.4
油菜籽	164.5	299.2	209.5	122.5	104.3	158.8
食用植物油	161.3	184.1	110.1	158.9	222.0	172.8
豆油	9.8	18.4	41.4	45.9	65.2	61.9
菜籽油		0.8	0.1	2.0	3.6	3.0
棕榈油	0.2	2.0	1.1	1.0	1.2	0.8
食糖	947.7	730.5	903.1	1 173.3	1 131.6	1 135.6
蔬菜	34 943.8	35 569.4	36 179.3	44 174.1	44 106.4	39 174.2
水果	114 644.1	115 012.4	114 736.9	135 522.7	137 960.8	134 209.7
畜产品	749 622.6	805 214.4	811 182.9	992 644.1	1 153 790.7	935 807.6
猪肉	26.5	22.4	68.8	50.9	30.0	18.9
牛肉	126 139.7	126 928.5	116 813.9	115 662.9	134 754.1	112 784.9
羊肉	148 884.9	167 603.5	155 518.3	174 635.0	194 755.6	182 061.6
家禽	12 454.9	13 426.5	12 457.1	12 467.6	14 931.9	14 595.3
蛋产品	376.0	400.8	463.2	415.8	398.7	401.4
乳品	329 214.9	363 471.2	401 990.9	552 213.2	656 297.4	503 770.5
动物生皮	17 400.4	14 667.4	12 746.6	15 750.4	17 543.8	10 405.0
动物生毛皮	3.1	32.7	13.3	103.8	113.7	22.6
羊毛	47 055.5	46 065.1	44 904.3	46 855.5	41 444.3	33 354.7
水产品	86 285.1	90 602.5	89 063.5	94 646.8	99 252.5	91 838.7
饮品	40 115.3	50 784.0	56 368.8	78 307.9	85 954.0	81 457.3
酒	29 224.1	37 610.0	43 743.2	61 280.1	69 716.6	69 208.7
茶	67.6	114.7	114.2	136.0	119.0	83.3
咖啡	123.0	138.3	97.6	125.2	233.6	700.4

新西兰主要农产品出口额（二）

单位：万美元

项　目	2010年	2011年	2012年	2013年	2014年
农产品	1 801 012.6	2 228 288.6	2 251 767.8	2 466 292.0	2 747 345.3
谷物	1 355.4	1 607.5	1 254.7	3 086.1	5 671.5
小麦产品	225.9	111.3	96.4	141.3	112.2
玉米产品	923.2	1 083.3	775.3	2 475.1	4 658.1
稻谷产品	45.1	80.2	51.2	119.7	470.0
棉花	0.4	0.4	0.9	0.2	0.1
食用油籽	560.8	615.1	726.8	1 115.8	1 224.6
大豆	1.9	30.2	16.2	2.6	2.3
花生	35.6	32.3	39.2	64.3	102.3
油菜籽	315.1	234.3	309.9	637.2	814.1
食用植物油	254.0	257.7	185.1	360.0	429.6
豆油	53.3	94.5	31.0	14.8	5.6
菜籽油	4.5	9.2	9.2	14.5	13.2
棕榈油	6.8	23.0	1.2	7.0	34.0
食糖	1 971.2	2 095.0	2 578.3	2 083.6	1 834.3
蔬菜	46 337.3	57 834.0	55 635.3	60 375.1	57 843.5
水果	140 305.8	172 843.6	179 631.3	172 945.4	209 660.7
畜产品	1 228 276.1	1 554 837.8	1 533 619.6	1 724 257.4	1 939 762.8
猪肉	27.7	20.2	41.8	39.2	38.7
牛肉	137 477.0	162 244.5	168 361.1	172 275.3	209 626.8
羊肉	194 232.0	236 948.1	213 550.8	224 008.1	254 000.6
家禽	15 997.7	22 620.7	29 196.2	28 250.9	28 428.2
蛋产品	697.9	704.1	688.0	988.7	1 053.9
乳品	732 713.6	940 411.1	925 158.1	1 100 721.4	1 228 610.9
动物生皮	13 759.0	23 921.0	28 407.1	28 766.7	24 648.6
动物生毛皮	0.7	4.4	2.4		1.2
羊毛	44 447.5	62 754.9	58 055.7	57 867.6	63 639.1
水产品	108 403.2	124 638.6	129 997.0	126 789.1	131 928.5
饮品	101 297.1	116 552.5	128 400.1	133 671.4	148 750.0
酒	85 719.2	98 029.0	108 755.0	111 183.7	121 673.1
茶	136.2	138.7	180.0	132.9	208.4
咖啡	567.0	433.3	444.9	1 242.9	1 687.8

4-31-3 新西兰主要农产品进口额（一）

单位：万美元

项　目	2004年	2005年	2006年	2007年	2008年	2009年
农产品	188 629.4	212 212.8	225 250.9	276 233.9	334 939.6	284 608.1
谷物	11 544.4	11 417.2	11 674.9	15 591.6	25 859.8	16 448.7
小麦产品	7 358.6	7 669.4	7 575.5	10 138.1	14 386.4	9 279.8
玉米产品	371.1	321.2	363.0	666.8	626.5	513.8
稻谷产品	2 536.0	2 594.6	2 739.3	3 360.0	4 828.8	4 989.2
棉花	4.4	0.6	1.8	3.3	5.6	2.4
食用油籽	3 312.8	2 735.2	3 401.3	4 036.1	3 595.9	3 331.5
大豆	1 152.7	420.4	1 035.1	1 365.7	223.8	245.6
花生	1 197.0	1 159.4	1 344.8	1 533.5	1 905.9	1 778.1
油菜籽	35.9	3.7	69.6	12.2	38.8	4.3
食用植物油	7 078.9	7 407.2	7 395.8	9 581.8	13 443.1	9 309.9
豆油	1 609.6	1 698.1	1 309.9	1 867.2	3 021.3	1 438.1
菜籽油	1 599.6	1 682.6	1 654.1	2 692.9	3 795.9	3 231.5
棕榈油	1 118.3	1 038.8	1 281.9	1 597.7	2 784.4	1 812.2
食糖	5 365.1	5 795.4	8 456.6	6 670.9	6 904.9	9 539.1
蔬菜	12 242.4	13 393.9	14 386.9	17 241.2	19 389.8	18 839.6
水果	33 264.3	39 719.1	40 444.8	48 524.4	51 703.2	46 976.2
畜产品	18 641.4	23 071.3	22 544.1	28 320.5	27 939.4	29 359.0
猪肉	4 880.7	6 826.5	6 620.3	8 700.6	7 708.3	8 531.5
牛肉	1 321.0	1 000.4	995.0	1 884.9	1 942.4	1 260.3
羊肉	471.6	774.4	802.0	878.5	1 281.2	1 383.5
家禽	303.9	394.7	288.2	320.5	809.3	654.4
蛋产品	99.8	109.9	106.9	179.6	254.0	154.7
乳品	2 894.5	4 776.2	4 892.1	7 330.4	7 526.0	7 849.8
动物生皮	2 374.1	1 132.7	419.0	294.3	261.3	291.7
动物生毛皮						
羊毛	199.8	200.6	156.7	286.1	338.8	266.5
水产品	9 502.9	11 021.7	11 844.1	12 371.6	14 305.4	12 155.6
饮品	38 564.5	43 129.9	44 249.9	52 272.5	57 795.9	52 306.2
酒	20 475.5	22 416.0	22 429.7	26 049.5	27 743.9	21 302.7
茶	1 903.9	1 987.9	2 110.8	2 225.4	2 490.2	2 107.9
咖啡	3 695.3	4 583.3	5 190.8	6 350.1	7 175.2	7 633.8

新西兰主要农产品进口额（二）

单位：万美元

项　目	2010 年	2011 年	2012 年	2013 年	2014 年
农产品	330 989.0	405 452.1	423 437.0	443 382.4	491 287.4
谷物	16 389.6	26 500.6	25 330.2	25 653.0	30 383.7
小麦产品	8 809.0	17 665.3	15 881.5	16 098.8	17 580.1
玉米产品	509.4	884.1	691.4	654.4	4 384.1
稻谷产品	5 018.4	5 098.3	5 104.7	5 307.9	5 724.0
棉花	3.6	1.1	3.1	9.0	5.0
食用油籽	4 213.1	4 297.9	4 817.2	4 678.6	5 509.2
大豆	529.5	233.2	240.2	293.5	326.4
花生	1 977.2	2 356.0	2 655.9	2 209.1	2 528.2
油菜籽	1.5	1.6	13.3	38.2	87.2
食用植物油	9 772.1	13 413.0	13 920.3	13 598.1	12 300.3
豆油	1 755.3	1 704.7	1 974.7	1 711.1	1 101.0
菜籽油	3 497.8	5 301.0	5 750.2	5 341.2	4 692.8
棕榈油	1 480.6	2 492.3	2 438.7	2 234.4	2 325.3
食糖	11 699.9	17 970.8	12 618.4	11 822.3	11 586.0
蔬菜	19 143.7	21 757.5	19 508.2	19 618.4	21 293.4
水果	51 705.2	58 744.4	63 042.1	65 902.0	73 065.9
畜产品	30 818.6	33 114.7	39 436.7	45 292.2	53 395.4
猪肉	8 882.4	9 936.6	10 278.3	11 453.5	13 271.3
牛肉	1 803.0	2 441.8	2 163.9	3 904.8	6 123.3
羊肉	716.3	713.0	775.8	1 026.3	1 592.2
家禽	641.2	632.9	768.1	720.4	860.9
蛋产品	165.4	170.6	233.1	251.5	287.3
乳品	8 413.9	9 935.6	14 304.4	15 647.7	17 480.9
动物生皮	246.8	142.2	280.5	520.1	571.1
动物生毛皮	0.1	0.1	1.9	0.1	0.2
羊毛	193.3	526.1	418.7	225.5	127.4
水产品	14 256.5	18 062.6	18 101.9	18 364.3	22 341.0
饮品	59 401.2	69 146.3	71 502.6	72 788.1	74 269.6
酒	24 496.8	27 832.4	29 681.3	31 924.8	31 331.1
茶	2 174.3	2 252.0	2 320.6	2 369.0	2 535.7
咖啡	7 972.2	10 887.8	10 905.3	10 659.2	10 820.1

4-31-4 新西兰主要农产品出口量（一）

单位：吨

项　目	2004年	2005年	2006年	2007年	2008年	2009年
农产品						
谷物	6 654.7	6 839.5	8 357.6	8 426.1	32 528.0	25 995.1
小麦产品	784.1	814.4	1 700.5	1 282.9	1 023.5	7 036.4
玉米产品	3 200.3	3 716.4	4 010.5	5 532.2	8 468.5	18 098.7
稻谷产品	1 077.8	439.1	365.3	216.8	429.3	526.7
棉花	0.3	0.4	5.5	24.1	0.2	0.5
食用油籽	2 056.7	2 171.7	2 078.9	2 099.6	1 326.4	1 180.3
大豆	16.4	12.6	8.1	8.7	6.8	8.0
花生	272.2	132.6	121.9	111.4	79.9	91.9
油菜籽	854.0	1 419.8	993.0	697.1	653.4	639.2
食用植物油	1 670.4	1 465.8	998.4	864.6	1 052.1	821.5
豆油	116.1	178.2	733.4	251.9	404.2	455.8
菜籽油	0.4	4.0	0.7	14.9	23.6	23.4
棕榈油	2.1	32.8	16.9	15.4	19.9	13.5
食糖	25 738.9	18 754.8	19 115.5	25 643.8	21 622.4	19 616.8
蔬菜	546 895.1	551 175.2	528 776.4	603 500.3	560 009.3	489 842.9
水果						
畜产品						
猪肉	84.8	60.9	210.4	175.9	73.4	47.1
牛肉	427 519.8	415 375.2	380 598.4	354 615.1	380 968.8	367 466.5
羊肉	367 891.5	380 939.2	390 459.8	420 207.2	442 499.6	389 478.4
家禽						
蛋产品						
乳品	1 693 109.5	1 626 395.5	1 907 058.4	1 925 805.7	1 704 166.3	2 272 524.0
动物生皮	54 261.6	50 069.2	56 150.8	72 720.0	65 891.2	57 664.7
动物生毛皮						
羊毛	153 021.5	154 798.2	159 821.5	154 022.4	135 650.3	129 631.9
水产品						
饮品						
酒						
茶	139.3	265.4	298.2	382.6	203.6	144.9
咖啡	185.2	273.6	163.6	175.5	403.0	1 477.3

新西兰主要农产品出口量（二）

单位：吨

项 目	2010年	2011年	2012年	2013年	2014年
农产品					
谷物	21 231.1	18 482.5	11 622.0	14 450.4	16 425.8
小麦产品	7 901.4	1 676.1	1 325.7	1 846.4	1 377.2
玉米产品	11 950.7	13 458.7	7 820.2	9 651.9	11 593.4
稻谷产品	354.2	668.4	403.3	839.3	1 487.5
棉花	0.3	2.9	5.3	0.7	0.3
食用油籽	1 902.4	3 019.0	56 730.1	3 705.2	3 864.5
大豆	8.1	525.9	249.1	20.9	25.7
花生	162.8	103.6	121.7	152.3	325.7
油菜籽	1 114.2	740.8	1 095.3	1 808.4	2 226.4
食用植物油	1 722.7	731.4	393.8	1 560.2	1 026.0
豆油	461.8	258.6	128.3	116.3	45.6
菜籽油	34.3	46.0	42.2	81.4	82.1
棕榈油	71.0	104.2	14.0	62.9	67.9
食糖	26 121.3	21 113.2	22 924.8	26 336.1	24 575.5
蔬菜	500 957.9	541 364.6	564 023.4	588 856.3	579 697.0
水果					
畜产品					
猪肉	47.7	49.9	120.5	87.5	93.1
牛肉	366 939.2	360 613.3	366 866.4	377 791.9	414 014.4
羊肉	355 348.0	348 040.1	436 191.4	416 883.9	415 684.1
家禽					
蛋产品					
乳品	2 193 429.0	2 460 304.9	2 766 964.7	2 745 487.0	2 924 638.9
动物生皮	66 430.4	65 130.8	73 838.4	76 229.7	67 370.6
动物生毛皮					
羊毛	134 530.2	120 737.7	127 848.7	134 847.4	127 779.9
水产品					
饮品					
酒					
茶	115.8	187.7	223.9	226.8	221.3
咖啡	770.3	801.0	634.6	1 745.1	2 329.6

4-31-5 新西兰主要农产品进口量（一）

单位：吨

项 目	2004年	2005年	2006年	2007年	2008年	2009年
农产品						
谷物	470 123.5	486 828.4	455 586.5	452 818.8	547 540.0	373 094.0
小麦产品	359 049.4	405 302.1	366 574.8	357 165.8	319 100.6	275 991.2
玉米产品	5 646.1	3 378.5	3 987.8	11 248.1	4 904.5	3 935.8
稻谷产品	39 805.9	38 255.2	41 293.4	43 089.4	45 685.5	46 568.4
棉花	23.0	1.0	9.0	13.8	13.5	10.0
食用油籽	46 898.5	24 410.0	48 126.6	51 488.6	17 433.5	16 227.8
大豆	33 877.9	12 231.6	32 036.6	38 314.9	2 579.9	2 474.8
花生	8 261.5	7 881.4	8 762.5	9 133.5	9 464.2	9 468.3
油菜籽	1 030.9	12.3	3 111.1	12.5	43.4	1.3
食用植物油	81 175.2	86 935.6	83 964.3	82 485.8	85 631.0	75 129.4
豆油	21 564.1	25 151.6	18 497.9	18 639.1	20 503.8	14 651.2
菜籽油	20 807.6	22 362.1	23 669.5	26 286.7	24 535.2	27 859.3
棕榈油	21 027.1	21 029.4	25 460.5	20 395.7	25 875.5	19 485.0
食糖	264 615.1	225 059.3	234 756.8	231 833.5	238 650.4	248 746.4
蔬菜	95 092.4	99 183.7	102 857.8	111 025.5	123 643.5	119 144.7
水果						
畜产品						
猪肉	19 547.9	24 931.9	25 811.6	28 962.3	27 933.7	30 806.5
牛肉	3 620.6	2 937.6	3 285.6	4 576.9	5 710.8	3 902.0
羊肉	2 181.6	3 011.2	4 086.2	4 144.6	5 037.4	5 088.2
家禽						
蛋产品						
乳品	17 489.9	23 771.1	21 174.8	24 956.4	22 751.4	30 425.1
动物生皮	5 163.9	3 282.0	1 764.0	1 228.6	889.5	1 477.9
动物生毛皮						
羊毛	666.6	738.9	597.3	971.6	1 082.9	922.2
水产品						
饮品						
酒						
茶	5 508.2	5 003.4	4 871.3	4 742.9	4 949.7	4 528.1
咖啡	11 688.6	12 087.4	13 243.2	13 675.8	14 110.9	15 905.5

新西兰主要农产品进口量（二）

单位：吨

项　目	2010年	2011年	2012年	2013年	2014年
农产品					
谷物	417 648.2	615 588.0	623 168.7	580 747.0	761 267.7
小麦产品	302 242.2	480 062.1	468 897.8	430 748.5	522 640.5
玉米产品	3 664.8	10 526.5	4 957.6	3 888.8	118 899.4
稻谷产品	45 493.7	47 122.9	45 728.4	48 301.2	51 984.0
棉花	8.8	2.0	11.5	24.7	15.9
食用油籽	23 098.9	18 350.3	18 639.7	19 099.7	23 364.4
大豆	9 419.7	2 248.5	2 150.1	2 691.3	2 907.1
花生	9 031.9	10 109.1	11 221.4	10 353.4	12 717.2
油菜籽	0.7	0.6	5.8	250.6	1 009.0
食用植物油	73 380.7	80 917.6	88 793.3	90 681.2	87 106.7
豆油	14 971.8	11 289.4	13 717.3	13 365.3	8 970.5
菜籽油	28 440.7	35 935.2	38 370.2	36 426.0	38 201.2
棕榈油	15 816.7	18 776.9	19 823.5	21 516.5	21 882.2
食糖	214 567.5	253 999.6	246 557.4	243 704.9	258 346.5
蔬菜	99 182.5	125 830.2	110 600.8	112 450.4	123 287.6
水果					
畜产品					
猪肉	28 228.1	31 227.3	32 582.9	35 384.2	37 944.8
牛肉	4 421.2	5 367.3	4 350.8	8 185.7	12 224.5
羊肉	2 685.9	2 021.6	2 471.4	3 084.5	4 207.8
家禽					
蛋产品					
乳品	26 140.3	32 979.8	46 420.0	53 694.7	61 145.1
动物生皮	1 932.2	280.0	805.4	1 782.0	3 689.1
动物生毛皮					
羊毛	626.6	1 384.7	1 044.6	619.1	266.0
水产品					
饮品					
酒					
茶	2 161.9	3 441.6	3 265.0	3 108.8	3 573.2
咖啡	13 751.4	15 612.0	16 873.2	17 995.6	18 544.4

4-31-6　新西兰农产品出口额前 15 位国家（地区）
（2014 年）

单位：万美元，%

序号	国家（地区）	出口额	同比增长
1	中　　国	621 570.2	2.8
2	美　　国	288 586.7	26.6
3	澳大利亚	258 938.5	5.7
4	日　　本	146 008.5	8.7
5	英　　国	103 750.3	15.1
6	马来西亚	70 537.6	16.4
7	阿拉伯联合酋长国	69 394.5	46.2
8	沙特阿拉伯	60 662.9	46.9
9	新加坡	60 244.8	7.7
10	印度尼西亚	59 989.6	10.4
11	菲律宾	54 185.8	3.2
12	荷　　兰	54 089.3	45.0
13	泰　　国	53 365.4	24.3
14	韩　　国	50 500.8	7.9
15	阿尔及利亚	49 311.8	106.7
	总　　计	**2 001 136.9**	

4-31-7 新西兰农产品进口额前15位国家（地区）

（2014年）

单位：万美元，%

序号	国家（地区）	进口额	同比增长
1	澳大利亚	149 636.0	−2.0
2	美国	57 411.0	14.3
3	马来西亚	34 092.9	28.5
4	印度尼西亚	26 194.7	24.4
5	中国	19 166.4	9.4
6	泰国	18 799.3	17.7
7	新加坡	15 099.3	6.6
8	阿根廷	14 295.4	39.7
9	荷兰	10 961.0	0.3
10	法国	10 493.1	25.7
11	德国	9 775.8	54.1
12	加拿大	8 602.2	12.4
13	英国	8 110.2	
14	新西兰	6 785.7	16.2
15	意大利	6 552.9	17.9
	总计	**395 976.0**	

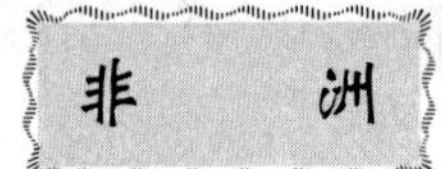

4-32 南非主要农产品贸易情况

4-32-1 南非农产品贸易综述

一、10年来南非农产品贸易总体情况

2004—2014年，南非农产品贸易额由66.5亿美元增至170.2亿美元，年均增长9.9%。其中，出口额由39.7亿美元增至103.0亿美元，年均增长10.0%；进口额由26.8亿美元增至67.2亿美元，年均增长9.6%；贸易顺差由12.9亿美元增至35.8亿美元，年均增长10.7%（图1）。

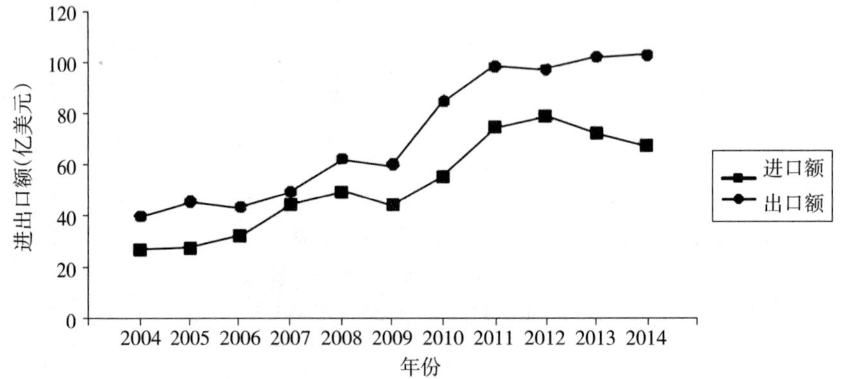

图1 2004—2014年南非农产品进出口额变化

2005年以来，除2009年进出口额同比下降、2006年和2012年出口额同比下降以及2013年和2014年进口额同比下降外，其余年份均保持正增长。其中，2010年出口增速最快，达41.4%，2007年进口增幅最大，达37.2%。2012年以来，出口额增速放缓，进口额持续走低。2014年进口额同比下降7.3%，降幅较上年有所扩大；出口额同比增长0.4%，较上年下降4.8个百分点（图2）。

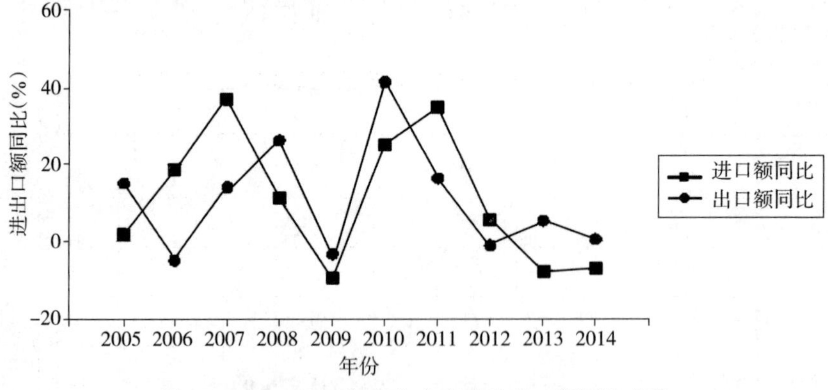

图2 2005—2014年南非农产品进出口额同比变化

二、2014年南非农产品贸易情况

2014年南非农产品贸易额为170.2亿美元，同比下降2.8%，在全球各大农产品贸易国中排名第36位。其中出口额为103.0亿美元，同比增长0.4%，全球排名第31位；进口额为67.2亿美元，同比下降7.3%，全球排名第36位。

（一）进出口产品结构

2014年，南非进口农产品以谷物、畜产品和饮品为主，进口额分别为10.3亿美元、9.8亿美元和9.3亿美元，占其农产品进口额的比重分别为15.3%、14.6%和13.8%。此外，南非还进口食用植物油和水产品等，2014年进口额分别为6.7亿美元和4.4亿美元，分别占其农产品进口额的9.9%和6.6%（图3）。

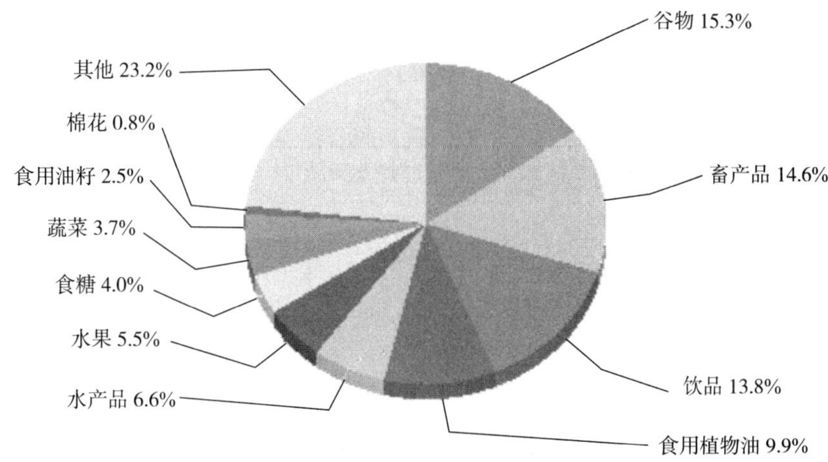

图3 2014年南非农产品进口结构

2014年，南非进口同比增长较快的农产品主要是食用油籽和蔬菜，增幅分别为58.8%和17.9%。此外，食用植物油、饮品、畜产品和谷物的减幅在5.6%～10.6%之间。水产品和食糖进口额同比下降12.1%和26.6%，棉花同比下降三成（表1）。

表1 2005—2014年南非主要农产品进口额同比变化情况

单位：%

	2005年	2006年	2007年	2008年	2009年	2010年	2011年	2012年	2013年	2014年
农产品	1.7	18.5	36.8	11.3	−9.8	24.9	34.8	5.5	−8.0	−7.3
谷物	−8.9	18.0	47.8	20.5	−20.6	−2.8	63.7	10.3	−14.1	−10.6
棉花	−42.1	−21.6	4.3	−8.2	−7.9	21.2	90.7	−31.3	7.3	−30.8
食用油籽	−19.6	30.1	119.3	−51.4	78.3	−26.6	32.9	21.6	32.5	58.8

（续）

	2005年	2006年	2007年	2008年	2009年	2010年	2011年	2012年	2013年	2014年
食用植物油	−12.3	28.8	67.5	16.4	−31.7	59.5	32.1	−0.2	−25.4	−5.6
食糖	−12.8	4.4	191.6	54.4	−9.2	344.0	20.7	11.1	20.5	−26.6
蔬菜	3.6	35.1	26.5	−2.8	−5.3	44.7	16.3	4.4	−7.4	17.9
水果	38.7	22.2	38.8	−1.0	−11.2	14.5	34.8	5.6	6.5	−5.3
畜产品	28.5	10.7	23.8	−10.3	−12.6	79.4	32.4	5.8	−11.8	−8.9
水产品	18.6	20.8	27.9	20.2	9.1	45.0	8.7	27.1	−6.5	−12.1
饮品	25.9	24.3	30.3	9.0	−1.6	27.2	18.3	2.8	0.6	−8.2

2014年，南非农产品中出口额靠前的是水果、饮品和畜产品，出口额分别为33.0亿美元、15.4亿美元和11.0亿美元，占其农产品出口额的比重分别为32.0%、14.9%和10.7%。此外，南非还出口谷物、水产品、蔬菜和食糖等，出口额分别为10.0亿美元、6.7亿美元、5.4亿美元和4.2亿美元，分别占其农产品出口额的9.7%、6.5%、5.3%和4.1%（图4）。

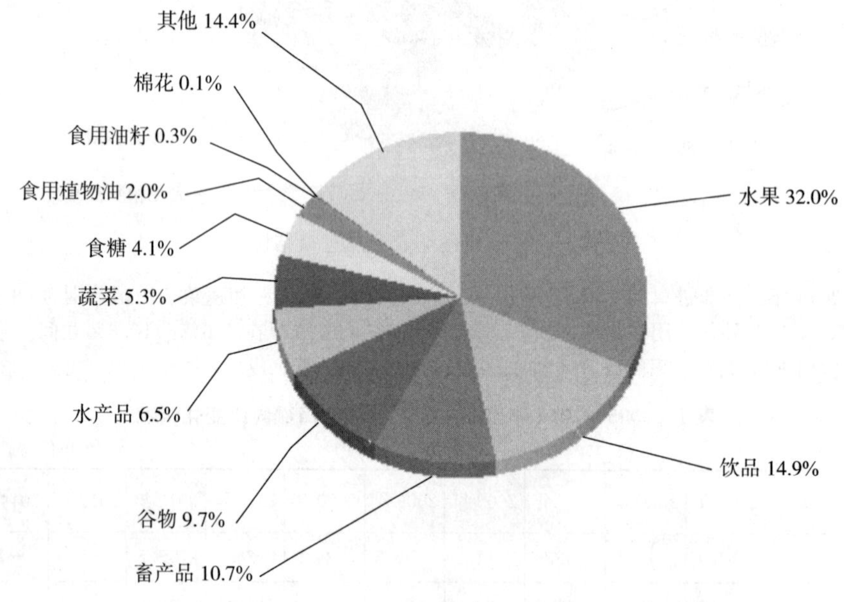

图4 2014年南非农产品出口结构

2014年，南非出口额同比增长较快的农产品是棉花、水产品、蔬菜和水果，增幅分别为24.2%、16.6%、7.0%和5.2%。其他农产品出口额同比下降，食用植物油、食糖和谷物分别下降4.3%、4.8%和14.2%，食用油籽降幅最大，超过三成（表2）。

表 2 2005—2014 年南非主要农产品出口额同比变化情况

单位：%

	2005 年	2006 年	2007 年	2008 年	2009 年	2010 年	2011 年	2012 年	2013 年	2014 年
农产品	15.0	−5.1	13.9	26.1	−3.4	41.4	16.2	−1.2	5.2	0.4
谷物	167.7	−55.5	−59.9	962.6	−21.3	20.9	77.8	−25.0	21.8	−14.2
棉花	145.7	−73.0	−10.6	−12.3	289.6	−16.5	1.7	62.1	−59.5	24.2
食用油籽	4.9	−46.5	1.4	543.9	−3.8	12.9	−29.5	71.9	−60.4	−30.9
食用植物油	34.5	−25.7	−19.7	637.8	−23.1	177.6	35.9	6.4	−27.5	−4.3
食糖	24.1	35.7	−24.8	−21.5	67.4	−0.9	−13.1	4.6	34.1	−4.8
蔬菜	12.7	−4.6	19.6	11.7	1.7	118.8	9.3	−3.7	3.2	7.0
水果	4.6	−3.6	23.1	7.9	2.1	38.2	3.8	0.4	8.8	5.2
畜产品	−13.2	12.3	26.9	3.6	5.7	92.6	10.3	−1.6	15.6	−3.9
水产品	4.9	−8.4	29.2	5.3	−18.5	37.2	4.8	−3.9	−10.0	16.6
饮品	12.3	−10.3	21.1	15.6	−0.9	35.2	−0.1	−4.4	11.4	−1.5

（二）主要贸易伙伴

2014 年南非前五大农产品进口来源地分别为英国、阿根廷、泰国、印度尼西亚和纳米比亚，进口额分别为 3.9 亿美元、3.9 亿美元、3.8 亿美元、3.7 亿美元和 3.5 亿美元，占其农产品进口额的比重分别为 5.9%、5.8%、5.6%、5.5%和 5.2%（图 5）。

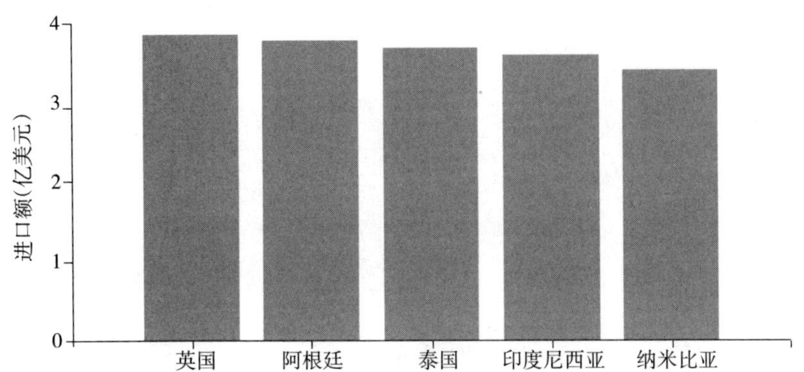

图 5 2014 年南非前五大农产品进口来源地

2014 年南非前五大农产品出口市场分别为荷兰、纳米比亚、英国、博茨瓦纳和津巴布韦，出口额分别为 8.2 亿美元、7.6 亿美元、6.7 亿美元、6.3 亿美元和 5.7 亿美元，占其农产品出口额的比重分别为 8.1%、7.5%、6.6%、6.2%和 5.7%（图 6）。

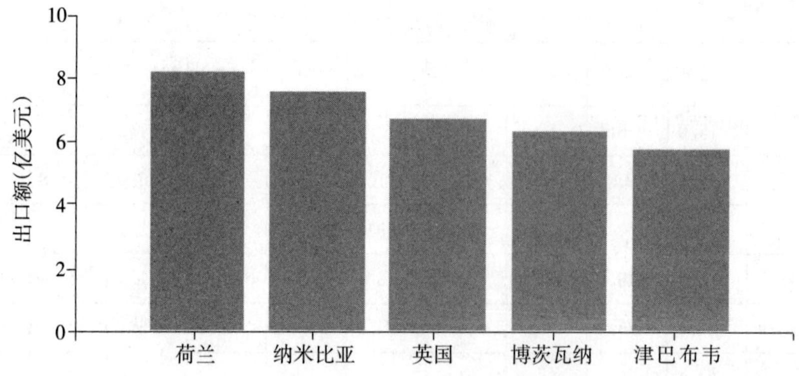

图 6　2014 年南非前五大农产品出口市场

4-32-2 南非主要农产品出口额（一）

单位：万美元

项 目	2004年	2005年	2006年	2007年	2008年	2009年
农产品	396 955.3	456 382.1	433 317.5	493 437.9	622 115.8	600 948.4
谷物	14 880.7	39 838.1	17 715.3	7 109.3	75 541.8	59 426.5
小麦产品	2 223.5	1 160.2	942.6	1 702.8	14 060.0	5 266.0
玉米产品	12 072.9	37 696.4	15 390.4	4 657.0	59 310.3	51 893.1
稻谷产品	449.4	698.5	1 150.2	426.0	1 730.2	1 560.7
棉花	1 079.2	2 652.2	717.3	641.5	562.6	2 191.7
食用油籽	2 606.0	2 732.5	1 463.2	1 483.1	9 549.9	9 189.7
大豆	125.1	257.0	64.5	56.9	938.5	6 829.8
花生	2 217.7	2 094.2	1 127.2	1 115.4	2 456.8	1 609.8
油菜籽	1.9	0.1			6.0	4.9
食用植物油	1 599.0	2 151.3	1 598.0	1 282.6	9 462.5	7 279.8
豆油	86.8	54.4	330.0	55.2	328.7	894.9
菜籽油	1.7	2.0	2.0	0.4	6.9	4.8
棕榈油	90.7	47.9	62.0	93.2	305.6	477.2
食糖	22 177.7	27 516.4	37 326.2	28 077.5	22 032.9	36 884.9
蔬菜	14 490.0	16 401.2	15 645.5	18 688.4	20 866.1	21 213.4
水果	146 281.8	153 020.1	147 521.1	181 603.6	195 866.7	199 914.4
畜产品	34 952.0	30 338.9	34 085.3	43 261.3	44 814.3	47 352.7
猪肉	125.9	218.8	194.7	301.2	489.9	628.4
牛肉	1 980.3	1 175.3	1 318.2	1 535.8	1 656.9	2 189.0
羊肉	61.0	168.4	93.2	228.0	215.6	287.2
家禽	1 849.5	1 377.1	1 644.4	1 364.2	1 151.7	3 389.7
蛋产品	402.3	137.6	80.8	151.3	314.5	801.0
乳品	3 733.2	2 481.9	3 121.9	3 420.8	5 166.8	6 652.9
动物生皮	9 855.0	8 626.6	7 723.4	9 316.1	8 061.7	6 495.5
动物生毛皮	19.9	12.1	10.6	4.5	3.3	12.0
羊毛	9 292.5	9 370.2	11 378.9	16 337.0	15 367.0	15 618.1
水产品	43 593.8	45 743.4	41 885.6	54 120.8	56 979.4	46 453.1
饮品	77 555.6	87 083.0	78 081.8	94 577.8	109 366.9	108 414.7
酒	67 554.8	78 905.2	69 289.5	84 837.7	97 227.5	94 184.9
茶	1 303.9	700.5	1 035.5	1 029.5	1 193.0	1 562.5
咖啡	618.0	772.7	883.4	925.7	1 013.0	955.0

南非主要农产品出口额（二）

单位：万美元

项 目	2010 年	2011 年	2012 年	2013 年	2014 年
农产品	849 955.5	987 357.0	975 370.8	1 025 694.9	1 029 864.8
谷物	71 872.3	127 816.6	95 815.0	116 661.1	100 136.2
小麦产品	10 588.4	15 781.6	16 437.7	15 457.5	17 738.3
玉米产品	51 465.3	101 165.5	65 017.4	90 019.2	72 600.6
稻谷产品	7 689.7	8 619.0	8 595.3	8 245.1	7 727.7
棉花	1 830.0	1 860.5	3 015.3	1 222.2	1 518.2
食用油籽	10 377.8	7 317.0	12 577.2	4 986.0	3 447.1
大豆	5 660.4	2 862.2	8 487.7	1 392.6	396.6
花生	4 178.2	3 813.2	3 436.8	2 586.0	2 317.9
油菜籽	22.3	6.9	1.5	2.0	4.6
食用植物油	20 210.0	27 474.5	29 224.5	21 191.8	20 284.3
豆油	3 001.4	8 861.1	12 785.4	8 258.7	9 833.7
菜籽油	16.6	35.4	38.3	26.4	30.5
棕榈油	239.6	435.2	493.0	750.2	1 033.5
食糖	36 555.1	31 753.6	33 218.0	44 551.5	42 418.4
蔬菜	46 492.2	50 811.9	49 087.9	50 666.9	54 223.8
水果	276 279.7	286 821.9	287 973.8	313 367.4	329 587.3
畜产品	91 179.6	100 536.4	98 910.5	114 354.1	109 898.6
猪肉	2 159.8	1 926.4	1 565.4	1 748.3	2 218.0
牛肉	4 560.5	4 251.6	4 856.2	6 132.3	10 286.7
羊肉	606.1	442.1	398.5	449.5	695.1
家禽	14 987.1	15 021.8	12 341.7	10 813.4	12 867.8
蛋产品	2 804.3	2 122.0	2 599.5	3 237.2	3 751.3
乳品	20 425.2	21 909.6	23 727.4	25 459.5	25 741.5
动物生皮	9 900.8	11 963.4	11 292.6	23 925.6	14 054.3
动物生毛皮	1.9	0.9	2.4	1.9	4.9
羊毛	18 137.0	29 475.1	29 340.0	30 648.2	26 414.3
水产品	63 745.9	66 809.7	64 189.6	57 768.4	67 350.7
饮品	146 607.2	146 417.7	140 024.4	155 972.6	153 555.1
酒	121 217.2	124 965.6	118 869.4	133 588.8	126 652.8
茶	2 781.7	2 716.3	3 044.3	3 337.4	3 320.2
咖啡	2 705.1	2 693.4	2 687.9	2 890.4	2 919.7

4-32-3 南非主要农产品进口额（一）

单位：万美元

项 目	2004年	2005年	2006年	2007年	2008年	2009年
农产品	267 884.1	272 494.8	322 877.0	441 783.5	491 879.8	443 623.8
谷物	50 293.0	45 807.6	54 050.7	79 888.0	96 304.9	76 506.3
小麦产品	19 963.6	18 367.7	15 275.5	26 624.9	43 817.5	27 869.4
玉米产品	7 502.2	1 022.3	11 394.9	21 034.2	2 702.4	2 211.5
稻谷产品	20 761.4	23 302.3	24 699.6	29 924.5	46 499.0	44 479.3
棉花	11 784.0	6 818.0	5 348.6	5 577.7	5 119.7	4 717.1
食用油籽	3 397.0	2 731.5	3 552.9	7 792.8	3 784.1	6 748.5
大豆	491.6	330.9	252.9	3 440.0	496.8	118.1
花生	1 060.1	346.1	1 843.8	2 030.6	1 569.3	1 354.1
油菜籽	3.5	1.4	18.7	51.0	1.7	25.7
食用植物油	29 944.3	26 275.6	33 836.3	56 687.5	65 966.5	45 052.2
豆油	10 020.9	10 929.1	12 878.8	20 921.8	28 341.4	11 020.7
菜籽油	9.8	7.1	12.5	500.7	630.9	137.3
棕榈油	12 266.6	10 436.6	11 656.3	19 611.5	29 187.5	22 728.7
食糖	1 383.3	1 206.0	1 258.9	3 671.4	5 668.0	5 148.4
蔬菜	7 601.6	8 113.3	10 984.8	13 901.9	13 471.0	12 778.0
水果	10 792.9	14 966.6	18 291.5	25 395.3	25 137.2	22 314.3
畜产品	35 131.4	45 130.0	49 944.4	61 810.3	55 432.6	48 458.9
猪肉	3 325.7	4 739.4	4 100.8	4 463.2	3 447.5	4 734.0
牛肉	2 075.3	3 117.2	3 219.6	2 506.2	1 282.6	1 649.9
羊肉	1 359.2	2 069.3	3 420.7	3 302.6	3 103.3	1 417.1
家禽	14 516.8	18 981.7	22 807.1	28 968.1	27 338.6	25 027.9
蛋产品	58.8	96.4	73.8	86.7	25.9	32.3
乳品	3 766.7	6 753.9	6 500.0	11 786.8	9 589.0	7 243.7
动物生皮	2 533.7	1 140.2	378.2	496.9	464.6	93.1
动物生毛皮	0.6		1.9	0.4	1.1	0.8
羊毛	517.7	591.1	639.8	690.0	518.8	360.1
水产品	11 157.7	13 231.0	15 983.8	20 437.7	24 574.1	26 800.6
饮品	29 741.4	37 456.6	46 574.4	60 693.4	66 155.5	65 096.2
酒	17 232.0	20 383.4	24 916.5	37 076.0	37 997.5	39 848.2
茶	2 044.5	2 503.6	3 260.1	2 750.0	3 078.4	4 313.8
咖啡	3 389.4	4 734.3	6 261.4	6 723.3	9 454.9	6 682.2

南非主要农产品进口额（二）

单位：万美元

项　目	2010 年	2011 年	2012 年	2013 年	2014 年
农产品	554 288.9	747 101.5	788 256.1	725 145.2	672 014.3
谷物	74 366.4	121 753.2	134 350.7	115 407.6	103 118.2
小麦产品	28 396.9	60 001.3	49 492.3	43 384.7	52 356.1
玉米产品	1 763.7	4 946.9	10 219.6	1 510.8	3 989.6
稻谷产品	41 416.4	50 798.9	68 797.7	66 879.5	42 304.8
棉花	5 715.6	10 899.5	7 482.7	8 027.6	5 551.8
食用油籽	4 955.7	6 586.0	8 006.7	10 608.0	16 850.1
大豆	112.7	107.7	139.4	493.3	5 530.6
花生	764.0	2 526.7	3 951.7	5 028.7	2 424.1
油菜籽	74.2	27.0	17.8	66.0	196.2
食用植物油	71 848.7	94 946.3	94 797.3	70 751.7	66 809.2
豆油	27 547.1	37 332.9	26 371.2	21 516.5	15 874.4
菜籽油	1 561.9	1 551.2	757.9	539.3	321.8
棕榈油	29 814.6	40 744.5	40 245.0	30 855.5	34 987.0
食糖	22 856.6	27 581.9	30 649.5	36 929.3	27 106.3
蔬菜	18 507.4	21 474.7	22 677.7	20 988.7	24 748.0
水果	25 540.4	34 430.2	36 368.7	38 743.2	36 704.0
畜产品	86 959.2	115 164.5	121 854.9	107 515.8	98 000.4
猪肉	5 886.9	8 198.7	8 807.1	6 351.4	5 258.2
牛肉	7 901.0	10 344.9	11 081.5	8 358.7	6 511.5
羊肉	6 492.3	7 718.3	5 744.7	4 211.2	2 890.2
家禽	32 046.5	46 484.6	51 701.6	48 096.1	45 505.4
蛋产品	34.3	67.5	92.7	97.1	116.9
乳品	9 967.4	12 435.6	17 469.9	12 684.7	14 798.7
动物生皮	660.0	1 298.9	1 509.1	1 761.5	1 902.4
动物生毛皮	0.7	1.7	1.3	1.3	0.3
羊毛	713.1	856.7	981.4	895.5	1 382.9
水产品	38 853.4	42 236.1	53 697.0	50 203.8	44 106.6
饮品	82 825.4	97 947.7	100 701.3	101 337.2	93 027.9
酒	48 824.7	58 769.5	57 421.9	57 949.1	48 152.0
茶	5 235.4	5 029.7	5 597.9	6 322.9	5 853.8
咖啡	9 674.0	13 826.8	13 920.6	13 318.4	14 731.8

4-32-4 南非主要农产品出口量（一）

单位：吨

项 目	2004年	2005年	2006年	2007年	2008年	2009年
农产品						
谷物	577 076.8	2 563 564.7	737 084.7	176 202.7	1 453 138.2	1 998 494.8
小麦产品	82 230.3	54 602.0	35 576.9	65 699.9	171 858.4	122 118.1
玉米产品	479 303.5	2 474 494.5	678 945.7	98 375.7	1 252 754.1	1 832 605.1
稻谷产品	13 930.0	28 986.0	20 719.5	8 763.4	24 922.5	33 794.6
棉花	10 501.6	25 288.6	7 374.4	5 917.6	4 507.2	19 648.4
食用油籽	21 222.6	92 307.0	14 622.7	10 500.7	111 791.6	177 340.2
大豆	2 178.4	68 662.3	561.9	417.3	14 551.0	162 412.4
花生	17 571.1	21 201.5	12 967.6	9 184.5	15 777.3	12 787.8
油菜籽	1.2				6.8	8.6
食用植物油	14 840.8	23 377.3	27 384.8	12 709.4	62 474.4	73 571.0
豆油	1 378.5	685.6	7 695.0	726.3	1 940.7	8 001.3
菜籽油	5.9	24.3	4.0	0.5	17.1	21.3
棕榈油	781.2	510.4	804.7	1 001.1	2 165.3	5 685.1
食糖	962 510.4	1 072 790.2	2 155 244.8	1 032 489.2	684 935.7	905 229.7
蔬菜	168 952.4	150 082.9	182 210.0	199 345.1	212 929.0	256 994.2
水果						
畜产品						
猪肉	507.0	819.0	629.2	823.6	2 933.6	2 022.3
牛肉	6 737.0	2 535.2	4 090.9	2 870.2	3 540.6	4 557.7
羊肉	113.5	419.9	214.7	400.5	414.7	626.8
家禽						
蛋产品						
乳品	23 676.6	17 647.5	27 222.8	19 013.0	42 387.6	42 195.0
动物生皮	43 393.1	45 374.6	40 615.1	45 807.0	35 461.8	47 890.6
动物生毛皮						
羊毛	27 867.5	42 689.9	34 668.4	36 058.0	36 559.9	43 581.8
水产品						
饮品						
酒						
茶	5 765.1	2 309.2	3 795.6	5 186.8	9 487.3	5 486.1
咖啡	2 028.4	2 587.7	5 234.3	8 390.1	3 253.4	2 195.3

南非主要农产品出口量（二）

单位：吨

项　目	2010年	2011年	2012年	2013年	2014年
农产品					
谷物	2 475 648.8	7 511 091.8	3 552 667.2	4 073 149.4	3 066 297.3
小麦产品	256 614.0	1 258 784.8	385 097.1	373 932.6	449 452.5
玉米产品	1 869 353.5	3 656 968.7	2 351 206.8	3 504 898.8	2 460 529.5
稻谷产品	311 280.2	2 396 018.6	756 391.7	128 479.8	123 118.2
棉花	11 099.2	11 647.2	16 753.4	6 460.3	7 684.6
食用油籽	162 361.4	78 420.0	181 874.4	37 535.1	22 626.9
大豆	128 007.1	55 016.7	163 735.8	20 773.2	4 431.0
花生	32 507.2	20 762.9	15 337.6	13 432.7	14 727.6
油菜籽	45.4	5.7	2.7	69.0	13.2
食用植物油	313 428.4	2 747 407.2	1 317 836.9	160 928.7	164 629.9
豆油	22 997.5	55 602.5	79 473.2	64 496.3	87 170.5
菜籽油	82.0	202.1	286.3	106.0	127.5
棕榈油	1 985.8	2 548.4	3 203.5	5 806.6	7 807.0
食糖	618 069.2	436 439.1	495 157.5	851 242.3	913 391.2
蔬菜	3 290 196.3	6 955 798.2	6 714 236.8	580 198.3	628 506.1
水果					
畜产品					
猪肉	6 675.5	19 571.3	5 438.0	6 129.7	7 837.9
牛肉	14 168.3	18 760.0	14 634.4	16 025.3	27 787.1
羊肉	4 043.5	10 177.5	972.0	1 107.2	1 613.6
家禽					
蛋产品					
乳品	150 509.1	192 296.4	617 438.8	211 632.1	193 185.7
动物生皮	45 705.9	32 923.6	34 354.2	46 693.0	39 488.2
动物生毛皮					
羊毛	37 101.8	42 274.3	43 242.3	46 436.5	45 282.1
水产品					
饮品					
酒					
茶	8 755.0	7 798.1	10 828.2	8 361.4	7 485.1
咖啡	5 972.6	7 536.1	9 590.3	6 133.3	6 425.9

4-32-5 南非主要农产品进口量（一）

单位：吨

项　目	2004年	2005年	2006年	2007年	2008年	2009年
农产品						
谷物	2 669 274.8	2 311 004.4	2 971 556.0	3 397 591.2	2 313 669.7	2 168 536.8
小麦产品	1 197 810.5	1 277 260.3	982 271.4	1 110 491.0	1 438 098.8	1 323 013.8
玉米产品	600 310.2	91 165.3	1 055 759.3	1 243 227.8	103 843.9	31 564.3
稻谷产品	748 631.0	772 932.7	816 611.3	962 694.2	654 146.5	747 806.6
棉花	91 547.9	62 046.3	47 789.8	46 153.7	35 467.1	36 925.5
食用油籽	118 783.6	140 071.1	116 463.4	243 374.1	71 751.9	175 075.0
大豆	18 603.4	14 980.7	10 590.6	118 046.4	18 421.3	3 139.2
花生	17 594.9	4 693.4	27 518.4	27 364.9	12 425.9	11 774.0
油菜籽	53.1	26.2	118.8	195.8	16.3	73.3
食用植物油	541 758.2	543 457.5	686 366.3	758 416.2	625 173.7	593 669.4
豆油	175 322.9	218 510.9	261 203.2	272 707.2	247 887.6	137 801.1
菜籽油	64.6	40.6	49.1	4 115.7	5 527.2	1 281.1
棕榈油	266 361.9	273 583.5	292 370.2	299 092.2	314 198.5	324 949.5
食糖	38 727.3	38 495.8	31 199.9	102 544.4	158 090.5	120 311.2
蔬菜	73 986.2	81 850.7	112 610.4	122 099.3	99 782.0	94 379.5
水果						
畜产品						
猪肉	21 620.7	26 921.2	20 619.1	22 538.6	17 745.1	27 210.1
牛肉	16 450.2	20 465.2	19 332.0	17 024.9	7 061.7	9 765.2
羊肉	17 101.8	22 778.0	32 778.3	28 360.8	25 016.1	12 396.7
家禽						
蛋产品						
乳品	18 299.2	30 770.2	30 824.7	44 309.3	34 223.1	32 351.3
动物生皮	10 181.9	4 180.1	1 418.6	2 384.6	2 257.6	1 079.6
动物生毛皮						
羊毛	1 890.0	2 078.5	2 341.0	2 597.4	1 967.7	1 832.4
水产品						
饮品						
酒						
茶	17 959.4	19 702.3	22 282.1	20 740.8	21 279.2	27 432.4
咖啡	24 568.9	26 902.0	30 866.8	24 208.2	30 395.3	22 384.8

南非主要农产品进口量（二）

单位：吨

项　目	2010年	2011年	2012年	2013年	2014年
农产品					
谷物	2 111 567.9	3 028 633.1	3 484 302.6	2 829 146.0	3 015 427.7
小麦产品	1 271 317.2	1 842 855.1	1 714 617.7	1 432 752.9	1 878 739.2
玉米产品	20 821.1	136 989.1	343 751.5	12 174.1	96 714.6
稻谷产品	733 338.8	885 971.5	1 231 761.5	1 269 952.0	914 306.5
棉花	34 410.5	34 582.1	41 473.3	45 723.7	31 629.6
食用油籽	102 914.2	92 286.2	111 772.5	167 586.8	289 552.8
大豆	2 555.7	1 655.5	1 170.0	5 719.7	107 829.5
花生	4 518.4	15 868.7	24 605.4	38 465.0	21 282.5
油菜籽	116.5	47.6	20.9	80.3	199.9
食用植物油	757 098.6	757 521.4	823 693.8	737 809.9	778 469.4
豆油	272 952.0	277 729.8	198 915.4	205 591.0	171 068.2
菜籽油	14 588.1	10 300.8	4 952.5	4 031.8	2 142.4
棕榈油	349 919.3	363 392.7	399 326.9	379 106.7	450 509.7
食糖	257 824.0	327 799.9	431 346.3	660 751.2	493 438.0
蔬菜	147 264.2	143 839.5	155 436.6	128 208.4	158 295.1
水果					
畜产品					
猪肉	26 310.1	32 181.8	33 179.9	27 650.2	18 589.5
牛肉	18 607.0	26 528.2	30 350.2	27 871.8	23 779.2
羊肉	19 626.3	17 676.4	15 547.3	13 375.5	9 724.9
家禽					
蛋产品					
乳品	34 894.8	38 559.9	62 033.6	37 086.2	41 609.3
动物生皮	9 197.4	13 044.5	9 770.0	13 639.0	14 838.4
动物生毛皮					
羊毛	2 131.4	3 528.1	6 733.4	9 903.2	6 846.3
水产品					
饮品					
酒					
茶	27 879.6	24 298.9	24 313.5	25 794.2	27 259.2
咖啡	30 074.9	29 265.2	26 758.5	26 197.5	29 868.6

4-32-6 南非农产品出口额前15位国家（地区）
（2014年）

单位：万美元，%

序号	国家（地区）	出口额	同比增长
1	荷兰	81 560.7	1.5
2	纳米比亚	75 521.5	−2.8
3	英国	66 993.2	1.9
4	博茨瓦纳	62 973.7	−7.5
5	津巴布韦	57 468.3	−5.5
6	莫桑比克	53 285.5	14.4
7	莱索托	38 012.0	−2.4
8	中国	36 869.2	4.6
9	中国香港	33 119.6	35.3
10	美国	31 568.2	3.9
11	安哥拉	30 960.3	−3.7
12	斯威士兰	29 893.8	2.7
13	赞比亚	26 554.4	22.3
14	阿拉伯联合酋长国	26 369.4	16.5
15	德国	25 276.6	−6.4
	总计	**676 426.3**	

4-32-7 南非农产品进口额前15位国家（地区）

（2014年）

单位：万美元，%

序号	国家（地区）	进口额	同比增长
1	英国	39 352.9	−2.1
2	阿根廷	38 537.4	−33.6
3	泰国	37 668.5	−16.0
4	印度尼西亚	36 674.9	30.2
5	纳米比亚	34 727.7	−24.5
6	印度	32 238.3	−13.6
7	中国	31 831.5	−36.9
8	荷兰	31 086.7	−10.5
9	巴西	29 843.5	−39.4
10	德国	27 969.4	21.3
11	俄罗斯	27 613.6	229.1
12	斯威士兰	27 270.1	1.2
13	美国	26 973.1	−9.7
14	法国	20 764.6	13.4
15	西班牙	18 914.7	8.6
	总计	**461 467.1**	

4-33 埃及主要农产品贸易情况

4-33-1 埃及农产品贸易综述

一、过去10年来埃及农产品贸易总体情况

2004—2014年，埃及农产品贸易额由43.5亿美元增至204.3亿美元，年均增长16.7%。其中，出口额由13.1亿美元增至49.9亿美元，年均增长14.3%；进口额由30.4亿美元增至154.4亿美元，年均增长17.6%；贸易逆差由17.3亿美元增至104.5亿美元，年均增长19.7%（图1）。

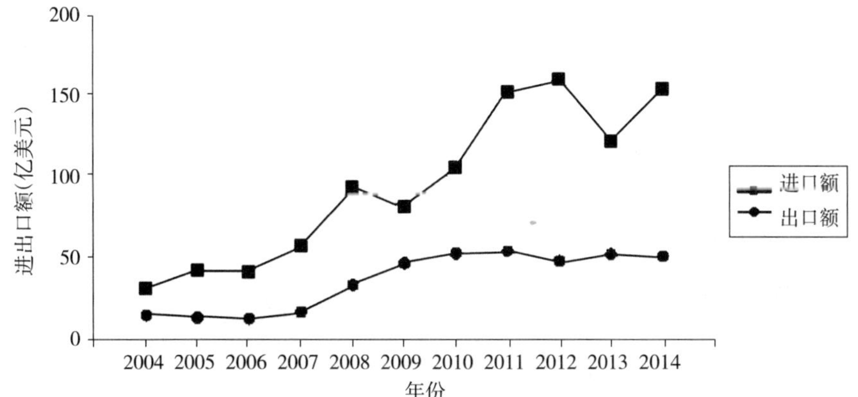

图1 2004—2014年埃及农产品进出口额变化

2005年以来，除2005年、2006年、2012年和2014年出口额同比下降以及2006年、2009年和2013年进口额同比下降外，其余年份均保持正增长。其中，2008年出口增速最快，达110.6%，2008年进口增幅最大，达63.8%。2014年进口额同比增长26.7%，出口额同比下降2.2%（图2）。总体看，出口年度变化幅度小于进口。

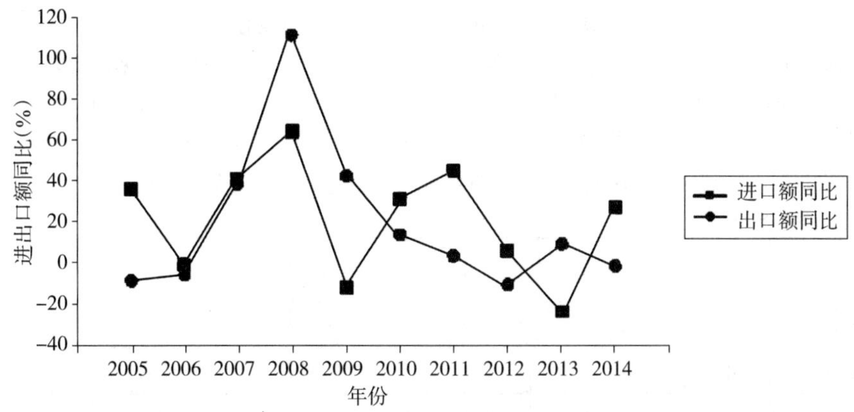

图2 2005—2014年埃及农产品进出口额同比变化

二、2014 年埃及农产品贸易情况

2014 年埃及农产品贸易额为 204.3 亿美元，同比增长 18.1%，在全球各大农产品贸易国中排名第 33 位。其中出口额为 49.9 亿美元，同比下降 2.2%，全球排名第 49 位；进口额为 154.4 亿美元，同比增长 26.7%，全球排名第 19 位。

（一）进出口产品结构

2014 年，埃及进口农产品以谷物、畜产品和食用油籽为主，进口额分别为 50.8 亿美元、27.4 亿美元和 12.0 亿美元，占其农产品进口额的比重分别为 32.9%、17.8%和 7.8%。此外，埃及还进口食用植物油和水产品等，2014 年进口额分别为 10.1 亿美元和 7.5 亿美元，分别占其农产品进口额的 6.5%和 4.9%（图 3）。

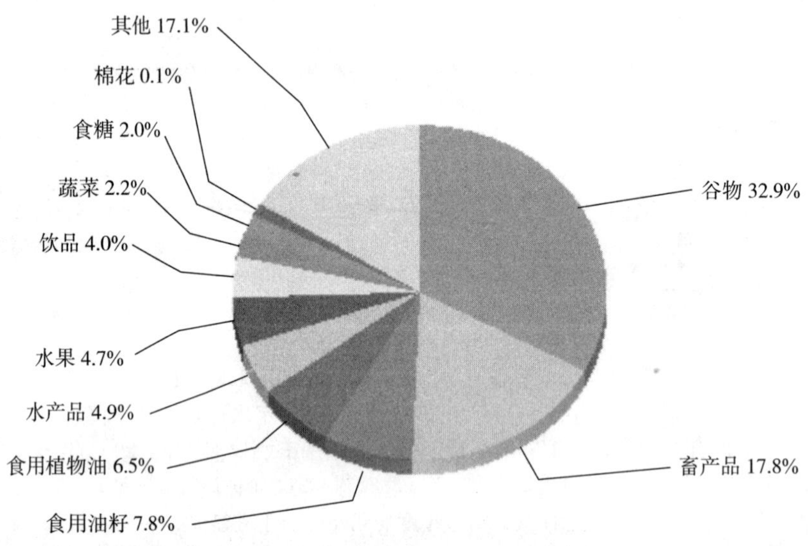

图 3　2014 年埃及农产品进口结构

2014 年，埃及进口同比增长较快的农产品主要是水产品、谷物和食糖，增幅分别为 120.1%、83.5%和 70.4%。此外，蔬菜、水果、畜产品、棉花和食用油籽的增幅在 1.4%～38.4%之间。食用植物油和饮品进口额同比下降 34.1%和 0.7%（表 1）。

表 1　2005—2014 年埃及主要农产品进口额同比变化情况

单位：%

	2005 年	2006 年	2007 年	2008 年	2009 年	2010 年	2011 年	2012 年	2013 年	2014 年
农产品	34.9	−1.2	39.8	63.8	−12.9	30.1	44.5	5.3	−23.9	26.7
谷物	49.3	−7.4	67.5	22.6	−21.3	42.5	56.6	−1.8	−48.6	83.5
棉花	−38.4	36.6	−1.1	120.2	−15.1	20.3	−8.5	−70.0	280.9	3.4

（续）

	2005年	2006年	2007年	2008年	2009年	2010年	2011年	2012年	2013年	2014年
食用油籽	126.6	−13.4	139.0	33.3	24.5	8.8	36.1	18.2	−8.2	2.3
食用植物油	22.5	8.2	−26.9	327.0	−41.9	14.7	106.4	−20.5	−1.1	−34.1
食糖	132.2	2.0	−8.9	308.4	−48.9	67.1	86.9	−10.5	−77.2	70.4
蔬菜	58.5	−19.4	65.1	55.7	44.9	−2.6	49.9	−11.2	7.3	1.4
水果	67.7	−7.0	1.9	109.8	26.3	25.5	44.7	44.3	−6.7	38.4
畜产品	55.3	20.1	21.9	47.1	−7.1	52.0	0.3	33.5	−8.1	28.1
水产品	12.2	12.1	33.1	69.1	25.8	5.8	6.0	46.5	−56.4	120.1
饮品	17.1	−16.5	90.3	435.3	1.6	9.5	27.1	18.9	−2.5	−0.7

2014年，埃及农产品中出口额靠前的是水果、蔬菜和畜产品，出口额分别为13.3亿美元、12.8亿美元和4.7亿美元，占其农产品出口额的比重分别为26.6%、25.6%和9.4%。此外，埃及还出口饮品、食用植物油、食糖和棉花等，出口额分别为2.0亿美元、1.4亿美元、1.3亿美元和0.9亿美元，分别占其农产品出口额的4.0%、2.8%、2.7%和1.8%（图4）。

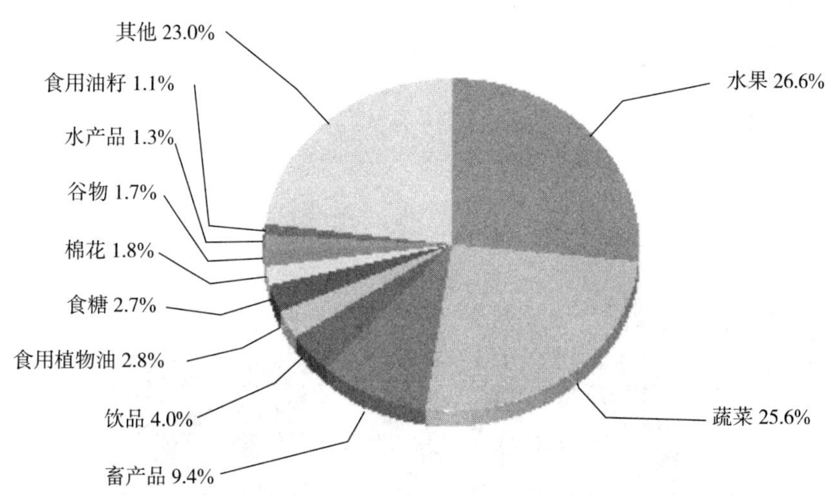

图4　2014年埃及农产品出口结构

2014年，埃及出口额同比增长较快的农产品是水产品、食用植物油和饮品，增幅分别为26.8%、22.3%和17.2%。水果和蔬菜的增幅为6.3%和5.6%。其他农产品出口额同比下降，食用油籽、食糖和棉花分别下降25.3%、26.5%和34.5%，谷物降幅最大，超过六成（表2）。

表 2 2005—2014 年埃及主要农产品出口额同比变化情况

单位：%

	2005 年	2006 年	2007 年	2008 年	2009 年	2010 年	2011 年	2012 年	2013 年	2014 年
农产品	−9.3	−6.6	37.9	110.6	41.9	13.0	2.9	−11.3	8.5	−2.2
谷物	38.8	−3.5	33.6	−52.1	165.0	−17.6	−81.1	64.1	82.0	−64.6
棉花	−62.5	−26.6	15.5	28.6	−53.0	189.3	−0.3	−26.0	−30.8	−34.5
食用油籽	−9.6	−20.2	−4.2	196.0	167.0	−33.4	9.6	−5.8	8.4	−25.3
食用植物油	175.1	−20.7	−25.3	1 263.8	−2.8	−24.0	175.1	−30.8	−39.3	22.3
食糖	39.7	9.0	99.7	−72.6	709.0	143.5	−16.5	−49.7	38.9	−26.5
蔬菜	14.8	−4.4	44.0	104.0	32.0	10.7	18.0	−16.1	24.1	5.6
水果	19.8	−0.4	70.9	221.9	40.4	1.0	7.0	−0.8	2.4	6.3
畜产品	34.8	−21.2	19.7	668.6	32.8	7.5	−1.7	−20.1	5.2	−0.5
水产品	24.6	−6.9	15.4	356.4	27.3	20.5	24.9	2.5	24.1	26.8
饮品	43.3	21.3	9.6	202.7	42.3	42.7	7.6	−7.5	−3.0	17.2

（二）主要贸易伙伴

2014 年埃及前五大农产品进口来源地分别为美国、乌克兰、俄罗斯、巴西和阿根廷，进口额分别为 20.5 亿美元、15.6 亿美元、15.1 亿美元、14.7 亿美元和 11.5 亿美元，占其农产品进口额的比重分别为 13.3%、10.1%、9.8%、9.6%和 7.5%（图 5）。

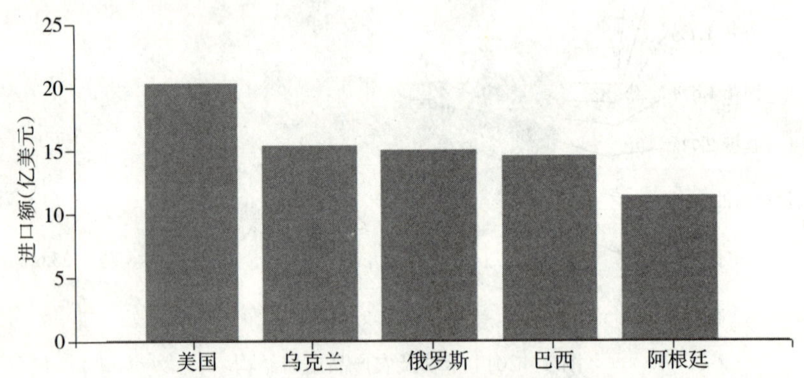

图 5 2014 年埃及前五大农产品进口来源地

2014 年埃及前五大农产品出口市场分别为沙特阿拉伯、俄罗斯、利比亚、阿拉伯联合酋长国和伊拉克，出口额分别为 5.6 亿美元、3.1 亿美元、3.1 亿美元、2.3 亿美元和 2.3 亿美元，占其农产品出口额的比重分别为 11.2%、6.3%、6.2%、4.7%和 4.7%（图 6）。

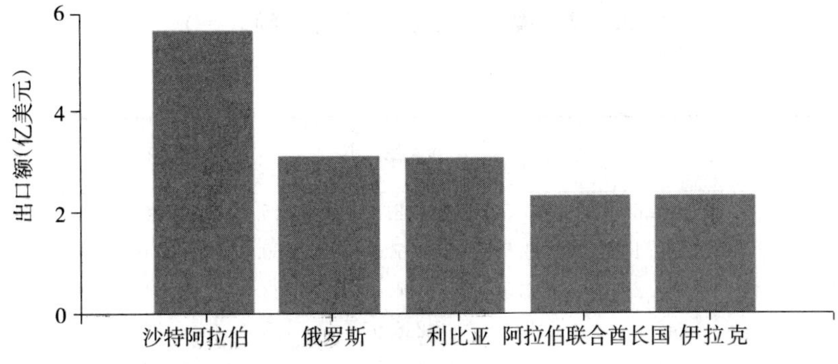

图 6 2014 年埃及前五大农产品出口市场

4-33-2 埃及主要农产品出口额（一）

单位：万美元

项目	2004年	2005年	2006年	2007年	2008年	2009年
农产品	130 642.6	118 470.5	110 628.8	152 515.2	321 264.8	455 961.8
谷物	23 223.4	32 223.5	31 107.3	41 560.6	19 916.3	52 781.5
小麦产品	60.2	681.5	464.3	523.3	1 217.3	2 675.2
玉米产品	47.4	118.4	236.9	148.4	250.4	880.1
稻谷产品	23 074.7	31 319.8	30 146.1	40 566.2	17 939.9	47 732.3
棉花	48 203.7	18 064.6	13 251.7	15 300.5	19 671.1	9 255.1
食用油籽	1 736.8	1 570.2	1 253.2	1 200.8	3 554.0	9 488.0
大豆	3.2	1.0	1.0	0.3	97.6	183.3
花生	1 149.1	1 025.7	631.4	612.2	1 659.9	6 621.1
油菜籽		3.0				
食用植物油	597.6	1 644.1	1 303.4	973.3	13 273.8	12 908.3
豆油	111.6	310.0	293.7	173.7	2 783.5	2 613.2
菜籽油						2.6
棕榈油	18.1	313.9	65.3	29.4	401.0	1 603.7
食糖	1 913.2	2 672.8	2 913.8	5 817.5	1 594.6	12 901.4
蔬菜	20 886.9	23 978.9	22 932.0	33 010.5	67 322.7	88 860.7
水果	12 322.0	14 764.4	14 701.9	25 126.0	80 882.2	113 571.5
畜产品	4 090.3	5 515.7	4 345.9	5 202.8	39 989.7	53 118.8
猪肉			16.8		15.6	8.0
牛肉	56.2	60.1	56.3	59.7	52.3	66.4
羊肉	6.0	2.9	7.4	0.3	3.9	11.4
家禽	690.5	393.4	47.9	57.4	2 063.1	2 449.3
蛋产品	694.2	709.2	154.2	5.8	63.9	74.6
乳品	1 852.5	3 452.3	3 331.4	4 110.4	35 788.2	47 252.2
动物生皮	24.3	2.0	22.9	92.9	277.8	252.1
动物生毛皮		8.1			1.7	
羊毛	65.5	54.6	41.8	64.9	101.0	101.9
水产品	345.7	430.8	401.0	462.8	2 112.6	2 689.3
饮品	1 499.5	2 148.4	2 606.4	2 856.2	8 646.9	12 301.7
酒	319.4	599.2	880.8	1 046.1	2 004.5	2 375.0
茶	756.2	977.6	1 290.7	1 391.1	2 176.5	2 653.1
咖啡	15.2	11.7	28.9	15.7	1 717.3	3 159.5

埃及主要农产品出口额（二）

单位：万美元

项　目	2010年	2011年	2012年	2013年	2014年
农产品	515 313.0	530 177.2	470 414.7	510 272.0	498 806.1
谷物	43 484.4	8 230.2	13 503.5	24 579.8	8 700.2
小麦产品	3 845.1	5 189.7	4 031.0	3 704.4	4 990.6
玉米产品	662.7	110.8	263.0	102.0	200.5
稻谷产品	36 783.9	1 911.5	8 504.8	19 987.4	3 032.7
棉花	26 772.9	26 693.7	19 764.3	13 685.1	8 961.3
食用油籽	6 320.3	6 924.1	6 524.0	7 070.6	5 282.6
大豆	49.7	15.5	56.6	15.2	55.0
花生	4 047.1	5 031.5	4 544.5	3 646.1	2 823.0
油菜籽	1.1		2.4	0.1	1.5
食用植物油	9 814.2	26 997.0	18 680.0	11 331.3	13 862.1
豆油	2 930.8	6 009.9	6 347.8	4 016.8	8 795.9
菜籽油	3.7			0.2	21.6
棕榈油	2 408.5	4 552.7	1 626.5	920.0	1 208.8
食糖	31 411.4	26 238.1	13 194.8	18 329.4	13 478.5
蔬菜	98 387.0	116 083.3	97 452.3	120 904.3	127 724.5
水果	114 709.6	122 739.1	121 743.4	124 664.8	132 570.3
畜产品	57 117.0	56 170.1	44 892.4	47 215.5	46 973.4
猪肉	14.2	7.1	2.0	2.4	2.4
牛肉	31.8	94.4	107.5	89.2	110.0
羊肉	16.5	30.1	6.5	1.2	8.1
家禽	1 981.2	1 328.5	1 460.7	1 773.1	2 646.5
蛋产品	81.3	188.5	268.1	251.0	234.9
乳品	51 223.9	51 099.3	39 557.5	40 896.3	40 732.6
动物生皮	453.8	778.7	1 084.4	1 557.5	91.8
动物生毛皮	3.6	6.1	0.4	19.6	0.1
羊毛	359.6	422.4	334.2	325.4	275.6
水产品	3 242.0	4 050.6	4 153.8	5 152.9	6 532.9
饮品	17 560.1	18 897.1	17 474.9	16 944.9	19 857.9
酒	6 234.1	4 774.6	3 938.6	2 600.7	667.4
茶	2 794.6	2 310.9	2 446.6	2 336.5	2 350.5
咖啡	3 409.7	4 612.9	2 817.3	2 176.7	1 501.2

4-33-3 埃及主要农产品进口额（一）

单位：万美元

项 目	2004年	2005年	2006年	2007年	2008年	2009年
农产品	304 061.0	410 254.0	405 167.3	566 541.0	928 130.2	808 325.2
谷物	109 811.6	163 996.1	151 814.8	254 289.1	311 827.5	245 560.7
小麦产品	72 714.6	93 613.3	96 510.7	156 400.6	211 369.3	157 771.2
玉米产品	36 784.2	69 980.4	54 796.4	94 364.4	98 682.4	84 901.3
稻谷产品	148.0	239.9	351.7	3 319.7	795.5	934.2
棉花	8 752.6	5 390.8	7 365.8	7 284.9	16 039.1	13 622.4
食用油籽	9 357.6	21 200.6	18 362.0	43 886.6	58 496.7	72 836.8
大豆	6 438.6	19 395.4	16 298.8	42 713.3	51 748.3	66 068.4
花生	4.1	14.9	10.7	29.8	618.0	505.6
油菜籽		0.3			2.4	
食用植物油	34 180.2	41 858.9	45 297.9	33 111.8	141 377.5	82 119.0
豆油	5 551.6	4 997.6	2 441.3	6 973.1	44 620.4	6 970.5
菜籽油					5.4	207.0
棕榈油	20 179.6	26 739.3	33 266.7	13 141.8	65 336.1	45 270.3
食糖	6 249.0	14 507.5	14 800.9	13 490.0	55 096.2	28 171.9
蔬菜	5 164.1	8 185.9	6 592.8	10 886.8	16 953.0	24 563.9
水果	5 119.1	8 586.5	7 982.3	8 133.6	17 065.4	21 559.0
畜产品	36 837.7	57 203.0	68 675.7	83 685.0	123 114.1	114 426.0
猪肉	3.2		8.3	101.1		21.5
牛肉	18 060.8	27 704.8	40 961.2	49 026.7	48 375.5	40 783.7
羊肉	37.6	142.3	298.2	540.6	880.6	722.4
家禽	67.4	83.3	1 529.1	1 566.0	6 999.3	9 877.3
蛋产品	3.0	114.5	24.2	28.7	166.0	377.4
乳品	11 461.1	16 892.8	12 367.6	17 425.1	48 136.7	42 919.5
动物生皮	33.2	70.8	28.6	301.1	1 366.0	1 759.9
动物生毛皮			0.8			1.5
羊毛	292.5	222.9	187.5	117.5	480.9	53.4
水产品	13 418.6	15 056.1	16 875.8	22 469.6	37 986.7	47 790.2
饮品	3 762.1	4 404.2	3 677.2	6 996.3	37 452.7	38 062.4
酒	46.1	6.1	16.2	221.6	2 992.5	2 069.1
茶	436.6	1 030.4	978.1	2 677.3	22 950.5	22 796.5
咖啡	872.6	1 057.3	1 125.4	1 878.1	6 695.2	6 639.8

埃及主要农产品进口额（二）

单位：万美元

项　目	2010年	2011年	2012年	2013年	2014年
农产品	1 051 984.0	1 519 885.4	1 601 004.2	1 218 756.7	1 543 822.6
谷物	349 929.7	547 973.1	538 252.5	276 727.1	507 913.4
小麦产品	218 422.8	320 175.1	320 053.9	72 592.0	307 215.2
玉米产品	128 301.7	220 403.0	198 710.0	201 151.7	197 220.5
稻谷产品	912.5	5 296.3	17 354.1	1 629.0	2 428.7
棉花	16 384.3	14 990.6	4 497.8	17 133.0	17 722.8
食用油籽	79 263.8	107 874.3	127 485.3	117 019.9	119 733.3
大豆	69 513.0	93 672.1	108 883.7	99 441.0	106 727.5
花生	726.8	590.8	1 130.3	511.7	559.1
油菜籽	9.1	8.5		12.3	
食用植物油	94 225.9	194 455.0	154 586.0	152 897.7	100 812.8
豆油	12 694.5	53 329.0	3 756.2	21 606.2	10 735.2
菜籽油	4.2		0.5	46.9	66.8
棕榈油	52 619.2	86 042.0	44 584.5	62 478.6	42 799.4
食糖	47 071.7	87 987.2	78 751.0	17 965.5	30 608.0
蔬菜	23 929.9	35 861.6	31 846.6	34 172.4	34 659.4
水果	27 049.5	39 137.5	56 465.1	52 682.3	72 907.9
畜产品	173 946.6	174 425.9	232 843.4	214 005.7	274 076.6
猪肉	16.4	93.4	133.4	111.9	85.0
牛肉	72 995.0	66 309.7	91 324.3	83 482.7	119 931.1
羊肉	1 384.3	356.7	1 518.6	894.9	1 627.9
家禽	19 136.8	11 425.3	25 173.2	17 489.9	19 721.2
蛋产品	221.7	233.4	345.4	513.5	408.5
乳品	46 218.7	62 829.1	75 638.0	76 830.9	87 637.1
动物生皮	2 231.2	1 189.2	448.7	80.0	277.7
动物生毛皮					
羊毛	62.8	246.1	3 303.2	4 518.6	4 113.7
水产品	50 569.9	53 616.4	78 533.6	34 237.0	75 361.2
饮品	41 667.3	52 968.7	63 001.2	61 439.6	60 989.1
酒	4 929.7	3 898.9	3 890.9	5 399.4	3 830.8
茶	22 163.5	31 220.6	33 082.3	30 755.5	34 513.2
咖啡	5 029.7	6 963.2	10 395.2	10 499.0	8 212.0

4-33-4 埃及主要农产品出口量（一）

单位：吨

项　目	2004年	2005年	2006年	2007年	2008年	2009年
农产品						
谷物	852 462.6	1 153 695.6	1 020 754.9	1 260 671.7	399 221.2	759 393.5
小麦产品	7 058.4	24 989.5	17 744.4	13 989.0	24 150.1	61 602.7
玉米产品	2 122.0	4 523.6	5 326.6	5 588.6	7 996.1	21 274.7
稻谷产品	841 891.4	1 119 798.1	983 885.9	1 232 529.8	360 543.7	654 753.4
棉花	183 685.8	96 799.8	55 241.1	68 854.1	93 118.3	2 068.4
食用油籽	26 356.3	28 074.5	20 901.5	16 589.8	28 255.3	62 724.7
大豆	85.1	27.9	20.0	50.0	1 008.2	1 433.1
花生	16 310.1	18 278.6	9 617.2	8 026.4	11 268.1	39 183.9
油菜籽		15.1				0.1
食用植物油	7 483.1	20 078.9	15 728.2	11 663.2	86 825.6	95 114.3
豆油	1 997.6	4 333.1	4 558.3	2 903.0	18 927.0	20 311.6
菜籽油						19.5
棕榈油	273.1	7 476.5	1 370.4	443.6	3 378.5	11 882.3
食糖	70 852.7	113 560.0	101 110.6	252 433.1	33 655.9	200 097.1
蔬菜	855 004.1	898 478.0	813 809.3	838 766.9	1 079 585.4	901 604.0
水果						
畜产品						
猪肉			193.7		45.8	17.7
牛肉	524.3	515.5	455.0	517.3	162.6	116.7
羊肉	56.1	19.9	38.0	3.1	12.8	31.2
家禽						
蛋产品						
乳品	14 319.4	23 215.7	19 551.7	28 037.7	158 143.5	149 971.6
动物生皮	135.4	3.5	122.1	29.1	789.2	707.9
动物生毛皮						
羊毛	1 279.0	550.2	297.9	595.6	1 643.8	1 438.8
水产品						
饮品						
酒						
茶	1 349.0	1 433.1	1 878.7	2 125.4	4 231.1	4 758.4
咖啡	40.1	60.0	216.2	51.5	2 833.3	6 115.9

埃及主要农产品出口量（二）

单位：吨

项　目	2010 年	2011 年	2012 年	2013 年	2014 年
农产品					
谷物	741 853.5	182 874.7	221 599.7	453 554.0	251 236.1
小麦产品	105 827.2	116 911.5	81 534.4	83 152.5	120 311.5
玉米产品	27 197.2	2 541.2	4 510.2	2 633.0	6 011.1
稻谷产品	575 838.6	46 102.0	125 396.9	337 634.7	82 950.4
棉花	79 030.7	62 339.5	73 619.0	42 495.9	25 785.5
食用油籽	44 649.6	43 324.2	41 891.2	37 455.3	38 270.5
大豆	1 796.4	91.5	1 101.6	67.0	1 186.4
花生	25 643.5	31 028.3	31 184.6	16 599.4	20 514.9
油菜籽	2.3	0.2	37.5	0.1	189.4
食用植物油	84 005.1	132 620.5	123 337.1	80 015.8	138 478.9
豆油	27 428.5	40 716.4	42 275.7	30 760.8	95 930.4
菜籽油	25.3			2.7	144.2
棕榈油	19 773.4	28 879.8	11 389.3	7 245.0	10 855.3
食糖	493 539.0	281 927.2	178 102.9	248 292.2	271 100.2
蔬菜	1 466 755.2	1 722 842.7	1 015 646.8	2 221 038.8	2 155 347.5
水果					
畜产品					
猪肉	89.8	12.7	7.1	1 933.1	3 765.0
牛肉	344.2	216.4	259.1	1 712.4	1 651.2
羊肉	245.4	96.9	13.4	12.6	23.9
家禽					
蛋产品					
乳品	199 904.4	197 959.3	98 214.2	123 629.2	171 292.4
动物生皮	4 519.8	4 874.3	3 441.5	2 042.0	1 224.4
动物生毛皮					
羊毛	3 078.8	1 560.1	901.7	25 521.7	3 284.8
水产品					
饮品					
酒					
茶	3 348.6	4 762.1	5 132.6	2 196.0	2 549.3
咖啡	7 011.8	10 725.2	2 161.8	3 146.7	2 747.2

4-33-5 埃及主要农产品进口量（一）

单位：吨

项 目	2004 年	2005 年	2006 年	2007 年	2008 年	2009 年
农产品						
谷物	6 823 666.9	11 154 795.1	9 617 970.2	10 524 387.8	6 688 440.6	6 079 398.4
小麦产品	4 367 585.6	5 755 196.8	5 819 307.2	5 911 194.3	4 080 828.2	4 062 058.6
玉米产品	2 442 332.6	5 109 173.5	3 786 760.1	4 488 654.2	2 572 111.6	1 963 519.3
稻谷产品	3 139.6	4 760.3	5 819.0	118 025.1	11 606.3	16 302.6
棉花	227 105.1	109 275.6	71 214.8	5 087.1	67 363.2	46 011.2
食用油籽	256 370.7	599 111.4	606 182.6	1 150 149.3	457 965.4	585 914.5
大豆	214 892.8	574 040.7	573 170.9	1 136 646.9	419 267.1	549 118.4
花生	44.8	155.6	197.4	178.8	3 582.8	3 518.5
油菜籽		1.5			40.1	
食用植物油	842 141.5	1 011 753.7	1 155 736.5	527 513.2	660 043.2	440 654.4
豆油	91 702.7	88 212.0	45 173.3	95 884.6	224 639.2	38 083.5
菜籽油					5.6	79.9
棕榈油	617 731.2	754 516.5	957 304.2	260 667.1	269 216.0	256 149.5
食糖	292 326.9	577 994.5	394 215.9	432 438.3	1 321 474.9	416 750.3
蔬菜	98 545.9	120 903.6	105 106.6	121 346.6	177 222.0	119 890.2
水果						
畜产品						
猪肉	26.1		88.8	1 179.7		62.4
牛肉	102 527.6	150 957.8	222 208.7	254 203.6	139 649.0	95 561.9
羊肉	181.6	754.5	1 698.5	2 541.9	3 435.3	1 312.5
家禽						
蛋产品						
乳品	70 537.5	93 192.3	70 180.8	88 212.8	144 449.4	106 851.8
动物生皮	95.7	294.7	105.3	945.2	6 653.5	8 759.7
动物生毛皮						
羊毛	1 057.8	759.4	758.9	478.4	912.6	534.1
水产品						
饮品						
酒						
茶	2 623.6	9 243.9	8 685.4	22 337.6	59 374.1	80 327.8
咖啡	6 745.4	7 030.3	6 535.8	7 865.7	20 484.9	18 034.4

埃及主要农产品进口量（二）

单位：吨

项 目	2010年	2011年	2012年	2013年	2014年
农产品					
谷物	15 395 862.0	17 061 621.6	14 613 896.0	23 755 140.8	1 330 994.0
小麦产品	9 930 500.5	9 805 138.7	8 252 761.1	136 001.1	1 260 718.4
玉米产品	5 298 902.9	7 110 910.5	6 114 695.5	21 325 895.7	61 785.3
稻谷产品	17 703.3	94 352.1	186 494.5	1 824 040.8	7 510.7
棉花	55 450.2	45 484.4	14 287.8	4 833 833.4	76 436.5
食用油籽	555 595.2	1 215 139.8	2 020 942.3	1 180 988.9	1 414 995.7
大豆	496 714.9	1 116 296.8	1 923 497.0	1 080 124.1	1 331 869.3
花生	5 291.0	3 931.8	7 096.6	3 398.2	5 522.7
油菜籽	16.9	26.1		131.5	
食用植物油	455 067.5	1 162 529.3	1 081 598.0	1 315 723.2	1 037 317.8
豆油	34 067.8	350 101.4	28 965.0	130 469.9	99 736.2
菜籽油	22.0		3.0	277.4	488.4
棕榈油	253 342.9	509 060.0	326 766.7	707 123.6	466 103.5
食糖	868 839.8	1 248 471.0	891 671.9	825 964.1	347 923.9
蔬菜	416 283.4	272 355.0	183 295.4	29 425 717.9	149 468.7
水果					
畜产品					
猪肉	323.1	298.6	489.1	80 885.8	85.4
牛肉	547 180.1	153 303.5	189 731.1	44 978 839.9	62 233.0
羊肉	11 682.6	858.1	2 204.7	211 160.1	1 224.7
家禽					
蛋产品					
乳品	274 663.1	332 875.7	152 219.9	201 563.0	213 922.1
动物生皮	59 997.1	4 559.0	2 162.5	603.6	1 687.5
动物生毛皮					
羊毛	596.5	391.9	14 450.6	5 416.8	5 616.5
水产品					
饮品					
酒					
茶	141 243.1	100 449.1	109 405.9	104 809.0	103 300.3
咖啡	23 612.8	22 697.4	18 429.5	35 323.6	27 361.2

4-33-6 埃及农产品出口额前15位国家（地区）
（2014年）

单位：万美元，%

序号	国家（地区）	出口额	同比增长
1	沙特阿拉伯	56 068.9	−8.5
2	俄罗斯	31 250.5	33.3
3	利比亚	31 121.6	−14.1
4	阿拉伯联合酋长国	23 428.8	−5.3
5	伊拉克	23 399.4	−20.7
6	约旦	20 529.9	−2.6
7	英国	20 119.0	−13.1
8	意大利	19 498.4	−14.9
9	摩洛哥	16 774.1	45.7
10	科威特	15 935.3	24.6
11	黎巴嫩	15 763.9	−24.7
12	荷兰	15 692.2	4.1
13	德国	14 240.3	31.2
14	叙利亚	14 097.3	−28.6
15	阿尔及利亚	12 245.6	40.8
	总计	**330 165.1**	

4-33-7 埃及农产品进口额前15位国家（地区）
（2014年）

单位：万美元，%

序号	国家（地区）	进口额	同比增长
1	美国	205 019.6	47.5
2	乌克兰	155 633.2	31.0
3	俄罗斯	151 387.4	282.2
4	巴西	147 350.8	−0.3
5	阿根廷	115 044.6	−25.2
6	印度	72 758.5	43.5
7	法国	60 840.7	29.3
8	罗马尼亚	56 263.1	284.6
9	荷兰	43 432.8	53.0
10	印度尼西亚	40 183.8	−20.9
11	新西兰	34 792.3	14.1
12	英国	33 828.6	60.9
13	澳大利亚	32 796.8	43.6
14	肯尼亚	32 402.2	21.5
15	德国	22 080.3	−4.5
	总计	**1 203 814.8**	

4-34 津巴布韦主要农产品贸易情况

4-34-1 津巴布韦主要农产品出口额（一）

单位：万美元

项　目	2004 年	2005 年	2006 年	2007 年	2008 年	2009 年
农产品	85 760.3	45 370.1	179 398.5	86 966.1	57 235.6	85 663.1
谷物	11.6	32.6	47.5	28.8	2.9	50.1
小麦产品		16.1		10.4		
玉米产品	7.1	8.7	41.3	1.4	2.4	32.5
稻谷产品	0.6	0.2	0.3	1.1		17.6
棉花	23 931.6	5 029.5	8 978.5	9 493.8	9 035.9	10 281.3
食用油籽	184.1	67.4	61.6	72.3	163.7	695.1
大豆	2.3	3.3	4.0	7.1	86.2	80.1
花生	18.4	13.2	27.5	24.0	43.0	17.1
油菜籽	0.2	0.5	0.4			
食用植物油	45.8	2.5	9.2	35.6	4.2	5.8
豆油					0.1	
菜籽油						
棕榈油			0.1			
食糖	3 711.0	5 847.6	5 527.4	3 518.6	3 932.7	7 352.3
蔬菜	2 394.2	524.9	45 863.0	14 653.4	3 915.6	656.1
水果	853.9	3 666.4	5 158.0	1 125.6	4 486.2	433.7
畜产品	2 713.6	1 682.6	2 247.3	3 431.4	1 700.9	1 558.1
猪肉	104.7	126.4	218.3	195.2	82.7	0.3
牛肉	4.2	0.2	3.1	38.6	6.5	0.1
羊肉						
家禽	211.4	262.2	166.2	307.5	66.4	110.6
蛋产品	706.4	369.3	472.0	1 574.0	347.1	181.1
乳品	494.7	280.3	488.6	500.6	174.2	233.6
动物生皮	569.1	391.1	305.1	318.3	861.6	944.1
动物生毛皮	5.3					0.1
羊毛	0.9	0.6	0.3			
水产品	281.4	195.2	1 270.0	1 150.8	152.5	228.7
饮品	2 076.8	881.2	2 040.8	1 453.6	622.9	1 449.5
酒	47.9	392.4	438.2	434.8	196.0	477.7
茶	1 341.2	283.3	1 354.9	838.4	315.9	815.6
咖啡	666.1	188.7	227.9	166.0	80.0	137.8

津巴布韦主要农产品出口额（二）

单位：万美元

项 目	2010年	2011年	2012年	2013年	2014年
农产品	78 011.8	115 609.5	127 978.1	123 754.3	119 376.5
谷物	51.5	148.8	231.5	217.9	122.8
小麦产品	5.9	3.7	113.5	11.3	0.1
玉米产品	35.9	137.5	84.4	151.5	69.2
稻谷产品	8.5	7.6	30.8	27.7	36.1
棉花	15 821.3	27 562.6	22 227.4	10 613.0	7 196.8
食用油籽	401.5	981.1	336.4	434.5	179.8
大豆	1.1	1.2	10.9	55.7	104.3
花生	24.3	110.2	48.1	47.3	43.0
油菜籽					
食用植物油	136.5	117.3	424.0	219.0	9.9
豆油	1.4		6.1		
菜籽油					
棕榈油		0.1		0.3	
食糖	4 851.5	4 995.5	10 270.1	9 063.3	15 033.9
蔬菜	475.5	567.2	672.3	927.4	638.1
水果	514.3	601.2	586.1	866.1	772.1
畜产品	2 280.3	3 028.3	3 511.0	3 637.4	3 440.0
猪肉			12.8		1.1
牛肉		9.0			0.6
羊肉					
家禽	127.9	176.9	184.2	214.0	291.8
蛋产品	117.4	258.4	229.9	93.5	86.3
乳品	78.8	1.7	142.8	94.5	8.2
动物生皮	1 761.2	2 564.4	2 896.4	3 197.7	3 032.0
动物生毛皮					0.6
羊毛					
水产品	327.6	809.9	794.8	578.4	1 608.2
饮品	2 171.0	2 428.1	2 762.4	3 452.6	2 619.4
酒	741.7	667.9	825.3	1 081.5	406.0
茶	1 290.2	1 584.2	1 768.7	2 142.2	1 874.9
咖啡	89.6	126.3	91.0	41.4	196.9

4-34-2 津巴布韦主要农产品进口额（一）

单位：万美元

项目	2004年	2005年	2006年	2007年	2008年	2009年
农产品	43 128.7	24 797.0	46 091.4	38 600.9	48 276.4	79 613.8
谷物	22 452.7	5 095.2	14 848.1	22 126.5	28 443.6	36 573.5
小麦产品	9 316.5	792.8	2 411.2	3 864.7	5 525.0	15 627.7
玉米产品	11 610.8	3 100.3	10 183.7	16 401.0	19 566.6	15 753.6
稻谷产品	793.6	1 082.9	690.5	1 110.3	1 216.1	2 694.0
棉花	1 096.2	3 984.0	19.0	52.4	7.0	21.3
食用油籽	801.4	715.8	616.2	379.2	211.1	986.1
大豆	437.5	120.7	153.3	234.7	86.4	579.1
花生	312.8	49.5	73.8	93.8	98.9	341.3
油菜籽	3.4	2.3	6.8	1.1		
食用植物油	4 297.7	1 200.6	19 324.5	1 859.6	3 788.9	9 974.3
豆油	1 580.5	326.6	227.6	73.4	234.3	153.0
菜籽油		6.0			4.1	0.9
棕榈油	1 931.3	658.6	565.1	482.8	124.7	195.2
食糖	104.2	1 841.7	1.3	7.9	325.4	2 667.2
蔬菜	496.4	657.4	336.7	430.1	732.8	1 602.0
水果	1 535.0	188.6	1 172.1	1 492.8	817.2	2 364.7
畜产品	1 064.0	627.3	610.4	932.7	2 438.6	7 031.9
猪肉	52.3		10.3	74.5	20.9	190.9
牛肉	34.5	81.4	16.2	33.6	19.8	44.4
羊肉		1.5		0.9	0.9	
家禽	221.3	95.1	115.9	233.4	249.8	3 104.4
蛋产品	0.2	3.1	4.5	0.7	4.2	638.3
乳品	508.4	279.3	207.9	300.5	1 922.3	2 114.8
动物生皮	29.7	85.6	18.0	32.6	14.6	2.6
动物生毛皮	4.1					
羊毛	0.3			0.1	0.2	0.3
水产品	349.5	266.4	542.1	384.6	548.9	630.1
饮品	757.1	1 169.4	506.1	708.2	2 562.3	4 044.9
酒	333.3	274.9	391.7	460.8	1 603.5	2 389.3
茶	8.7	1.0	13.9	14.9	46.3	78.2
咖啡	166.1	739.6	6.6	36.9	36.9	63.5

津巴布韦主要农产品进口额（二）

单位：万美元

项 目	2010 年	2011 年	2012 年	2013 年	2014 年
农产品	107 305.3	130 633.1	142 103.6	111 643.2	98 304.7
谷物	40 027.7	48 562.1	53 822.2	35 051.2	38 295.3
小麦产品	24 492.6	24 783.4	15 329.9	10 665.1	12 658.0
玉米产品	8 721.1	14 293.1	27 358.3	12 590.4	13 114.1
稻谷产品	5 710.3	8 592.8	10 281.4	10 659.3	11 520.5
棉花	66.4	238.1	498.0	534.6	123.4
食用油籽	1 389.3	401.6	953.4	1 488.5	1 896.3
大豆	1 255.1	316.6	762.0	1 134.7	1 188.6
花生	78.5	19.8	144.1	307.4	639.7
油菜籽	2.0			10.5	11.8
食用植物油	13 217.4	19 429.3	19 650.2	9 209.5	8 283.8
豆油	2 981.3	5 345.7	7 793.4	3 851.2	5 649.8
菜籽油	1.5			0.1	3.6
棕榈油	699.2	1 629.8	835.3	757.9	647.5
食糖	5 973.2	4 395.8	6 332.5	9 339.8	2 775.0
蔬菜	3 219.0	3 912.4	3 756.9	2 998.6	3 073.8
水果	4 579.6	5 798.3	7 076.9	4 224.9	5 108.3
畜产品	6 779.1	9 335.5	8 302.3	8 847.1	6 976.5
猪肉	62.8	12.3	111.8	45.8	90.9
牛肉	53.7	11.5	4.5	52.5	82.9
羊肉	1.7	6.9	13.6	2.9	7.0
家禽	2 439.2	1 606.6	1 716.3	914.1	1 102.8
蛋产品	623.5	137.8	271.6	473.7	718.4
乳品	2 944.0	4 870.0	4 085.9	5 065.2	2 968.2
动物生皮	0.3	2.7	1.0	1.3	3.4
动物生毛皮					
羊毛	1.2	3.2	1.9		1.1
水产品	1 881.7	3 127.1	2 877.9	3 008.0	2 894.8
饮品	4 688.1	5 391.9	5 434.6	5 395.1	6 702.3
酒	2 070.2	2 609.8	2 397.9	2 015.6	2 219.9
茶	96.7	130.3	168.5	244.6	292.3
咖啡	211.6	136.5	124.0	190.0	99.2

4-34-3 津巴布韦主要农产品出口量（一）

单位：吨

项 目	2004年	2005年	2006年	2007年	2008年	2009年
农产品						
谷物	1 019.8	789.9	1 590.0	879.7	21.1	409.2
小麦产品	0.2	623.0		768.6		
玉米产品	32.4	92.3	1 559.8	40.9	12.8	89.1
稻谷产品	485.5	0.5	2.8	38.9		320.0
棉花	173 788.6	71 475.9	83 538.8	92 057.7	78 736.3	91 255.8
食用油籽	11 882.5	7 416.0	5 419.9	407.0	9 352.7	40 543.3
大豆	408.6	95.3	204.0	170.3	6 441.9	1 732.7
花生	136.1	157.6	362.5	236.6	455.3	182.2
油菜籽	1.9	5.2	0.9			
食用植物油	274.8	55.2	113.6	367.9	242.5	35.7
豆油					0.5	
菜籽油						
棕榈油			0.1			
食糖	102 603.8	180 838.8	173 309.4	57 814.2	79 389.1	138 173.0
蔬菜	22 137.0	7 302.3	211 883.6	113 287.8	5 507.9	4 049.6
水果						
畜产品						
猪肉	521.5	566.9	1 040.0	873.0	753.3	11.6
牛肉	54.3	1.5	21.9	82.7	46.9	
羊肉						
家禽						
蛋产品						
乳品	6 587.5	2 649.9	5 153.0	4 899.3	3 099.2	550.3
动物生皮	1 024.0	835.3	434.4	155.6	214.8	327.2
动物生毛皮						
羊毛	18.4	4.6	1.3			
水产品						
饮品						
酒						
茶	14 969.2	5 027.4	11 602.4	3 575.8	7 153.3	7 873.6
咖啡	6 467.2	1 852.1	1 791.0	774.2	812.8	709.2

津巴布韦主要农产品出口量（二）

单位：吨

项 目	2010年	2011年	2012年	2013年	2014年
农产品					
谷物	376.6	1 721.4	4 727.2	2 323.3	1 334.7
小麦产品	97.3	63.7	1 113.0	110.9	1.0
玉米产品	152.3	1 435.3	2 503.9	1 122.1	344.8
稻谷产品	120.0	222.0	1 092.9	818.0	769.9
棉花	92 352.9	98 249.4	139 056.0	63 921.6	43 382.7
食用油籽	13 609.9	15 709.9	1 897.5	10 225.1	1 323.3
大豆	26.2	86.0	103.0	314.0	841.0
花生	178.4	1 078.9	190.3	195.0	212.2
油菜籽					
食用植物油	1 643.8	1 426.7	3 484.7	1 580.3	79.2
豆油	13.0		34.0		
菜籽油					
棕榈油		0.2		1.0	
食糖	112 000.0	102 000.0	158 000.1	151 600.1	261 434.3
蔬菜	3 783.7	3 633.6	2 053.3	2 954.7	2 184.8
水果					
畜产品					
猪肉			20.9		2.6
牛肉		28.0			0.5
羊肉					
家禽					
蛋产品					
乳品	118.3	1.9	310.9	271.3	48.0
动物生皮	3 085.5	4 662.8	5 667.7	6 095.8	3 868.9
动物生毛皮					
羊毛					
水产品					
饮品					
酒					
茶	10 022.7	11 221.5	11 540.1	11 863.0	12 789.9
咖啡	315.3	251.5	193.7	109.5	806.8

4-34-4 津巴布韦主要农产品进口量（一）

单位：吨

项　目	2004 年	2005 年	2006 年	2007 年	2008 年	2009 年
农产品						
谷物	673 866.2	228 813.7	516 681.7	951 232.6	1 973 637.3	1 328 891.1
小麦产品	257 336.2	51 712.4	55 211.7	126 827.7	90 101.4	297 670.4
玉米产品	347 412.0	137 823.5	378 401.3	787 800.9	558 036.4	949 756.1
稻谷产品	34 404.4	31 071.6	19 302.8	36 469.8	1 287 129.0	37 761.3
棉花	11 751.2	37 594.9	2 174.4	406.1	62.4	177.8
食用油籽	19 010.4	52 100.4	28 605.8	6 758.6	3 496.3	9 807.1
大豆	13 175.4	5 775.3	4 555.2	5 571.3	2 224.7	7 805.1
花生	2 866.1	319.1	1 094.3	1 130.0	889.6	1 678.8
油菜籽	4.0	36.0	35.1	37.3		
食用植物油	57 734.0	38 665.1	28 926.5	23 035.8	24 175.0	62 590.8
豆油	21 962.8	12 779.7	2 828.7	1 035.3	1 335.1	1 286.9
菜籽油		79.4		0.2	5.9	5.5
棕榈油	28 231.4	22 596.2	11 437.4	8 745.1	1 142.6	1 790.0
食糖	1 995.7	30 746.4	11.6	123.9	3 624.0	38 838.9
蔬菜	5 154.7	7 290.5	5 664.5	2 843.3	6 735.7	18 179.4
水果						
畜产品						
猪肉	184.3	0.4	53.0	290.6	84.0	648.6
牛肉	127.5	383.2	86.2	99.0	75.4	234.7
羊肉	0.1	1.3		1.6	3.3	
家禽						
蛋产品						
乳品	1 869.8	1 681.1	880.2	1 359.9	1 384.0	13 632.5
动物生皮	226.8	554.3	33.6	0.5	37.2	6.4
动物生毛皮						
羊毛	6.5		0.1	0.7	1.4	1.0
水产品						
饮品						
酒						
茶	83.9	8.9	39.5	44.0	154.1	227.3
咖啡	779.8	2 353.6	13.6	76.6	80.5	142.5

津巴布韦主要农产品进口量（二）

单位：吨

项 目	2010年	2011年	2012年	2013年	2014年
农产品					
谷物	667 616.2	1 027 996.8	912 713.4	733 005.8	784 340.2
小麦产品	285 339.6	364 589.5	295 163.3	202 359.0	259 795.9
玉米产品	259 171.0	511 889.3	446 716.1	348 361.5	327 694.3
稻谷产品	100 295.6	129 311.4	153 499.0	160 015.9	175 811.0
棉花	459.0	659.8	5 878.8	8 348.4	795.0
食用油籽	30 657.3	6 246.6	12 163.2	20 200.1	29 017.7
大豆	27 223.4	5 761.4	9 395.8	16 209.5	21 890.1
花生	1 048.4	300.4	2 343.8	3 547.6	6 195.0
油菜籽	31.2			41.0	41.6
食用植物油	97 267.1	113 719.5	118 462.5	322 457.4	70 314.2
豆油	21 924.3	30 977.0	46 916.6	27 331.3	47 758.0
菜籽油	6.0		0.1		21.9
棕榈油	6 150.6	10 290.2	5 545.2	260 205.7	5 634.1
食糖	93 629.7	51 918.3	78 226.1	126 920.4	40 441.4
蔬菜	31 232.1	30 975.6	28 650.8	26 967.1	24 419.4
水果					
畜产品					
猪肉	280.7	428.8	740.8	321.3	324.1
牛肉	167.0	336.8	101.9	214.0	229.7
羊肉	2.9	7.6	21.7	3.1	14.3
家禽					
蛋产品					
乳品	15 614.8	24 855.9	25 391.2	26 020.6	19 732.7
动物生皮	0.5	22.2	3.1	10.0	6.0
动物生毛皮					
羊毛	2.1	28.8	26.1	0.1	0.5
水产品					
饮品					
酒					
茶	284.0	222.1	367.9	549.6	607.6
咖啡	342.1	238.9	241.1	348.5	213.0

4-35 尼日利亚主要农产品贸易情况

4-35-1 尼日利亚主要农产品出口额（一）

单位：万美元

项 目	2004年	2005年	2006年	2007年	2008年	2009年
农产品			22 228.3	99 867.9	121 292.7	256 255.8
谷物			0.8	402.1	295.2	69.9
小麦产品			0.8	394.4	266.4	30.7
玉米产品				4.6		34.4
稻谷产品						4.7
棉花			43.7	4 732.6	7 262.6	6 245.8
食用油籽			281.2	12 230.2	15 361.0	19 496.5
大豆				6.7	12.1	
花生					0.7	1.2
油菜籽				94.8		
食用植物油				2.8	54.9	58.4
豆油						
菜籽油						
棕榈油				2.8	54.9	30.2
食糖				151.5		42.9
蔬菜			20.7	1 783.3	2 082.4	2 596.8
水果			1.0	1 219.6	1 299.4	700.0
畜产品			23.7	642.6	1 160.6	1 118.6
猪肉						
牛肉			0.1		0.8	0.3
羊肉			5.6	3.6		
家禽						
蛋产品					7.7	
乳品			0.4	476.9	869.0	1 072.5
动物生皮				25.1	75.1	1.3
动物生毛皮				30.9	1.5	22.4
羊毛					34.7	
水产品			44.3	5 694.5	7 326.0	33 708.6
饮品			1 793.9	48 915.2	62 409.5	145 205.2
酒			22.5	1 165.1	2 009.5	2 064.8
茶			0.2	0.1	4.6	0.3
咖啡				212.8	16.6	

尼日利亚主要农产品出口额（二）

单位：万美元

项　目	2010 年	2011 年	2012 年	2013 年	2014 年
农产品	350 529.1	245 934.0	796 083.5	492 535.6	
谷物	90.9	364.9	4.9	21 322.6	
小麦产品	29.7	95.5	3.1	20 078.2	
玉米产品	22.0	12.7	0.9	651.4	
稻谷产品		256.0		535.0	
棉花	33 657.0	8 161.3	17 922.0	12 180.3	
食用油籽	64 265.0	39 101.0	50 427.6	93 123.2	
大豆	94.3		16.5	143.3	
花生	6.2	32.3	595.4	1 982.6	
油菜籽		23.8	16.8	1.0	
食用植物油	108.7	69.2	63.2	1 143.8	
豆油	45.8		0.1		
菜籽油		0.1	34.2	0.1	
棕榈油	14.9		3.4	1 049.3	
食糖	55.4	49.3	338.9	1 268.6	
蔬菜	6 521.5	4 989.4	10 609.9	13 948.8	
水果	501.5	454.1	1 095.8	2 683.6	
畜产品	3 756.2	5 832.9	123 331.5	25 062.5	
猪肉					
牛肉			0.3	5.2	
羊肉				43.3	
家禽				4.3	
蛋产品				60.0	
乳品	3 588.1	5 487.1	116 028.8	23 448.9	
动物生皮	61.1		80.1	293.9	
动物生毛皮	84.7				
羊毛				57.3	
水产品	32 408.8	10 406.2	35 358.4	29 181.6	
饮品	133 283.7	115 897.1	382 068.6	207 867.1	
酒	2 472.9	2 024.5	1 311.1	2 080.3	
茶		12.0	72.0	179.9	
咖啡		8.4	49.1	4.3	

4-35-2 尼日利亚主要农产品进口额（一）

单位：万美元

项 目	2004年	2005年	2006年	2007年	2008年	2009年
农产品			424 495.8	683 551.1	291 468.4	420 616.8
谷物			179 338.5	266 441.2	77 584.3	158 600.4
小麦产品			136 580.1	217 907.3	67 123.1	110 779.9
玉米产品			61.3	97.4	39.5	246.0
稻谷产品			42 356.9	48 095.8	9 598.1	47 189.5
棉花			1.0	27.9	1.9	5.6
食用油籽			354.0	229.2	570.5	335.0
大豆			157.6	13.9	23.3	201.3
花生			0.1	52.2	424.7	61.0
油菜籽						
食用植物油			6.2	960.3	166.2	1 342.3
豆油				0.4		107.7
菜籽油					1.3	12.8
棕榈油				754.9	0.4	1 002.7
食糖			9 562.8	27 865.4	5 438.8	30 472.8
蔬菜			10 707.7	10 682.4	6 871.5	8 512.0
水果			6 956.8	11 632.3	8 820.7	14 395.9
畜产品			71 927.2	112 074.8	49 361.1	34 329.3
猪肉			2.4			
牛肉			171.4	0.3	2.3	
羊肉						
家禽			24.4			6.4
蛋产品			24.6		0.5	30.2
乳品			66 274.2	101 647.4	38 746.4	30 038.3
动物生皮			38.7	5.6	903.2	45.0
动物生毛皮				9.5	0.9	0.5
羊毛					1.9	9.7
水产品			82 034.9	128 057.1	69 553.6	82 032.4
饮品			11 105.7	37 766.2	16 808.0	17 310.7
酒			6 296.1	27 723.5	11 632.2	9 898.3
茶			1 938.3	3 174.9	1 152.2	1 806.7
咖啡			420.0	1 695.0	767.1	1 759.4

尼日利亚主要农产品进口额（二）

单位：万美元

项　目	2010 年	2011 年	2012 年	2013 年	2014 年
农产品	477 267.8	2 092 986.2	835 769.1	817 287.0	
谷物	134 787.7	513 857.0	344 274.7	140 193.8	
小麦产品	84 706.6	347 642.7	149 185.0	129 670.3	
玉米产品	419.4	622.1	2 843.8	6 396.6	
稻谷产品	49 485.0	165 303.2	192 058.1	3 837.5	
棉花	81.3	1 070.0	46.7	2 193.1	
食用油籽	13 828.9	81 137.6	3 646.8	10 689.1	
大豆	12 534.8	1 000.1	3 066.2	736.2	
花生	1 218.8	425.6	464.2	397.1	
油菜籽					
食用植物油	1 057.8	4 662.0	9 440.3	16 993.3	
豆油	6.4	13.6	0.8	16.3	
菜籽油	0.3	4.9	2.0	1.2	
棕榈油	938.4	3 986.0	9 150.0	16 702.8	
食糖	37 279.5	147 869.3	94 837.4	87 330.6	
蔬菜	14 168.2	19 289.4	17 118.1	19 087.9	
水果	13 660.9	12 941.7	12 117.9	19 464.0	
畜产品	41 729.3	199 380.8	55 527.9	49 339.1	
猪肉					
牛肉		0.7		175.7	
羊肉	0.9				
家禽	9.1	7.4	7.5	14.2	
蛋产品	83.3	61.7	103.2	212.0	
乳品	34 317.2	171 580.3	47 776.8	43 729.5	
动物生皮	119.1	23.1	121.5	275.2	
动物生毛皮	1.5	0.2	1.8	4.0	
羊毛		0.1	23.6	43.8	
水产品	100 424.7	206 952.1	148 231.9	124 484.3	
饮品	24 546.1	212 261.6	59 152.6	38 395.9	
酒	15 487.0	17 114.8	20 983.5	19 913.4	
茶	2 490.4	3 246.0	3 303.0	2 591.5	
咖啡	1 244.2	954.5	1 500.6	1 475.2	

4-35-3 尼日利亚主要农产品出口量（一）

单位：吨

项目	2004年	2005年	2006年	2007年	2008年	2009年
农产品						
谷物			22.0	11 756.5	6 031.4	16 479.5
小麦产品			22.0	11 627.0	5 093.5	16 411.6
玉米产品				115.9		52.1
稻谷产品						13.4
棉花			225.9	39 799.5	57 359.4	40 462.8
食用油籽			18 500.2	149 620.7	130 797.9	112 042.4
大豆				280.9	306.9	
花生				0.4	6.1	1.5
油菜籽				79.8		
食用植物油				64.0	772.6	137.0
豆油						
菜籽油						
棕榈油				64.0	772.6	44.0
食糖				3 183.3		214.7
蔬菜			51.2	15 904.2	13 549.2	14 794.0
水果						
畜产品						
猪肉						
牛肉					2.2	30.0
羊肉			0.2	19.1		
家禽						
蛋产品						
乳品			87.0	2 301.7	2 351.4	5 011.4
动物生皮			46.5	227.6	519.2	39.5
动物生毛皮						
羊毛					122.9	
水产品						
饮品						
酒						
茶			4.2	0.1	9.0	1.5
咖啡			59.6	718.9	67.3	

尼日利亚主要农产品出口量（二）

单位：吨

项 目	2010年	2011年	2012年	2013年	2014年
农产品					
谷物	190.4	1 380.2	4 333.8	111 179.6	
小麦产品	57.6	906.8	11.1	109 701.1	
玉米产品	118.8	74.2	4 300.1	508.8	
稻谷产品		239.1	2.0	863.5	
棉花	45 146.1	21 067.1	62 951.7	39 236.7	
食用油籽	234 041.1	170 615.6	246 455.1	201 665.1	
大豆	879.5		20.0	1 241.8	
花生	26.4	76.5	3 418.5	19 508.0	
油菜籽		190.0	129.5	1.0	
食用植物油	1 397.6	572.3	215.7	750.9	
豆油	1 000.5		0.2		
菜籽油		7.3	3.3	2.0	
棕榈油	34.2		32.2	15.0	
食糖	158.1	147.5	3 556.3	19 675.1	
蔬菜	29 580.9	14 652.2	19 135.0	73 467.3	
水果					
畜产品					
猪肉		0.3			
牛肉			6.3	25.6	
羊肉				4.1	
家禽					
蛋产品					
乳品	11 992.2	14 320.1	50 993.2	42 651.7	
动物生皮	53.0		37.2	27.3	
动物生毛皮					
羊毛				20.0	
水产品					
饮品					
酒					
茶		29.4	6.3	1 103.5	
咖啡		1.5	292.4	88.9	

4-35-4 尼日利亚主要农产品进口量（一）

单位：吨

项　目	2004 年	2005 年	2006 年	2007 年	2008 年	2009 年
农产品						
谷物			15 929 828.3	12 429 754.2	2 610 331.6	1 734 031.4
小麦产品			13 341 249.5	11 408 423.4	2 428 477.9	1 323 283.3
玉米产品			1 994.8	1 586.9	522.1	1 735.8
稻谷产品			2 551 812.1	1 014 420.5	160 394.2	398 092.9
棉花			2.0	216.1	19.3	11.2
食用油籽			11 580.2	882.5	2 787.6	1 327.9
大豆			4 624.4	281.0	507.9	715.5
花生			0.7	173.0	1 842.2	261.5
油菜籽						
食用植物油			43.1	14 498.5	431.5	11 345.7
豆油				4.6		1 802.6
菜籽油					10.5	132.4
棕榈油				13 632.5	5.1	6 091.0
食糖			188 427.4	533 607.7	113 396.8	544 687.4
蔬菜			337 360.0	129 759.0	67 939.6	102 273.7
水果						
畜产品						
猪肉			4.2			
牛肉			106.2	0.7	5.1	
羊肉			0.1			
家禽						
蛋产品						
乳品			1 060 859.6	440 167.4	125 820.0	510 223.4
动物生皮			104.0	20.4	5 379.0	657.2
动物生毛皮						
羊毛					7.3	35.8
水产品						
饮品						
酒						
茶			8 357.5	9 797.3	4 419.3	11 387.1
咖啡			10 586.8	2 781.5	1 008.8	6 550.6

尼日利亚主要农产品进口量（二）

单位：吨

项 目	2010 年	2011 年	2012 年	2013 年	2014 年
农产品					
谷物	2 299 121.4	2 229 351.9	2 471 419.3	1 833 783.6	
小麦产品	1 438 648.8	1 778 416.2	1 975 101.9	1 750 959.5	
玉米产品	143 966.5	7 487.9	15 830.5	61 175.8	
稻谷产品	711 364.4	441 576.2	479 013.5	19 763.6	
棉花	655.1	2 631.0	378.2	5 040.7	
食用油籽	6 183.0	34 820.8	64 739.1	27 909.7	
大豆	3 013.4	15 903.1	58 710.6	12 933.1	
花生	2 113.4	3 510.5	4 070.8	7 550.7	
油菜籽					
食用植物油	2 990.5	25 262.8	7 879.6	18 483.8	
豆油	500.0	5.0	2.0	101.0	
菜籽油	12.0	64.5	10.7	8.6	
棕榈油	2 035.3	21 233.4	3 504.2	15 936.0	
食糖	440 097.5	1 477 766.3	1 127 087.1	1 454 900.7	
蔬菜	126 767.0	181 726.3	200 261.0	286 638.6	
水果					
畜产品					
猪肉					
牛肉		3.8	0.2	8.1	
羊肉	18.0				
家禽					
蛋产品					
乳品	1 763 229.1	176 165.6	155 929.8	127 210.8	
动物生皮	4 370.8	130.5	1 524.5	2 673.7	
动物生毛皮					
羊毛		2.0	11.2	22.0	
水产品					
饮品					
酒					
茶	6 388.6	7 928.2	8 834.5	14 931.6	
咖啡	6 070.7	4 201.4	5 337.5	4 674.7	

4-36 阿尔及利亚主要农产品贸易情况

4-36-1 阿尔及利亚主要农产品出口额（一）

单位：万美元

项　目	2004年	2005年	2006年	2007年	2008年	2009年
农产品	6 385.7	7 103.7	9 049.2	10 036.9	13 042.5	11 696.1
谷物	171.8	301.2	144.8	244.7	660.0	180.9
小麦产品	171.8	301.1	144.5	242.1	660.0	173.3
玉米产品						
稻谷产品			0.2	1.8		2.5
棉花	0.3	2.2	5.8			2.8
食用油籽		0.6	6.6			0.1
大豆						
花生			0.1			
油菜籽						
食用植物油	698.5	428.6	1 478.0	64.4	896.0	174.4
豆油				33.9	830.9	92.2
菜籽油			1 049.8	0.4	0.8	0.1
棕榈油						
食糖			273.7	171.2	11.2	658.6
蔬菜	252.4	132.8	426.2	1 310.1	1 263.0	2 314.7
水果	1 480.5	1 963.6	2 074.1	2 353.8	2 071.4	1 477.5
畜产品	780.3	596.3	671.8	451.3	496.7	280.6
猪肉						
牛肉	8.2		11.2	10.3		
羊肉			3.3	47.7		
家禽			1.1	8.1	0.2	0.7
蛋产品			0.4	0.4		
乳品	554.4	538.5	394.8	201.0	296.3	227.5
动物生皮	215.8	51.7	243.8	168.9	194.3	46.5
动物生毛皮						
羊毛						
水产品	950.8	1 192.8	1 298.5	1 431.9	1 511.1	975.1
饮品	1 253.8	1 254.5	1 355.1	2 401.0	3 750.8	2 937.0
酒	454.7	296.1	218.8	228.8	188.2	135.8
茶			0.1			
咖啡	0.7	0.2	0.2	0.1	0.6	0.1

阿尔及利亚主要农产品出口额（二）

单位：万美元

项　目	2010年	2011年	2012年	2013年	2014年
农产品	32 363.9	35 886.4	32 005.5	40 525.5	32 608.2
谷物	157.6	3.8	30.0	26.0	71.5
小麦产品	0.1		27.6	18.7	69.0
玉米产品	0.1				
稻谷产品	0.5	0.5		6.5	
棉花	0.3				
食用油籽					
大豆					
花生					
油菜籽					
食用植物油	723.0	927.5	729.6	156.1	19.5
豆油	39.9	104.0	49.4	0.1	
菜籽油				0.6	2.3
棕榈油					0.1
食糖	23 135.2	26 504.5	20 797.5	27 248.7	22 938.4
蔬菜	1 082.6	1 103.6	1 367.3	2 360.5	659.9
水果	2 325.0	2 706.2	2 693.9	3 096.5	4 063.3
畜产品	481.2	138.6	244.9	494.1	446.3
猪肉					
牛肉					
羊肉					
家禽	2.7	32.0	3.3	3.9	23.7
蛋产品	0.6				
乳品	109.8	102.5	225.1	486.2	408.2
动物生皮	364.4				0.1
动物生毛皮					
羊毛			1.2		12.1
水产品	684.4	673.2	657.3	635.3	779.4
饮品	3 157.7	2 962.6	3 516.1	4 031.5	2 424.7
酒	175.5	112.3	122.5	65.7	96.7
茶		0.1		1.6	
咖啡	0.8	1.7	3.5	0.2	1.5

4-36-2 阿尔及利亚主要农产品进口额（一）

单位：万美元

项 目	2004 年	2005 年	2006 年	2007 年	2008 年	2009 年
农产品	406 145.7	398 702.4	417 646.5	555 145.8	855 591.2	650 928.2
谷物	137 681.4	142 872.6	138 731.0	196 050.6	401 871.7	231 737.5
小麦产品	104 263.1	102 498.7	99 724.5	139 447.1	317 444.3	183 048.7
玉米产品	29 928.9	35 568.1	33 892.0	51 921.8	67 370.7	41 092.1
稻谷产品	2 870.1	2 267.9	2 488.3	3 058.1	6 287.8	4 498.3
棉花	1 481.2	1 389.6	1 261.2	918.8	1 474.2	1 305.3
食用油籽	3 951.9	3 277.8	2 370.1	2 930.5	3 674.0	3 952.3
大豆	1 497.0	65.2	53.3	171.4	113.2	135.8
花生	1 872.7	2 472.2	1 906.1	2 175.5	2 676.5	2 913.4
油菜籽	4.2	3.1	5.9	4.5	6.5	1.1
食用植物油	30 922.0	24 500.2	30 816.1	43 197.6	64 052.9	48 346.3
豆油	5 422.9	14 926.1	18 464.9	25 840.4	40 665.4	31 549.2
菜籽油	2 968.2	813.6	0.7	1.8	8.3	6.4
棕榈油	7 365.0	2 830.6	7 672.9	4 988.1	16 783.2	3 895.1
食糖	25 603.8	28 107.1	42 747.6	41 298.2	41 051.1	54 053.7
蔬菜	9 526.5	7 231.4	11 118.9	18 017.1	16 138.9	19 659.9
水果	16 706.0	15 673.4	15 203.8	20 209.0	24 737.8	29 943.3
畜产品	108 667.2	101 990.5	92 487.7	123 116.2	148 207.5	110 668.5
猪肉	15.8	8.8	4.0	1.2	0.9	0.5
牛肉	14 892.6	17 993.4	14 502.0	12 176.9	15 870.3	17 202.7
羊肉	2 904.6	4 093.1	1 890.8	1 909.0	1 129.6	5.1
家禽	1 465.0	1 780.2	2 916.1	1 743.5	2 060.7	2 303.2
蛋产品	489.0	178.3	179.9	87.8	117.2	343.2
乳品	81 659.2	74 150.3	70 686.6	106 253.3	127 379.8	85 812.8
动物生皮	105.6	10.7	3.2	1.3	14.3	18.1
动物生毛皮						
羊毛	28.1	19.5	9.0	24.2	28.2	19.2
水产品	2 429.0	2 709.1	3 389.5	2 710.3	3 241.6	5 511.0
饮品	15 181.0	17 612.1	21 530.3	29 148.4	39 865.2	32 660.6
酒	428.8	1 353.3	1 987.4	2 241.2	2 558.7	1 720.3
茶	923.4	1 199.9	1 179.3	1 182.5	1 364.2	1 405.1
咖啡	11 544.3	13 001.7	15 656.5	22 758.4	30 937.9	24 080.9

阿尔及利亚主要农产品进口额（二）

单位：万美元

项　目	2010年	2011年	2012年	2013年	2014年
农产品	679 809.2	1 089 284.0	1 014 115.1	1 061 908.9	1 194 650.4
谷物	195 380.9	402 355.5	326 380.1	327 907.4	365 228.2
小麦产品	125 191.0	284 745.3	212 992.1	212 486.0	237 421.5
玉米产品	64 029.5	100 162.9	94 522.1	89 679.7	98 044.9
稻谷产品	5 808.5	5 360.6	6 841.7	9 791.8	9 290.7
棉花	1 133.0	1 226.8	1 693.8	952.9	1 765.0
食用油籽	3 730.5	5 338.5	7 429.8	10 560.7	10 174.3
大豆	120.7	171.1	218.2	148.5	215.5
花生	2 461.0	3 535.4	5 395.5	7 867.2	6 728.9
油菜籽	9.3	13.2	18.9	29.1	31.8
食用植物油	57 531.9	83 172.2	85 894.1	84 346.8	70 056.6
豆油	39 846.6	61 484.9	57 185.1	66 359.5	56 646.1
菜籽油	751.7	1 824.3		3.6	4.8
棕榈油	5 102.3	8 886.6	6 028.3	11 175.5	5 769.9
食糖	64 642.2	111 809.2	96 090.2	88 183.6	84 088.6
蔬菜	18 507.7	21 658.4	30 373.0	30 447.4	32 178.3
水果	35 289.5	48 821.5	58 749.0	64 712.5	73 533.2
畜产品	126 844.0	185 823.1	166 266.7	171 081.9	253 696.0
猪肉	1.6	1.6	0.3	10.3	59.9
牛肉	16 580.8	16 299.9	24 031.8	23 648.9	27 272.4
羊肉	232.4		1 459.9	1 513.7	2 718.1
家禽	2 583.4	2 958.3	3 432.3	3 506.2	3 188.3
蛋产品	62.7	110.1	152.9	157.3	121.3
乳品	99 236.4	154 180.0	126 560.7	126 027.1	204 355.5
动物生皮		0.6	1.4	14.8	
动物生毛皮					
羊毛	11.6	7.3			4.6
水产品	7 599.2	6 108.2	7 015.1	9 685.7	14 552.0
饮品	32 965.4	50 209.0	56 358.7	57 294.6	59 242.7
酒	2 097.9	4 315.4	6 122.6	8 341.8	8 249.0
茶	1 537.8	2 128.4	2 790.5	2 601.3	3 161.2
咖啡	22 460.2	32 911.1	34 796.7	32 597.3	31 932.4

4-36-3 阿尔及利亚主要农产品出口量（一）

单位：吨

项 目	2004年	2005年	2006年	2007年	2008年	2009年
农产品						
谷物	4 763.9	10 059.7	5 130.0	5 208.0	8 718.6	4 343.9
小麦产品	4 763.9	10 058.7	5 126.6	5 109.3	8 718.0	4 289.6
玉米产品						1.1
稻谷产品		1.0	2.3	91.4		24.8
棉花	1.4	7.0	25.6			5.1
食用油籽		0.1	100.2			1.5
大豆						
花生			0.2			
油菜籽						
食用植物油	5 387.6	3 557.3	17 004.3	483.7	5 167.2	1 281.4
豆油				370.7	4 850.0	763.9
菜籽油			13 847.5	2.4	1.4	0.4
棕榈油						
食糖			6 323.2	4 601.4	204.9	13 820.2
蔬菜	3 209.7	2 323.6	1 774.5	11 084.5	7 600.9	16 507.3
水果						
畜产品						
猪肉						
牛肉	8.6		23.1	31.7		
羊肉			3.1	21.6		
家禽						
蛋产品						
乳品	7 798.0	8 545.4	5 008.3	2 254.4	2 651.5	2 164.7
动物生皮	1 027.2	531.8	2 670.1	1 104.7	1 107.8	331.3
动物生毛皮						
羊毛						
水产品						
饮品						
酒						
茶			0.5	0.2		
咖啡	2.0	0.6	0.5	0.2	2.4	0.4

阿尔及利亚主要农产品出口量（二）

单位：吨

项 目	2010 年	2011 年	2012 年	2013 年	2014 年
农产品					
谷物	10 991.5	28.8	810.3	353.8	1 039.0
小麦产品	0.5		784.2	288.0	1 028.6
玉米产品	0.1			0.2	
稻谷产品	5.0	5.1	0.1	61.6	
棉花	0.7				
食用油籽					0.1
大豆					
花生					
油菜籽					
食用植物油	5 323.4	7 154.7	4 549.3	936.0	114.4
豆油	281.3	768.2	420.0	0.5	0.8
菜籽油			0.1	1.4	6.1
棕榈油					2.5
食糖	366 783.7	333 373.5	313 384.2	474 610.1	476 486.5
蔬菜	11 751.5	11 311.6	7 286.0	7 902.6	7 542.1
水果					
畜产品					
猪肉					
牛肉					
羊肉					
家禽					
蛋产品					
乳品	1 067.7	714.3	1 840.3	4 292.9	3 210.3
动物生皮	3 727.2				0.1
动物生毛皮					
羊毛			10.0		94.0
水产品					
饮品					
酒					
茶		0.1		1.2	
咖啡	3.2	3.8	10.2	0.6	5.2

4-36-4 阿尔及利亚主要农产品进口量（一）

单位：吨

项　目	2004年	2005年	2006年	2007年	2008年	2009年
农产品						
谷物	6 953 613.5	8 343 732.3	10 227 590.3	7 283 142.3	9 117 285.2	7 906 855.4
小麦产品	5 047 834.8	5 685 906.6	7 804 616.9	4 856 163.4	6 486 751.5	5 719 898.9
玉米产品	1 793 090.0	2 455 245.7	2 198 167.7	2 287 529.8	2 203 735.8	2 001 489.9
稻谷产品	71 297.7	54 439.7	67 379.4	73 745.9	97 650.6	75 948.9
棉花	9 234.6	11 377.1	7 455.6	6 457.4	7 818.1	9 610.3
食用油籽	93 137.0	60 331.9	47 329.6	60 273.0	63 728.4	65 340.7
大豆	44 646.1	354.0	517.2	3 134.9	878.6	1 095.3
花生	41 213.2	51 597.6	40 872.3	47 226.9	53 290.8	57 084.5
油菜籽	67.5	59.1	85.3	71.6	66.7	16.9
食用植物油	506 730.0	442 174.2	559 861.9	546 139.3	515 695.1	597 955.1
豆油	92 924.6	278 328.5	328 177.1	309 327.0	330 991.3	391 095.5
菜籽油	44 560.0	12 161.4	0.2	3.9	40.1	26.3
棕榈油	135 385.2	58 240.1	151 009.3	66 538.1	135 140.9	51 214.3
食糖	1 075 353.6	993 375.9	1 052 440.4	1 189 303.3	1 096 650.7	1 214 719.4
蔬菜	174 269.8	124 636.2	197 392.2	297 110.6	1 394 607.3	242 132.4
水果						
畜产品						
猪肉	94.3	20.7	3.7	1.7	6.4	0.9
牛肉	73 514.1	79 977.9	58 372.4	56 798.0	52 202.2	62 230.0
羊肉	10 922.3	15 384.2	8 052.8	8 132.2	4 983.8	26.8
家禽						
蛋产品						
乳品	293 297.4	287 517.3	288 099.8	293 223.5	293 630.3	324 601.8
动物生皮	542.7	58.8	29.7	2.1	16.8	102.4
动物生毛皮						
羊毛	136.5	112.6	70.6	90.5	120.7	132.9
水产品						
饮品						
酒						
茶	8 230.0	10 631.9	11 189.1	10 822.5	11 257.5	11 813.4
咖啡	129 177.0	113 648.3	110 597.3	118 145.1	126 859.3	123 791.6

阿尔及利亚主要农产品进口量（二）

单位：吨

项　目	2010年	2011年	2012年	2013年	2014年
农产品					
谷物	8 126 320.7	11 097 310.1	9 918 068.8	10 178 811.1	12 438 199.8
小麦产品	5 232 704.6	7 454 909.7	6 347 734.8	6 305 682.2	7 418 324.3
玉米产品	2 788 377.3	3 158 323.1	3 046 498.3	3 226 132.8	4 114 585.9
稻谷产品	95 017.6	86 963.8	108 752.4	119 216.1	117 359.5
棉花	6 096.4	3 758.4	6 471.6	4 280.1	7 704.2
食用油籽	58 395.1	64 008.1	52 050.4	68 214.6	69 443.7
大豆	1 036.9	1 342.1	1 624.8	1 138.8	1 608.2
花生	46 846.7	52 060.7	39 053.3	52 881.4	52 975.7
油菜籽	132.5	141.9	209.2	288.0	301.6
食用植物油	621 792.9	655 444.4	711 057.1	806 115.5	772 033.3
豆油	426 777.7	484 490.6	464 720.9	622 640.5	624 671.5
菜籽油	7 003.2	14 003.1		20.4	31.7
棕榈油	56 004.9	71 344.2	53 261.5	119 037.6	63 167.0
食糖	1 225 837.4	1 551 354.8	1 672 489.2	1 790 472.2	1 901 173.2
蔬菜	239 836.6	237 666.5	325 440.9	289 495.2	271 303.5
水果					
畜产品					
猪肉	1.2	1.1	0.1	27.0	160.5
牛肉	56 582.6	48 395.2	68 927.3	64 137.3	72 745.6
羊肉	687.4		3 055.4	2 857.5	4 633.5
家禽					
蛋产品					
乳品	298 898.2	375 949.1	344 379.1	307 420.0	424 400.6
动物生皮	0.1	1.2	1.2	75.6	
动物生毛皮					
羊毛	60.7	19.1			2.2
水产品					
饮品					
酒					
茶	12 671.5	15 775.9	16 010.0	12 993.6	14 835.4
咖啡	121 999.4	117 260.5	127 571.8	127 990.7	129 696.6

4-37 肯尼亚主要农产品贸易情况

4-37-1 肯尼亚主要农产品出口额（一）

单位：万美元

项 目	2004年	2005年	2006年	2007年	2008年	2009年
农产品	139 187.9	163 102.7	191 271.4	223 379.8	274 972.6	255 588.9
谷物	440.4	771.1	634.9	1 592.8	1 384.2	1 108.5
小麦产品	26.3	13.8	68.2	45.4	231.0	318.7
玉米产品	323.2	424.4	439.6	1 314.0	890.5	442.4
稻谷产品	8.0	52.8	47.6	66.5	103.8	155.2
棉花	87.4	40.8	10.4	14.8	0.4	11.2
食用油籽	349.3	382.6	724.4	789.4	619.4	684.9
大豆	44.0	35.5	335.1	222.3	166.9	2.7
花生	3.8	8.9	4.5	3.0	16.5	65.5
油菜籽		0.2	4.8			
食用植物油	3 082.1	2 755.2	2 794.3	4 211.4	5 777.4	5 183.8
豆油	465.1	336.3	192.5	389.4	375.4	167.7
菜籽油				0.4	1.5	
棕榈油	2 566.2	2 270.1	2 527.2	3 716.1	5 221.3	4 726.7
食糖	32.4	744.4	802.0	1 416.3	2 905.9	150.0
蔬菜	18 753.8	21 853.5	24 210.2	27 816.1	30 307.1	25 907.2
水果	7 956.4	7 962.1	7 977.5	10 379.9	12 906.1	10 087.9
畜产品	2 443.0	2 567.2	2 739.0	3 204.8	3 297.8	3 283.2
猪肉	166.0	180.7	182.8	228.3	258.8	270.2
牛肉	32.5	53.6	63.3	129.9	204.1	141.3
羊肉	6.9	18.6	36.4	46.9	49.7	85.1
家禽	122.2	83.7	39.6	88.5	131.1	119.3
蛋产品	12.3	17.5	9.4	8.3	5.7	12.4
乳品	260.3	436.4	860.7	1 662.1	1 599.0	1 366.6
动物生皮	1 356.3	1 146.2	862.3	212.8	57.7	38.2
动物生毛皮		0.1				
羊毛	163.7	188.9	193.0	343.5	222.8	260.6
水产品	5 307.2	6 191.9	5 613.0	6 241.6	7 631.2	5 904.8
饮品	57 586.6	71 030.3	83 097.6	91 503.3	114 578.7	116 933.2
酒	605.5	856.4	2 592.7	4 213.6	5 045.7	6 279.0
茶	46 842.2	56 832.8	66 142.9	69 862.2	93 176.5	89 410.8
咖啡	9 484.2	12 821.0	13 839.1	16 622.5	15 402.5	20 228.2

肯尼亚主要农产品出口额（二）

单位：万美元

项　目	2010 年	2011 年	2012 年	2013 年	2014 年
农产品	298 925.6			308 422.6	
谷物	2 786.7			1 910.2	
小麦产品	310.3			541.6	
玉米产品	668.0			266.1	
稻谷产品	138.8			179.9	
棉花	32.5			93.8	
食用油籽	926.3			791.4	
大豆	224.1			5.0	
花生	100.6			38.4	
油菜籽				0.3	
食用植物油	8 681.0			6 651.4	
豆油	130.3			135.1	
菜籽油	0.2			2.2	
棕榈油	8 350.3			6 227.4	
食糖	194.3			56.9	
蔬菜	28 651.9			22 443.8	
水果	12 351.5			16 459.0	
畜产品	4 507.2			4 961.5	
猪肉	224.5			278.7	
牛肉	352.7			748.9	
羊肉	434.0			778.8	
家禽	372.8			316.8	
蛋产品	56.8			49.6	
乳品	1 697.7			1 264.7	
动物生皮	14.5			155.7	
动物生毛皮				0.2	
羊毛	290.3			402.1	
水产品	6 478.2			4 383.4	
饮品	145 147.2			151 221.5	
酒	6 564.8			8 193.5	
茶	116 376.6			122 144.3	
咖啡	20 886.6			19 091.9	

4-37-2 肯尼亚主要农产品进口额（一）

单位：万美元

项 目	2004年	2005年	2006年	2007年	2008年	2009年
农产品	49 896.8	58 778.1	71 259.5	103 739.2	134 380.5	161 266.4
谷物	19 273.3	18 603.5	20 780.6	28 507.0	40 909.5	79 320.7
小麦产品	8 627.2	10 626.9	11 186.3	17 394.3	21 189.1	19 899.7
玉米产品	6 224.5	2 339.3	2 582.7	2 975.5	10 272.8	45 959.4
稻谷产品	4 376.6	5 257.3	6 392.4	7 124.8	8 655.8	9 959.6
棉花	256.0	331.2	589.8	465.5	448.2	502.2
食用油籽	400.4	505.5	472.4	2 209.2	1 987.4	3 027.4
大豆	247.6	430.7	355.5	1 718.5	733.3	1 666.3
花生	33.3	19.9	19.9	387.0	349.6	548.2
油菜籽	0.4	0.3			0.2	
食用植物油	10 529.9	17 247.4	22 509.9	32 542.7	48 231.8	34 124.2
豆油	265.5	113.5	463.0	661.1	1 386.5	3.7
菜籽油	0.4	0.6	0.8	0.1	2.5	0.6
棕榈油	10 211.2	16 819.2	21 622.5	31 390.4	45 876.0	33 261.9
食糖	4 585.6	4 851.0	6 722.2	10 843.8	9 955.2	9 377.6
蔬菜	918.3	1 212.6	1 819.3	1 954.5	2 345.2	2 074.5
水果	1 235.7	1 375.3	1 789.0	2 552.6	3 336.9	3 624.8
畜产品	693.0	568.3	954.7	1 277.9	1 332.8	1 716.6
猪肉	9.6	63.4	106.0	165.5	141.4	70.9
牛肉	1.3	0.1			0.1	
羊肉	5.1	0.3		0.8	0.1	
家禽	40.2	15.9	16.7	23.8	42.8	38.5
蛋产品	107.1	49.6	21.8	70.7	19.6	8.8
乳品	330.0	226.3	411.6	466.0	623.1	1 121.1
动物生皮	35.9	131.8	293.2	427.7	362.7	327.9
动物生毛皮		0.1				
羊毛		3.5				
水产品	606.1	743.8	834.9	1 152.7	1 048.8	1 078.2
饮品	3 747.8	3 222.8	4 035.8	4 350.2	4 780.3	4 694.4
酒	1 535.5	1 697.7	1 895.9	2 240.7	2 651.3	2 555.3
茶	1 513.4	810.9	1 121.3	838.5	514.7	469.7
咖啡	125.3	103.6	131.2	201.0	155.8	225.3

肯尼亚主要农产品进口额（二）

单位：万美元

项　目	2010年	2011年	2012年	2013年	2014年
农产品	149 716.5			181 057.5	
谷物	42 636.7			50 636.6	
小麦产品	23 307.8			27 906.3	
玉米产品	8 433.7			2 680.4	
稻谷产品	10 034.7			16 388.1	
棉花	513.6			460.7	
食用油籽	2 307.5			2 700.6	
大豆	833.6			365.0	
花生	786.1			820.8	
油菜籽				0.1	
食用植物油	46 213.2			54 025.4	
豆油	54.8			287.5	
菜籽油	4.4			14.3	
棕榈油	45 196.0			51 888.5	
食糖	16 839.1			17 603.5	
蔬菜	2 226.1			3 233.6	
水果	4 287.9			7 110.0	
畜产品	2 599.5			3 906.8	
猪肉	59.2			61.5	
牛肉	3.4			1.3	
羊肉	0.1			0.4	
家禽	84.5			95.8	
蛋产品	2.5			27.6	
乳品	1 479.9			2 474.9	
动物生皮	733.7			959.2	
动物生毛皮				0.2	
羊毛	0.1				
水产品	1 453.7			1 880.6	
饮品	7 480.7			9 339.6	
酒	3 515.6			4 393.1	
茶	1 787.4			2 022.0	
咖啡	342.0			623.9	

4-37-3 肯尼亚主要农产品出口量（一）

单位：吨

项　目	2004年	2005年	2006年	2007年	2008年	2009年
农产品						
谷物	28 811.6	17 266.4	23 237.4	56 781.9	33 764.1	18 201.1
小麦产品	974.3	488.9	3 211.6	2 944.9	4 364.2	5 413.1
玉米产品	24 497.9	11 751.9	17 800.6	50 027.7	24 858.4	5 940.3
稻谷产品	142.3	783.5	1 043.2	697.9	1 540.8	2 510.2
棉花	679.2	426.5	83.2	122.0	3.0	27.3
食用油籽	8 210.2	7 499.6	12 038.2	7 765.7	8 086.2	6 496.5
大豆	808.0	919.7	6 325.8	4 374.5	1 933.7	75.9
花生	35.4	112.4	60.8	23.4	83.0	243.7
油菜籽		2.1				
食用植物油	39 734.5	36 642.8	36 562.1	38 837.0	38 840.4	47 890.1
豆油	5 321.2	3 798.2	2 134.7	3 339.4	2 202.8	1 222.3
菜籽油				0.7	9.6	
棕榈油	33 865.3	31 510.7	33 731.8	34 564.7	35 542.2	44 624.7
食糖	2 901.9	11 978.3	14 518.9	22 267.0	45 095.2	2 135.9
蔬菜	80 892.6	88 336.4	94 252.5	124 735.7	105 391.2	95 900.4
水果						
畜产品						
猪肉	682.2	594.7	560.4	637.7	688.8	738.2
牛肉	87.9	148.3	188.7	395.9	625.0	318.7
羊肉	24.2	52.6	115.7	144.9	136.1	216.0
家禽						
蛋产品						
乳品	3 235.9	6 479.5	7 522.8	11 812.7	10 721.4	9 177.9
动物生皮	20 839.2	15 683.0	11 875.4	2 415.6	841.3	716.9
动物生毛皮						
羊毛	1 274.6	1 456.7	1 372.8	1 973.5	1 326.6	1 842.4
水产品						
饮品						
酒						
茶	284 382.7	348 215.2	325 145.6	374 416.8	390 294.5	331 607.4
咖啡	52 769.4	50 562.8	50 266.5	59 384.6	44 178.3	62 110.1

肯尼亚主要农产品出口量（二）

单位：吨

项 目	2010 年	2011 年	2012 年	2013 年	2014 年
农产品					
谷物	83 157.5			33 206.0	
小麦产品	7 465.8			11 189.4	
玉米产品	11 144.3			1 802.3	
稻谷产品	2 242.5			2 203.5	
棉花	130.4			675.3	
食用油籽	11 024.3			4 997.4	
大豆	5 290.2			144.6	
花生	381.8			375.6	
油菜籽				0.2	
食用植物油	72 030.0			49 965.6	
豆油	903.6			706.2	
菜籽油	0.1			0.1	
棕榈油	69 790.3			48 014.9	
食糖	2 750.4			490.3	
蔬菜	111 124.7			104 039.5	
水果					
畜产品					
猪肉	565.9			775.0	
牛肉	873.4			1 878.5	
羊肉	1 388.8			1 590.2	
家禽					
蛋产品					
乳品	12 091.5			10 355.4	
动物生皮	322.4			2 830.2	
动物生毛皮					
羊毛	1 851.8			2 288.1	
水产品					
饮品					
酒					
茶	417 704.3			451 028.0	
咖啡	44 363.5			50 124.8	

4-37-4 肯尼亚主要农产品进口量（一）

单位：吨

项 目	2004年	2005年	2006年	2007年	2008年	2009年
农产品						
谷物	842 684.3	952 305.3	1 014 987.5	1 068 061.1	1 112 332.0	2 748 229.0
小麦产品	381 356.2	624 566.2	652 678.7	619 752.2	563 181.8	802 913.3
玉米产品	250 607.6	82 809.1	82 351.8	137 739.9	258 846.8	1 545 338.0
稻谷产品	207 836.1	228 979.2	260 935.9	261 711.4	266 220.8	302 802.7
棉花	3 148.9	3 742.8	4 732.2	3 782.4	2 701.6	4 243.4
食用油籽	84 215.0	14 343.5	14 362.3	89 646.7	29 446.6	50 530.2
大豆	76 123.4	8 588.1	10 236.7	59 904.8	14 876.0	34 797.6
花生	1 148.5	965.1	861.5	21 865.5	5 865.5	7 658.7
油菜籽	0.8	20.1			1.1	
食用植物油	194 665.2	379 617.3	462 125.8	427 276.0	431 204.5	495 715.4
豆油	4 928.8	3 522.7	6 648.4	7 257.9	10 201.7	13.9
菜籽油	3.1	7.4	4.6	0.4	12.1	7.7
棕榈油	189 513.9	372 310.1	450 788.5	415 970.5	415 757.1	487 061.8
食糖	157 662.6	149 663.4	166 325.2	230 013.0	220 526.4	184 537.4
蔬菜	6 953.2	9 765.0	22 830.4	35 365.2	58 907.9	26 009.9
水果						
畜产品						
猪肉	42.2	251.0	444.8	671.8	535.0	251.8
牛肉	6.4	0.4		0.2	0.3	
羊肉	28.6	3.6		1.5	0.2	
家禽						
蛋产品						
乳品	1 628.7	1 151.8	2 221.2	2 899.7	3 394.4	5 164.5
动物生皮	733.9	1 448.0	2 834.5	3 505.7	2 804.6	2 370.1
动物生毛皮						
羊毛		14.8				
水产品						
饮品						
酒						
茶	19 064.6	11 181.7	12 102.7	8 682.9	4 935.8	4 334.6
咖啡	668.5	666.7	341.6	329.1	349.2	446.1

肯尼亚主要农产品进口量（二）

单位：吨

项　目	2010年	2011年	2012年	2013年	2014年
农产品					
谷物	1 453 932.4			1 368 751.2	
小麦产品	873 837.0			748 154.2	
玉米产品	263 835.5			93 992.8	
稻谷产品	283 059.7			409 606.8	
棉花	2 995.5			2 322.9	
食用油籽	40 753.9			31 466.5	
大豆	21 465.1			8 997.7	
花生	12 161.2			8 484.4	
油菜籽				0.5	
食用植物油	545 002.4			609 095.8	
豆油	482.1			2 255.5	
菜籽油	17.9			81.4	
棕榈油	536 571.7			593 882.4	
食糖	257 724.2			238 165.6	
蔬菜	22 787.1			43 443.7	
水果					
畜产品					
猪肉	231.0			183.4	
牛肉	18.6			2.3	
羊肉	0.1			1.2	
家禽					
蛋产品					
乳品	8 679.9			12 157.0	
动物生皮	4 360.6			4 039.9	
动物生毛皮					
羊毛	0.1				
水产品					
饮品					
酒					
茶	13 735.5			12 933.5	
咖啡	674.4			999.6	

图书在版编目（CIP）数据

国际农产品贸易统计年鉴．2015／农业部农产品贸易办公室，农业部农业贸易促进中心编．—北京：中国农业出版社，2015.12
ISBN 978-7-109-21292-3

Ⅰ.①国… Ⅱ.①农…②农… Ⅲ.①农产品贸易－国际贸易－统计资料－2015－年鉴 Ⅳ.①F746.2-66

中国版本图书馆CIP数据核字（2015）第307839号

中国农业出版社出版
（北京市朝阳区麦子店街18号楼）
（邮政编码 100125）
责任编辑 汪子涵

中国农业出版社印刷厂印刷 新华书店北京发行所发行
2015年12月第1版 2015年12月北京第1次印刷

开本：720mm×960mm 1/16 印张：31
字数：560千字
定价：80.00元